Bilder für die Seele

Ein Augenblick Besinnung für jeden Tag

benno

Ich sagte zu dem Engel.
der an der Pforte des neuen Jahres stand:
Gib mir ein Licht,
damit ich sicheren Fußes der Ungewissheit
entgegengehen kann!

Aber er antwortete:
Gehe nur hin in die Dunkelheit
und lege deine Hand in die Hand Gottes!
Das ist besser als ein Licht
und sicherer als ein bekannter Weg.

Aus China

I

1. Januar

Zum neuen Jahr

Eine Seele ist nie ohne Geleit der Engel,
wissen doch diese erleuchteten Geister,
dass unsere Seele mehr Wert hat
als die ganze Welt.

Bernhard von Clairvaux

2. Januar

Am Anfang

Wenn du das Ende von dem erreichst,
was du wissen solltest,
stehst du am Anfang dessen,
was du fühlen solltest.

Khalil Gibran

3. Januar

Für andere

Gönne dich dir selbst.
Ich sage nicht: tu das immer.
Ich sage nicht: tu das oft.
Aber ich sage: tu es immer wieder einmal.
Sei wie für alle anderen auch für dich selbst da.

Bernhard von Clairvaux

4. Januar

Gottes Licht

Der Friede sei mit dir,
mit allen, die mit dir wohnen
und dir in guten Absichten begegnen.
Der Segen sei mit dir
und die ganze Fülle dieser Nacht,
alle Tage und Nächte deines Lebens.
Gottes Licht sei mit dir.

Irischer Segenswunsch

5. Januar

Die kleinen Dinge

Wer gesammelt
in der Tiefe lebt,
der sieht auch die kleinen Dinge
in großen Zusammenhängen.

Edith Stein

6. Januar

Lebenslicht

Niemand ist so arm,
dass er nicht für einen Ärmeren
ein Sonnenstrahl, ein Lebenslicht
werden könnte – niemand so reich,
dass er nicht beides brauchte.

Hermann Bezzel

7. Januar

Was wir werden

Der höchste Lohn
für unsere Bemühungen ist nicht das,
was wir dafür bekommen, sondern das,
was wir dadurch werden.

John Ruskin

8. Januar

Ohne Ungeduld

Nimm dir nicht zuviel vor.
Es genügt die friedliche, ruhige Suche
nach dem Guten an jedem Tag
zu jeder Stunde, und ohne Übertreibung
und ohne Ungeduld.

Papst Johannes XXIII.

9. Januar

Sinn

Hoffnung ist nicht die Überzeugung,
dass etwas gut ausgeht,
sondern die Gewissheit,
dass etwas Sinn hat,
egal wie es ausgeht.

Václav Havel

10. Januar

Stille

Es gibt eine Stille,
in der man meint,
man müsse die einzelnen Minuten hören,
wie sie in den Ozean der Ewigkeit
hinuntertropfen.

Adalbert Stifter

11. Januar

Nur die Liebe

Der Mensch ist nicht
nach dem zu beurteilen, was er weiß,
sondern nach dem, was er liebt.
Nur die Liebe macht ihn zu dem,
der er ist.

Aurelius Augustinus

12. Januar

Carpe diem

Es ist nicht wenig Zeit,
dir wir zur Verfügung haben,
sondern es ist viel Zeit,
die wir nicht nutzen.

Seneca

13. Januar

Wieder aufstehen

Menschen fragen manchmal,
was Mönche in einem Kloster tun.
Die Antwort lautet: Wir fallen und stehen auf,
wir fallen und stehen auf, und abermals
fallen wir und stehen wieder auf.
Und wir finden die Stärke aufzustehen,
indem wir Gott unsere Schwäche bekennen.

Pachomius

14. Januar

Was du bist

Siehe zuerst, was du bist
und was du hast und was du kannst und weißt,
ehe du bedenkst,
was du nicht bist, nicht hast, nicht weißt
und nicht kannst.

Johann Caspar Lavater

15. Januar

Sinn des Lebens

Wenn durch einen Menschen
ein wenig mehr Liebe und Güte,
ein wenig mehr Licht und Wahrheit
in der Welt war,
hat sein Leben einen Sinn gehabt.

Alfred Delp

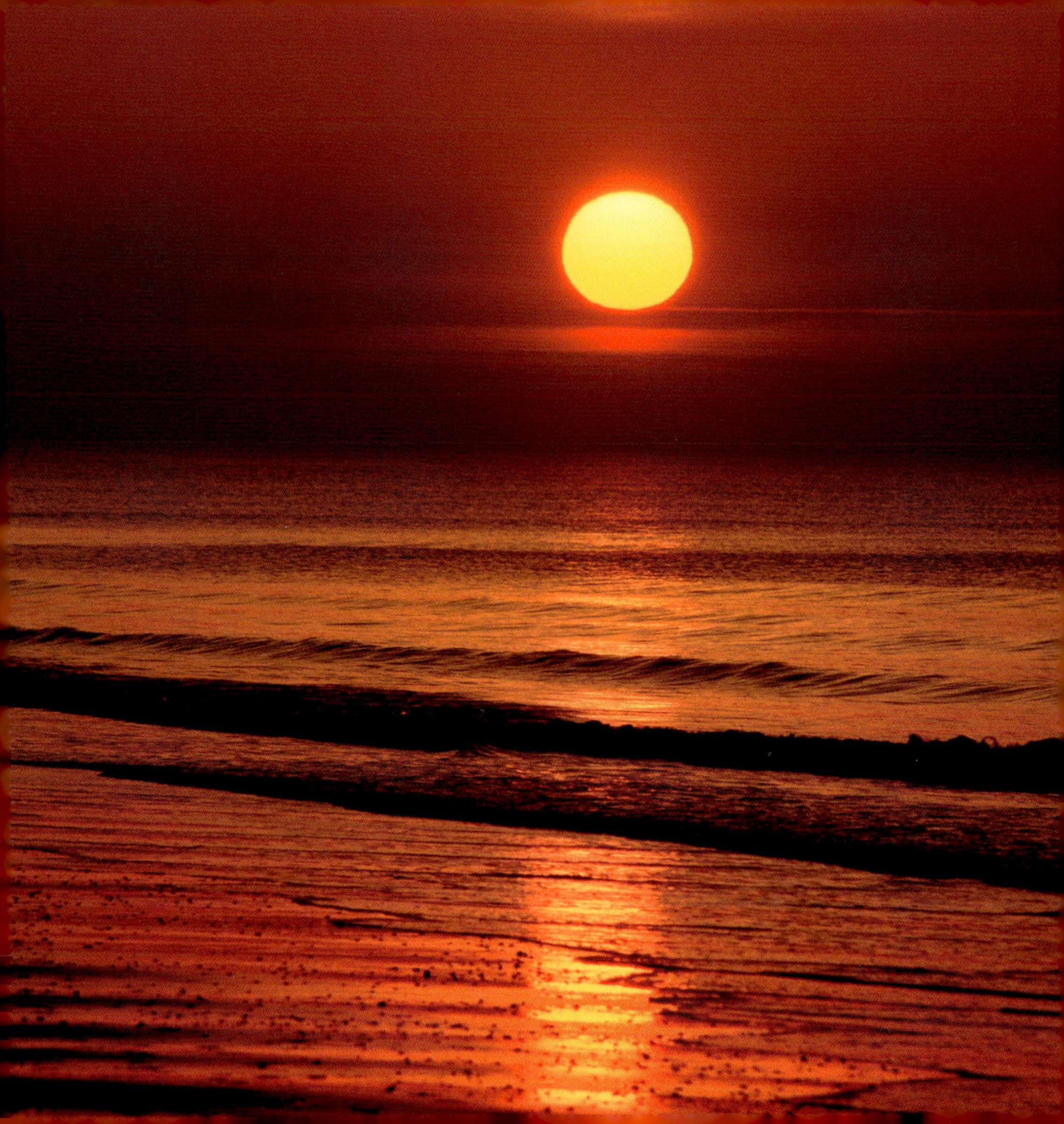

16. Januar

Der Wille Gottes

Nichts ist zu klein,
als dass wir nicht den Willen Gottes
darin entdecken könnten.

Franz von Sales

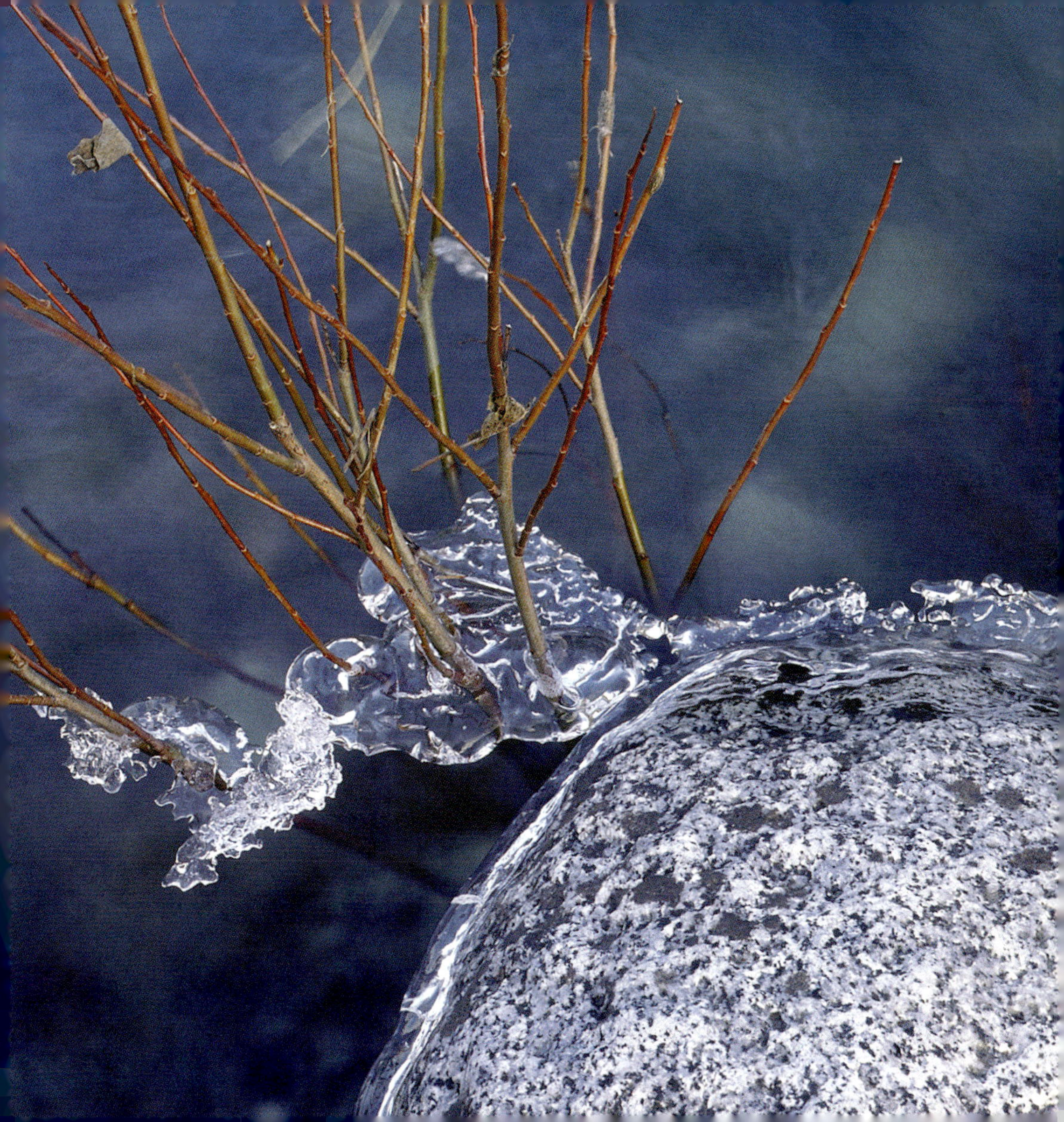

17. Januar

Entfaltung in Ruhe

Das Wesen der Menschlichkeit
entfaltet sich nur in der Ruhe.
Ohne sie verliert die Liebe alle Kraft
ihrer Wahrheit und ihres Segens.

Johann Heinrich Pestalozzi

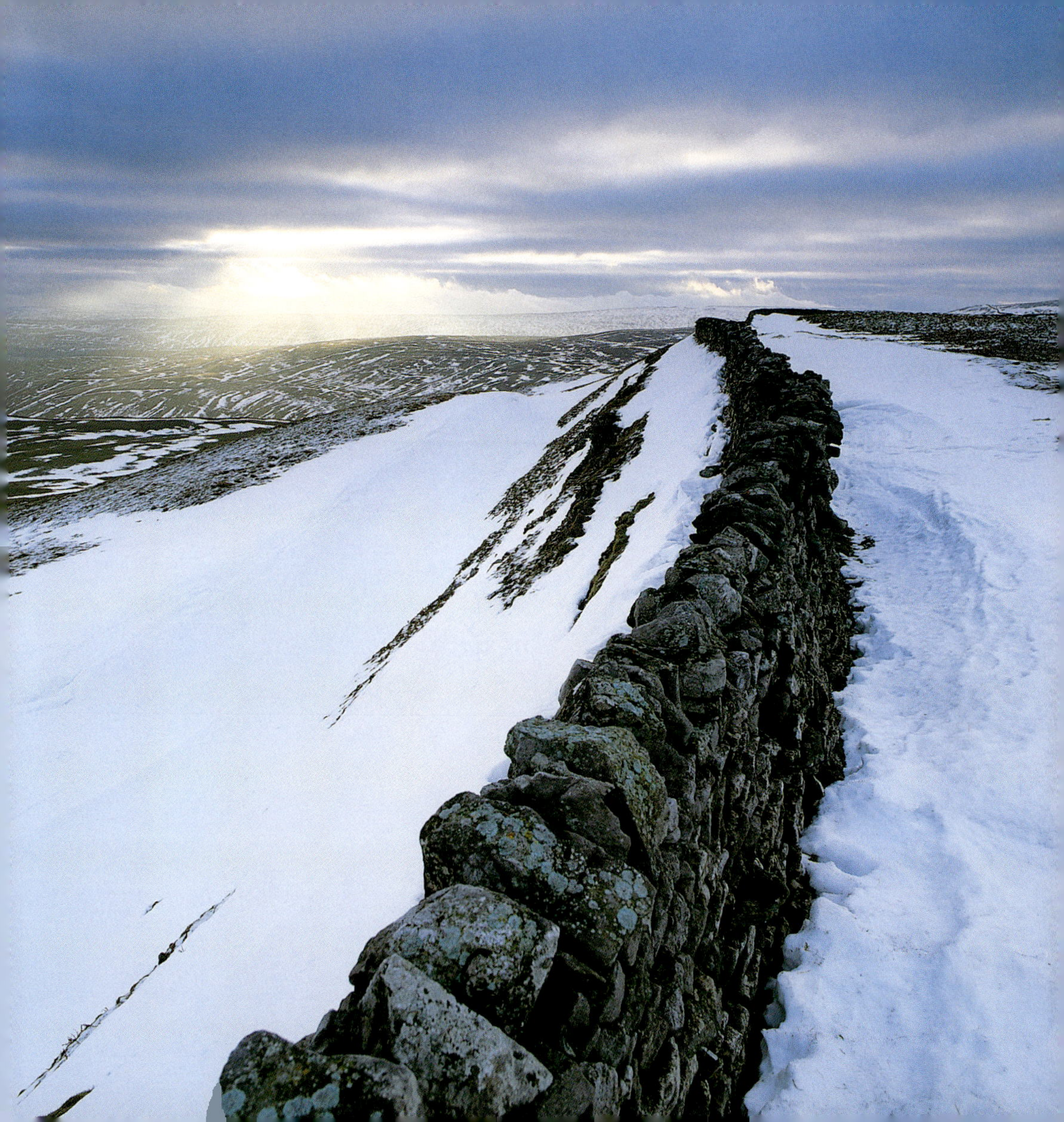

18. Januar

Sehen

Man sieht nur mit dem Herzen gut,
das Wesentliche
ist für die Augen
unsichtbar.

Antoine de Saint-Exupéry

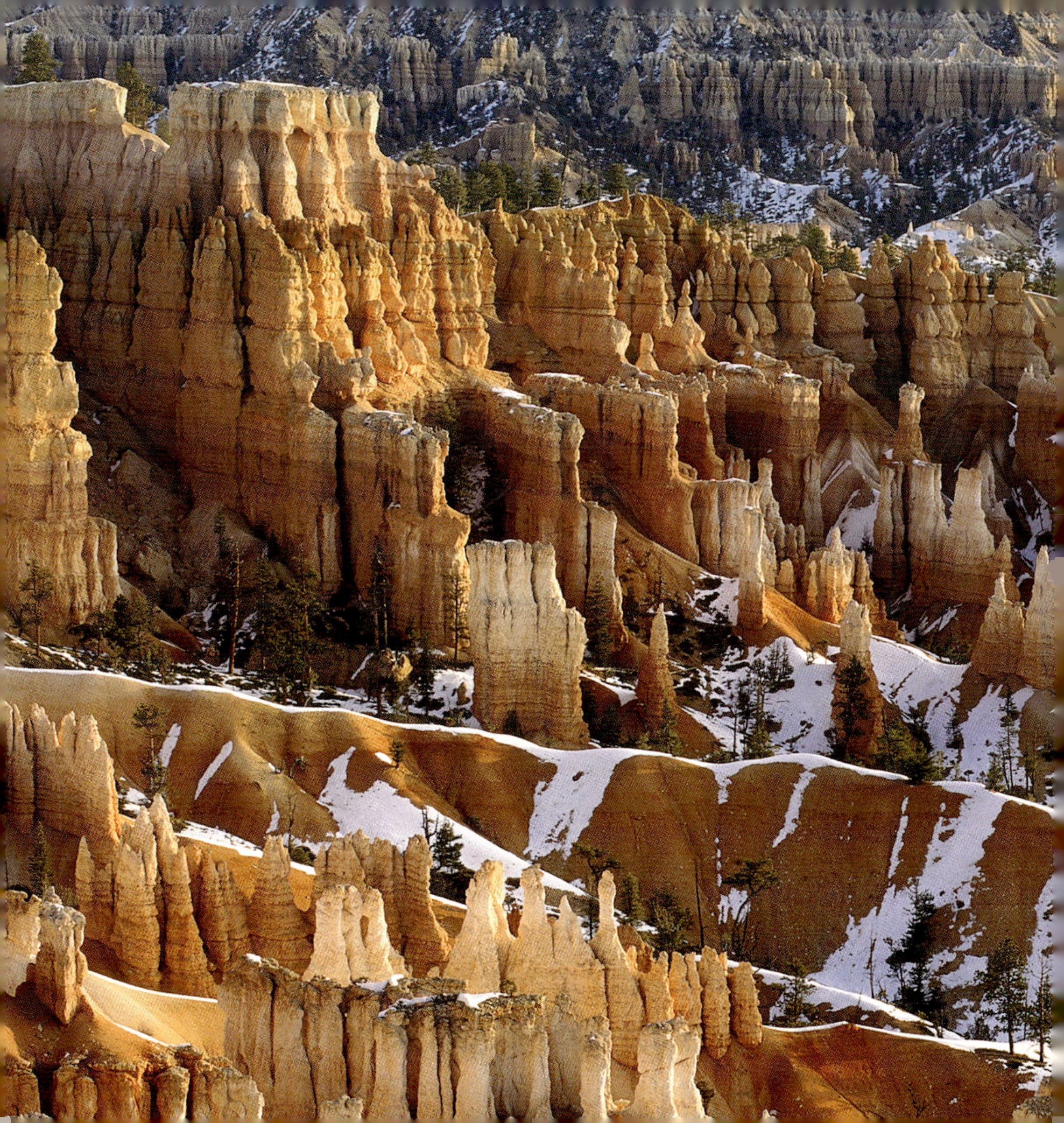

19. Januar

Vorwärts leben

Man kann das Leben
nur rückwärts verstehen,
aber man muss es
vorwärts leben.

Søren Kierkegaard

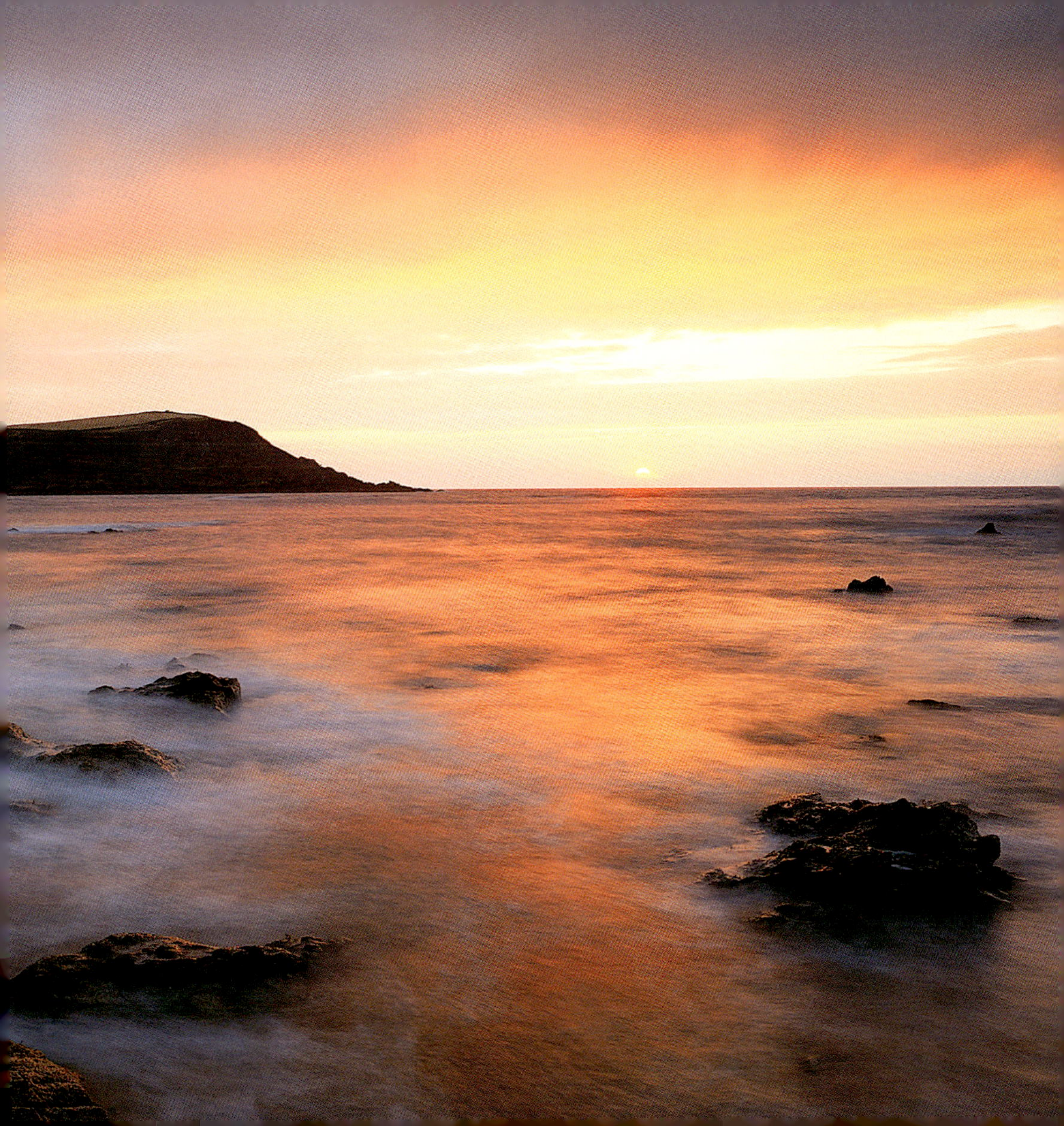

20. Januar

Begeistern

Viele handeln so,
als wären Komfort und Luxus
das Wichtigste im Leben.
Doch zum wahren Glück
brauchen wir nichts weiter als etwas,
wofür wir uns begeistern können.

Charles Kingsley

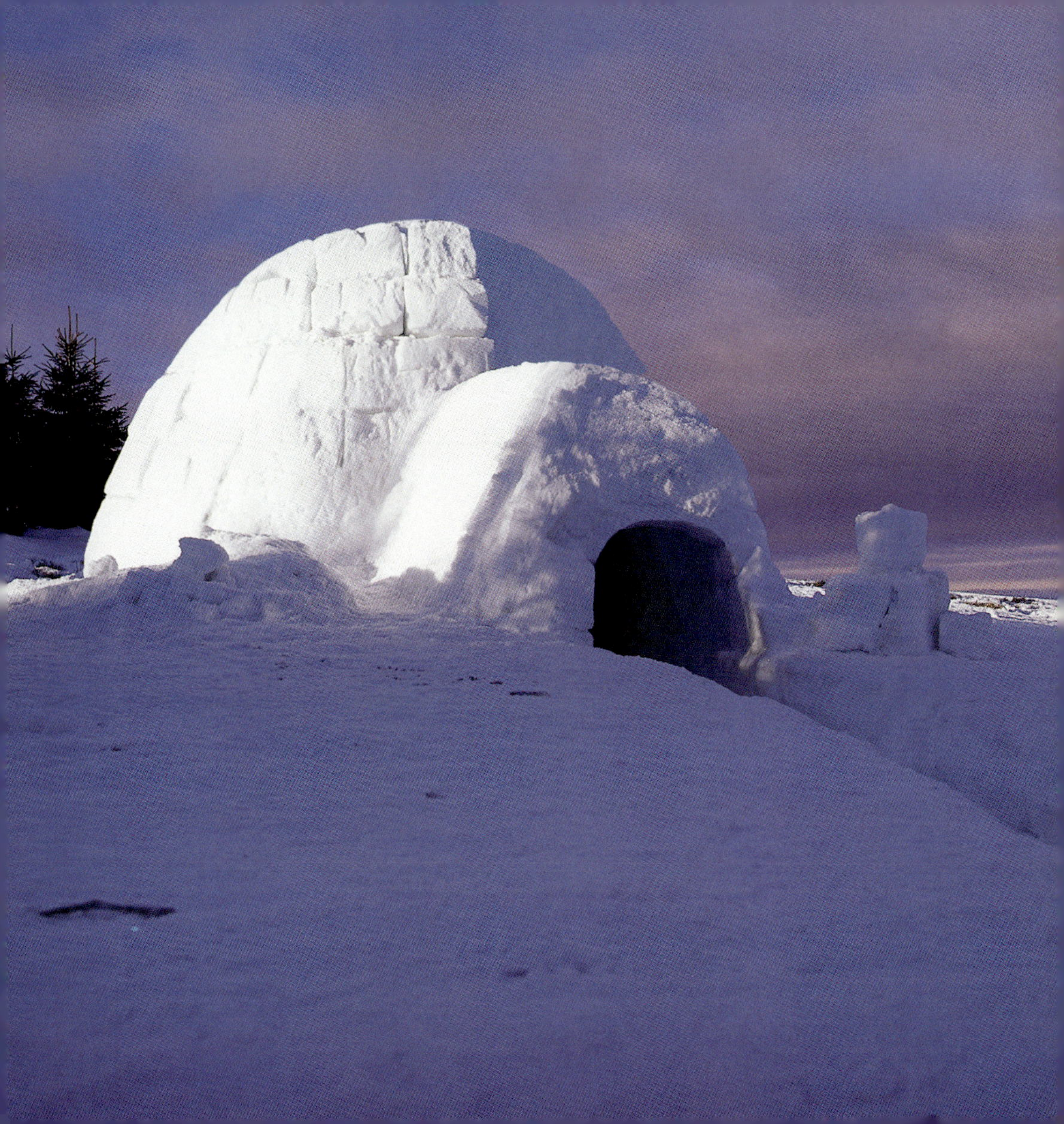

21. Januar

Glück auf Erden

Das Bewusstsein eines erfüllten Lebens und die Erinnerung an viele gute Stunden sind das größte Glück auf Erden.

Cicero

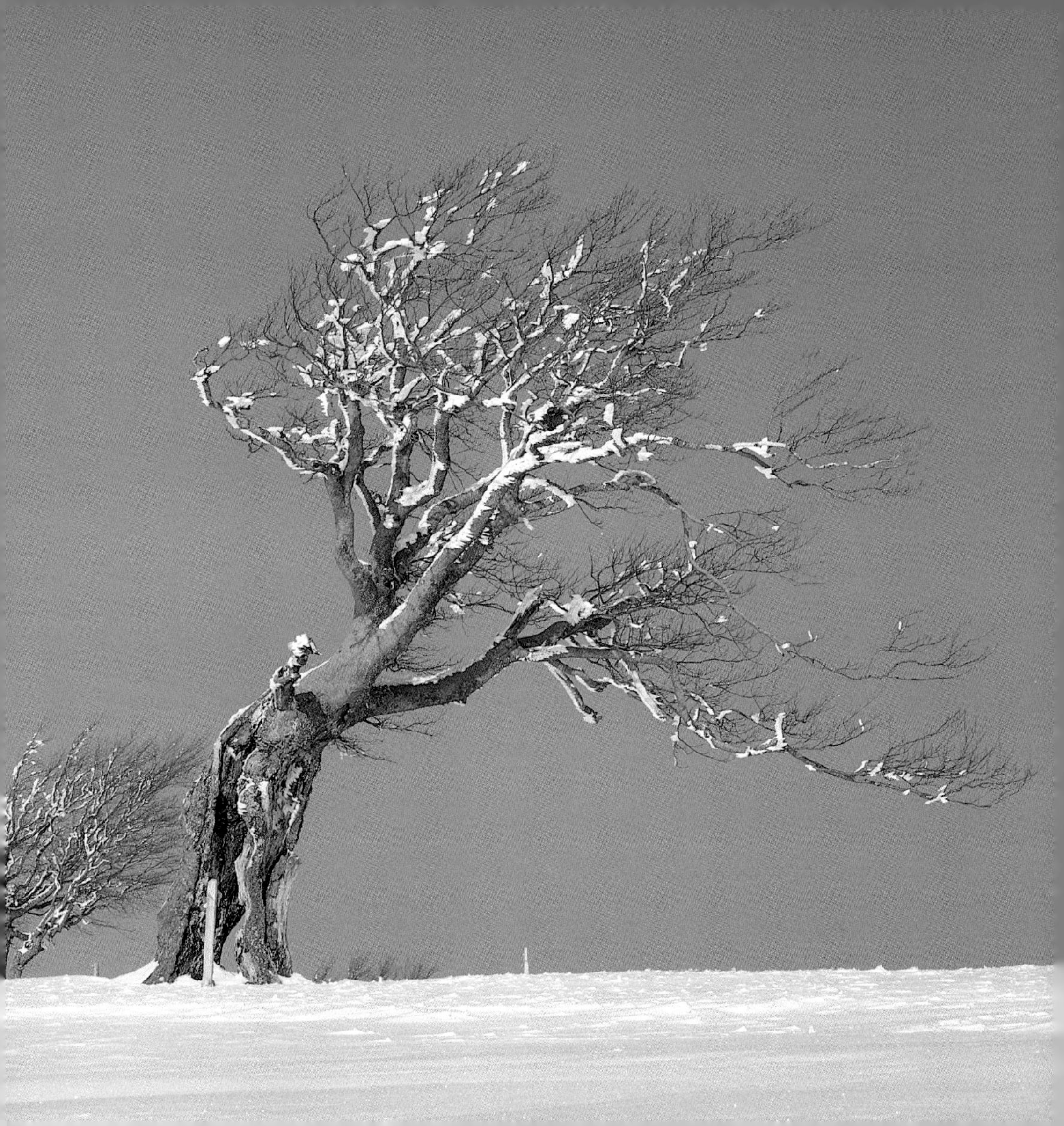

22. Januar

Das Glück

Willst du immer weiter schweifen?
Sieh, dass Gute liegt so nah.
Lerne nur das Glück ergreifen,
denn das Glück ist immer da.

Johann Wolfgang von Goethe

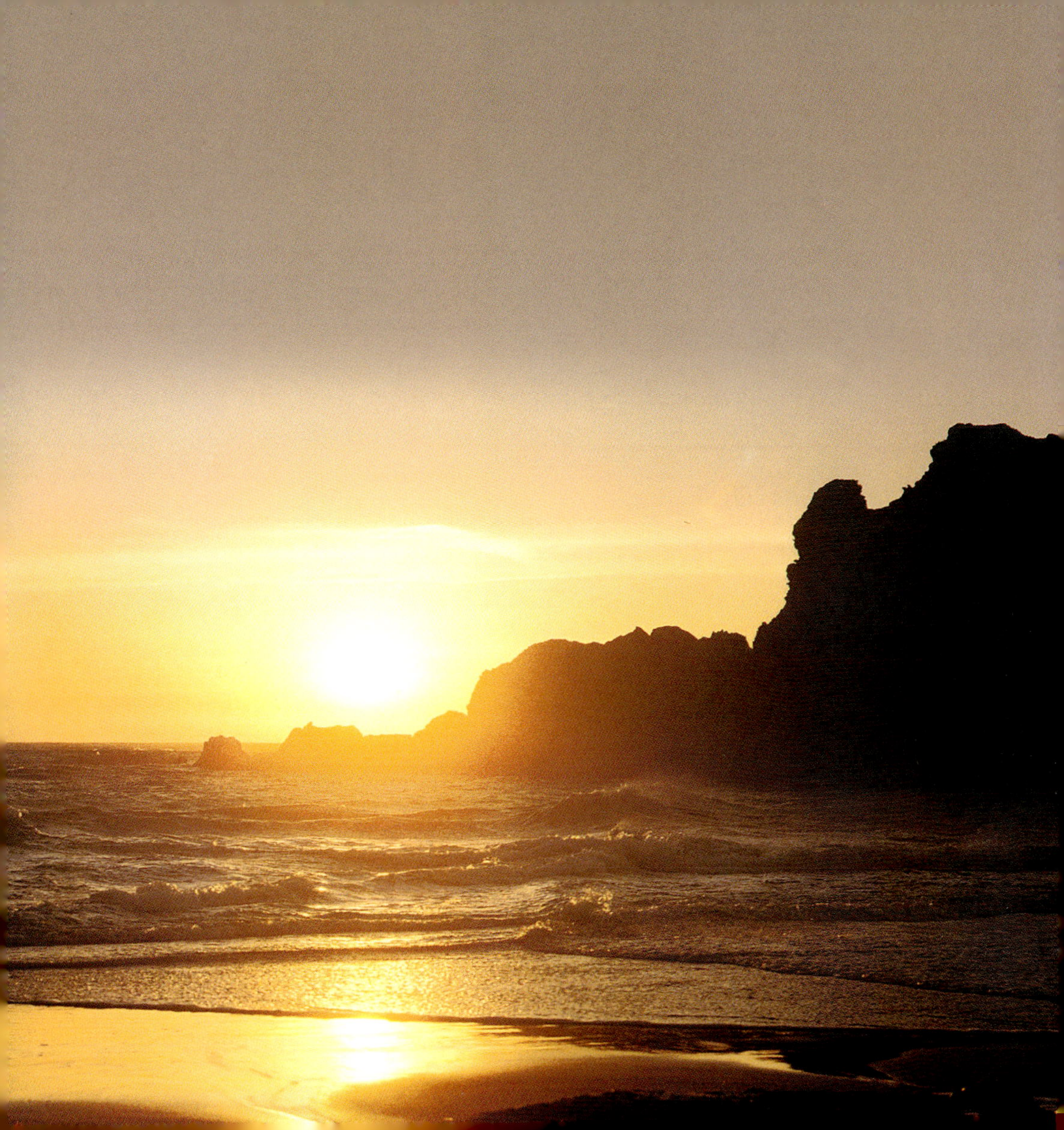

23. Januar

Morgen

Wer sich um das Morgen
am wenigsten kümmert,
geht ihm mit der größten Lust entgegen.

Epikur

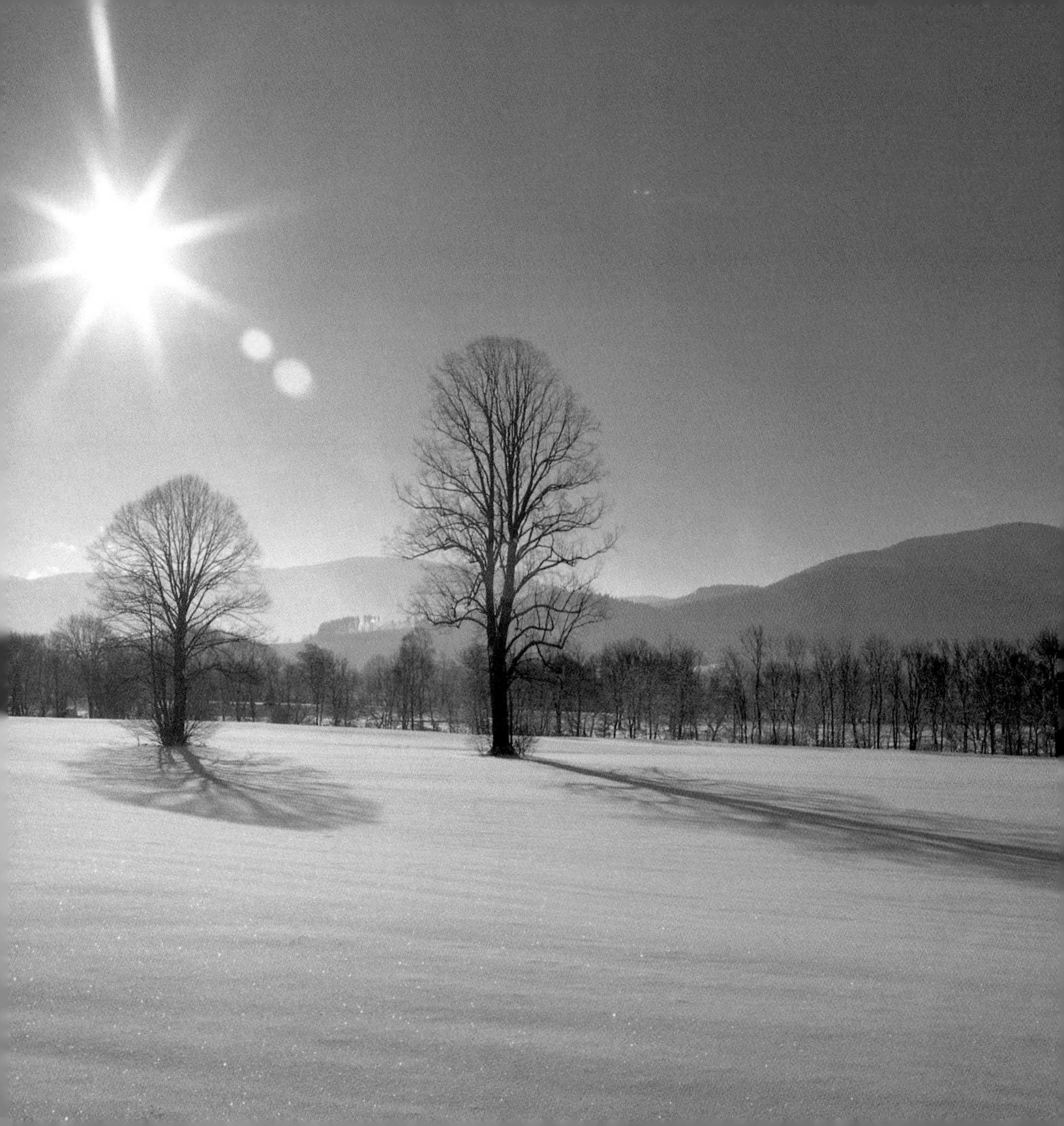

24. Januar

Himmel und Erde

Ich hebe meine Augen auf zu den Bergen:
Woher kommt mir Hilfe?
Meine Hilfe kommt vom Herrn,
der Himmel und Erde gemacht hat.

Die Bibel (Psalm 121,1-2)

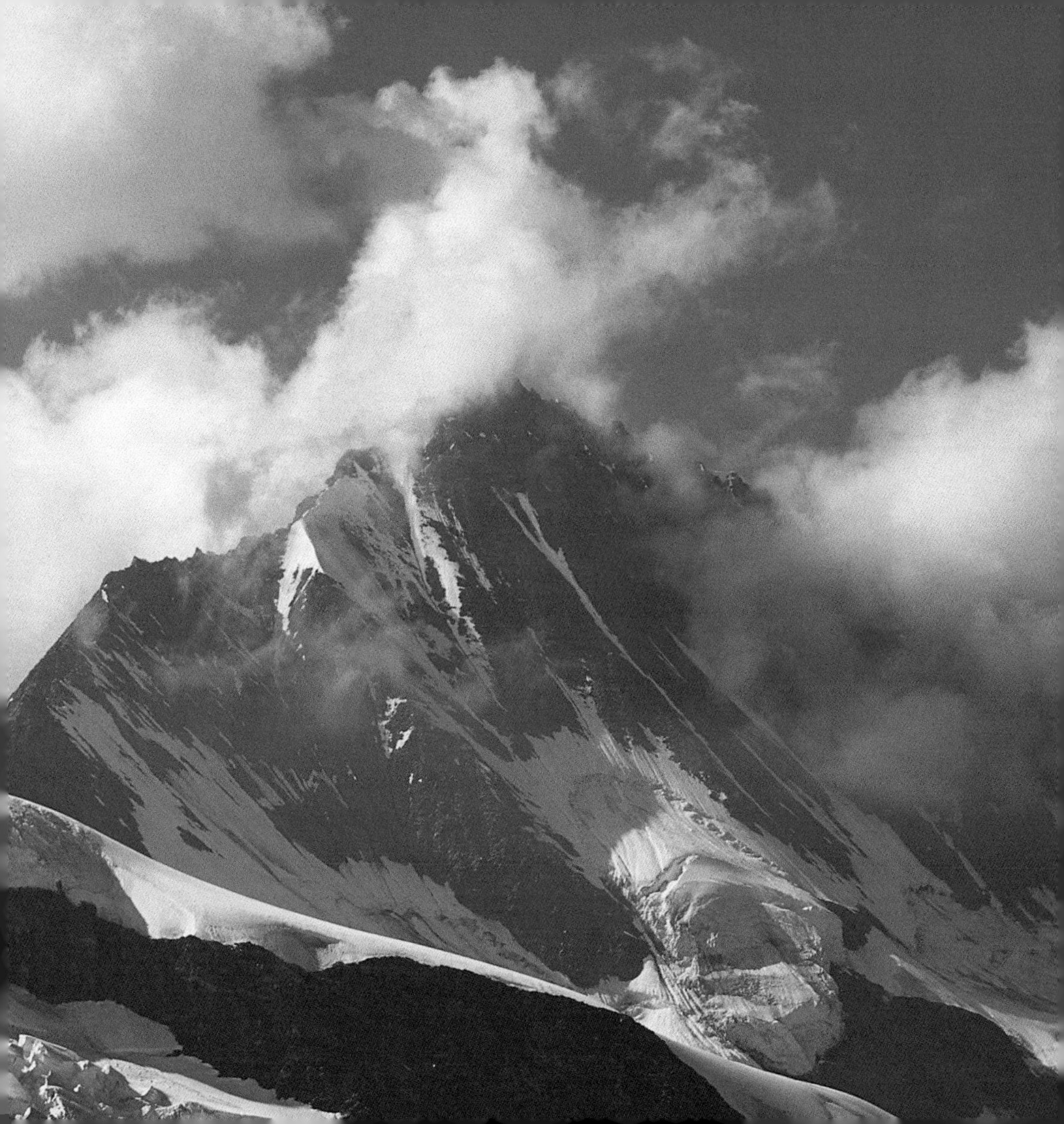

25. Januar

Lebensfreude

Leicht zu leben ohne Leichtsinn,
heiter zu sein ohne Ausgelassenheit,
Mut zu haben ohne Übermut –
das ist die Kunst des Lebens.

Theodor Fontane

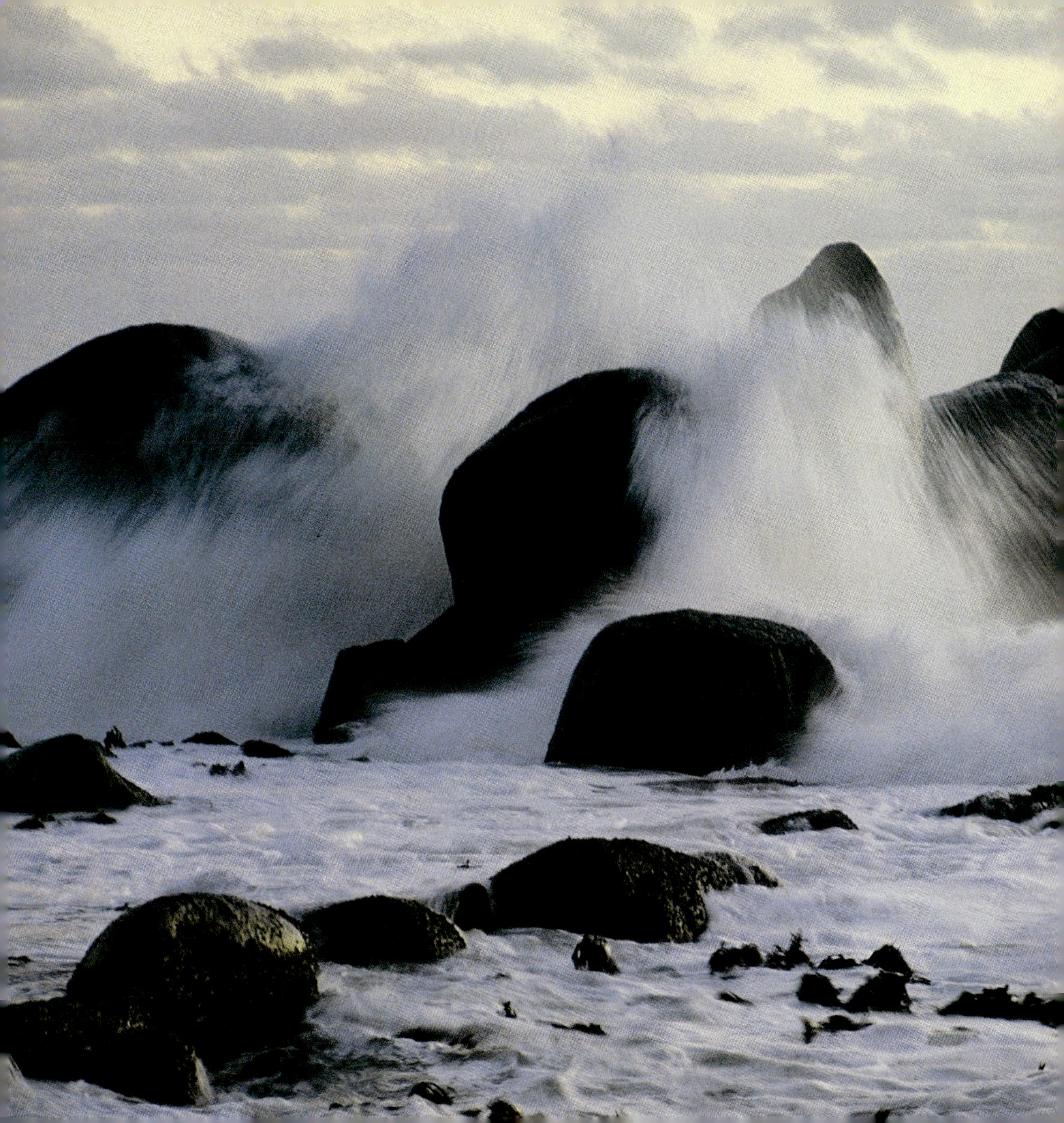

26. Januar

Wunder

Der Weg wächst im Gehen
unter deinen Füßen,
wie durch ein Wunder.

Reinhold Schneider

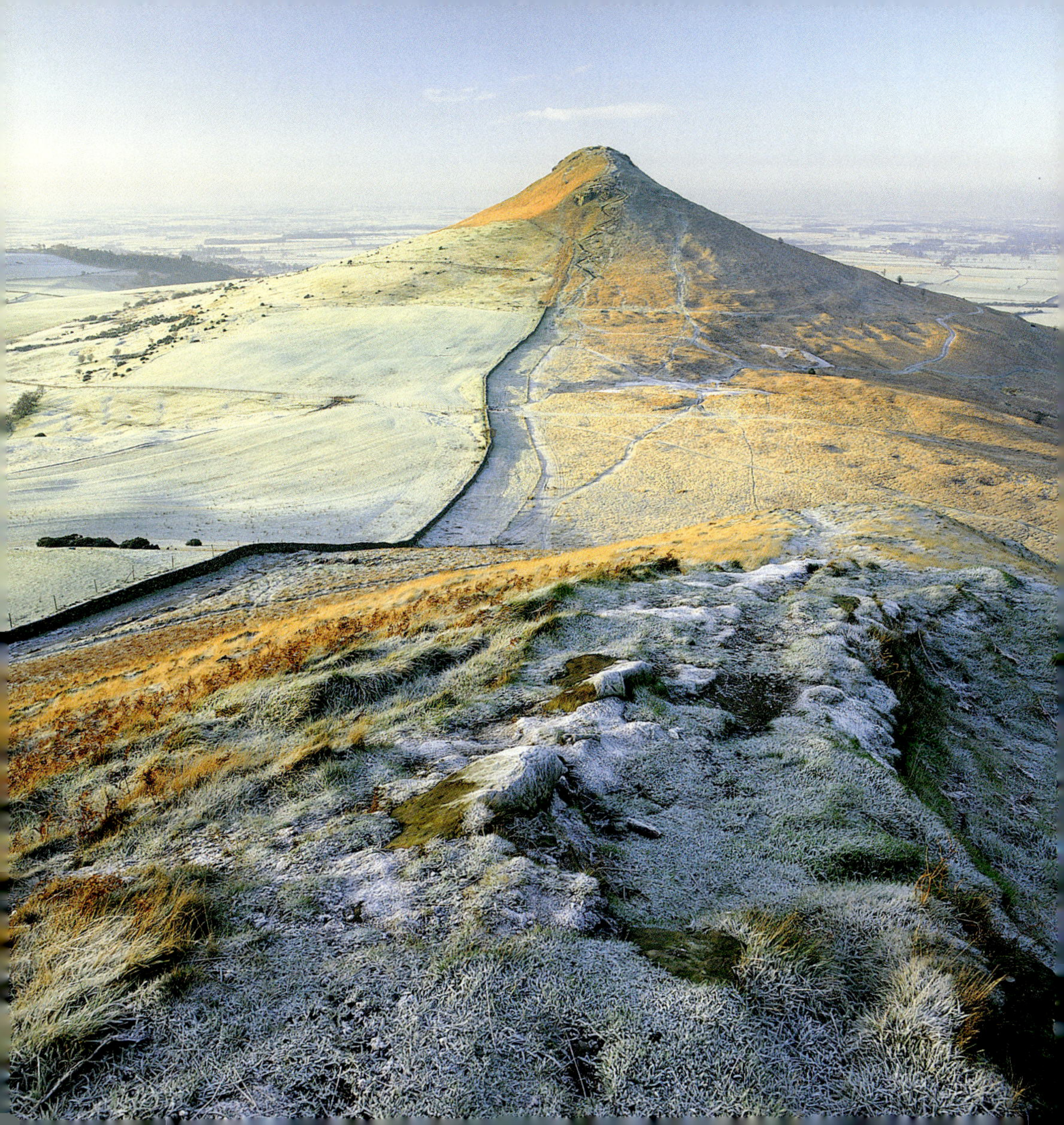

27. Januar

Atem schöpfen

Wir hätten alle
mindestens eine Stunde Einsamkeit
am Tag nötig, um aufzufüllen
und Atem zu schöpfen.

Maria Schell

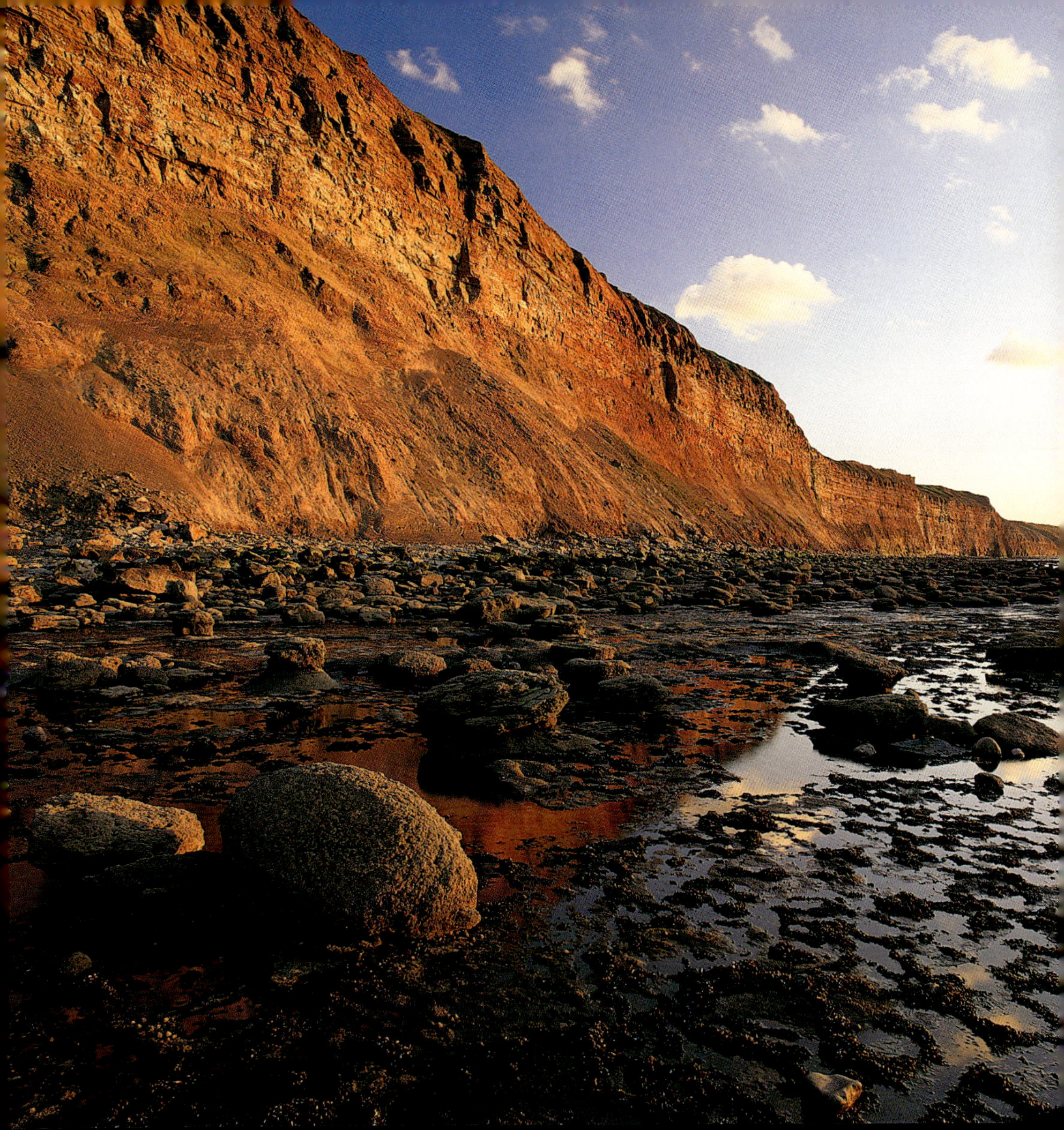

28. Januar

Frucht geben

Lieben und arbeiten!
Lieben genügt nicht;
lieben und arbeiten, das ist erst alles.
Lieben, das ist der Samen;
arbeiten heißt aufkeimen,
auftreiben und Frucht geben.

Miriam vom gekreuzigten Jesus

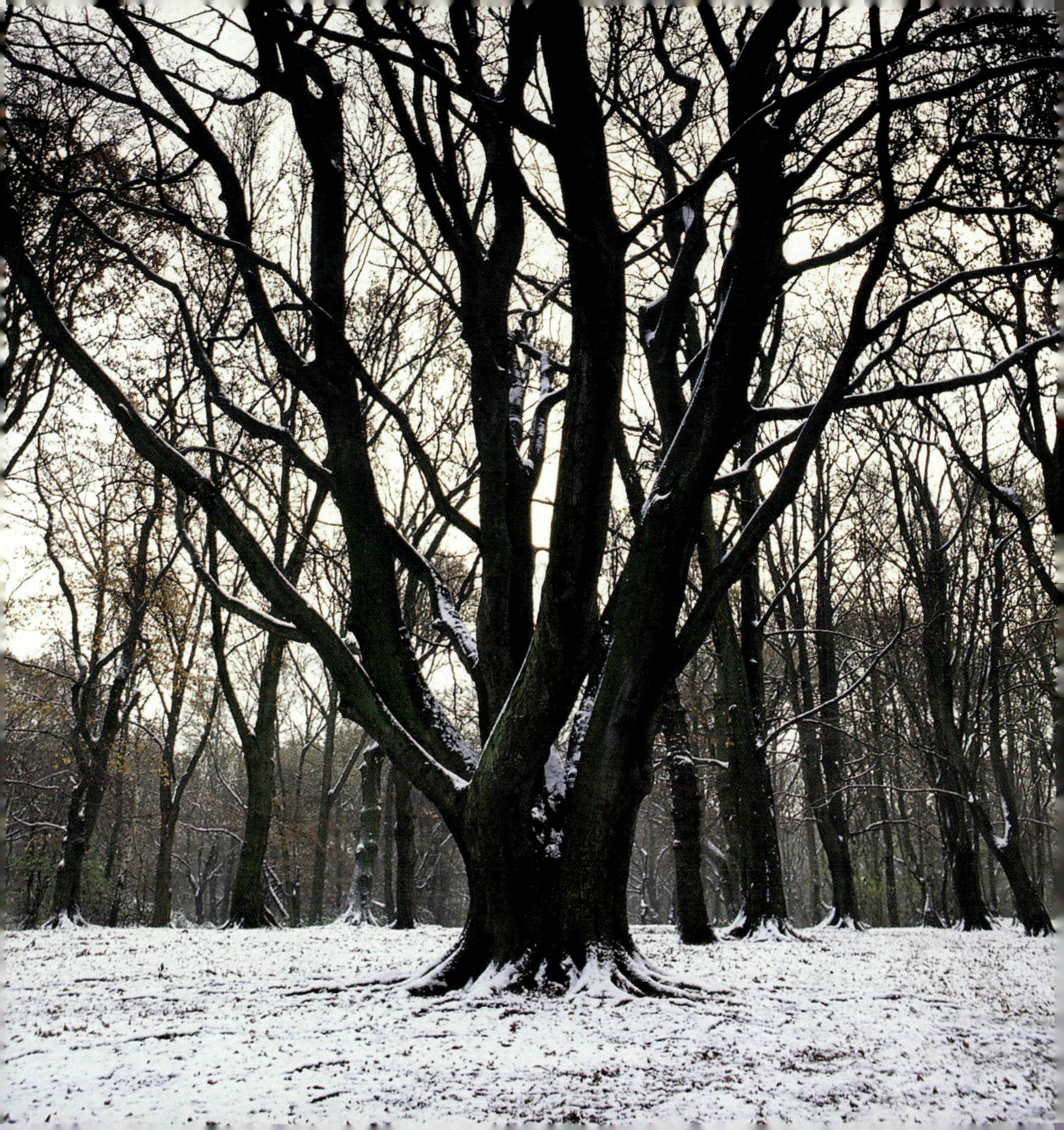

29. Januar

Trost und Ruhe

Nur in der Tiefe der Seele,
mit Hilfe jener Kraft,
die stärker ist als alle Vernünftigkeit,
kann Trost und Ruhe gefunden werden.

Wilhelm Busch

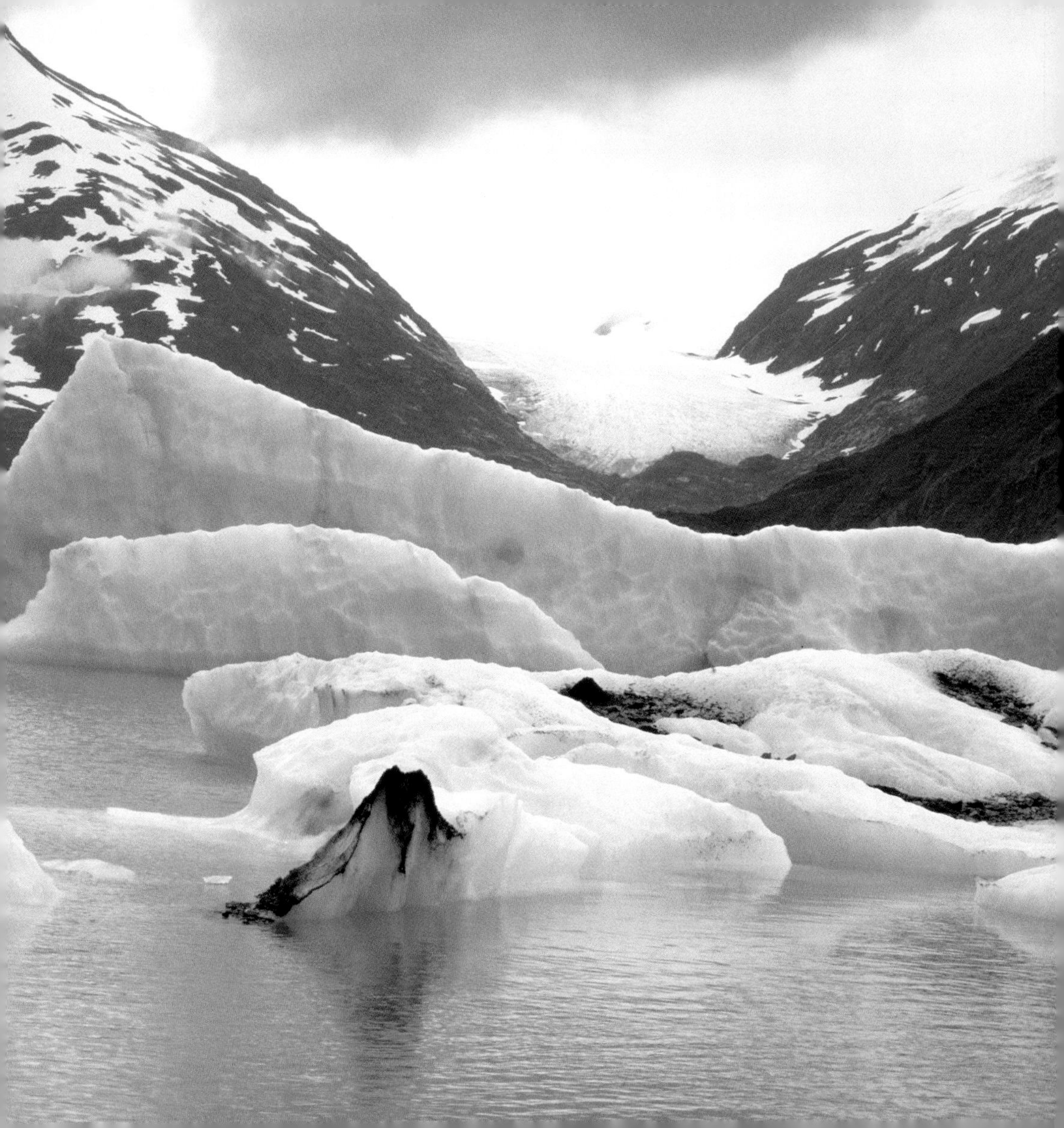

30. Januar

Seeligkeit

Die Liebe ist schließlich das Glück
und der Trost unseres Lebens.
Wer nur sich selbst sucht,
wird auch nur sich selbst finden,
und er wird vereinsamen.
Die Seeligkeit liegt in der Liebe.

Franz Sawicki

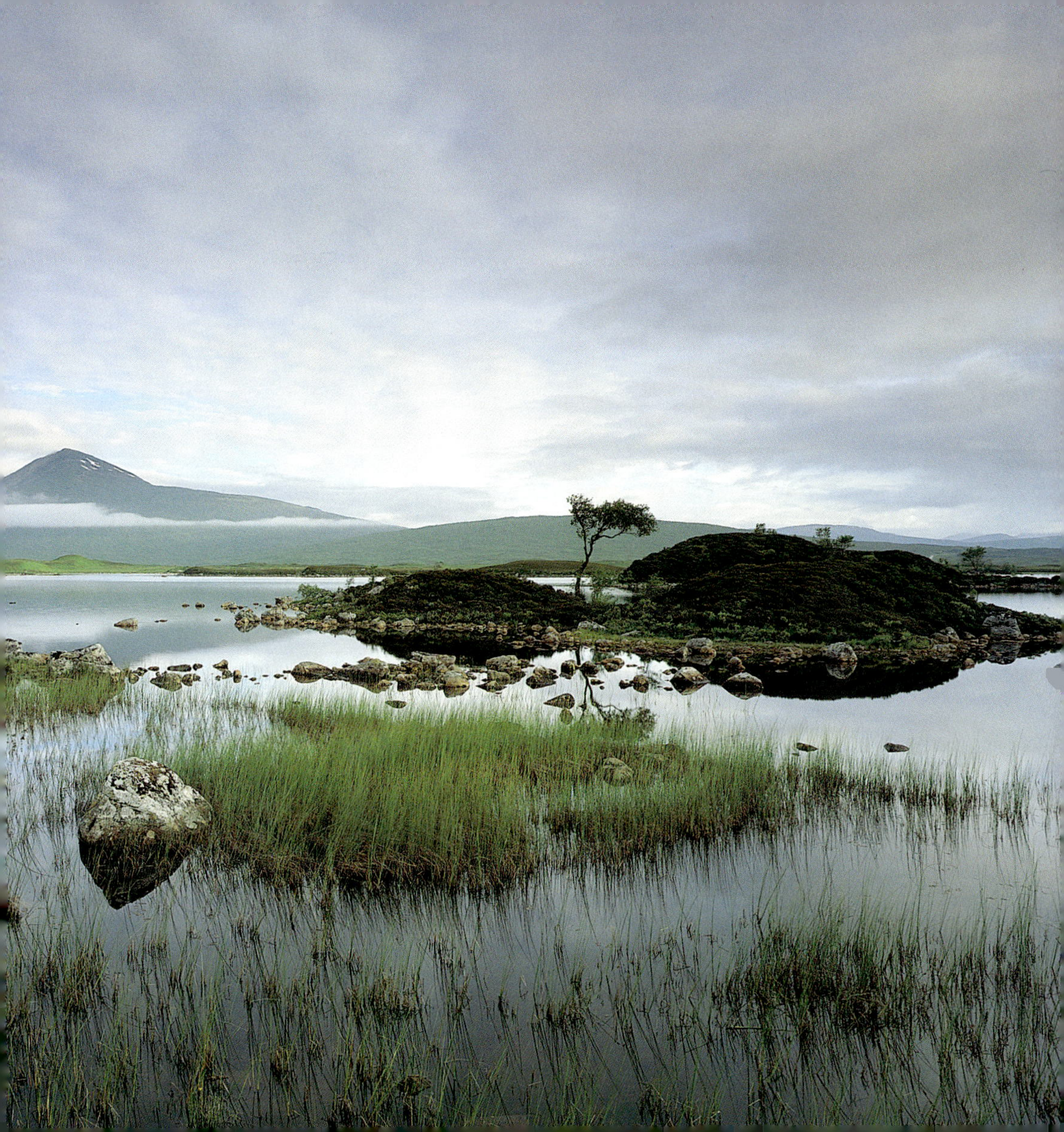

31. Januar

Verschenken

Das Herz ist ein Gut,
das man nicht verkaufen oder kaufen,
sondern nur verschenken kann.

Gustave Flaubert

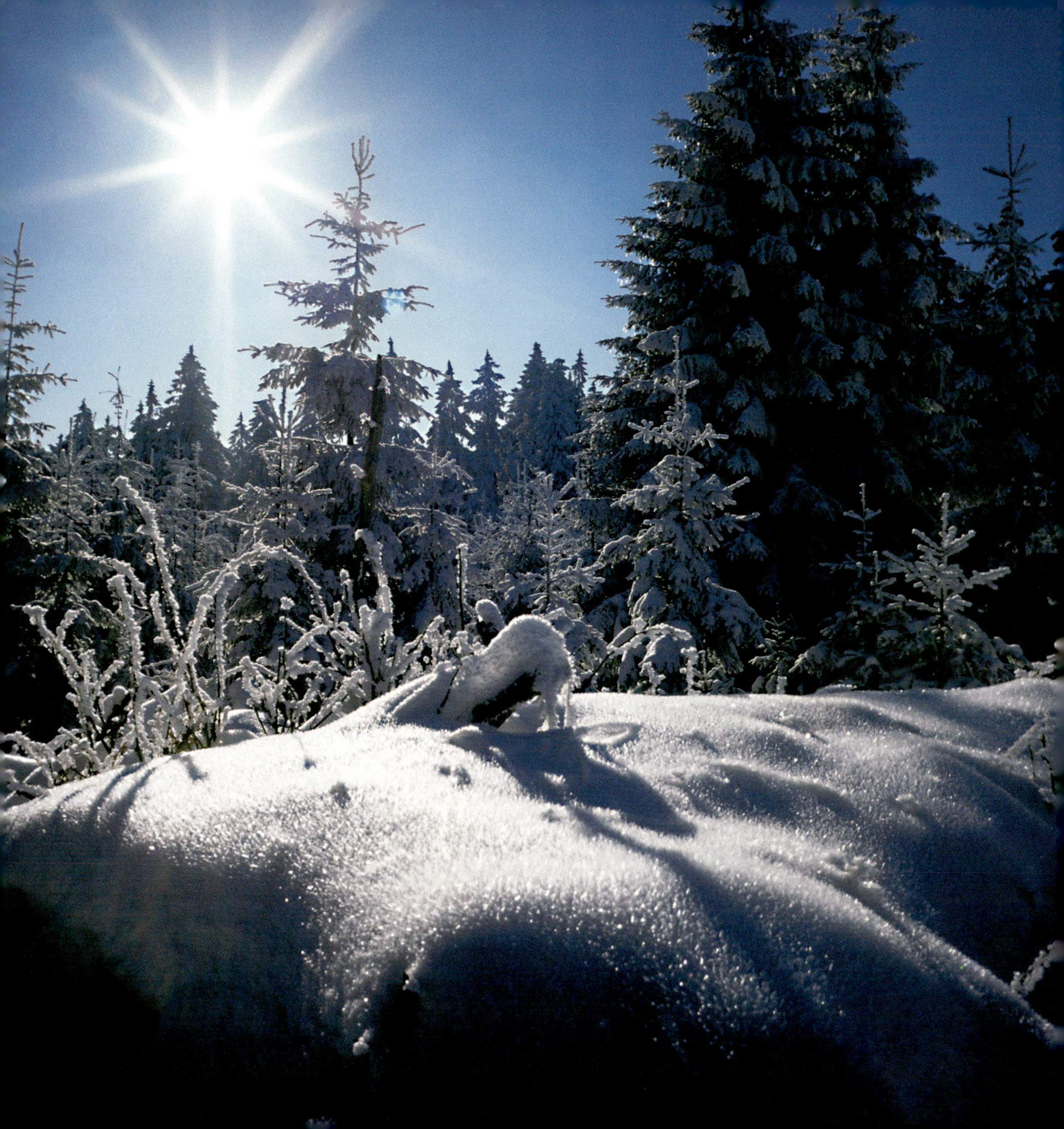

II

Februar

1. Februar

Atem

Wenn die Erde atmet, leben wir;
wenn sie ihren Atem anhält,
sterben wir.

Khalil Gibran

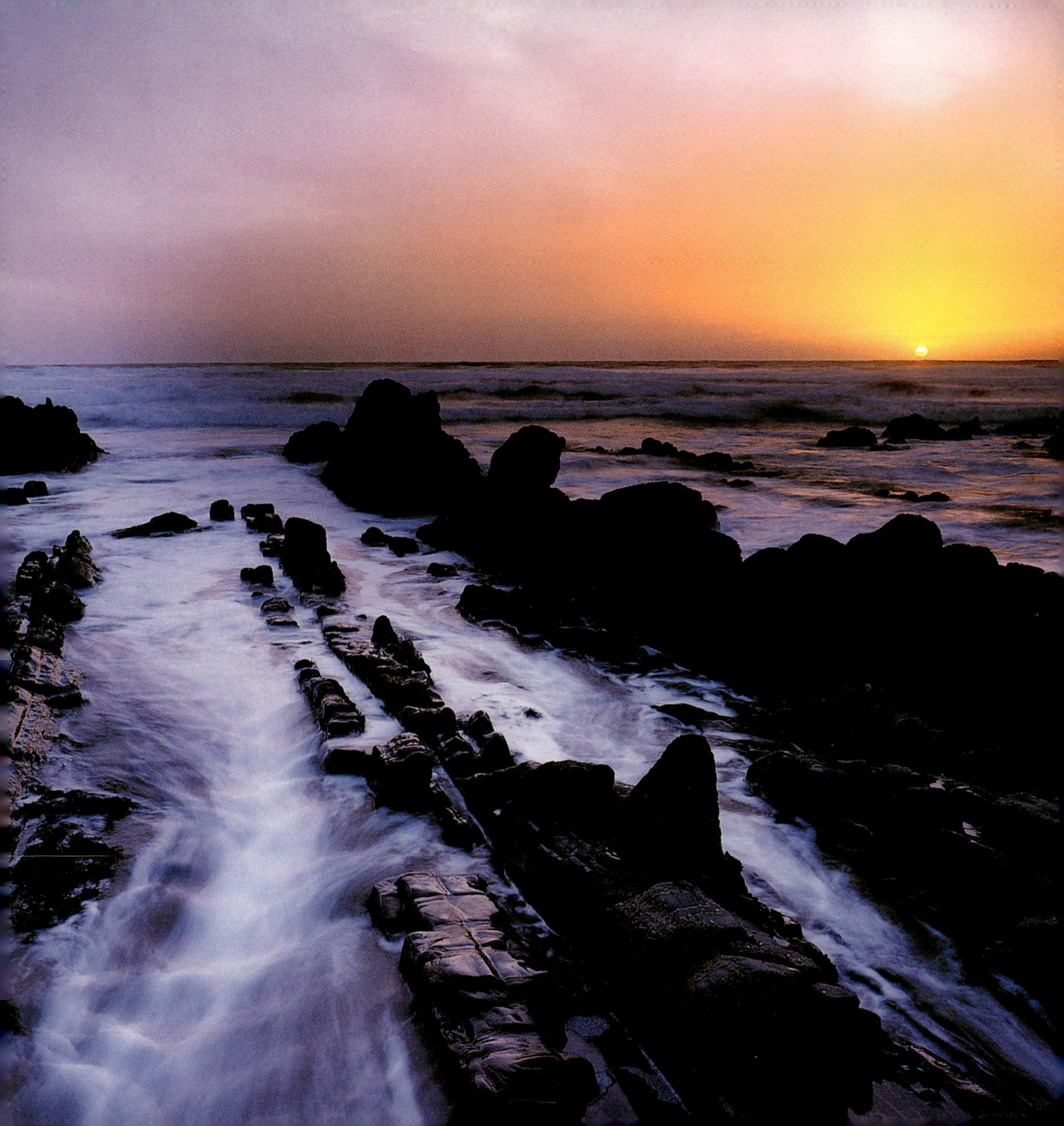

2. Februar

Begegnung

Wir müssen die Widerwärtigkeiten,
die Gott uns schickt, annehmen,
ohne viel darüber nachzugrübeln,
und wir dürfen es als gewiss annehmen,
dass es das Beste ist, was uns begegnen kann.

Philipp Neri

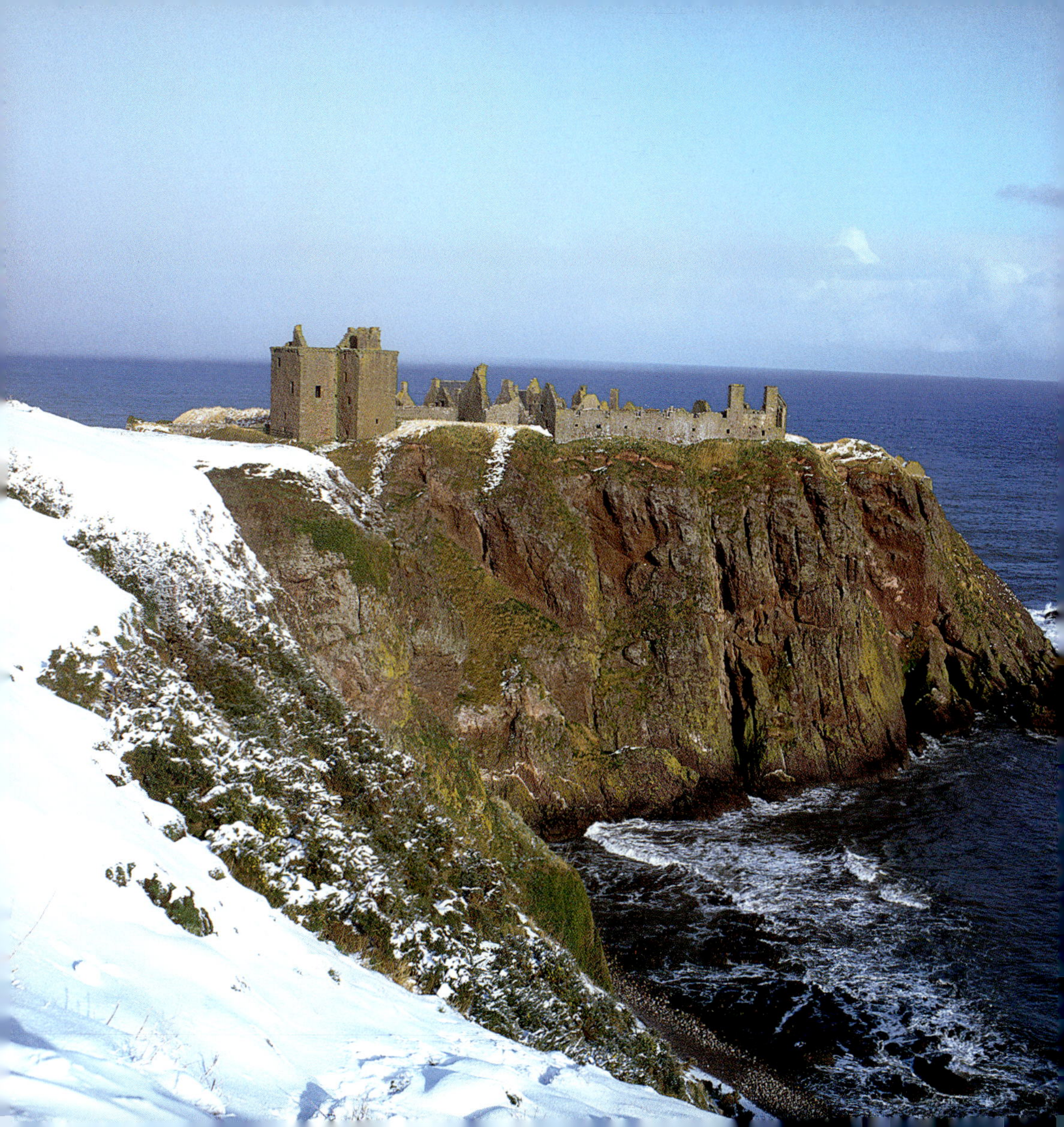

3. Februar

Geheimnis

Es ist die Aufgabe eines jeden Menschen,
zu sich selbst zu kommen,
das innerste Wesen seines Ichs zu entdecken.
Wie man dorthin gelangen kann,
und mit welchen Erfahrungen
diese Entdeckung zusammenhängt,
ist und bleibt aber ein Geheimnis.

Edith Stein

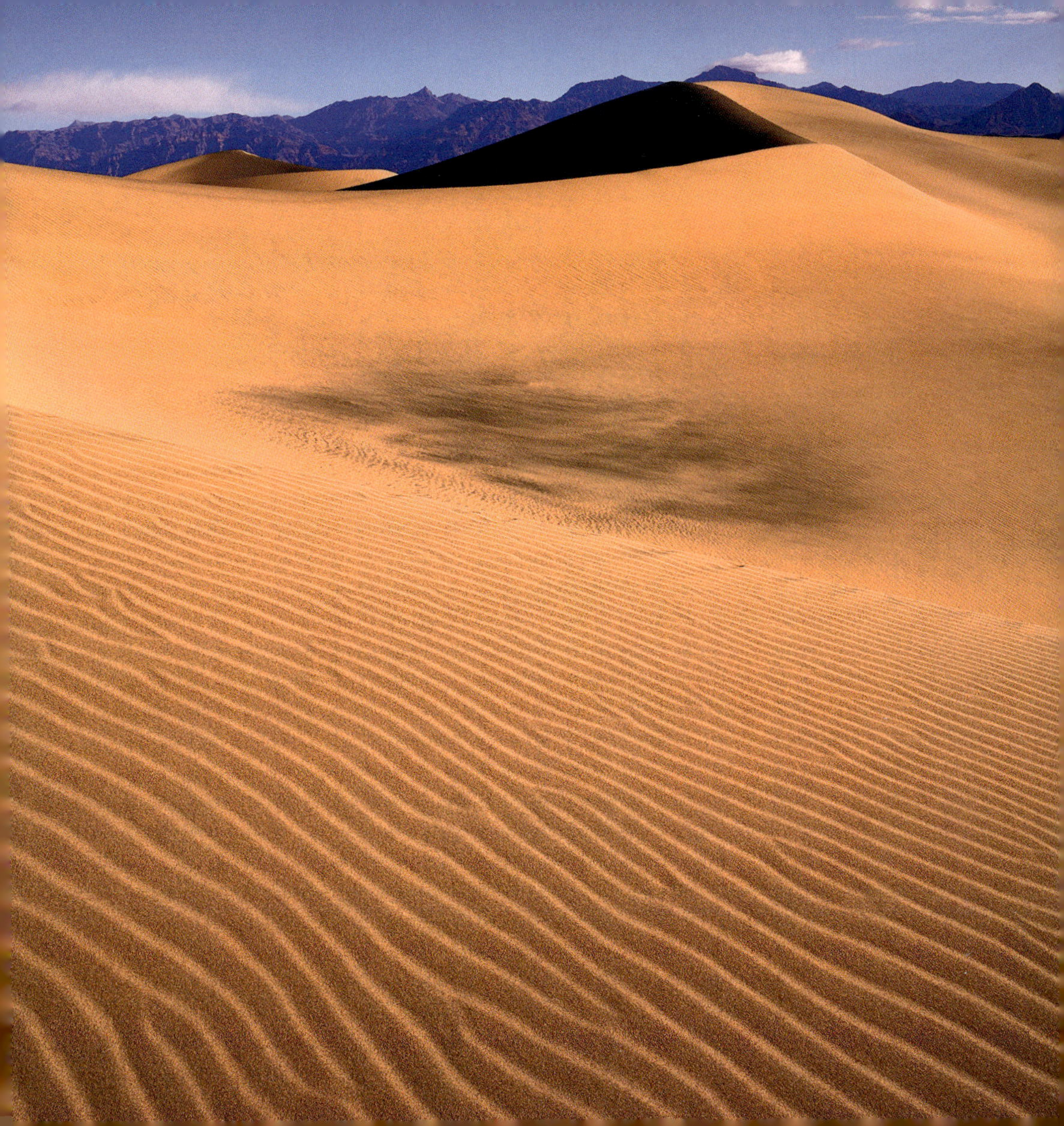

4. Februar

Weisheit

Herr,
gib mir die Kraft, zu ändern,
was ich ändern kann,
die Demut, anzunehmen,
was sich nicht ändern lässt,
und die Weisheit,
zwischen beidem zu unterscheiden.

Friedrich Oetinger

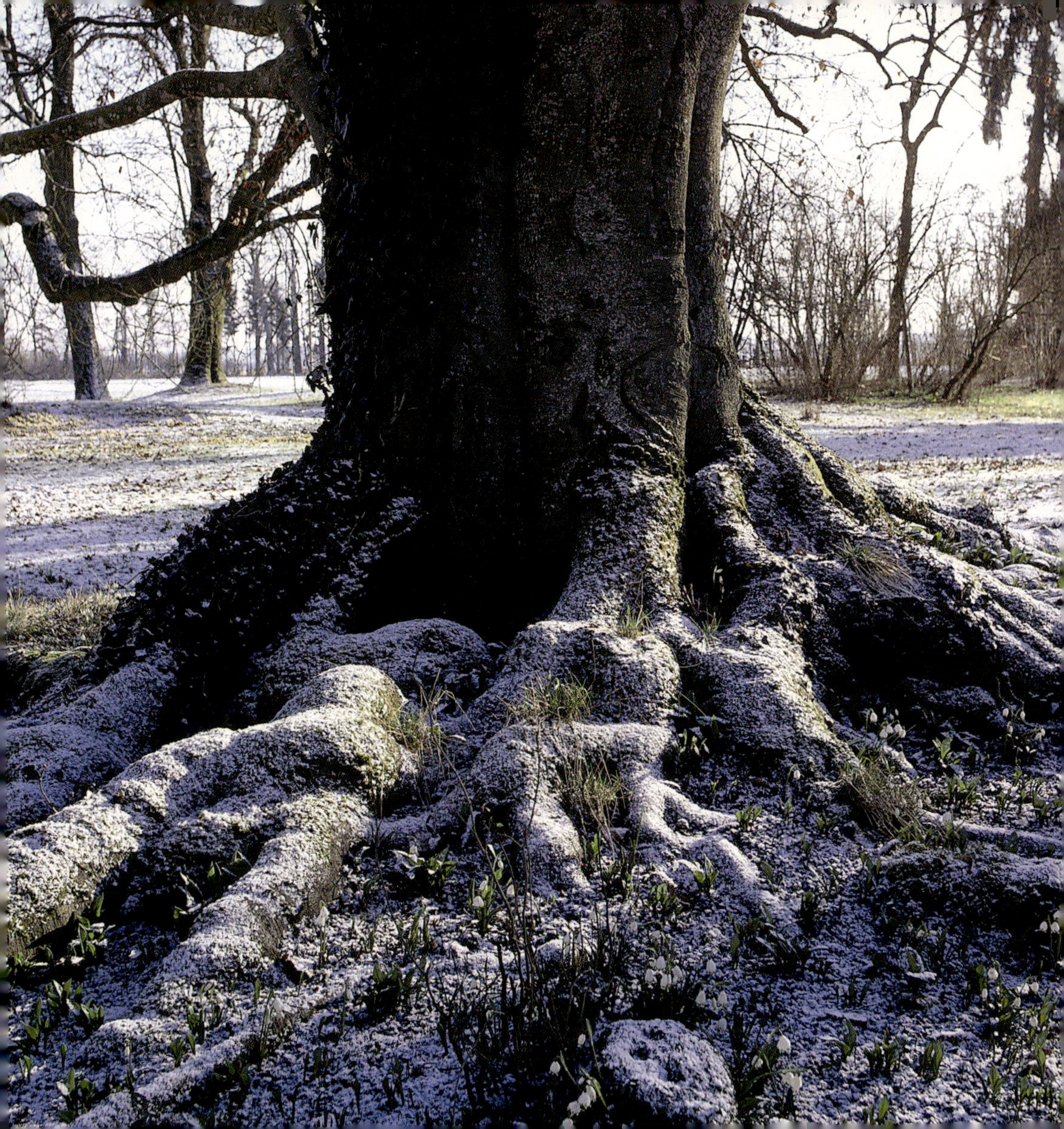

5. Februar

Bilder der Seele

Geh deinen Weg gelassen und ruhig
inmitten des Lärms und der Hast dieser Zeit
und erinnere dich,
welcher Frieden in der Stille liegt.

Aus der Lebensregel von Baltimore

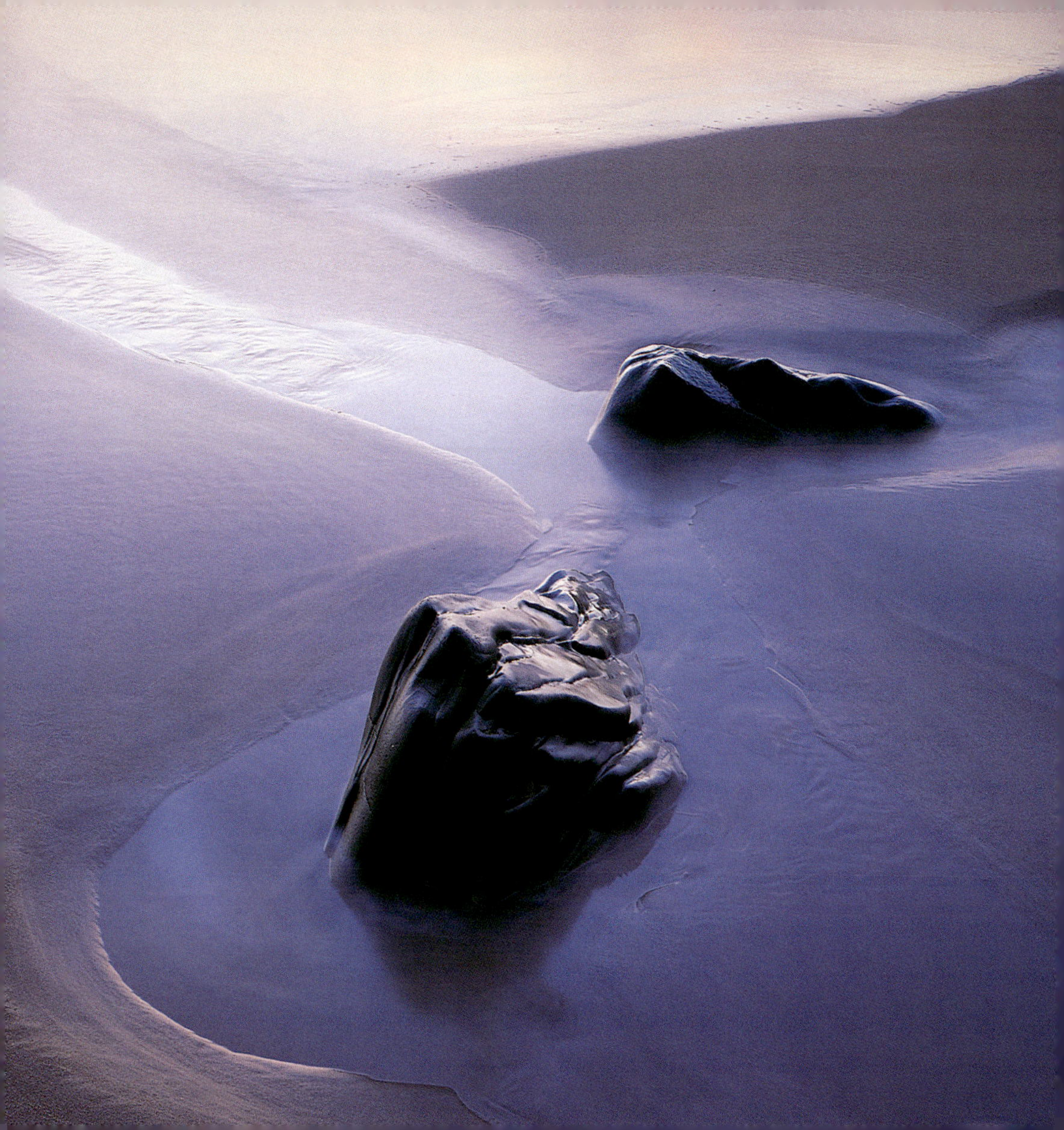

6. Februar

Frieden der Seele

Zieh dich in dich selbst zurück!
Die in uns zur Herrschaft
bestimmte Vernunft ist darauf angelegt,
ihr Genügen in sich selbst zu finden,
wenn sie das Rechte tut
und dabei Frieden in der Seele hat.

Marc Aurel

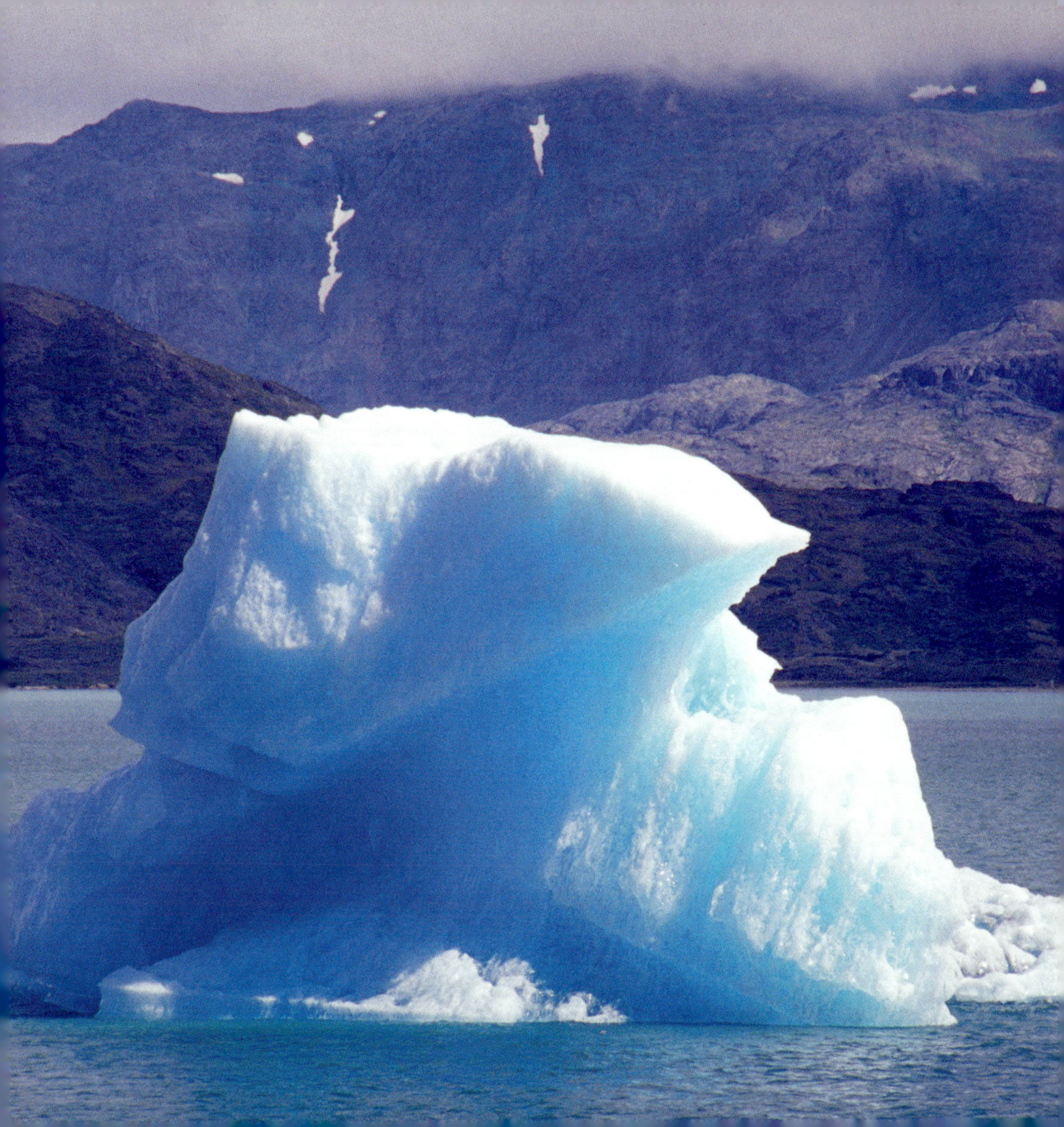

7. Februar

Glaube

Der Glaube, senfkorngroß,
versetzt den Berg ins Meer.
Denkt, was er könnte tun,
wenn er ein Kürbis wär.

Angelus Silesius

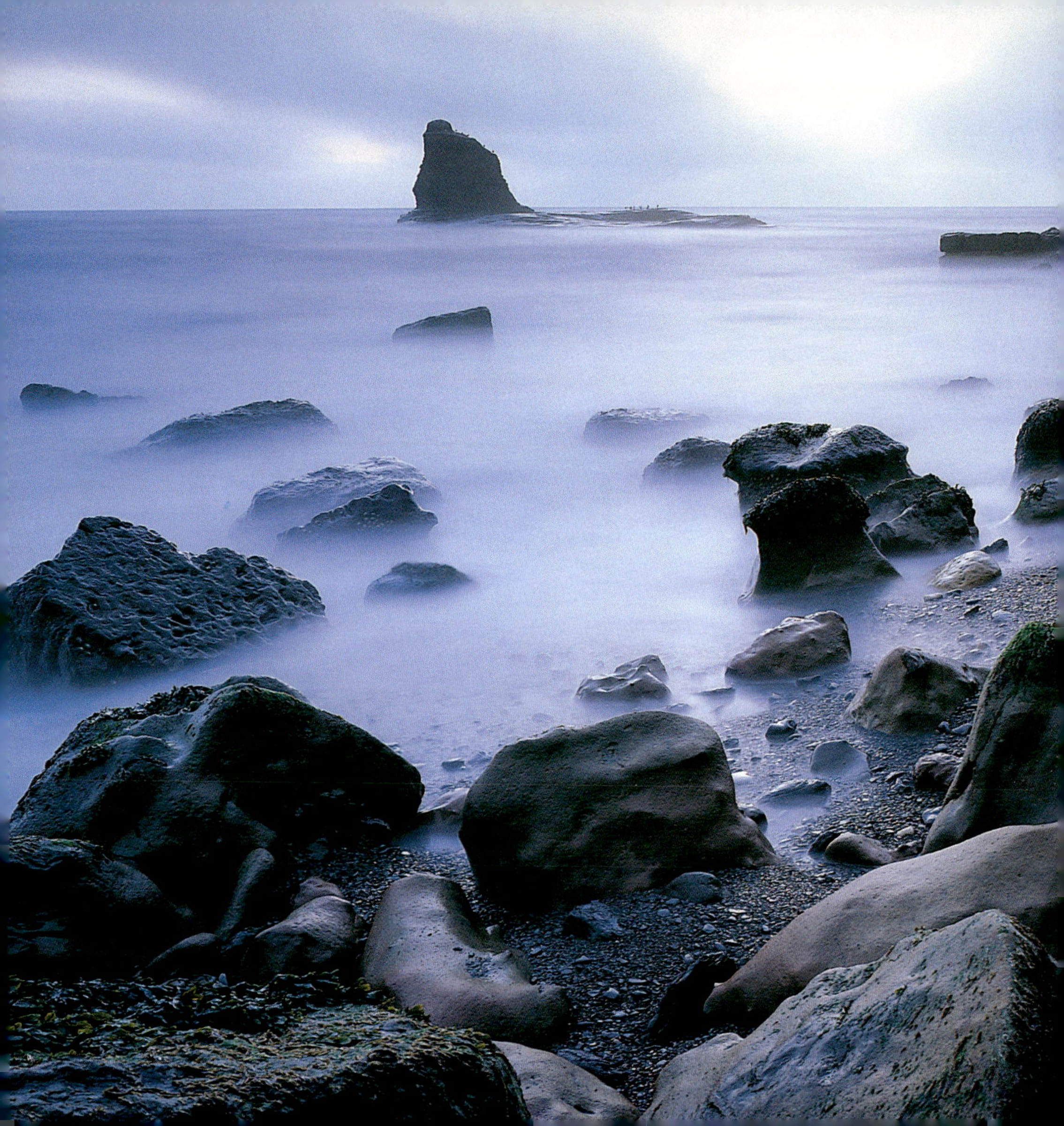

8. Februar

Geduld

Gegen Schmerzen der Seele
gibt es nur zwei Arzneimittel:
Hoffnung und Geduld.

Pythagoras

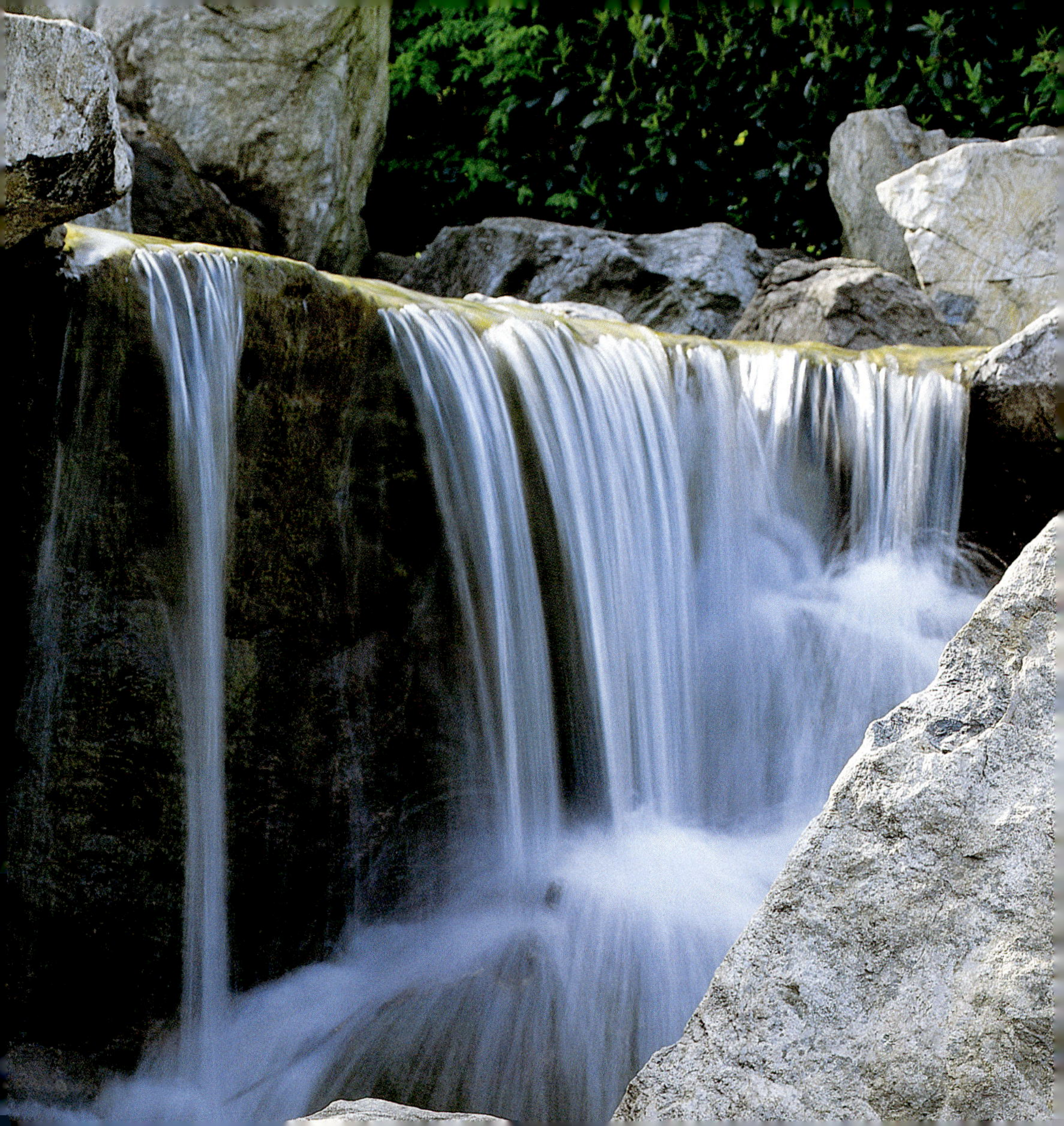

9. Februar

Hoffnungskraft

Jeder Tag ist ein kleines Leben, das heißt:
ein zu bewältigendes Angebot
und nicht ein Berg,
den wir nicht übersteigen können.

Liselotte Nold

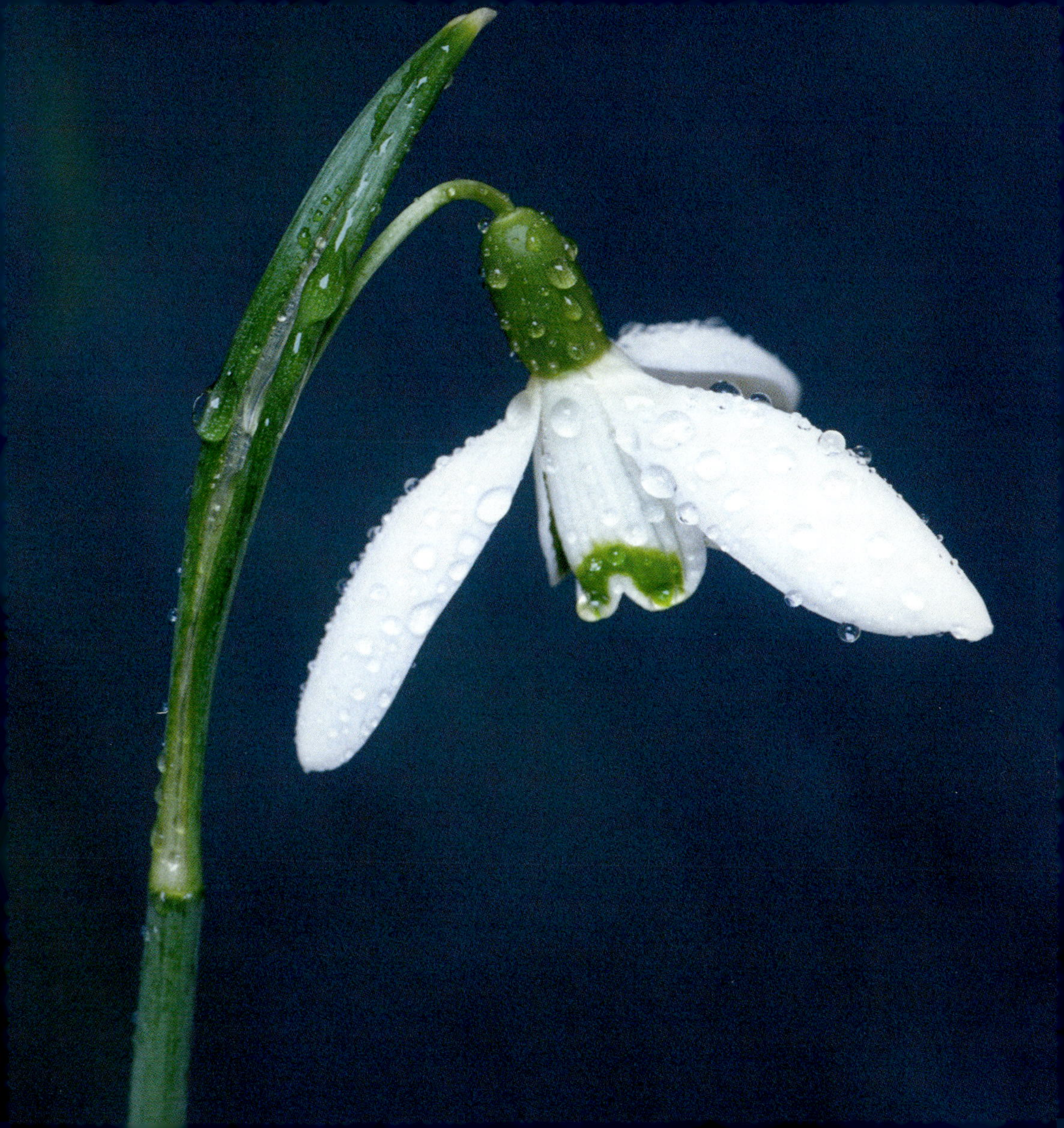

10. Februar

Der Himmel ist in dir

Halt an, wo läufst du hin,
der Himmel ist in dir;
suchst du Gott anderswo,
du fehlst ihn für und für.

Angelus Silesius

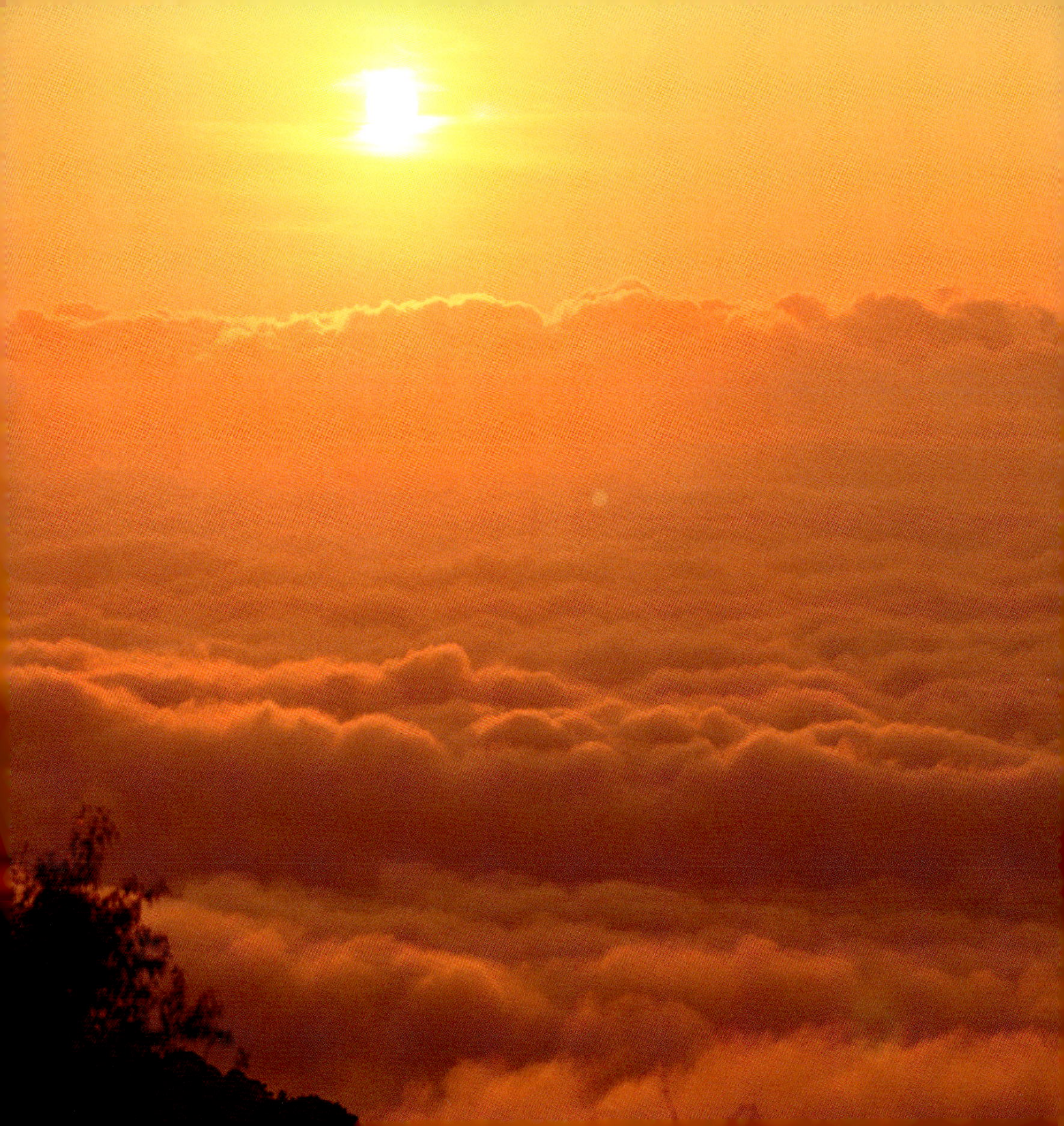

11. Februar

Schweigen

Der Zustand der Welt ist krank.
Wenn ich Arzt wäre und man mich fragte:
Was rätst du?
Ich würde antworten:
Schaffe Schweigen.

Søren Kierkegaard

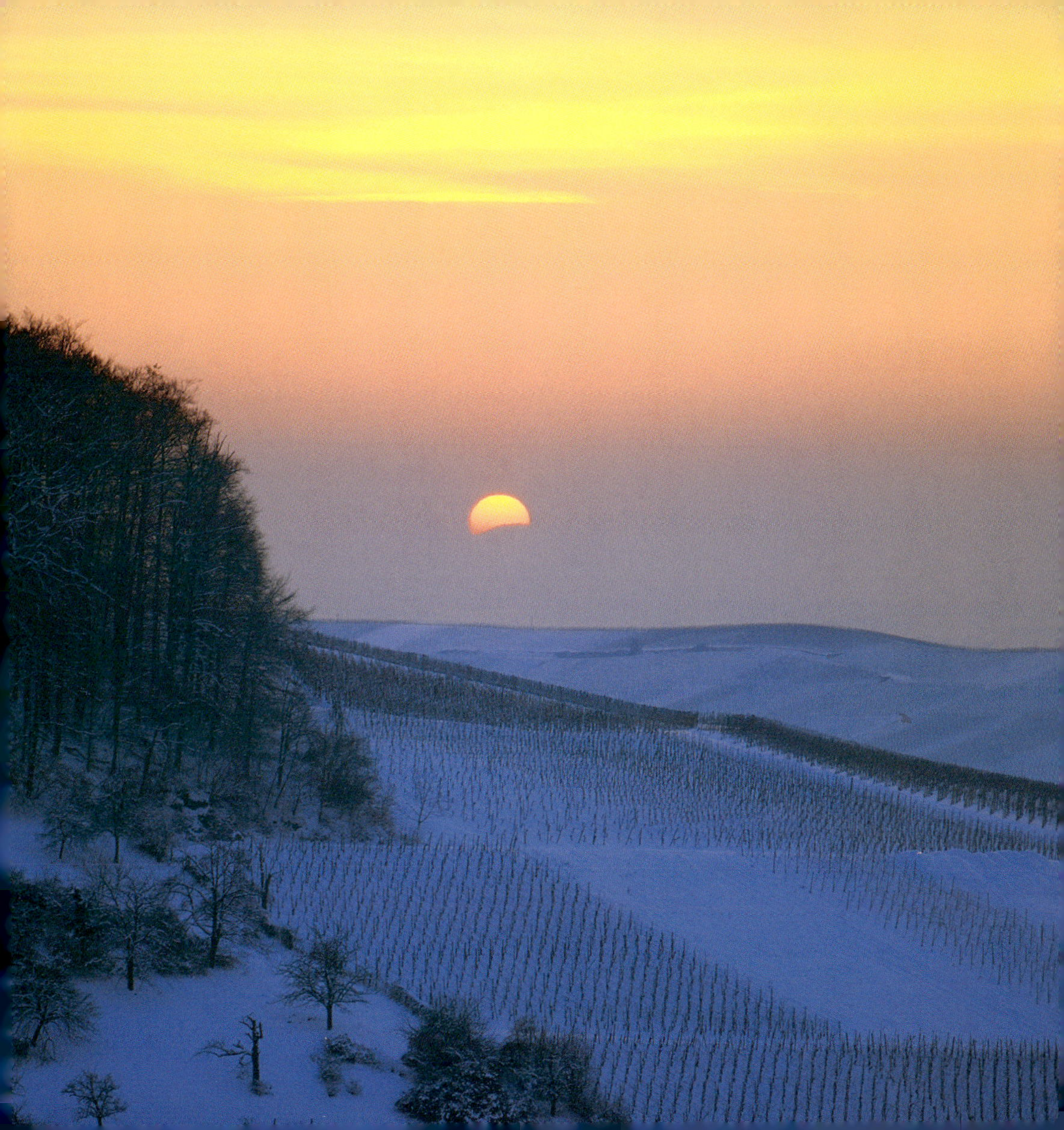

12. Februar

Lebensfreude

Das Leben ist eine Chance – nutze sie.
Das Leben ist Schönheit – bewundere sie.
Das Leben ist Seligkeit – genieße sie.
Das Leben ist ein Traum – verwirkliche ihn.
Das Leben ist eine Herausforderung –
stelle dich ihr.

Mutter Teresa

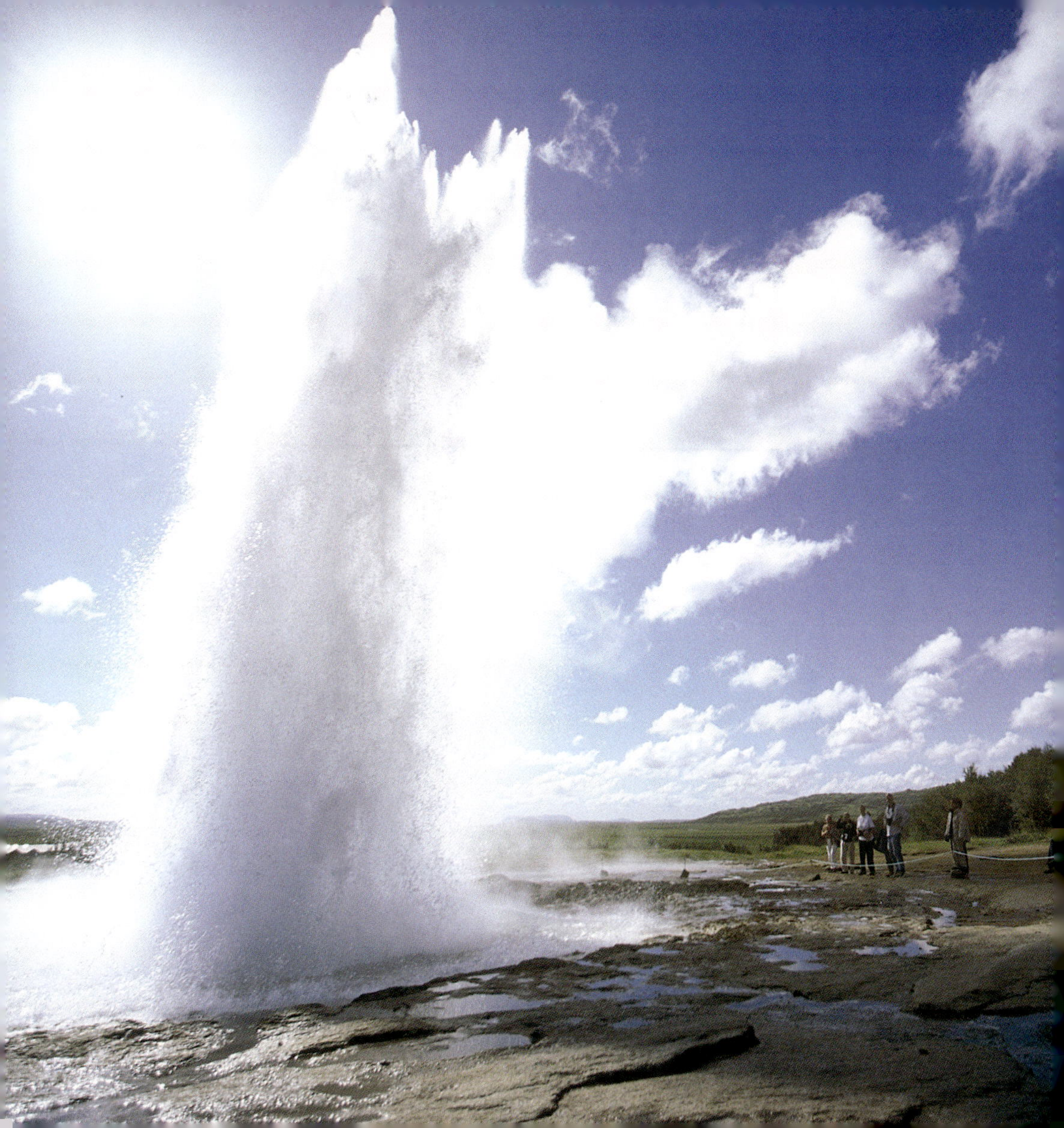

13. Februar

Harmonie

Das höchste Gut
ist die Harmonie der Seele
mit sich selbst.

Seneca d.J.

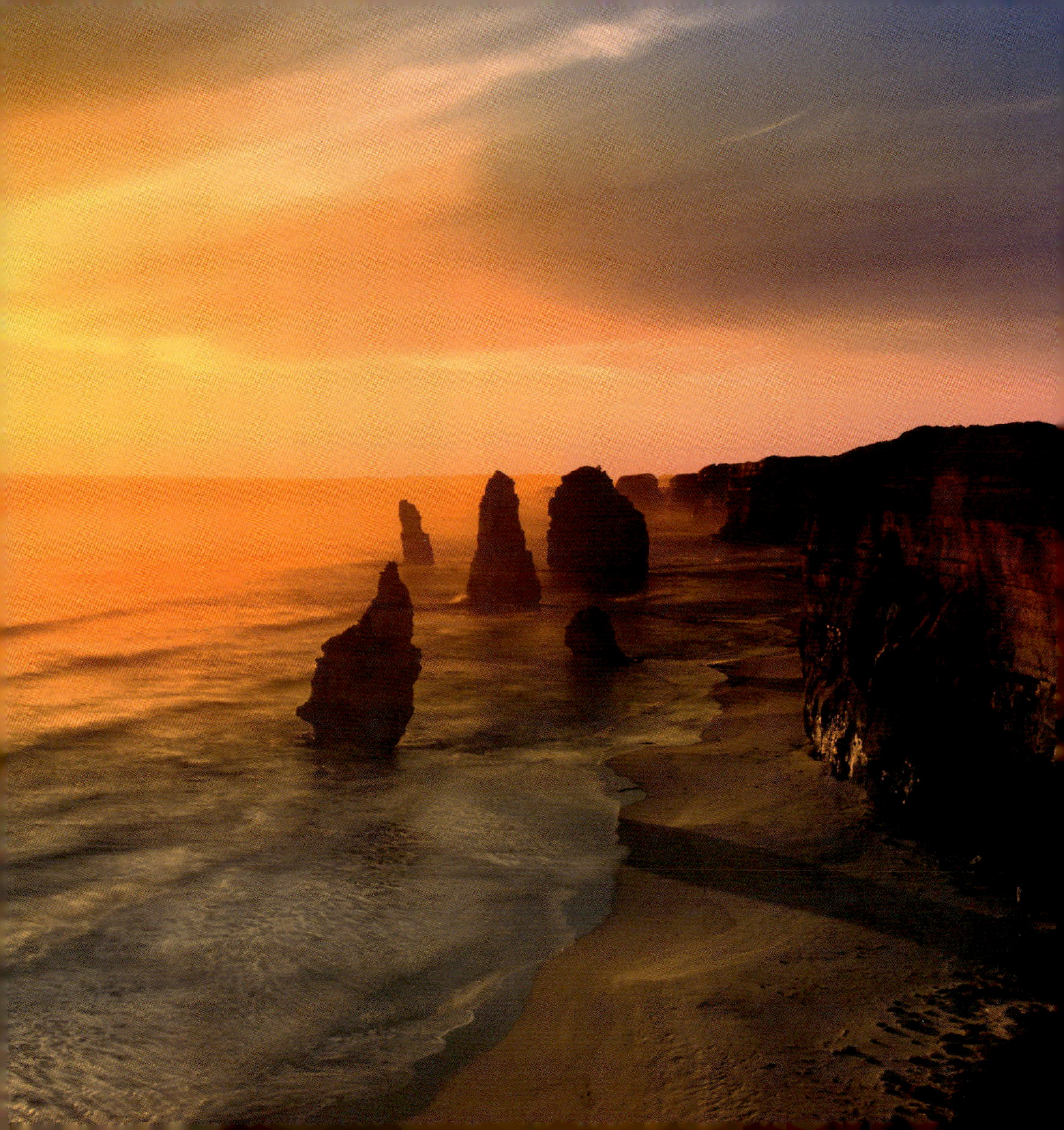

14. Februar

Frieden für die Seele

Meditation, die der Seele Frieden gibt.
Das Gebet, durch das sie erleuchtet wird
und das Licht der Weisheit wahrnehmen kann.
Die innere Betrachtung,
die den Zugang zu Gott eröffnet.

Bonaventura

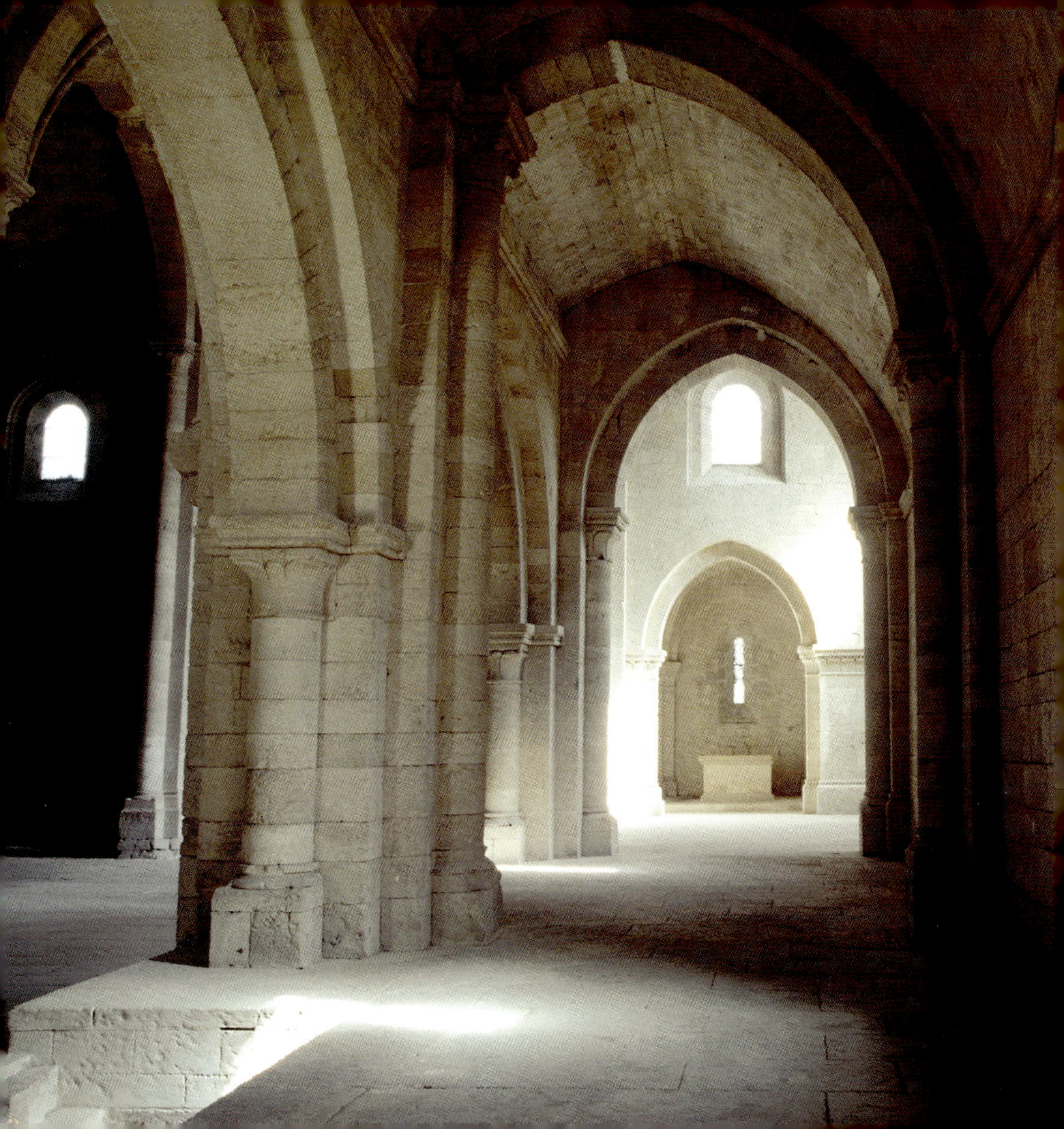

15. Februar

Stille der Natur

Die Natur breitet ihre Arme für uns aus
und lädt uns ein, uns an ihrer Schönheit
zu erfreuen.
Wir aber fürchten ihr Schweigen
und eilen in die beengten Städte
und drängen uns zusammen wie Schafe
auf der Flucht vor dem wilden Wolf.

Khalil Gibran

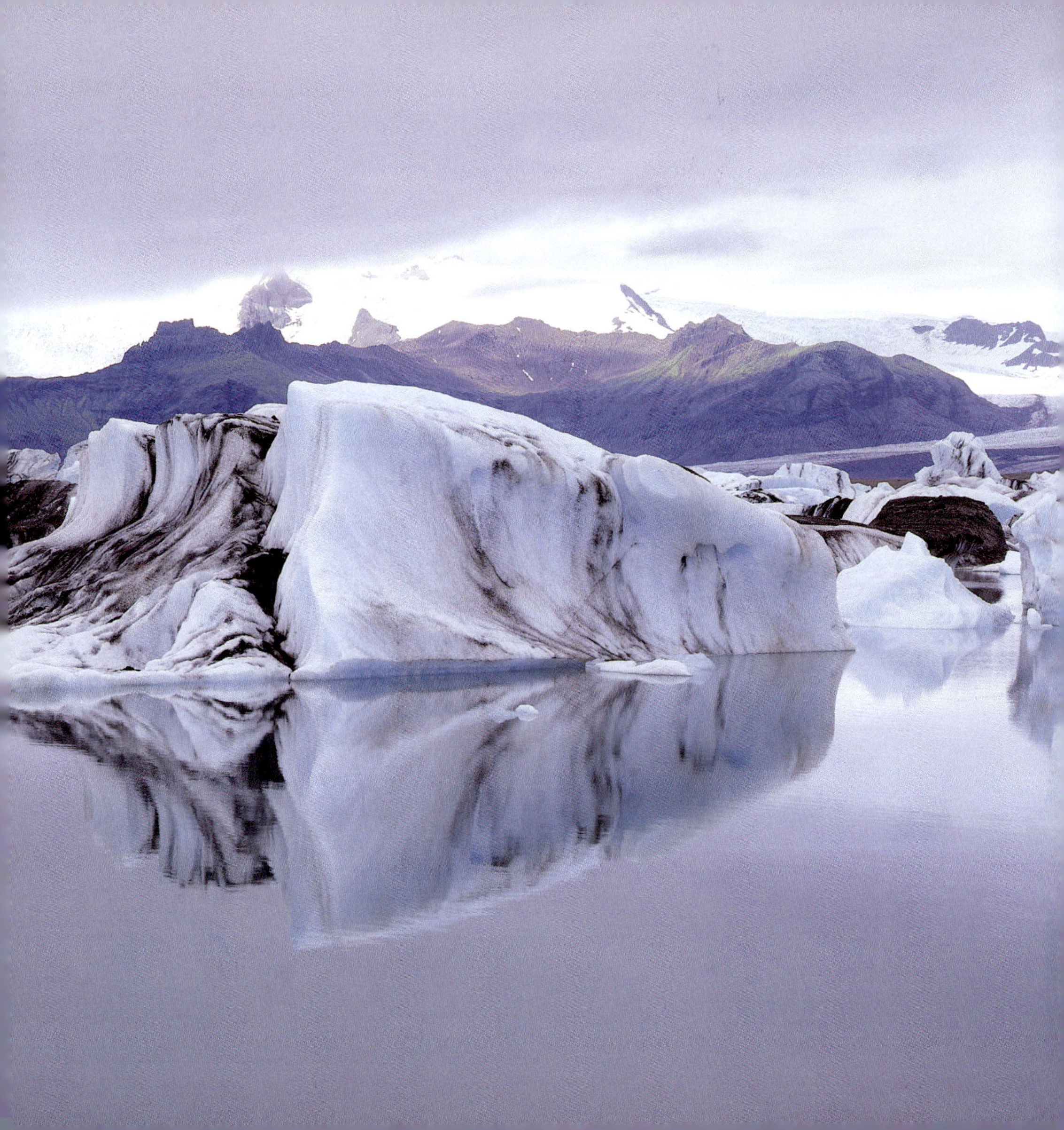

16. Februar

Stille

Die größten Wunder
gehen in der größten Stille vor sich.

Wilhelm Raabe

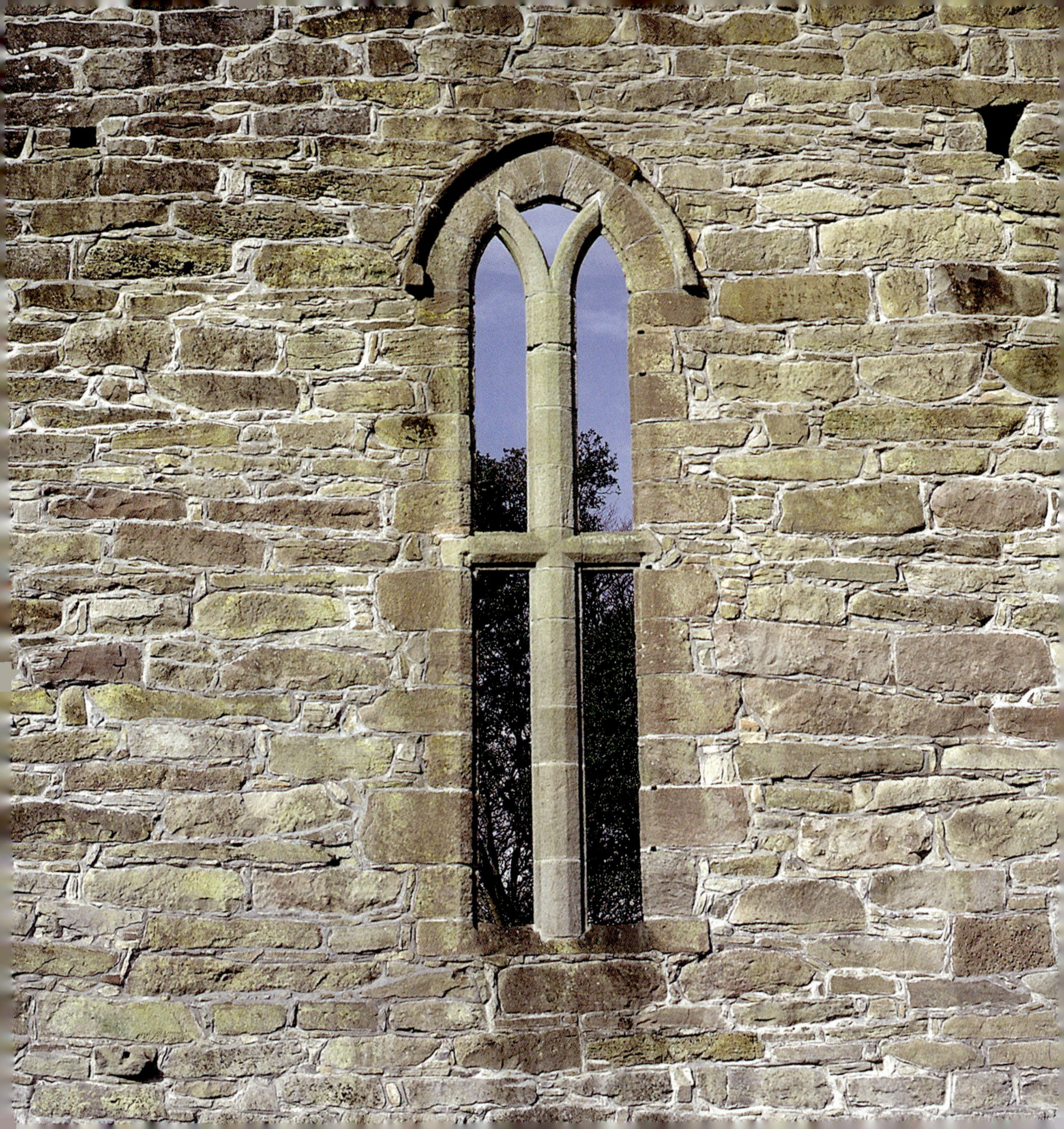

17. Februar

Träumen

Nenne dich nicht arm,
wenn deine Träume
nicht in Erfüllung gegangen sind,
wirklich arm ist nur der,
der nie geträumt hat.

Marie von Ebner-Eschenbach

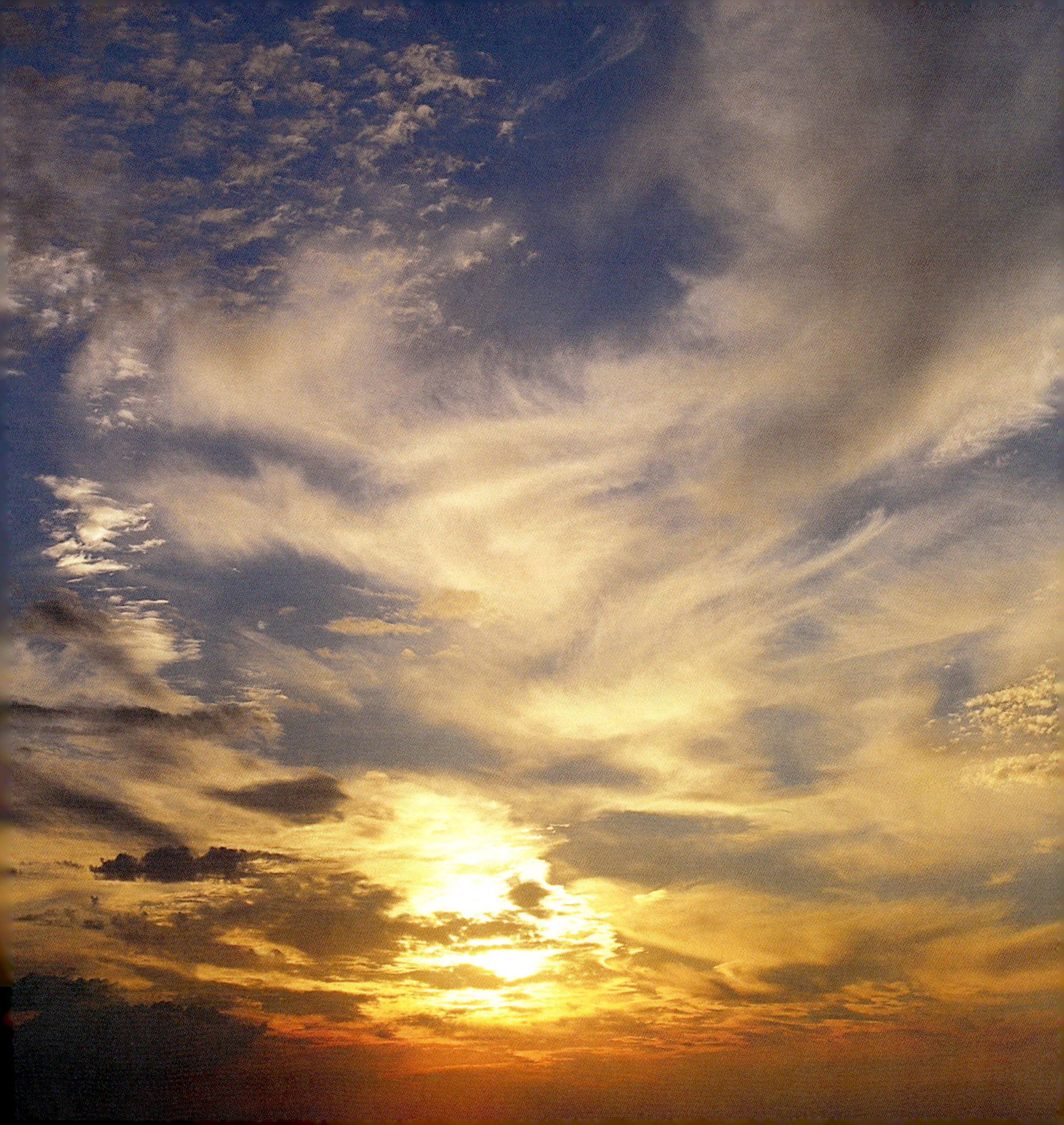

18. Februar

Anfang

Die allein sind imstande,
wahrhaft diese Welt zu genießen,
die mit der unsichtbaren Welt beginnen.

John Henry Newman

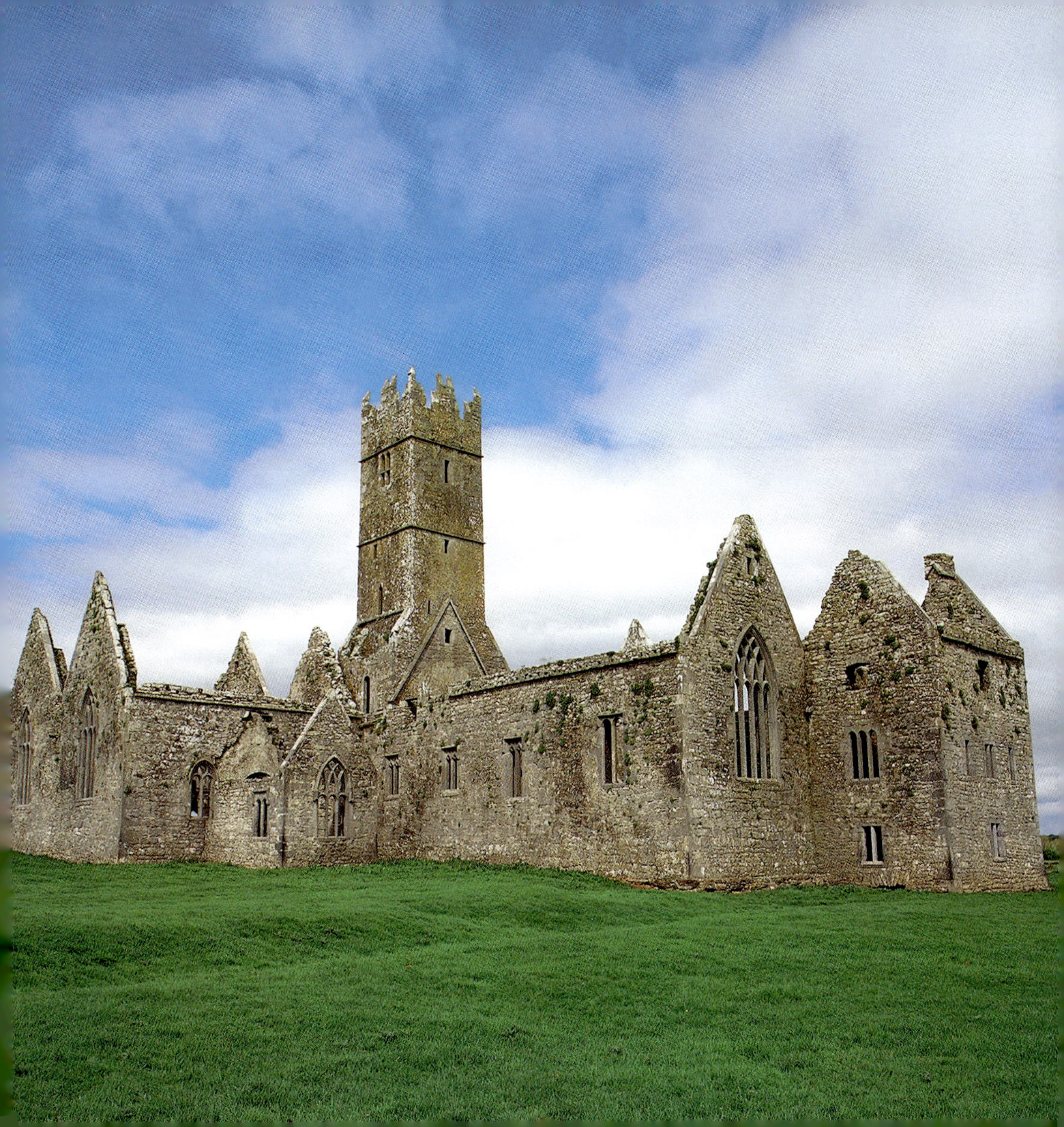

19. Februar

Gipfel

Wer den Gipfel zur Weisheit erreichen will,
muss zum Gipfel der Liebe gelangen,
denn niemand ist vollkommen im Wissen,
der nicht vollkommen ist in der Liebe.

Rabanus Maurus

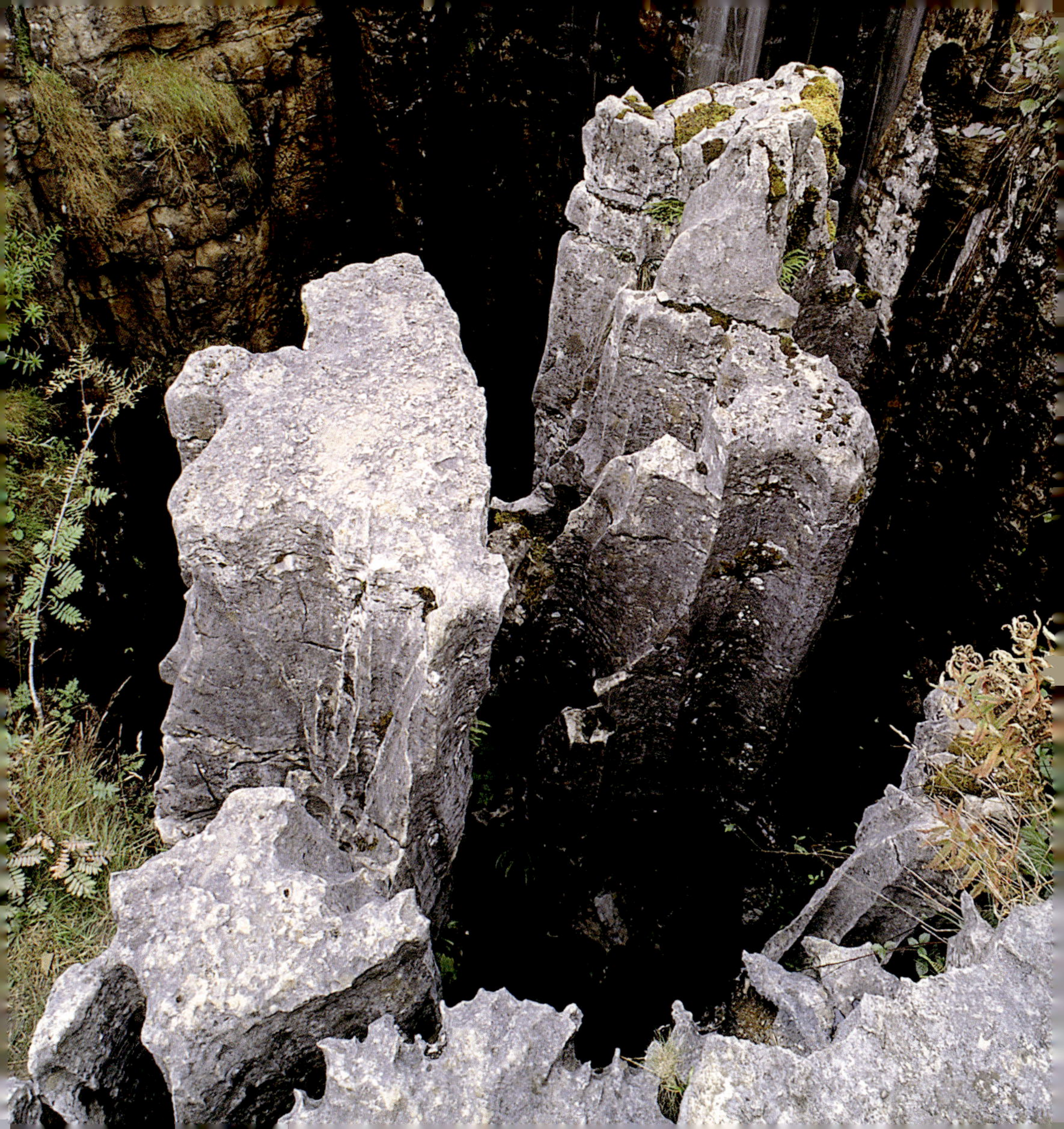

20. Februar

Unendlichkeit

Es gibt Augenblicke in unserem Leben,
in denen Zeit und Raum tiefer werden
und das Gefühl des Daseins
sich unendlich ausdehnt.

Charles Baudelaire

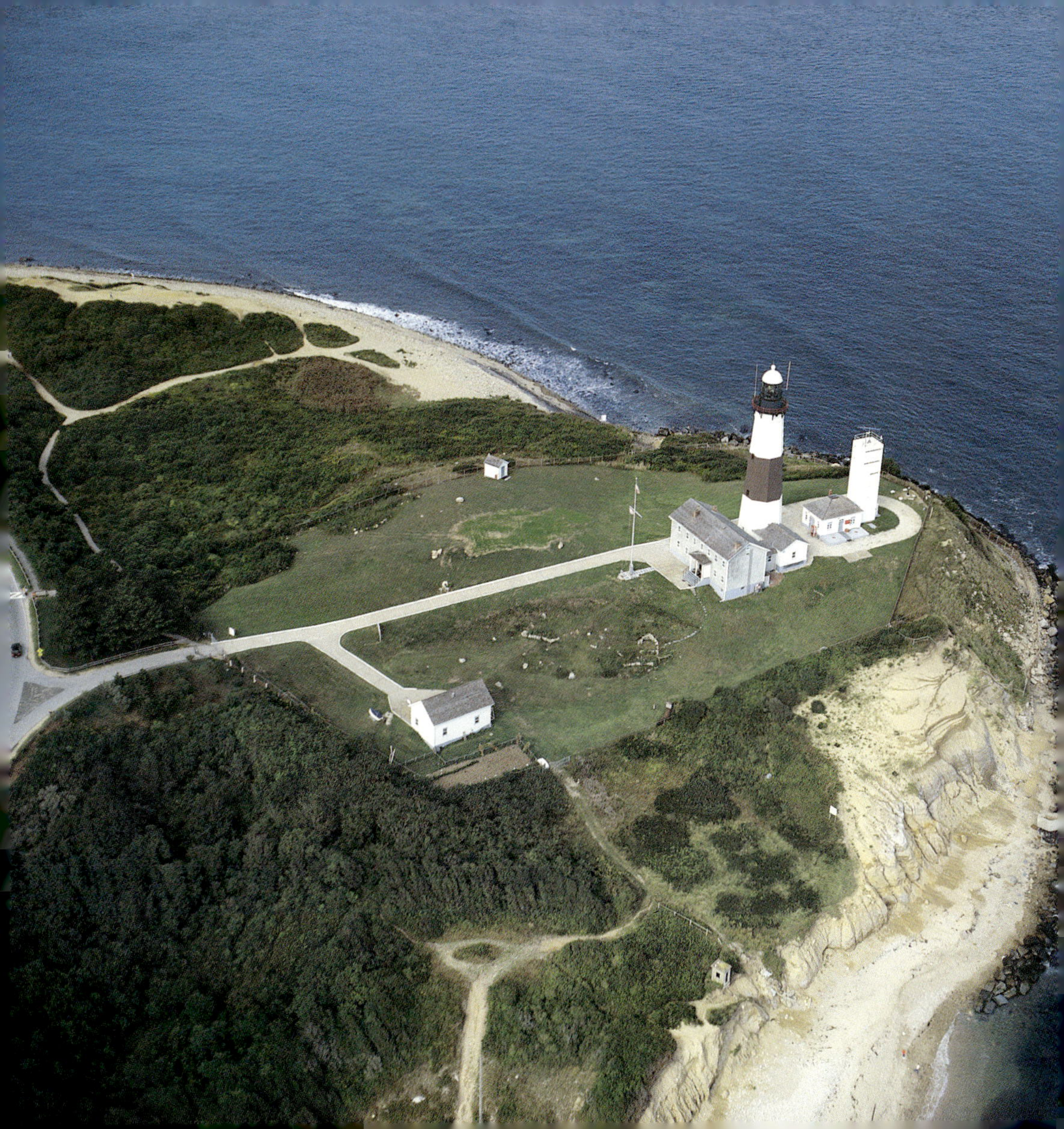

21. Februar

Das Gute der Natur

All das Gute der Natur gehört der Seele
und bleibt ihr Eigentum,
wenn sie es mit der gesetzlichen Münze
der Natur bezahlt hat,
das heißt mit der entsprechenden
Hingabe von Herz zu Hirn.

Ralph Waldo Emerson

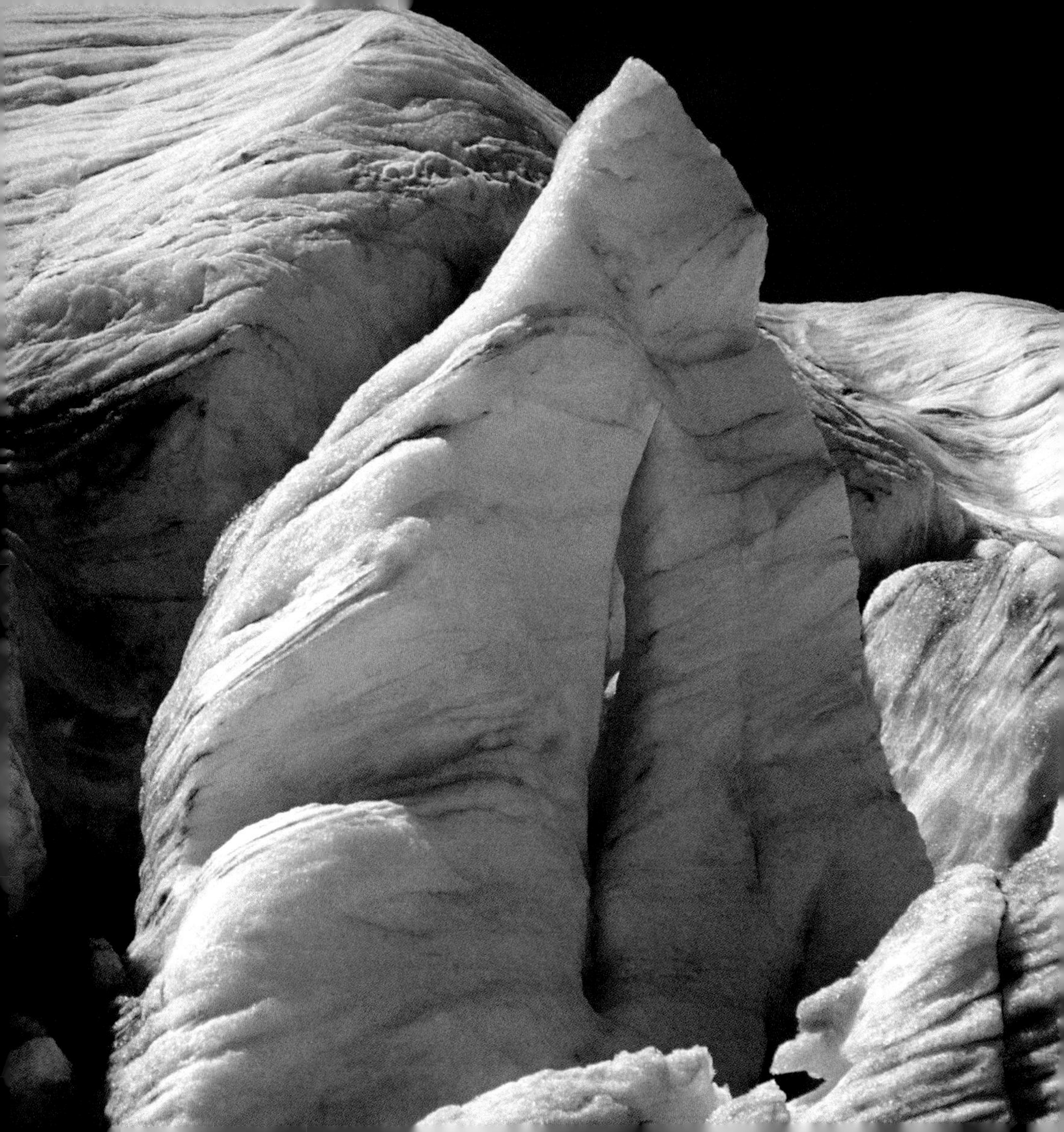

22. Februar

Beruhigung

Durch die Natur
beruhigt sich Gott selbst immer wieder.
Wehe, wenn er als Mensch
in dem unseligen Fieber der Zivilisation
sich selbst als Natur zerstört haben wird.

Christian Morgenstern

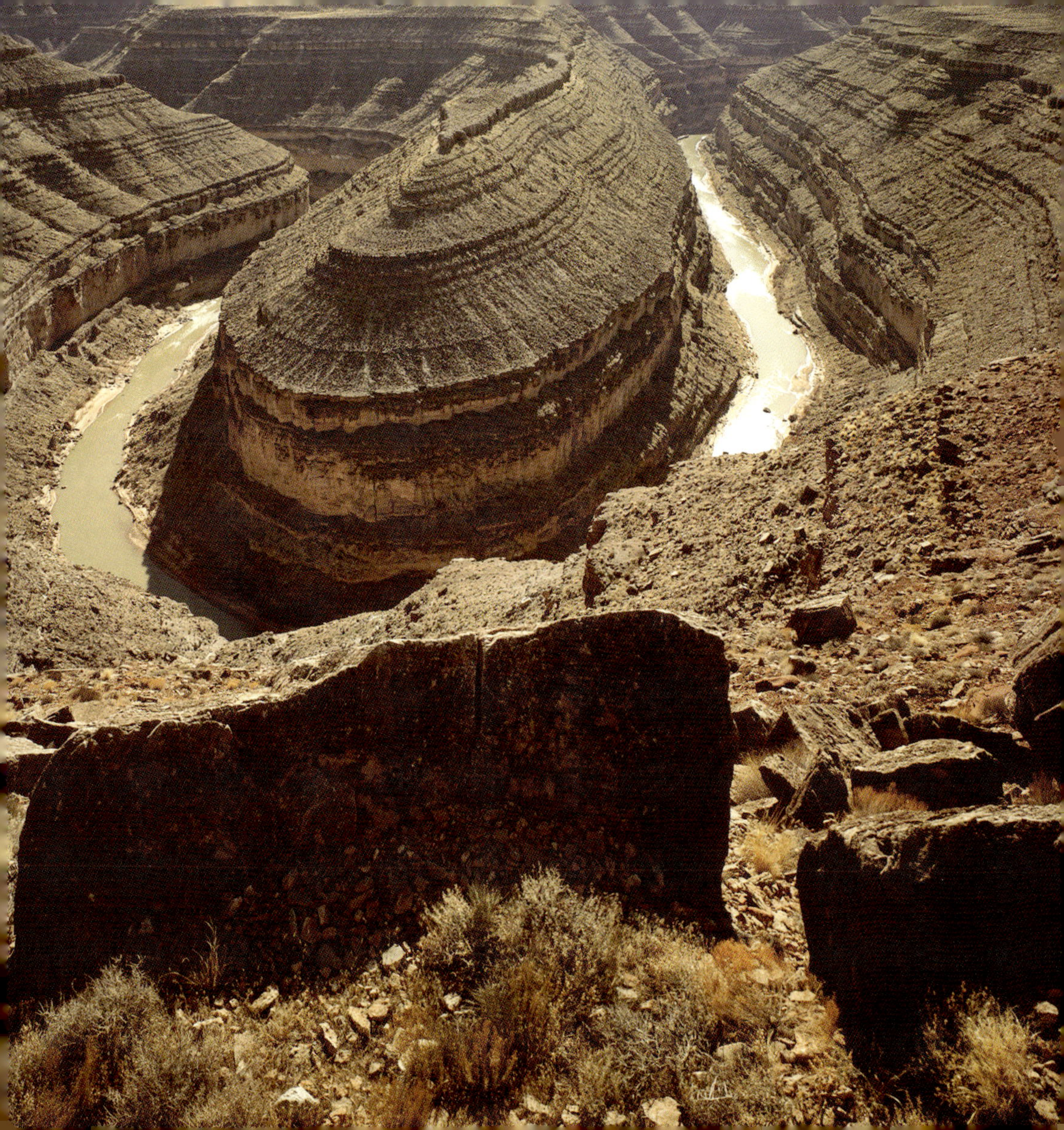

23. Februar

Tiefe

Ein guter Rat ist wie Schnee.
Je sanfter er fällt,
desto länger bleibt er liegen
und desto tiefer dringt er ein.

Simone Signoret

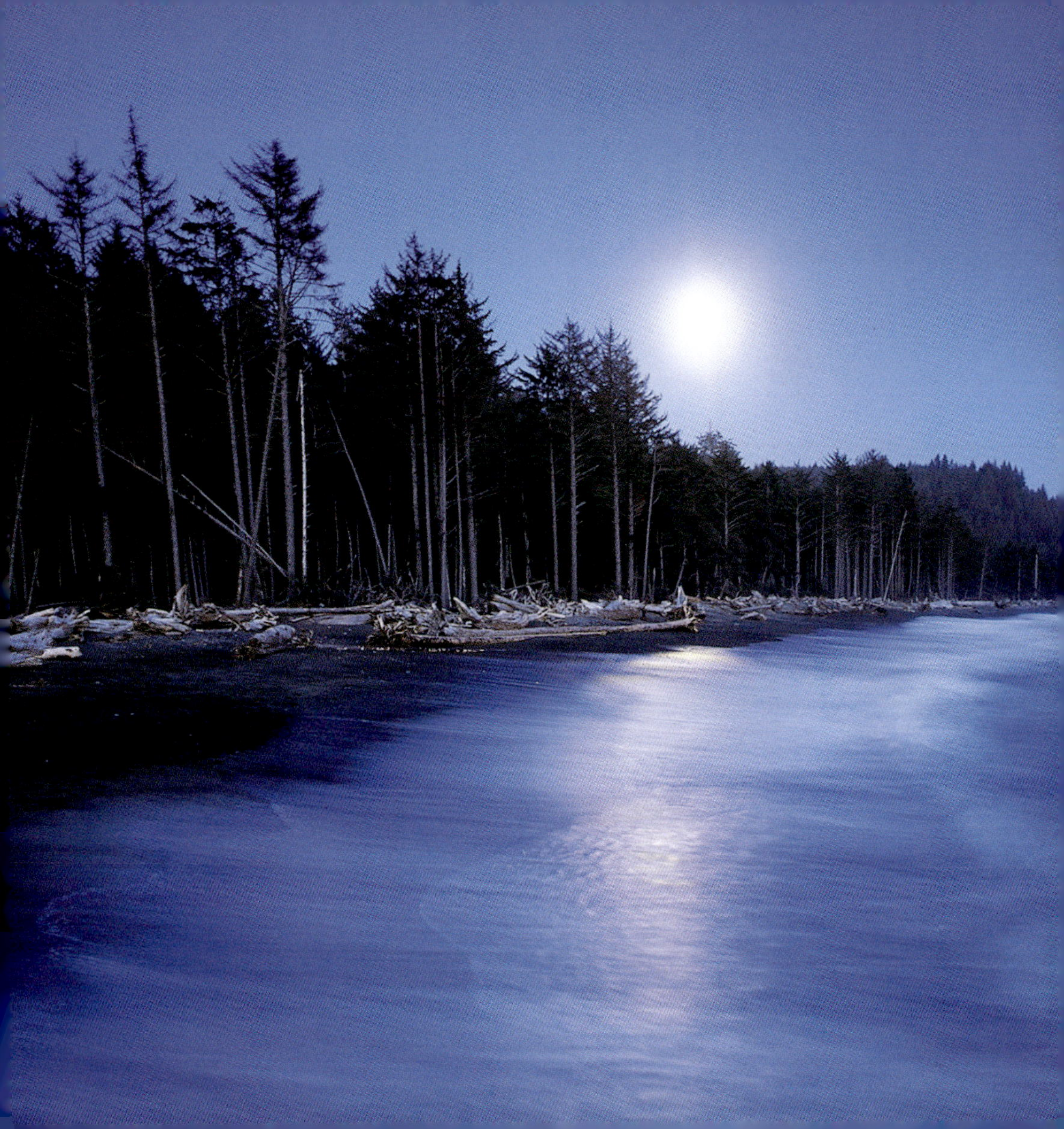

24. Februar

Weg

Ein Stück des Weges liegt hinter dir,
ein anderes Stück hast du noch vor dir.
Wenn du verweilst, dann nur,
um dich zu stärken,
nicht aber um aufzugeben.

Augustinus von Hippo

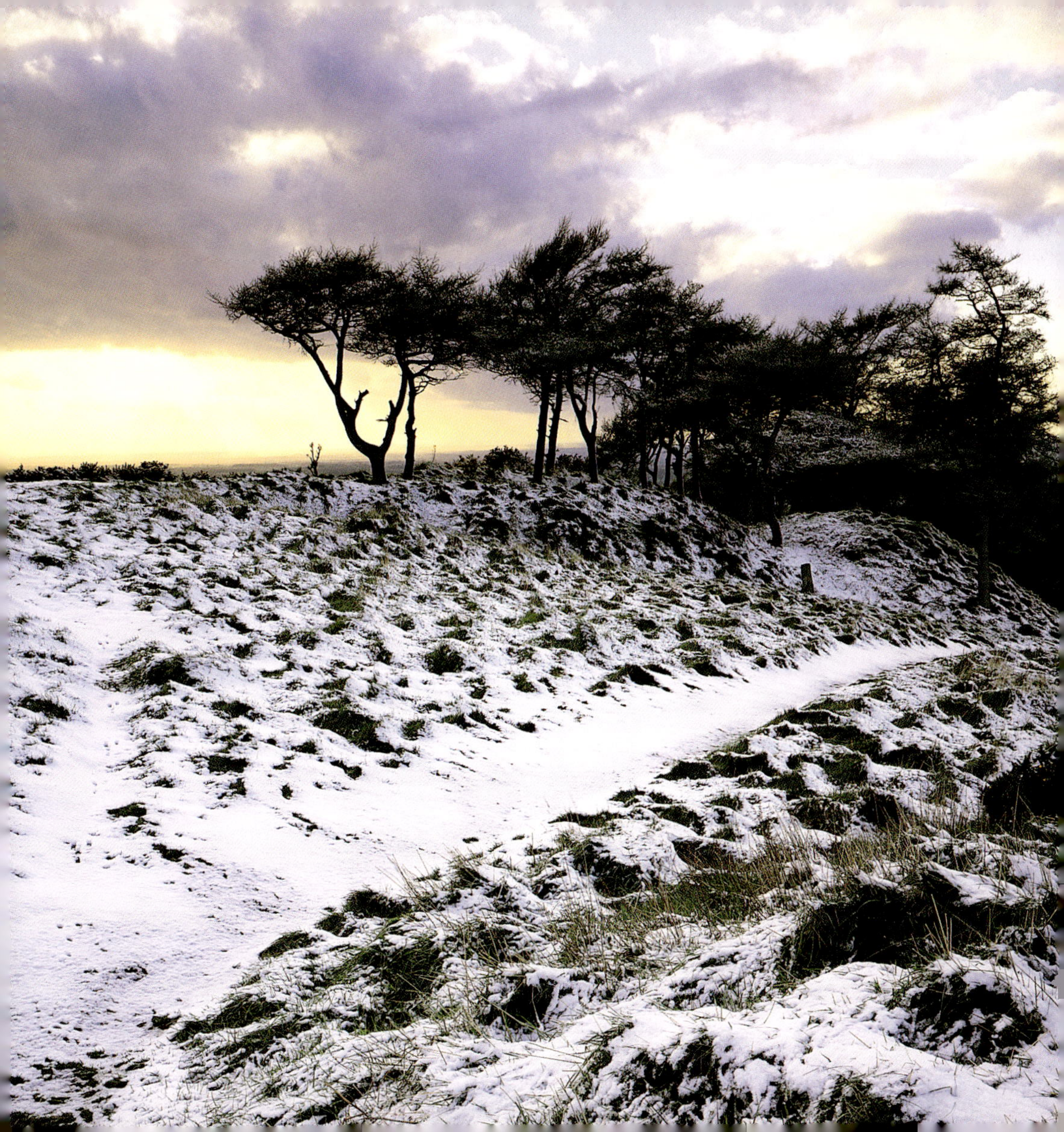

25. Februar

Stille

Die Frucht der Stille ist das Gebet.
Die Frucht des Gebets ist der Glaube.
Die Frucht des Glaubens ist die Liebe.
Die Frucht der Liebe ist das Dienen.
Die Frucht des Dienens ist der Friede.

Mutter Teresa

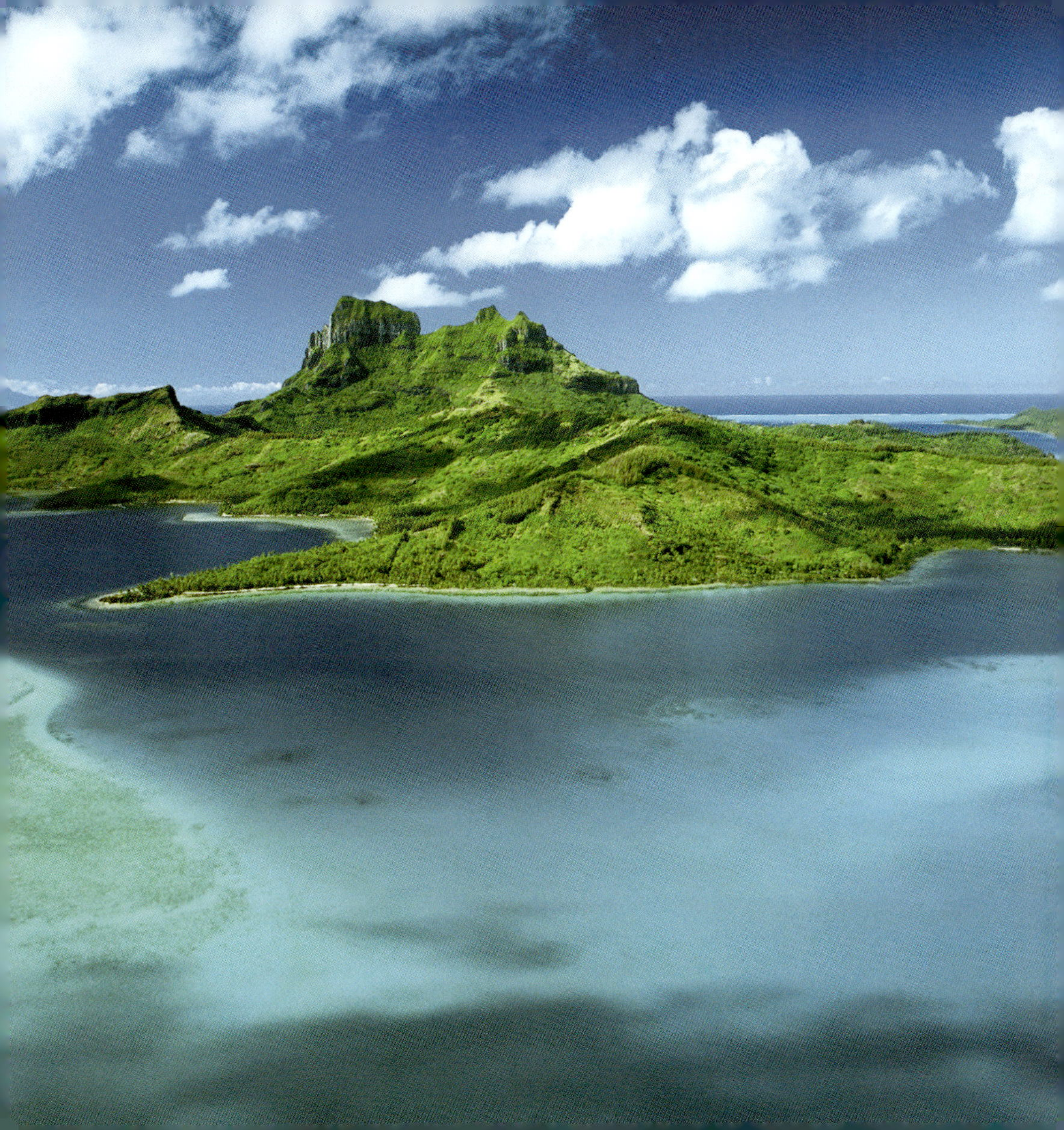

26. Februar

Geduld

Der Mensch, der den Berg abtrug,
war derselbe, der anfing,
die kleinen Steine wegzutragen.

Aus China

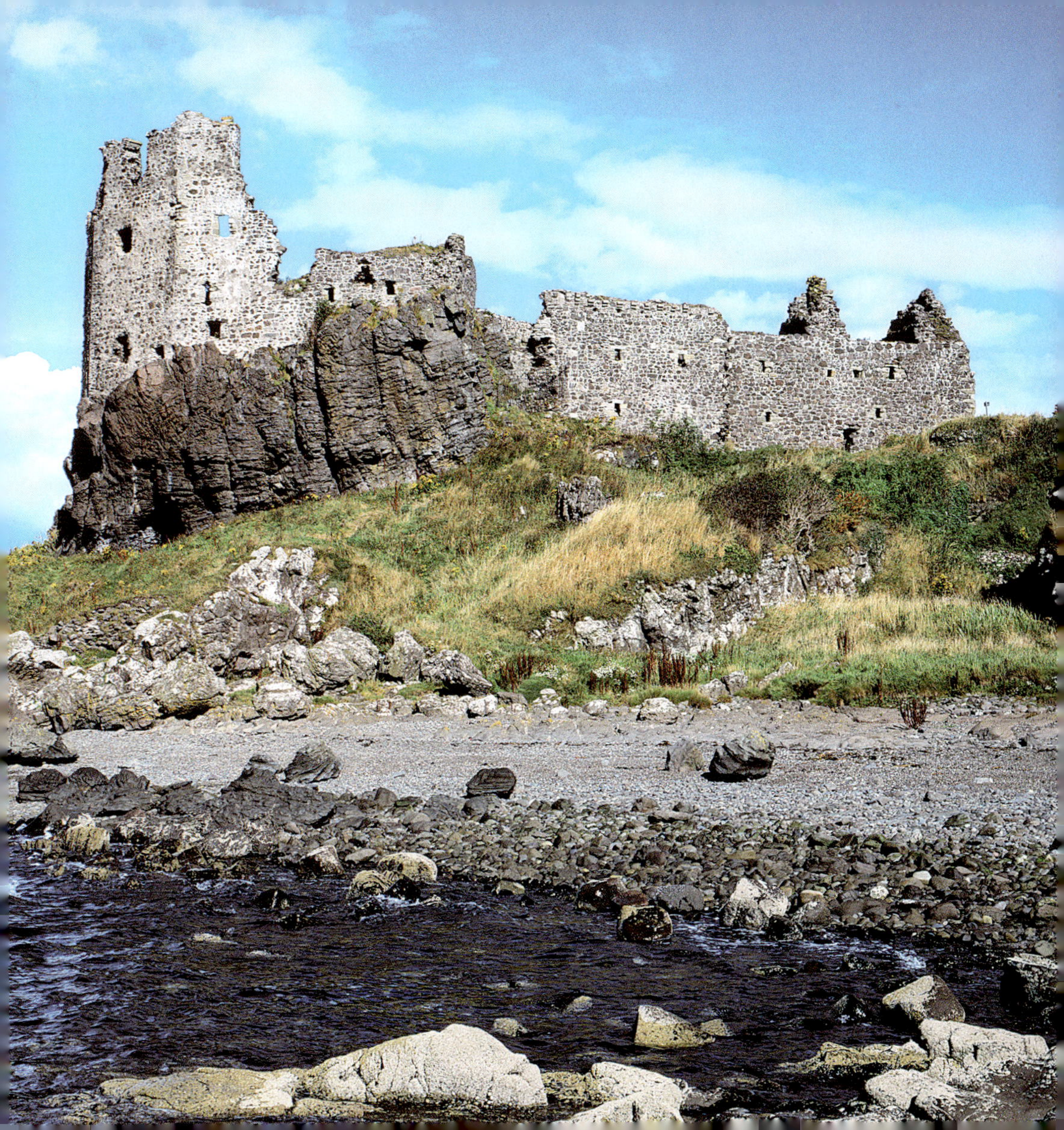

27. Februar

Zuversicht

Wer nur zurückschaut,
kann nicht sehen,
was auf ihn zukommt.

Konfuzius

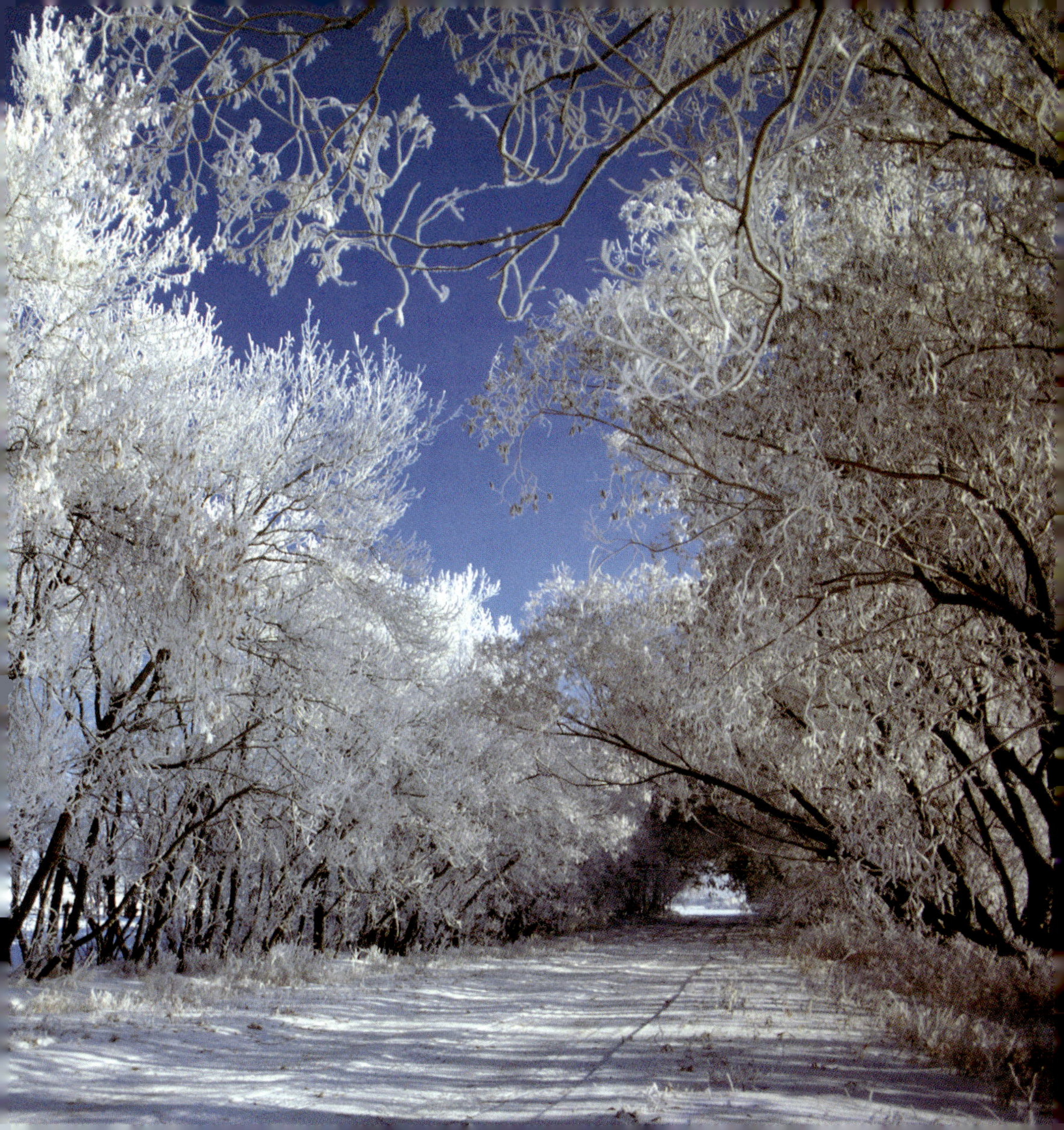

28. Februar

Pausen

Nichts geht mehr. Alles steht still.
Pausen der Stille in meinem Leben,
ich brauche sie.
Sie helfen mir: Kräfte zu sammeln,
mich auf das Wesentliche zu besinnen,
zu mir selbst zu finden und – Gott zu finden.

Anselm von Canterbury

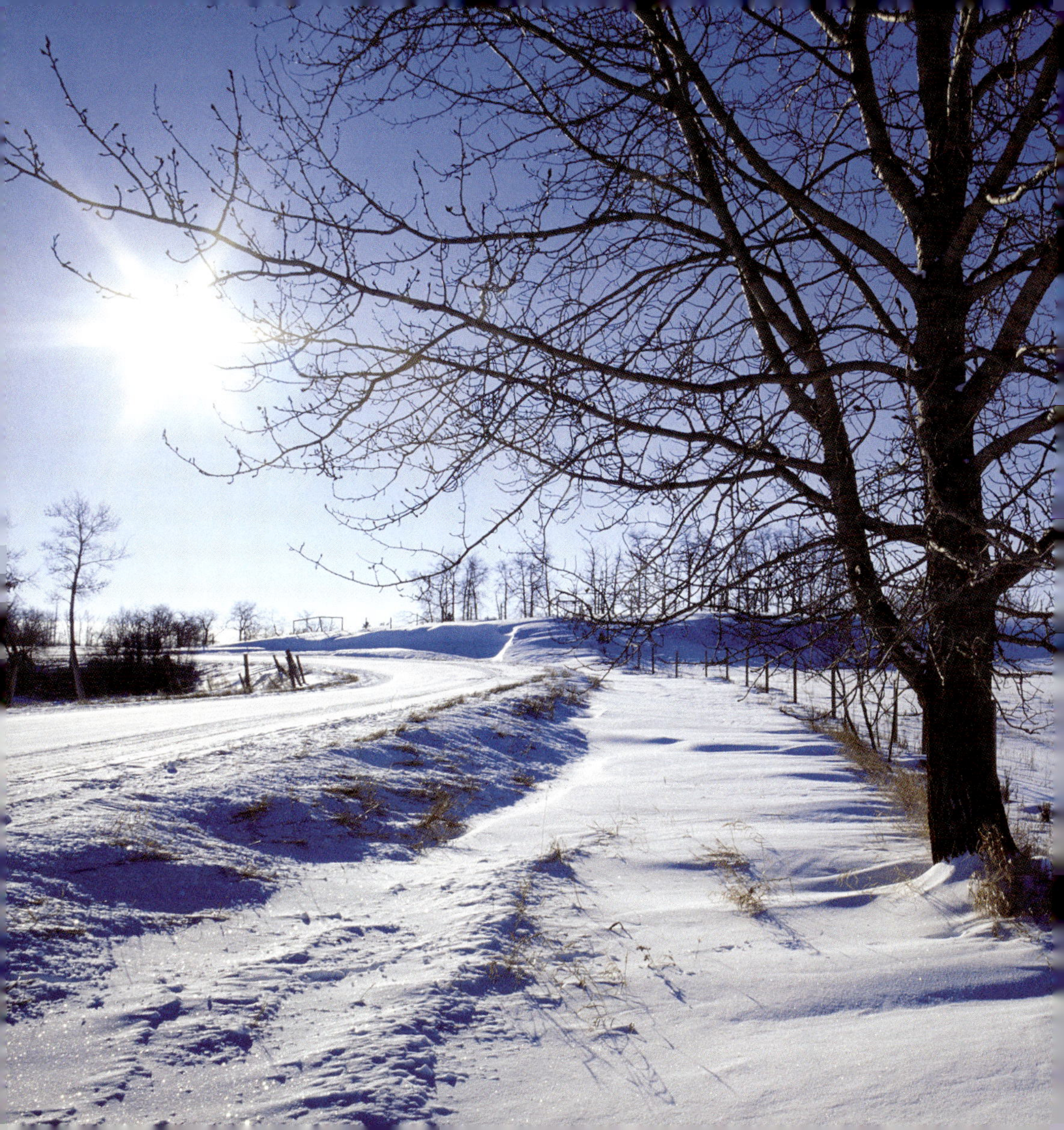

29. Februar

Weiterschenken

Sei wie eine Brunnenschale,
die zuerst das Wasser in sich sammelt
und dann überfließend es weiterschenkt.
Sei keine Durchfließröhre,
in der Ruhe, Identität, Selbstbesitz,
Verharren in Gott unmöglich sind.

Bernhard von Clairvaux

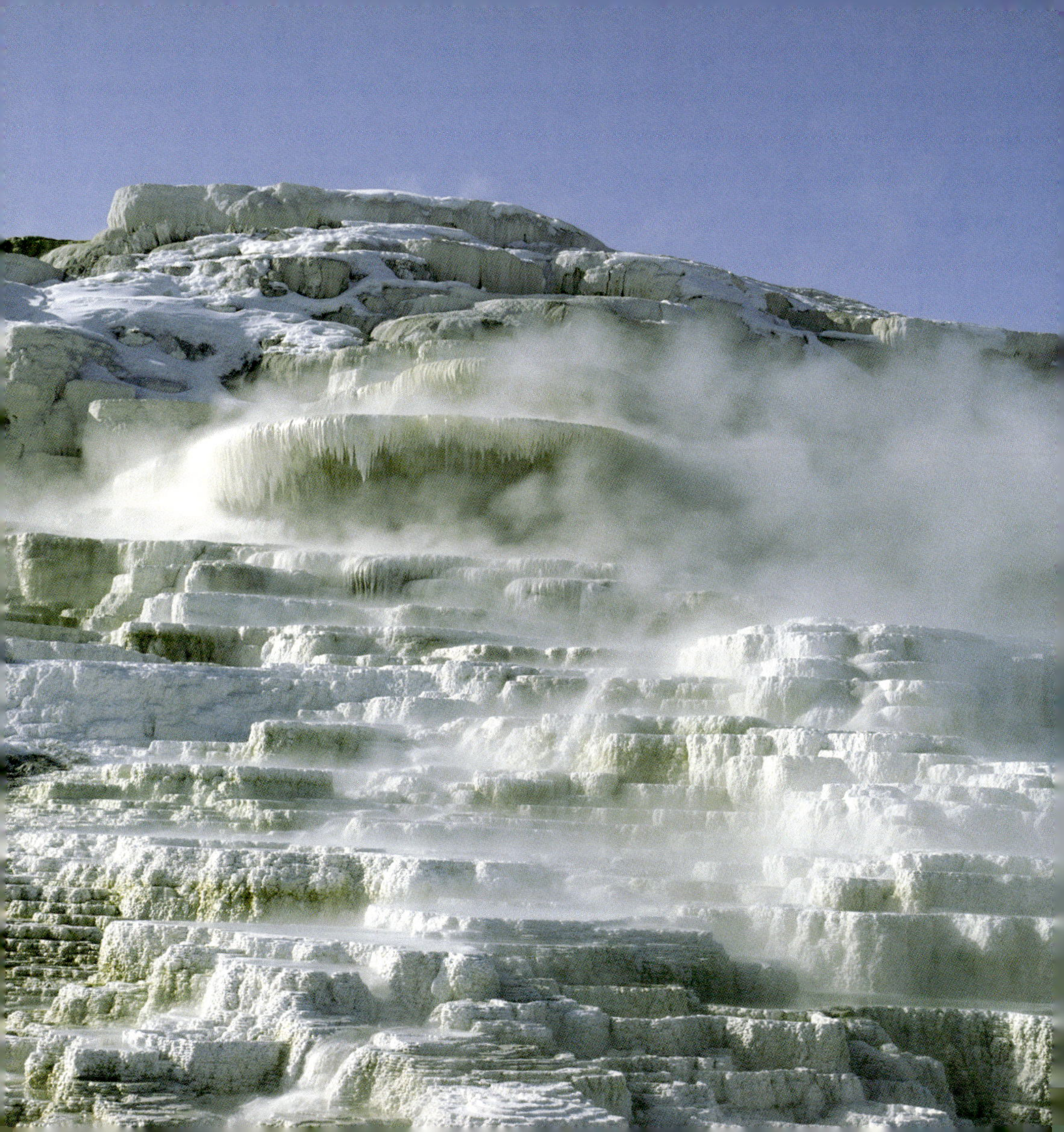

III

März

1. März

Getragen werden

Glücklich ist der Mensch,
der seinen Nächsten trägt
in seiner ganzen Gebrechlichkeit,
wie er sich wünscht,
von jenem getragen zu werden
in seiner Schwäche.

Franz von Assisi

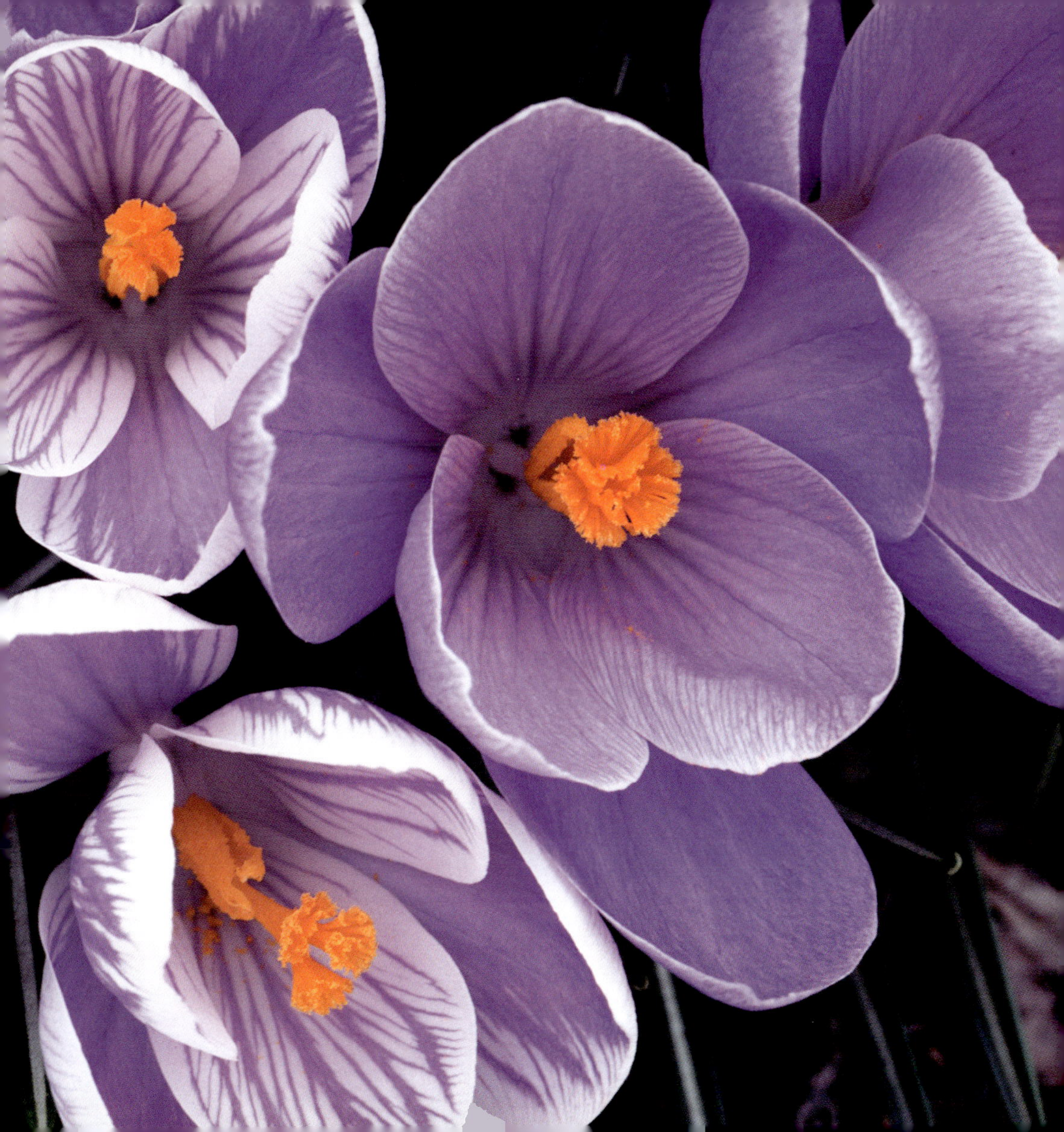

2. März

Steine

Auch aus Steinen,
die in den Weg gelegt werden,
kann man Schönes bauen.

Johann Wolfgang von Goethe

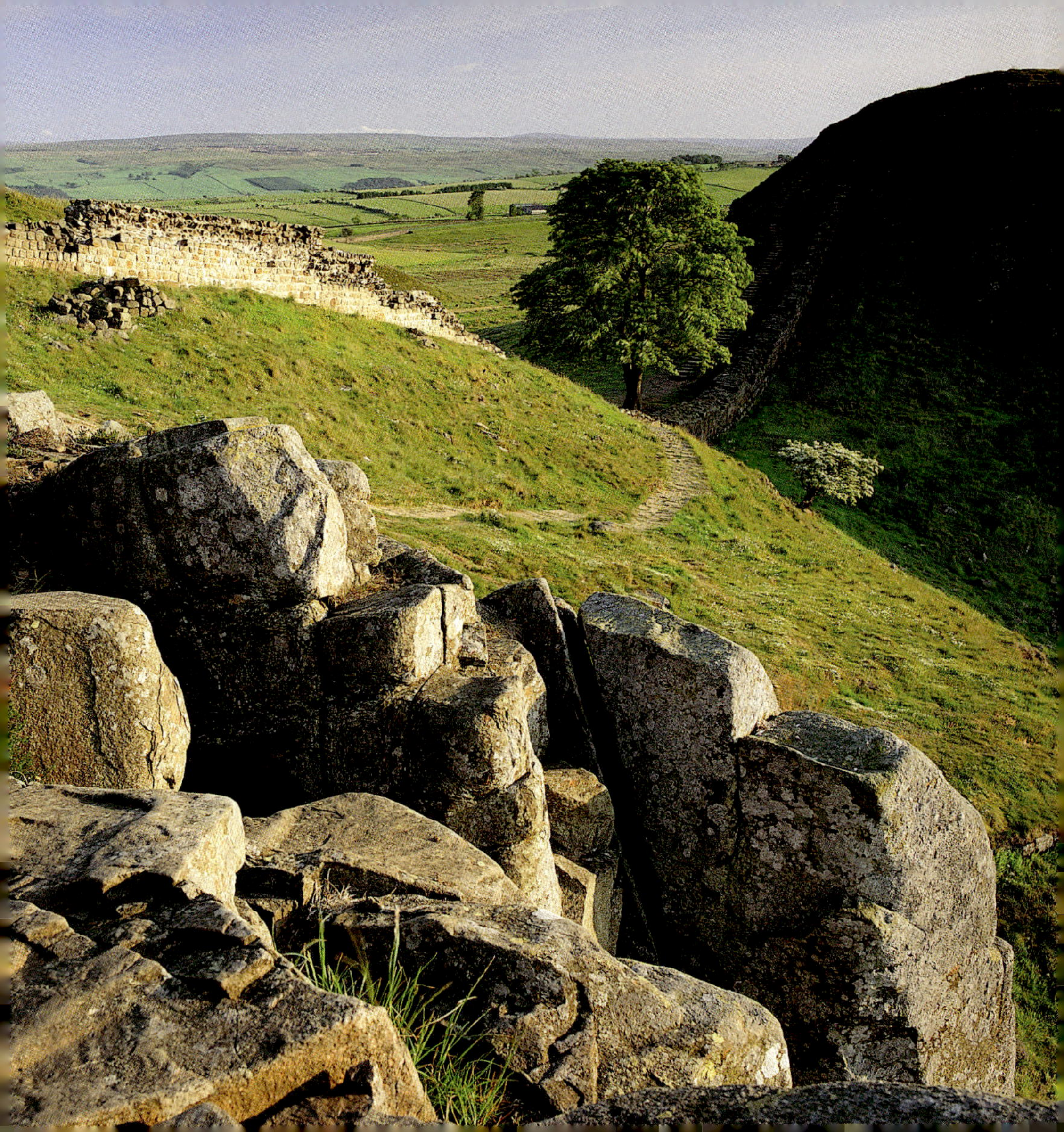

3. März

Vergiss nicht

Weich ist stärker als hart,
Wasser stärker als Fels,
Liebe stärker als Gewalt.

Hermann Hesse

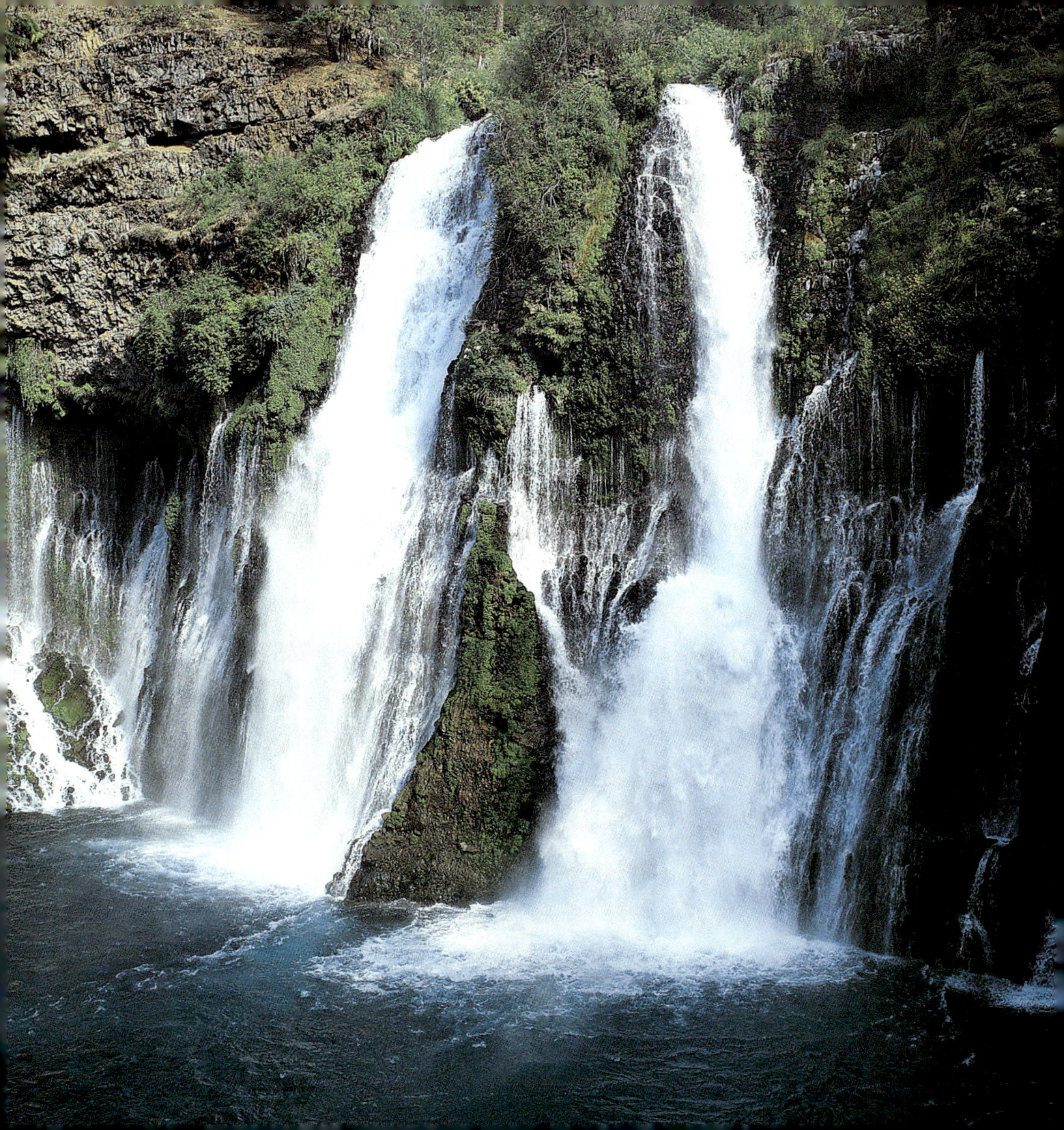

4. März

Leben

Vergiss nicht:
Man benötigt nur wenig,
um ein glückliches Leben zu führen.

Marc Aurel

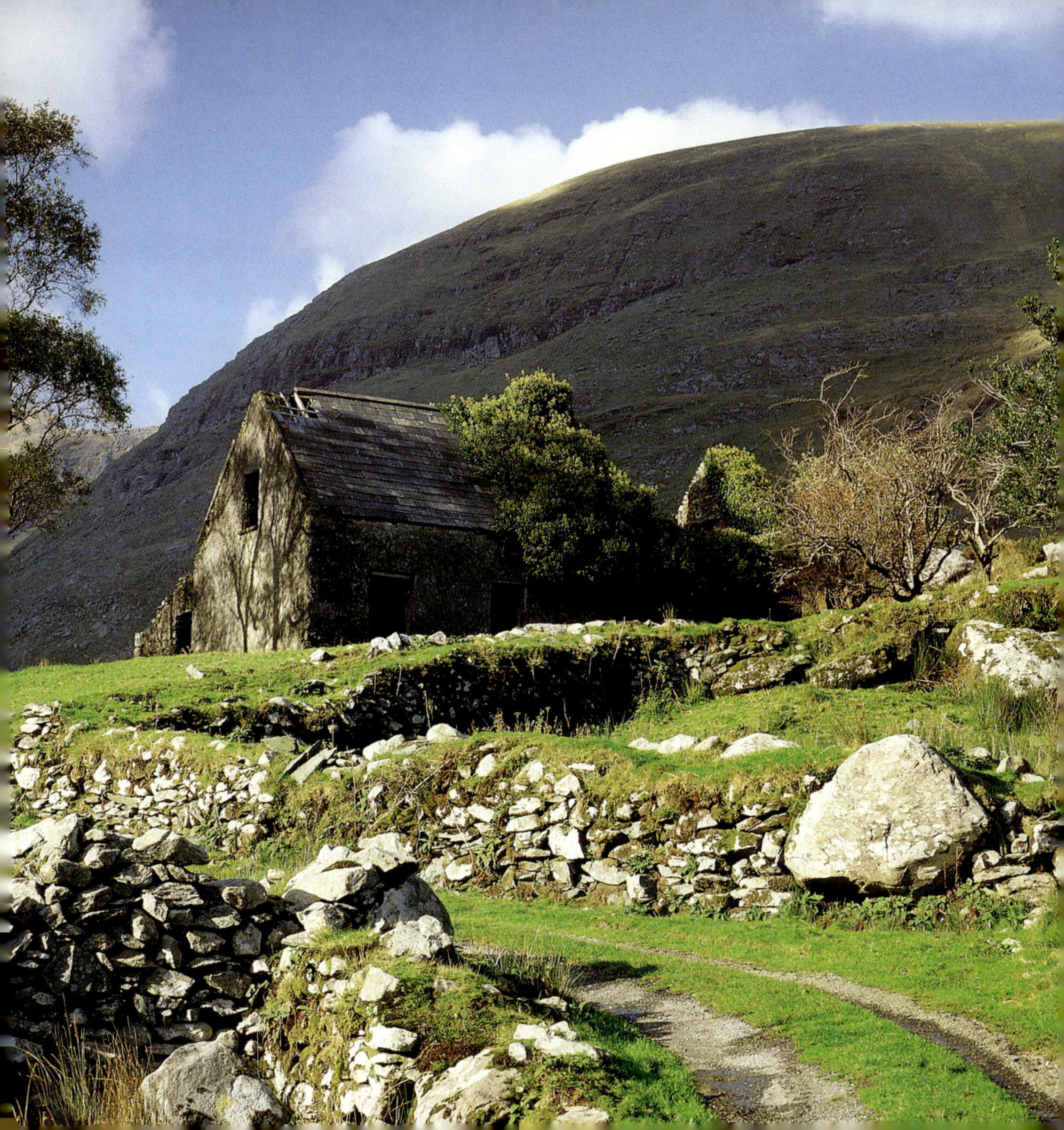

5. März

Stille

Nur in Umkehr und Ruhe
liegt eure Rettung,
nur Stille und Vertrauen
verleihen euch Kraft.

Die Bibel (Jesaja 30,15)

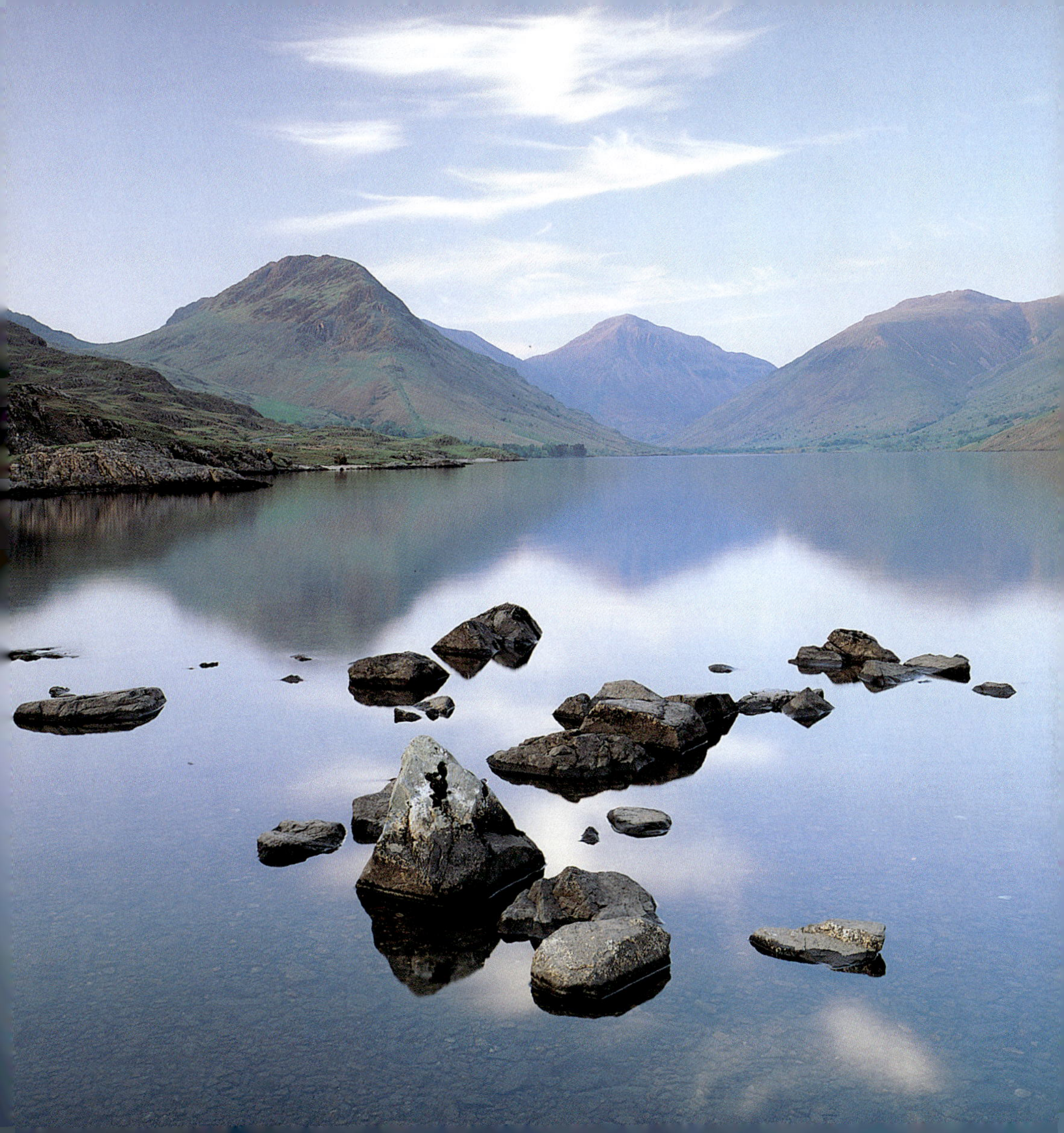

6. März

Geben

Denn eine bekümmerte Seele ist Gott nahe,
und Not führt zu dem,
der geben und helfen kann,
der aber wohl verachtet würde,
wenn er immer und uneingeschränkt hülfe.

Gregor von Nazianz,

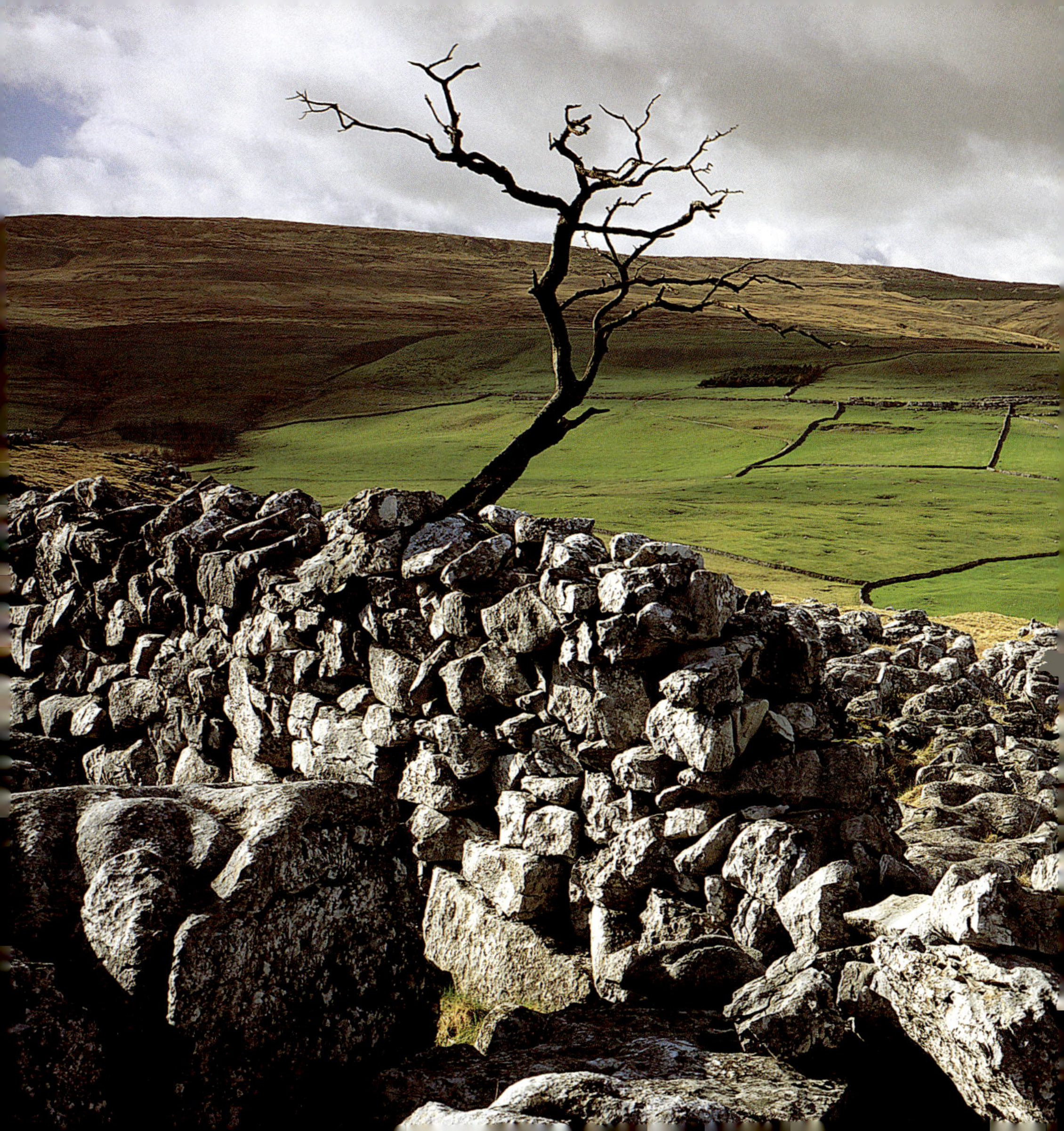

7. März

Freude

Der beste Weg,
sich selbst eine Freude zu machen, ist:
zu versuchen, einem anderen
eine Freude zu bereiten.

Mark Twain

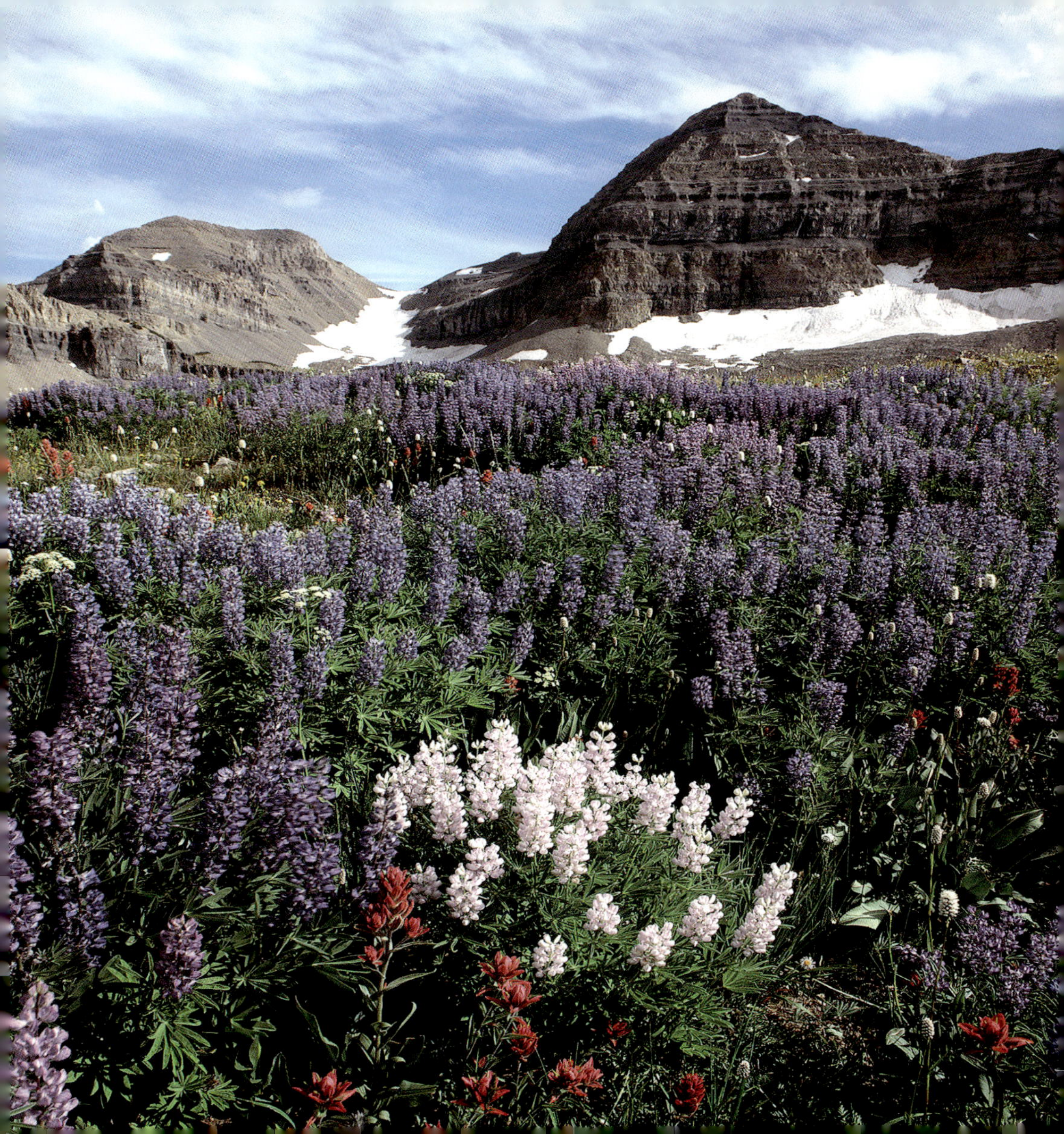

8. März

Wachsen

Jeden Morgen in meinem Garten
öffnen neue Blüten sich dem Tag.
Überall ein heimliches Erwachen,
das nun länger nicht mehr zögern mag.

Matthias Claudius

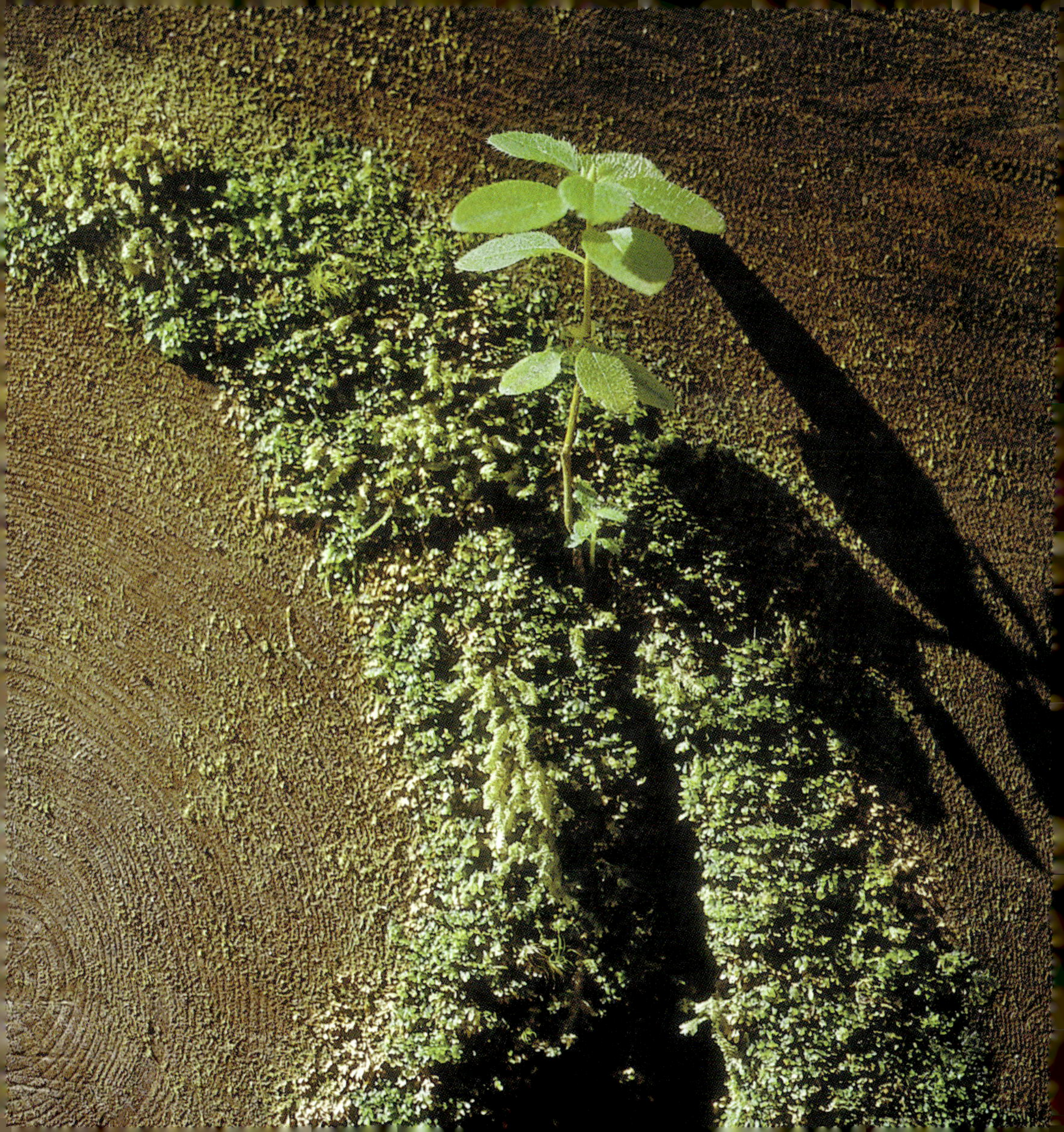

9. März

Ewigkeit

Der Augenblick ist das Atom der Ewigkeit. Er ist der erste Reflex, die erste Spiegelung der Ewigkeit in der Zeit, ihr erster Versuch, die Zeit gleichsam aufzuhalten.

Søren Kierkegaard

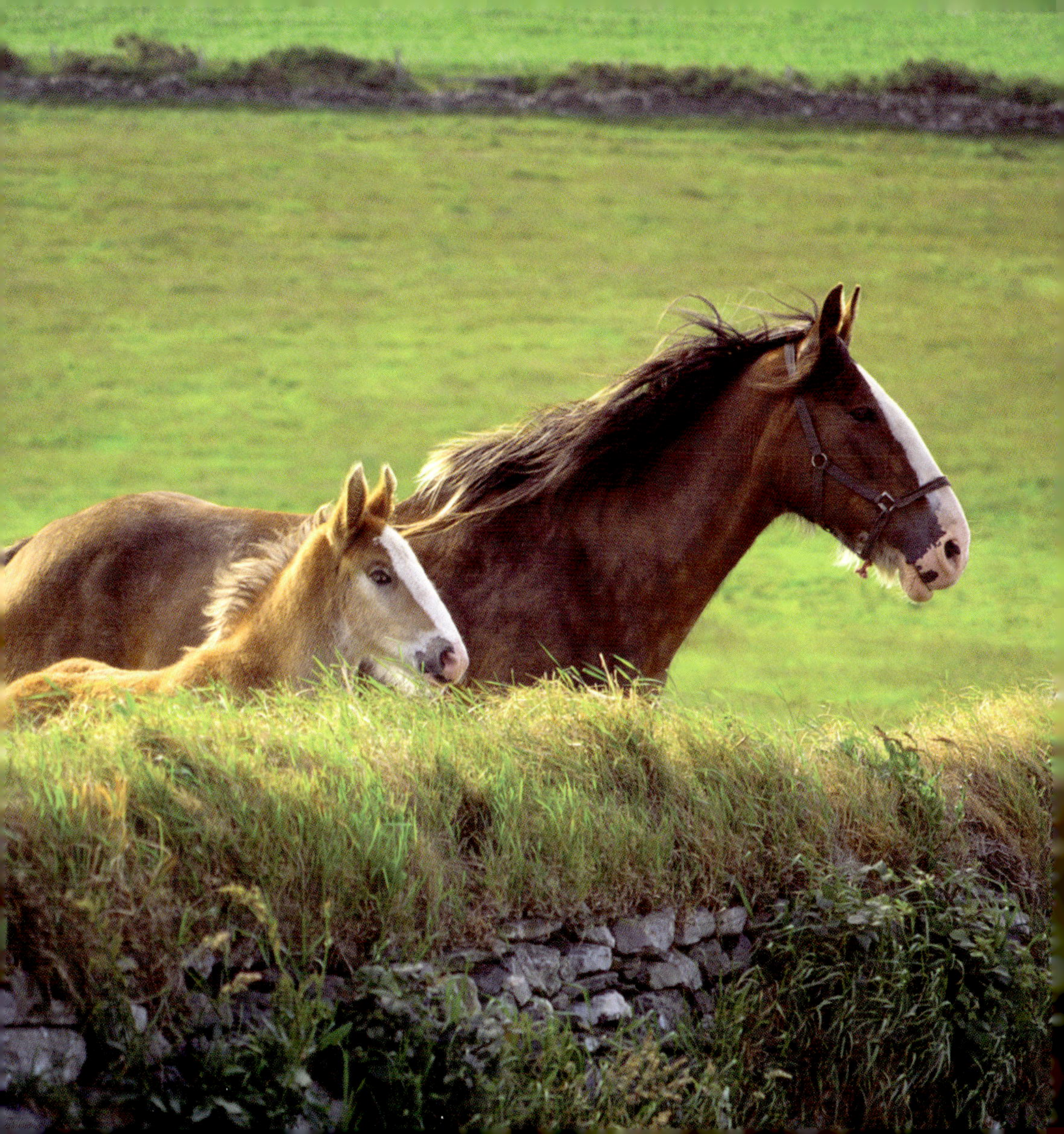

10. März

Heimat

Da ist unsere Heimat,
diese Dinge,
bleiben in den Tiefen unsrer Seele.

Carl Spitteler

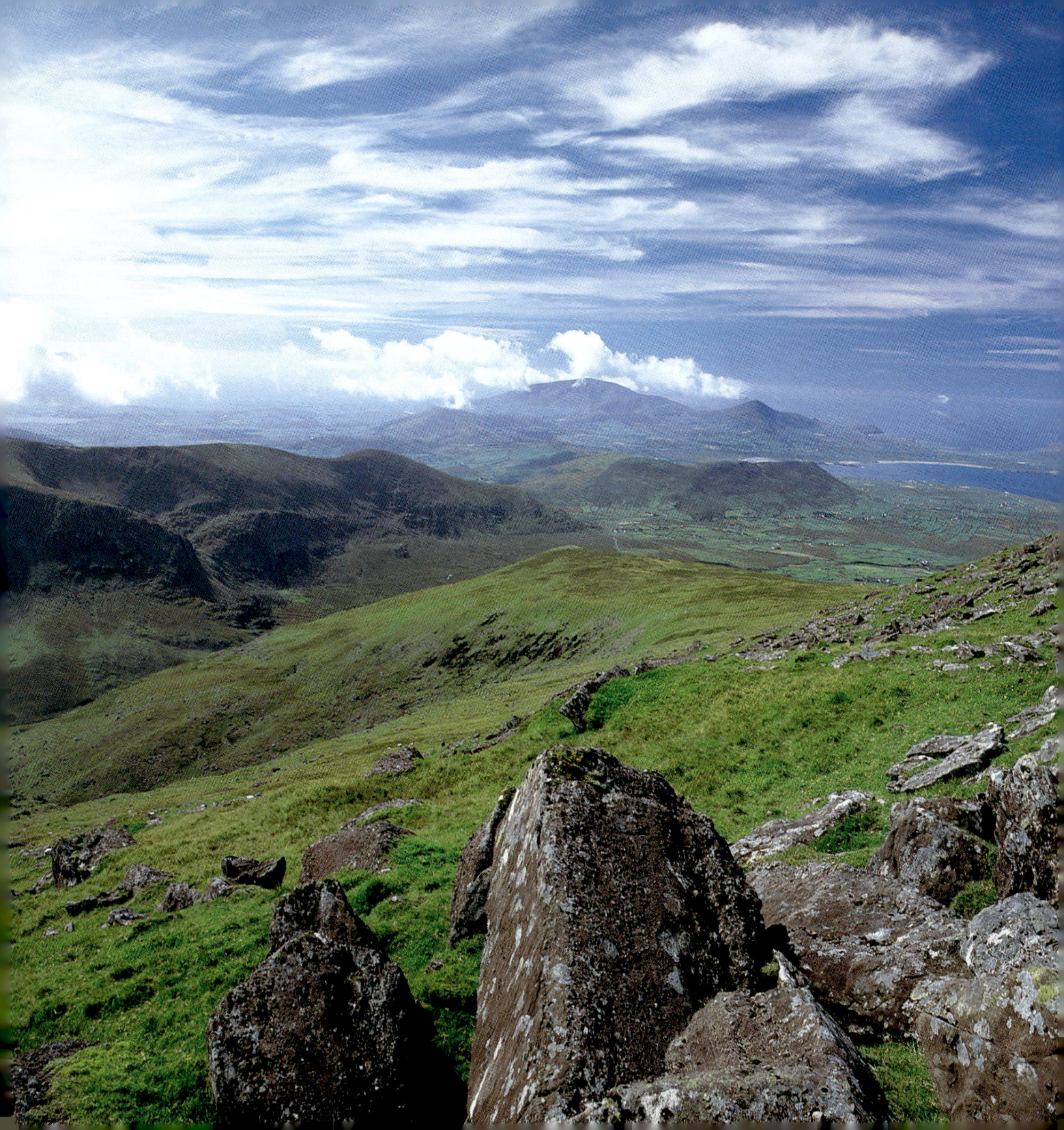

11. März

Leben

Das Leben ist eine Hymne – singe sie.
Das Leben ist eine Tragödie – ringe mit ihr.
Das Leben ist ein Abenteuer – wage es.
Das Leben ist Glück – verdiene es.
Das Leben ist das Leben – verteidige es.

Mutter Teresa

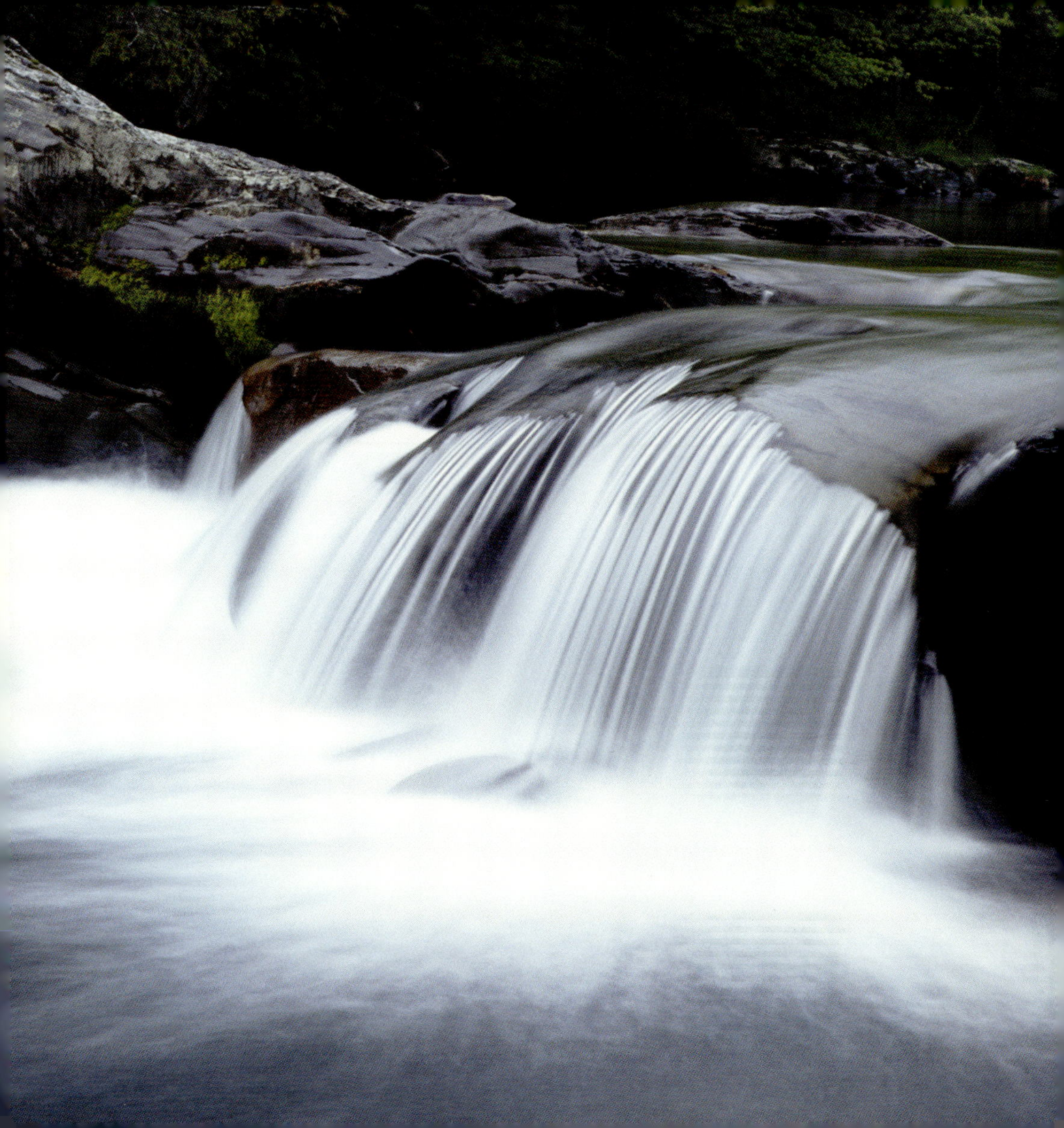

12. März

Dein Weg

Die Linien des Lebens sind verschieden,
wie Wege sind und wie der Berge Grenzen.
Was hier wir sind,
kann dort ein Gott ergänzen mit Harmonien
und ewigem Lohn und Frieden.

Friedrich Hölderlin

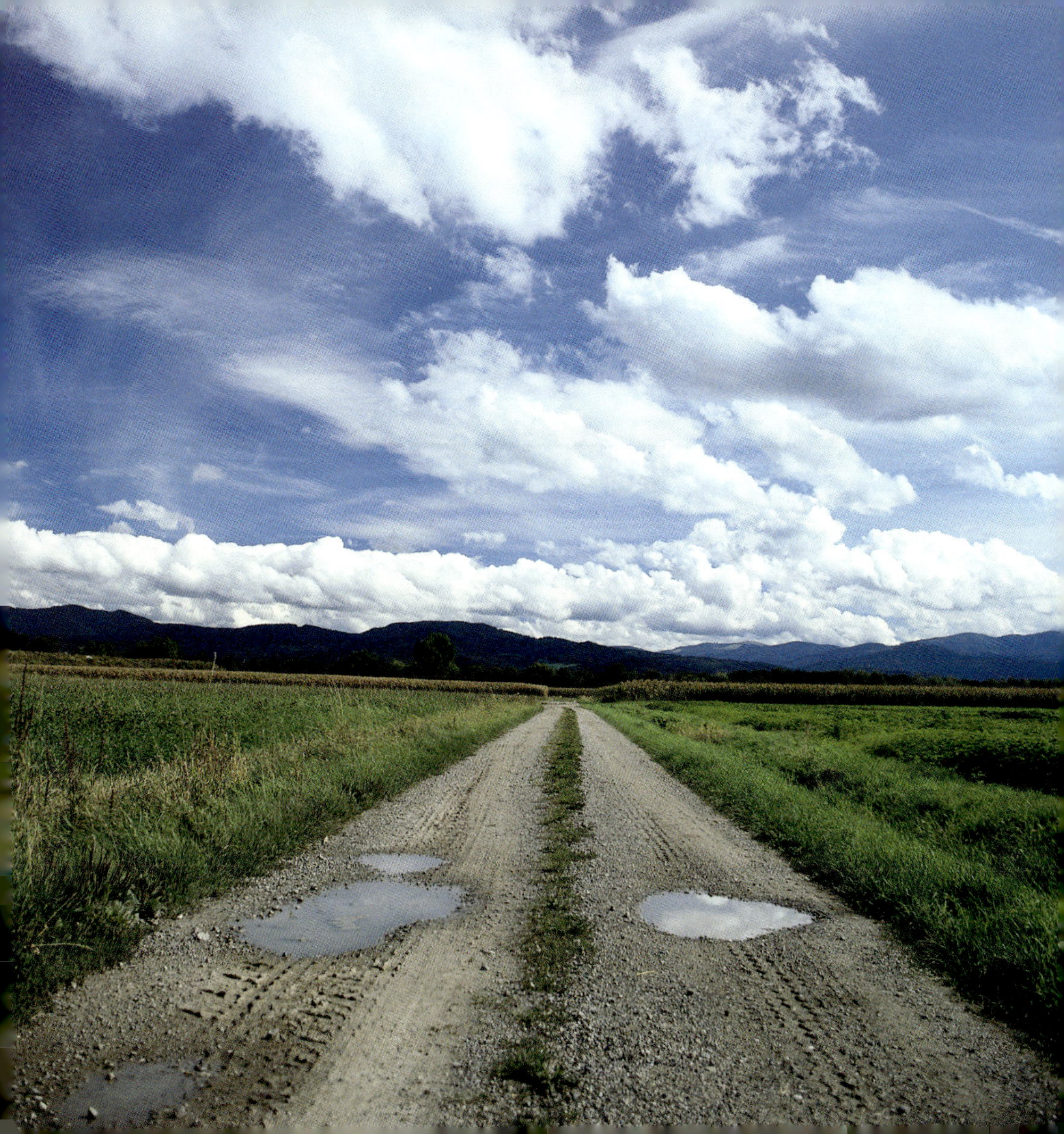

13. März

Wo Freude ist

Wo Liebe ist und Weisheit,
ist nicht Furcht noch Ungewissheit.
Wo Geduld ist und Demut,
ist nicht Zorn noch Erregung.
Wo Armut ist und Freude,
ist nicht Gier noch Geiz.

Franz von Assisi

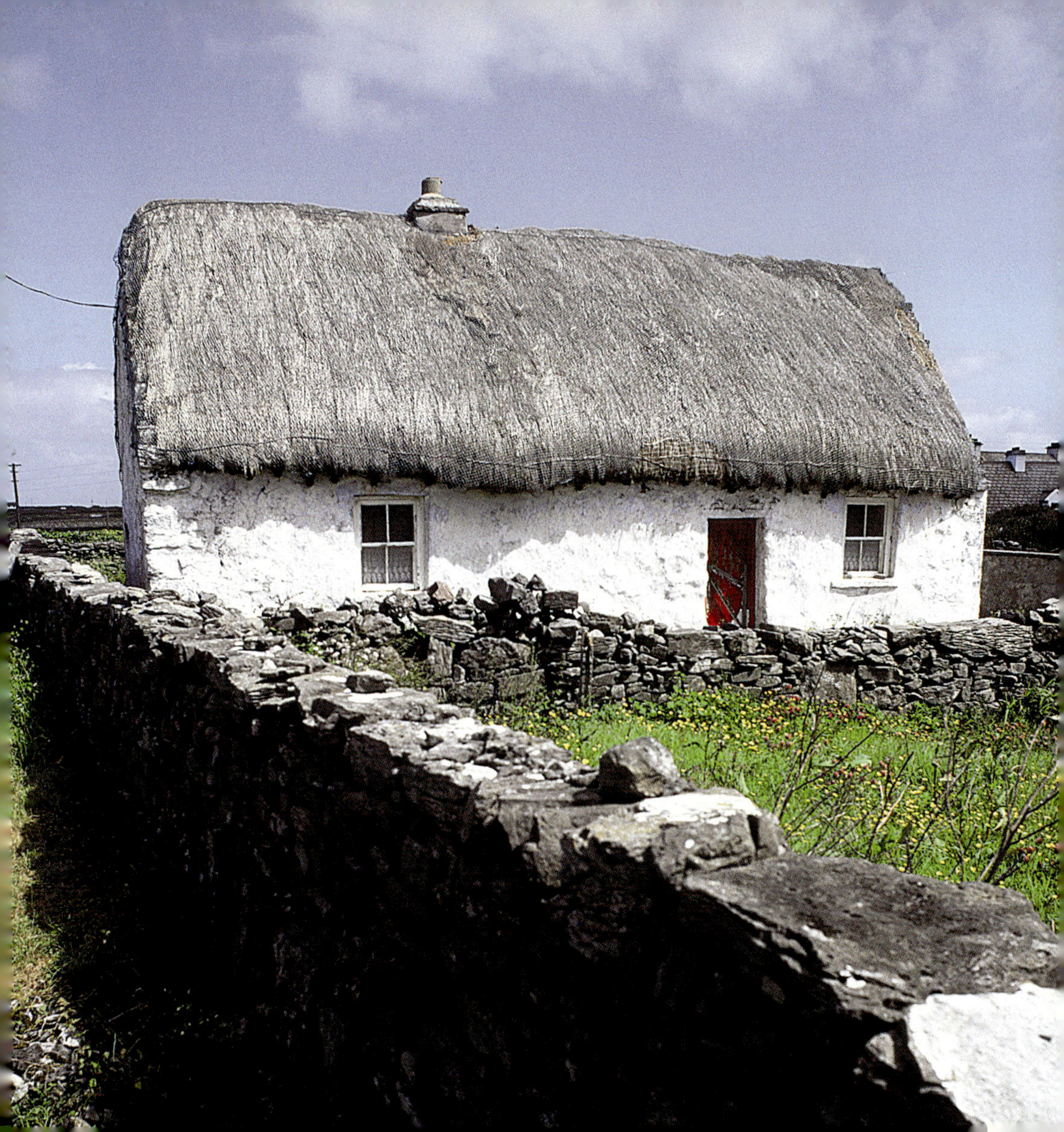

14. März

Wo willst du hin?

Nichts ist, das dich bewegt:
du selber bist das Rad,
Das aus sich selber läuft
und keine Ruhe hat.

Angelus Silesius

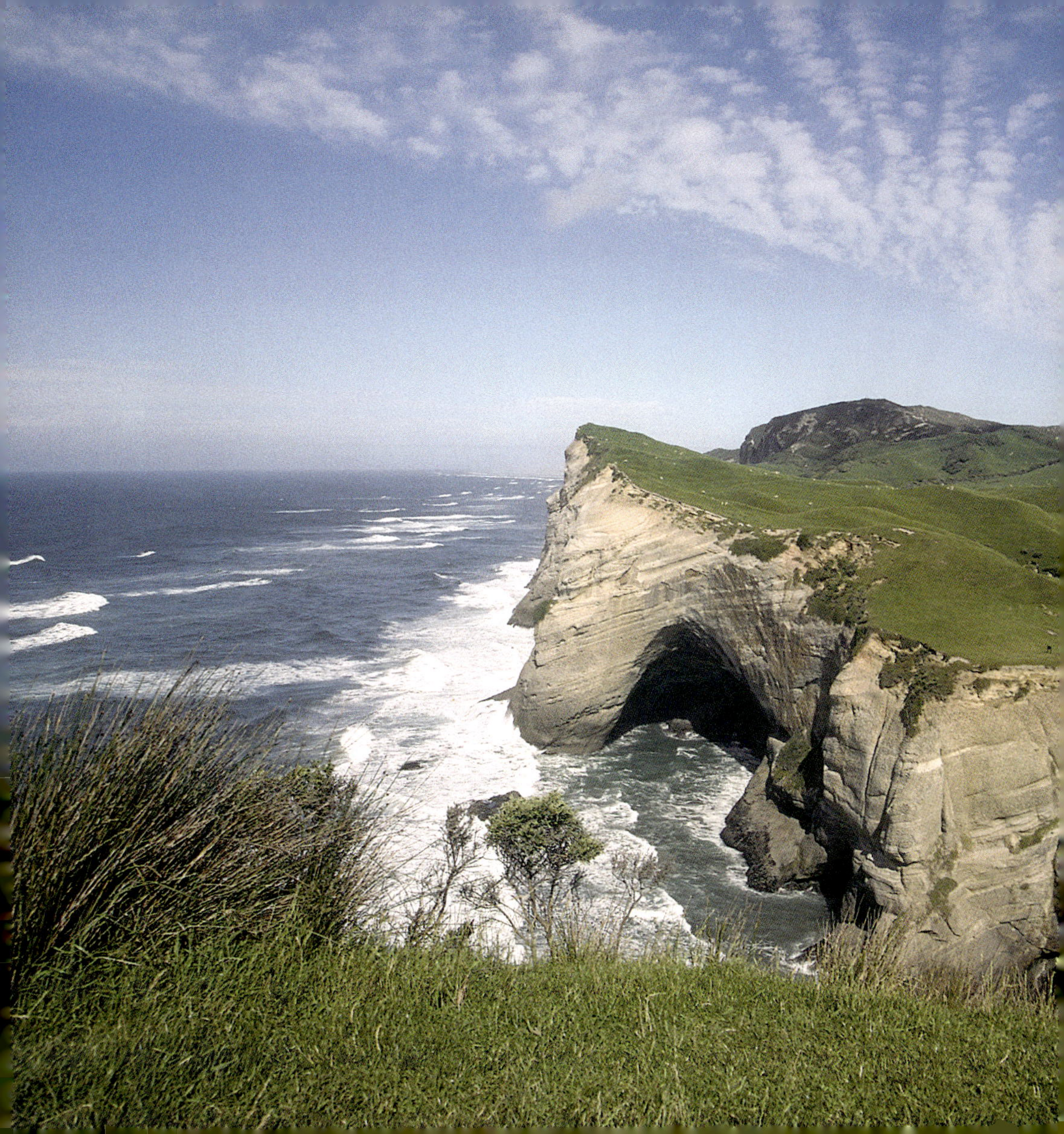

15. März

Zeit zum Spielen

Nimm dir Zeit zu arbeiten –
das ist der Preis des Erfolges.
Nimm dir Zeit zu denken –
das ist die Quelle der Kraft.
Nimm dir Zeit zu spielen –
das ist das Geheimnis der ewigen Jugend.

Irischer Segenswunsch

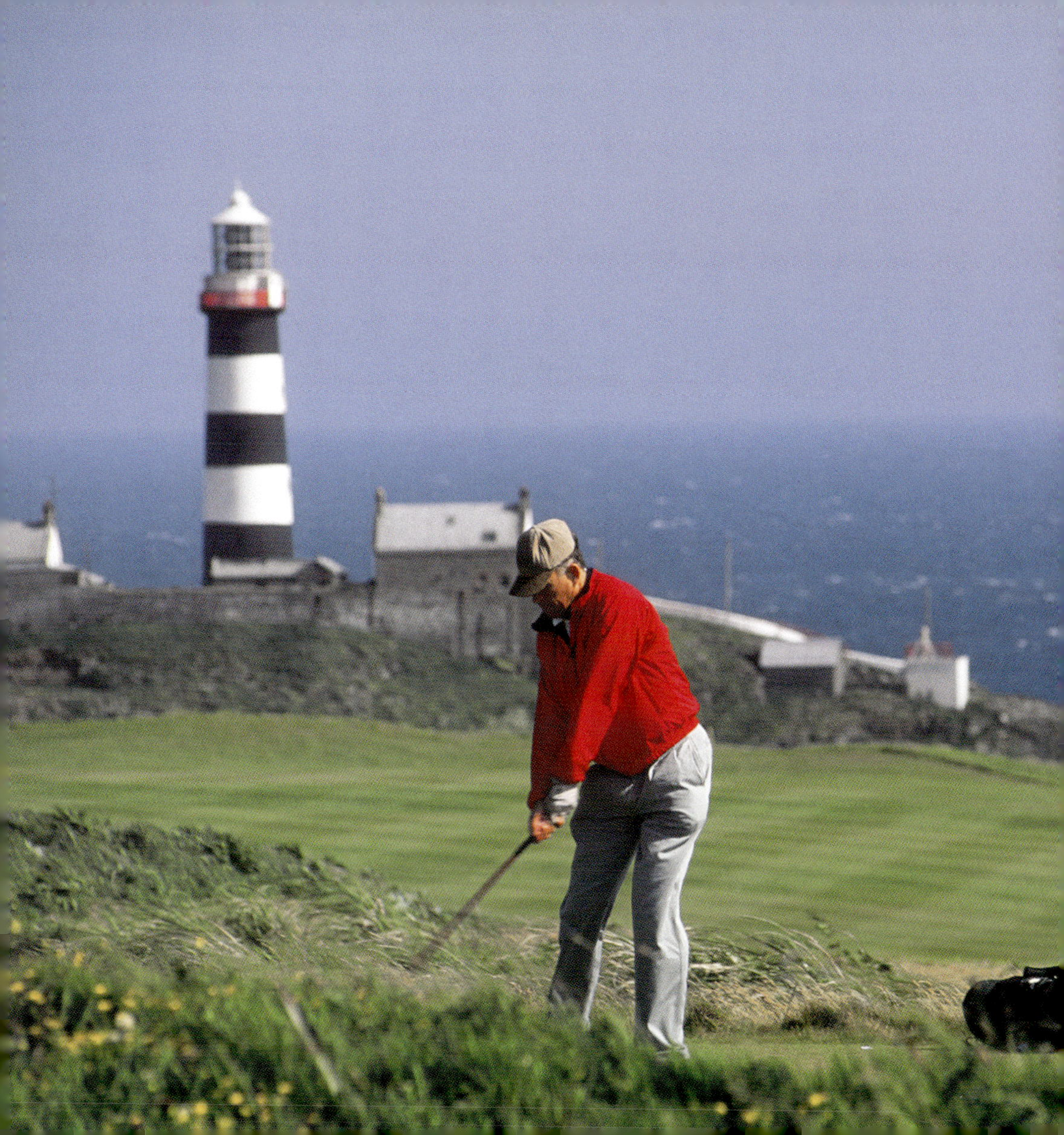

16. März

Frieden

Kein Mensch auf Erden
hat mir so viel Freude gemacht,
als die Natur
mit ihren Farben, Klängen, Düften,
mit ihrem Frieden und ihren Stimmungen.

Peter Rosegger

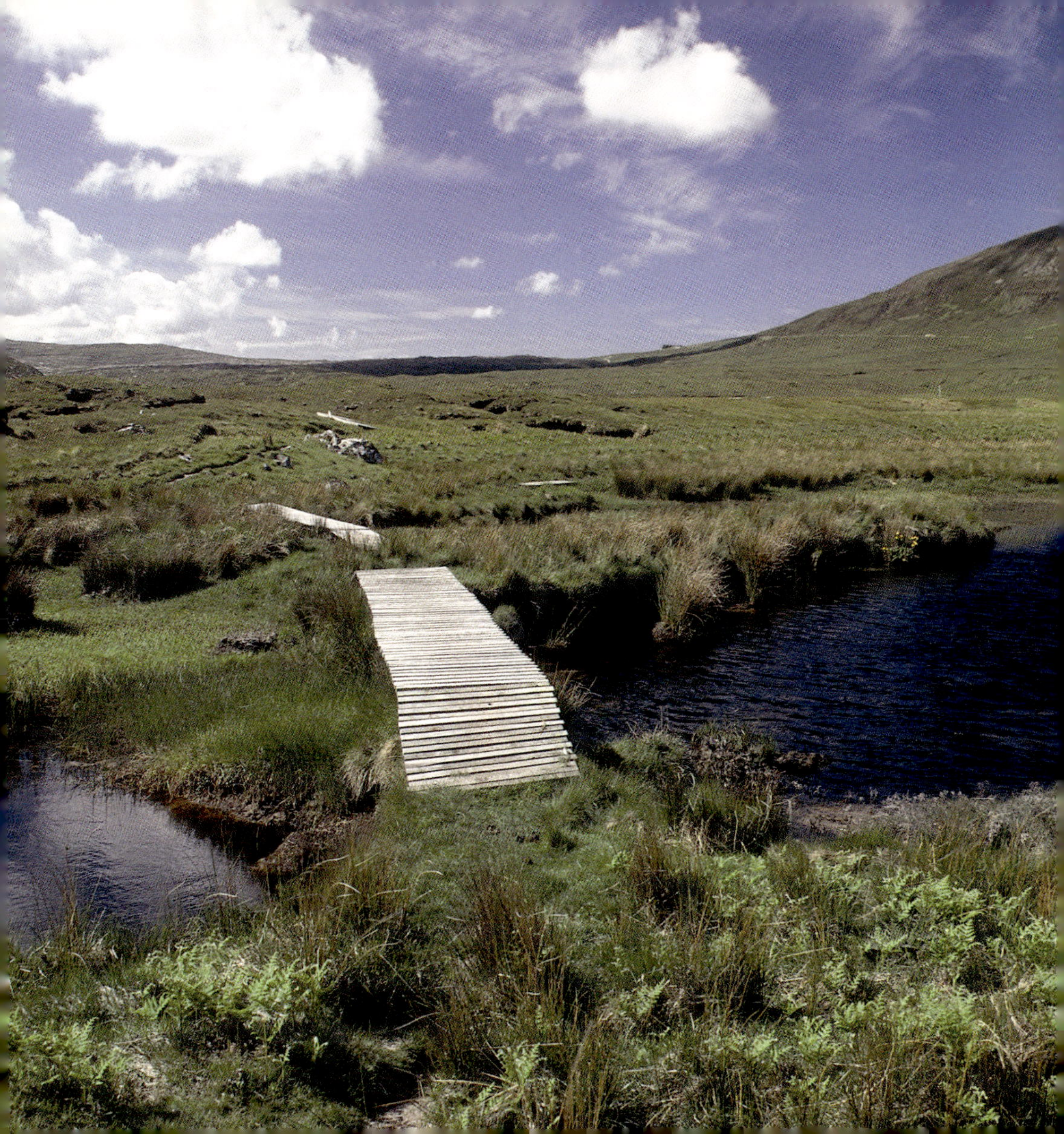

17. März

Kleinigkeiten

Das Glück ist nicht in einem
ewig lachenden Himmel zu suchen,
sondern in ganz feinen Kleinigkeiten,
aus denen wir unser Leben zurechtzimmern.

Varmen Sylvy

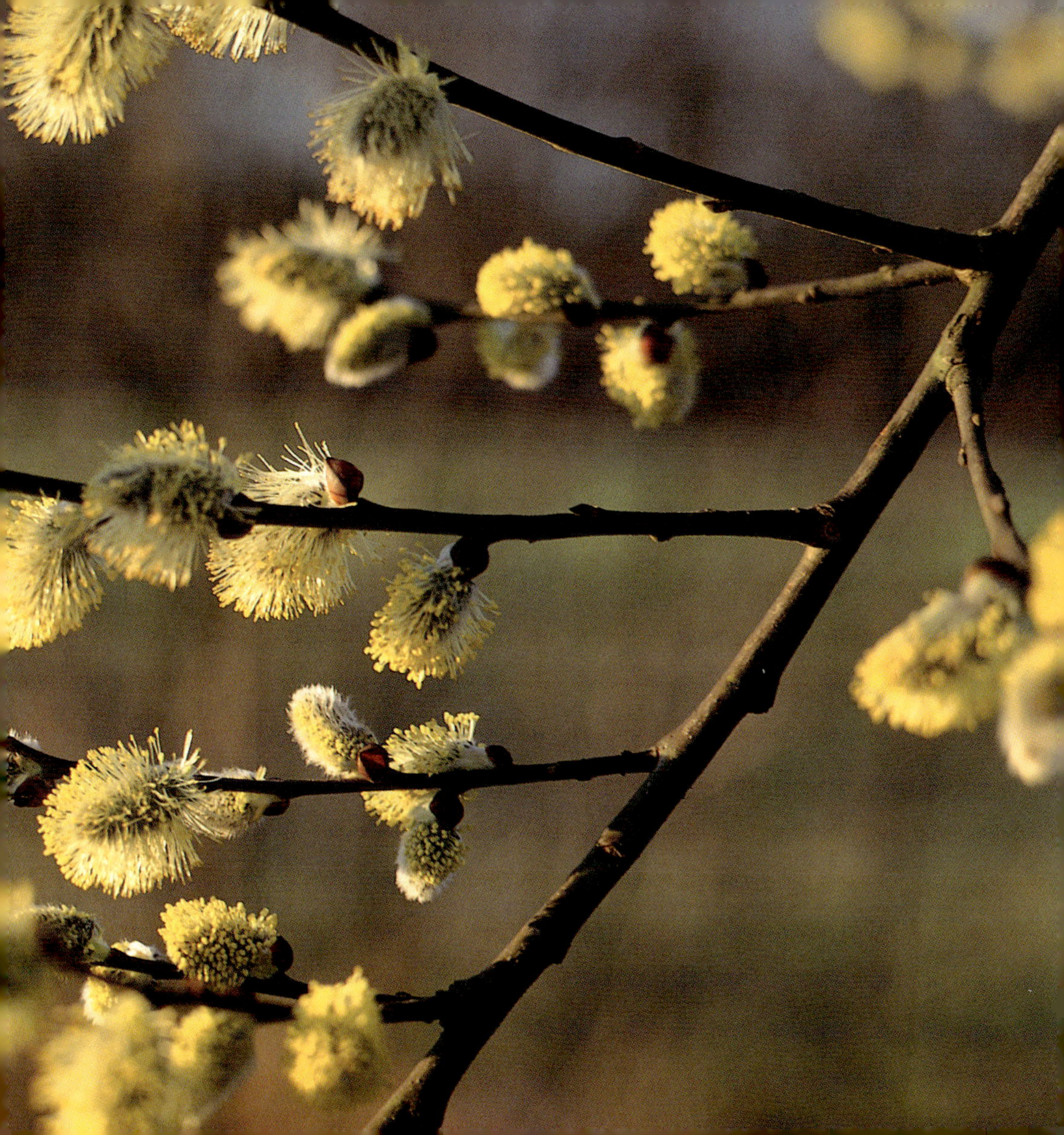

18. März

Hoffnung

Das Kreuz Christi ist eine Last von der Art,
wie es die Flügel der Vögel sind.
Sie tragen aufwärts.

Bernhard von Clairvaux

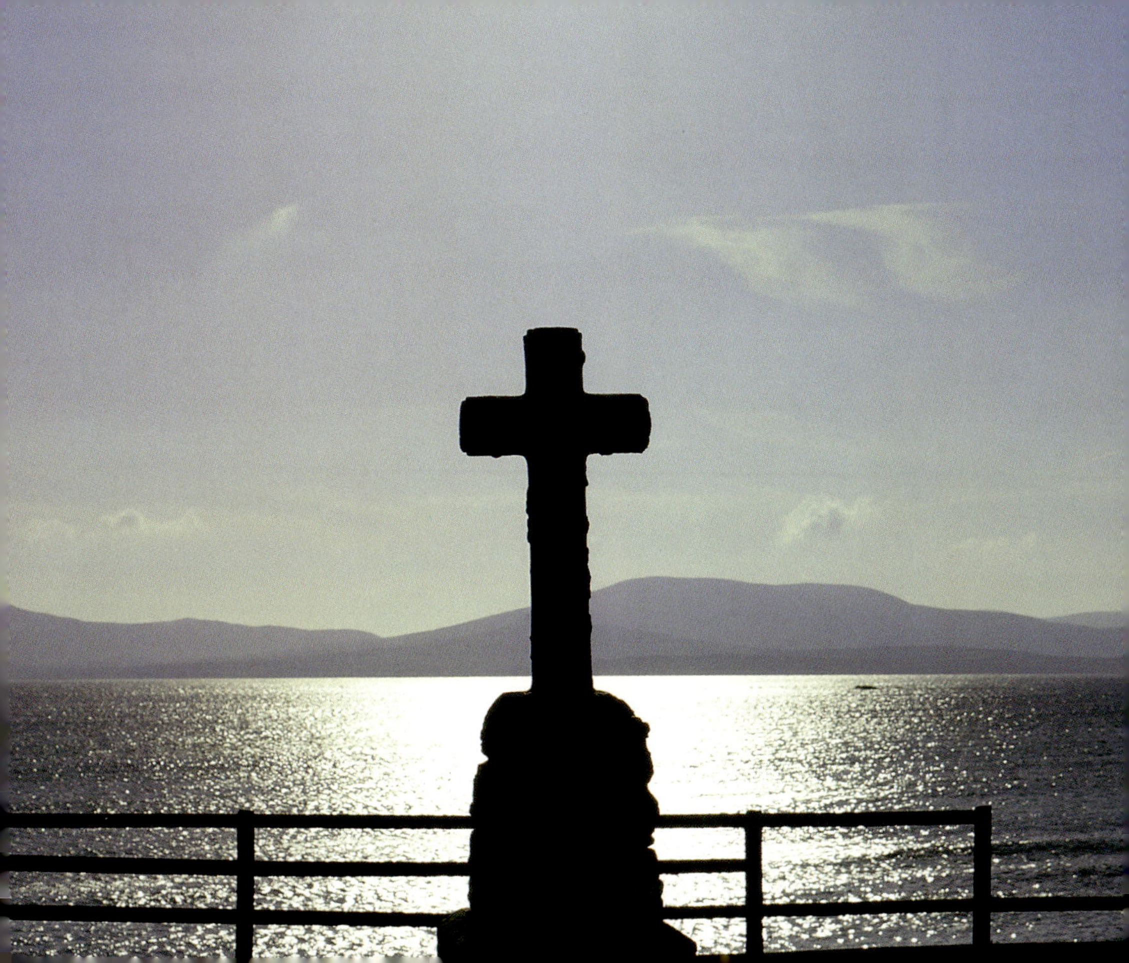

19. März

Alles vergeht

Nichts soll dich ängstigen,
nichts dich erschrecken.
Alles vergeht,
Gott bleibt derselbe.

Teresa von Ávila

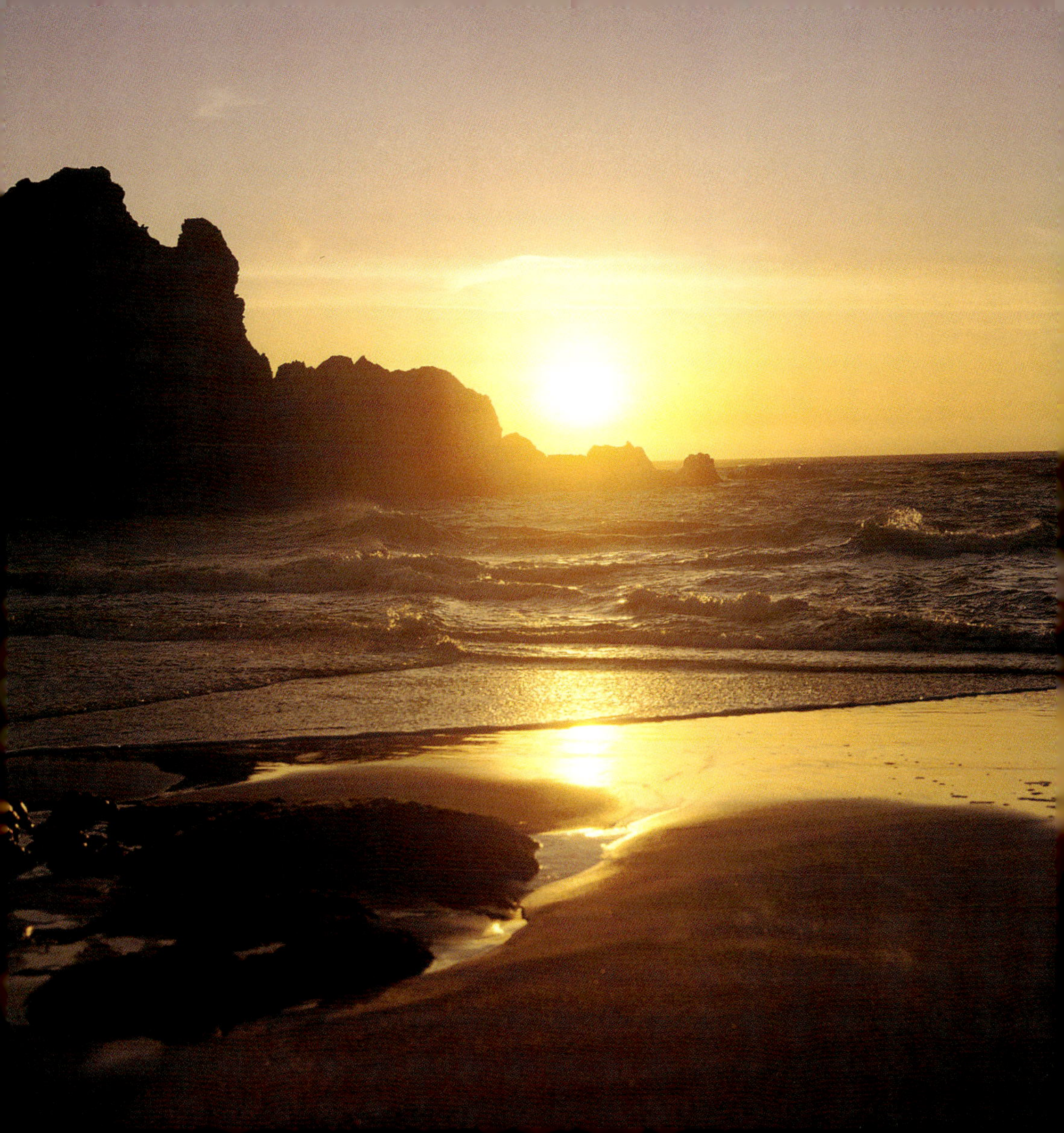

20. März

Die Welt festhalten

Nur der mit Leichtigkeit,
mit Freude und Lust
die Welt sich zu erhalten weiß,
der hält sie fest.

Bettina von Arnim

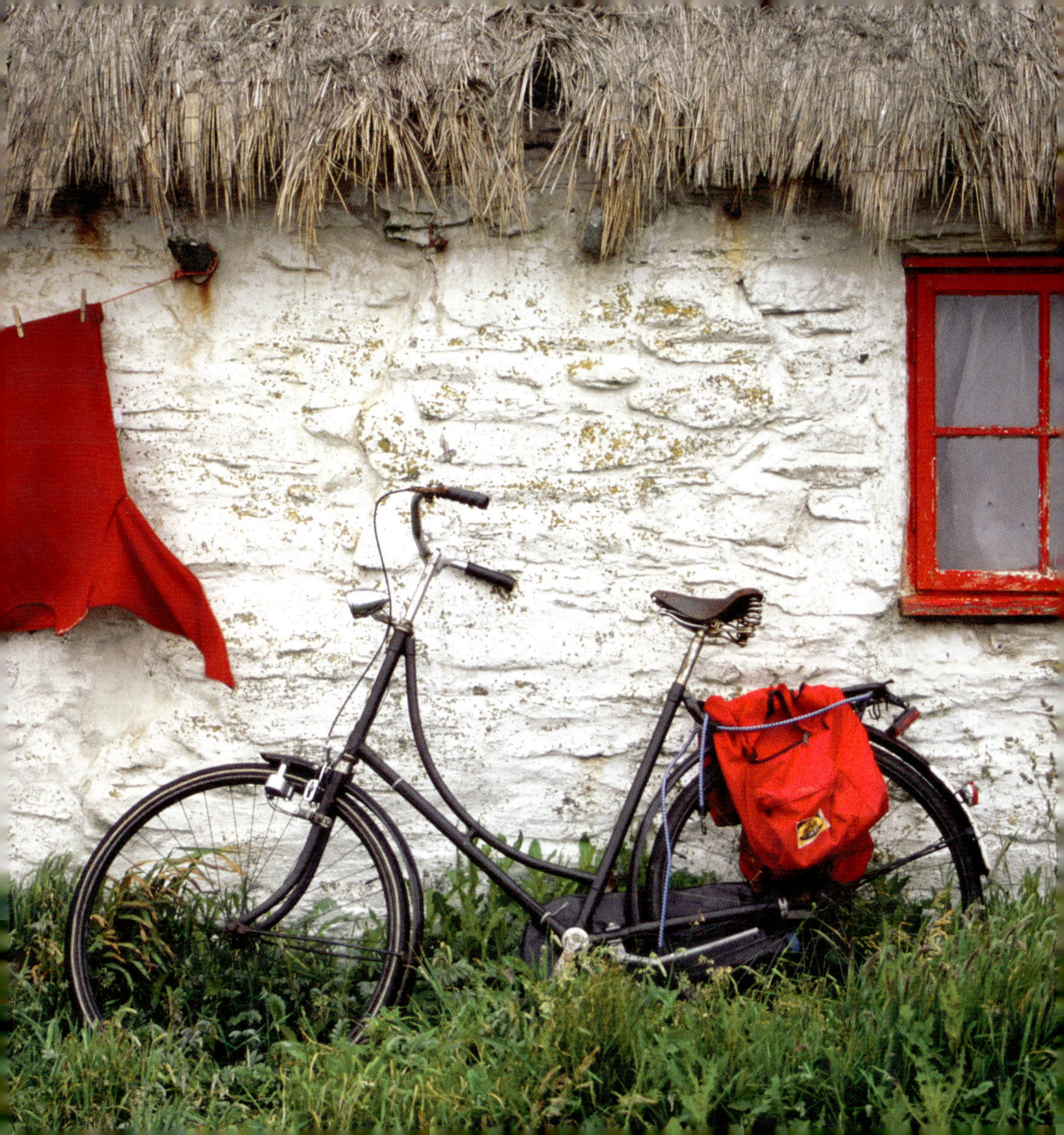

21. März

Bedenkenswert

Willst du dich selber erkennen, so sieh,
wie die anderen es treiben.
Willst du die anderen verstehen,
blick in dein eigenes Herz.

Friedrich von Schiller

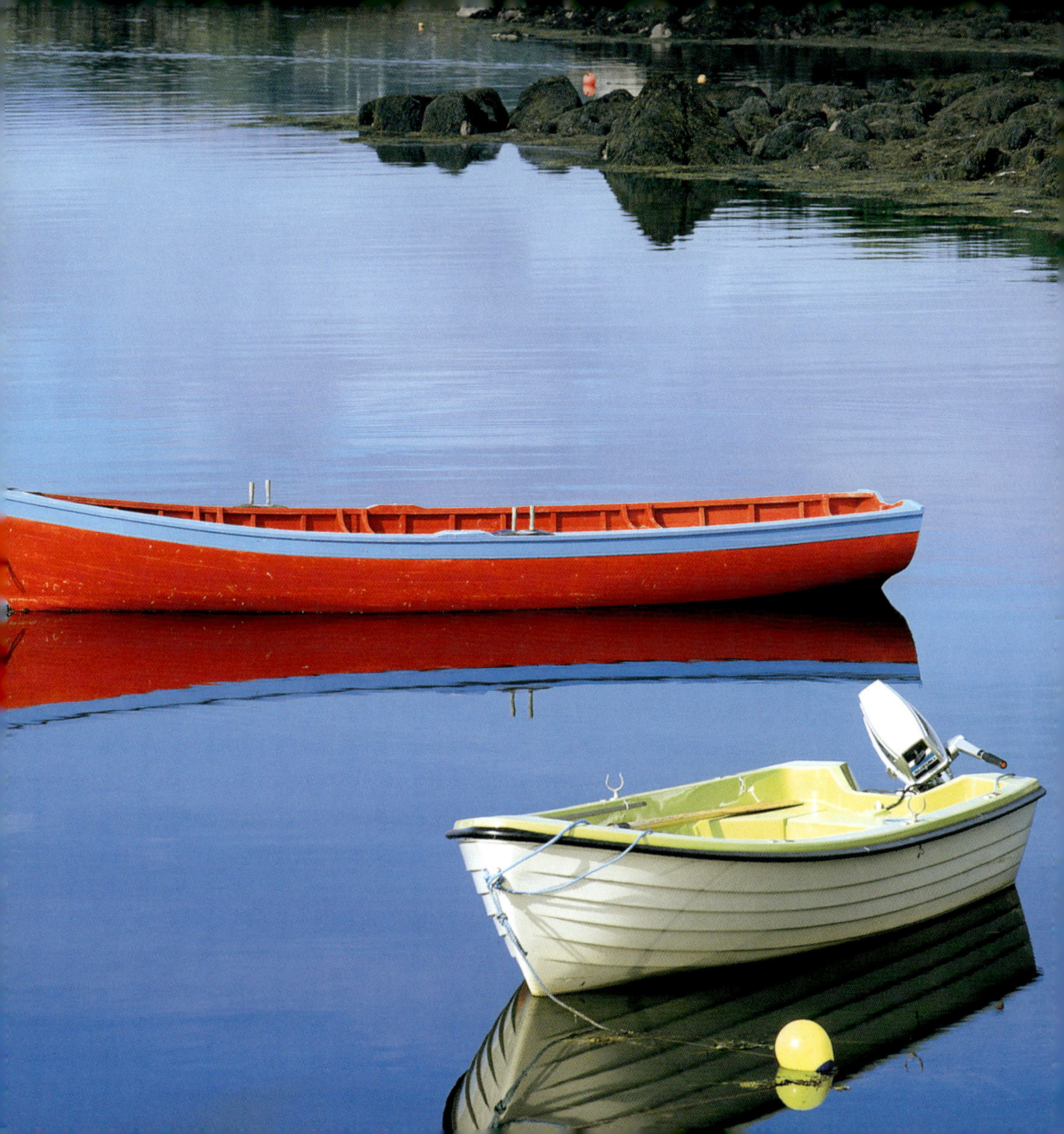

22. März

Einsamkeit

Vielerlei brauche ich
zu einem erfüllten Leben:
Freunde, mit denen ich Glück
und Unglück teilen kann,
leidenschaftliche Liebe, geistige Ansprache
und den Luxus der Einsamkeit.

Anne Ranasinghe

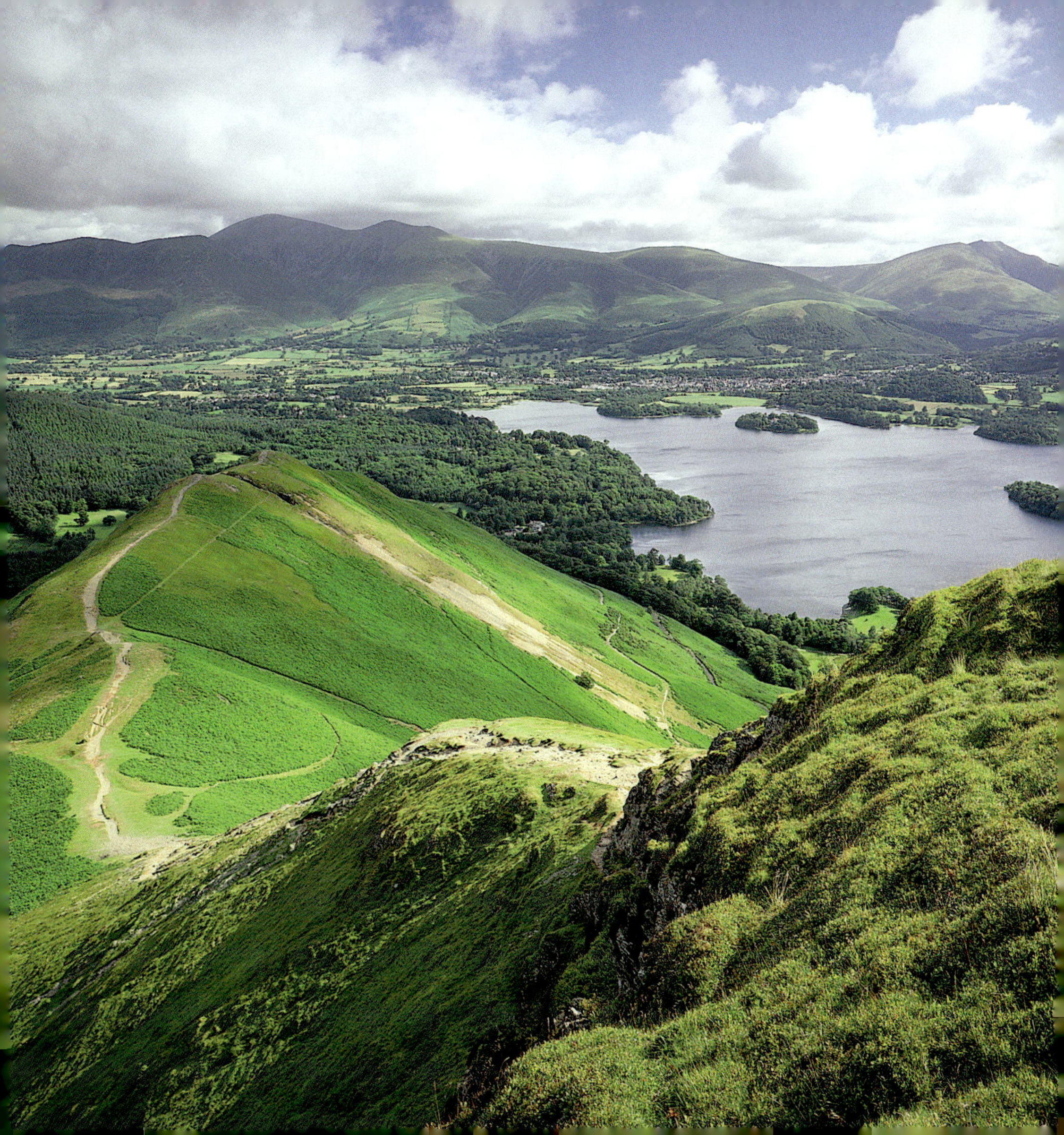

23. März

Das Alltägliche

Die wahre Lebensweisheit besteht darin,
im Alltäglichen das Wunderbare zu sehen.

Pearl S. Buck

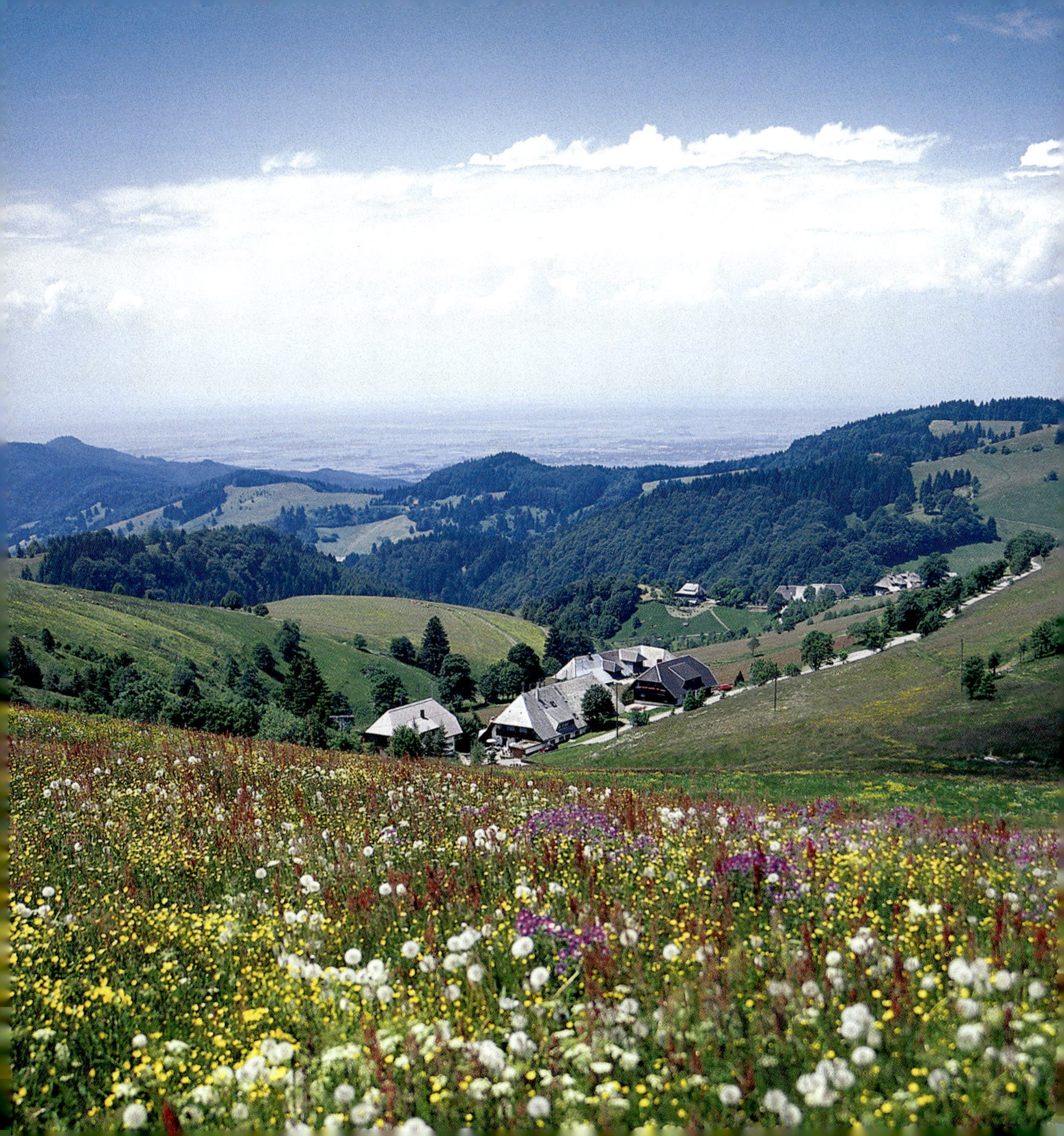

24. März

Umfassende Liebe

Wenn du jedes Ding lieben wirst, dann wirst du das göttliche Geheimnis aller Dinge erschauen und dann wirst du schließlich die ganze Welt mit jener umfassenden Liebe umfangen.

Fjodor M. Dostojewski

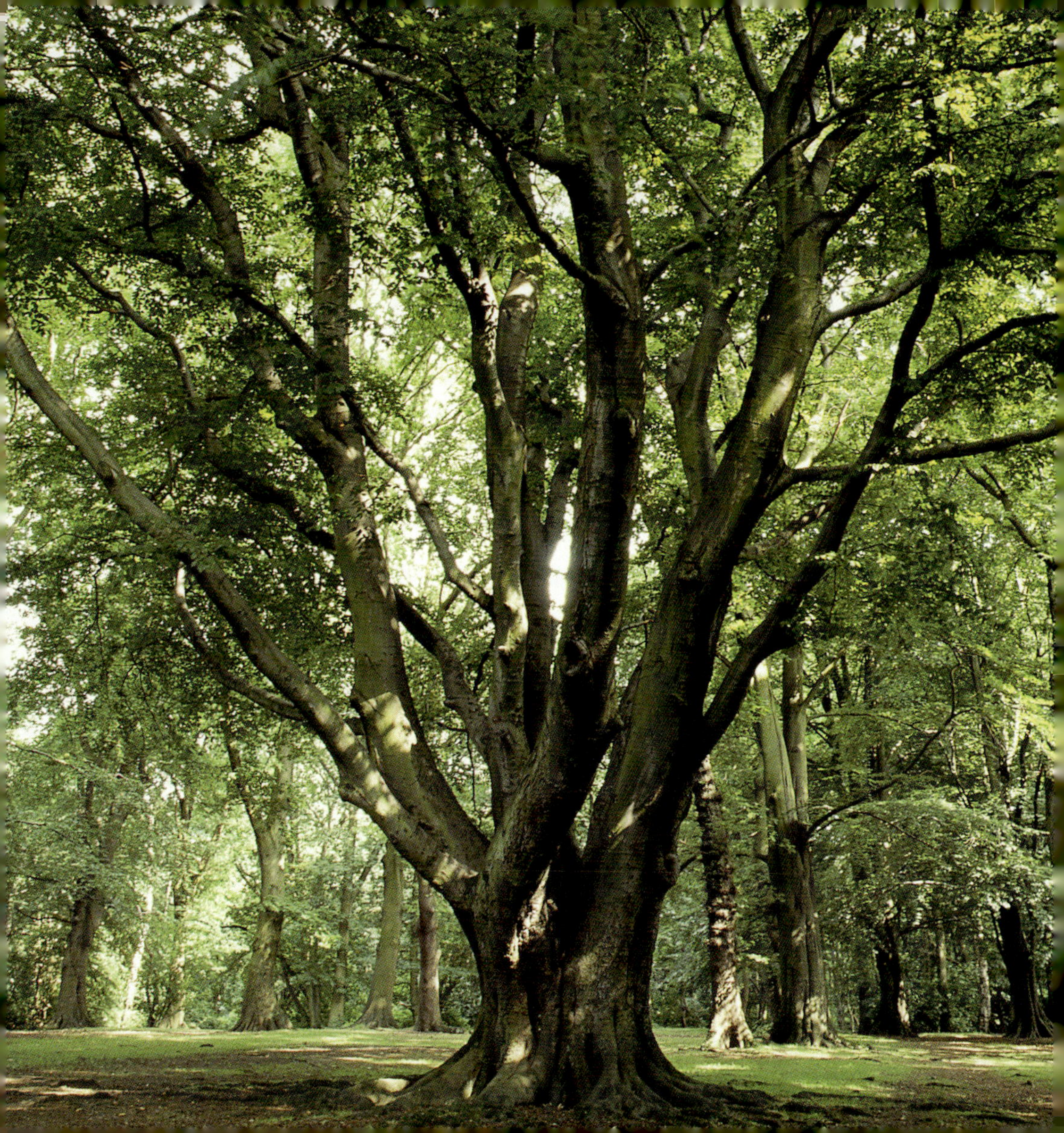

25. März

Vom Leichten zum Schwierigen

Wähle den Weg über die Bäche
und stürze dich nicht gleich in das Meer!
Man muss durch das Leichte
zum Schwierigen gelangen.

Thomas von Aquin

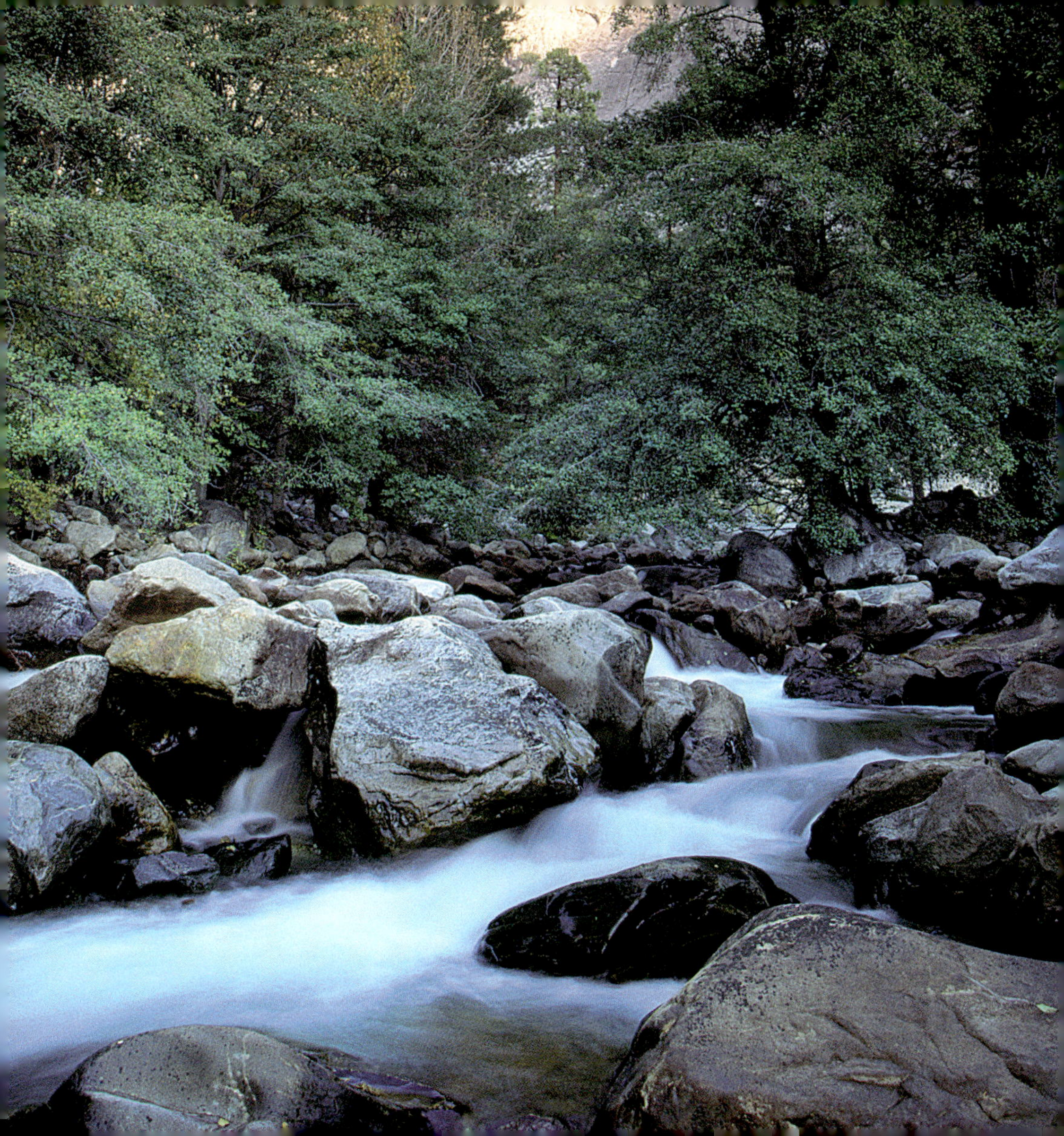

26. März

Die Stille

Die Bäume, die Blumen, die Kräuter,
sie wachsen in der Stille.
Die Sterne, die Sonne, der Mond,
sie bewegen sich in der Stille.
Die Stille gibt uns eine neue Sicht der Dinge.

Mutter Teresa

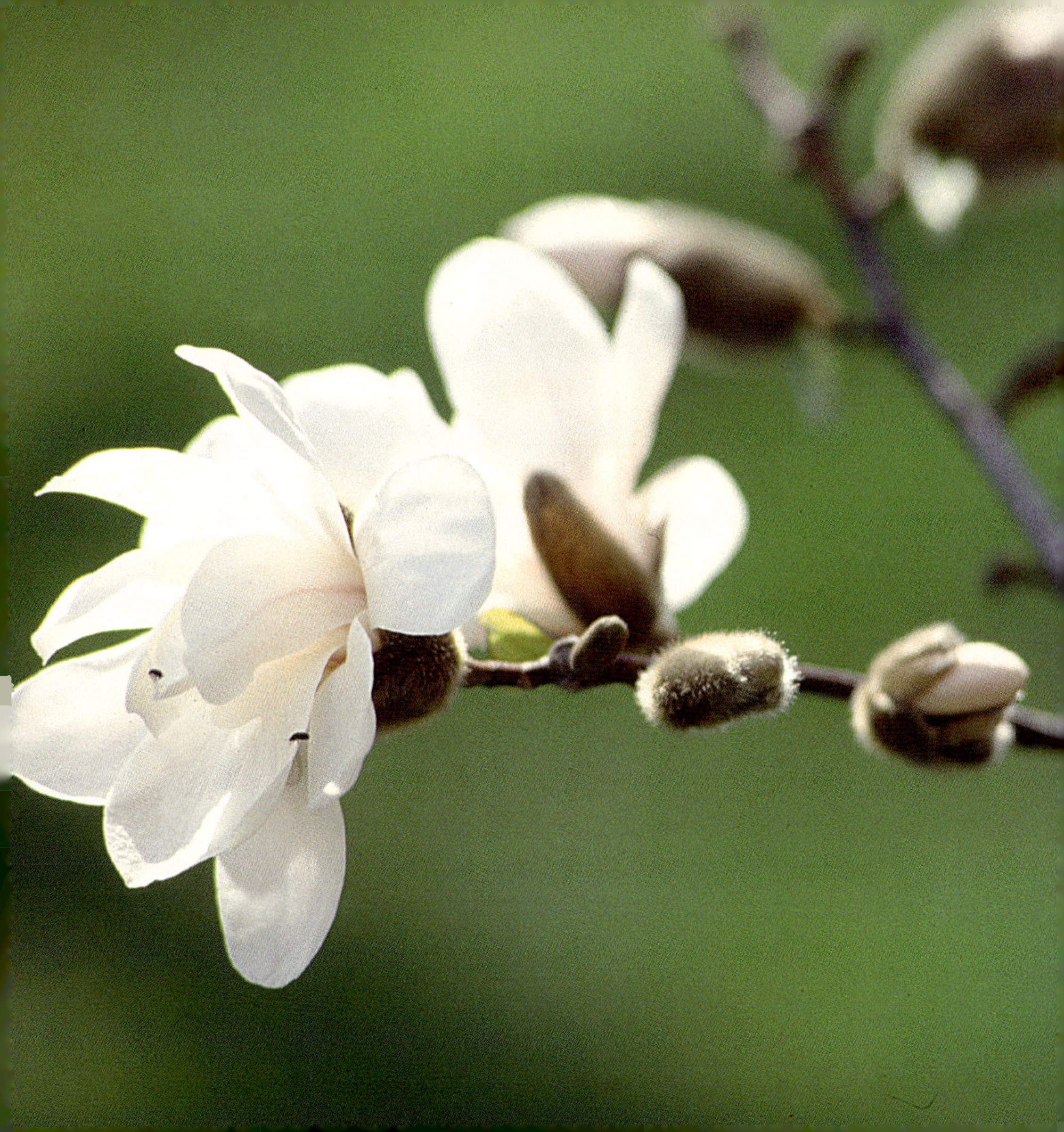

27. März

Kraft der Seele

Es ist unglaublich,
wie viel Kraft die Seele
dem Körper zu verleihen vermag.

Wilhelm von Humboldt

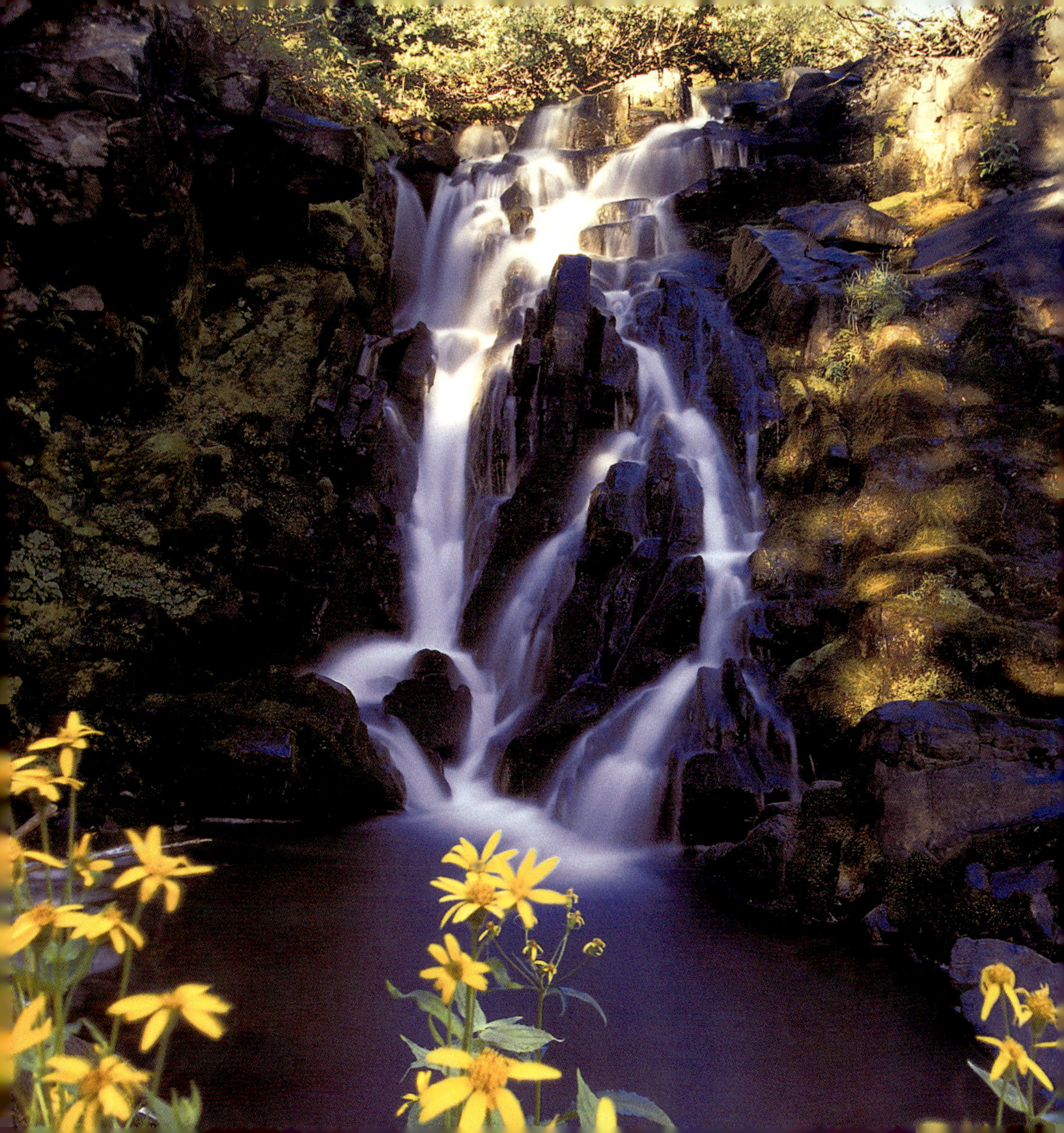

28. März

Wirklichkeit

Es gibt Dinge, die man nicht sagen kann,
weil es keine Worte gibt, um sie zu sagen.
Und wenn es sie gäbe,
würde niemand ihre Bedeutung verstehen.

Federico García Lorca

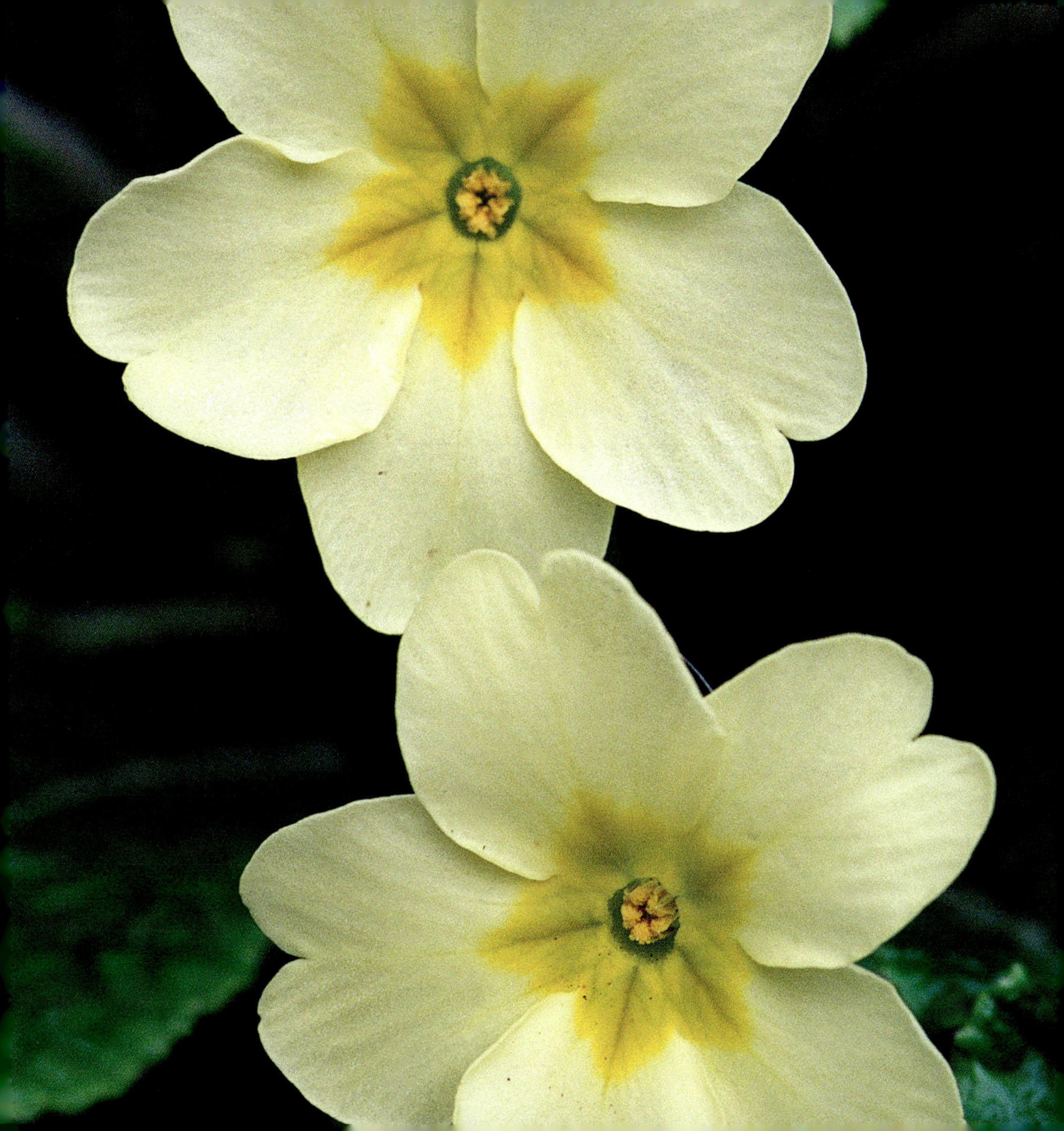

29. März

Vorsehung

Was du tust, vertraue auf die Vorsehung
und vertraue auf dich selbst.
Eines von diesen ohne das andere
wird dir selten frommen; aber beide vereinigt,
retten dich aus jeder Lage,
ermutigen dich in jedem Unternehmen.

August von Platen

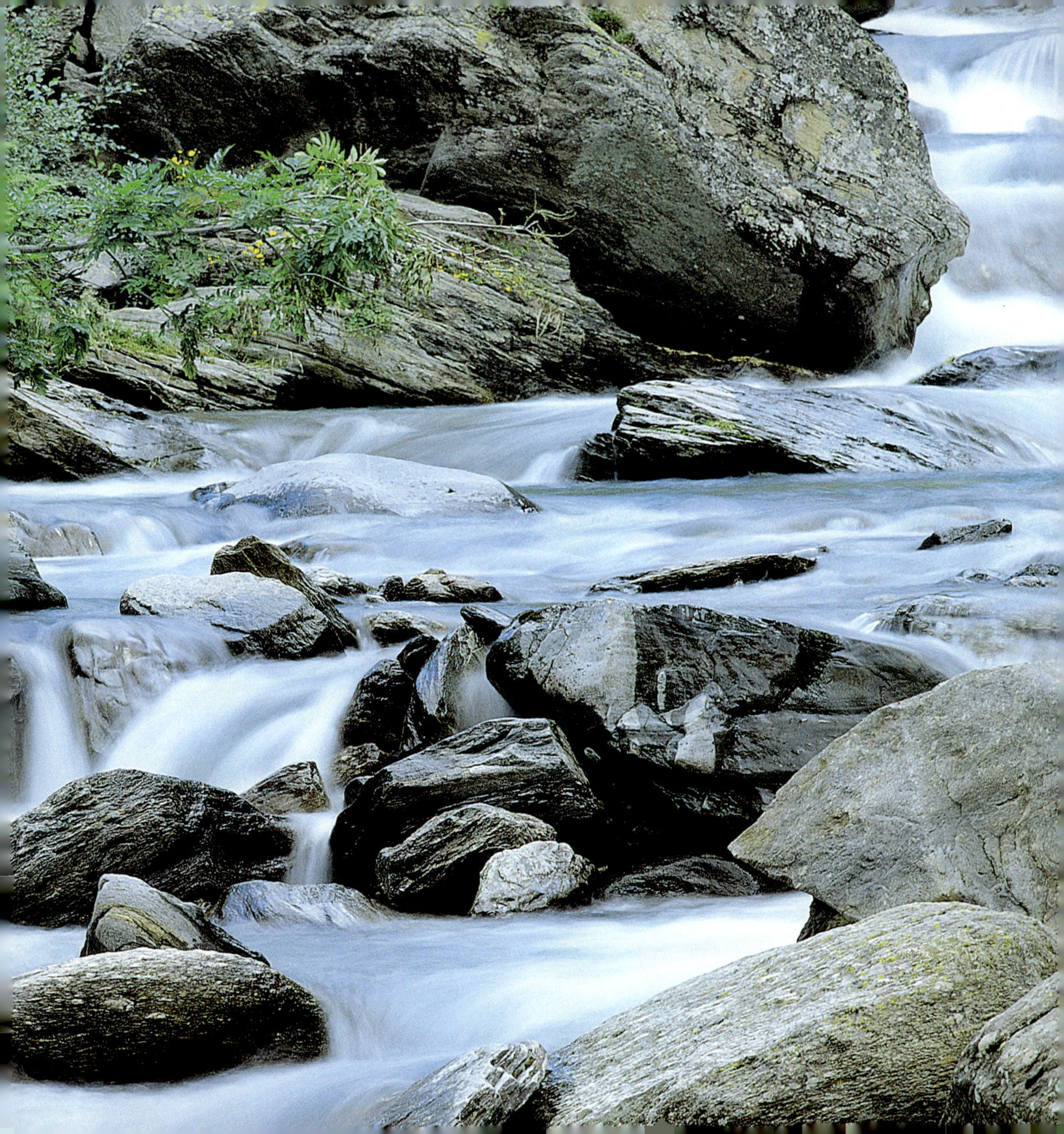

30. März

Von irdischen Dingen

Nicht daran, wie einer von Gott redet,
erkenne ich, ob seine Seele durch das Feuer
der göttlichen Liebe gegangen ist,
sondern daran,
wie er von irdischen Dingen spricht.

Simone Weil

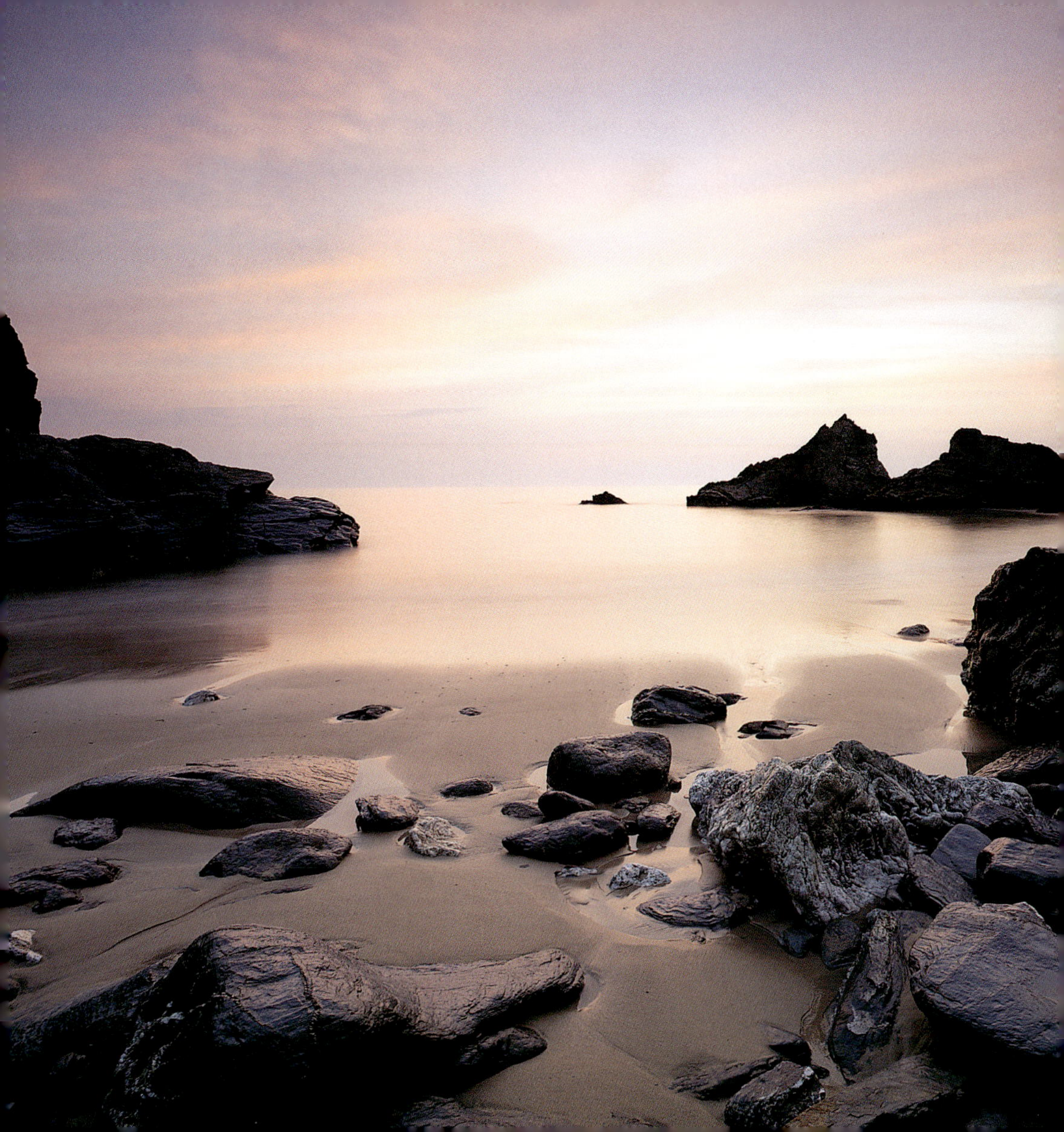

31. März

Finden

Suchen, das ist das Ausgehen von
alten Beständen und ein Findenwollen von
bereits Bekanntem im Neuen.
Finden, das ist das völlig Neue.
Alle Wege sind offen und was gefunden wird,
ist unbekannt.
Es ist ein Wagnis, ein heiliges Abenteuer.

Pablo Picasso

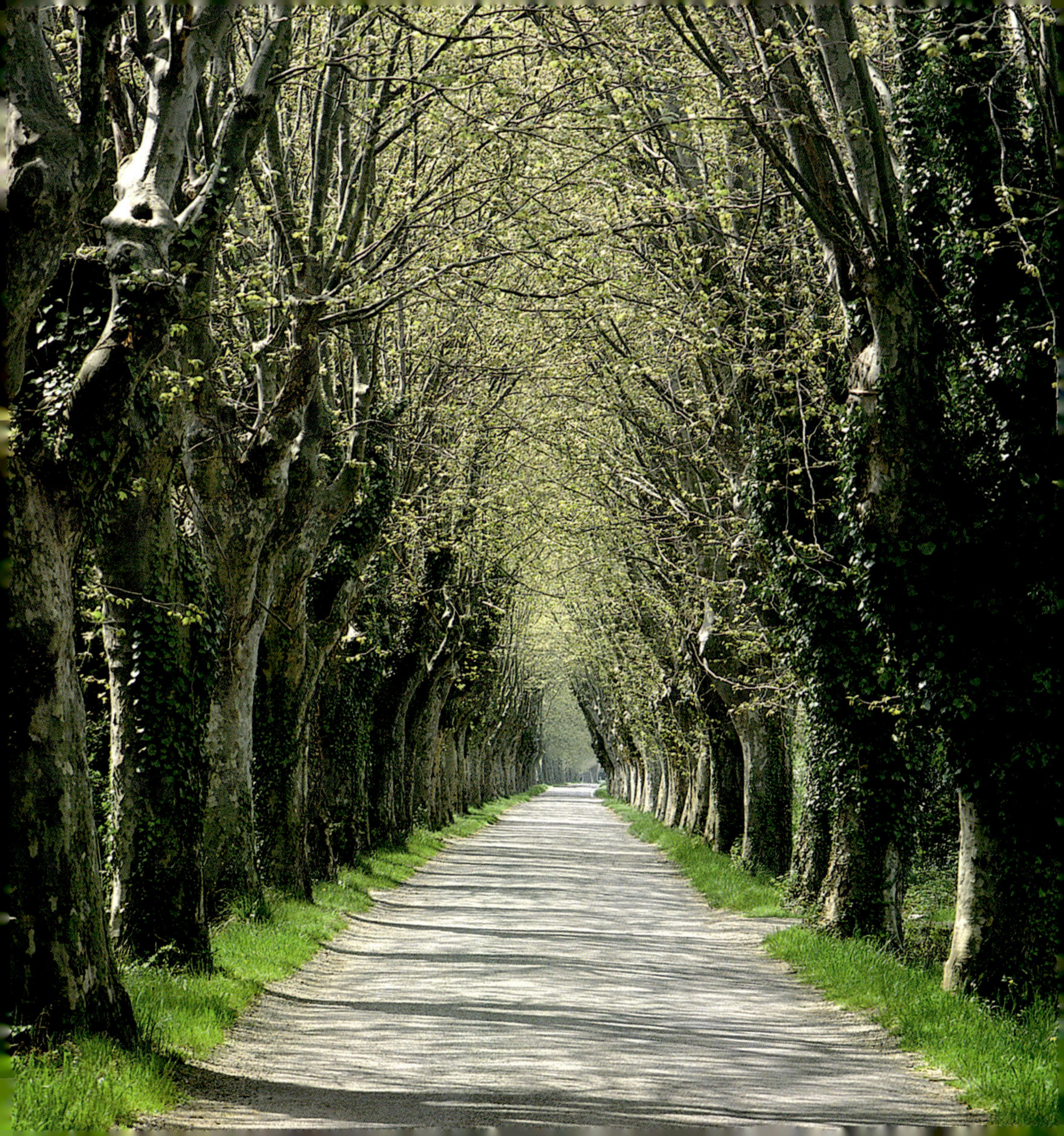

IV

April

1. April

Zeichen Gottes

Manchmal denkt man,
Gott müsste einem
in all den Widerständen des Lebens
ein sichtbares Zeichen geben, das einem hilft.
Aber dies ist eben sein Zeichen:
Dass er einen durchhalten
und es wagen und dulden lässt.

Jochen Klepper

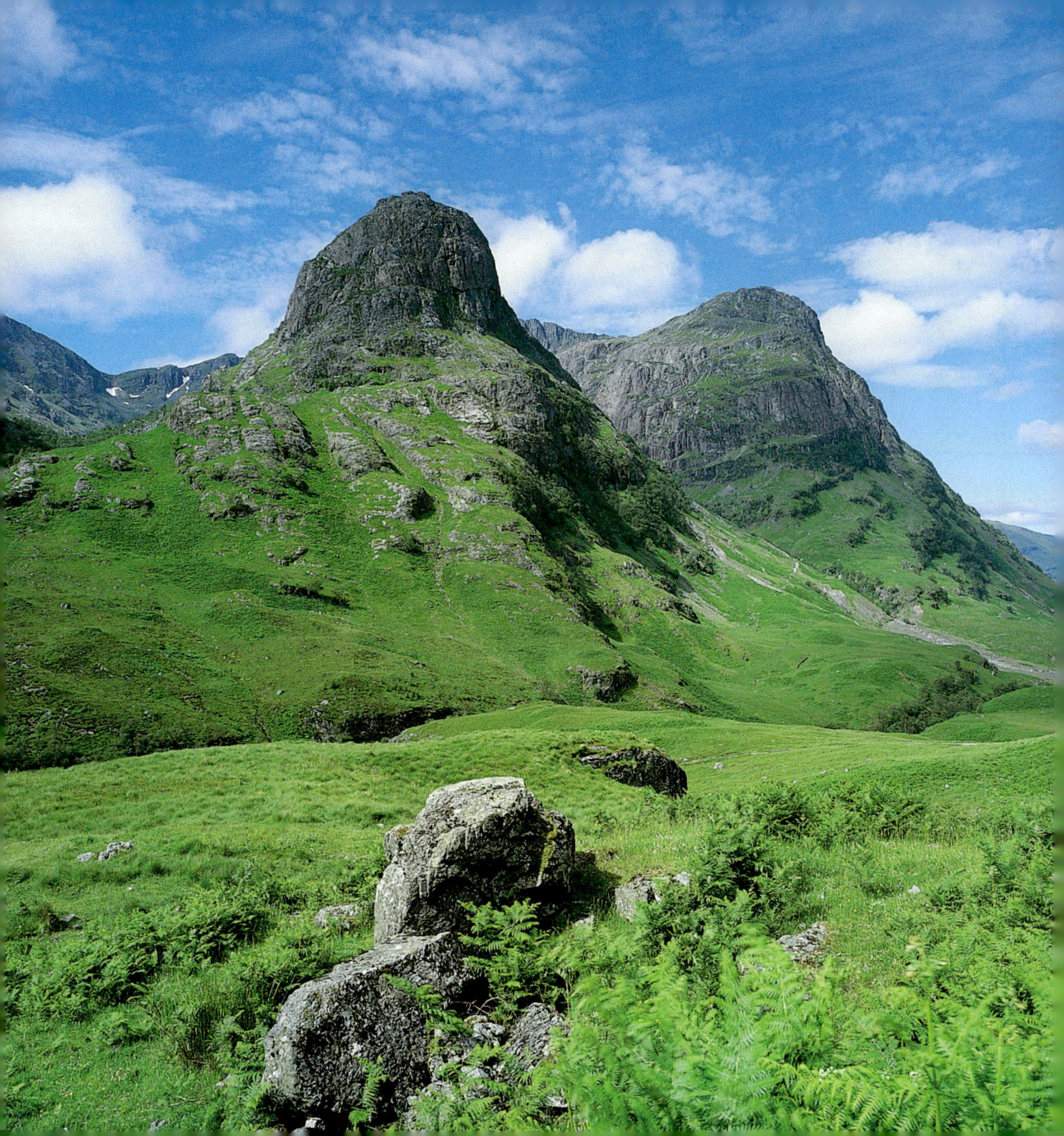

2. April

Der Augenblick

Die Arbeit läuft dir nicht davon,
wenn du deinem Kind den Regenbogen zeigst.
Aber der Regenbogen wartet nicht,
bis du mit der Arbeit fertig bist.

Aus China

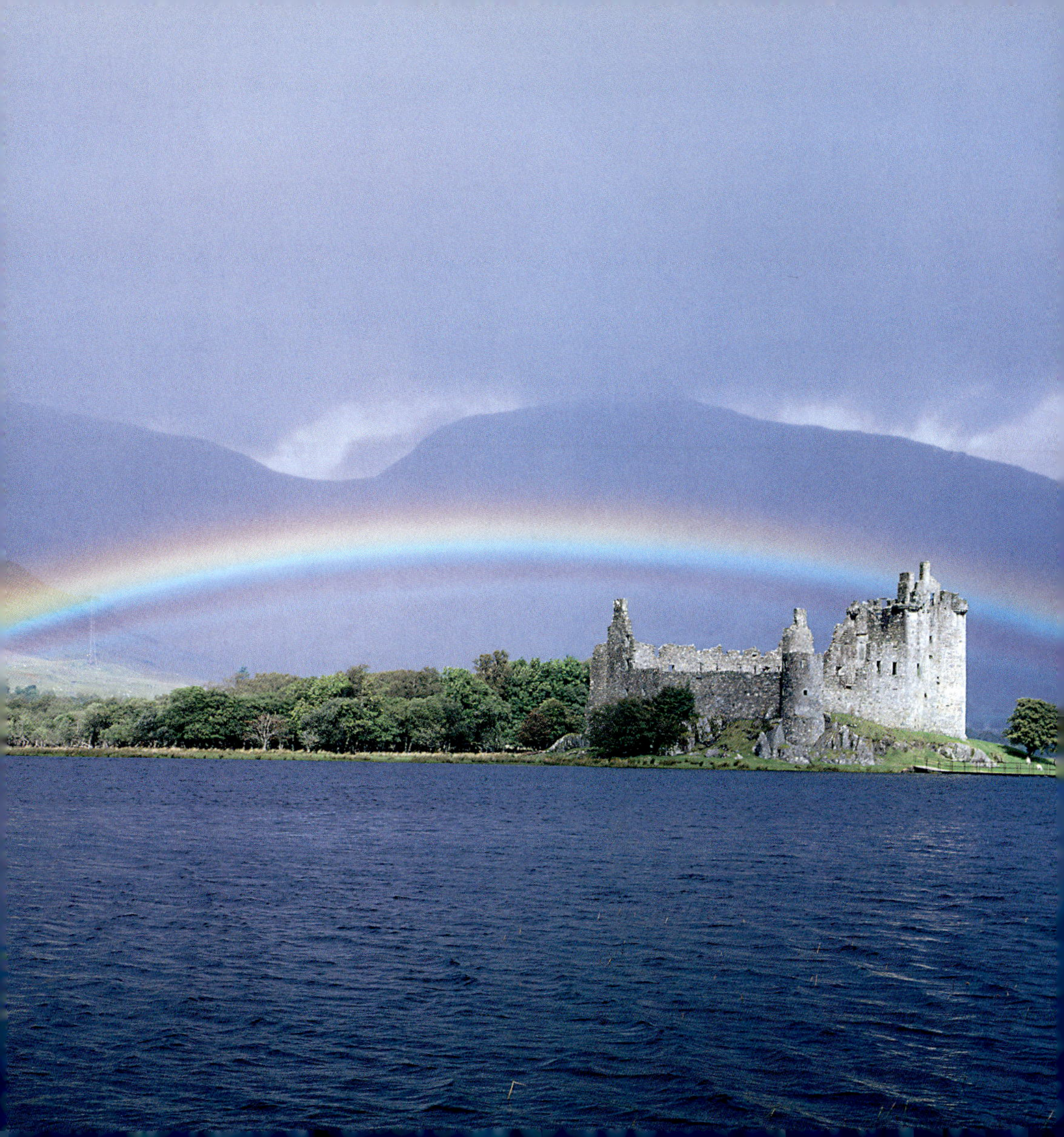

3. April

Freude

Das beste Mittel, den Tag zu beginnen, ist:
beim Erwachen daran denken,
ob man nicht wenigstens einem Menschen
an diesem Tag eine Freude machen könnte.

Friedrich Nietzsche

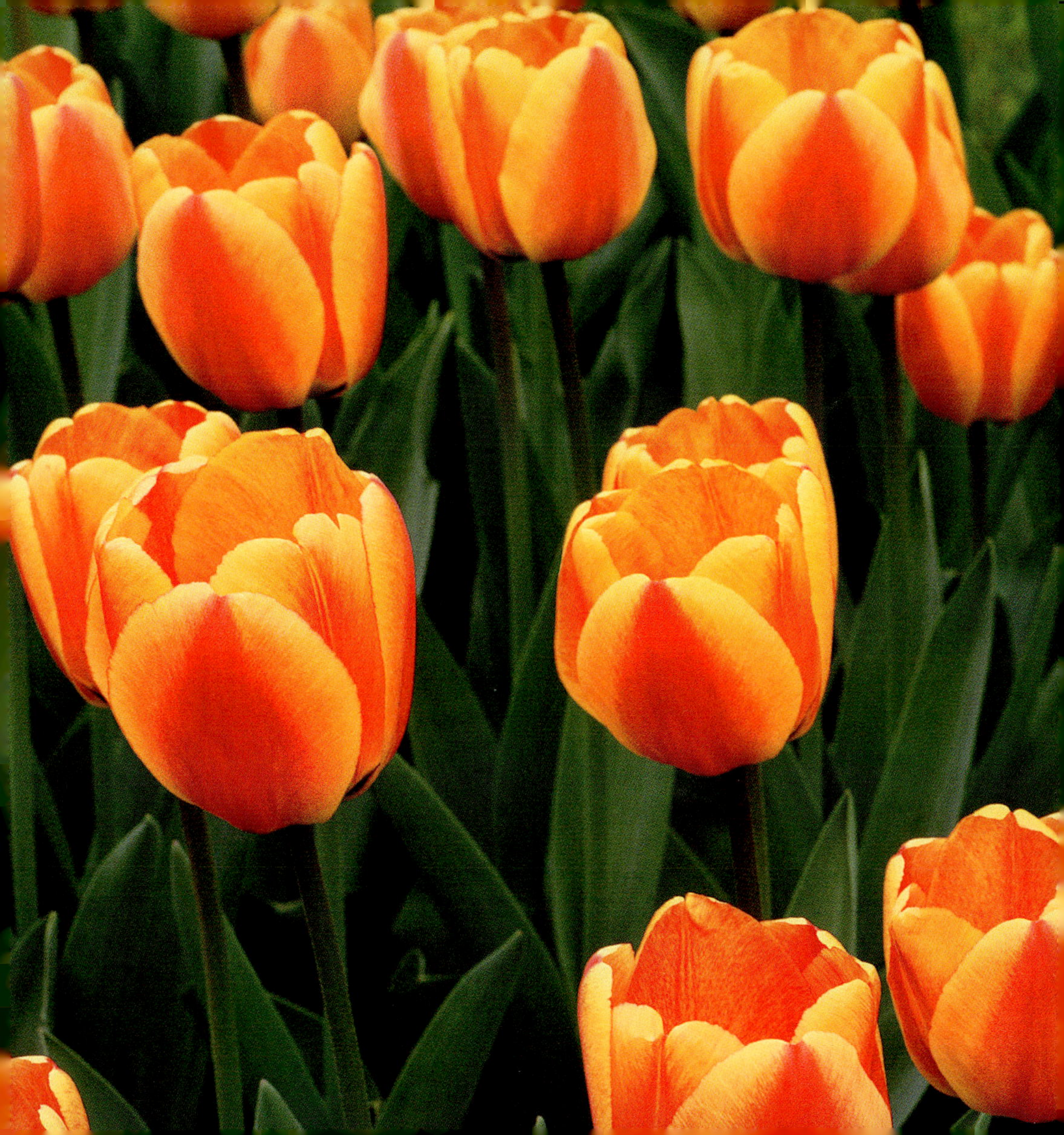

4. April

Lieben und Wachsen

Jeder Tag bietet eine Möglichkeit,
lieben zu können,
wachsen zu können.

Carol Ann Hierl

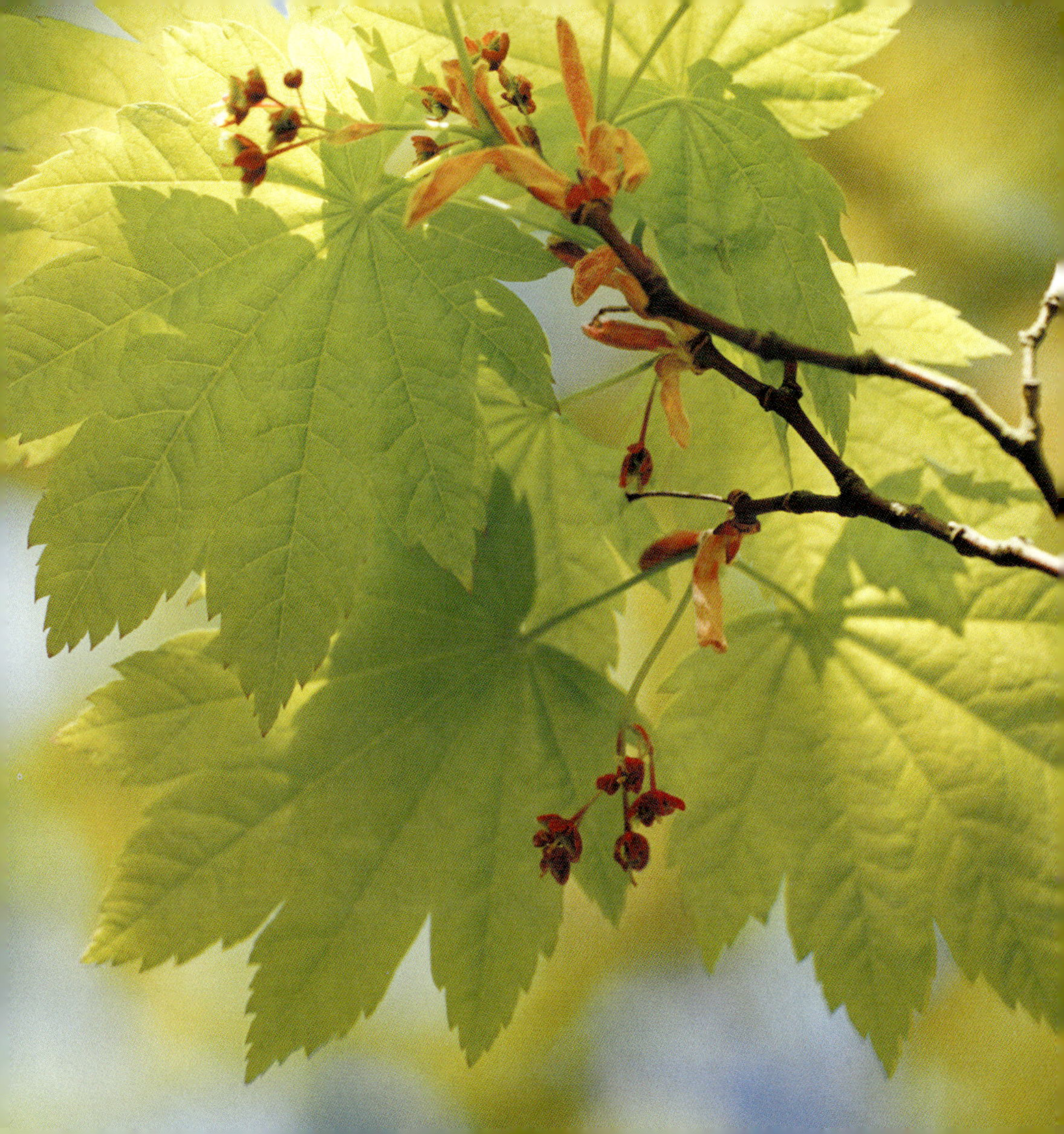

5. April

Geheimnis der Welt

Kein größeres Geschenk
können wir unseren Kindern machen,
als dass wir ihren Blick schärfen
für die Schönheiten
und das Geheimnis der Welt,
in der wir leben.

Rachel Carson

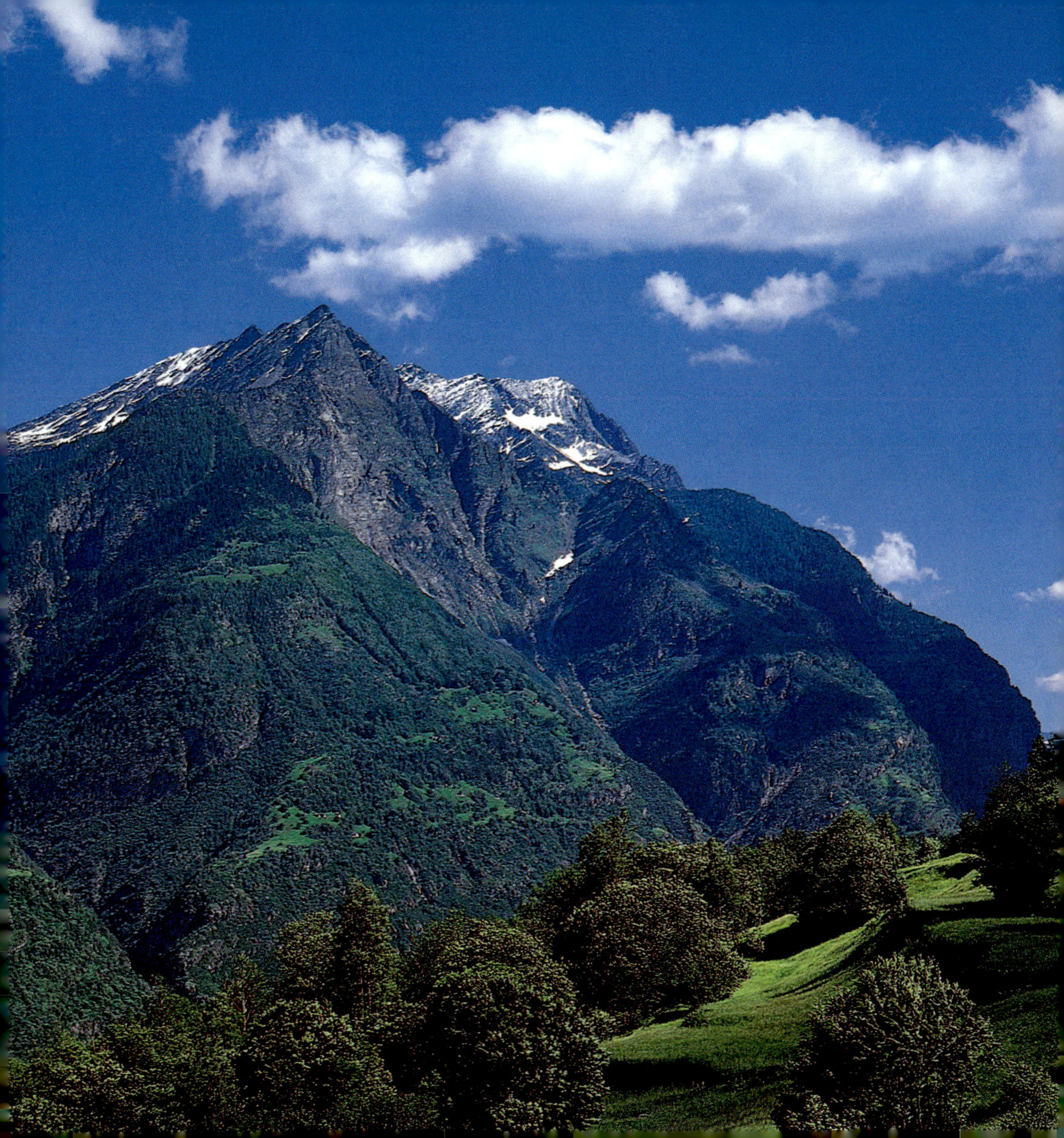

6. April

Angenommen sein

Gott nimmt uns an,
weil er uns liebt,
und nicht wegen irgendeines Wortes,
dass wir sagen,
oder irgendeiner Handlung,
die wir vollbringen.

Paul Tillich

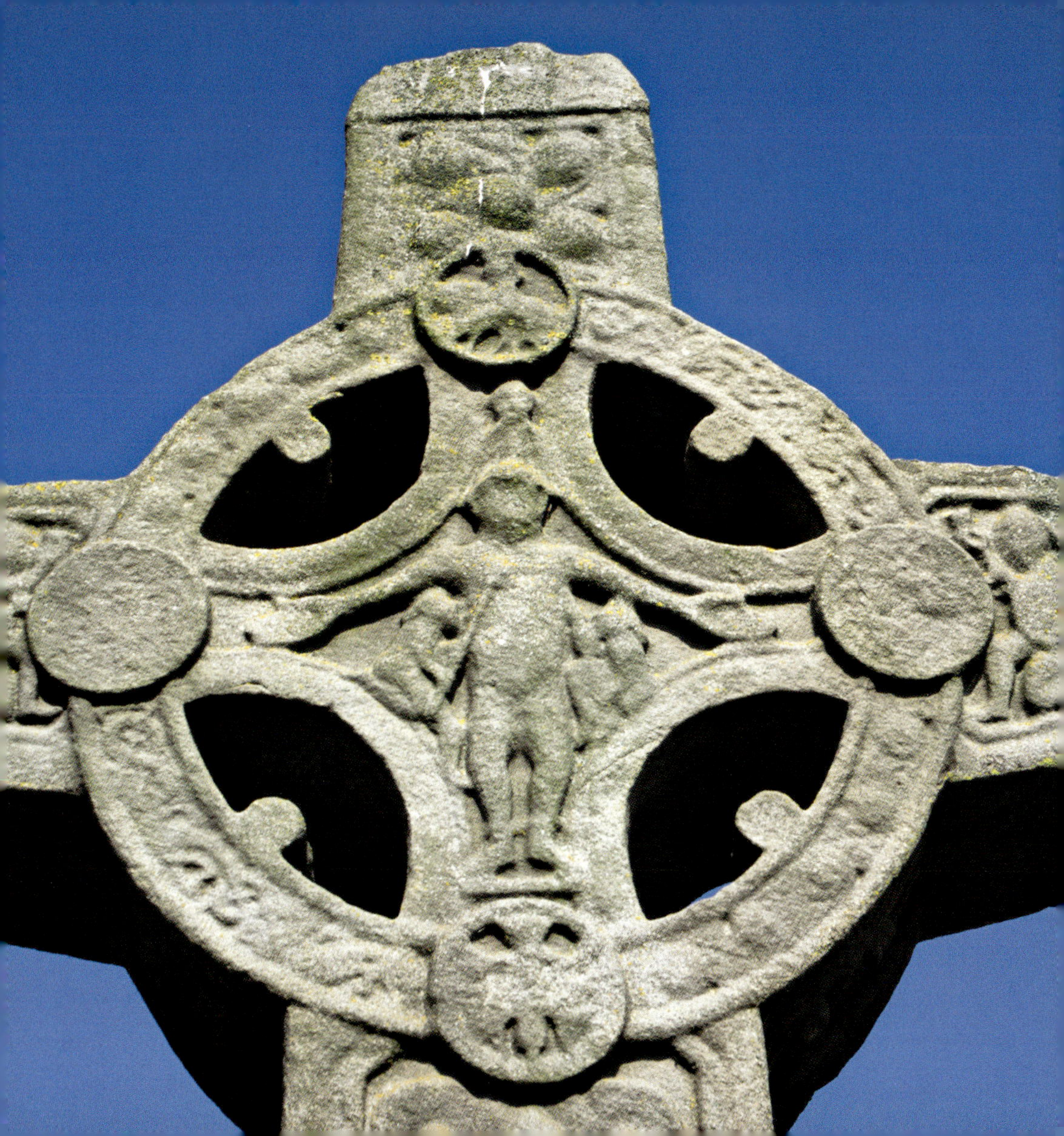

7. April

Morgen

Über dem ängstlichen Gedanken,
was etwa morgen uns zustoßen könnte,
verlieren wir das Heute, die Gegenwart,
und damit die Wirklichkeit.

Hermann Hesse

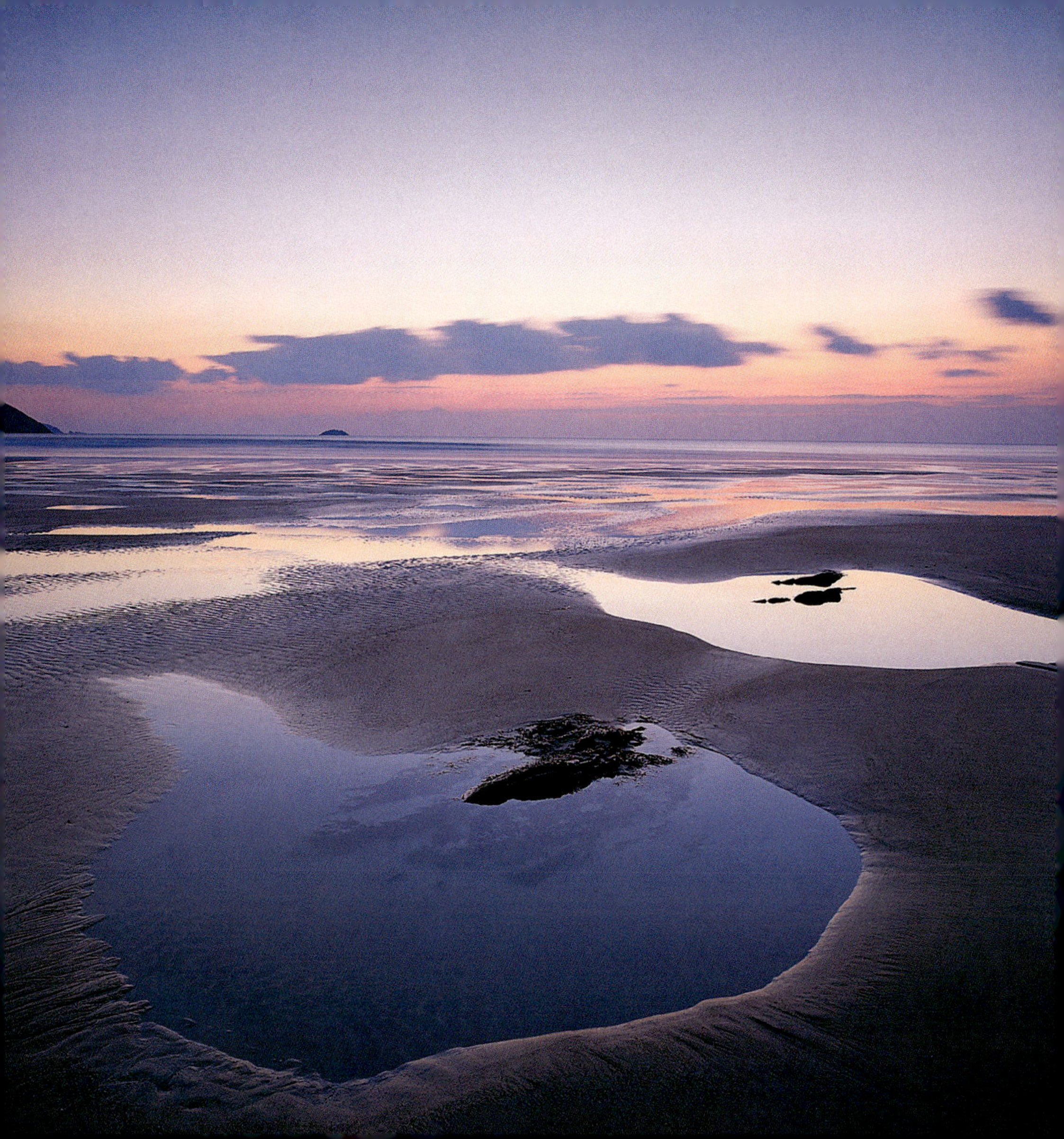

8. April

Herzen der Menschen

Der Friede kommt auf die Erde
nur durch die Herzen
der einzelnen Menschen;
er findet keine anderen Tore.

Joseph Wittig

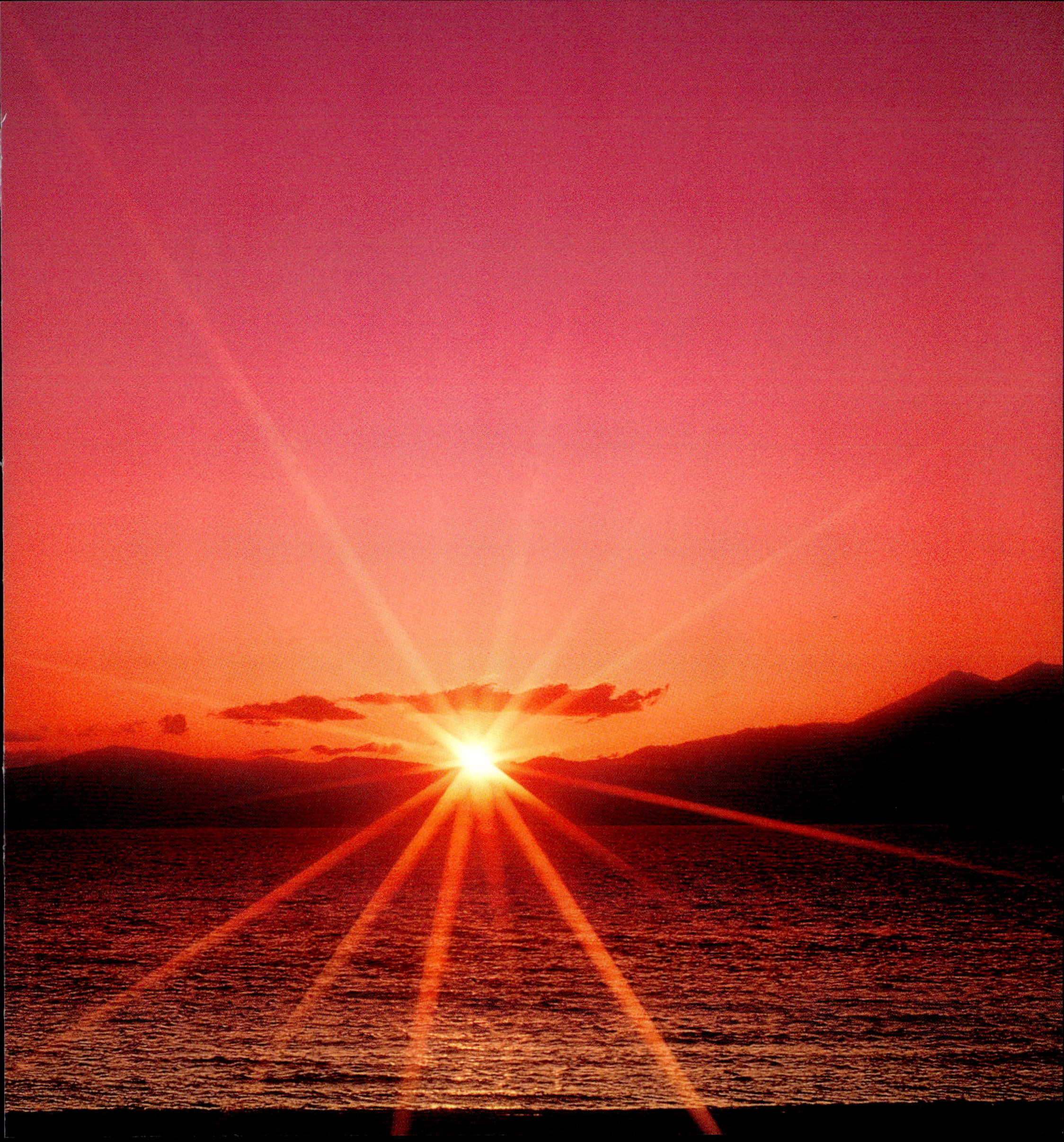

9. April

Das Licht

Wenn ich mit einer brennenden Kerze
andere Kerzen anzünde,
nimmt das Feuer nicht ab,
vielmehr wird das Licht größer.
Wenn ich anderen meinen Glauben bezeuge,
wird mein Glaube nicht schwächer,
sondern stärker.

Johnson Gnanabaranam

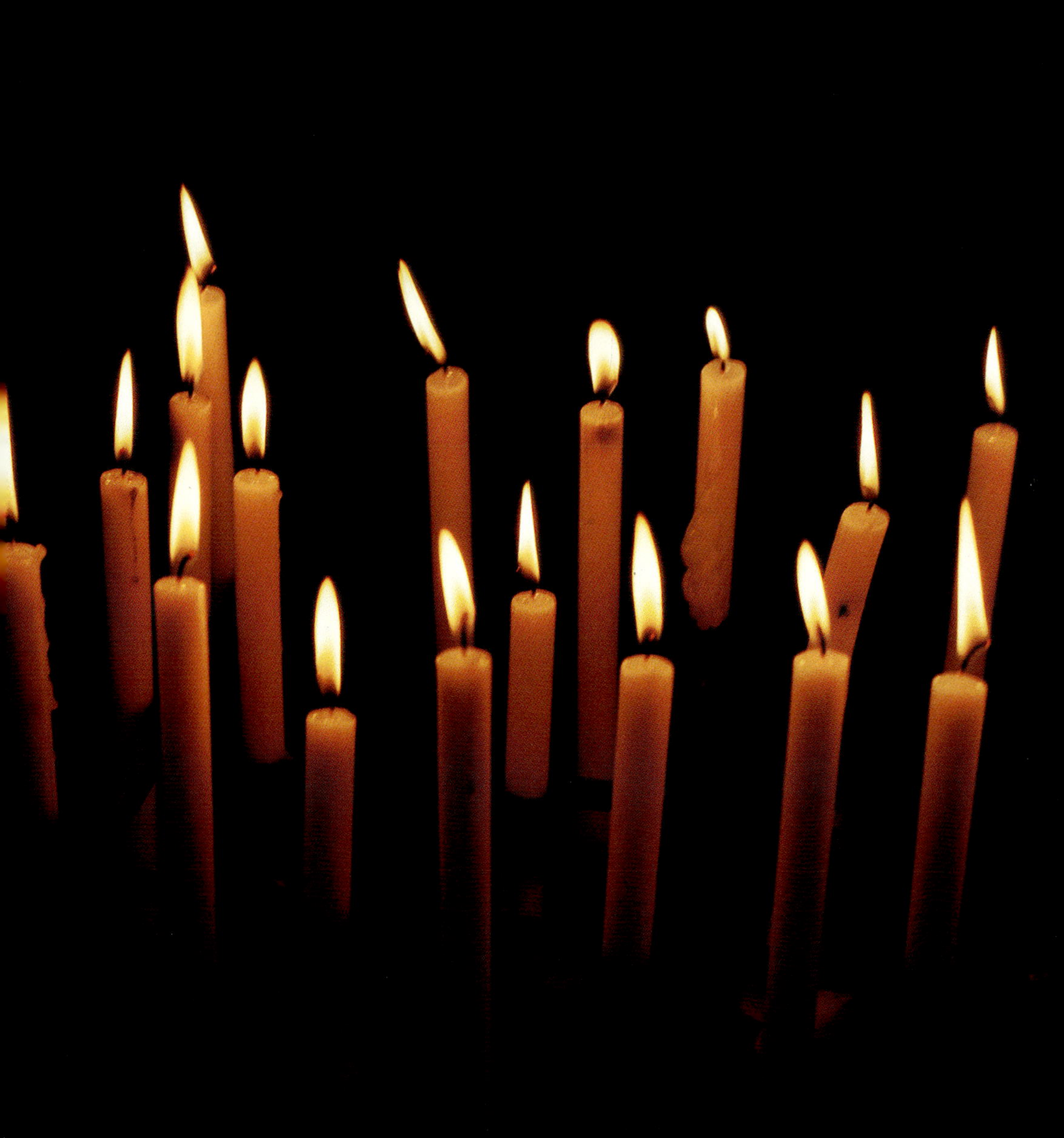

10. April

Blumen des Herzens

Die Blumen des Herzens
wollen freundliche Pflege,
ihre Wurzel ist überall,
aber sie selbst gedeihn
in heiterer Witterung nur.

Friedrich Hölderlin

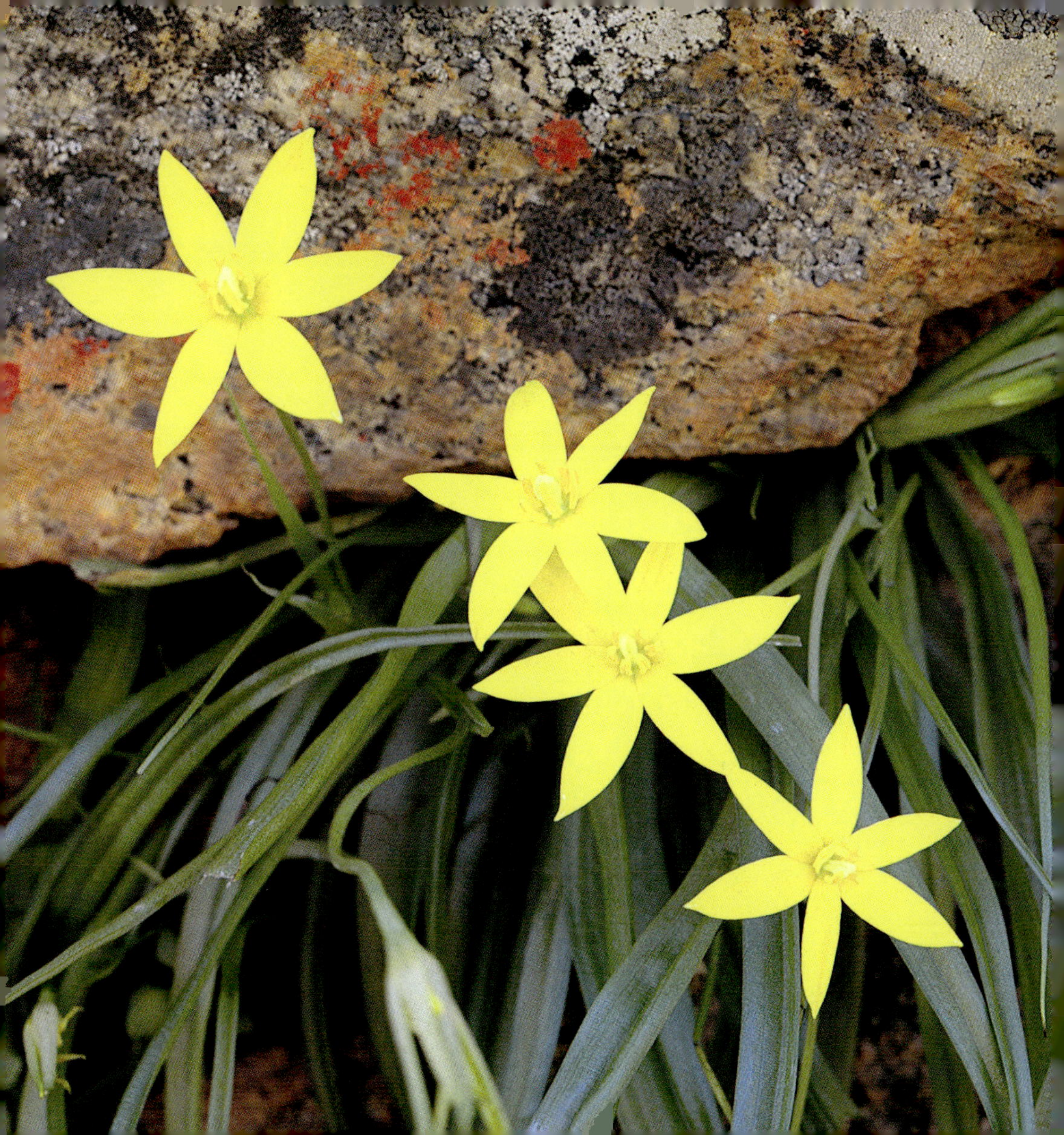

11. April

Garten des Frühlings

Lächle, denn es gibt
einen Frühling in deinem Garten,
der die Blüten bringt,
einen Sommer, der die Blätter tanzen
und einen Herbst, der die Früchte reifen lässt.

Aus Arabien

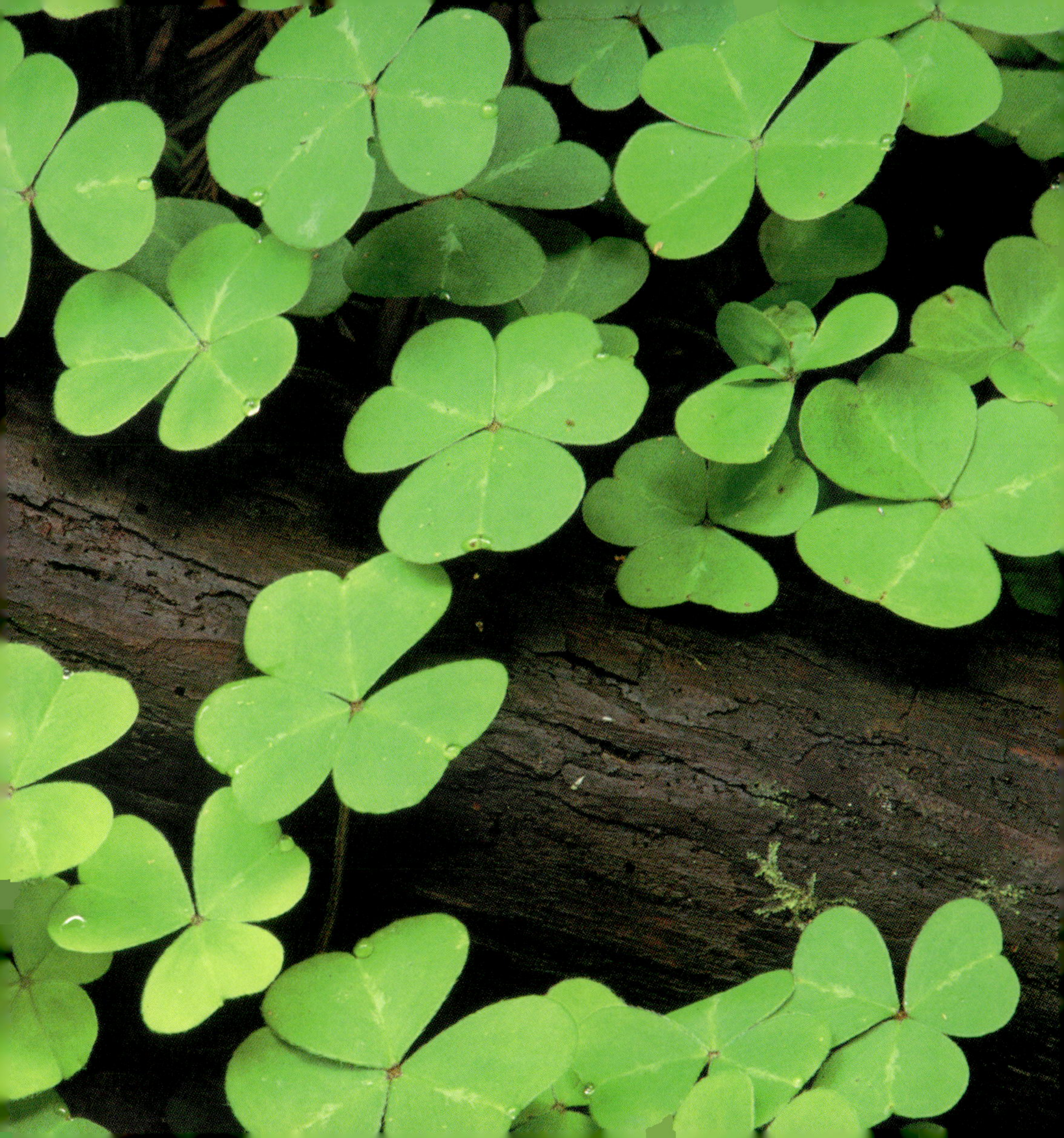

12. April

Schönheit

Die Menschen sind zur Schönheit berufen:
der Geist, Schönheit zu denken,
die Augen, Schönheit zu sehen,
das Herz, Schönheit in die Welt zu tragen.

Schöpfungslied der Taos-Indianer

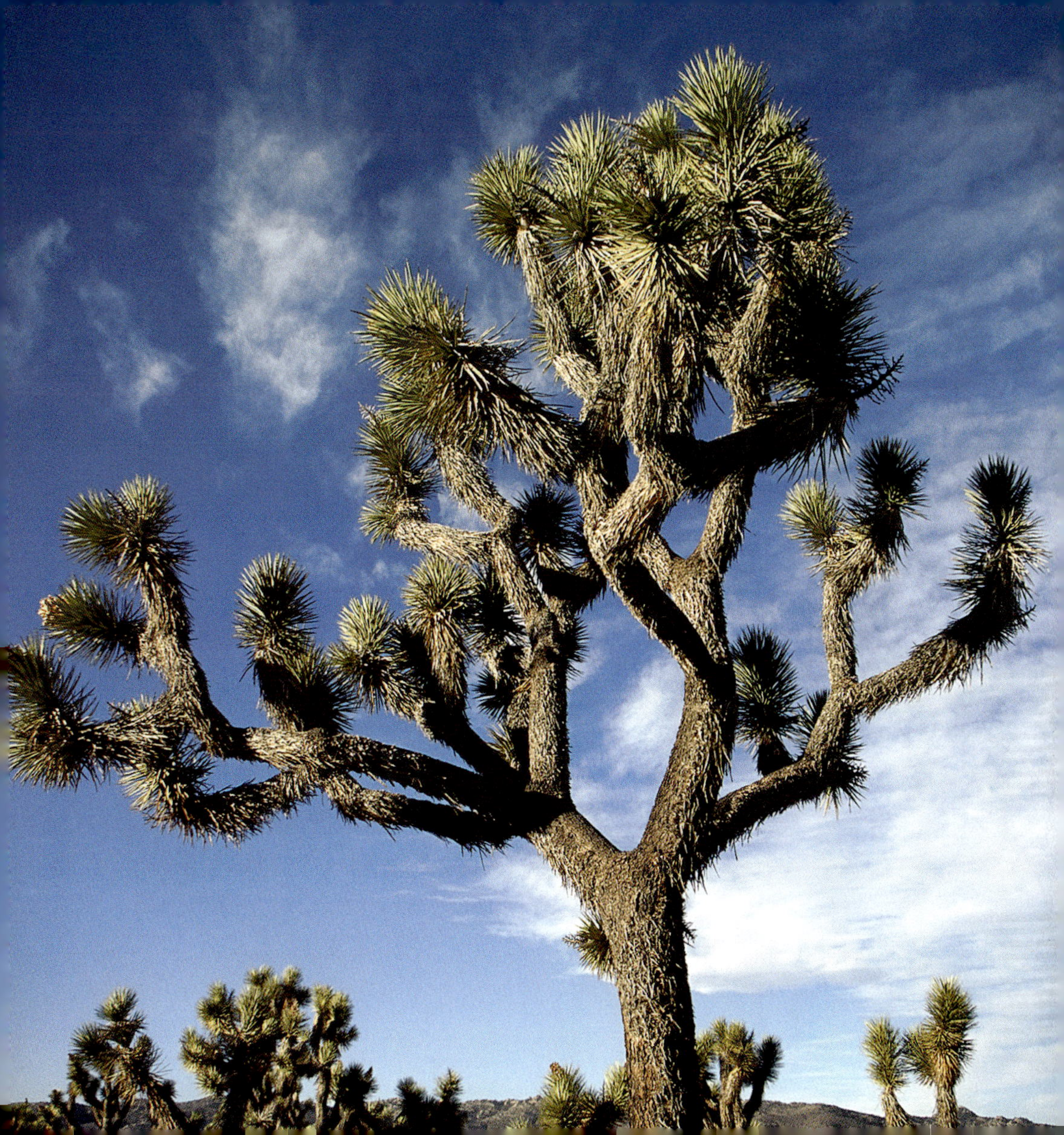

13. April

Staunen

Dankbarkeit ist staunende Liebe.
Und wer staunen und lieben kann,
gehört zu den Gesegneten dieser Erde.

Manfred Hausmann

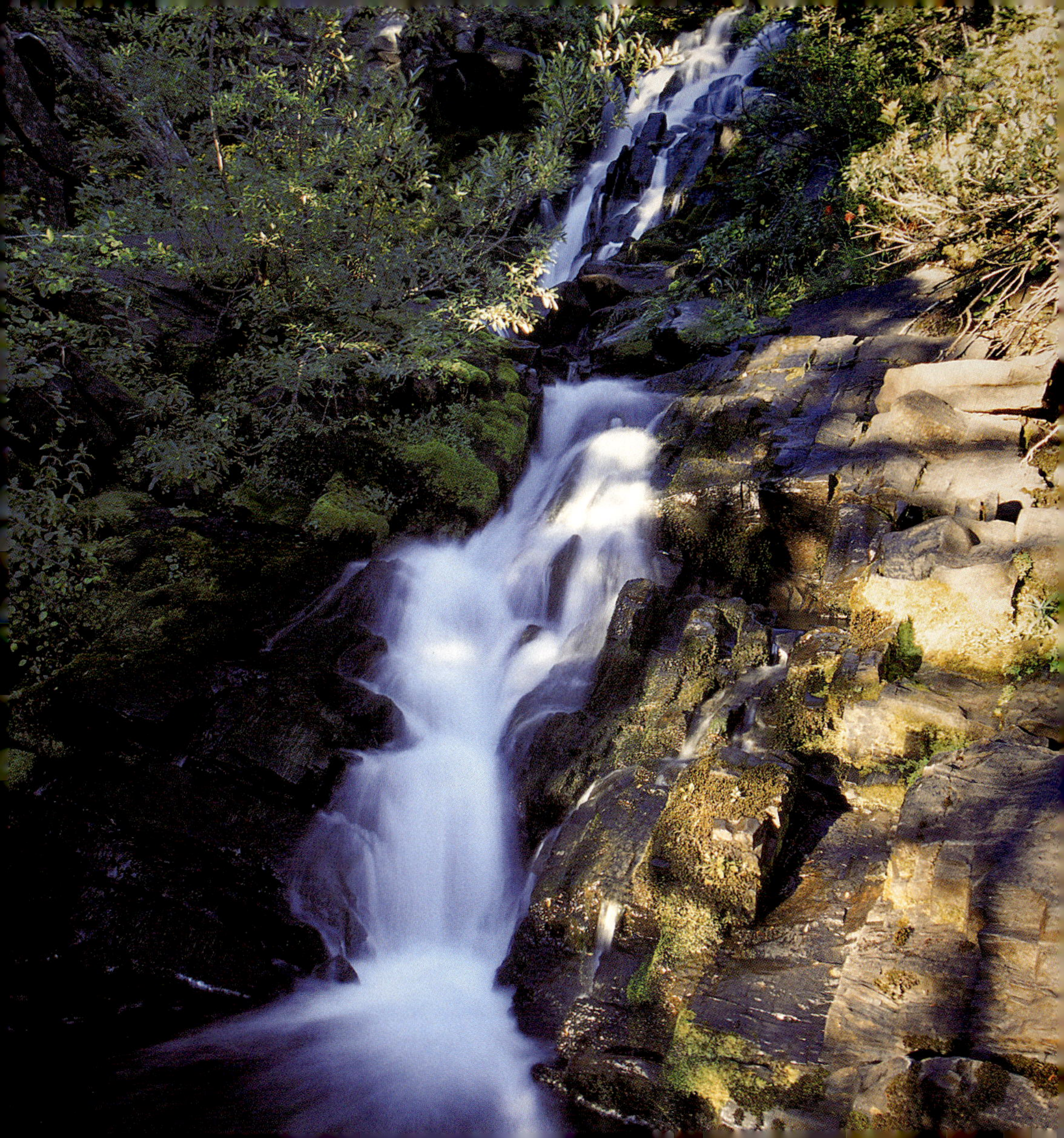

14. April

Empfangen

Empfange jeden freundlich,
rede kurz mit ihm, entlasse ihn getröstet
und hänge dein Herz nicht an ihn.

Heinrich Seuse

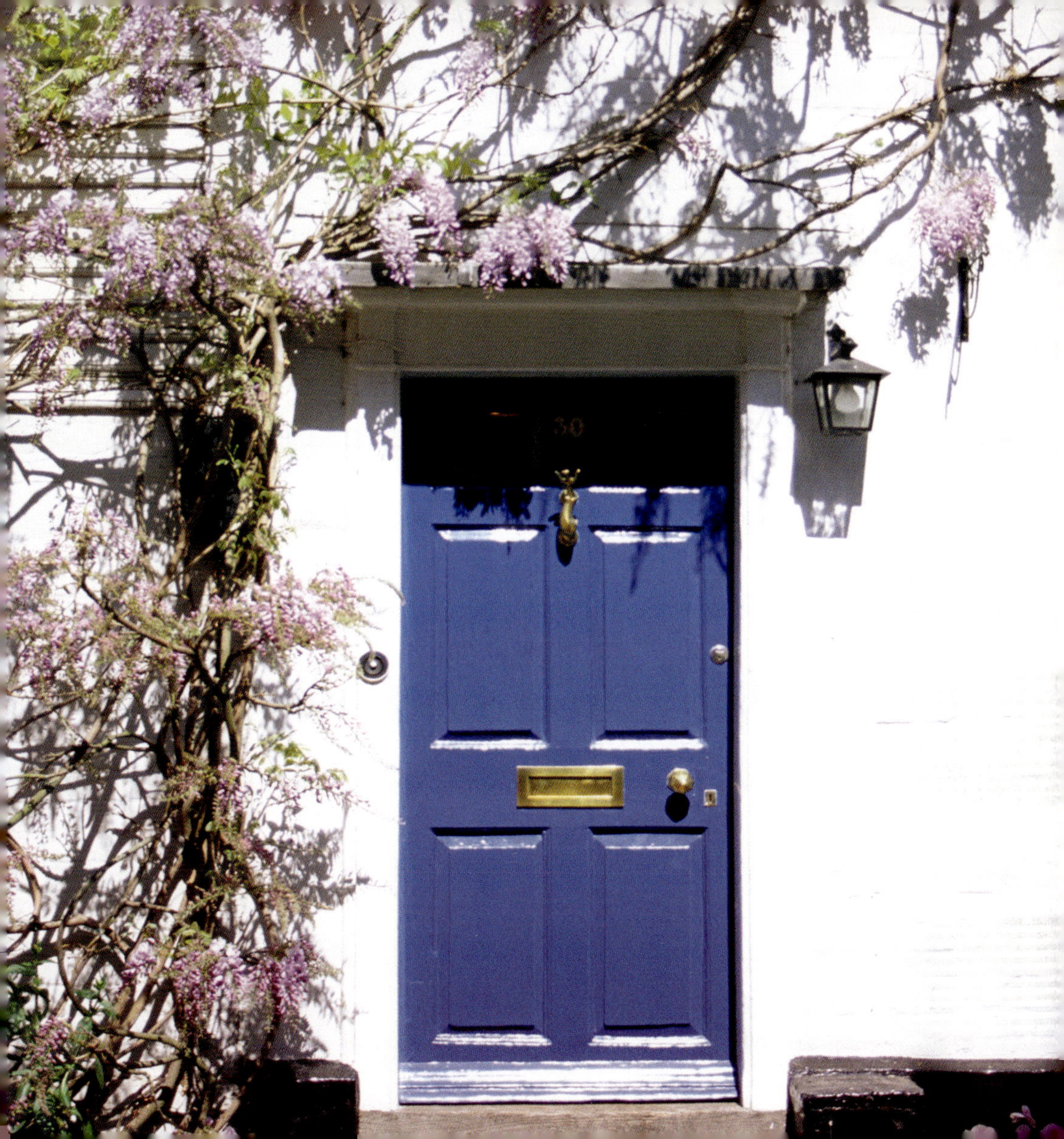

15. April

Die Schönheit der Welt

Wie oft vergessen wir, Gott zu sagen:
Wie gut bist du! Wie liebe ich dich!
Die ganze Welt offenbart deine Schönheit.

Kardinal Arns

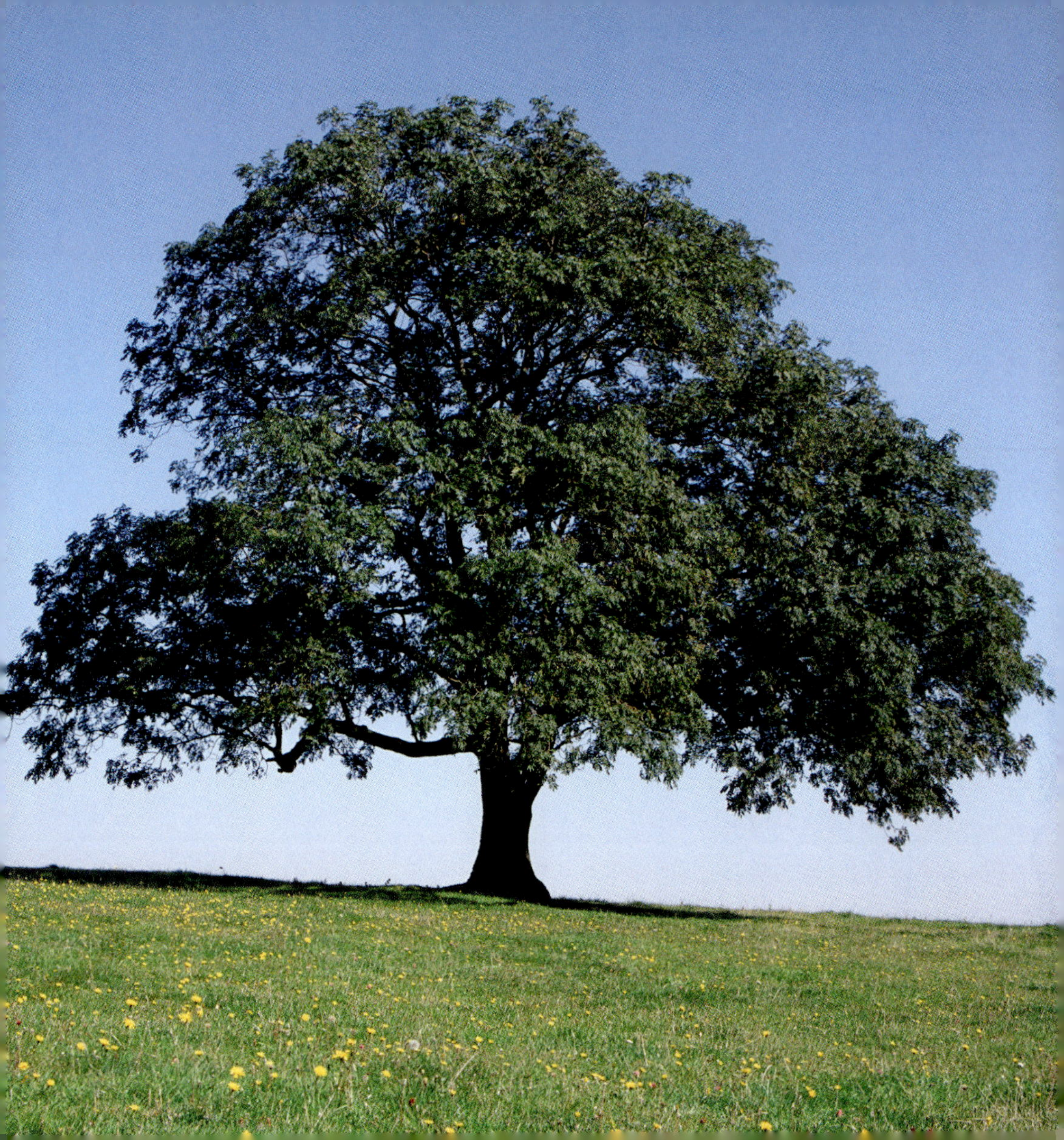

16. April

Auf den Weg

Es kommt immer ganz anders!
Das ist das wahrste Wort
und im Grunde auch der beste Trost,
der dem Menschen in seinem Erdenleben
mit auf den Weg gegeben worden ist.

Wilhelm Raabe

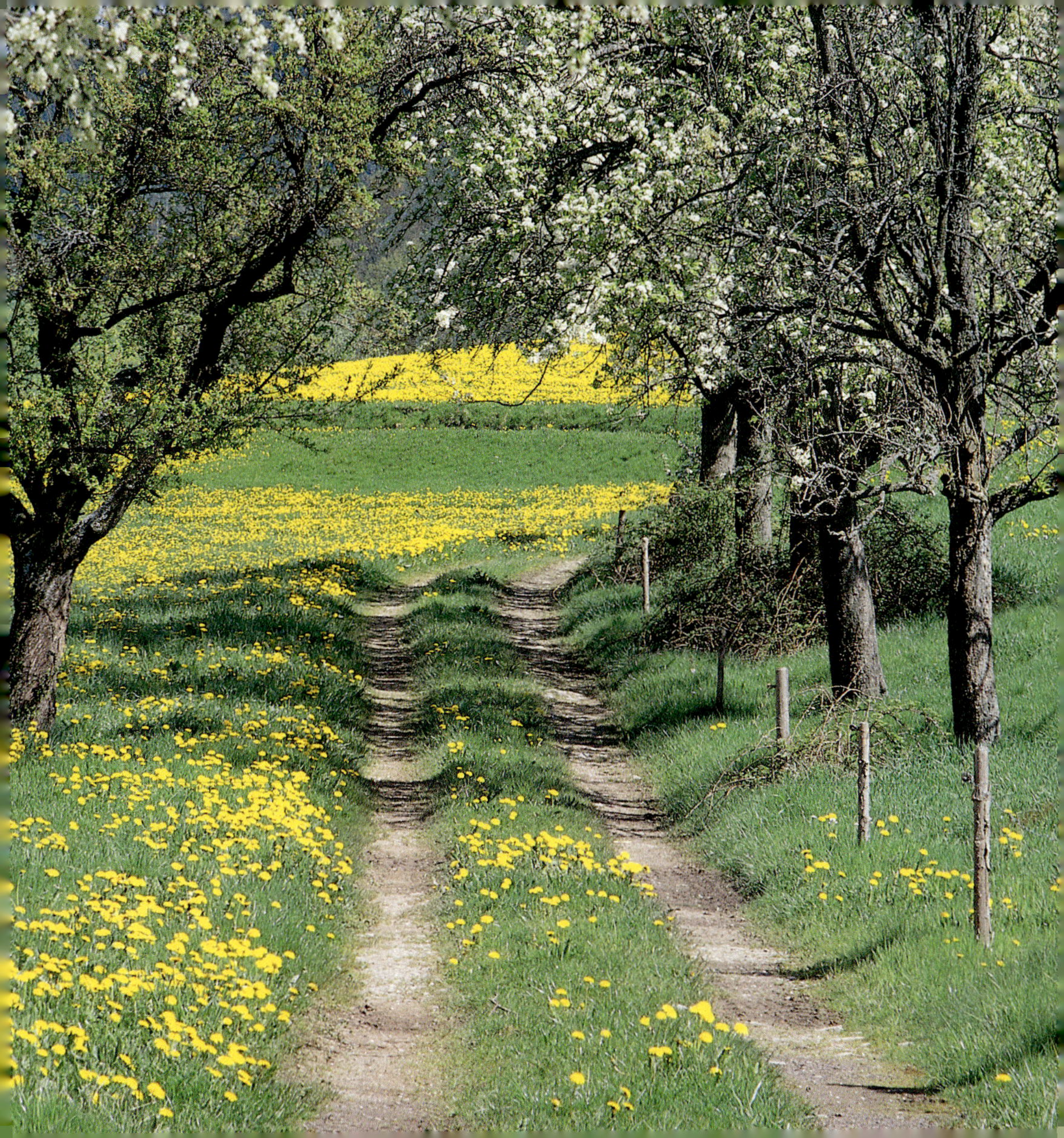

17. April

Weisheit

In seiner Güte schuf Gott das Nützliche,
in seiner Weisheit das Schöne,
in seiner Macht das Große.

Basilius der Große

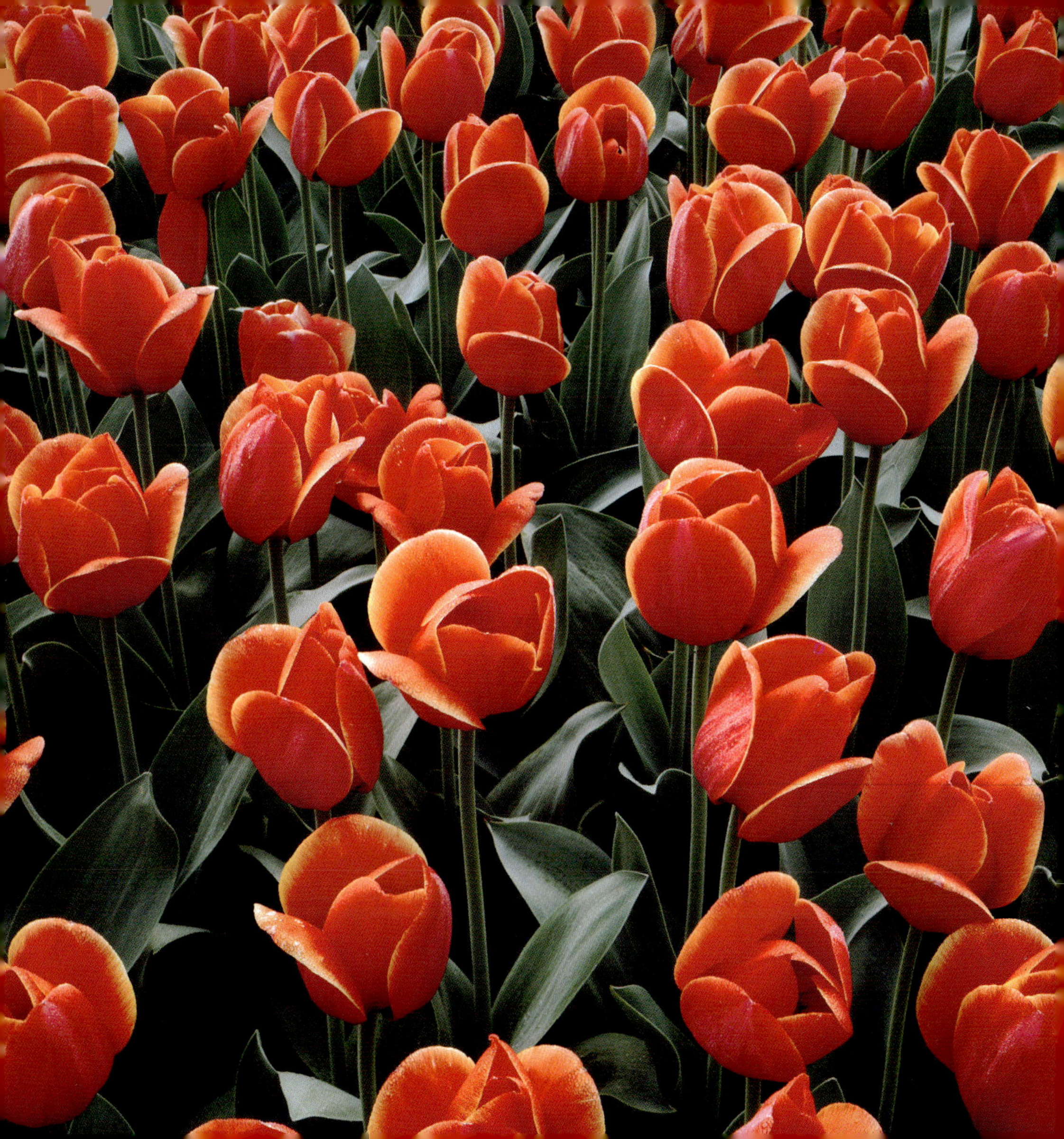

18. April

Das Schöne finden

Und wenn wir die ganze Welt durchreisten,
um das Schöne zu finden:
Wir müssen es in uns tragen,
sonst finden wir es nie.

Ralph Waldo Emerson

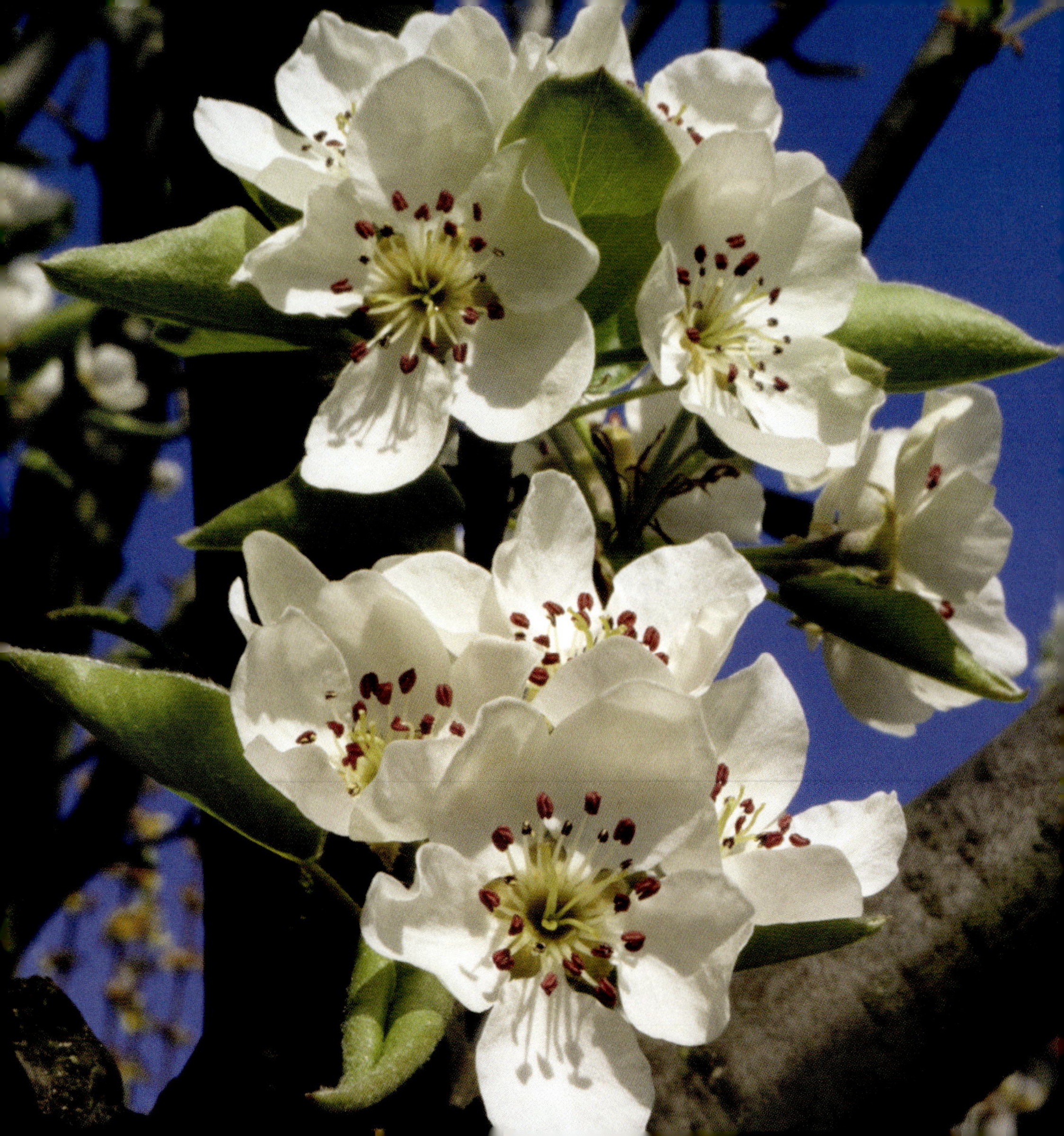

19. April

Geschenk

Herr, schenke mir eine Seele,
der die Langeweile fremd ist,
die kein Murren kennt, kein Seufzen
und Klagen, und lasse nicht zu,
dass ich mir viele Sorgen mache,
um dieses Etwas, das sich so breit macht
und sich „Ich" nennt.

Thomas Morus

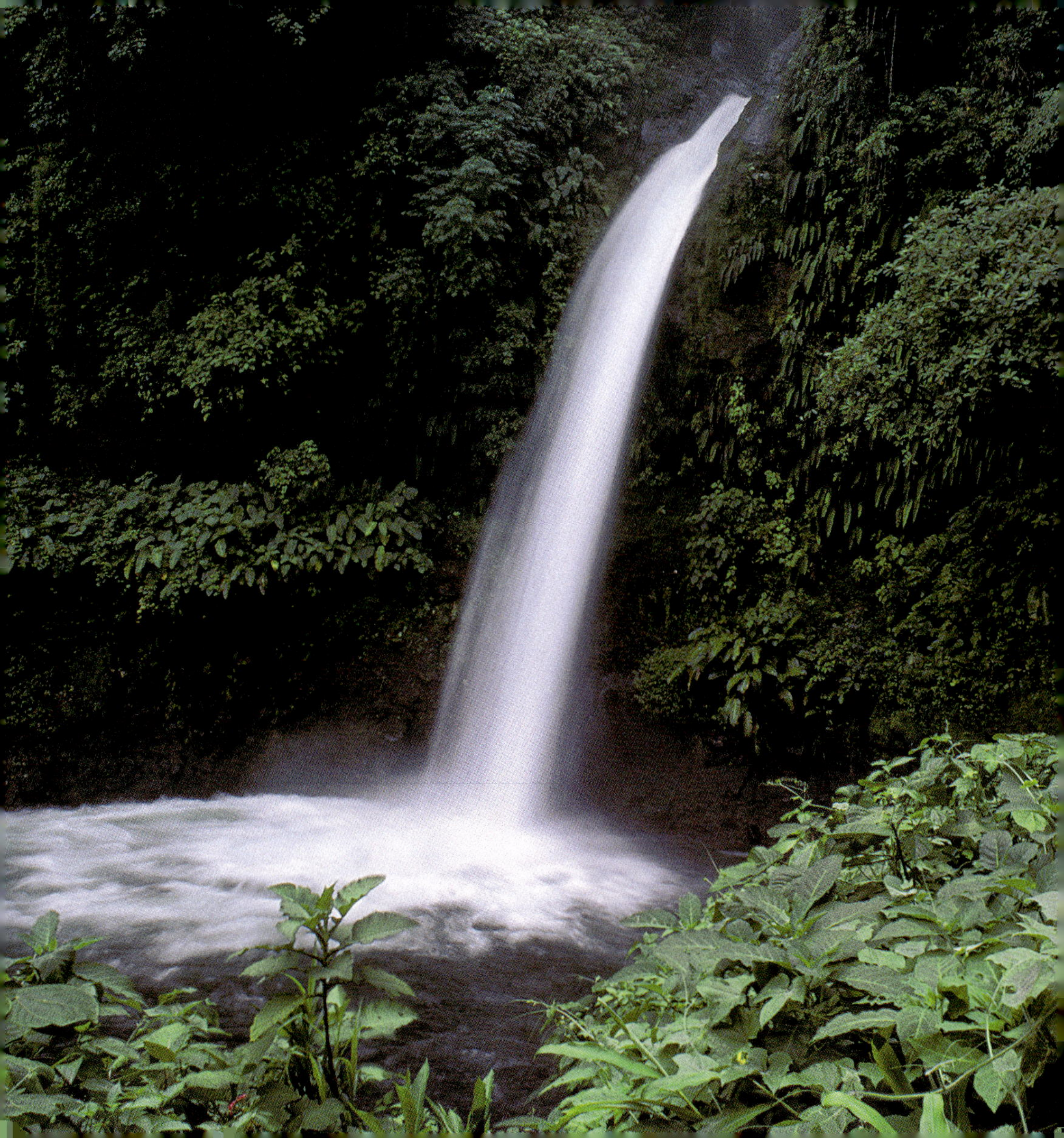

20. April

Ruhe

In fließendem Wasser
kann man sein eigenes Bild nicht sehen,
wohl aber in ruhendem Wasser.
Nur wer selber ruhig bleibt,
kann zur Ruhestätte all dessen werden,
was Ruhe sucht.

Laotse

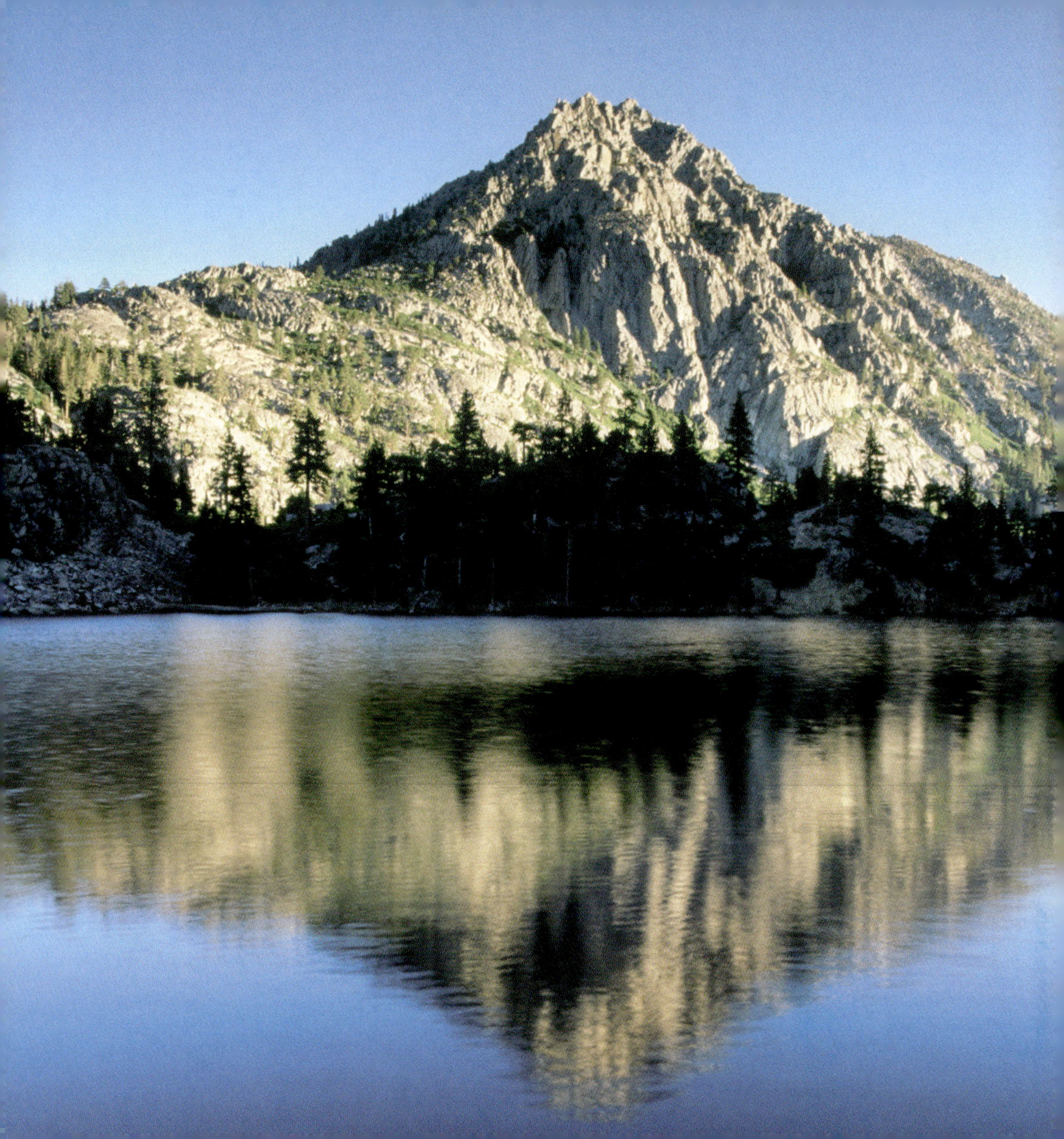

21. April

Geduld

Die Grundlage aller Demut
ist immer die Geduld –
und das nicht nur mit anderen,
sondern auch mit sich selbst
und allen unseren Verrichtungen.

Christa Franze

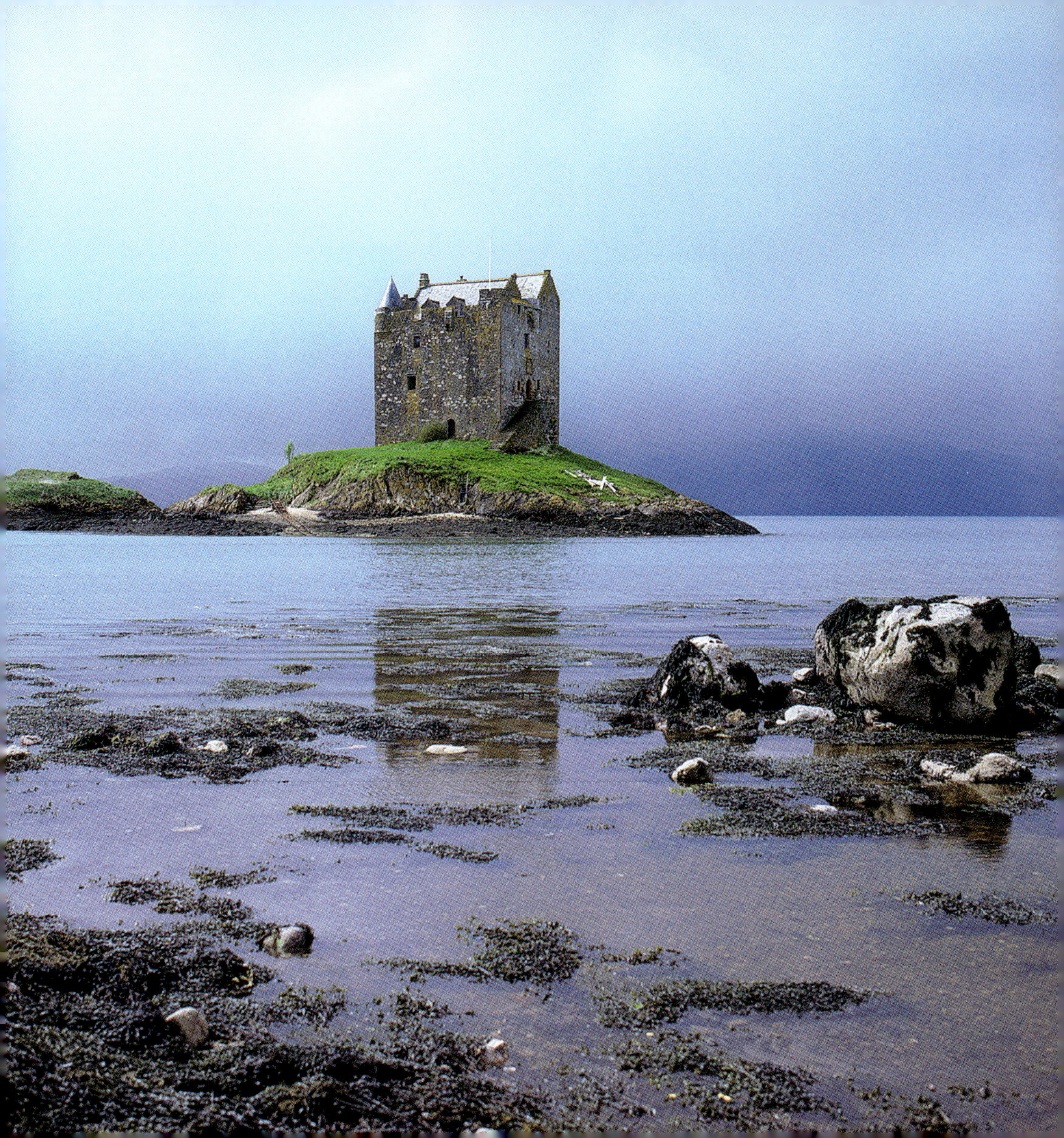

22. April

Die Kunst des Lebens

Jeden Augenblick des Lebens, er falle,
aus welcher Hand des Schicksals er wolle,
den günstigsten so wie den bestmöglichsten
zu machen – darin besteht die Kunst
des Lebens und das eigentliche
Vorrecht eines vernünftigen Wesens.

Georg Christoph von Lichtenberg

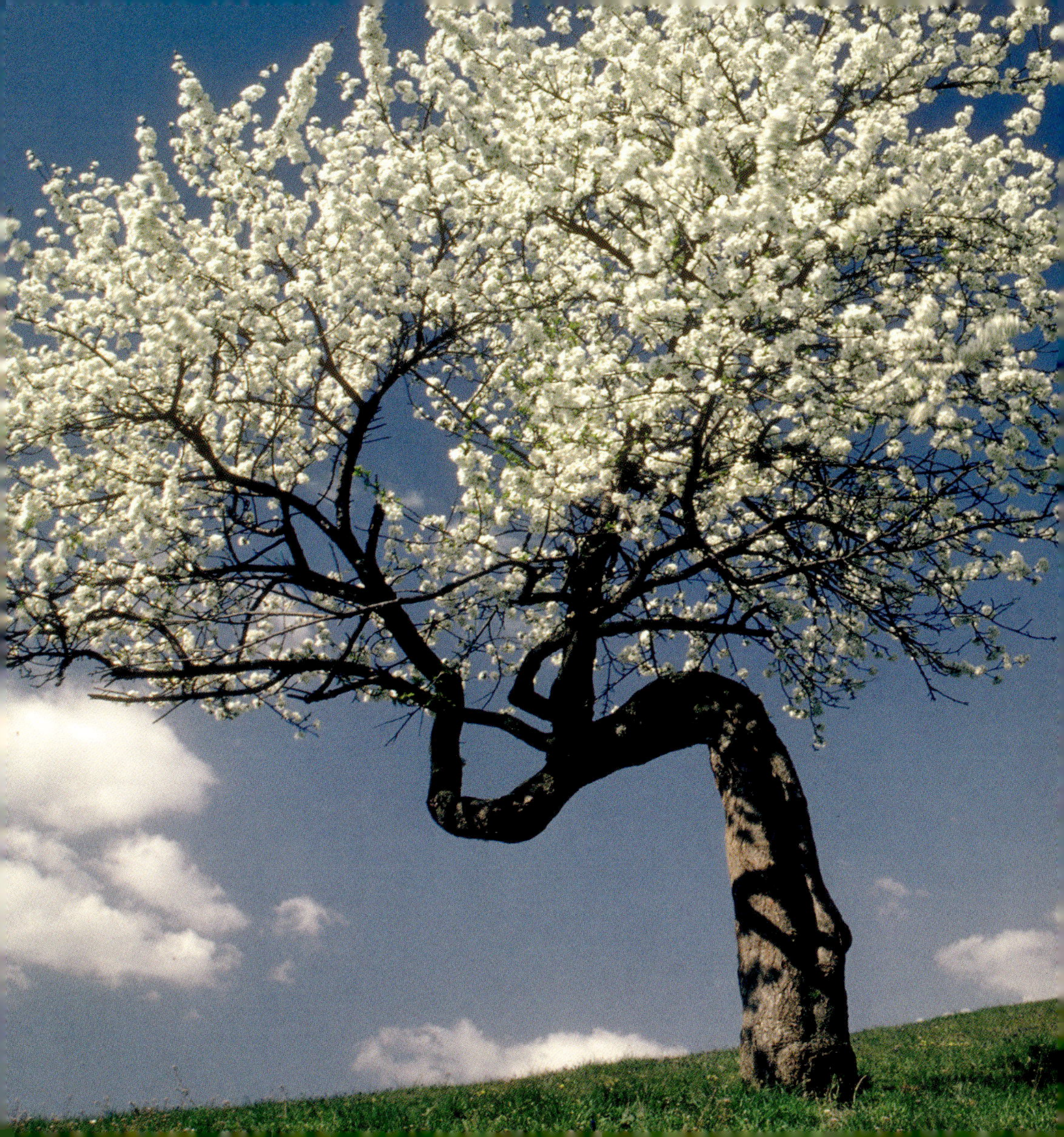

23. April

Hoffnung

Die Tugend des Alltags ist die Hoffnung,
in der man das Mögliche tut
und das Unmögliche Gott zutraut.

Karl Rahner

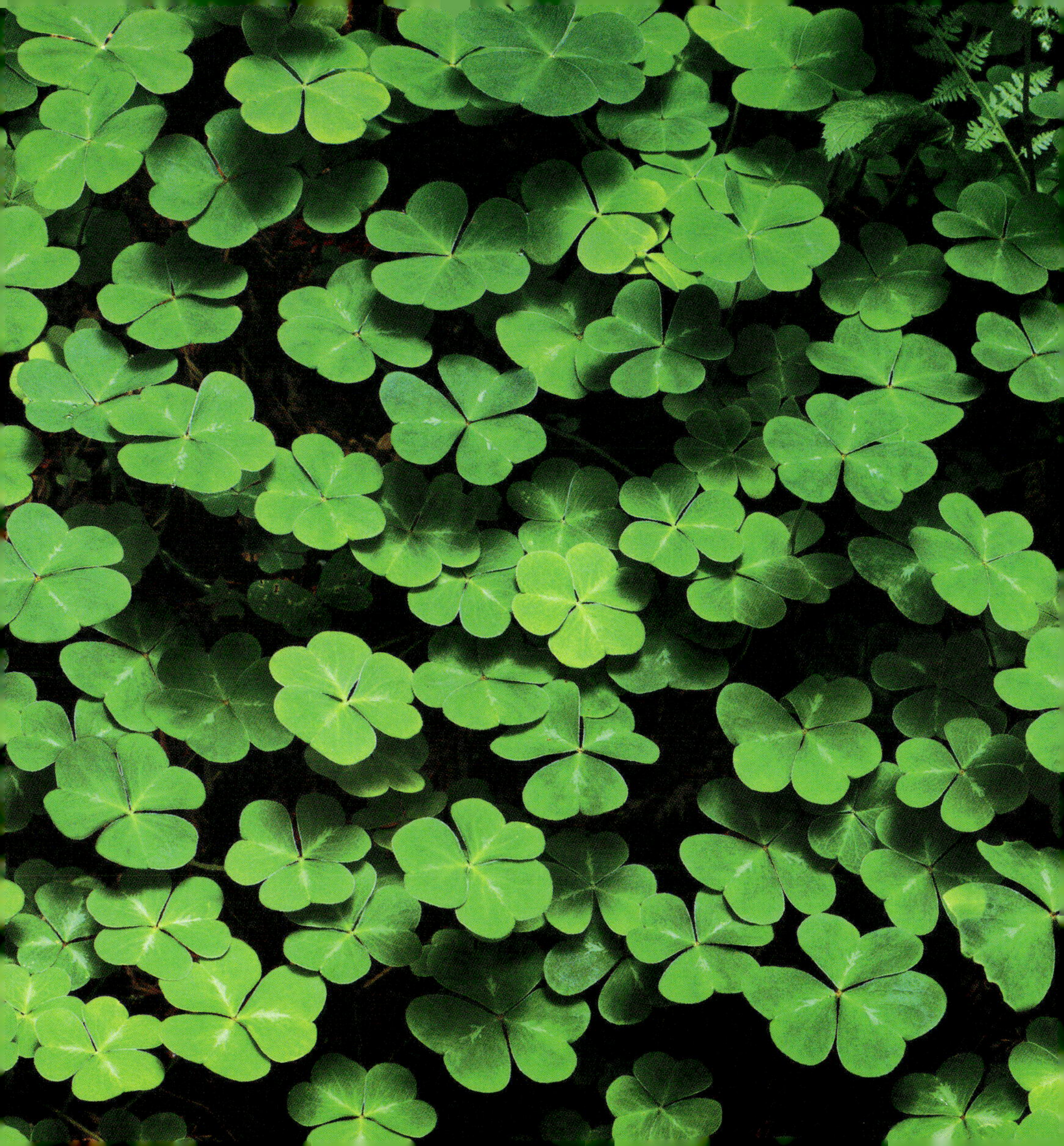

24. April

Sinn

Du wagst dein Ja – und erlebst einen Sinn.
Du wiederholst dein Ja – und alles bekommt Sinn.
Wenn alles Sinn hat,
wie kannst du anders leben als ein Ja.

Dag Hammarskjöld

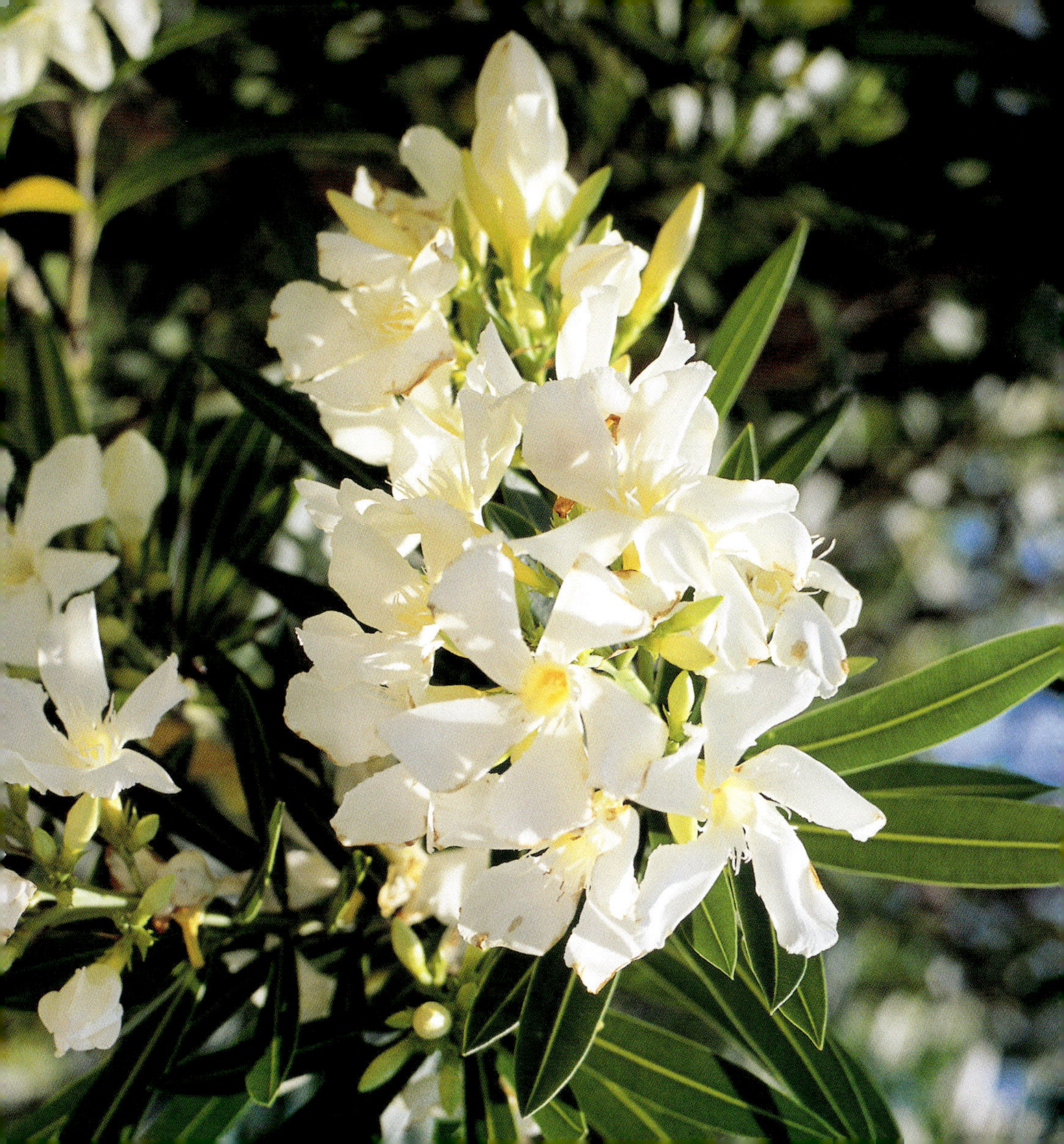

25. April

Glücklich

Nicht die Art der Tätigkeit macht glücklich, sondern die Freude des Schaffens und Gelingens.

Carl Hilty

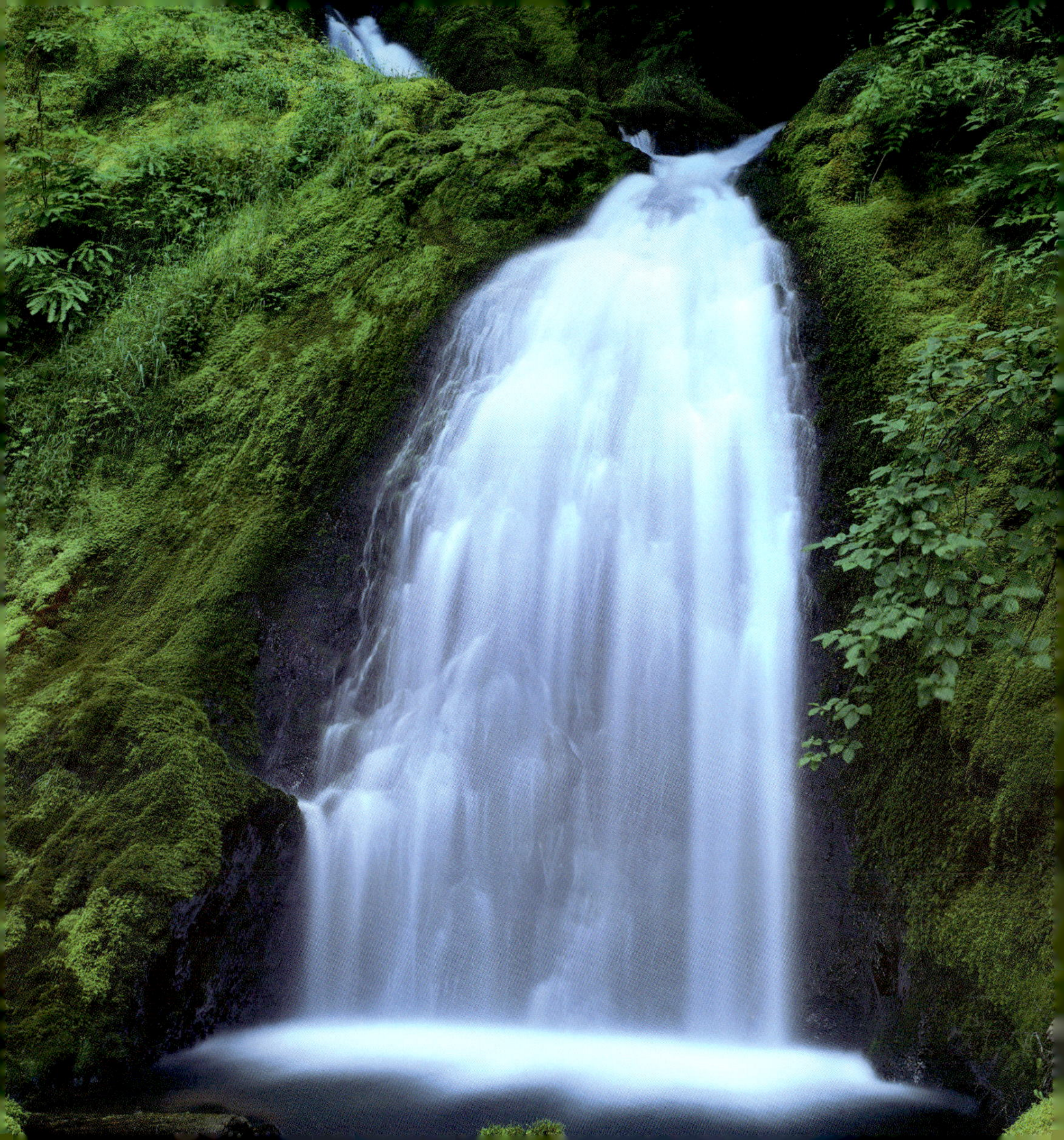

26. April

Glück und Mut

Ich habe Menschen gekannt,
denen ihr Glück ihr Gott war.
Sie glaubten an ein Glück
und der Glaube gab ihnen Mut.
Mut gab ihnen Glück
und Glück Mut.

Georg Christoph Lichtenberg

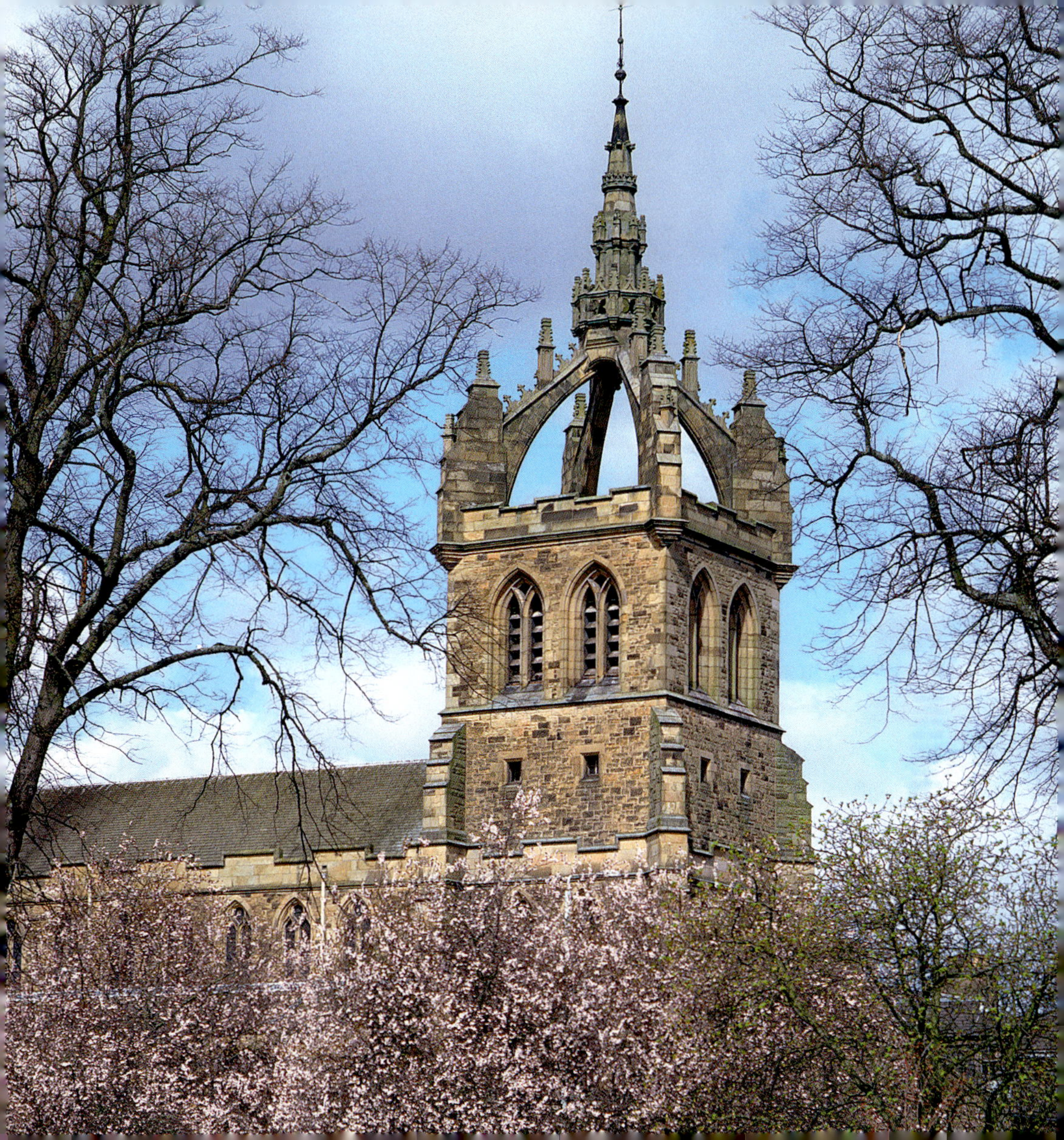

27. April

Pläne Gottes

Der Mensch macht seine Pläne,
und oft muss er erleben, dass Gott sie umwirft.
Wo aber die Suche nach Wahrheit
das letzte Ziel ist, da spielt es keine Rolle,
ob die Pläne des Menschen durchkreuzt werden:
Das Ergebnis ist nie nachteilig,
oft sogar besser, als es entworfen war.

Mahatma Gandhi

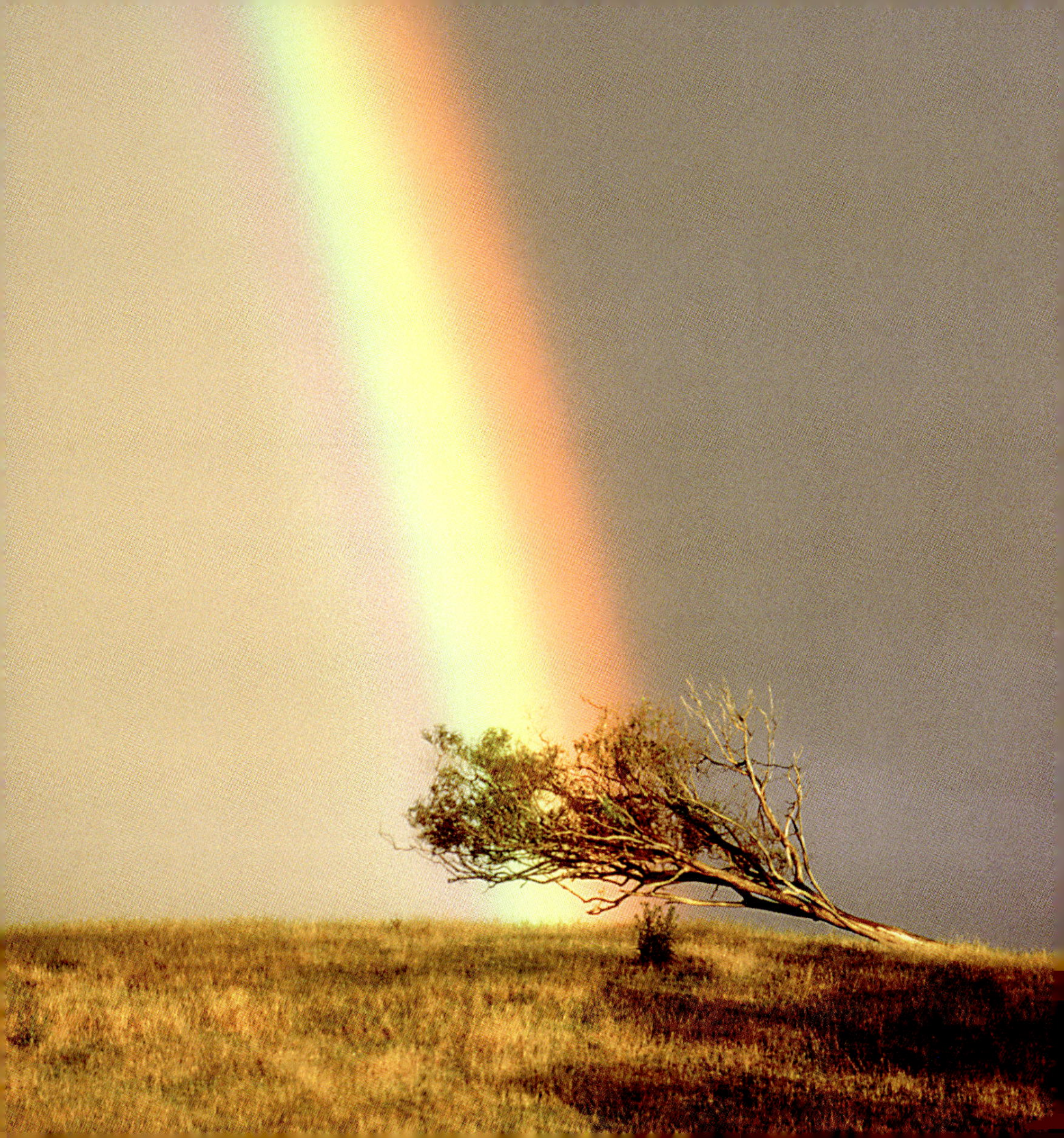

28. April

Fülle

Gott ist Licht wegen seiner Helligkeit,
Friede wegen seiner Ruhe,
eine Quelle wegen seiner
überfließenden Fülle und der Ewigkeit.

Bernhard von Clairvaux

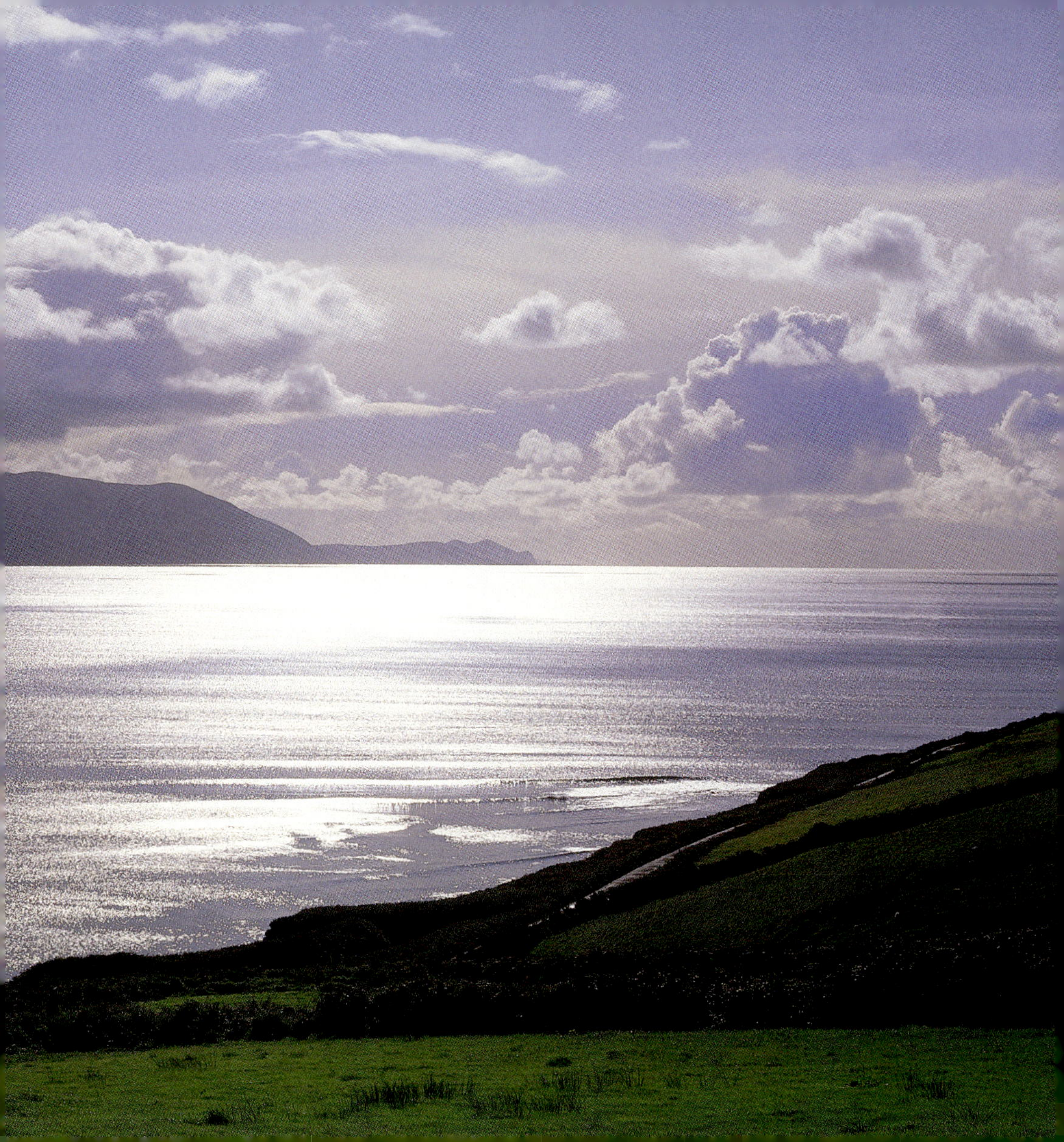

29. April

Talente

Gott hat jedem Menschen
die Fähigkeit verliehen,
etwas zu erreichen.
Keinen Menschen hat er
ohne alle Talente gelassen.

Martin Luther King

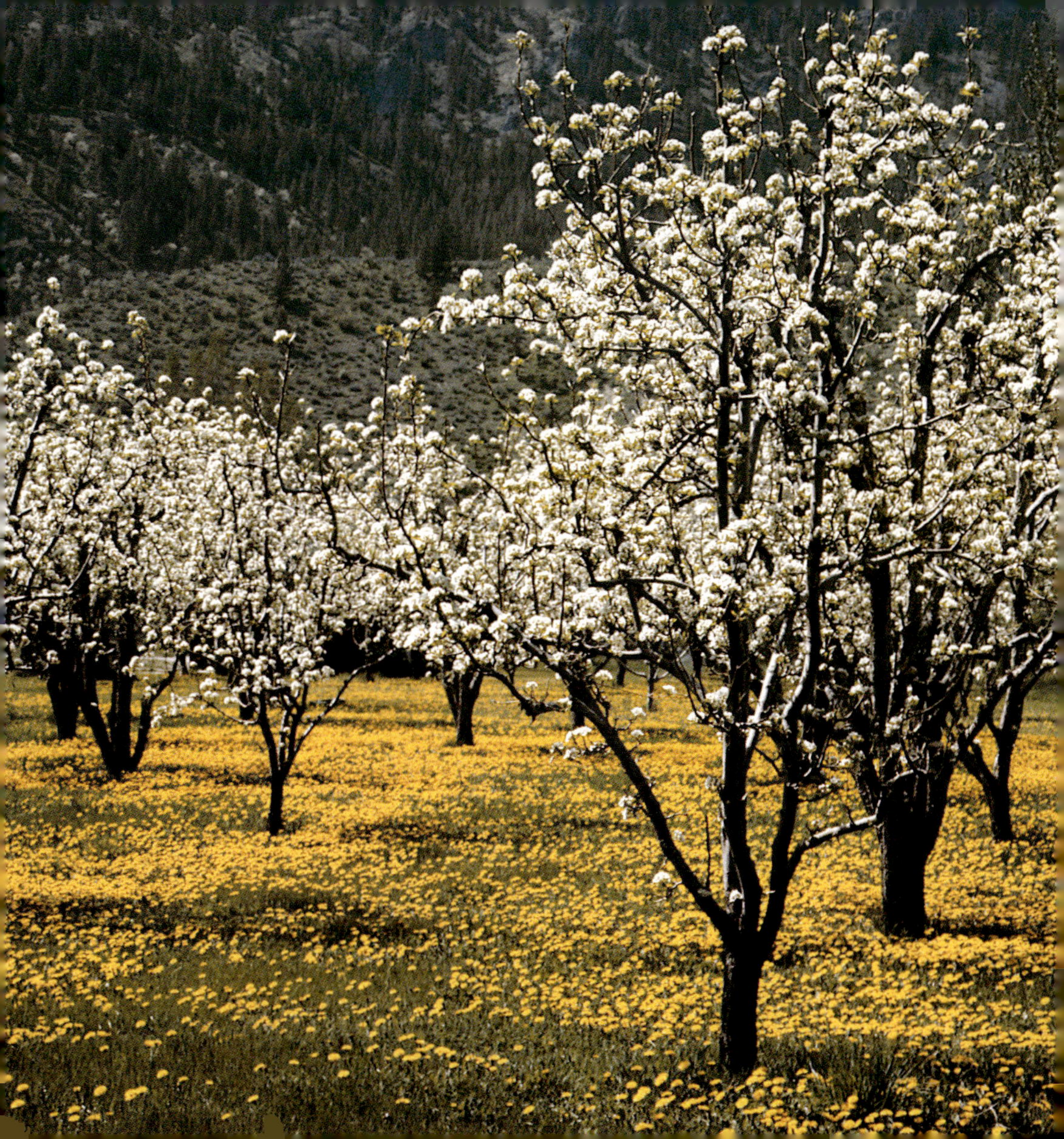

30. April

Stille geben

Am Morgen eine Schale Blumen aufzustellen,
kann uns an einem überfüllten Tag
ein Gefühl der Stille geben –
wie ein Gedicht zu schreiben
oder ein Gebet zu sprechen.

Anne Morrow Lindbergh

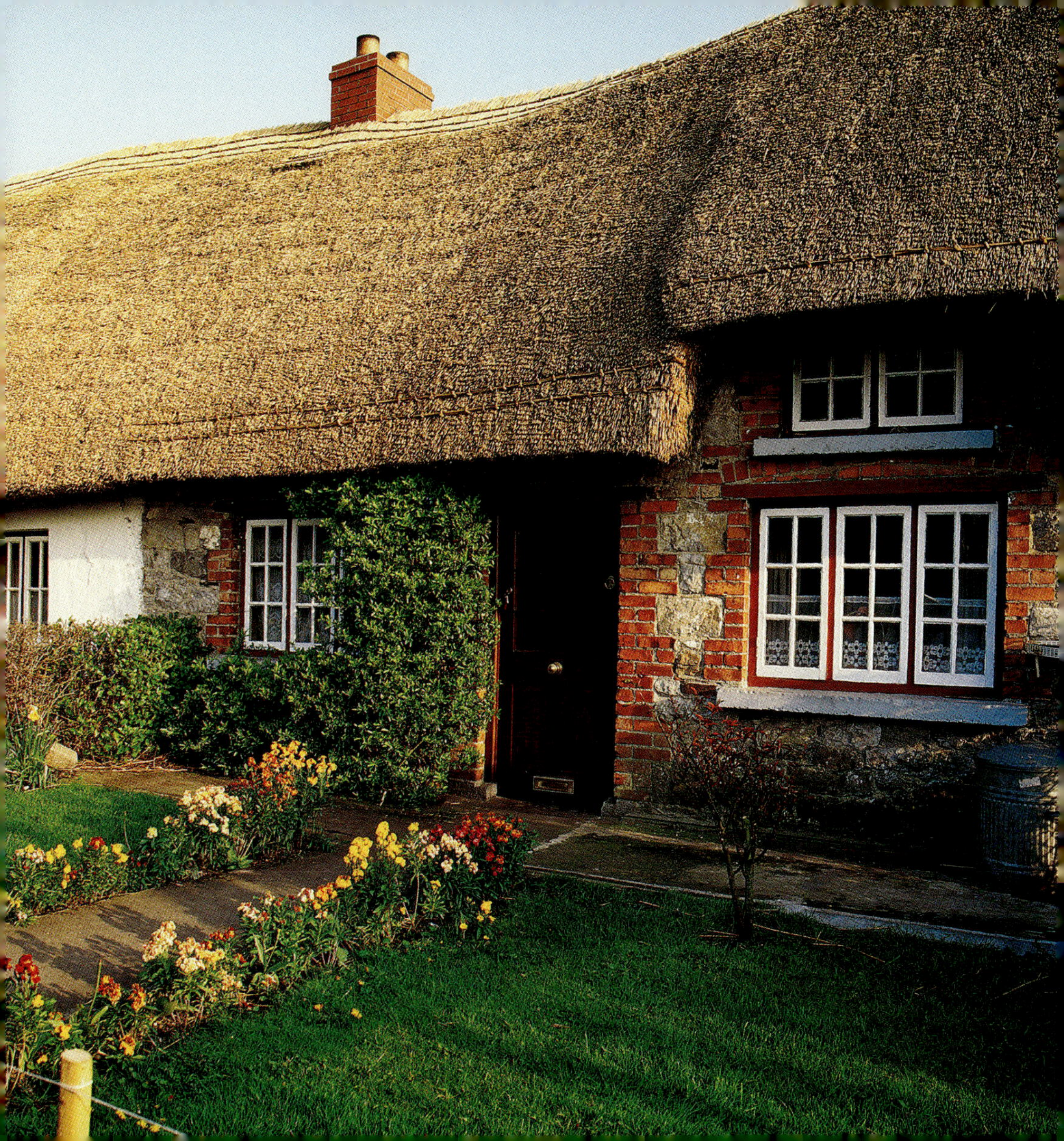

V

Mai

1. Mai

Nützliches Leben

Jede Minute, jeder Mensch, jeder Gegenstand
kann dir eine nützliche Lehre geben,
wenn du sie nur zu entwickeln verstehst.

Heinrich von Kleist

O'CONNOR

2. Mai

Klarheit

Das Glück des täglichen Lebens
liegt im Wirken der Klugheit,
durch das der Mensch sich selbst
und andere regiert.

Thomas von Aquin

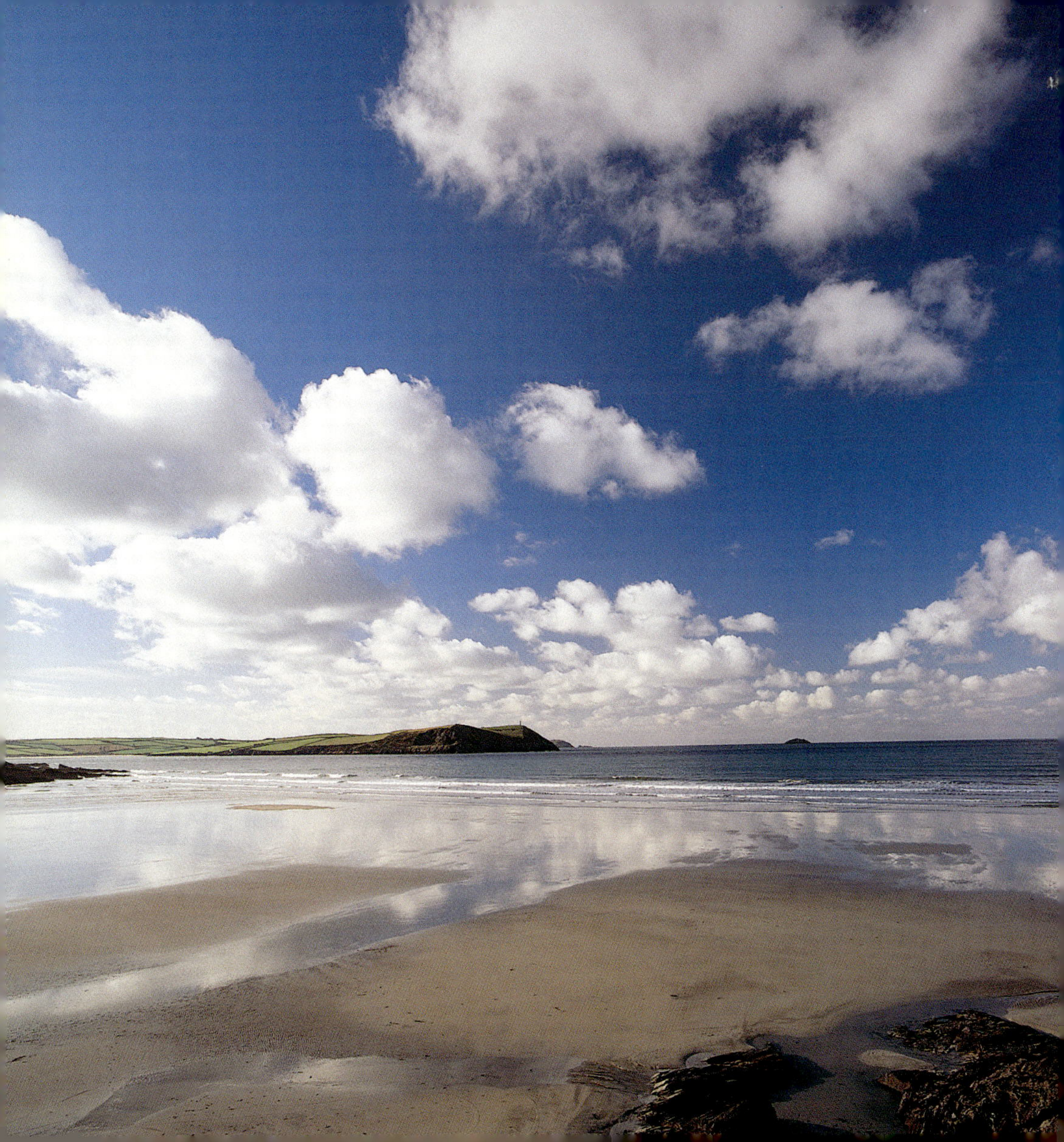

3. Mai

Gabe des Herzens

Freude ist keine Gabe des Geistes;
sie ist eine Gabe des Herzens.

Ludwig Börne

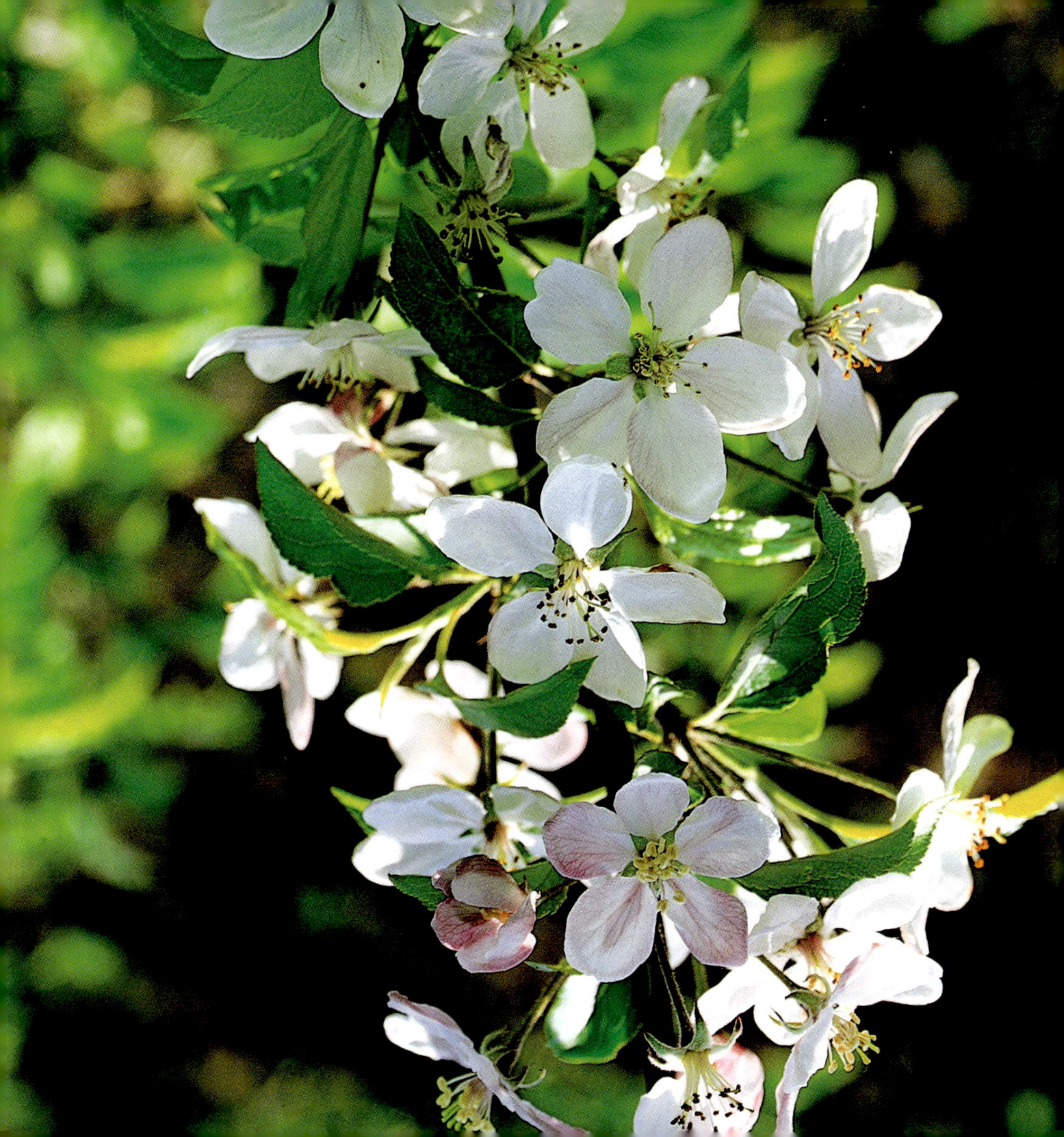

4. Mai

Reichtum

Das Leben ist Pflicht – erfülle sie.
Das Leben ist ein Spiel – spiele es.
Das Leben ist kostbar – geh sorgsam damit um.
Das Leben ist Reichtum – bewahre ihn.

Mutter Teresa

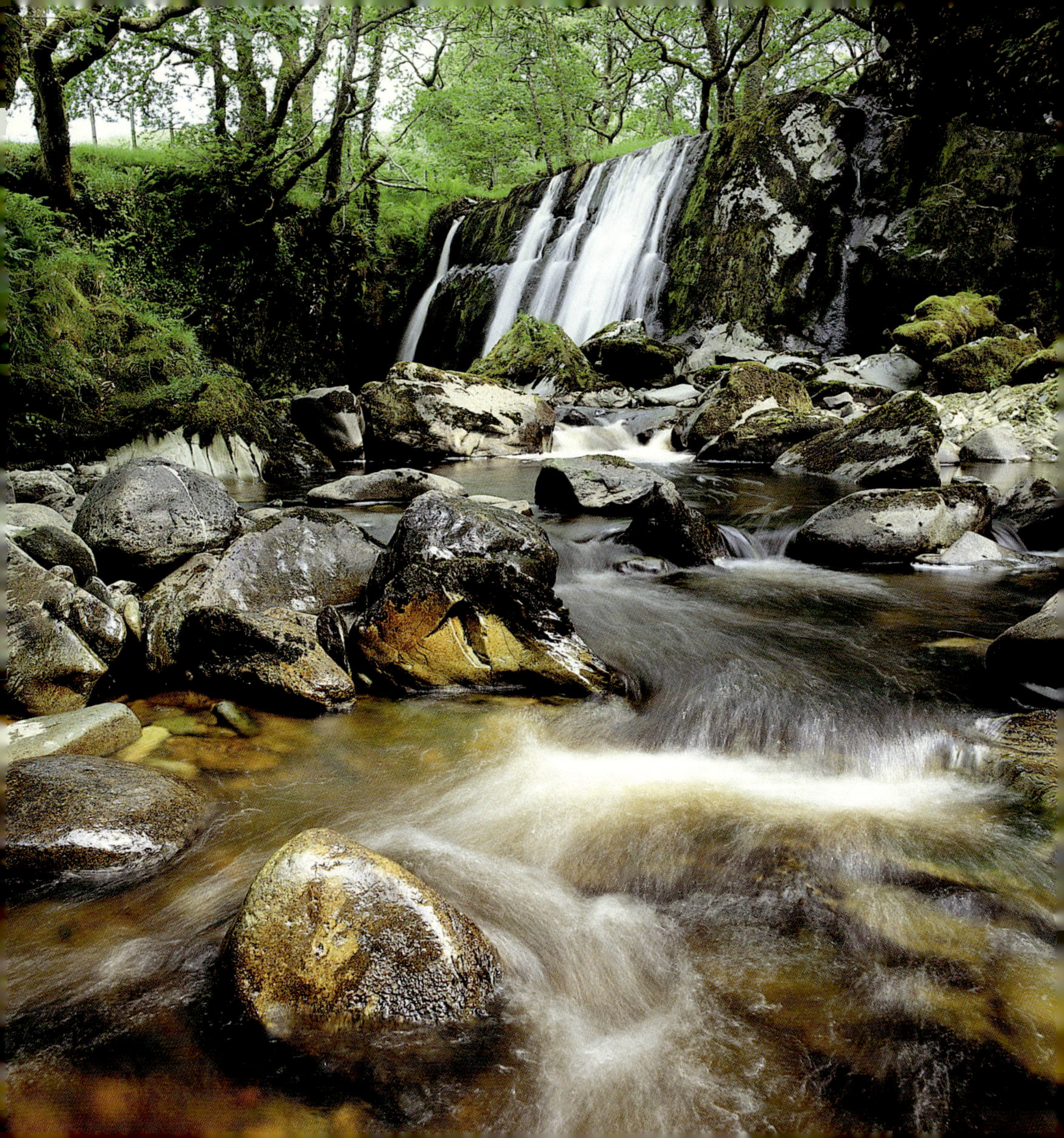

5. Mai

Seelenruhe

Die Ruhe der Seele ist ein herrliches Ding
und die Freude an sich selbst.
Lieber Freund, wenn nur das Kleinod
nicht eben so zerbrechlich wäre,
als es schön und kostbar ist.

Johann Wolfgang von Goethe

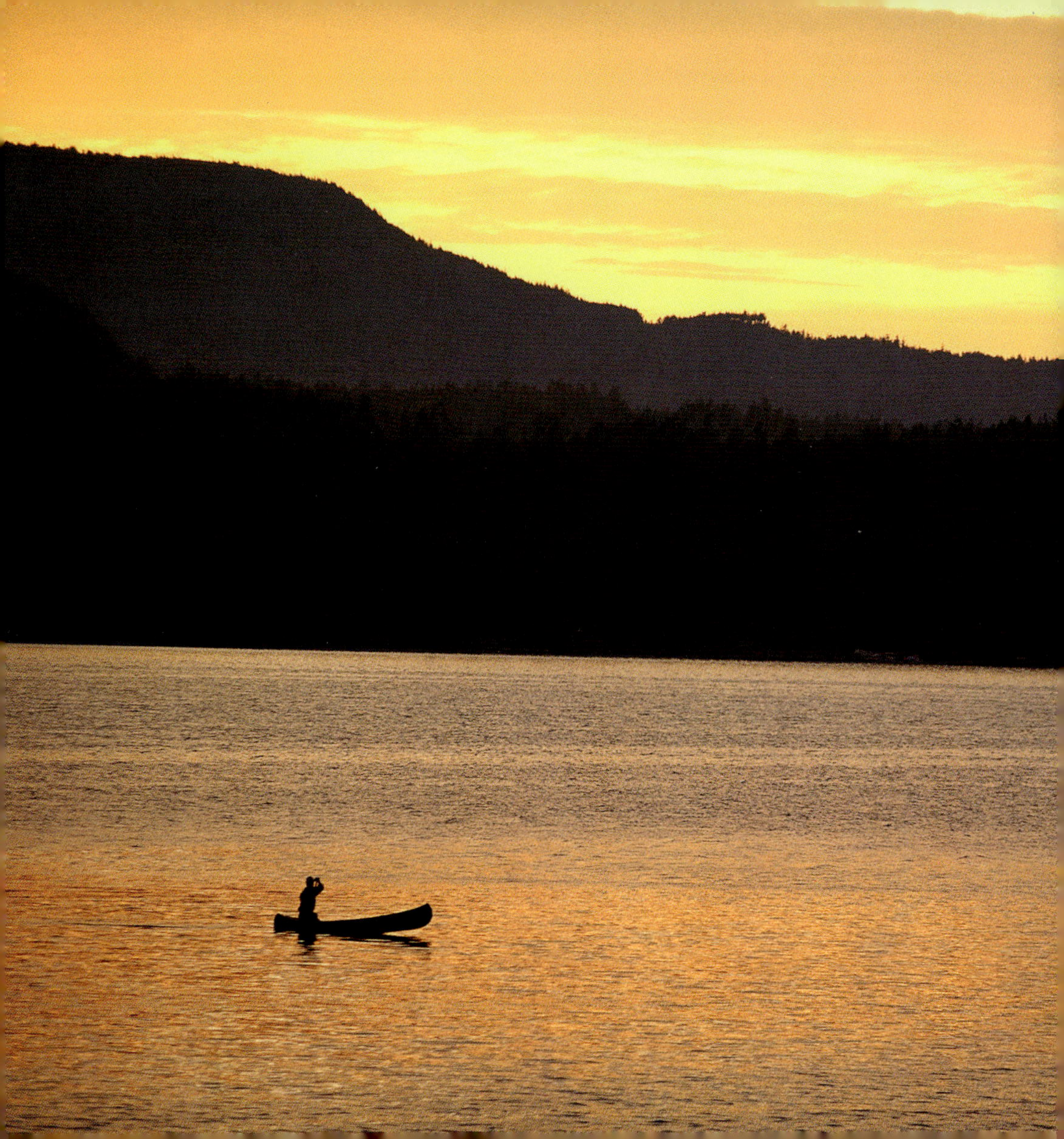

6. Mai

Hoffnung

Wenn ich wüsste,
dass morgen die Welt untergeht,
würde ich heute
noch ein Apfelbäumchen pflanzen.

Martin Luther

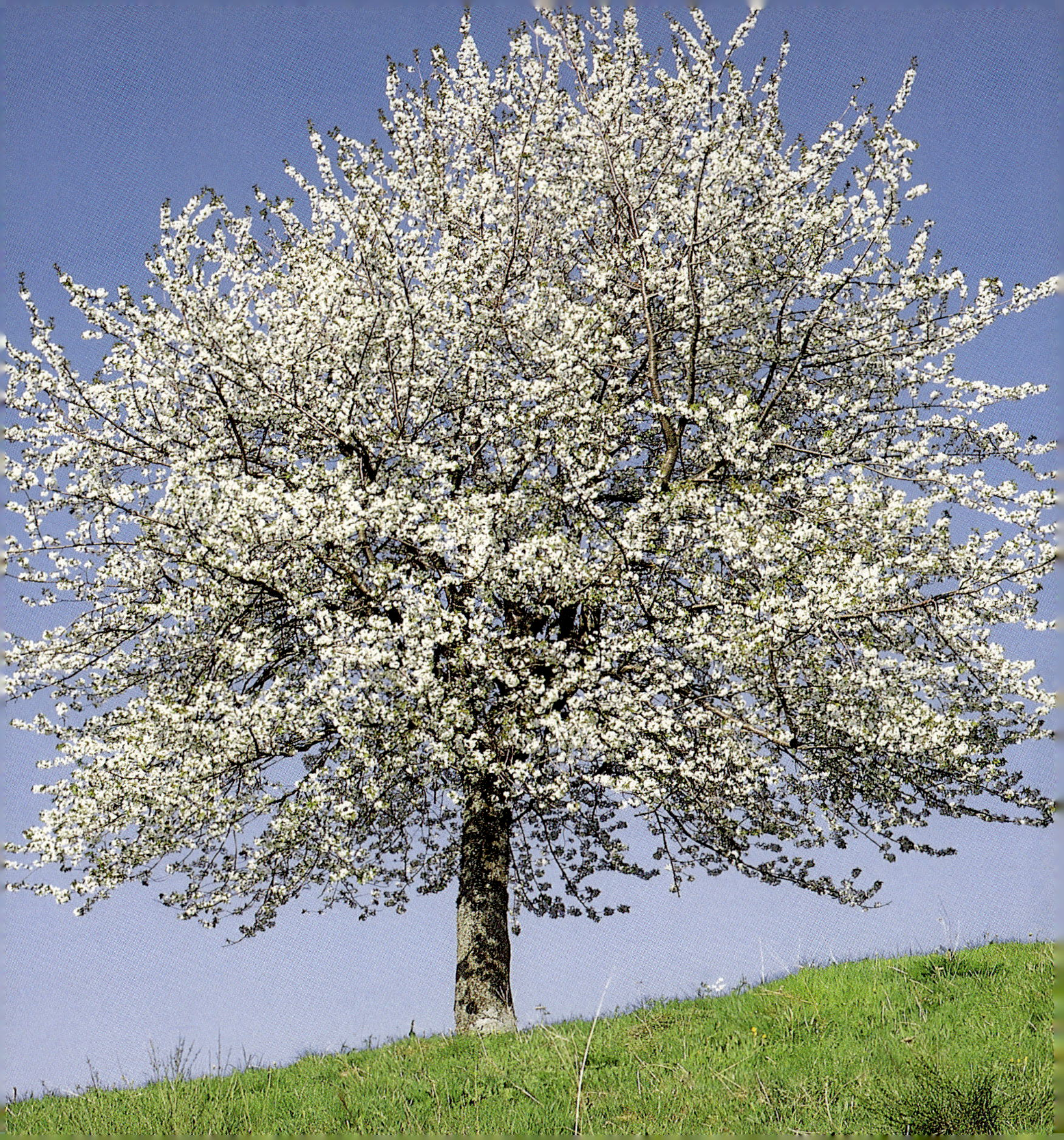

7. Mai

Glück

Nicht der Himmel bringt das Glück;
der Mensch bereitet sich sein Glück
und spannt seinen Himmel selber
in der eigenen Brust.

Otto Ludwig

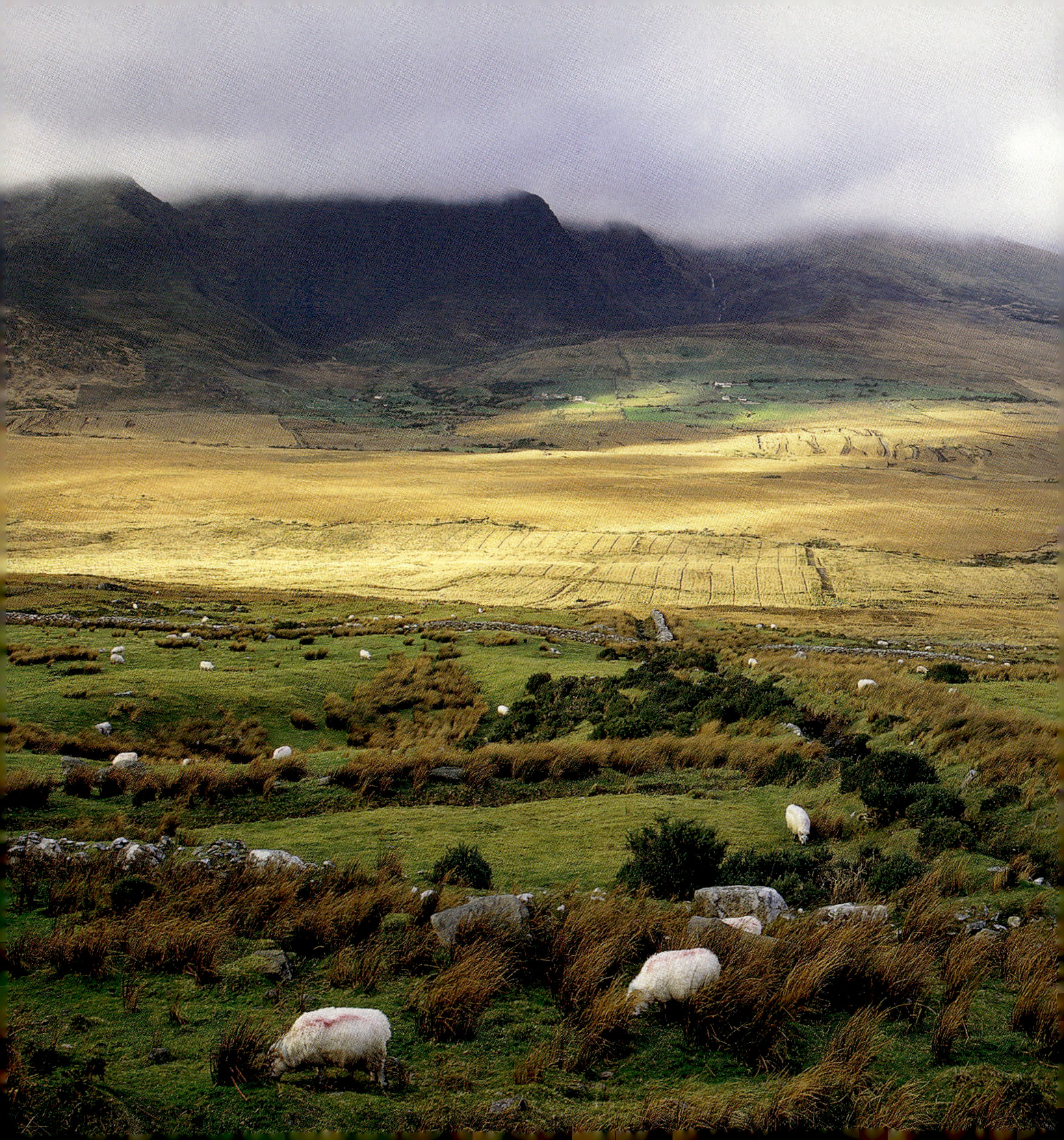

8. Mai

Rätsel

Das Leben ist Liebe – erfreue dich an ihr.
Das Leben ist ein Rätsel – löse es.
Das Leben ist ein Versprechen – erfülle es.
Das Leben ist Traurigkeit – überwinde sie.

Mutter Teresa

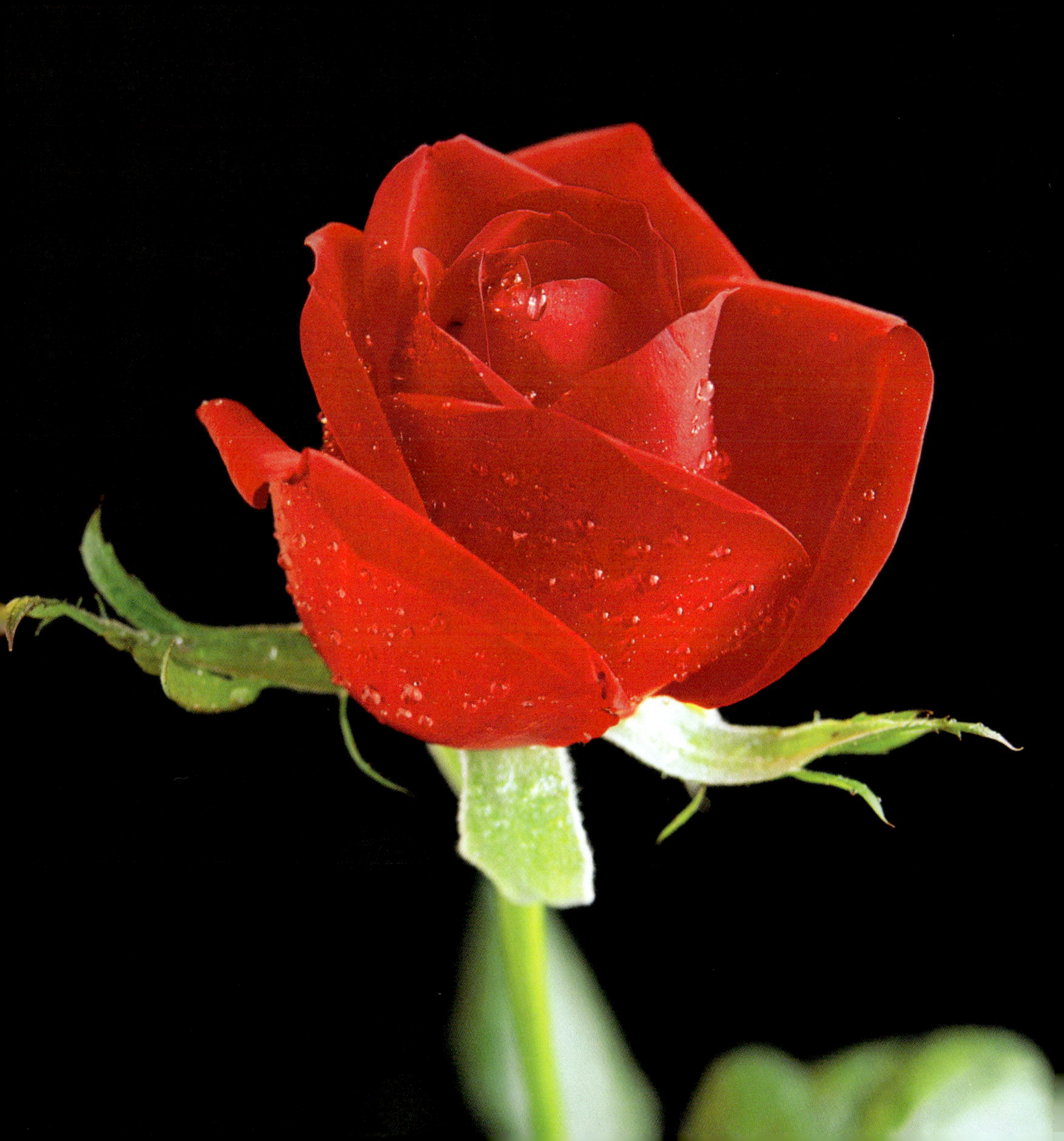

9. Mai

Wege zur Freude

Wald und freie Bergluft
haben mich zur Furchtlosigkeit erzogen,
zu gläubiger Lebensfreude,
zu dankbarem Staunen vor aller Schönheit,
zur Wissenschaft von der
ewigen Wiederkehr des Frühlings.

Ludwig Ganghofer

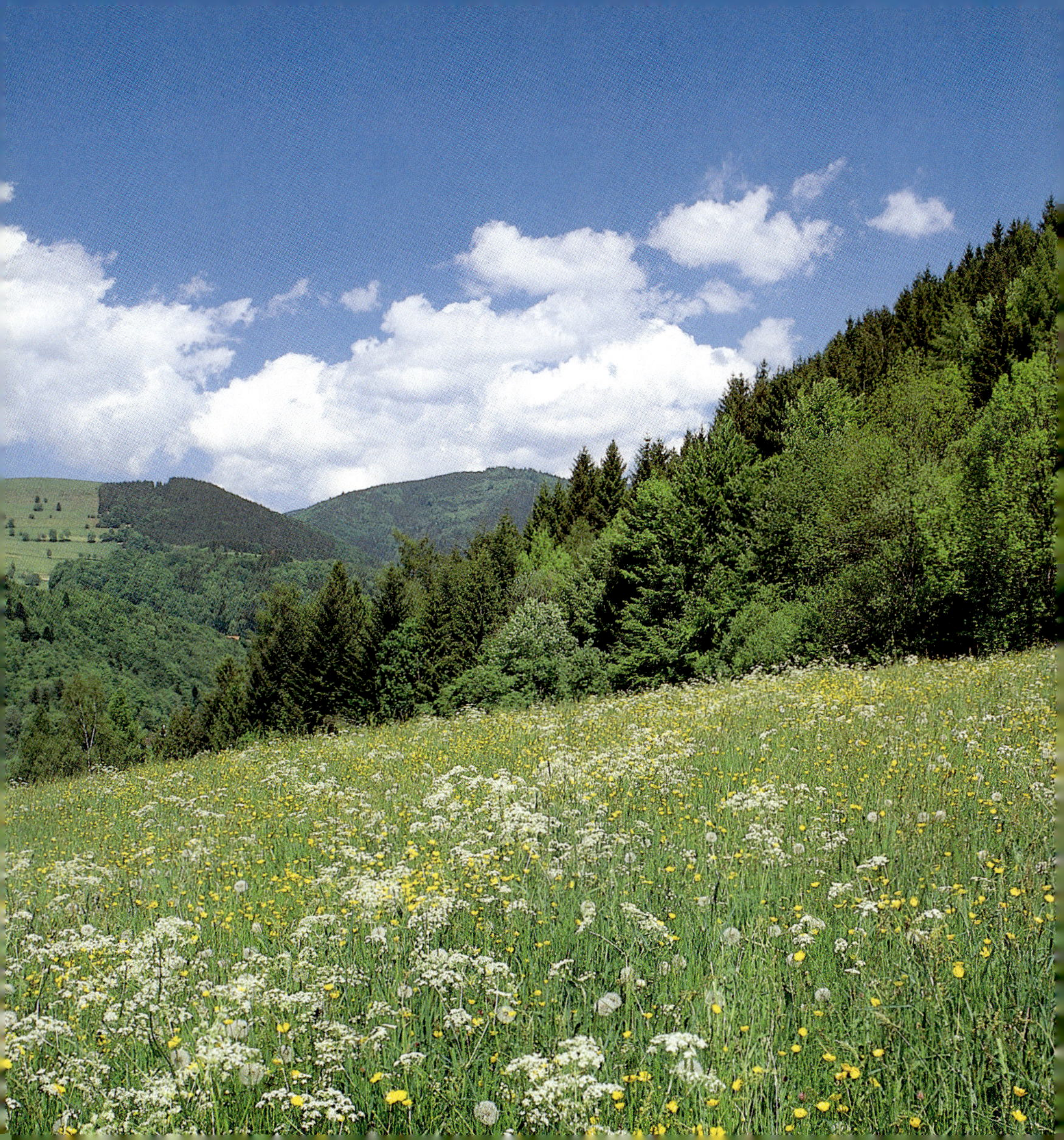

10. Mai

Sonnenseite

Vergiss nicht, dass jede Wolke,
so schwarz sie ist,
dem Himmel zugewendet,
doch ihre lichte Sonnenseite hat.

Fr. W. Weber

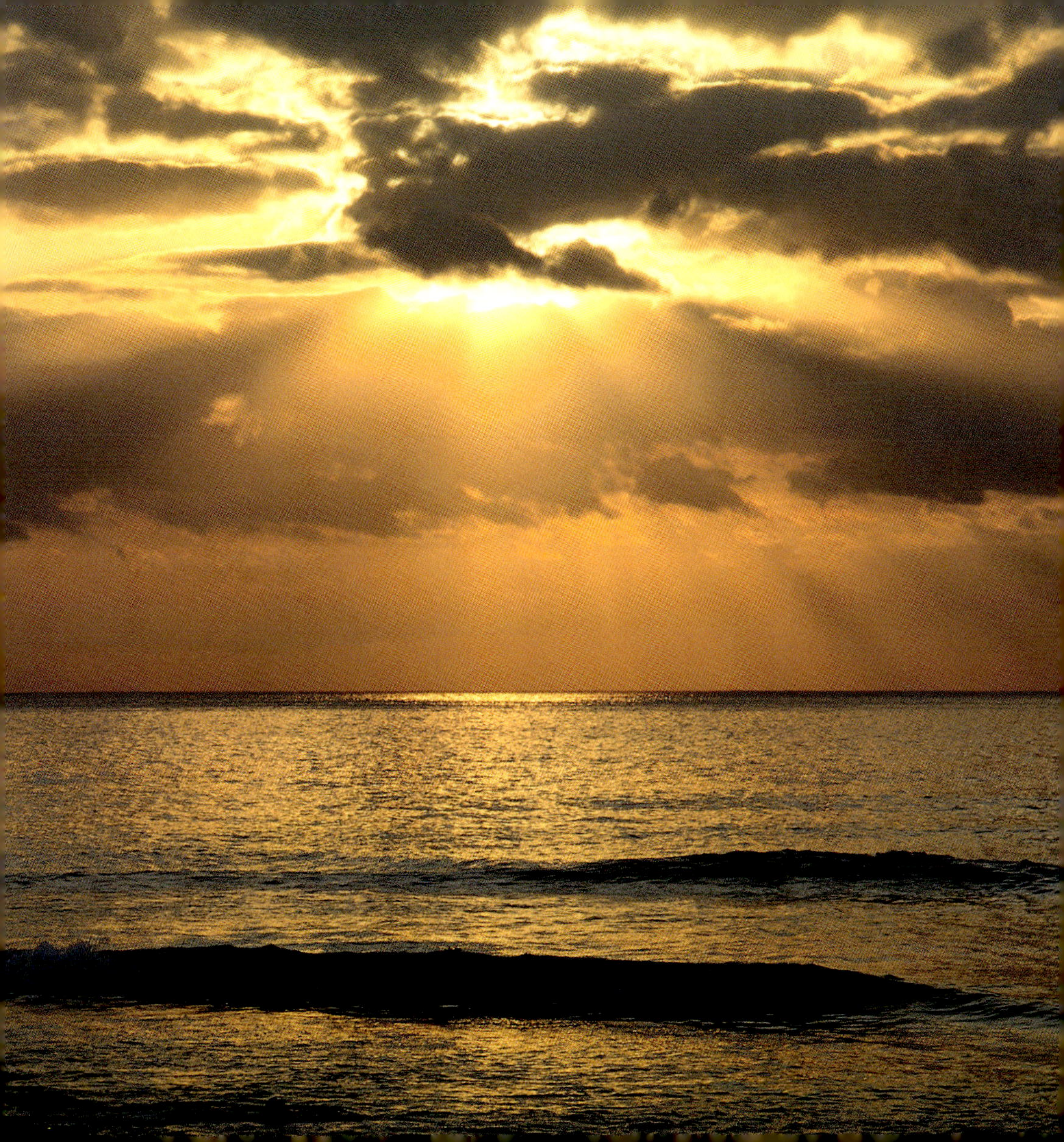

11. Mai

Weisheit des Lebens

Neben der edlen Kunst,
Dinge zu verrichten,
gibt es die edle Kunst,
Dinge unverrichtet zu lassen.
Die Weisheit des Lebens
besteht im Erkennen des Unwesentlichen.

Lin Yu-Tang

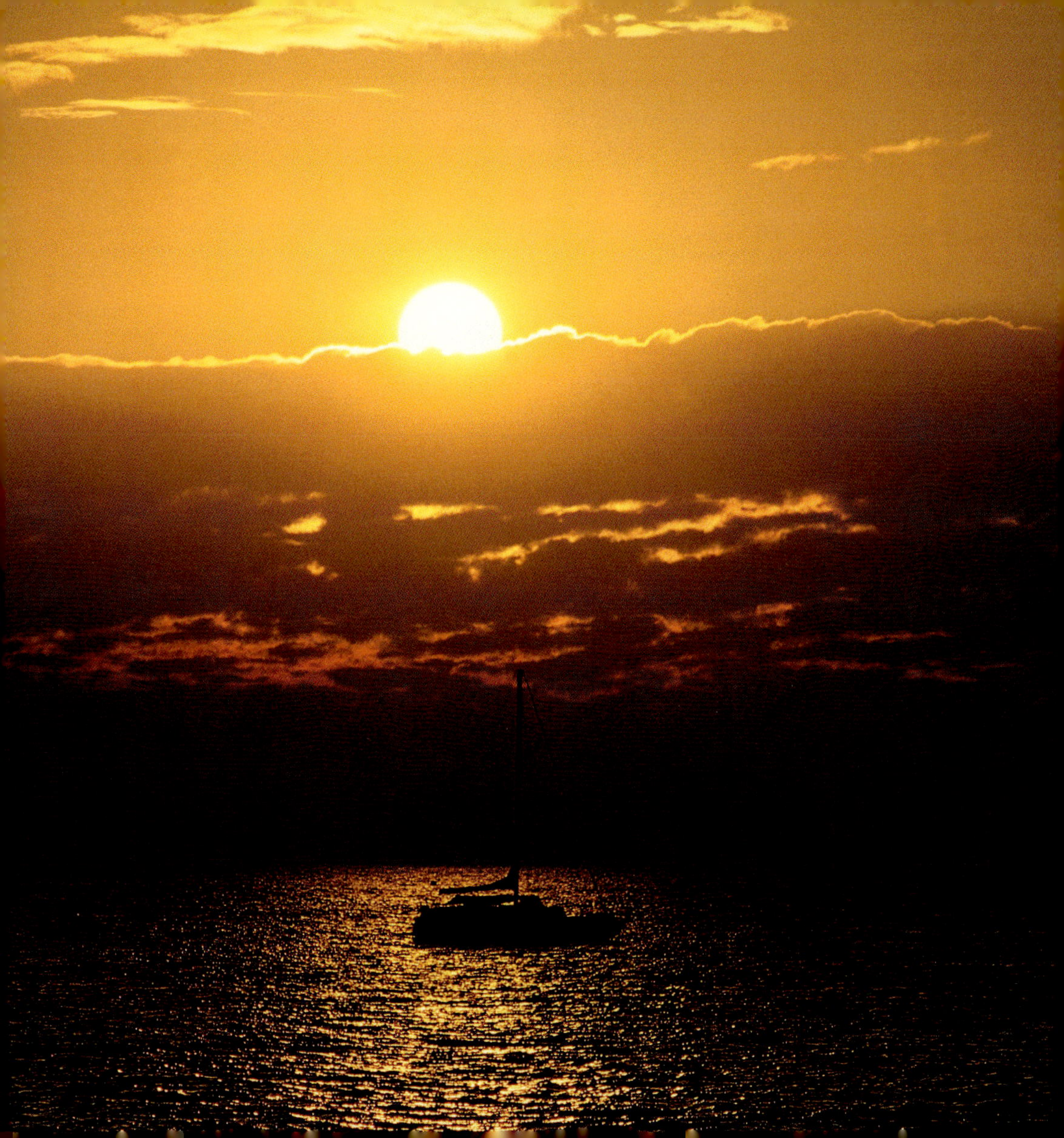

12. Mai

Das Herz

Die Logik des Herzens
ist nicht vernunftwidrig;
aber sie ist stärker als alle Vernunft.

Alfred Ziegner

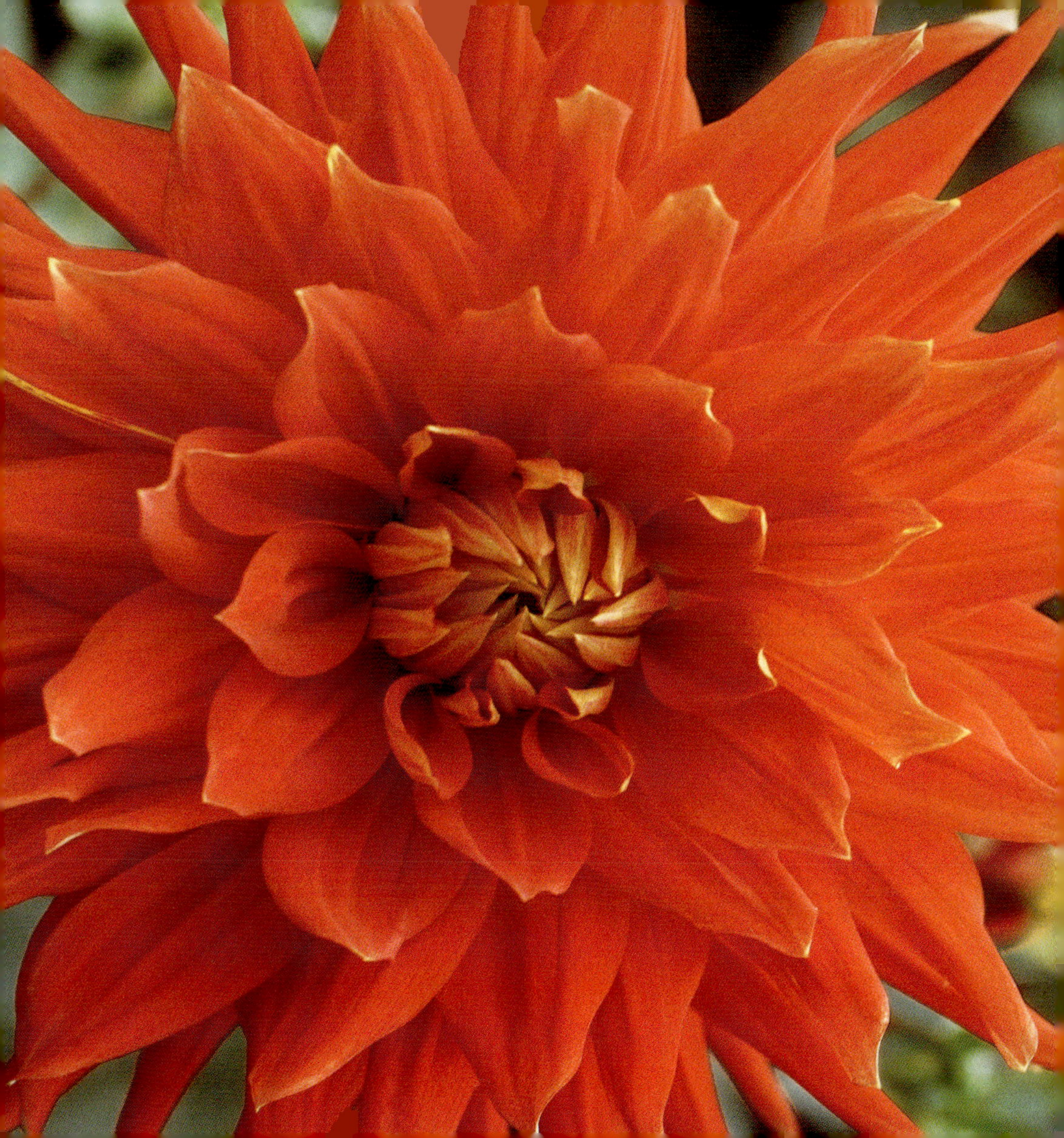

13. Mai

Verstehen

Die ganze Natur spricht,
aber wer kann sie hören?
Wer hat Augen, Ohren
und ein Herz,
diese Sprache zu verstehen?

Phil Bosmans

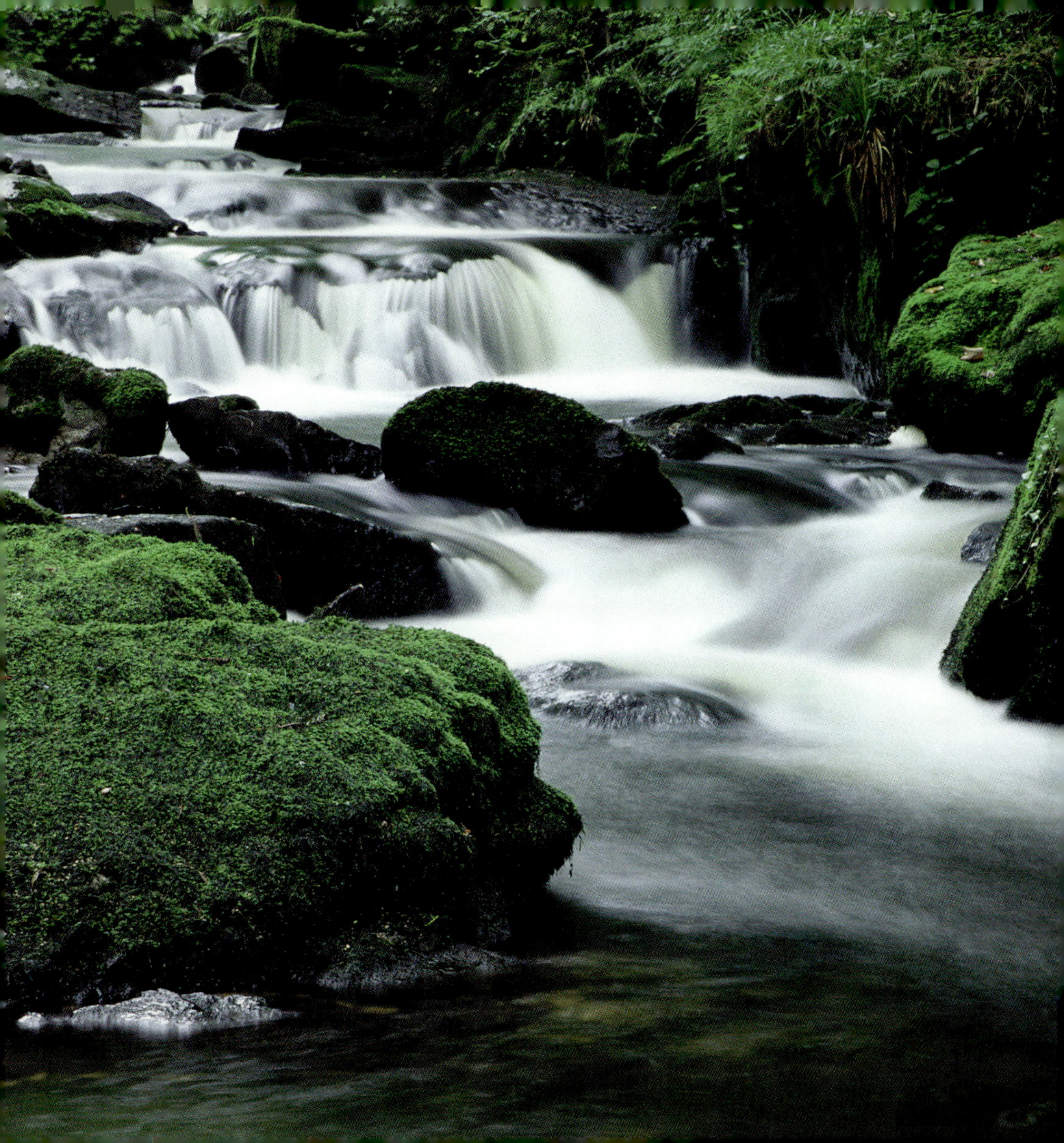

14. Mai

Liebe schenken

Liebe kann man nicht schenken,
wenn man sie nicht hat;
und man hat sie erst,
wenn man sie schenkt.

Aurelius Augustinus

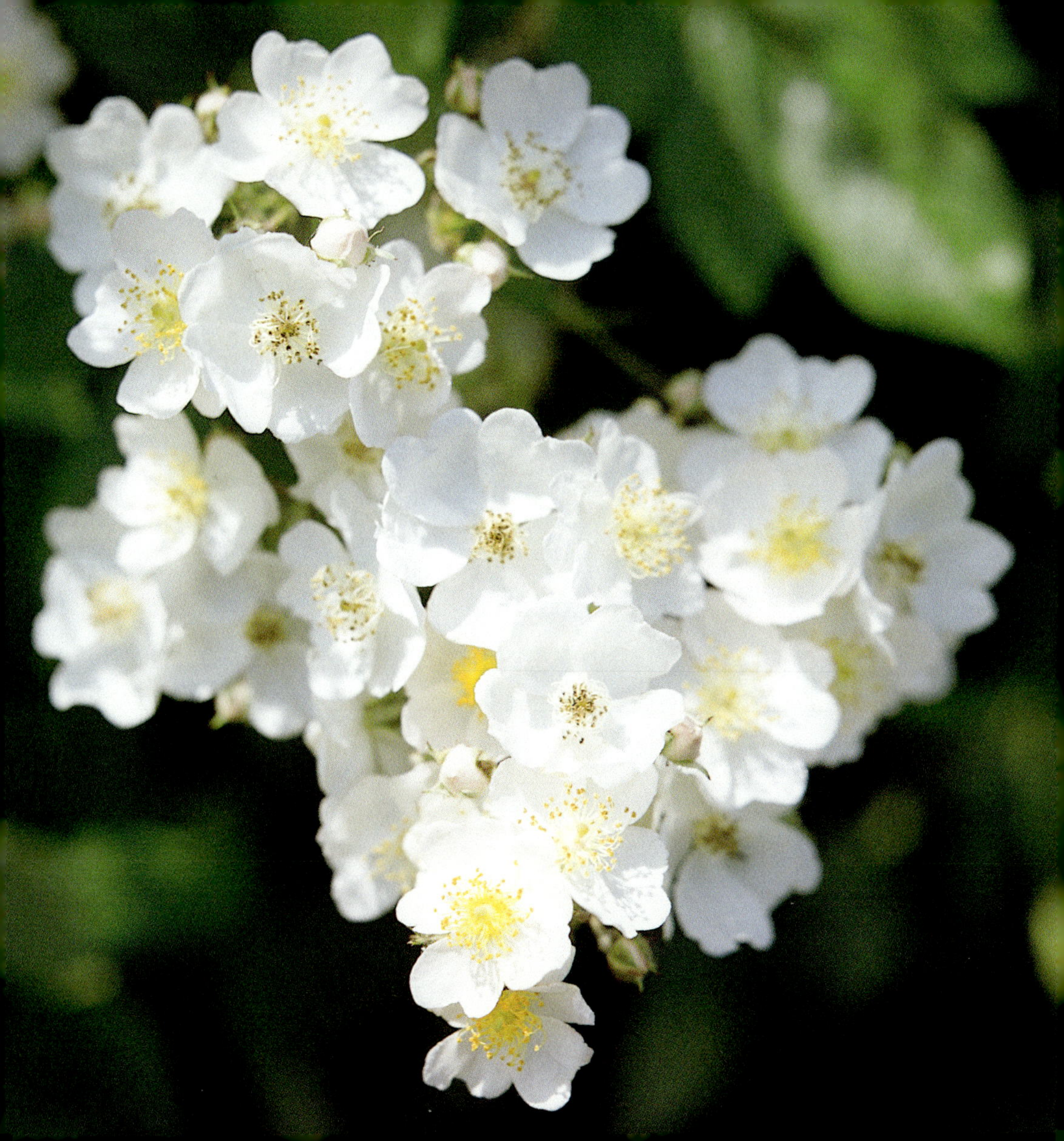

15. Mai

In uns

Herr, ich freu mich an der Schöpfung,
und dass du dahinter bist und daneben
und davor und darüber
und in uns.

Gebet aus Westafrika

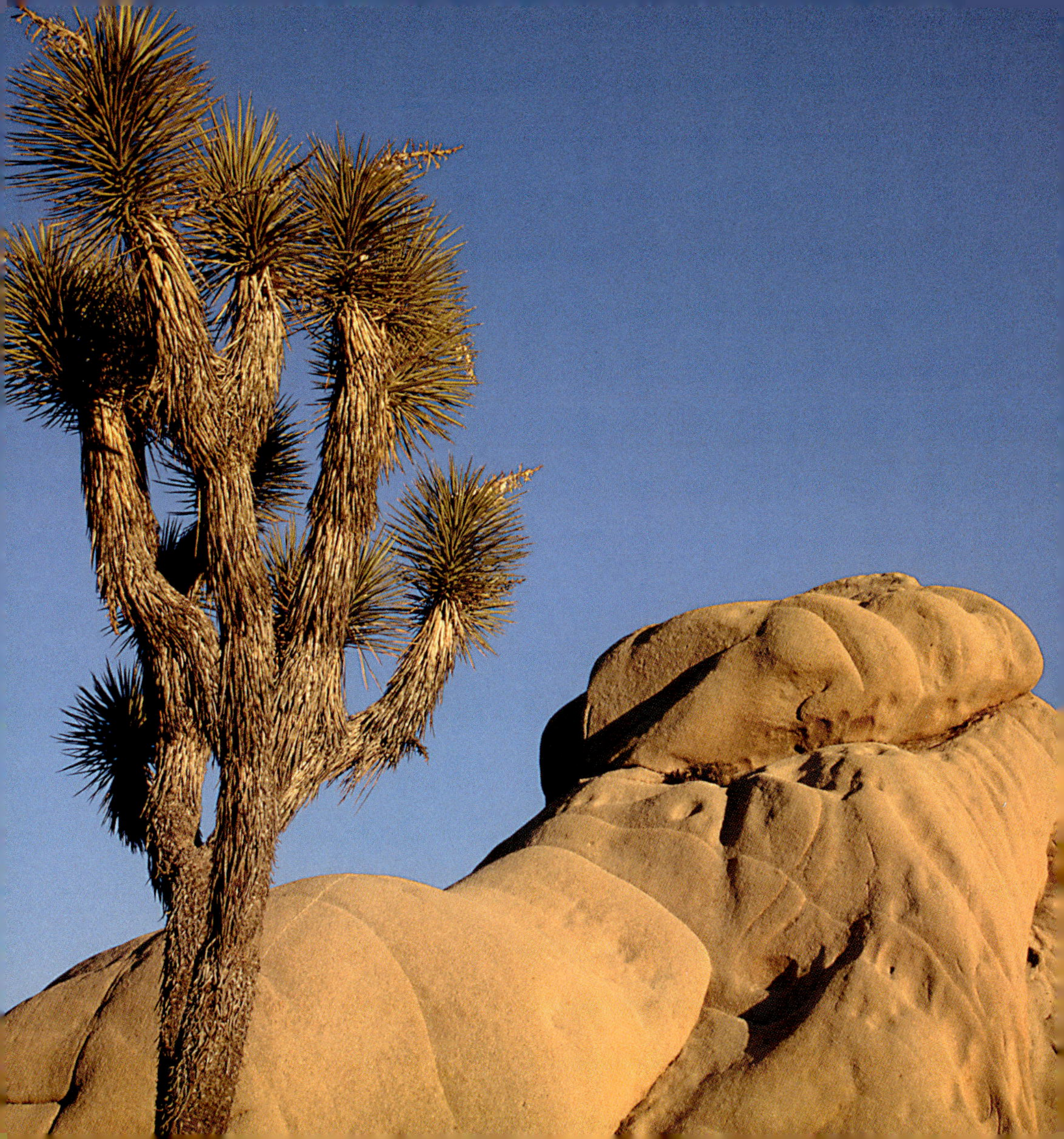

16. Mai

Geheimnis

Die Liebe allein versteht das Geheimnis,
andere zu beschenken und dabei
selbst reich zu werden.

Augustinus

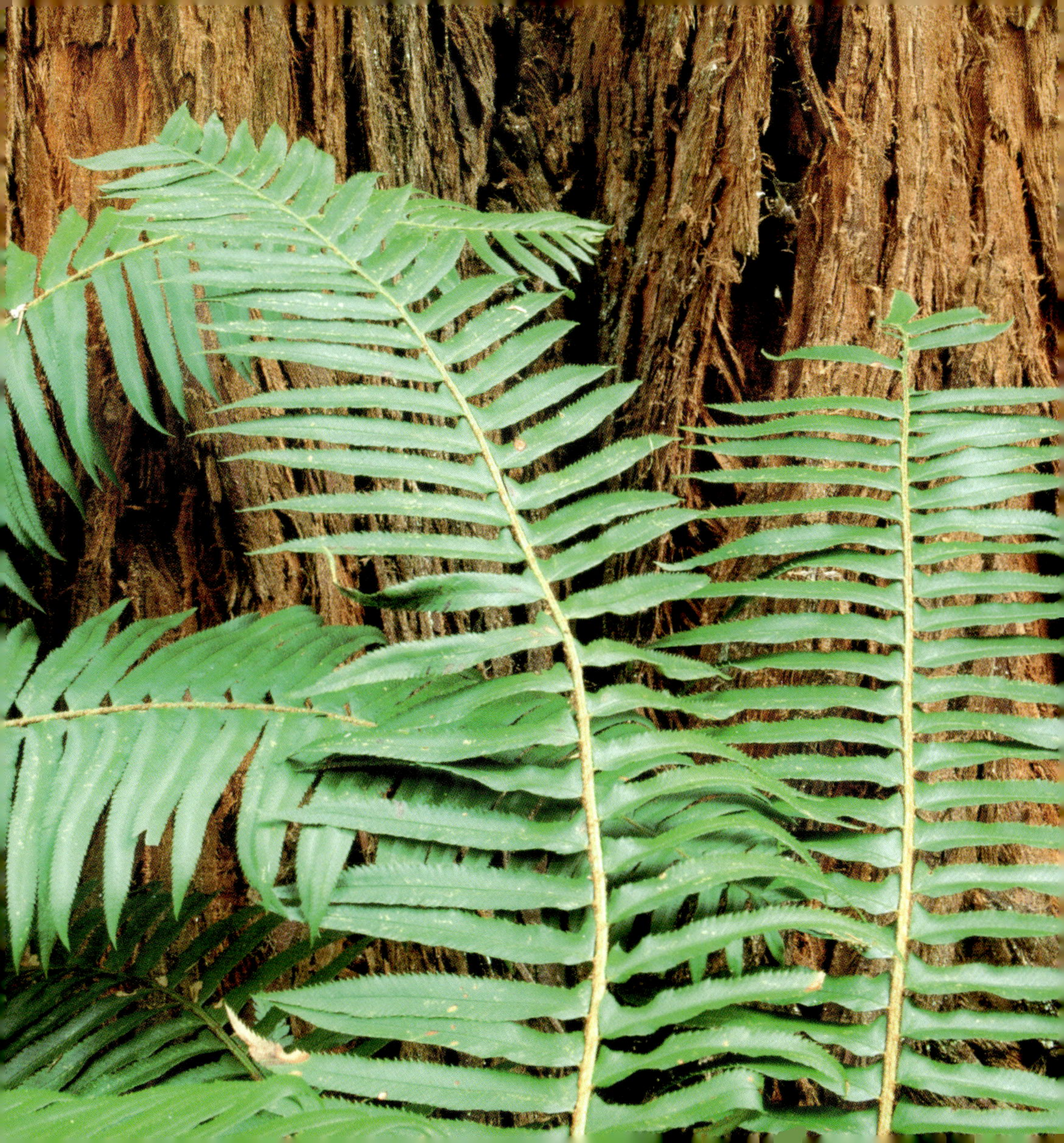

17. Mai

Die wichtigste Stunde

Die wichtigste Stunde
ist immer die Gegenwart,
der bedeutendste Mensch
ist immer der, der dir gerade gegenübersteht,
und das notwendigste Werk
ist immer die Liebe.

Meister Eckhart

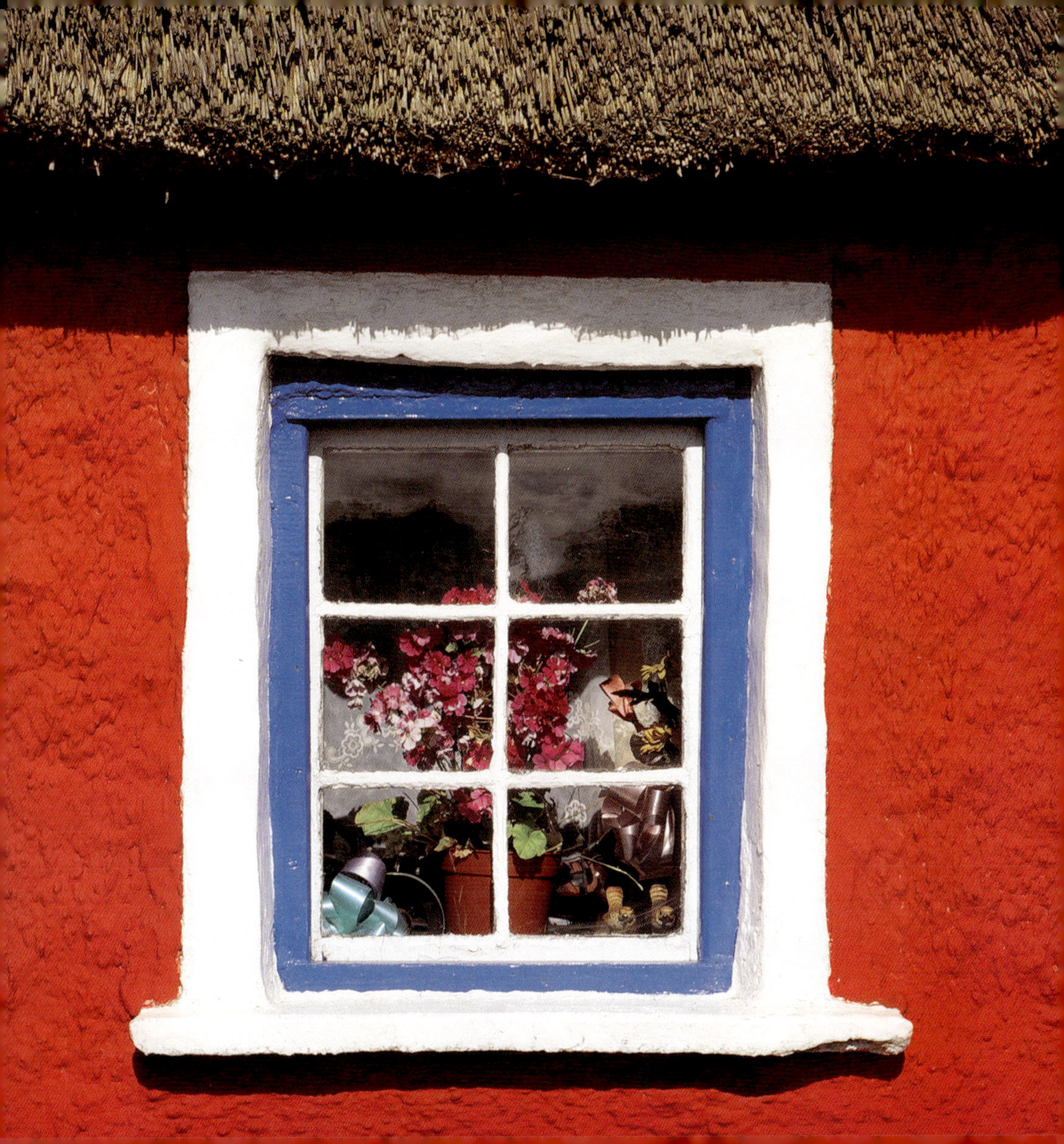

18. Mai

Halt geben

Was dir auch immer begegnet,
mitten im Abgrund der Welt:
Es ist die Hand, die dich segnet.
Es ist der Arm, der dich hält.

Rudolf Alexander Schröder

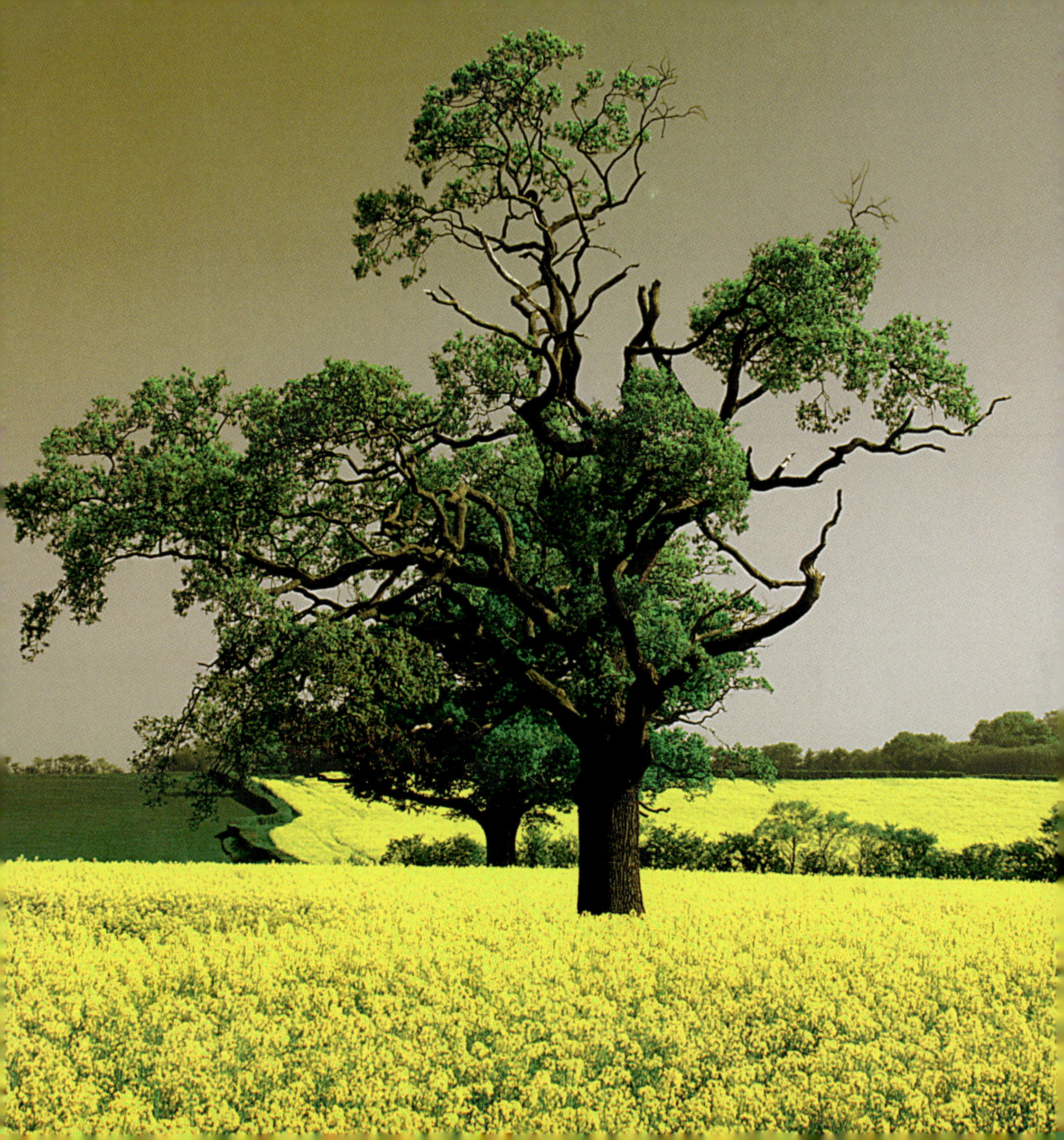

19. Mai

Seelenfrieden

Was da meiner Seele leuchtet, fasst kein Raum,
was da erklingt, verhallt nicht in der Zeit,
was da duftet, verweht kein Wind,
was da sich eint, trennt kein Überdruss.
Das ist's, was ich liebe,
wenn ich meinen Gott liebe.

Augustinus

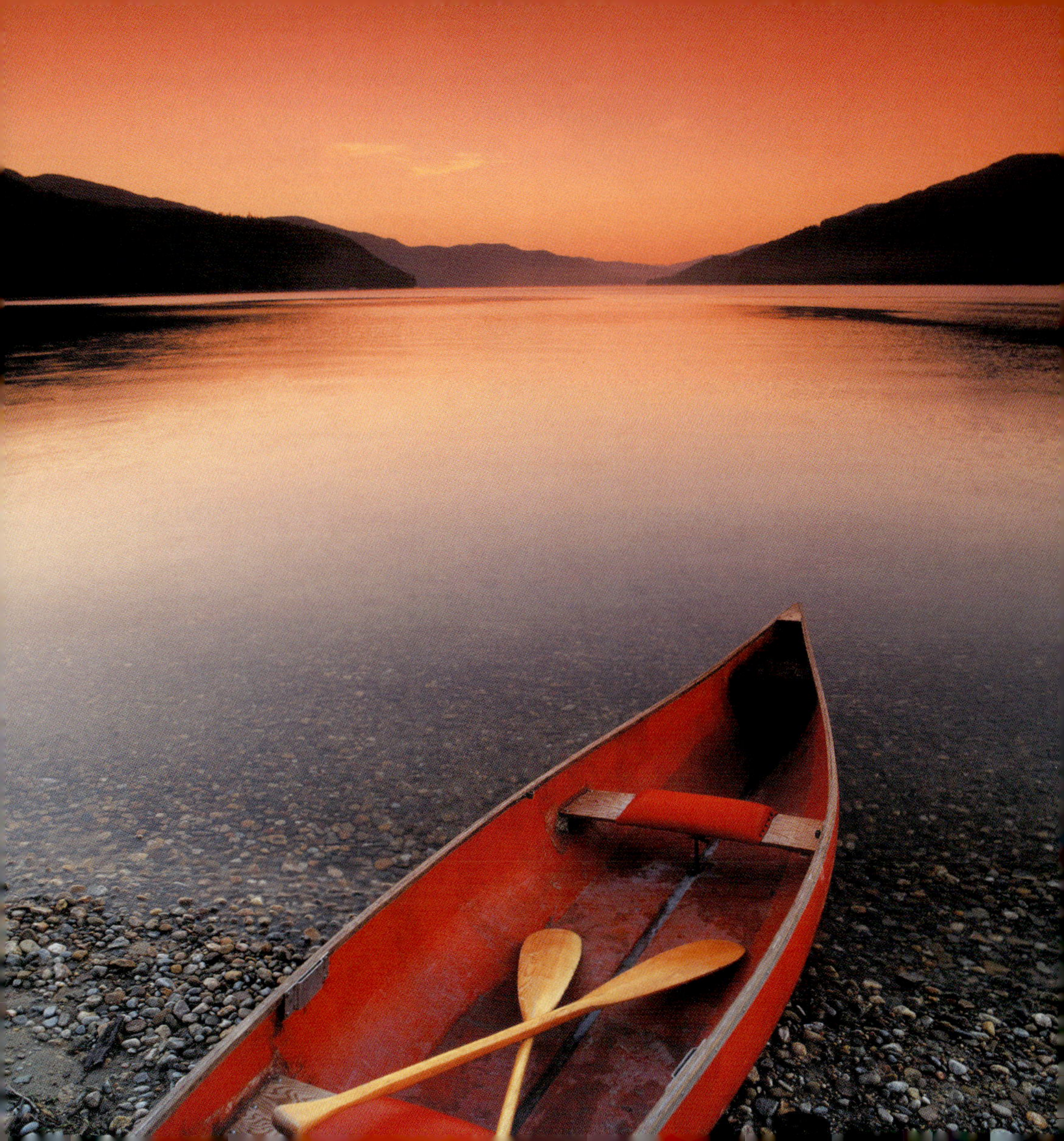

20. Mai

Sehen

Die Natur ist schön und wert,
angesehen zu werden:
Sie erzählt von einem, der noch schöner ist.

Matthias Claudius

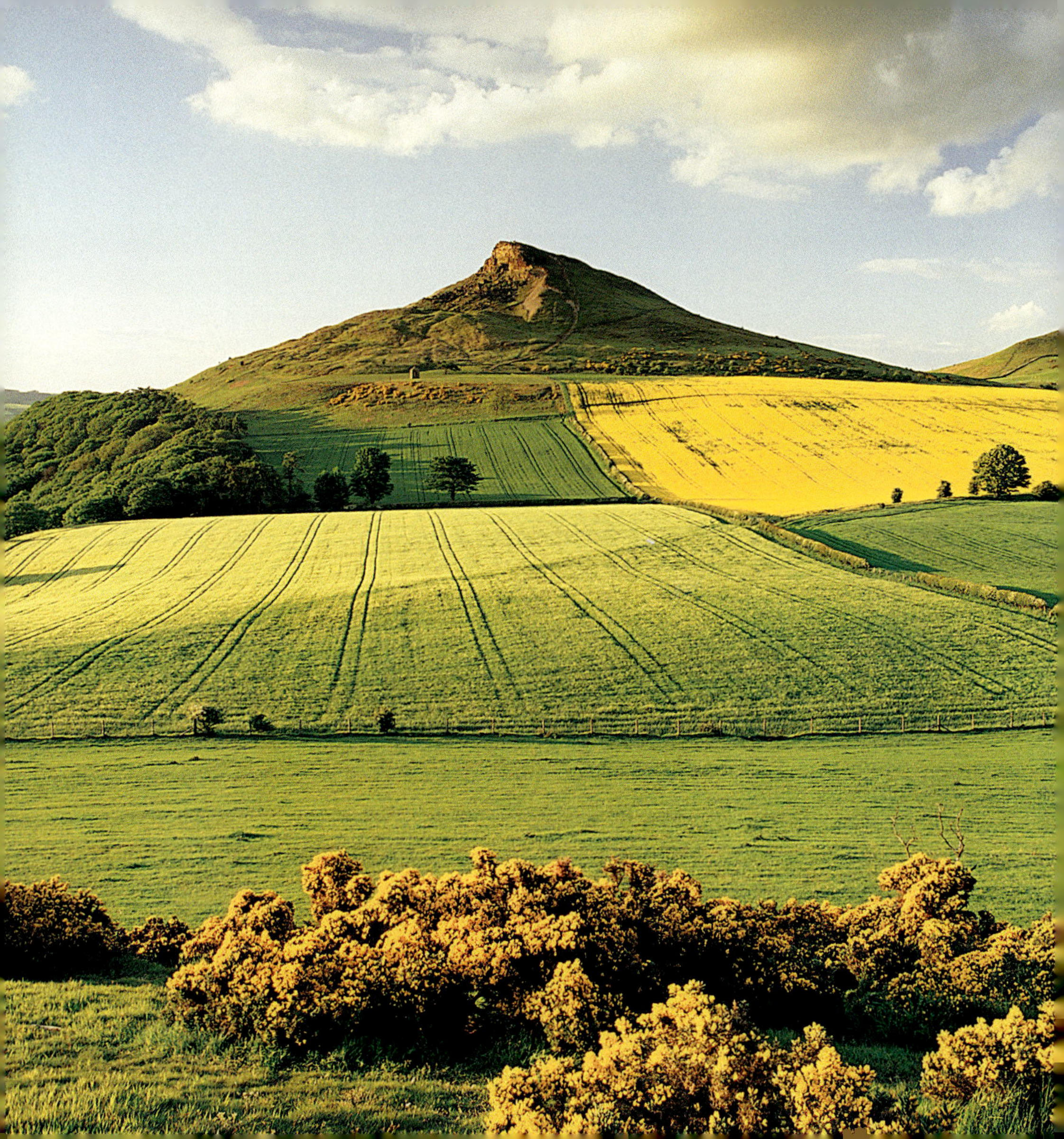

21. Mai

Lebensmut

Es liegt eine wunderbare Heilkraft
in der Seele der Natur.
Oft gibt der Anblick
eines schönen Abendhimmels,
der Duft einer Blume
der gedrückten Seele Hoffnung
und Lebensmut zurück.

Sophie Verena

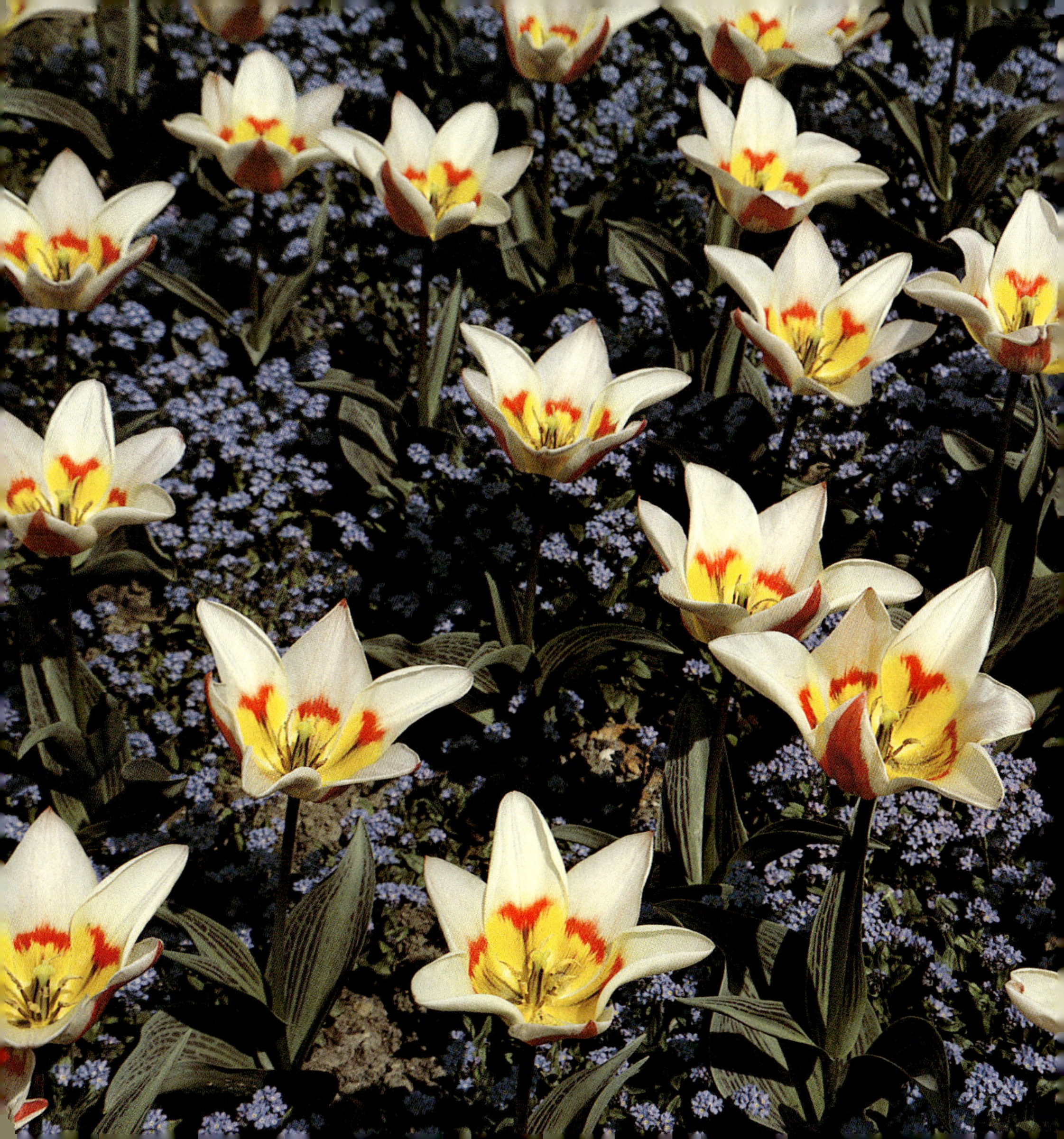

22. Mai

Garten des Lebens

Wir sind nicht auf der Erde,
um ein Museum zu hüten,
sondern um einen blühenden Garten
voller Leben zu pflegen.

Johannes XXIII.

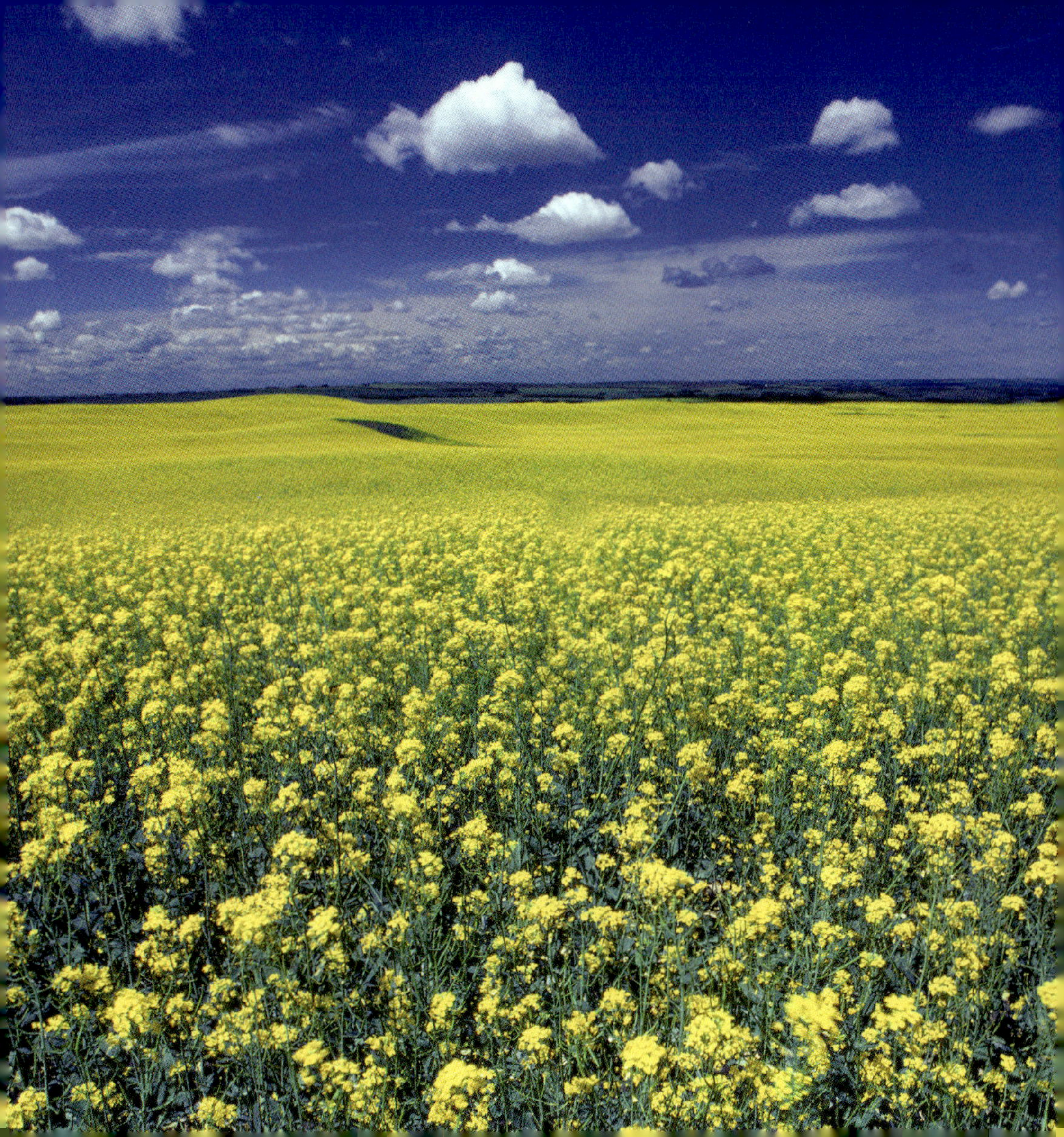

23. Mai

Nur für kurze Zeit

Nimm dir Zeit, den Himmel zu betrachten.
Suche Gestalten in den Wolken.
Höre das Wehen des Windes
und berühre das kalte Wasser.
Gehe mit leisen, behutsamen Schritten.
Wir sind Eindringlinge,
die nur für kurze Zeit geduldet werden.

Indianische Weisheit

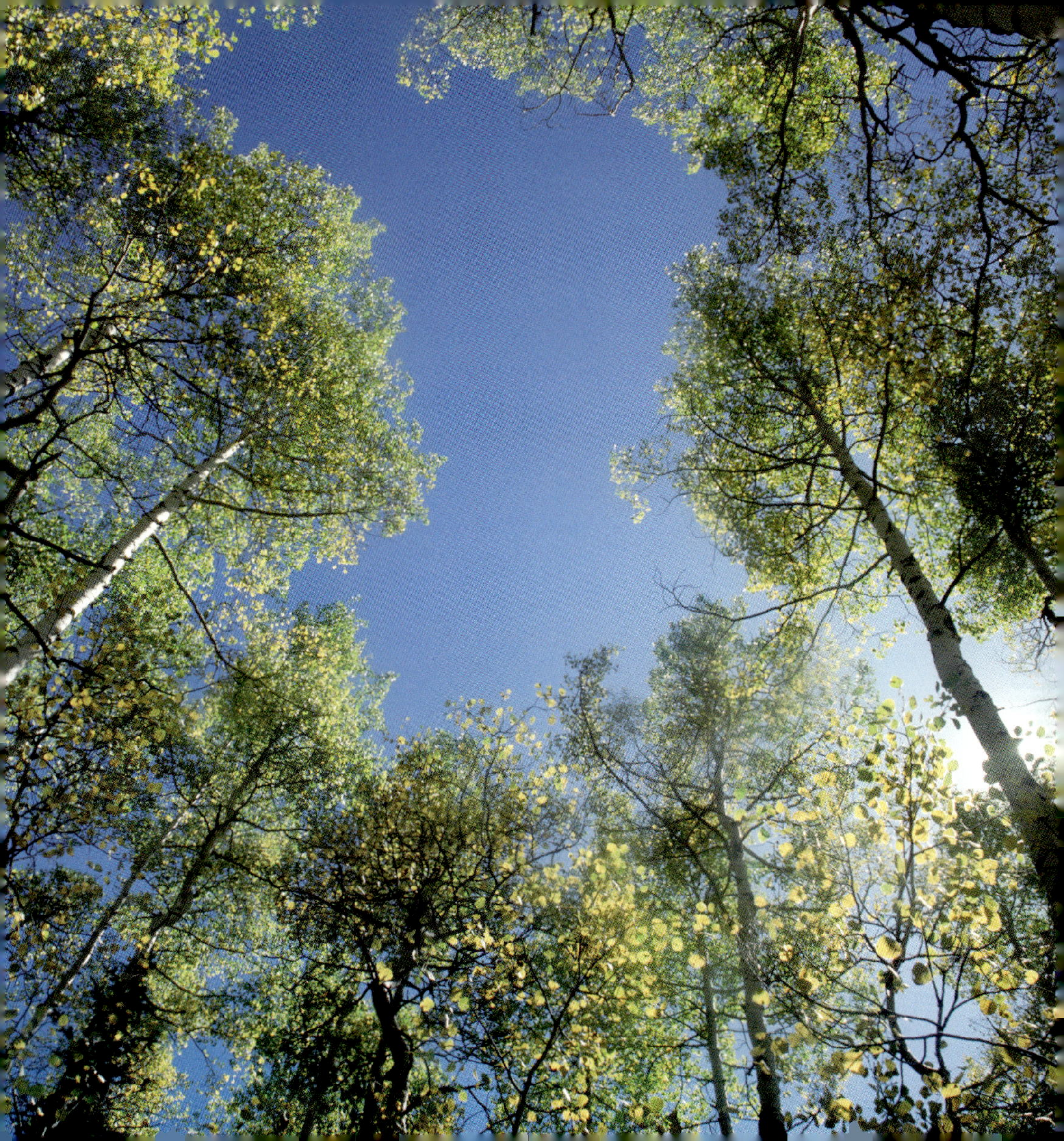

24. Mai

Vertrauen und Dank

Im Talwinkel meines Herzens
liegt jedem eingeräumt
ein Ort des Vertrauens und großen Dankes.
Den Zugang finde ein jeder.

Hamasa

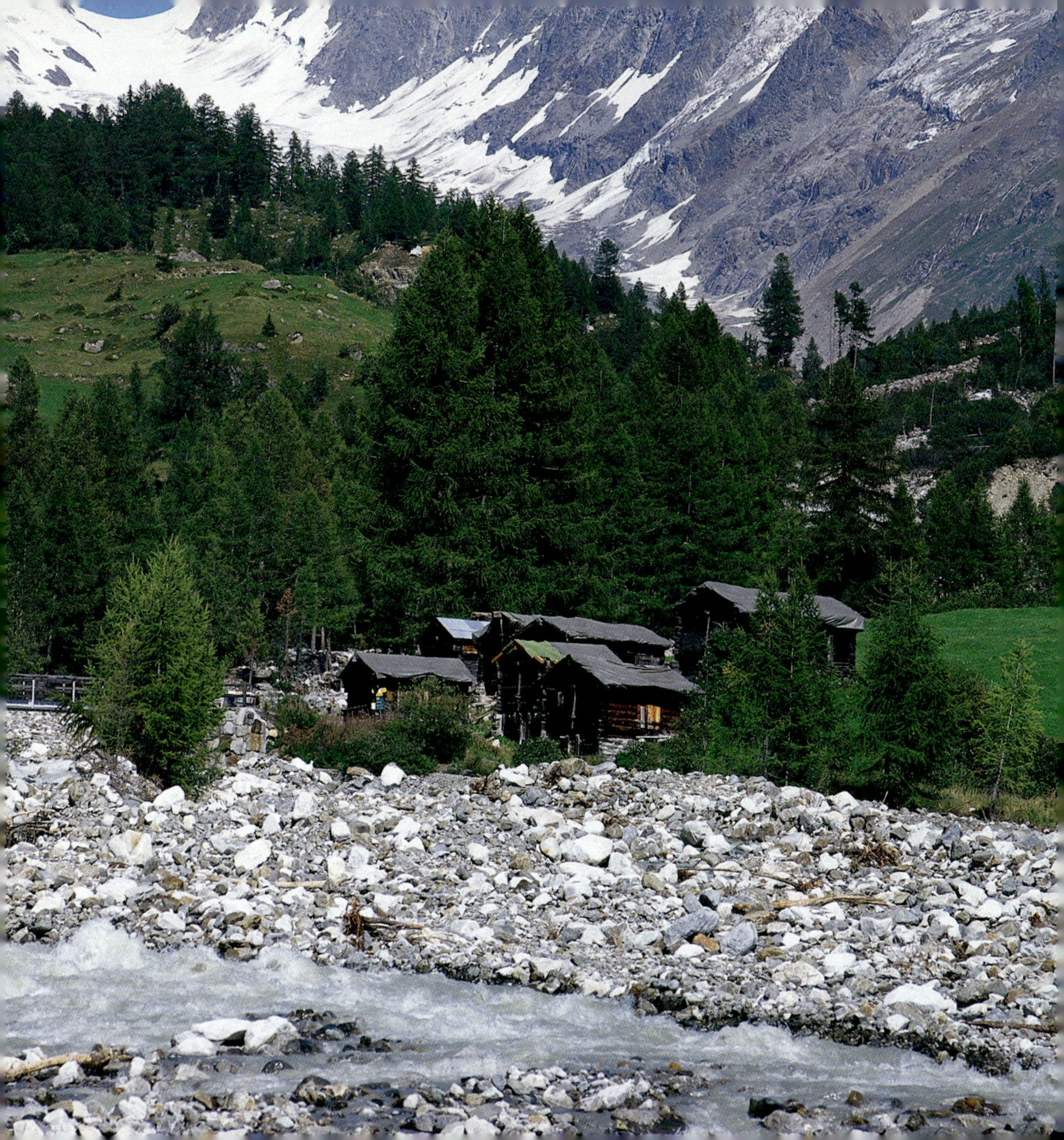

25. Mai

Besinnung

Wo Stille ist und Besinnlichkeit,
ist nicht Unruhe noch Ziellosigkeit.
Wo Barmherzigkeit ist und Bescheidenheit,
ist nicht Überfluss noch Härte.

Franz von Assisi

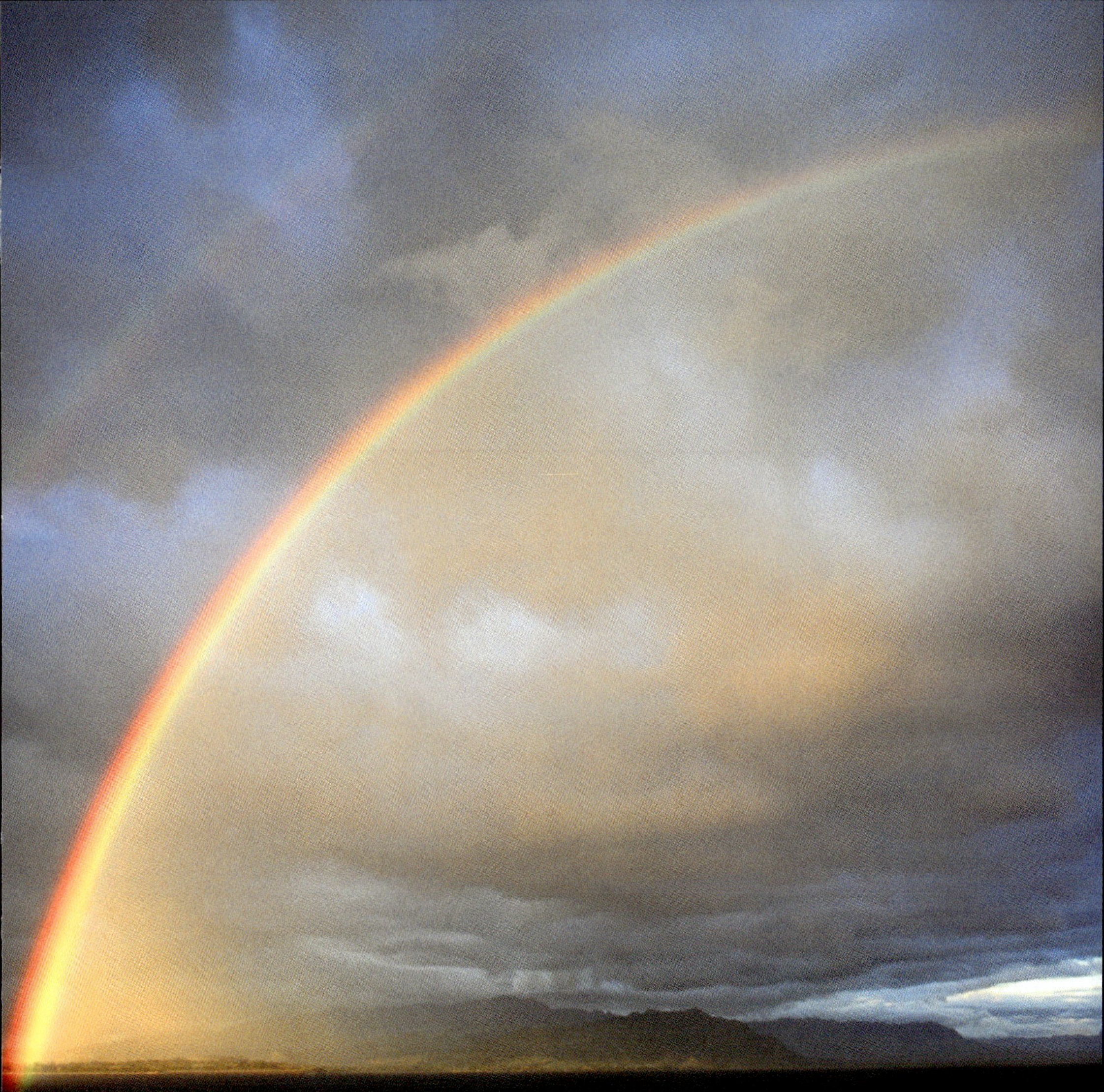

26. Mai

Seele, Leib und Sinne

Drei Pfade hat der Mensch in sich,
in denen sich sein Leben tätigt:
die Seele, den Leib und die Sinne.

Hildegard von Bingen

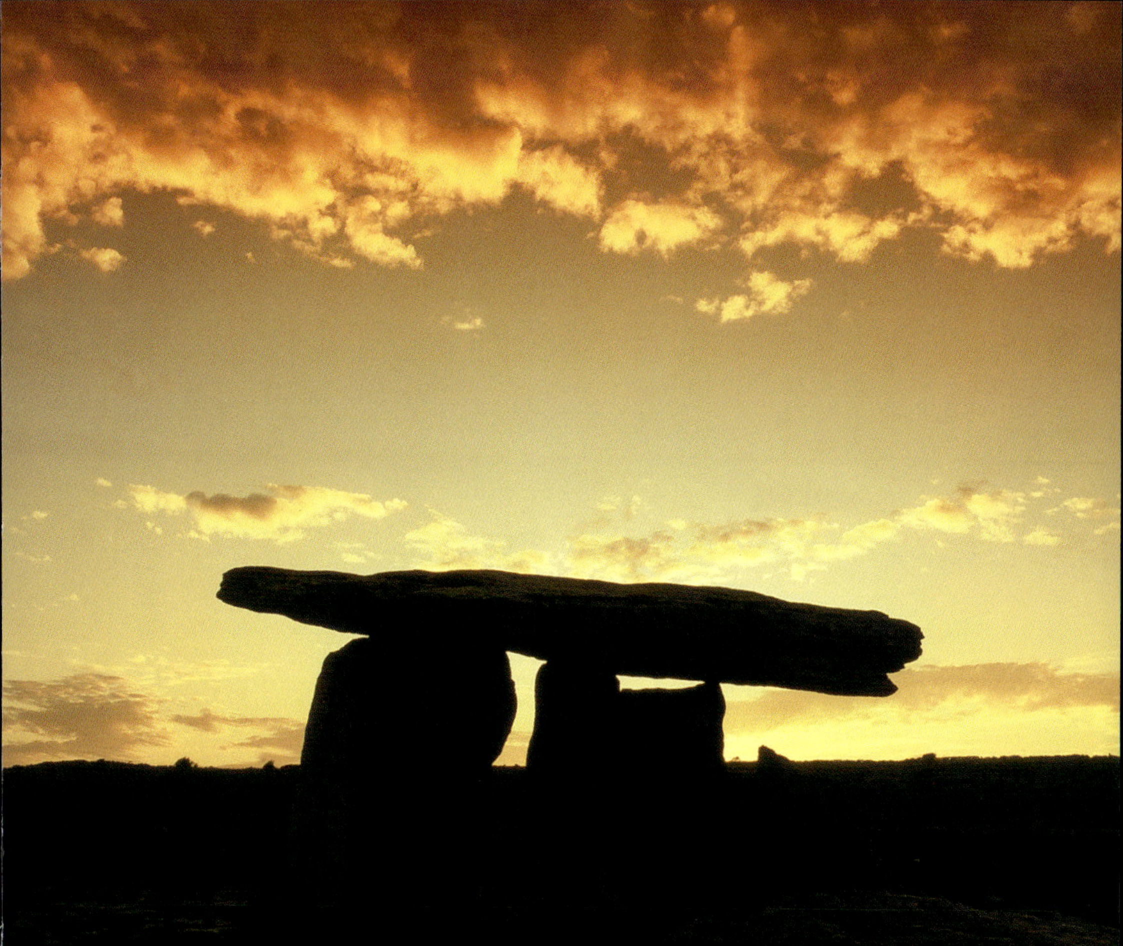

27. Mai

Alles Glück

Seelenruhe, Heiterkeit und Zufriedenheit
sind die Grundlagen allen Glücks,
aller Gesundheit und des langen Lebens.

Christoph Wilhelm Hufeland

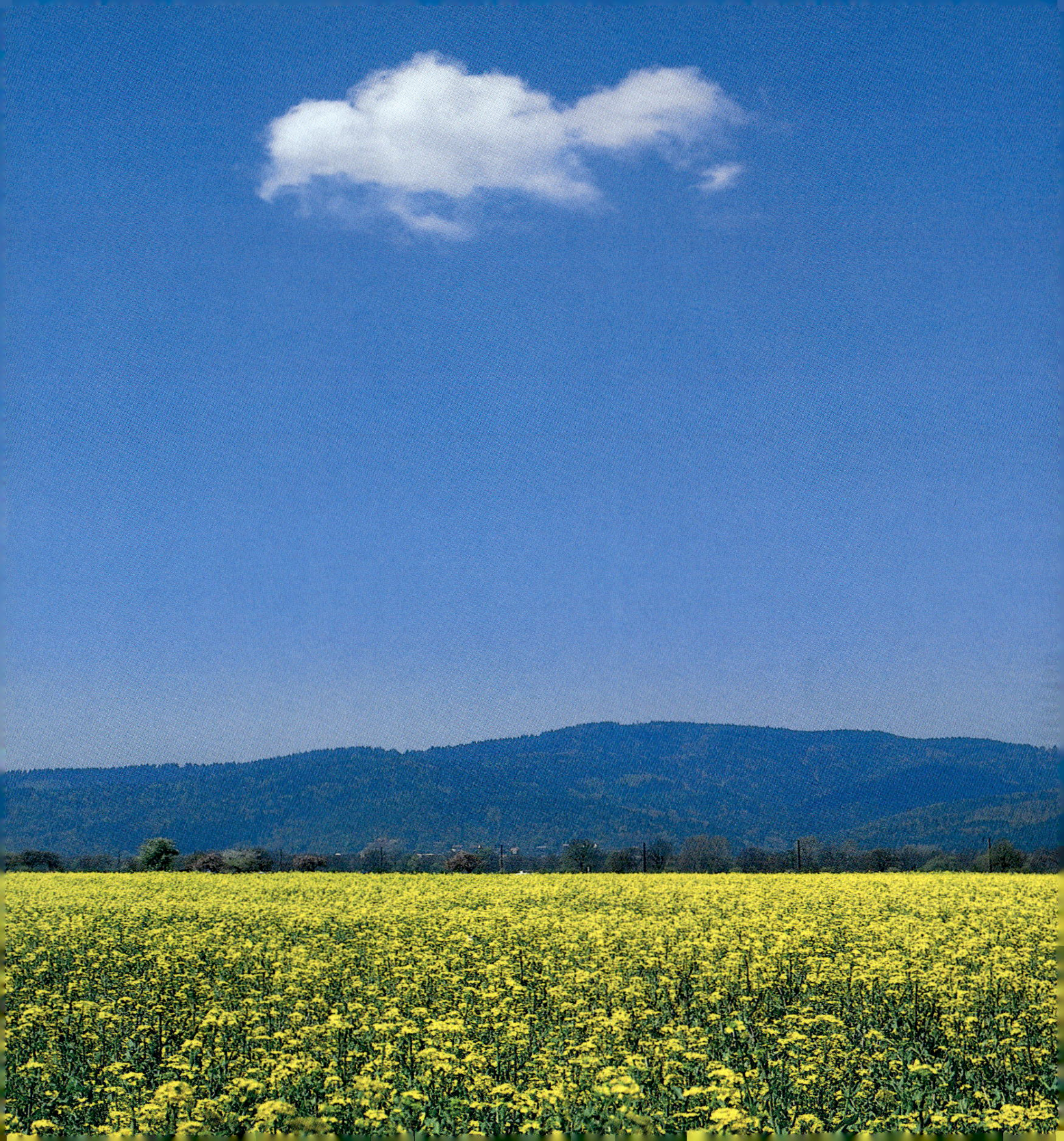

28. Mai

Liebe

Nicht die Vollkommenen,
sondern die Unvollkommenen
bedürfen der Liebe.

Oscar Wilde

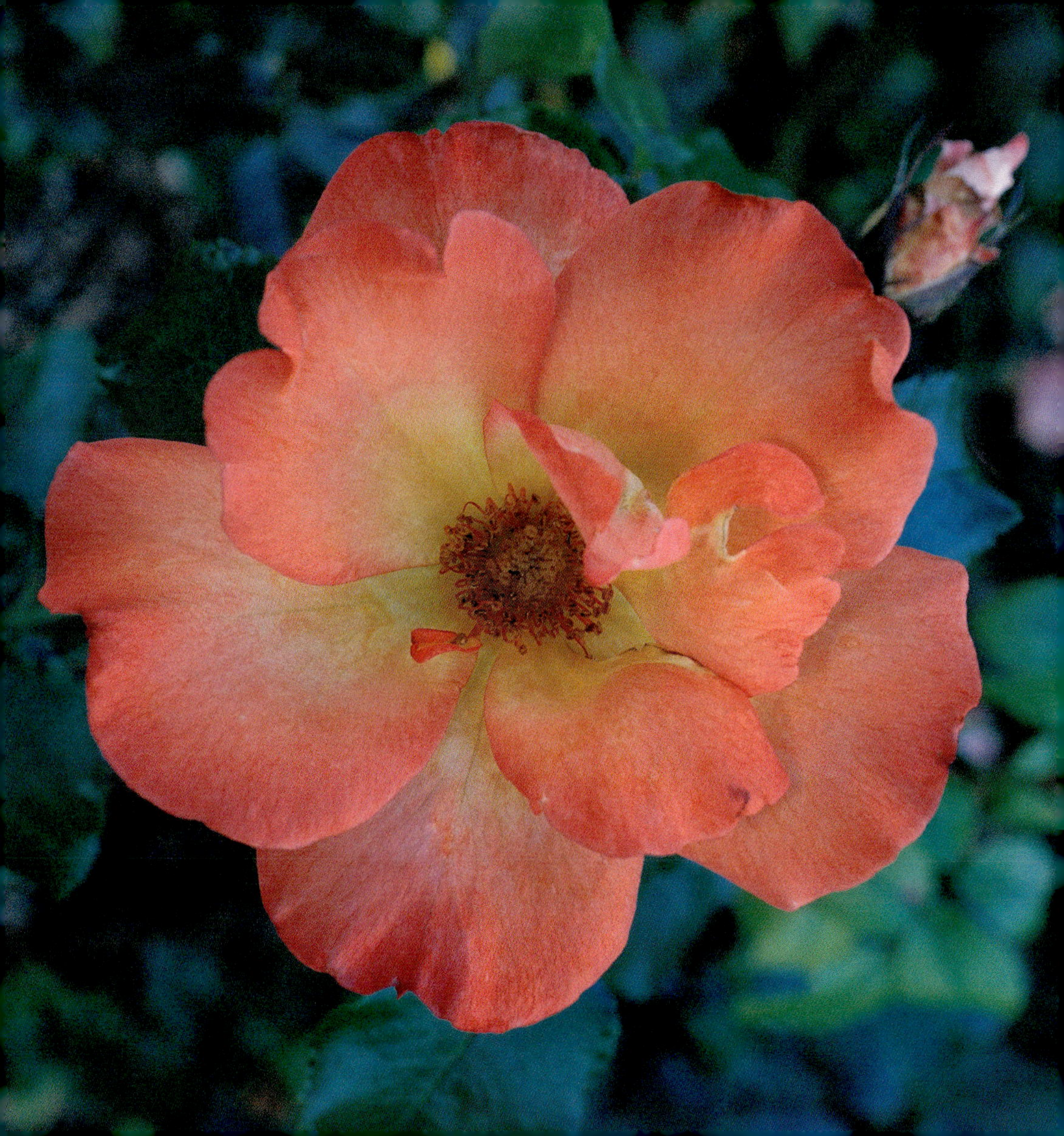

29. Mai

Glücklich sein

Die Bescheidenheit glücklicher Menschen kommt von der Ruhe, welche das Glück ihren Gemütern verleiht.

François de La Rochefoucauld

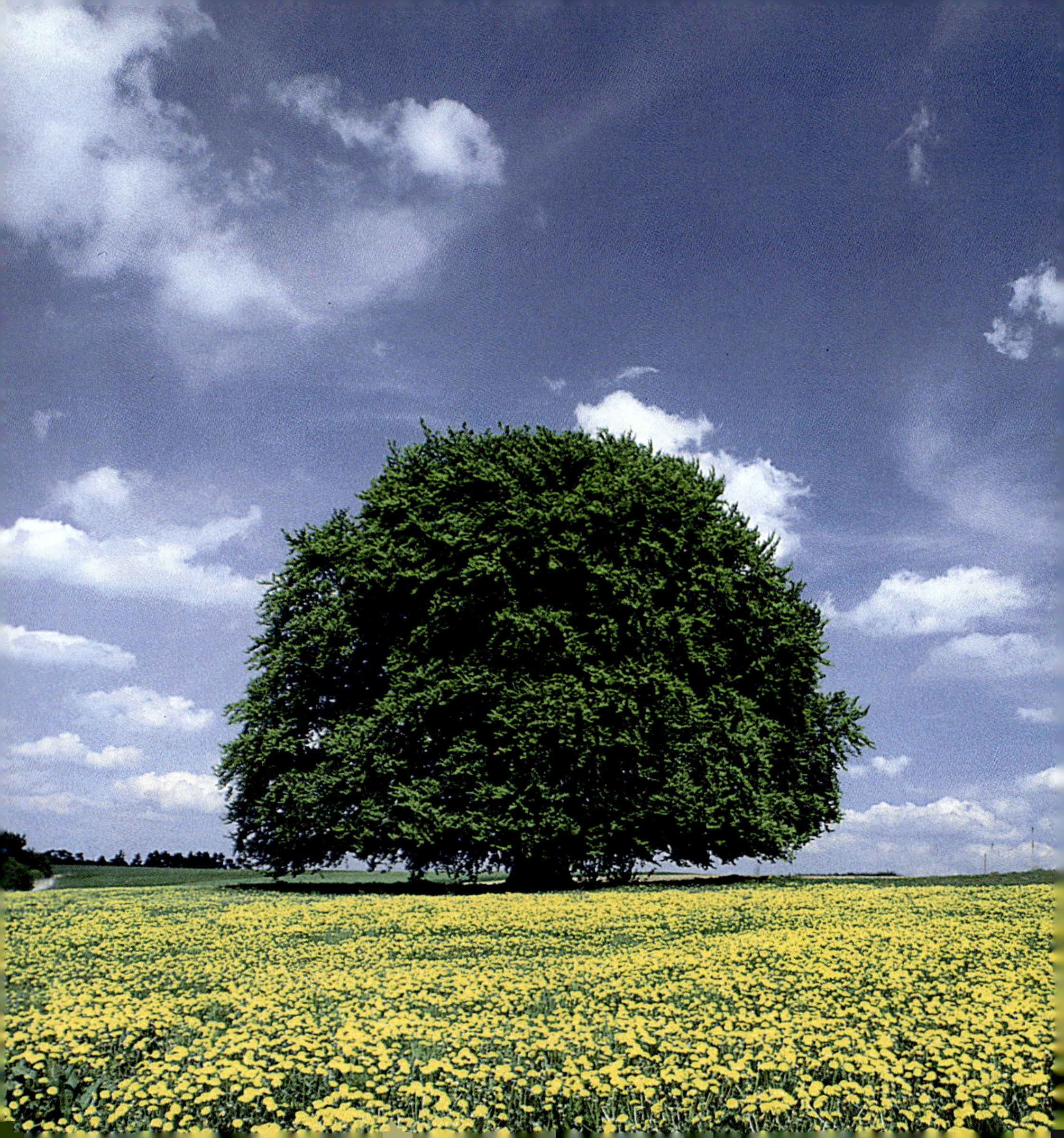

30. Mai

Freundschaft

Was für den Vogel die Kraft der Schwingen,
das ist für den Menschen die Freundschaft.
Sie erhebt ihn über den Staub der Erde.

Zenta Maurina

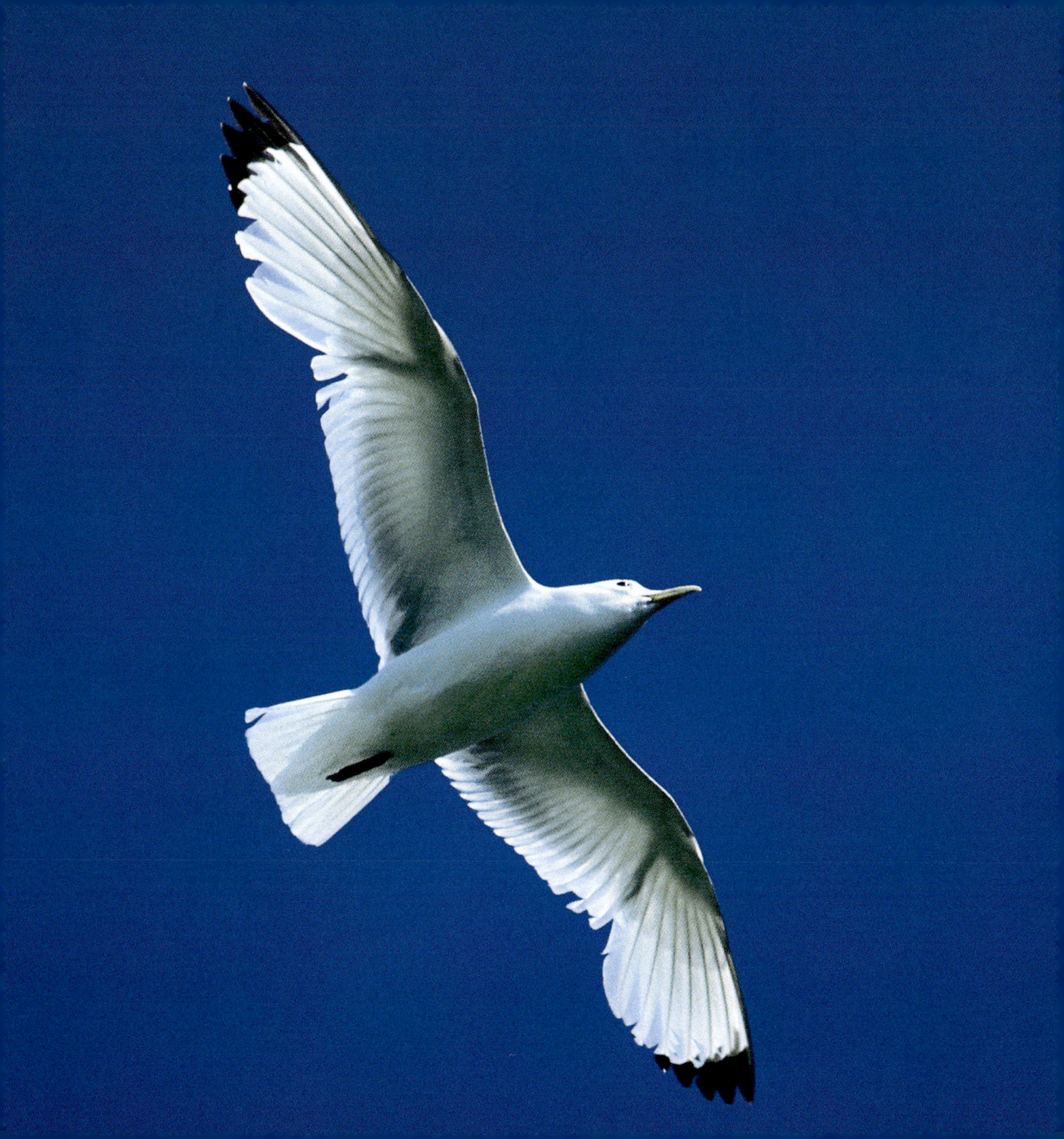

31. Mai

Herkunft des Glücks

Das wahre Glück kommt nicht von außen,
sondern hat seinen Ursprung
im Allerheiligsten des Lebens.

Khalil Gibran

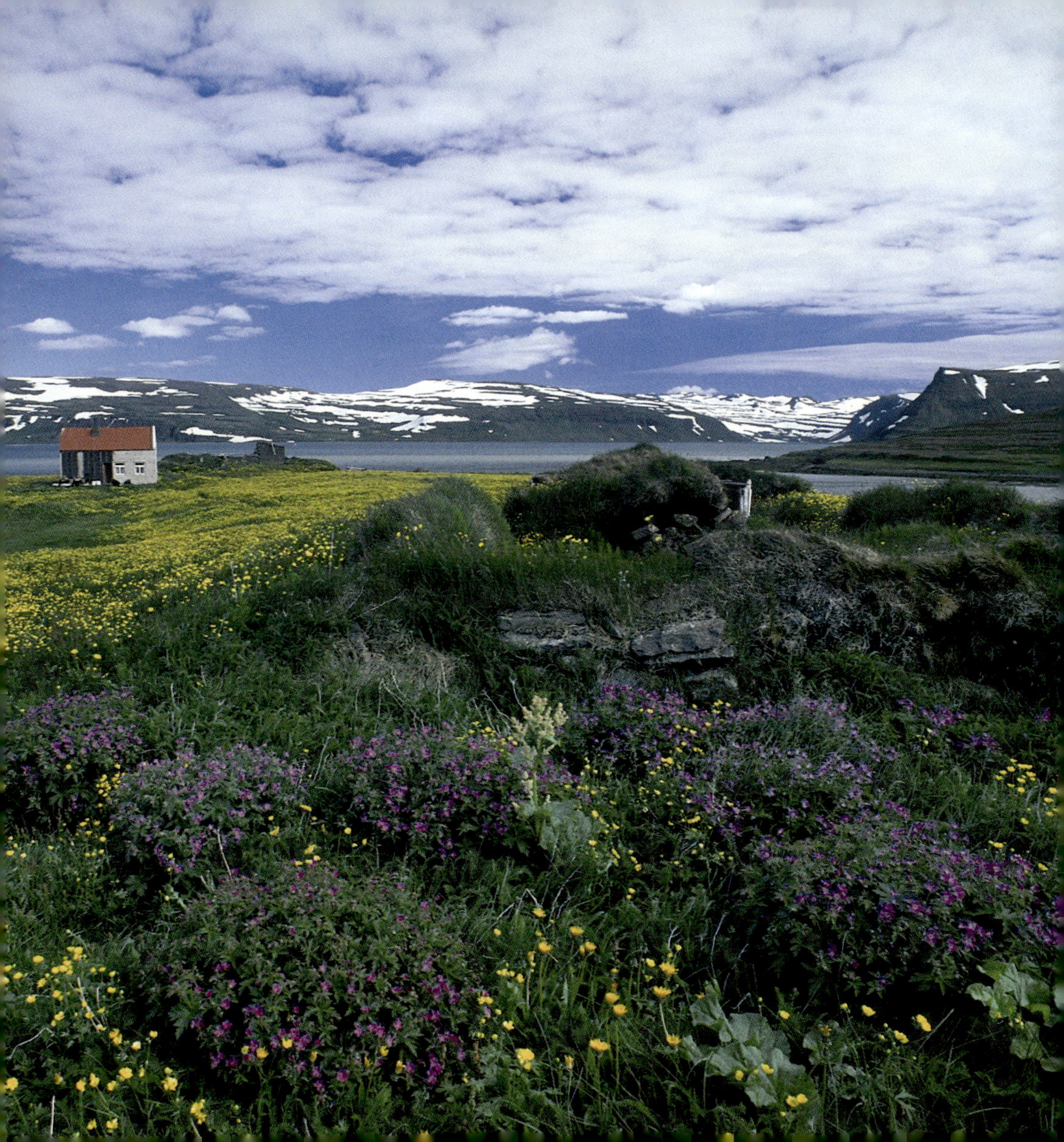

VI

Juni

1. Juni

Überraschungen

Ich habe gelernt,
vom Leben nicht viel zu erwarten.
Das ist das Geheimnis aller echten Heiterkeit
und der Grund, warum ich immer
angenehme Überraschungen
statt trostloser Enttäuschungen erlebe.

George Bernard Shaw

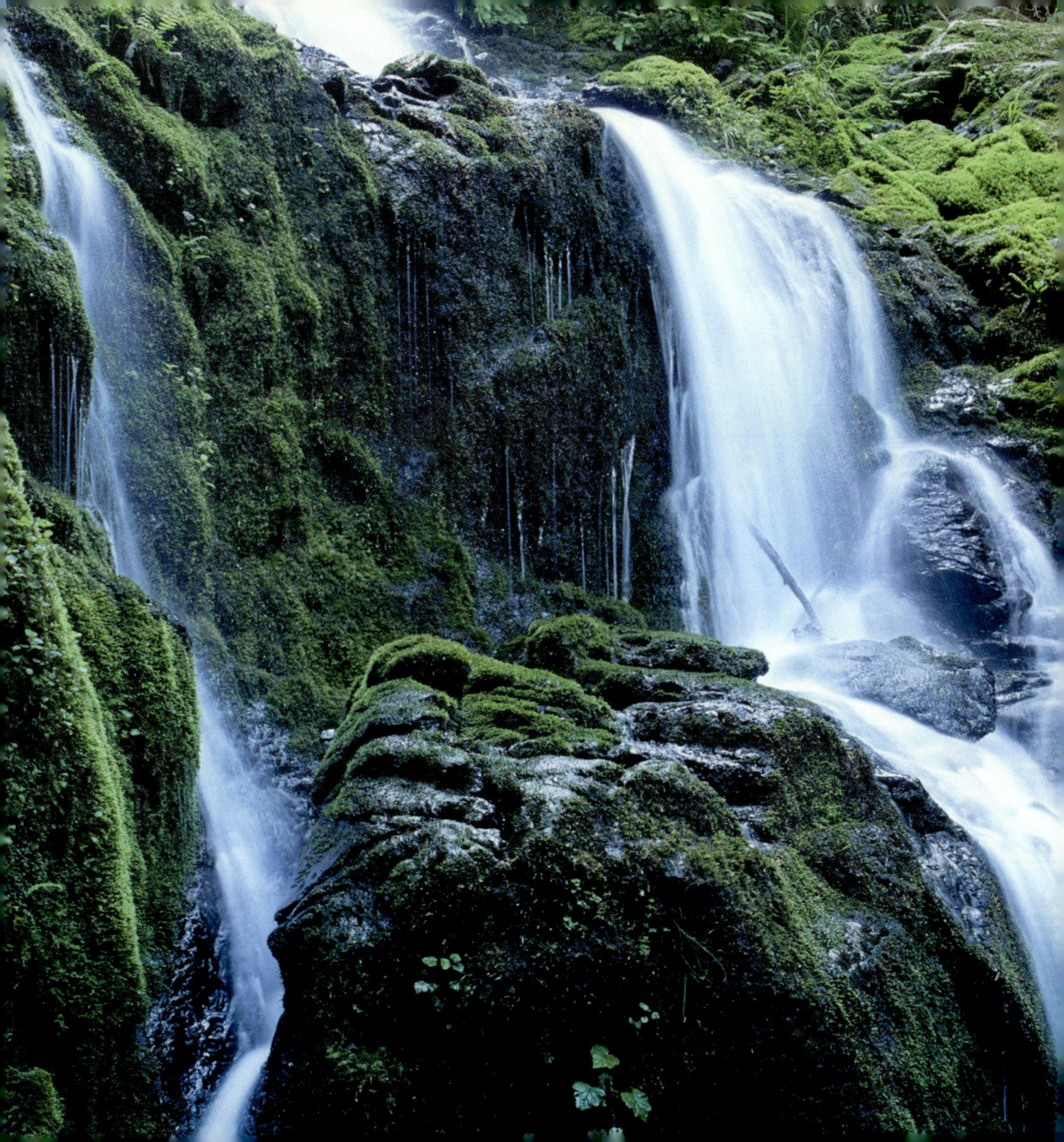

2. Juni

Träumen

Wenigstens nachts lass dein Herz ruhen …
Wenigstens nachts hör auf zu rennen;
besänftige die Wünsche,
die dich verrückt machen;
versuch, deine Träume schlafen zu lassen.
Gib dich preis, Leib und Seele,
endgültig, in Gottes Hände.

Dom Hélder Câmara

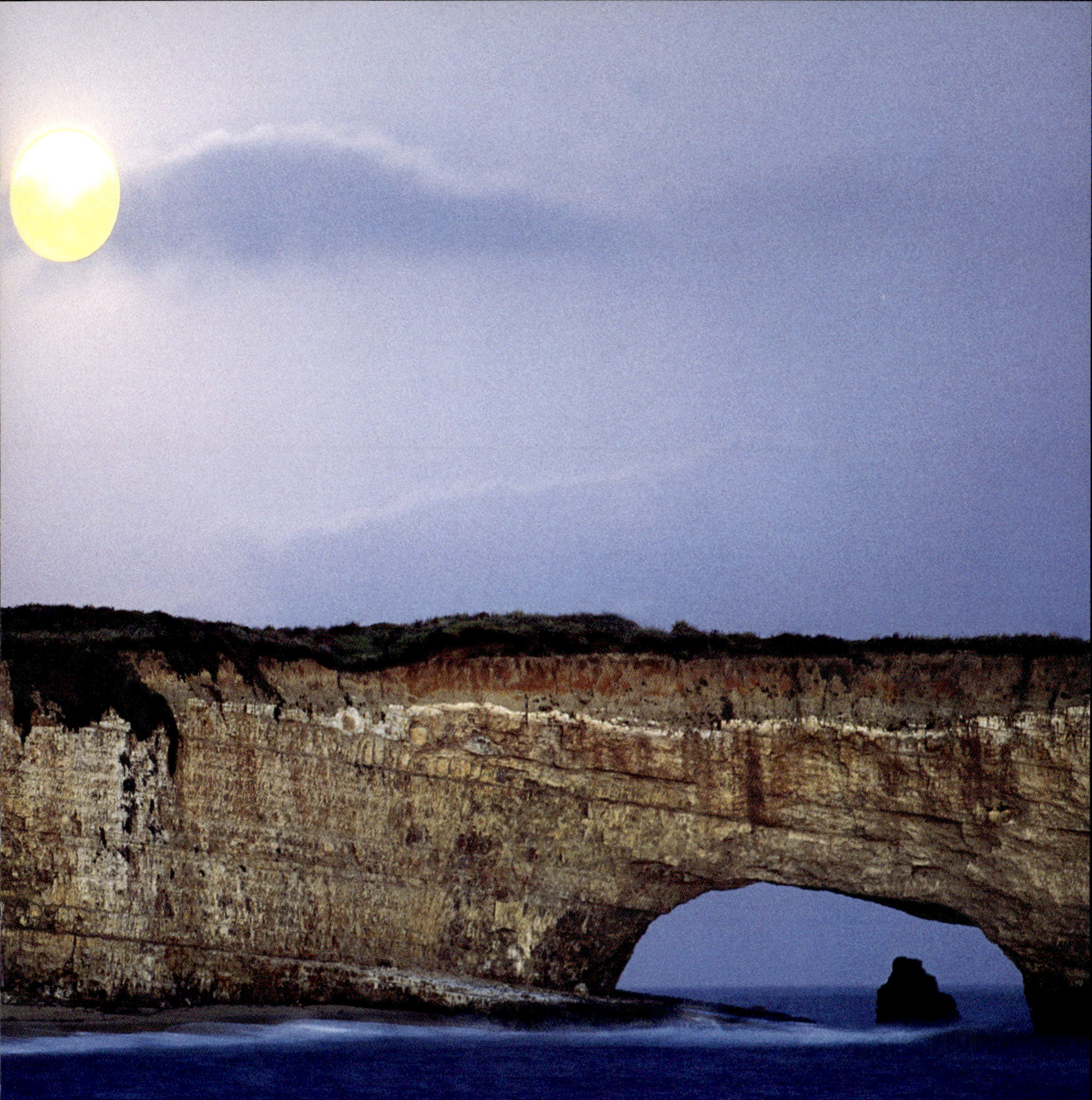

3. Juni

Geborgen sein

Die Barmherzigkeit Gottes
ist wie der Himmel, der stets über uns fest bleibt.
Unter diesem Dach sind wir sicher,
wo auch immer wir sind.

Martin Luther

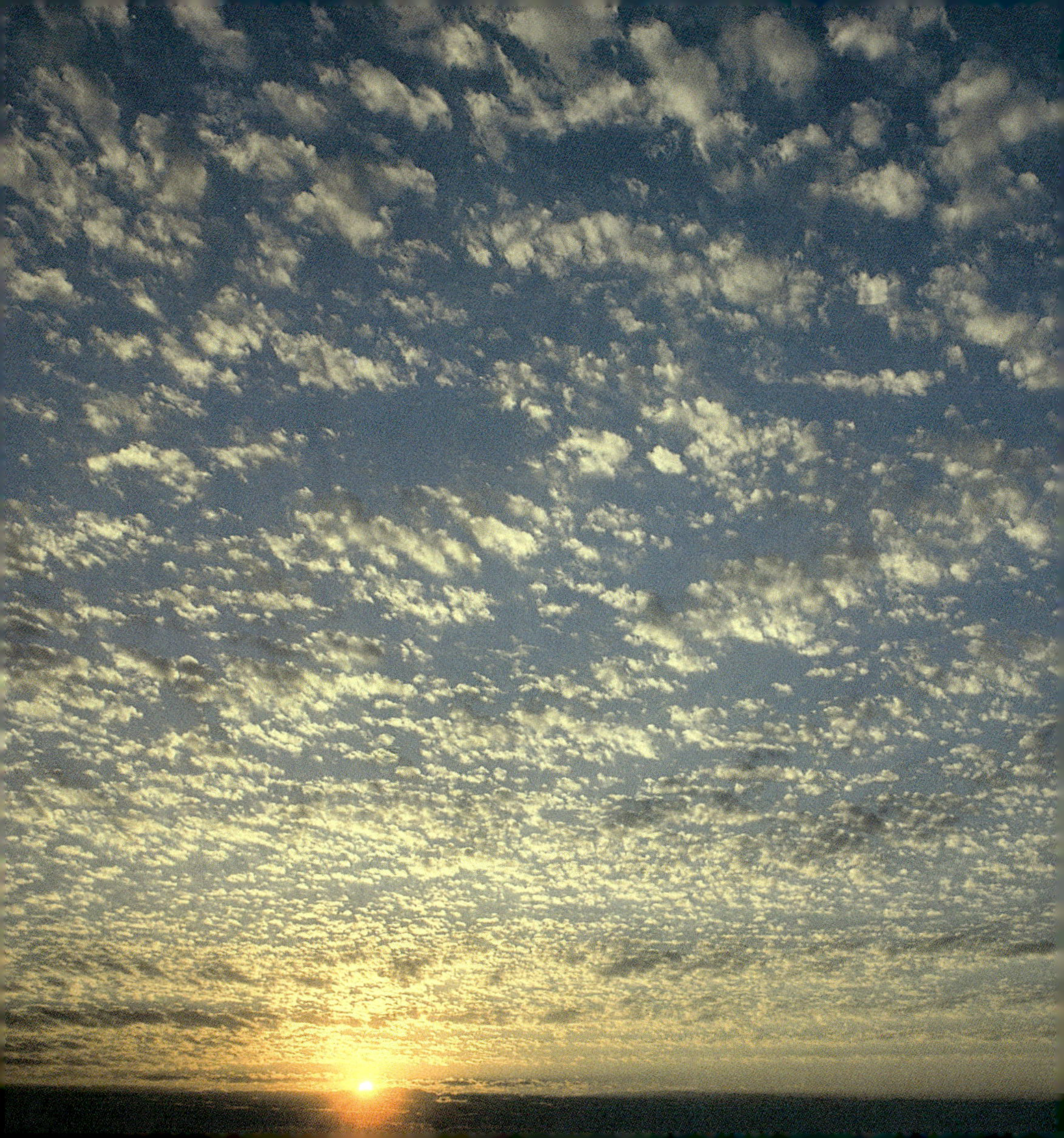

4. Juni

Entdecken

Wer Schmetterlinge lachen hört,
der weiß, wie Wolken schmecken.
Der wird im Mondschein,
ungestört von Furcht, die Nacht entdecken.

Novalis

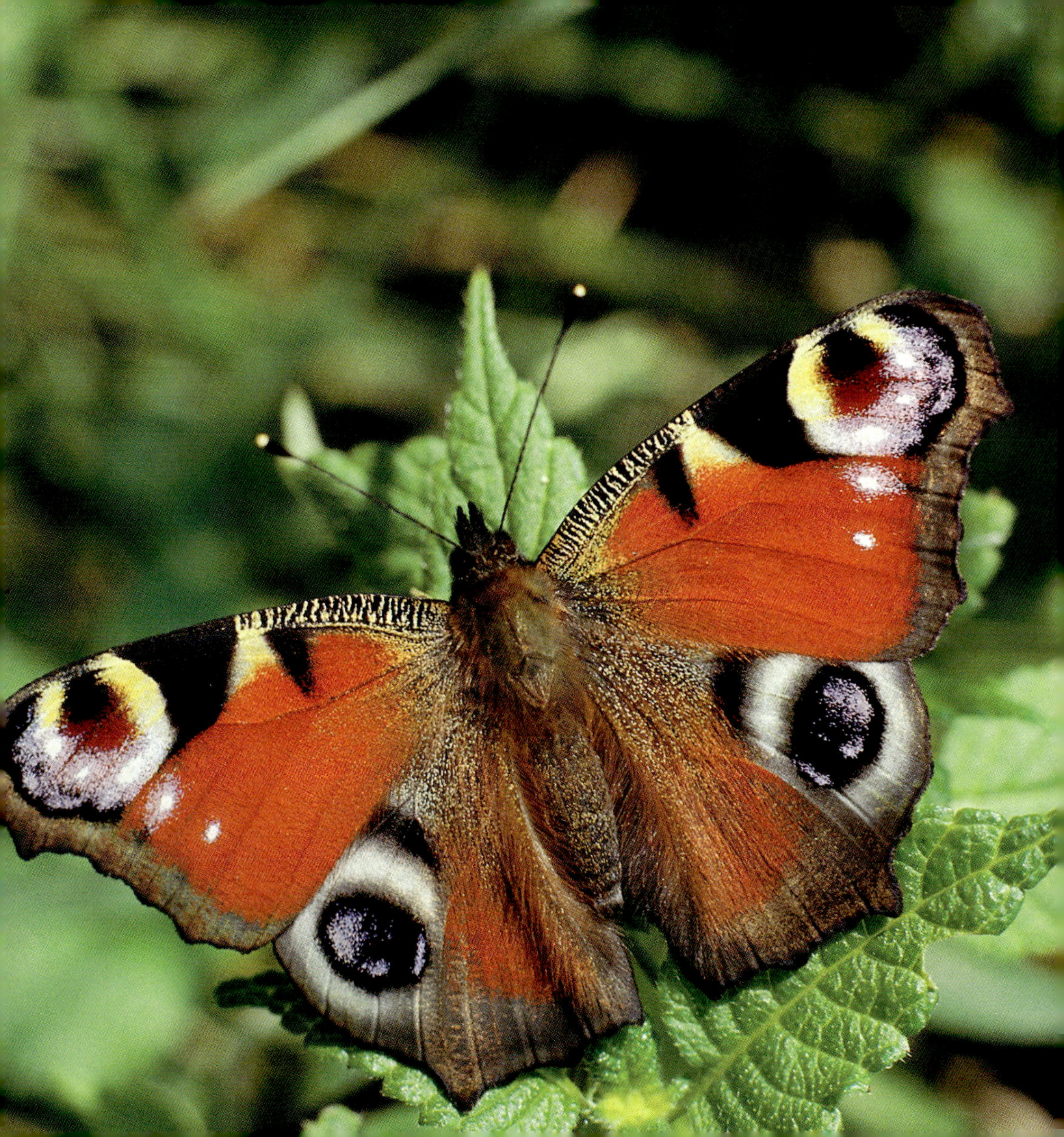

5. Juni

Verzicht

Um alles zu besitzen,
sollst du nichts mehr besitzen.
Um alles sein zu können,
so wünsche nichts mehr zu sein.
Um alles Wissen zu besitzen,
verzichte auf jedes Wissen.

Johannes vom Kreuz

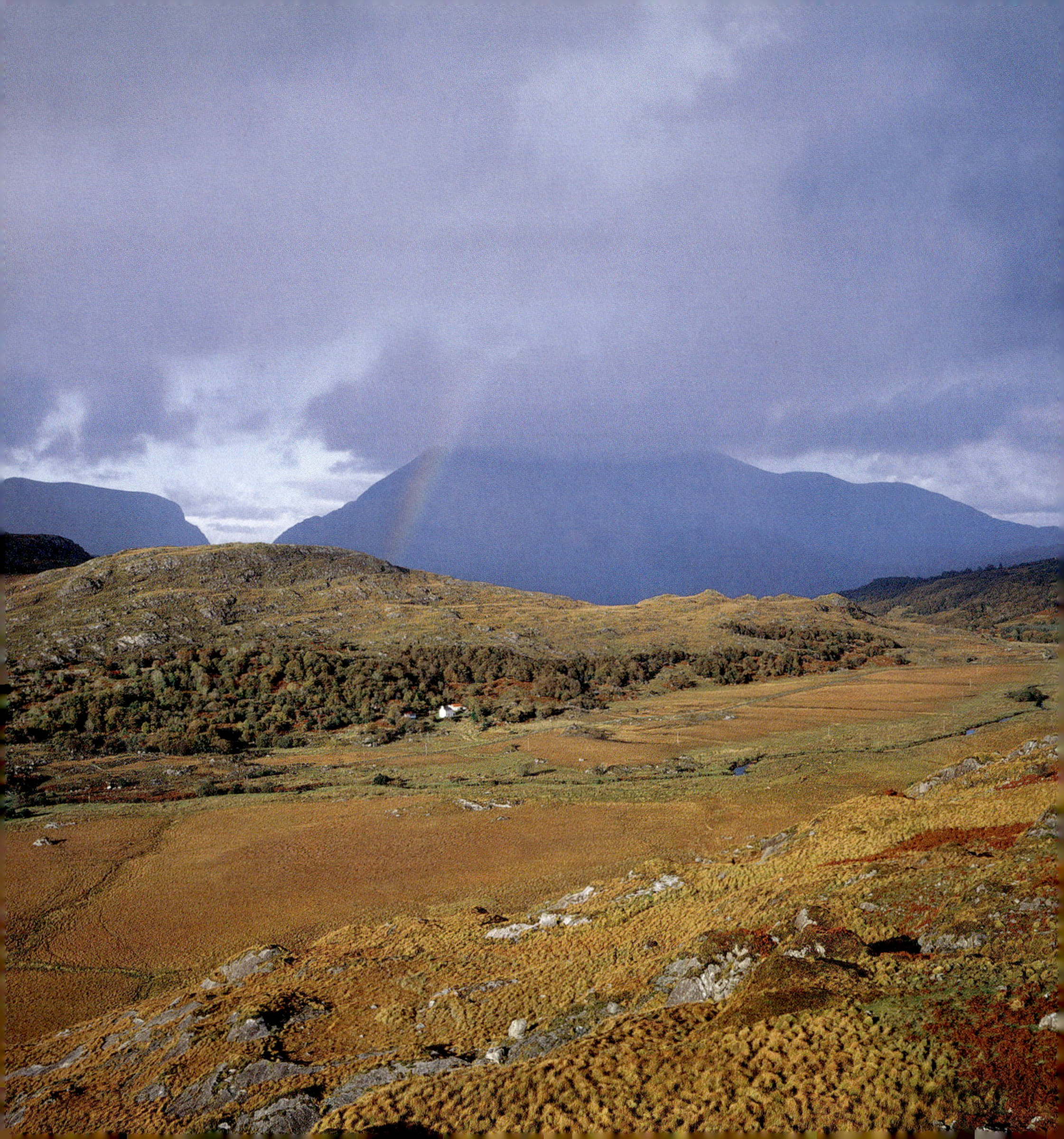

6. Juni

Geduld

Dass ein Mensch ein ruhiges
oder rastliches Leben in Gott hat, das ist gut;
dass der Mensch ein mühevolles Leben
mit Geduld erträgt, das ist besser;
aber dass man Ruhe habe
im mühevollen Leben, das ist das Allerbeste.

Meister Eckhart

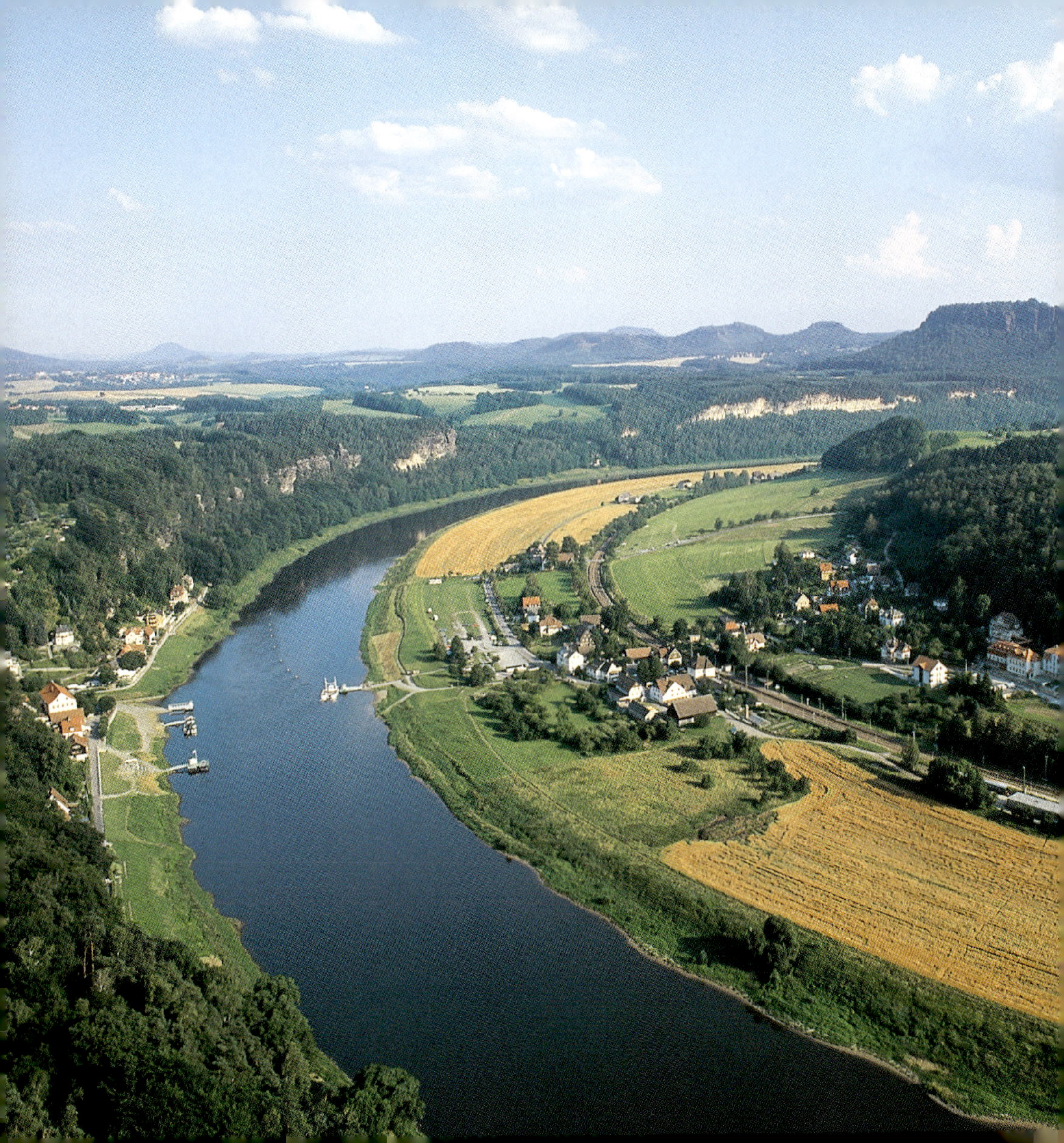

7. Juni

Langsamkeit

Was nützt es dem Menschen,
wenn er schnell vorankommt,
seine Seele aber auf der Strecke bleibt?

Petrus Ceelen

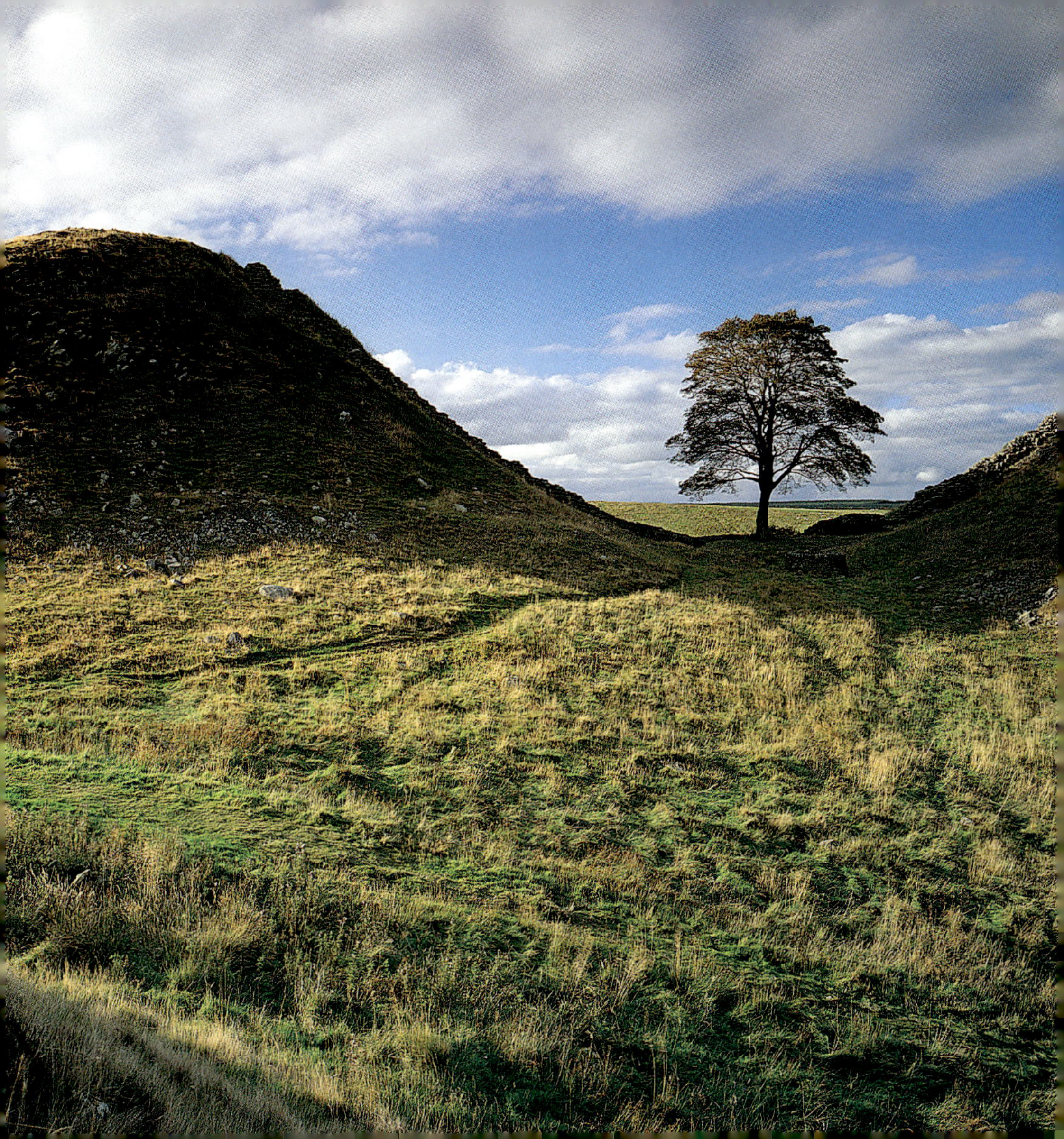

8. Juni

Frieden

Lebe in Frieden mit Gott,
wie immer du ihn jetzt für dich begreifst;
und was auch immer
deine Mühen und Träume sind,
in der verwirrenden Unruhe des Lebens.
Halte Frieden mit deiner eigenen Seele.

Irischer Segenswunsch

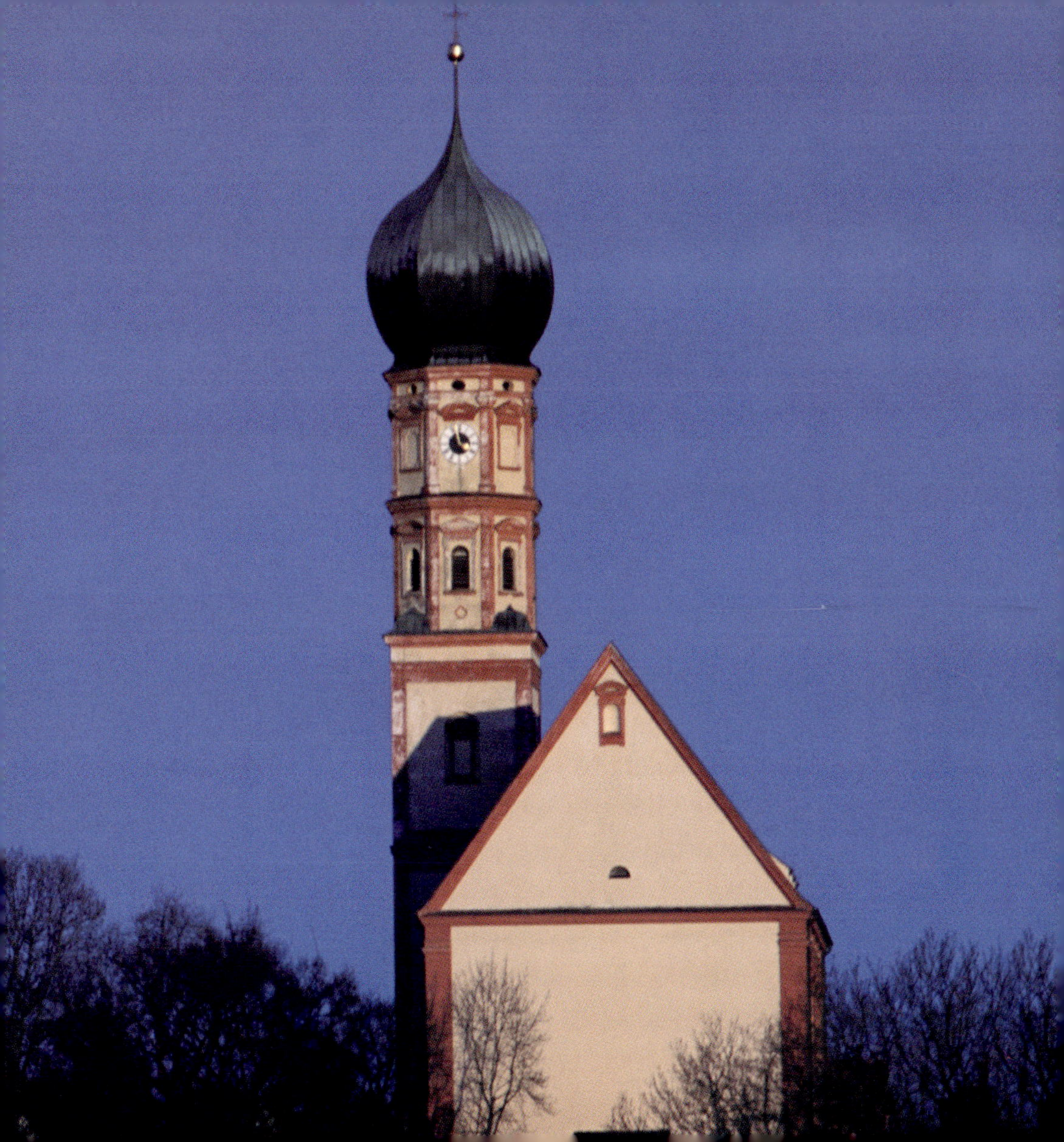

9. Juni

Betrübe dich nicht

Wenn du heftig an den Dingen hängst,
die du besitzt,
wenn du dir ihretwegen Sorgen machst,
sie zu verlieren,
so lange hast du noch eine Art Fieber.
Betrübe dich nicht über Verluste.
Dann hast du Grund zu glauben.

Franz von Sales

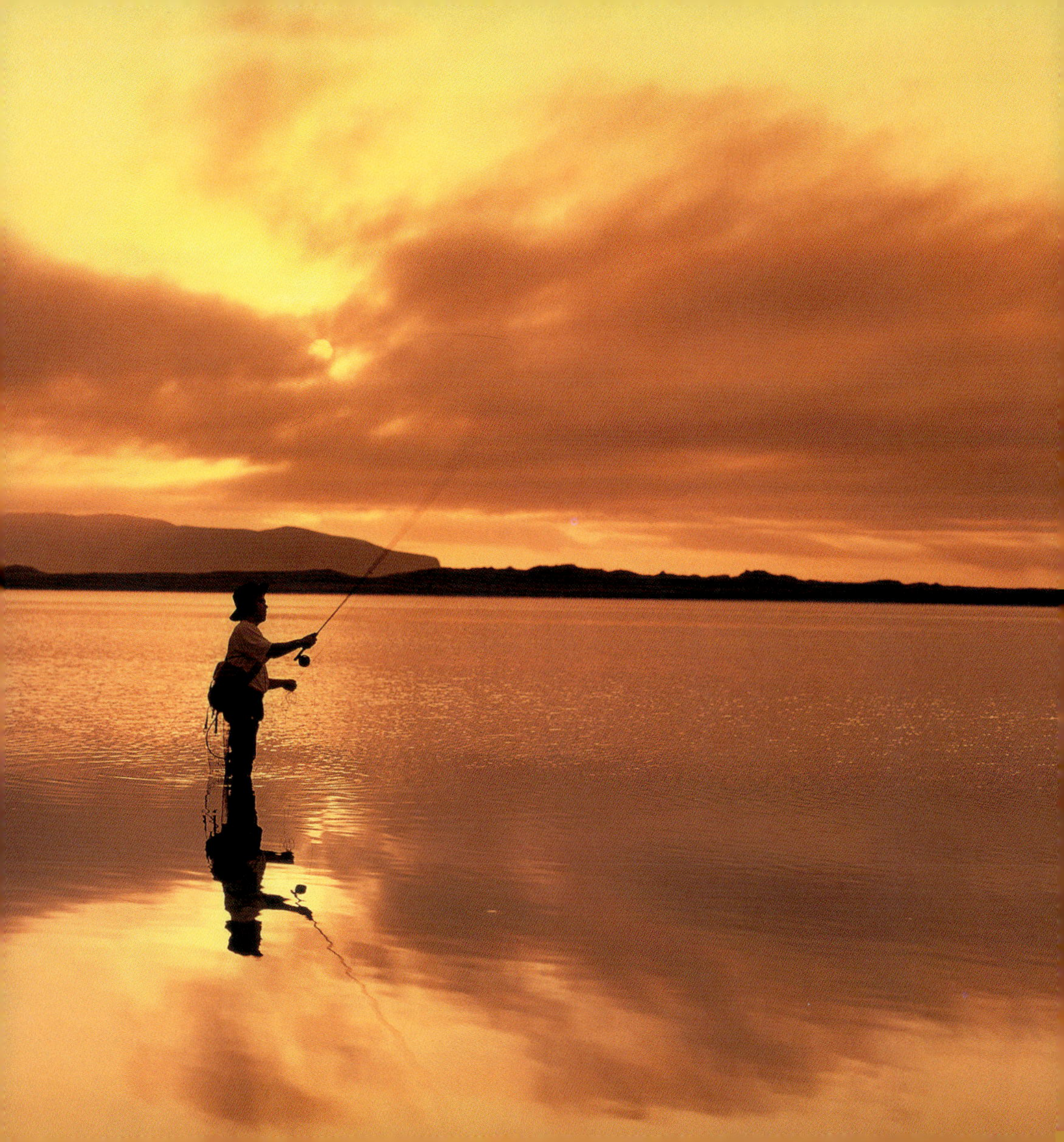

10. Juni

Beginnen

Wie herrlich ist es,
dass niemand eine Minute zu warten braucht,
um damit zu beginnen,
die Welt langsam zu verändern.

Anne Frank

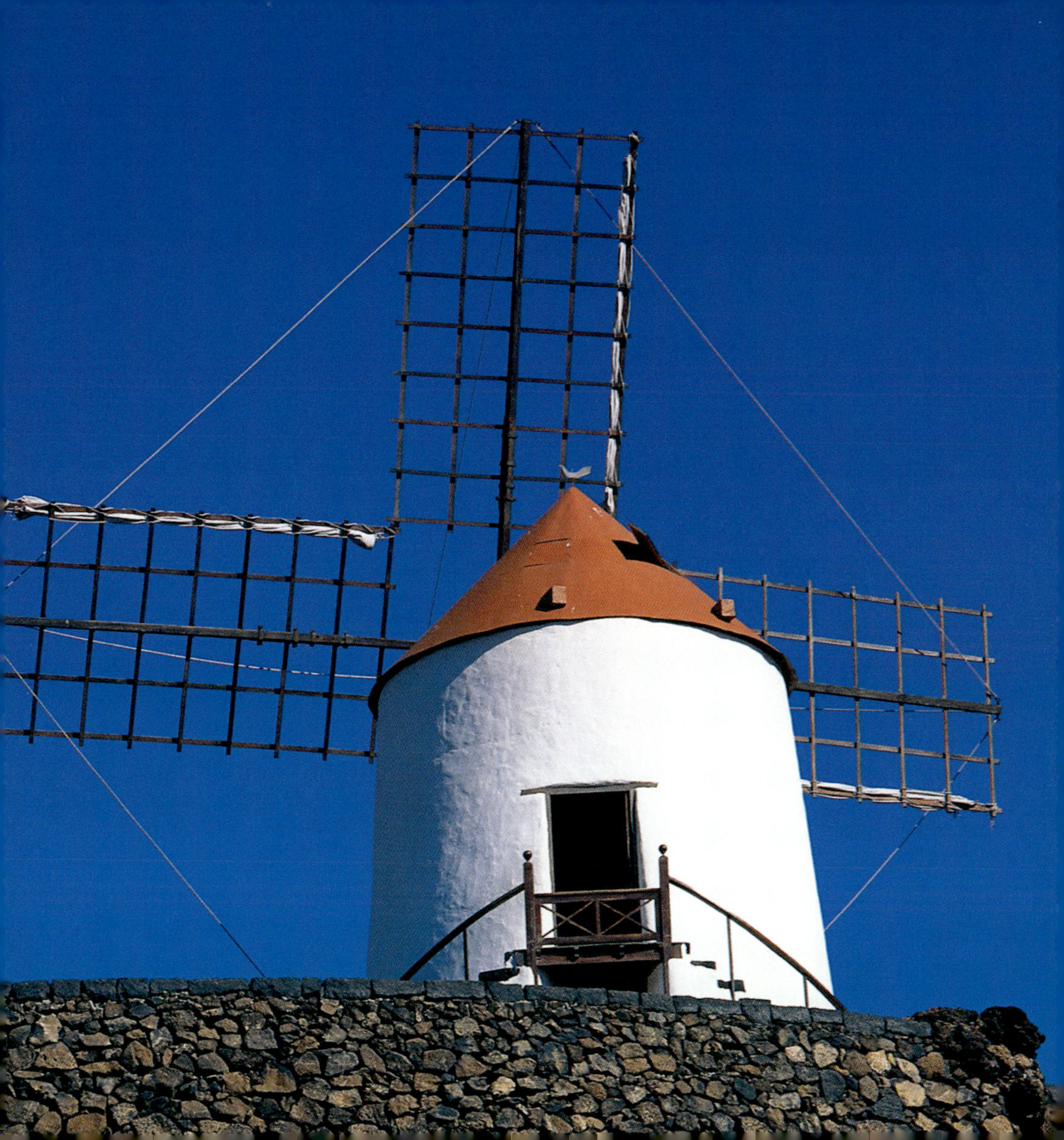

11. Juni

Die Mitte

Schwer ist es, die rechte Mitte zu treffen:
das Herz zu härten für das Leben,
es weich zu halten für das Lieben.

Jeremias Gotthelf

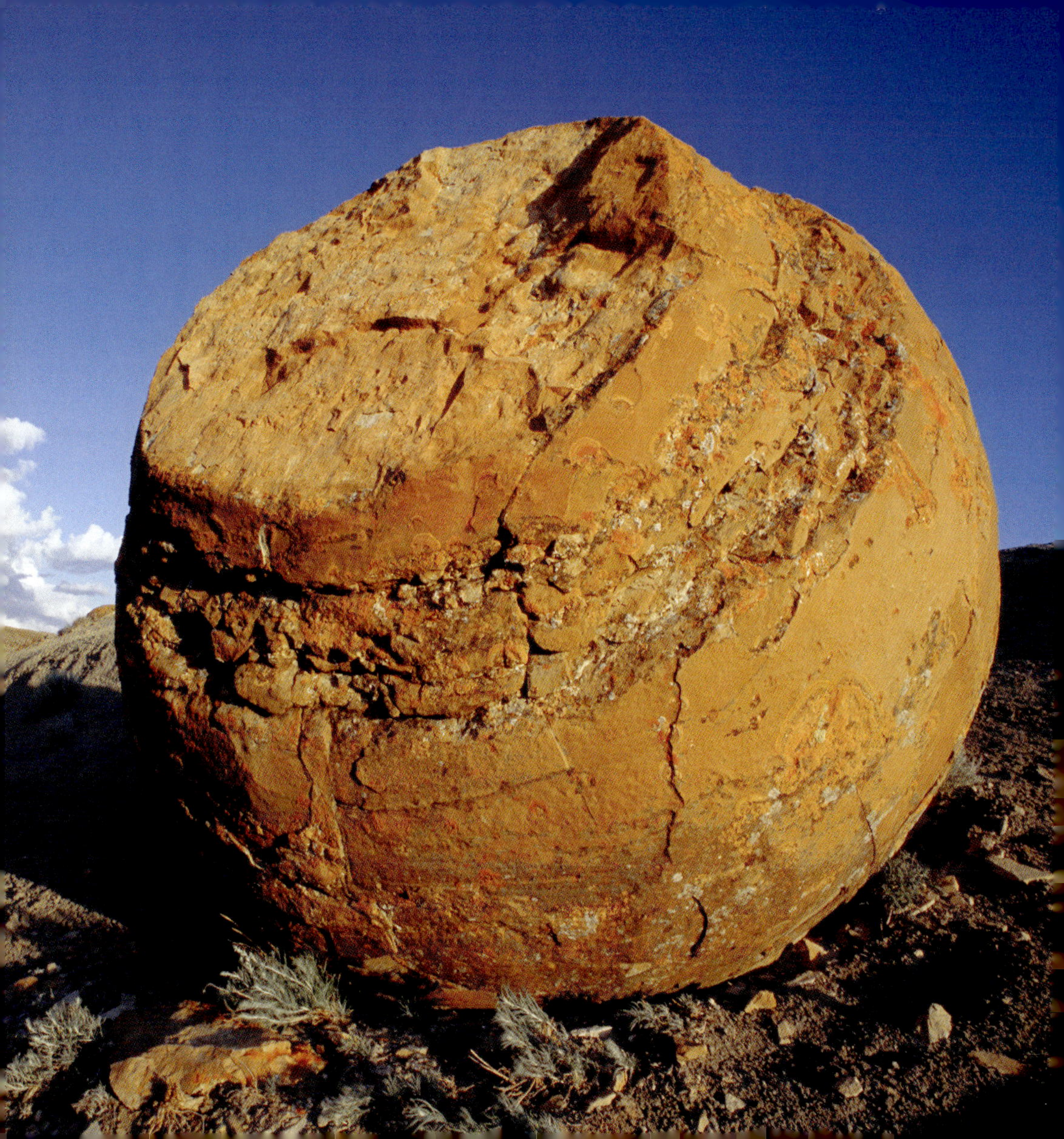

12. Juni

Tun

Das Glück besteht nicht darin,
dass du tun kannst, was du willst,
sondern darin, dass du auch immer willst,
was du tust.

Leo Tolstoi

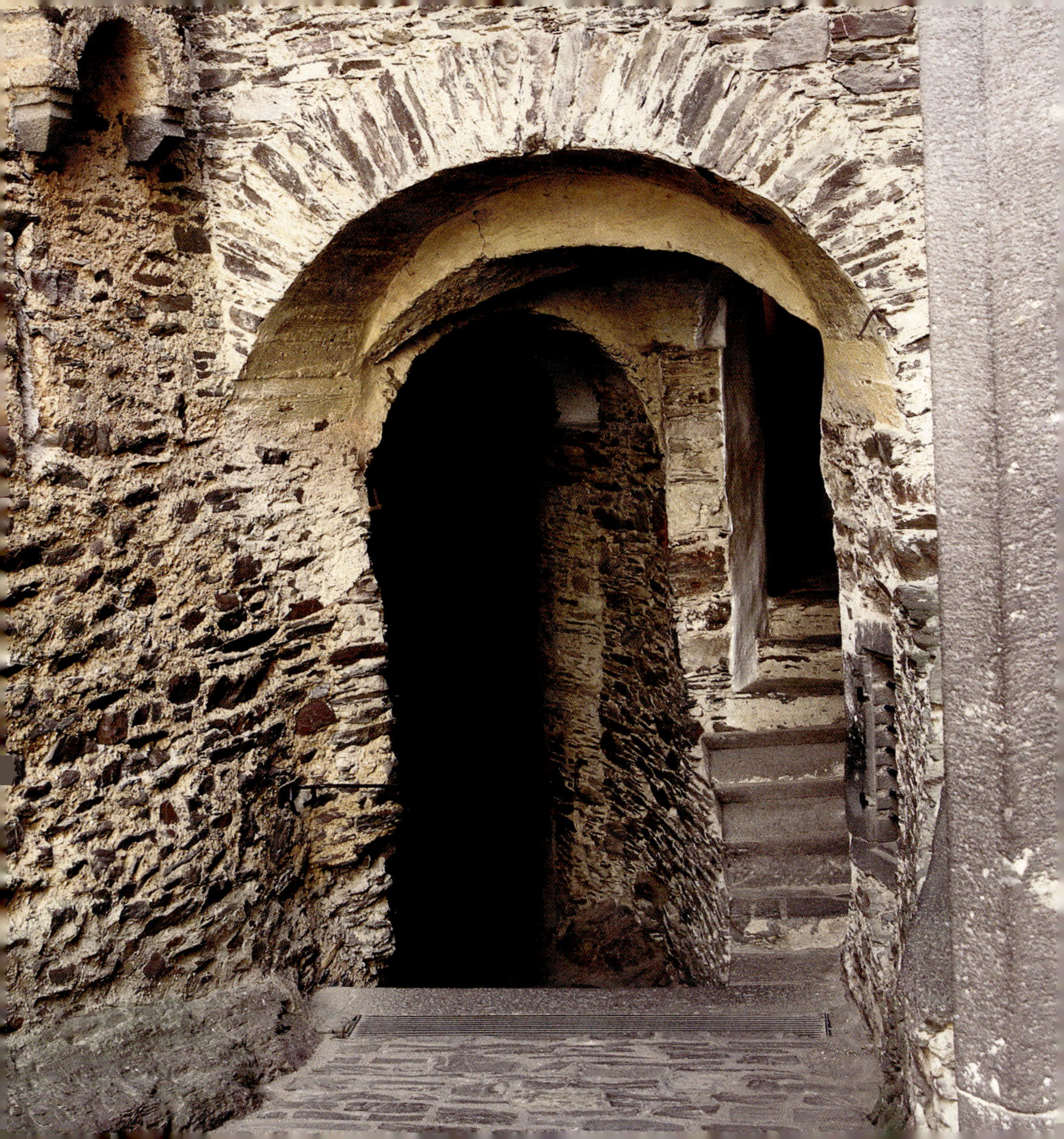

13. Juni

Glücklich

Man muss glücklich sein,
um glücklich zu machen.
Und man muss glücklich machen,
um glücklich zu bleiben.

Maurice Maeterlinck

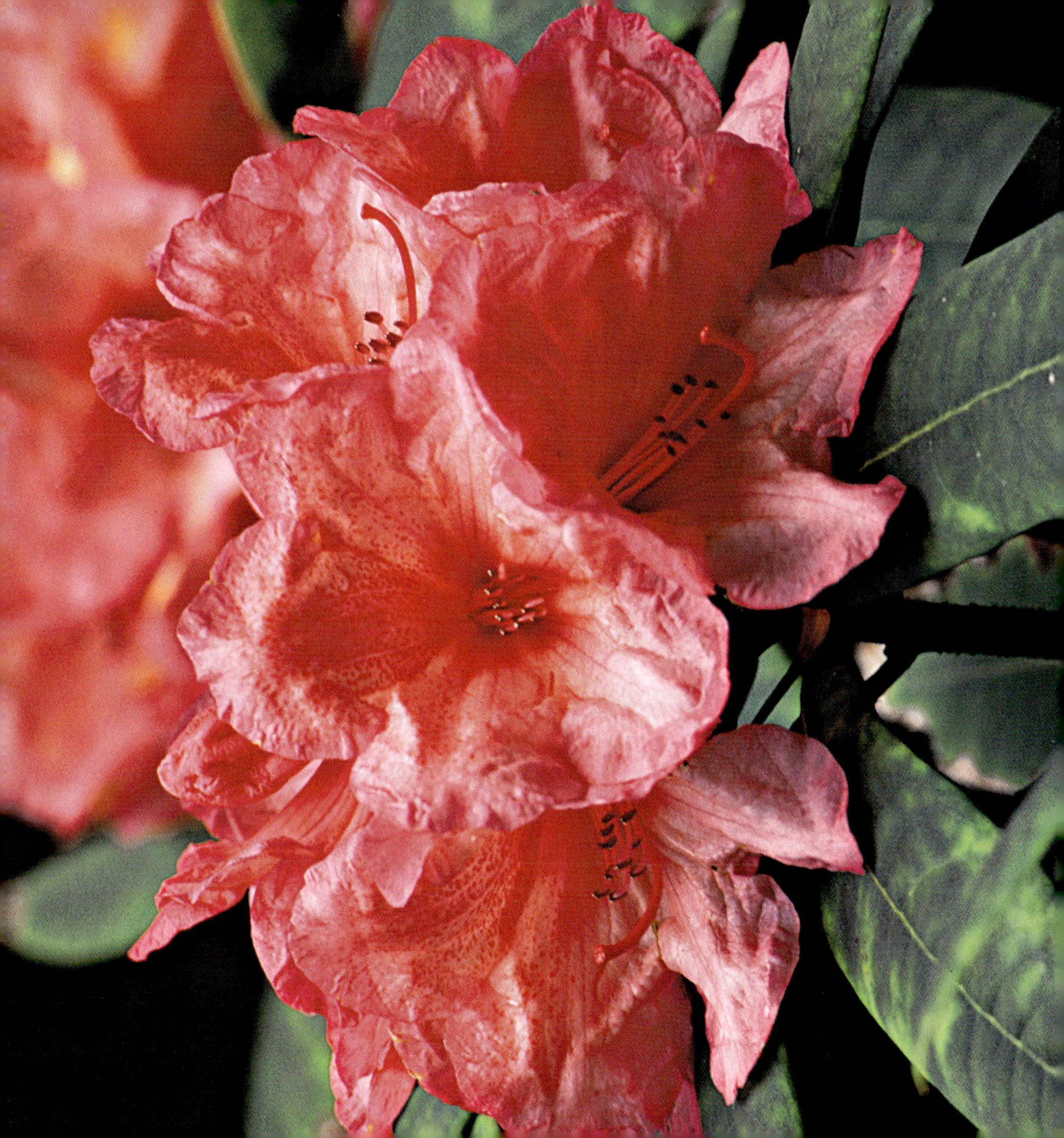

14. Juni

Treu sein

Mut und ausharren.
Immer den nächsten gezeigten Schritt
auch tun!
Also treu sein im Kleinen
und zugleich offen sein für ganz neue Schritte.

Katharina von Tobien

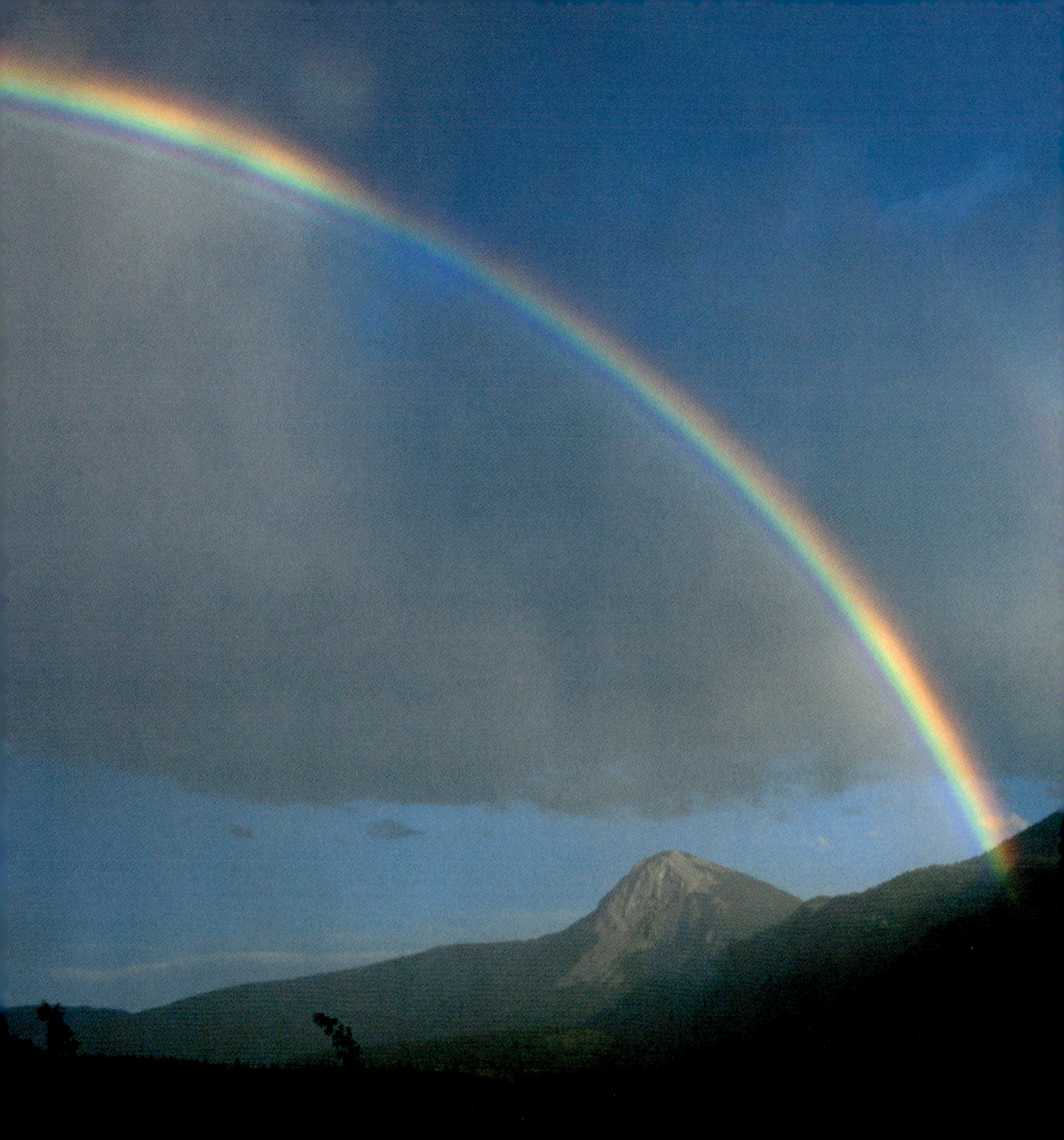

15. Juni

Dankbarkeit

Da die Gaben Gottes gar verschieden sind
und nicht alle Menschen
die gleichen Gaben erhalten,
soll jeder auf die ihm von Gott
verliehenen Gaben sorgsam Acht haben
und sie mit großer Dankbarkeit
zu Gott zurückgießen.

Mechthild von Hackeborn

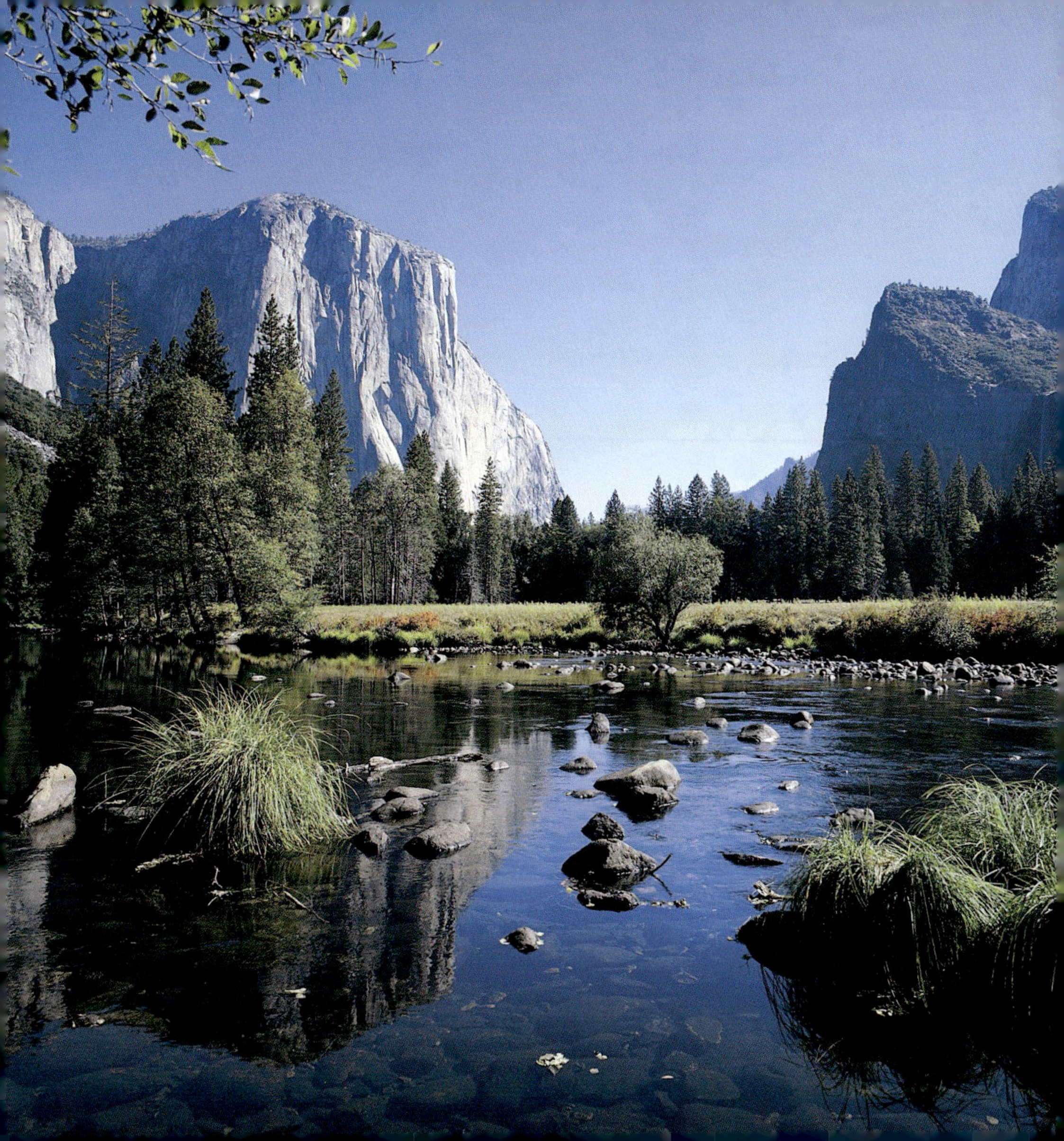

16. Juni

Lebenskunst

Von allen Besitztümern auf Erden
ist das Wertvollste die Lebenskunst.
Denn alles andere können Kriege
und Schicksalsschläge rauben,
die Lebenskunst aber bleibt uns bewahrt.

Hipparchos

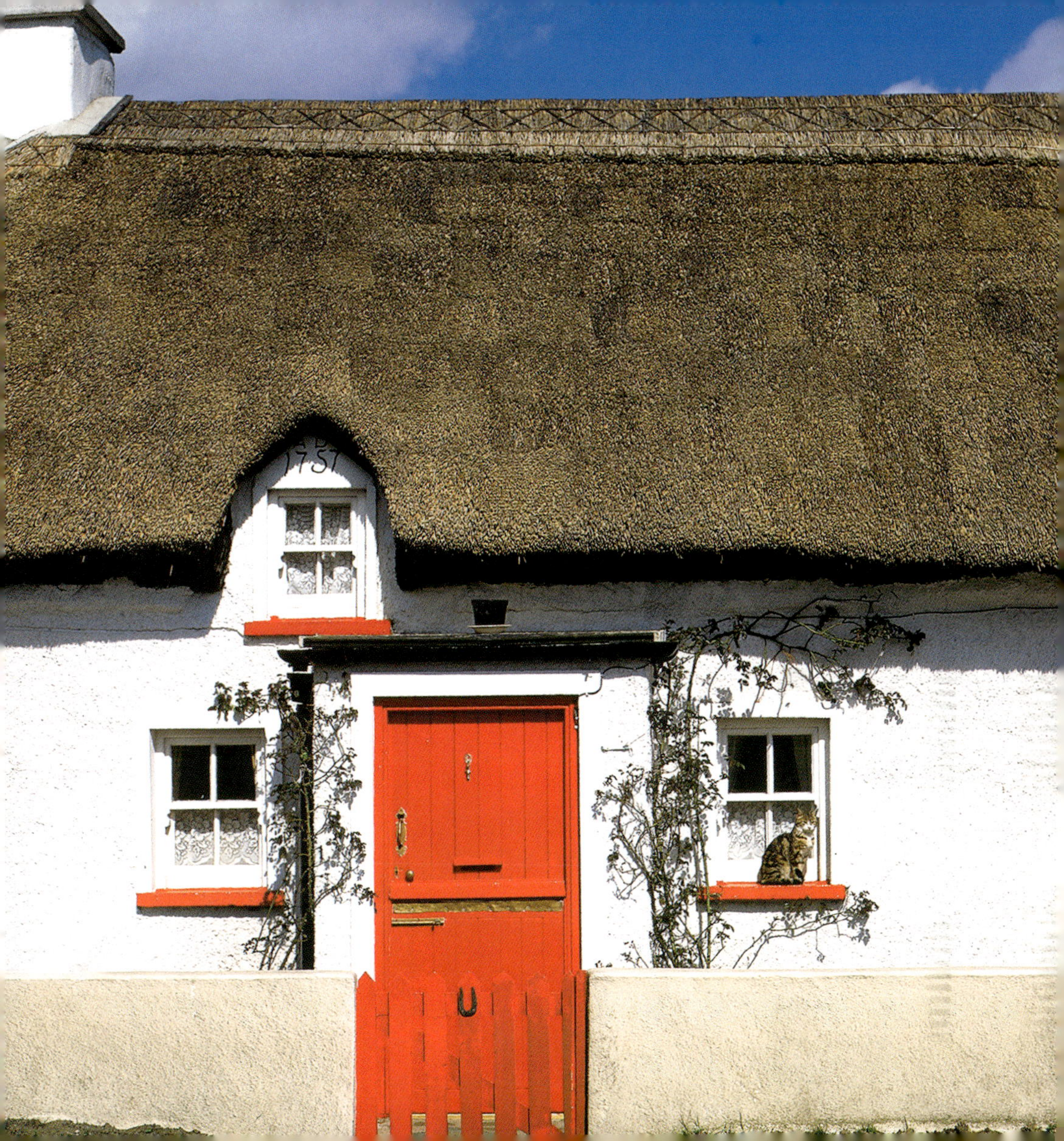
1757

17. Juni

Gottes großes Geschenk

Die Kraft zu lieben
ist Gottes größtes Geschenk
an den Menschen,
denn niemals wird es dem Gesegneten,
der liebt, genommen werden.

Khalil Gibran

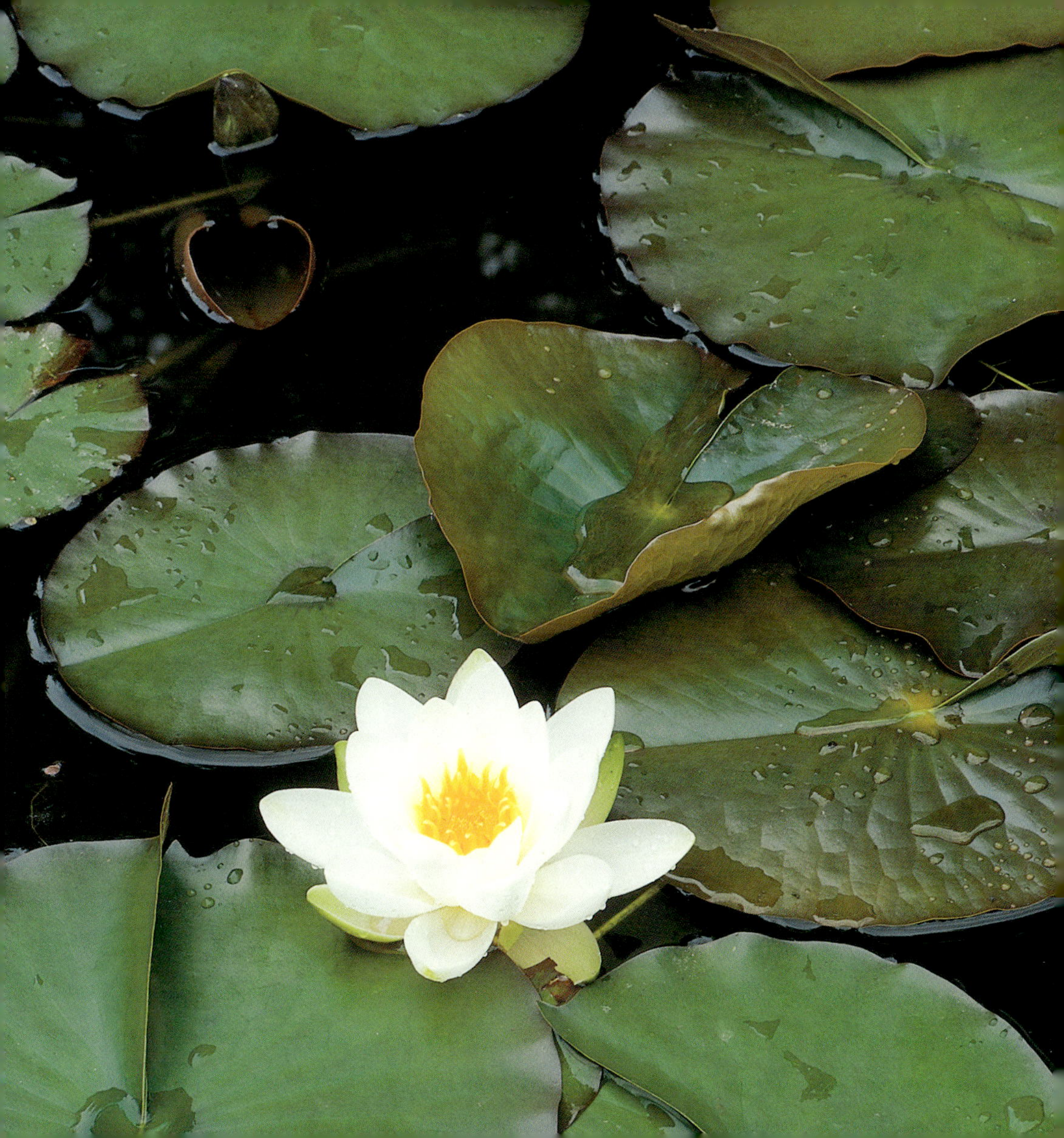

18. Juni

Gelassenheit

Alle Unordnung des inneren
und des äußeren Menschen
wird geordnet in der Gelassenheit,
in der man sich lässt und Gott überlässt!

Meister Eckhart

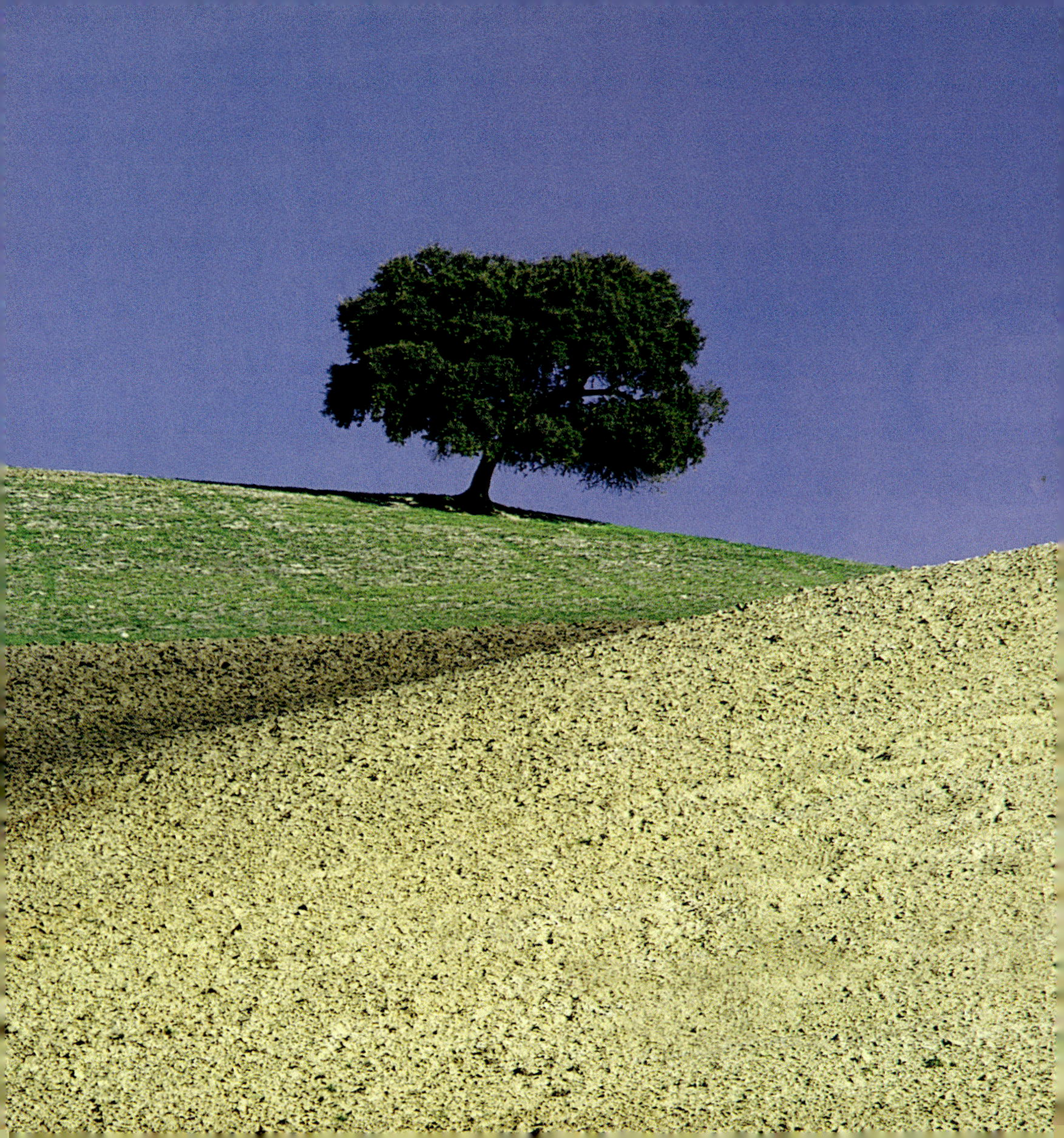

19. Juni

Denn du bist bei mir

Alle Bücher, die ich gelesen,
haben mir den Trost nicht gegeben,
den mir das Wort in der Bibel
Psalm 23,4 gab:
Und ob ich schon wanderte im finsteren Tal,
fürchte ich kein Unglück;
denn du bist bei mir.

Immanuel Kant

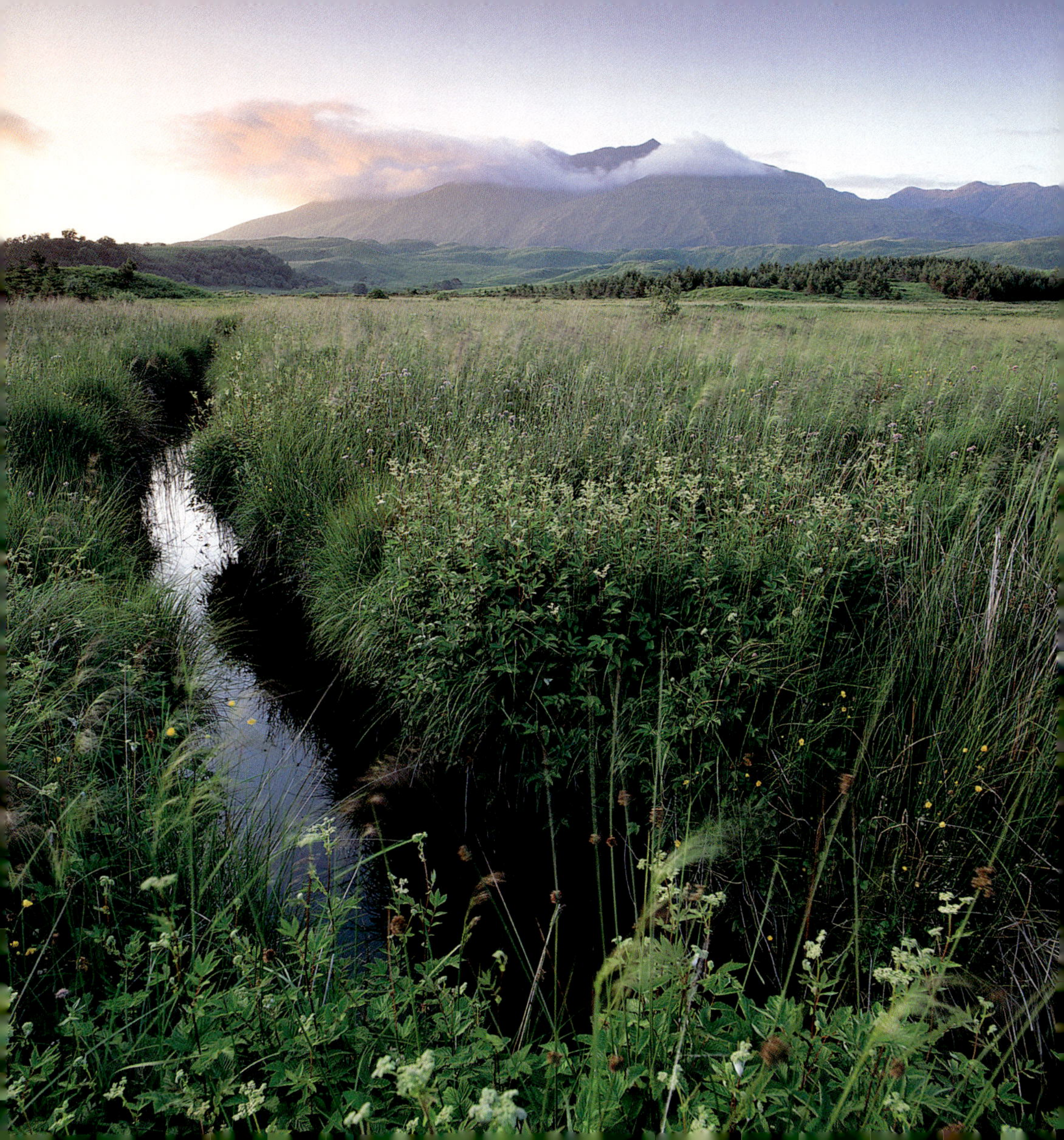

20. Juni

Im Herzen

Ruhen wir aus
im Herzen jener, die wir lieben,
gleichwie jene, die wir gern haben,
in unserem Herzen ruhen sollen.

Bernhard von Clairvaux

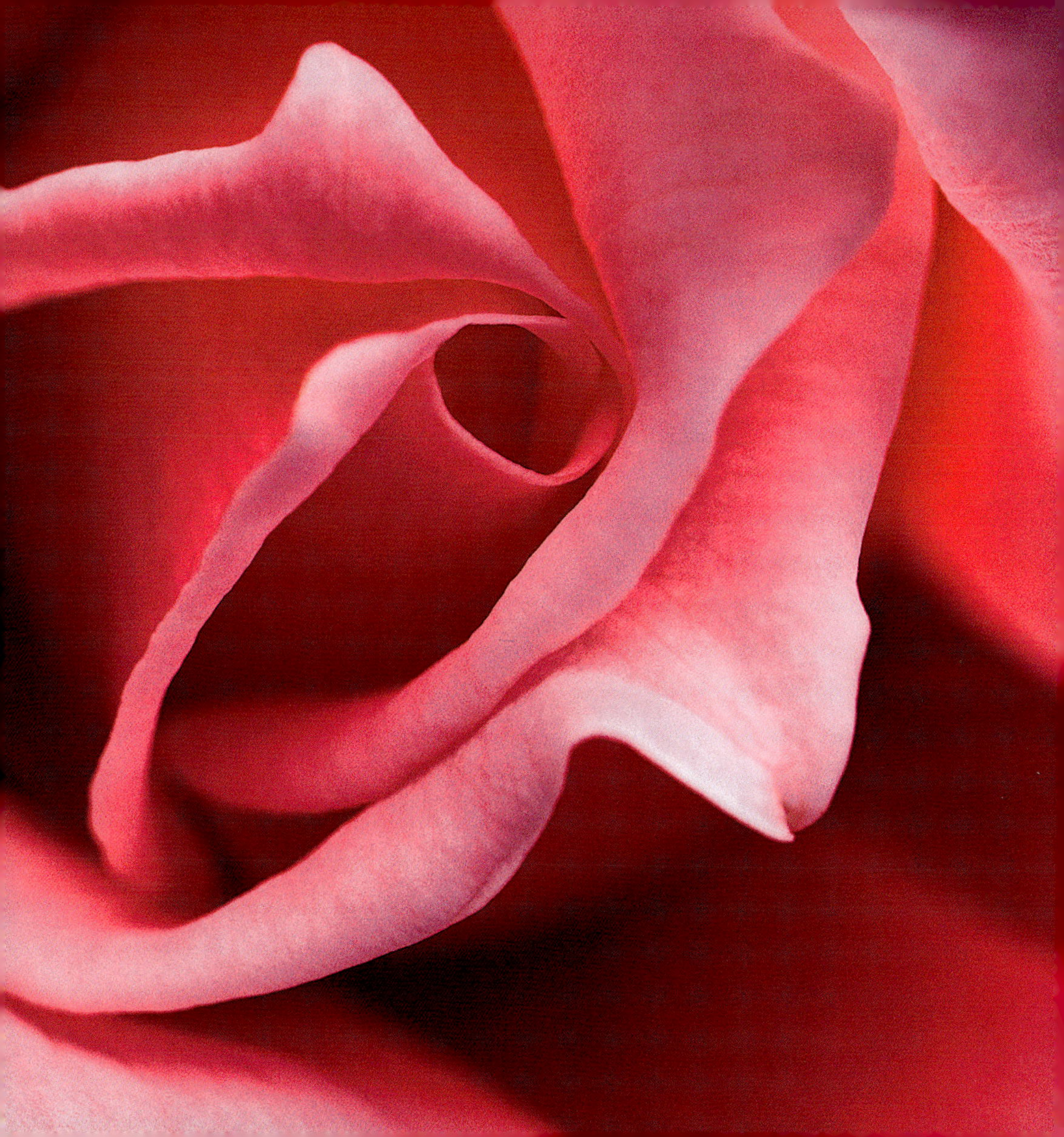

21. Juni

Hier und jetzt

Blicke dich nicht um.
Und träume nicht von der Zukunft:
sie wird dir nicht
die Vergangenheit zurückgeben,
noch andere Glücksträume erfüllen.
Deine Pflicht und deine Belohnung –
dein Schicksal sind hier und jetzt.

Dag Hammarskjöld

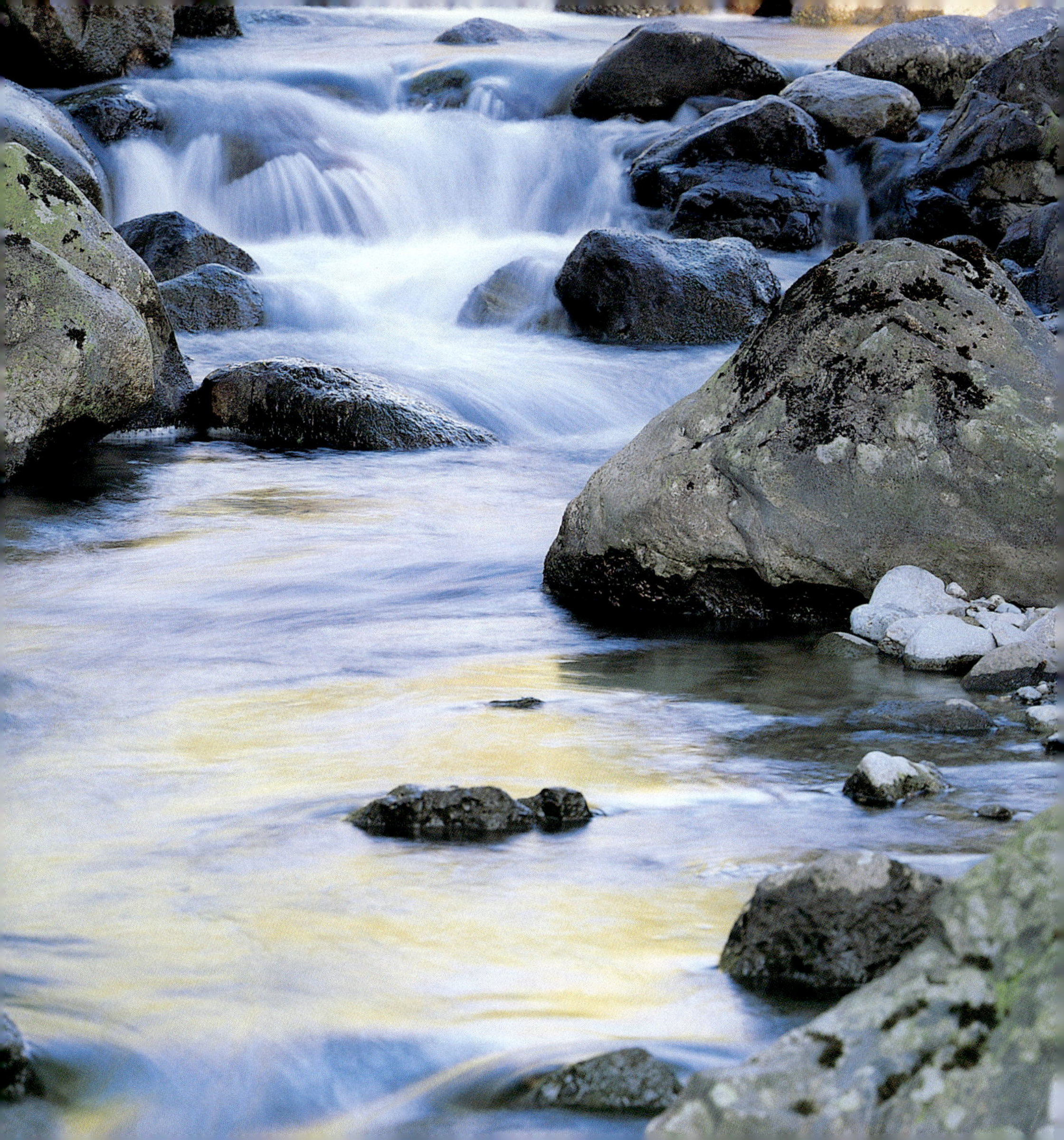

22. Juni

Abenteuer des Lebens

Die Hoffnung, die das Risiko scheut,
ist keine Hoffnung.
Hoffnung heißt:
an das Abenteuer der Liebe glauben;
Vertrauen zu den Menschen haben;
den Sprung ins Ungewisse tun
und sich ganz Gott überlassen.

Dom Hélder Câmara

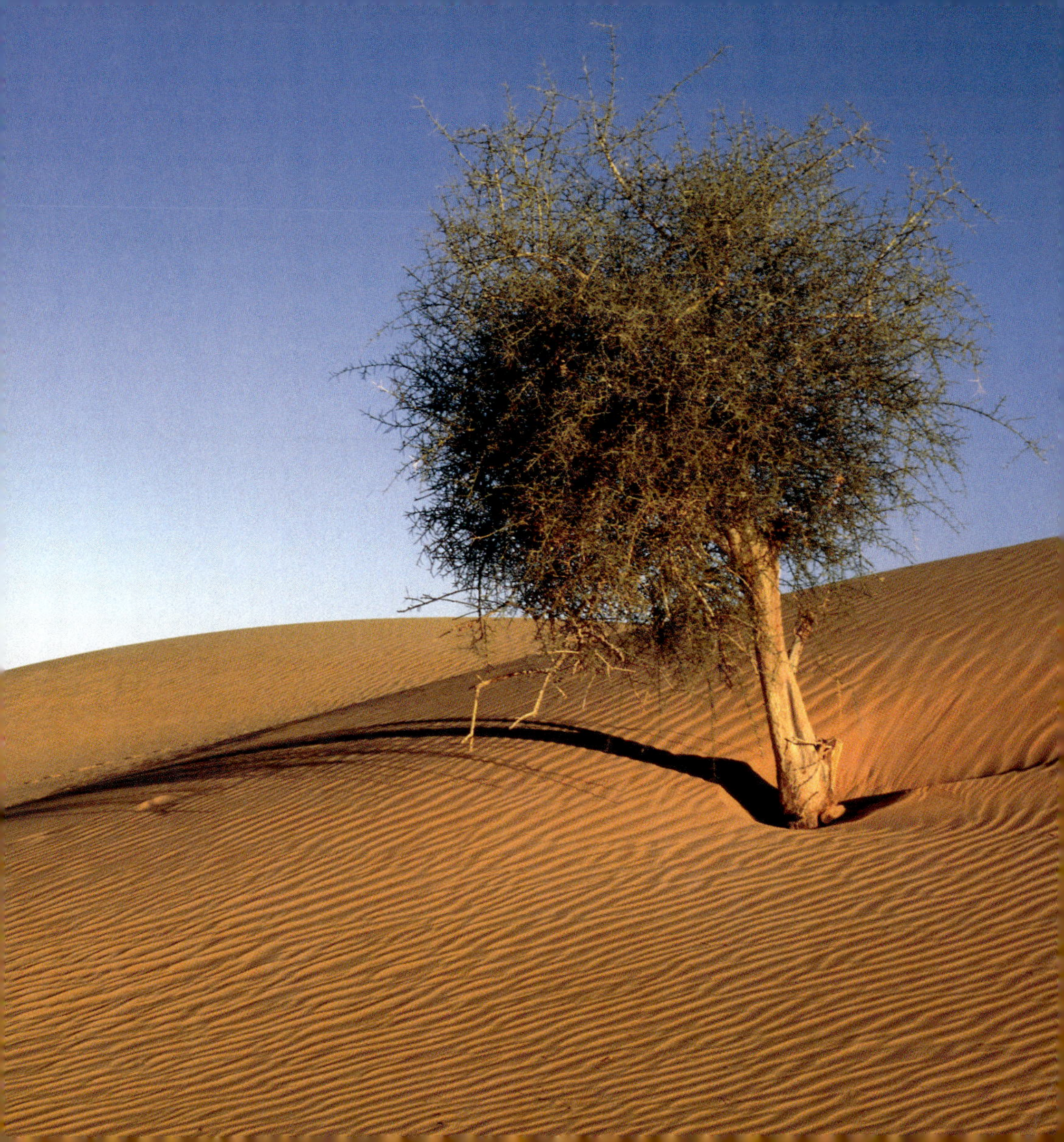

23. Juni

Sehnsucht

Um das Herz und den Verstand
eines anderen Menschen zu verstehen,
schaue nicht darauf, was er erreicht hat,
sondern wonach er sich sehnt.

Khalil Gibran

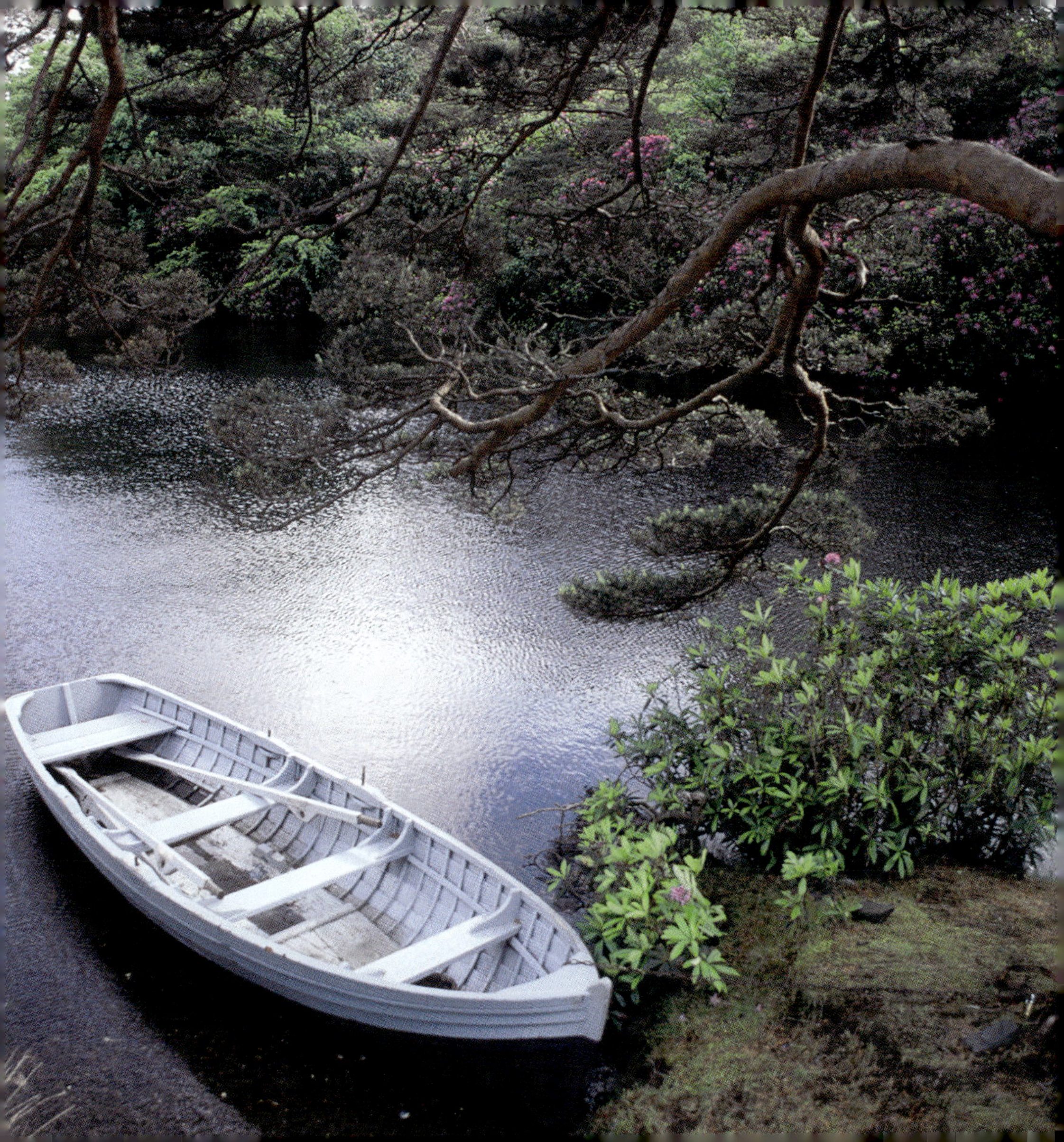

24. Juni

Die Größe der Seele

Die Stärke der Gefühle
kommt nicht so sehr
vom Verdienst des Gegenstandes,
der sie erregt,
als von der Größe der Seele,
die sie empfindet.

Théodore Jouffroy

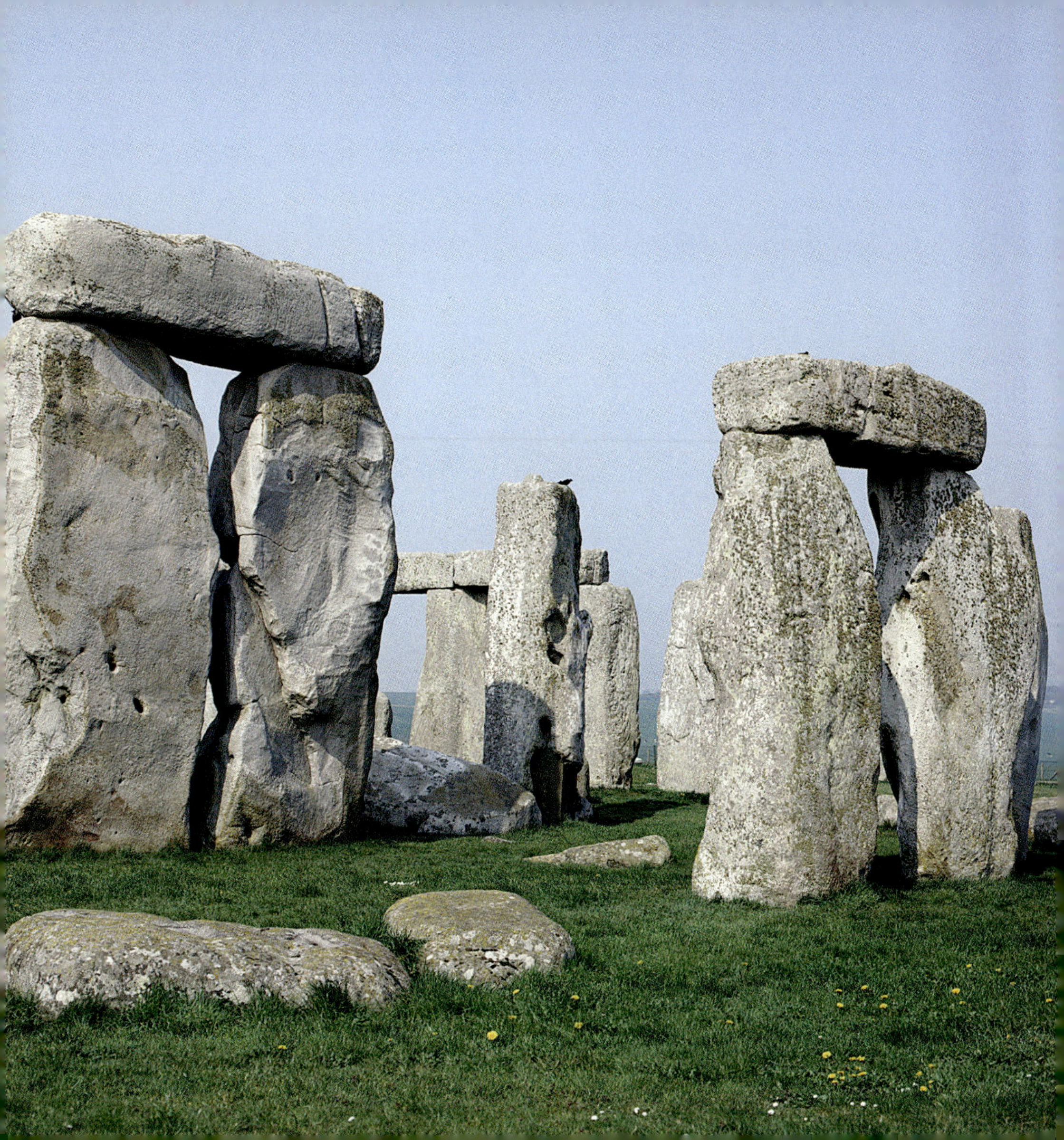

25. Juni

Wunder des Leben

Das Leben ist ein Wunder.
Es kommt über mich,
dass ich oftmals
die Augen schließen muss.

Paula Modersohn-Becker

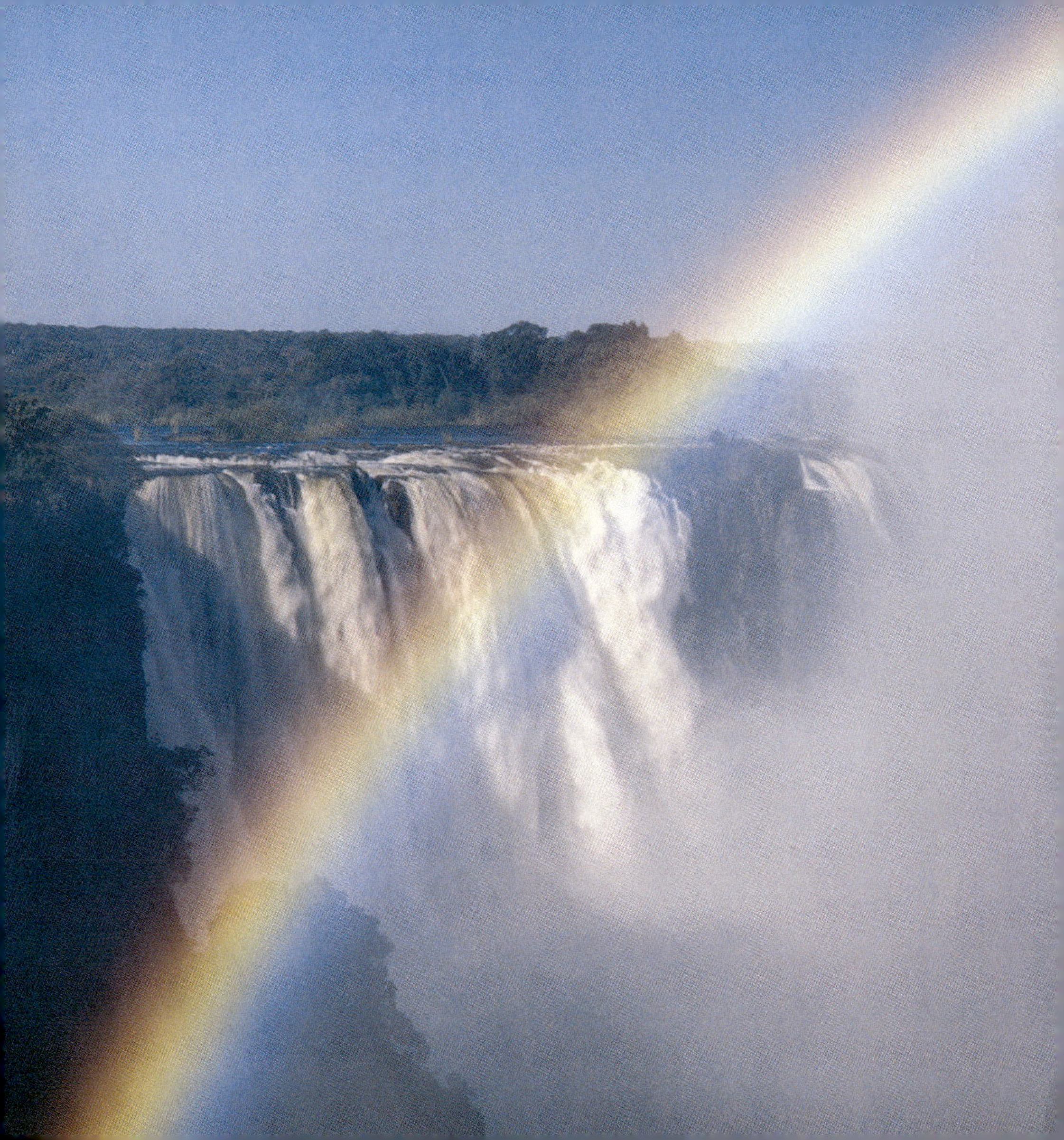

26. Juni

Friede

Ich wünsche dir
den Frieden der Meeresdünung,
den Frieden einer sanften Brise,
den Frieden der schweigsamen Erde,
den Frieden einer klaren Sternennacht.
Ich wünsche dir den Frieden Jesu Christi,
der unser Friede ist für alle Zeit.

Irischer Segenswunsch

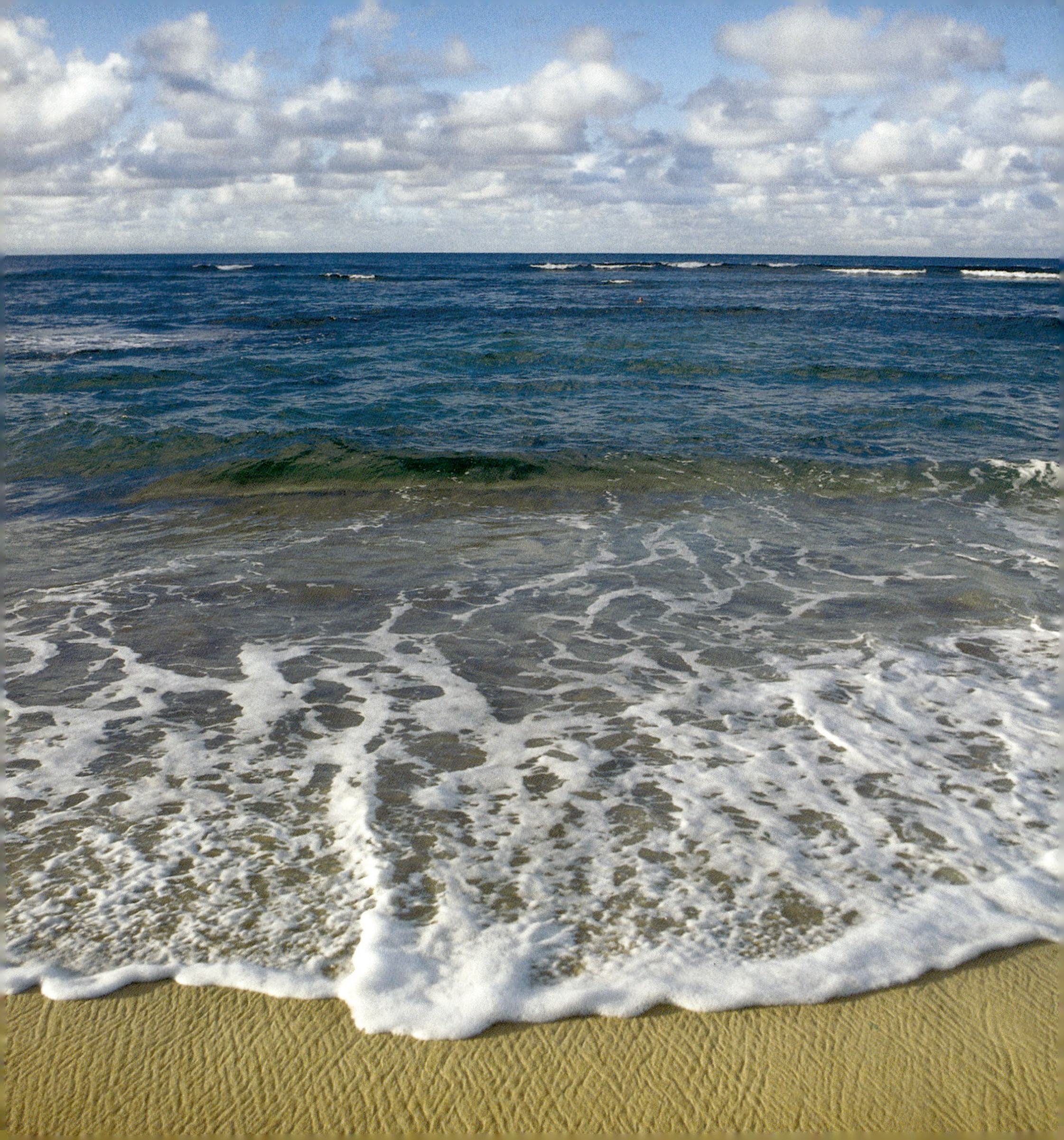

27. Juni

Das größte Gut

Von allem, was die Weisheit geben kann,
damit ein Leben glücklich wird,
gibt es kein größeres Gut,
keinen wertvolleren Reichtum
als die Freundschaft.

Epikur

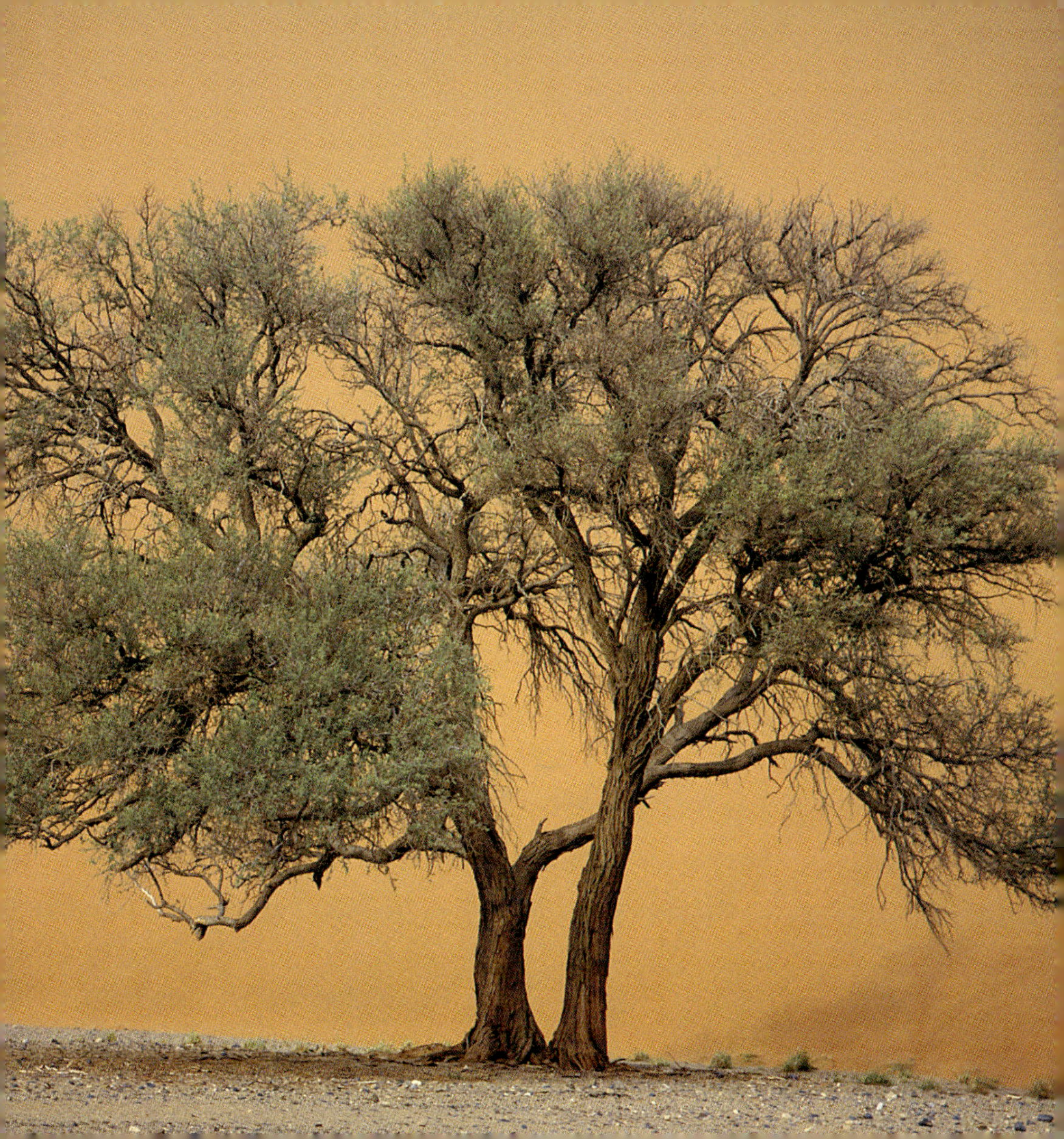

28. Juni

Der Schöpfer

Eine winzig kleine Blume
von irgendeinem Wegrain,
die Schale einer kleinen Muschel am Strand,
die Feder eines Vogels.
Das alles verkündet dir,
dass der Schöpfer ein Künstler ist.

Tertullian

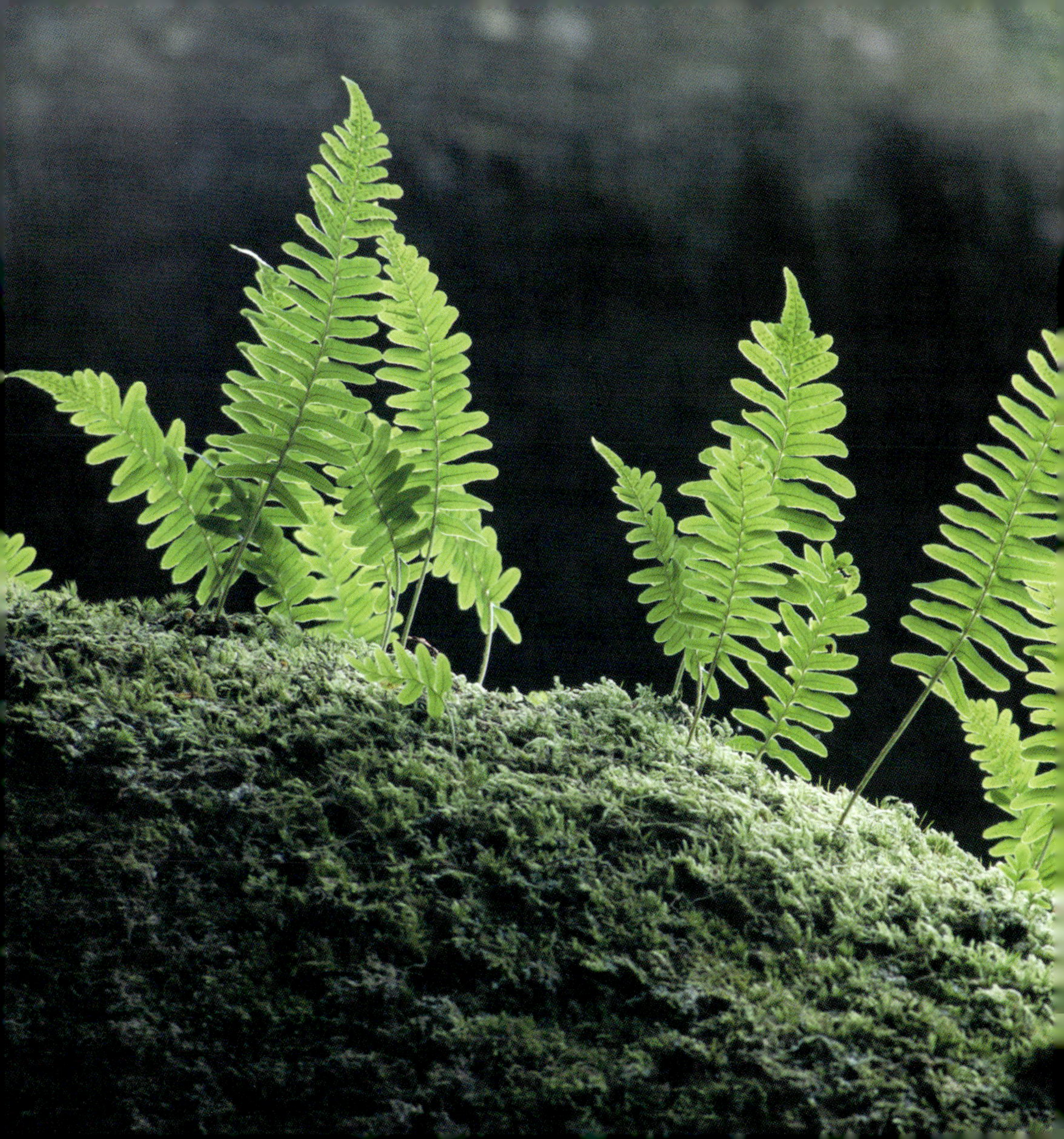

29. Juni

Lebensglück

Es ist eine Unwahrheit,
wenn man das Nichterreichen
eines Unerreichbaren
für einen Verlust des Lebensglückes ansieht;
denn die Fähigkeit unseres Herzens
für das Glück ist eine unermessliche.

Theodor Storm

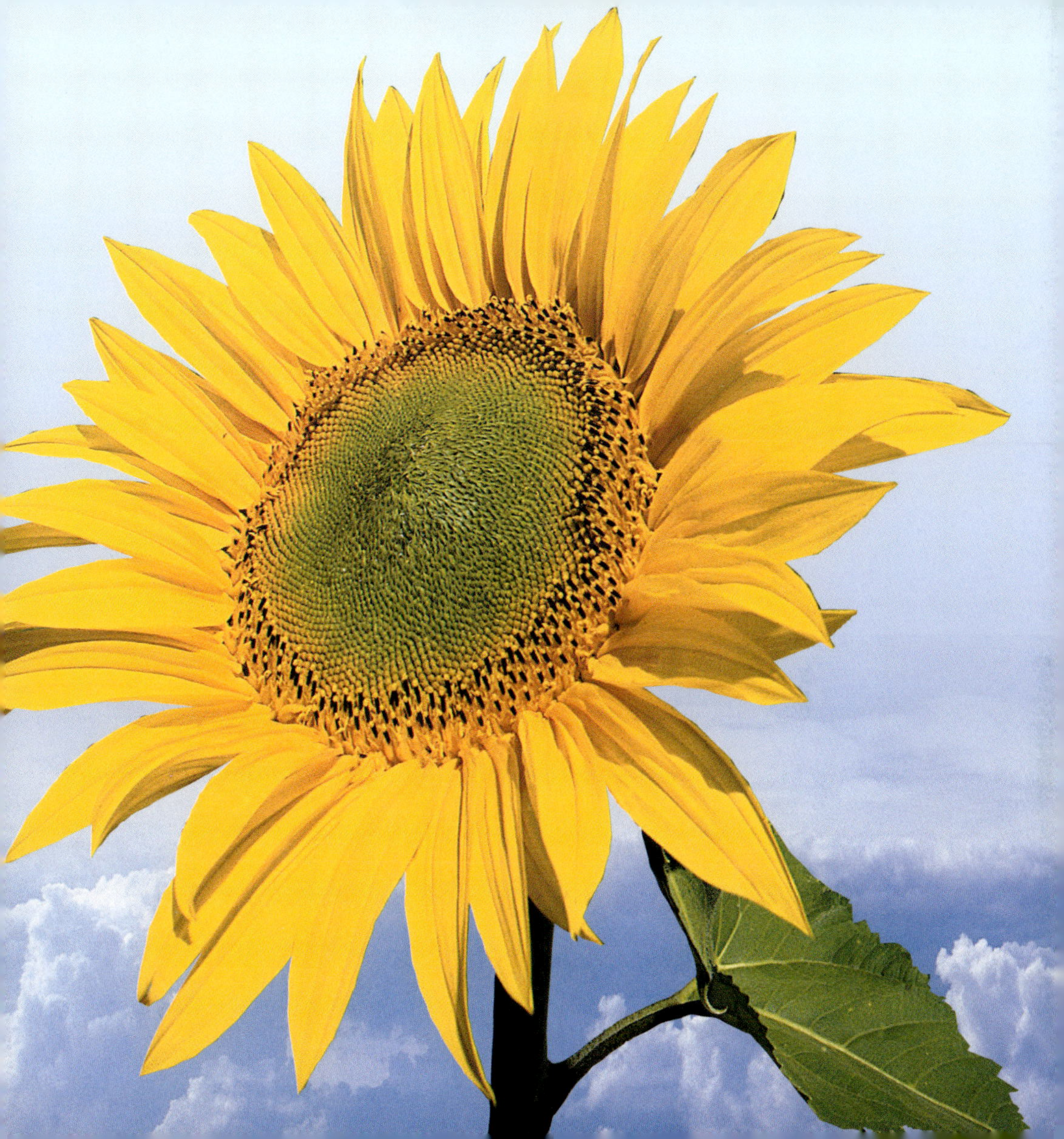

30. Juni

Größe

Das Glück begreifen,
dass der Boden, auf dem du stehst,
nicht größer sein kann, als die zwei Füße
die ihn bedecken.

Franz Kafka

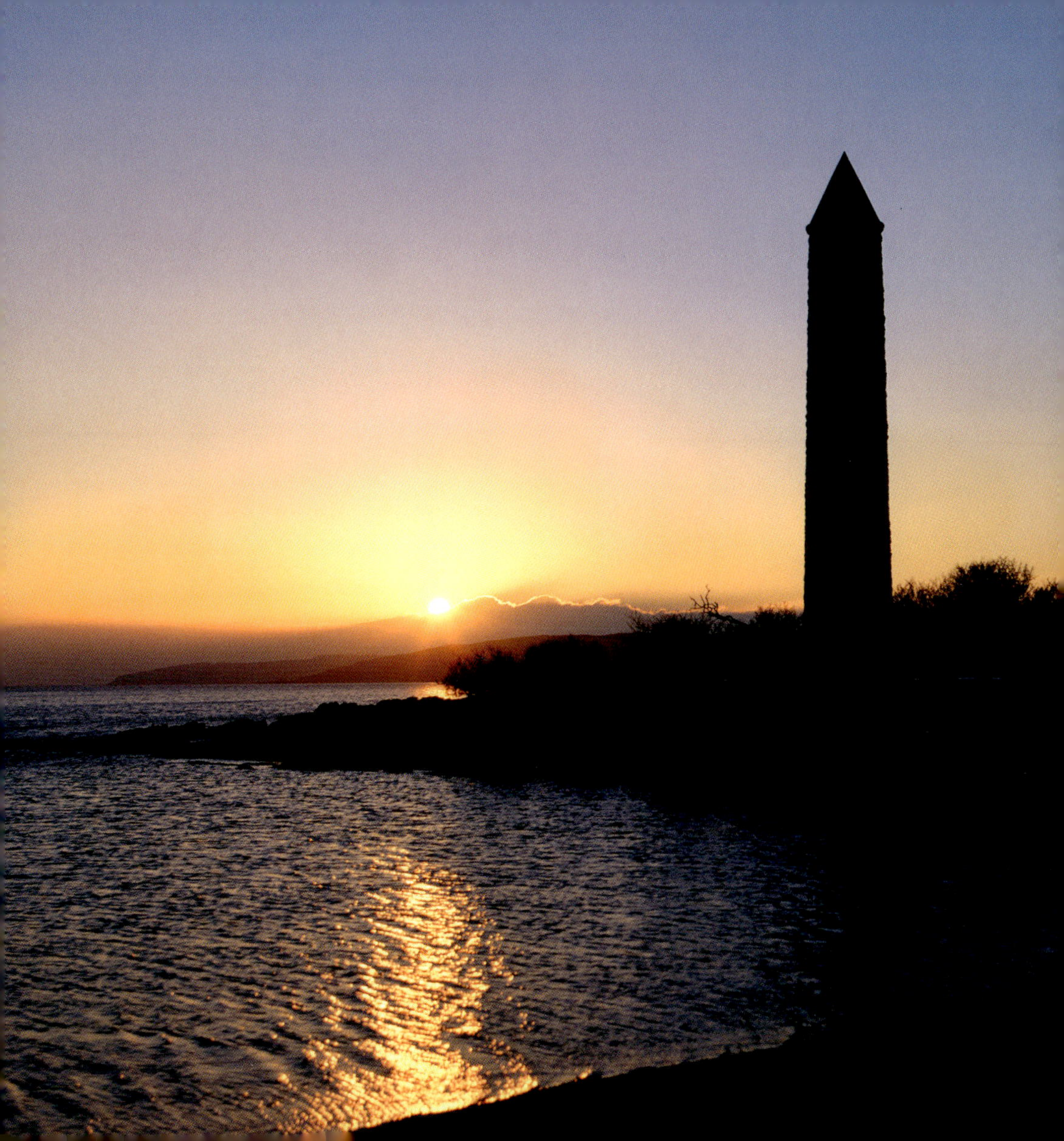

VII

Juli

1. Juli

Die Schöpfung

Wir wissen, wie sich das Licht bricht,
aber das Licht bleibt ein Wunder.
Wir wissen, wie die Pflanze wächst,
aber die Pflanze bleibt ein Wunder.
So ergeht es uns mit allen Dingen
auf dieser Welt; wir besitzen viele Kenntnisse,
doch die Schöpfung bleibt ein Wunder.

Albert Schweitzer

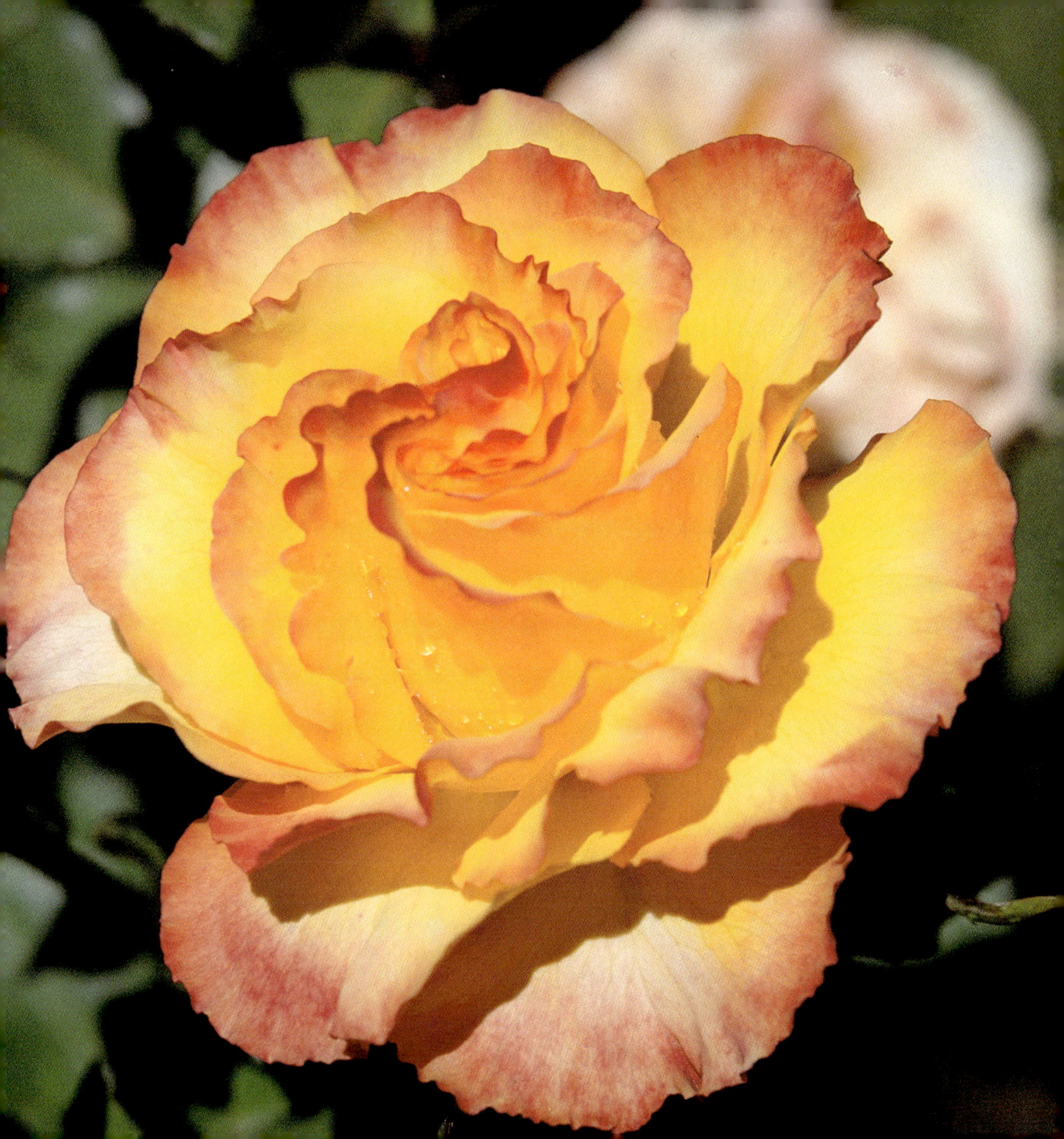

2. Juli

Grundlage des Lebens

Wenn du das Gesicht eines Menschen siehst
und du entdeckst darin
das Gesicht deines Bruders
oder deiner Schwester,
dann ist die Nacht zu Ende
und der Tag angebrochen.

Jüdische Weisheit

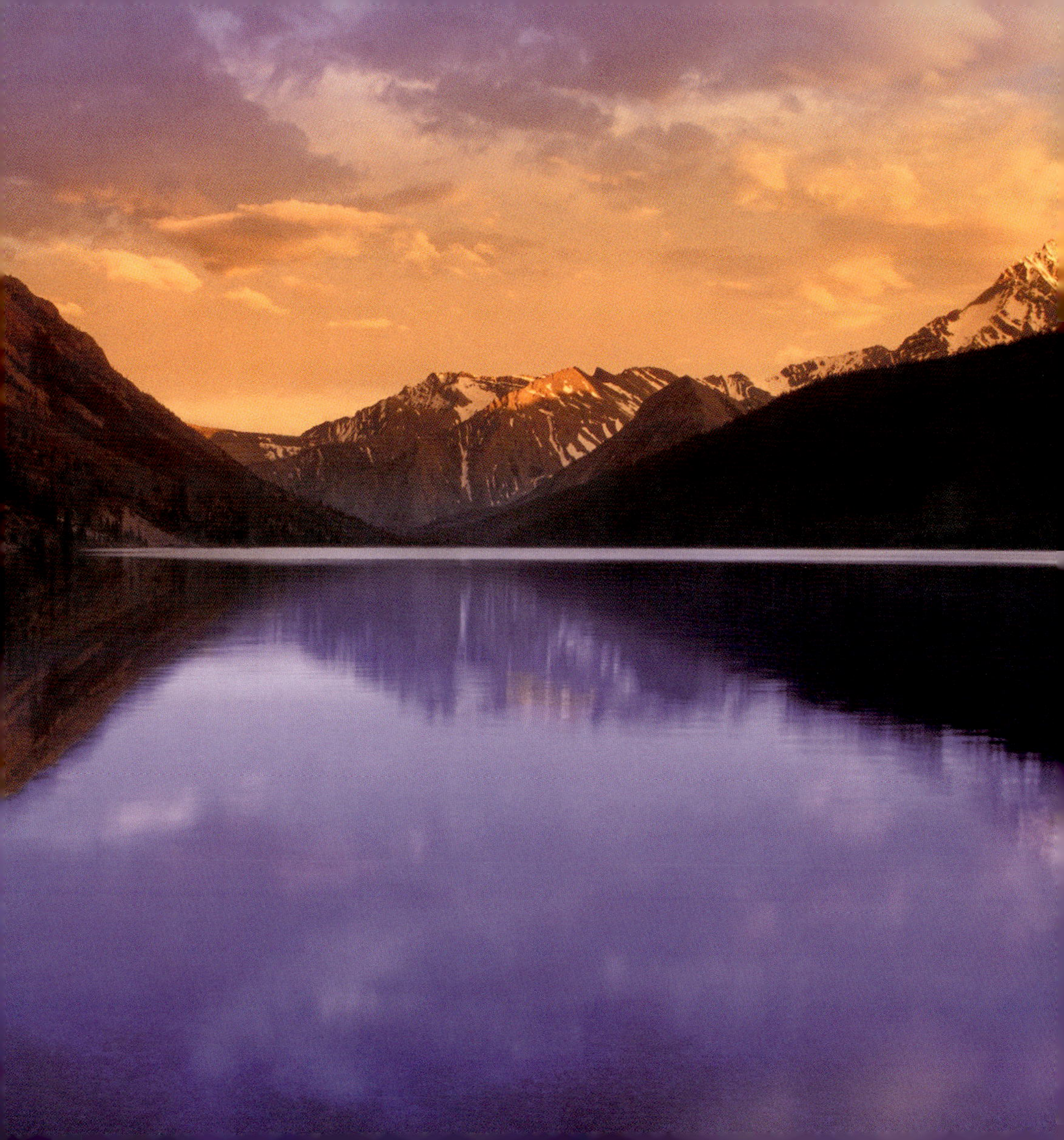

3. Juli

Sehen

Menschen, die aus der Hoffnung leben,
sehen weiter.
Menschen, die aus der Liebe leben,
sehen tiefer.
Menschen, die aus dem Glauben leben,
sehen alles in einem anderen Licht.

Lothar Zenetti

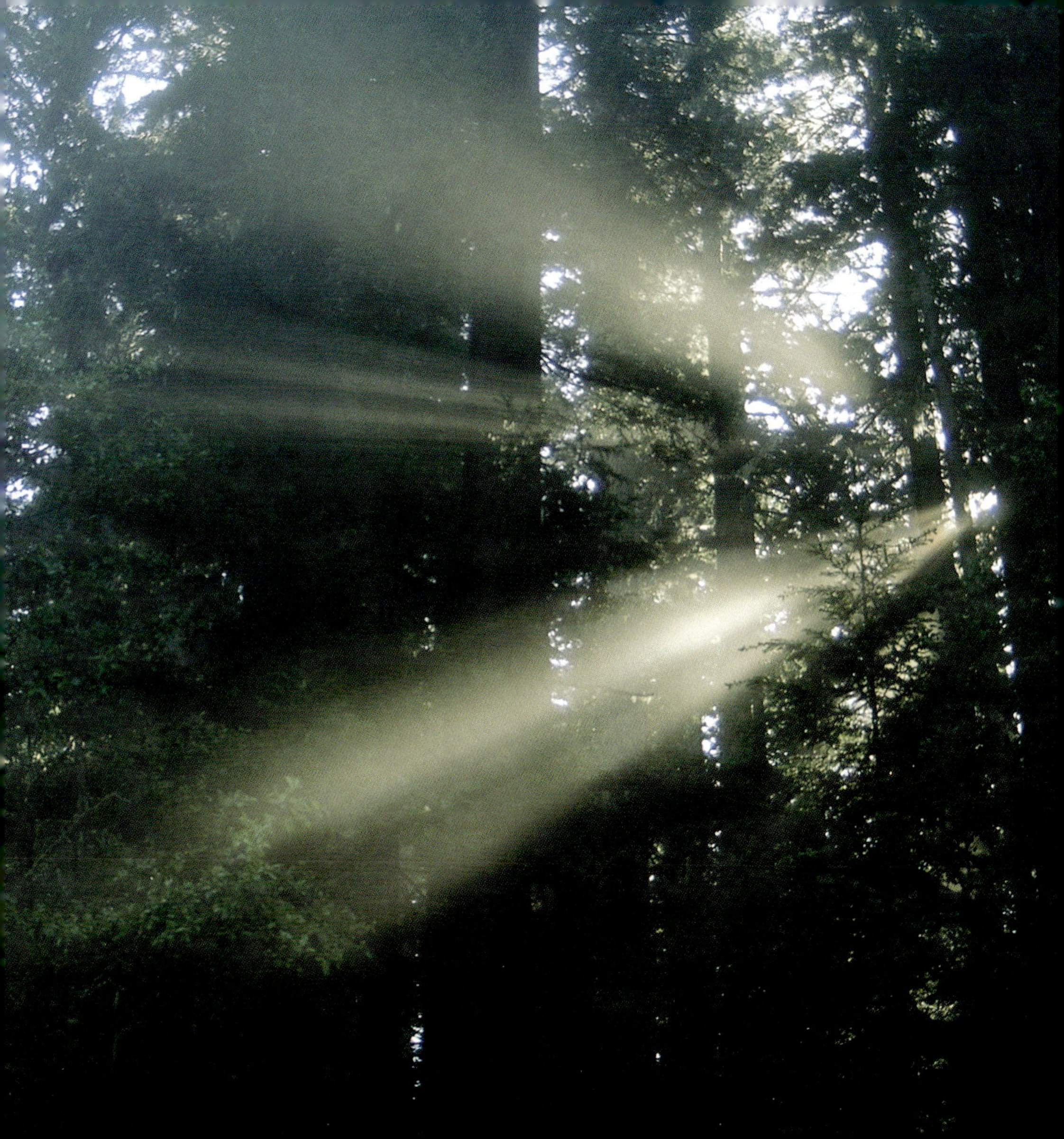

4. Juli

Zukunft

Man soll nicht ängstlich fragen:
Was wird noch kommen?,
sondern sagen:
Ich bin gespannt,
was Gott noch mit mir vorhat.

Selma Lagerlöf

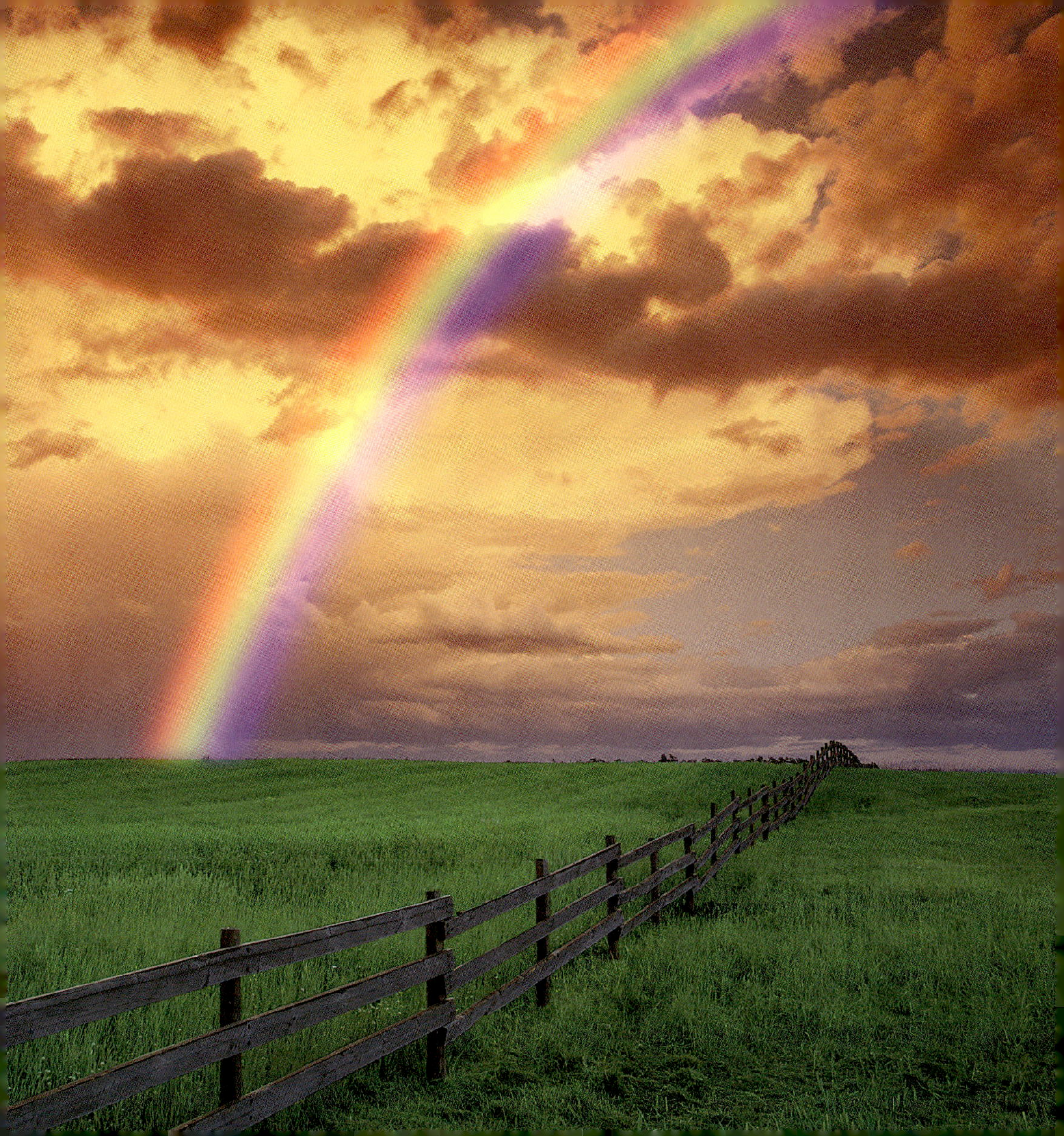

5. Juli

Wege des Lebens

Das Leben ist ... überhaupt nicht ein Wissen,
nicht eine Ruhe, sondern eine Übung.
Wir sind's noch nicht, wir werden's aber.
Es ist noch nicht getan und geschehen,
es ist aber im Schwang.
Es ist nicht das Ende, es ist eben der Weg.

Martin Luther

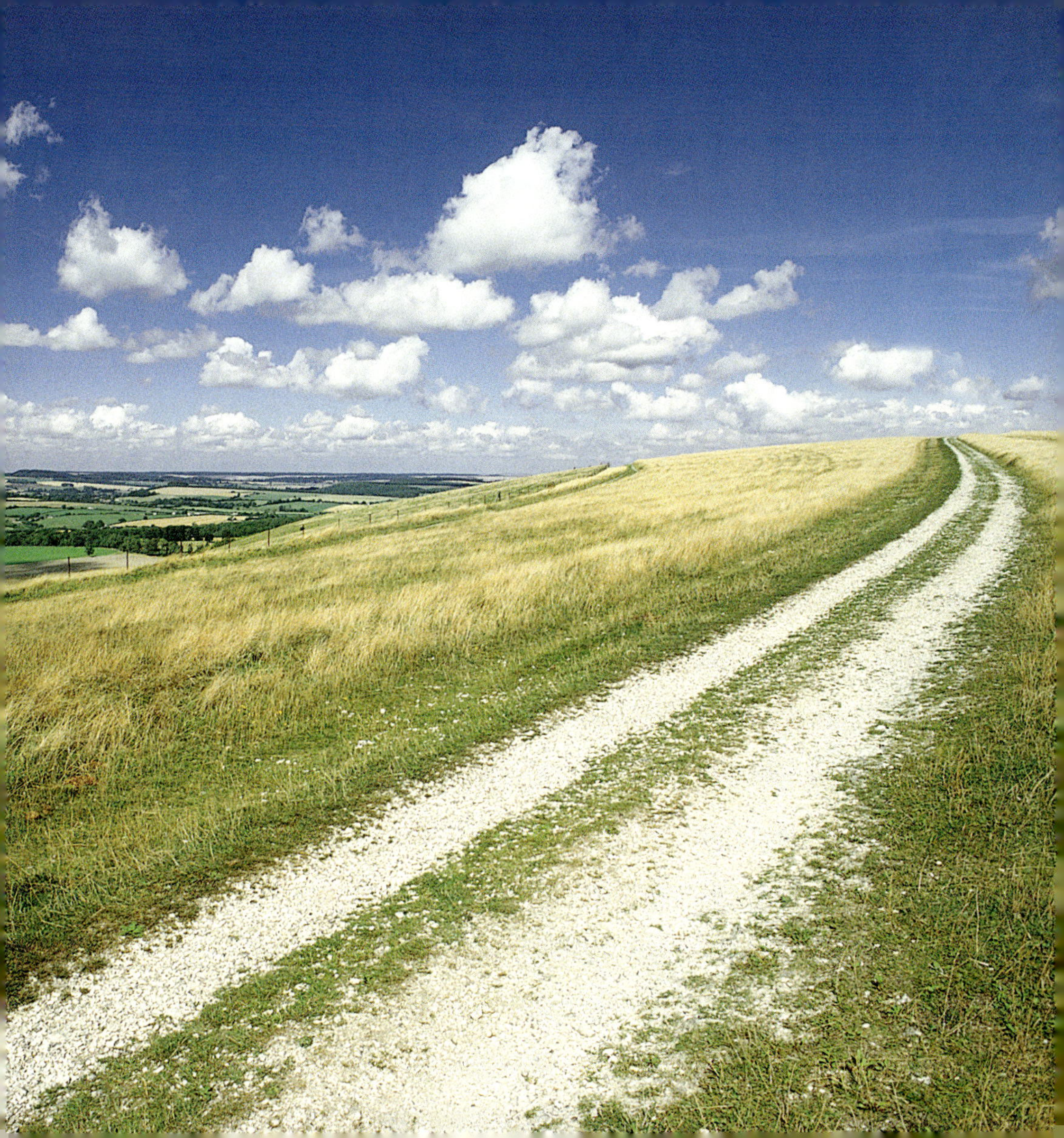

6. Juli

Gegenwart

Die Vergangenheit ist klar wie Wasser,
die Zukunft dunkel wie schwarzer Lack,
und die Gegenwart eine leuchtende Perle
in meiner Hand.

Östliche Weisheit

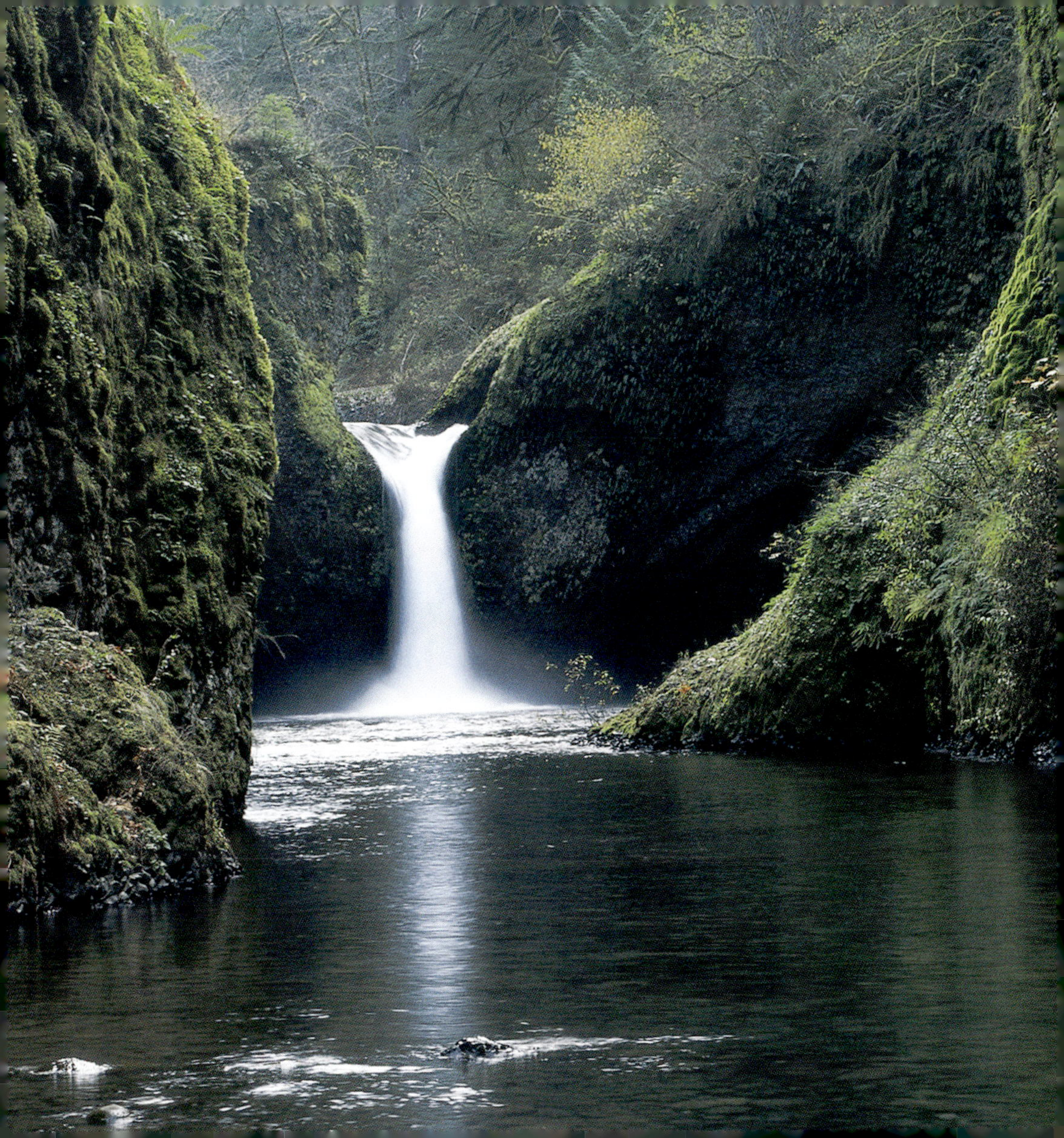

7. Juli

Sich selbst lieben

Ich habe erkannt, dass es wichtig ist,
sich selbst zu lieben.
Nur wer sich selbst liebt,
kann Freude weitergeben
und wahre Freunde gewinnen.

Gabriele Riedel

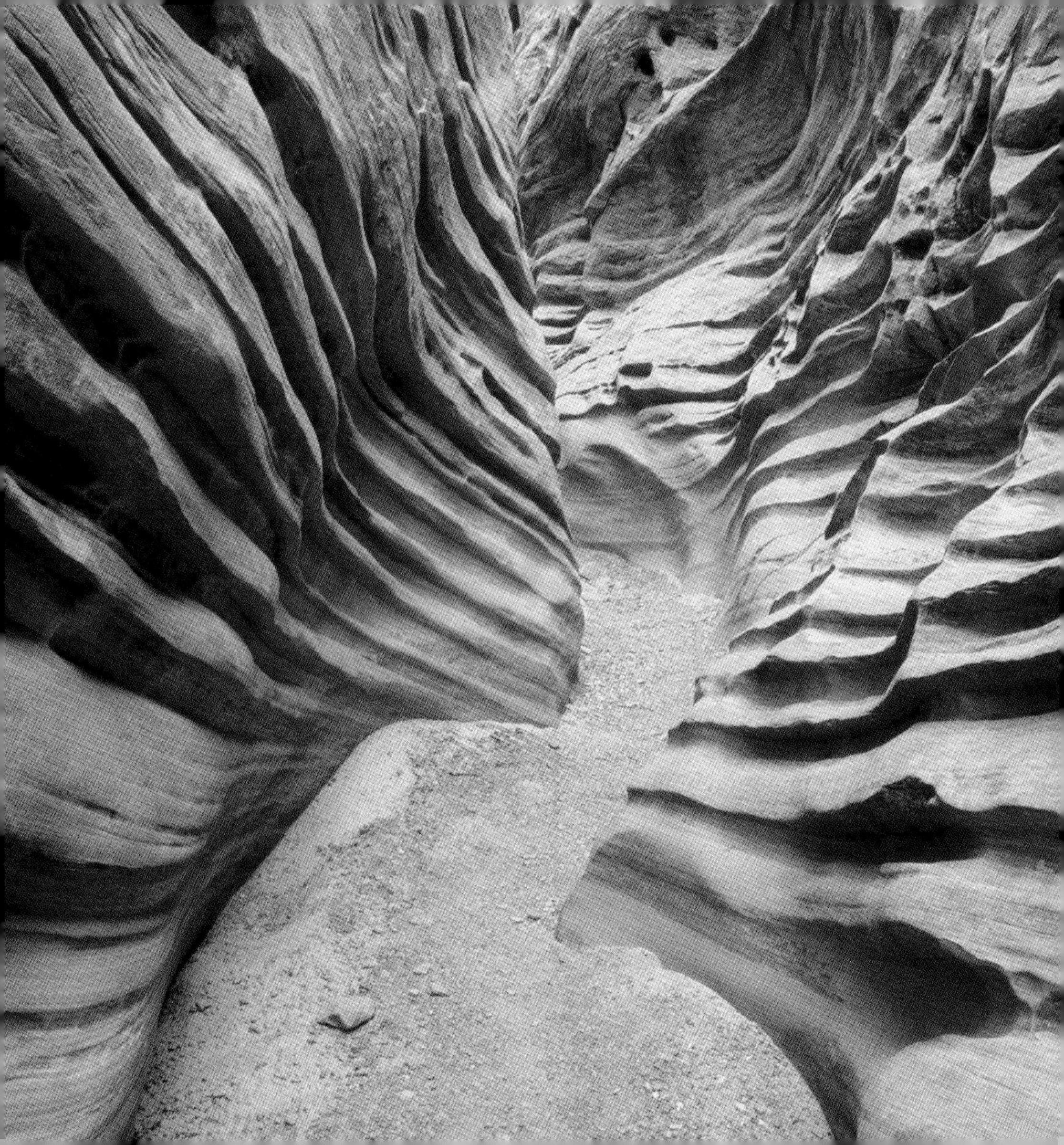

8. Juli

Das Herz

Der Verstand kann uns sagen,
was wir lassen sollen,
das Herz kann uns sagen,
was wir tun müssen.

Joseph Joubert

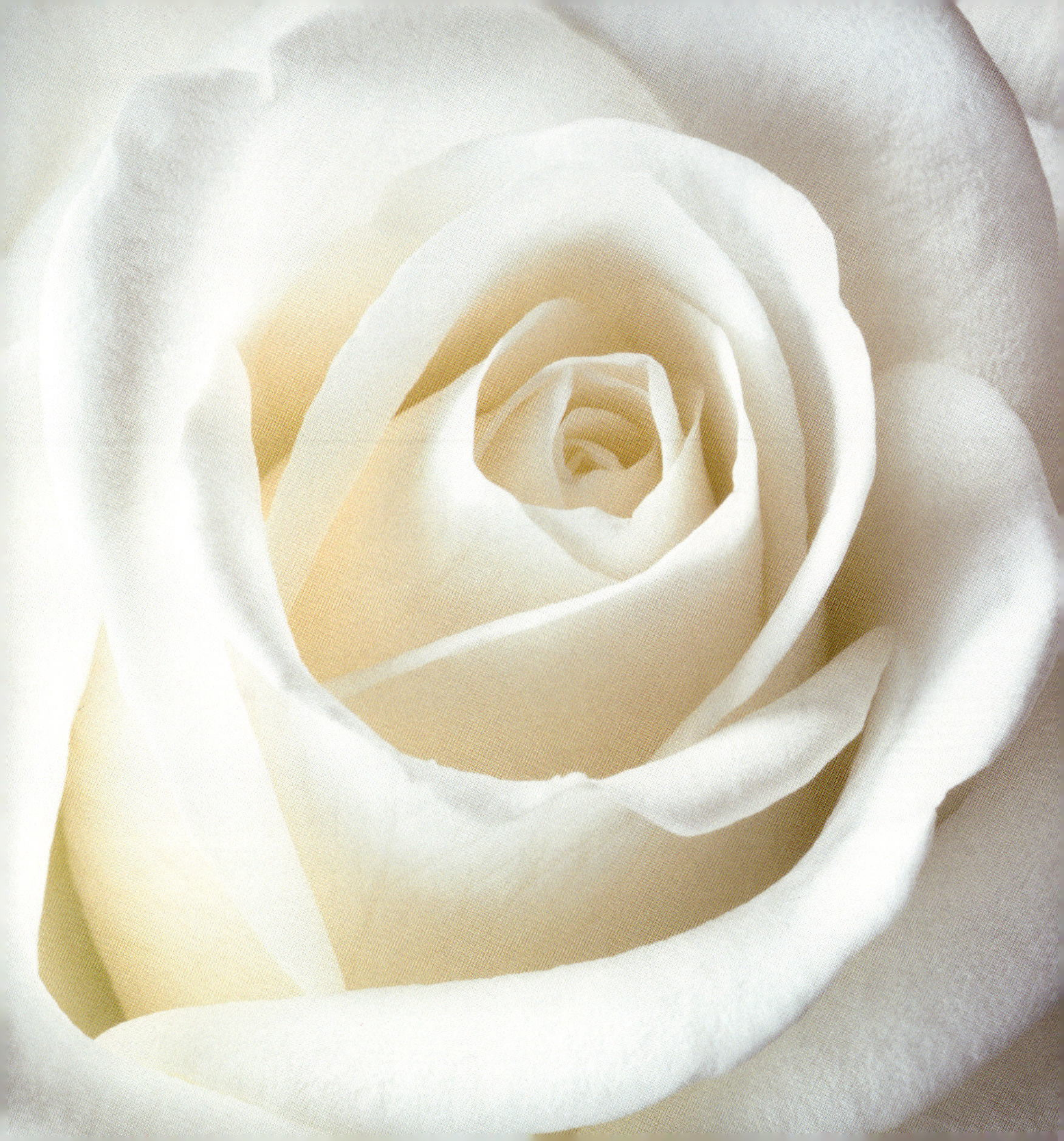

9. Juli

Lebensfahrt

Man muss die Segel
in den unendlichen Wind stellen,
dann erst werden wir spüren,
welcher Fahrt wir fähig sind.

Alfred Delp

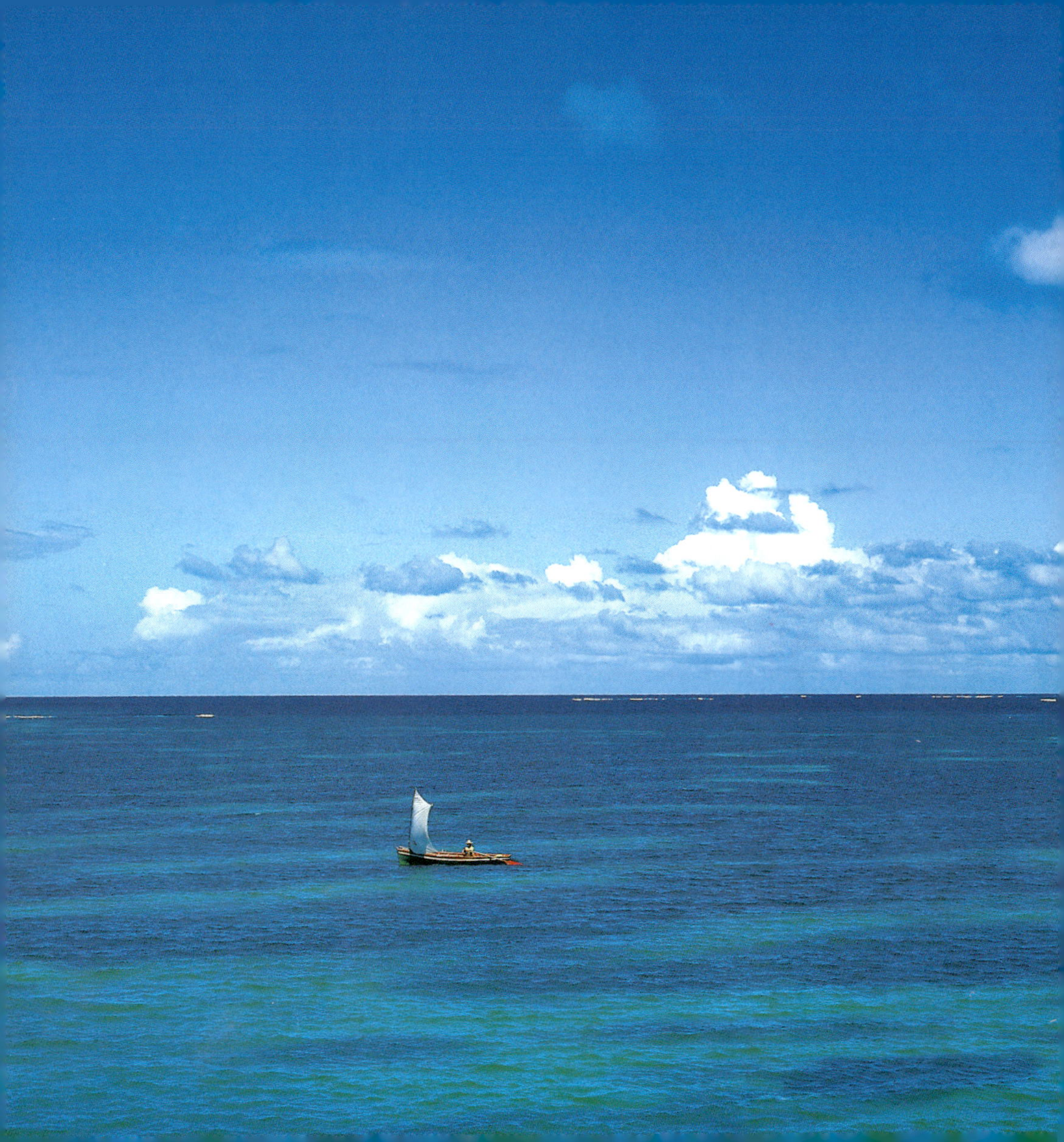

10. Juli

Liebe

Ein einziges Wort befreit uns
von der Last und dem Schmerz des Lebens:
dieses Wort ist die Liebe.

Sophokles

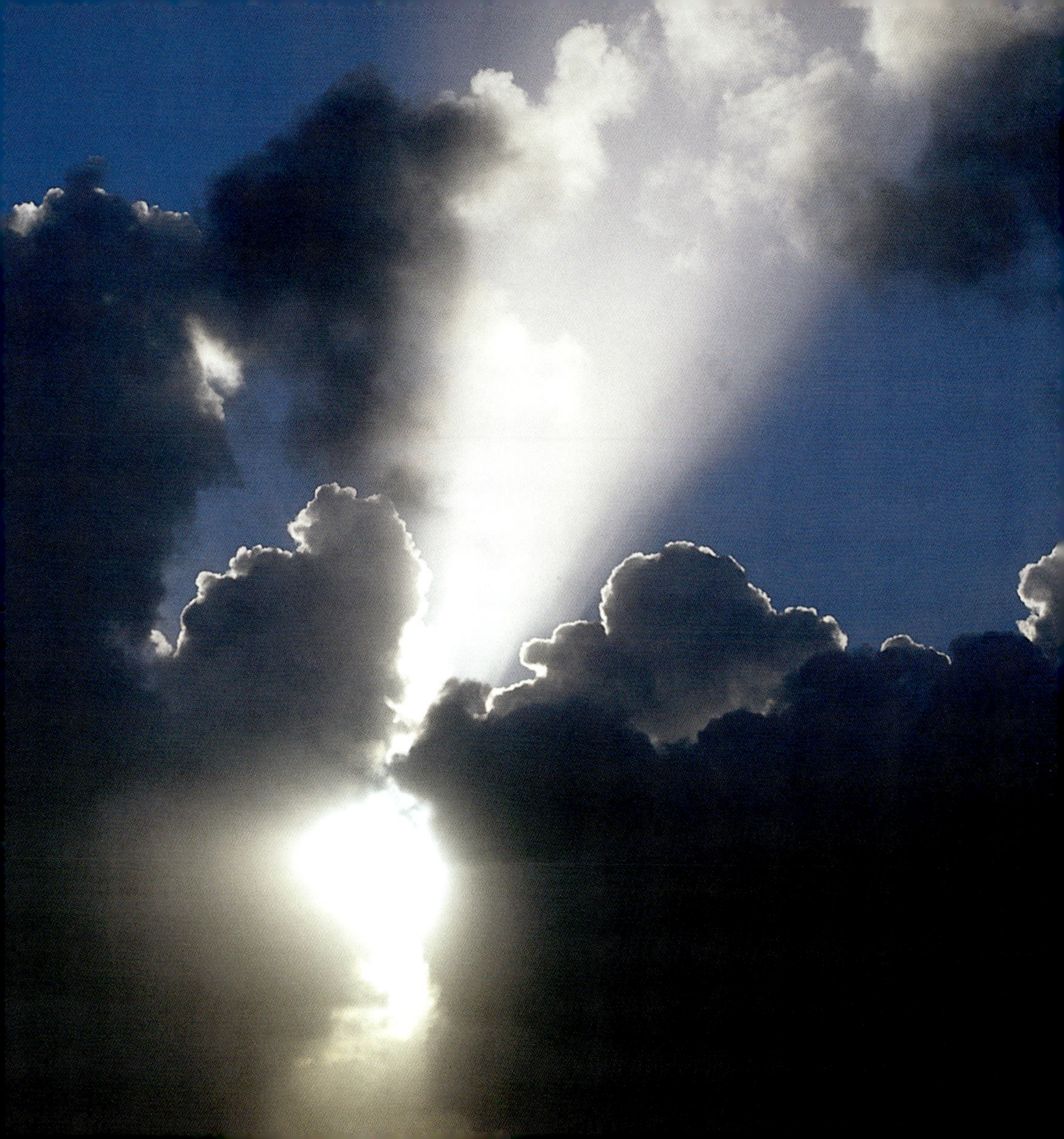

11. Juli

Wechsel

Harre, hoffe, nicht vergebens
Zählest du der Stunde Schlag;
Wechsel ist das Los des Lebens,
Und – es kommt ein andrer Tag!

Theodor Fontane

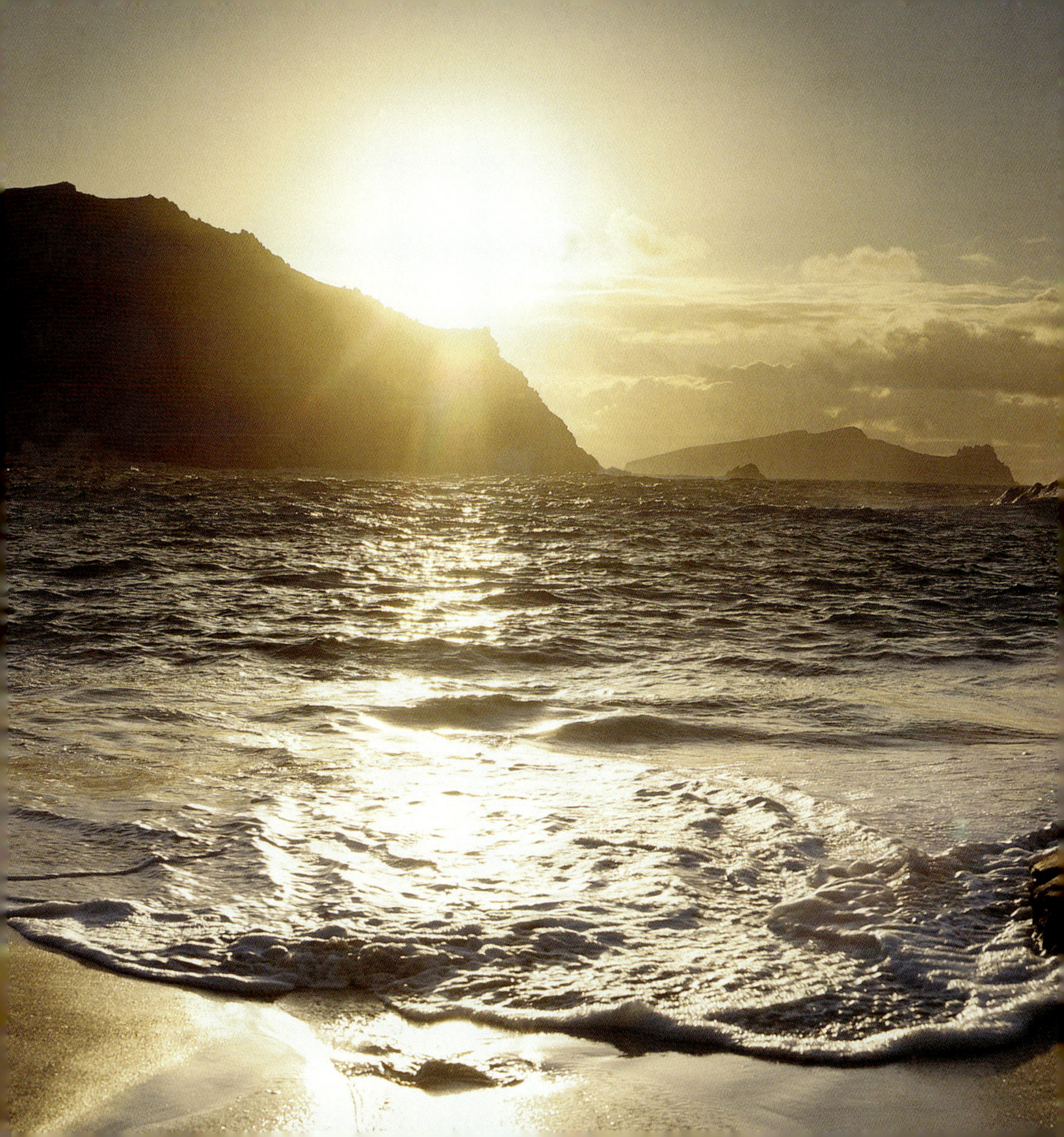

12. Juli

Innerer Friede

Der innere Friede
hängt immer vom Menschen selbst ab:
Der Mensch braucht zu seinem Glück
im wahren Verstande nichts als ihn
und braucht, um ihn zu besitzen,
nichts als sich.

Wilhelm von Humboldt

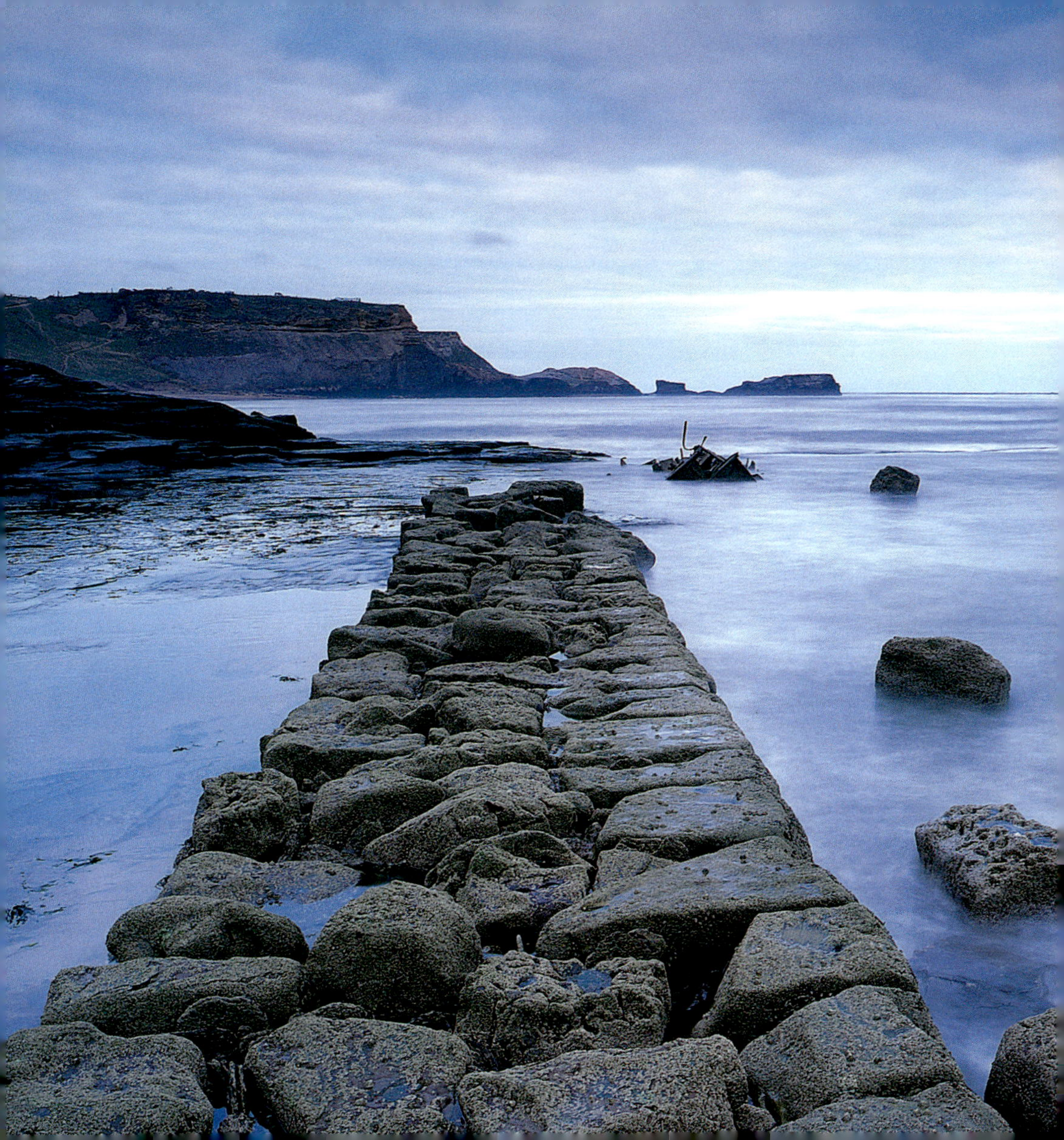

13. Juli

Gelassenheit

Die Gabe der Ruhe und Gelassenheit
ist besonders notwendig.
Mit ihr lassen sich alle Übel
in Freude ertragen.

Johannes XXIII.

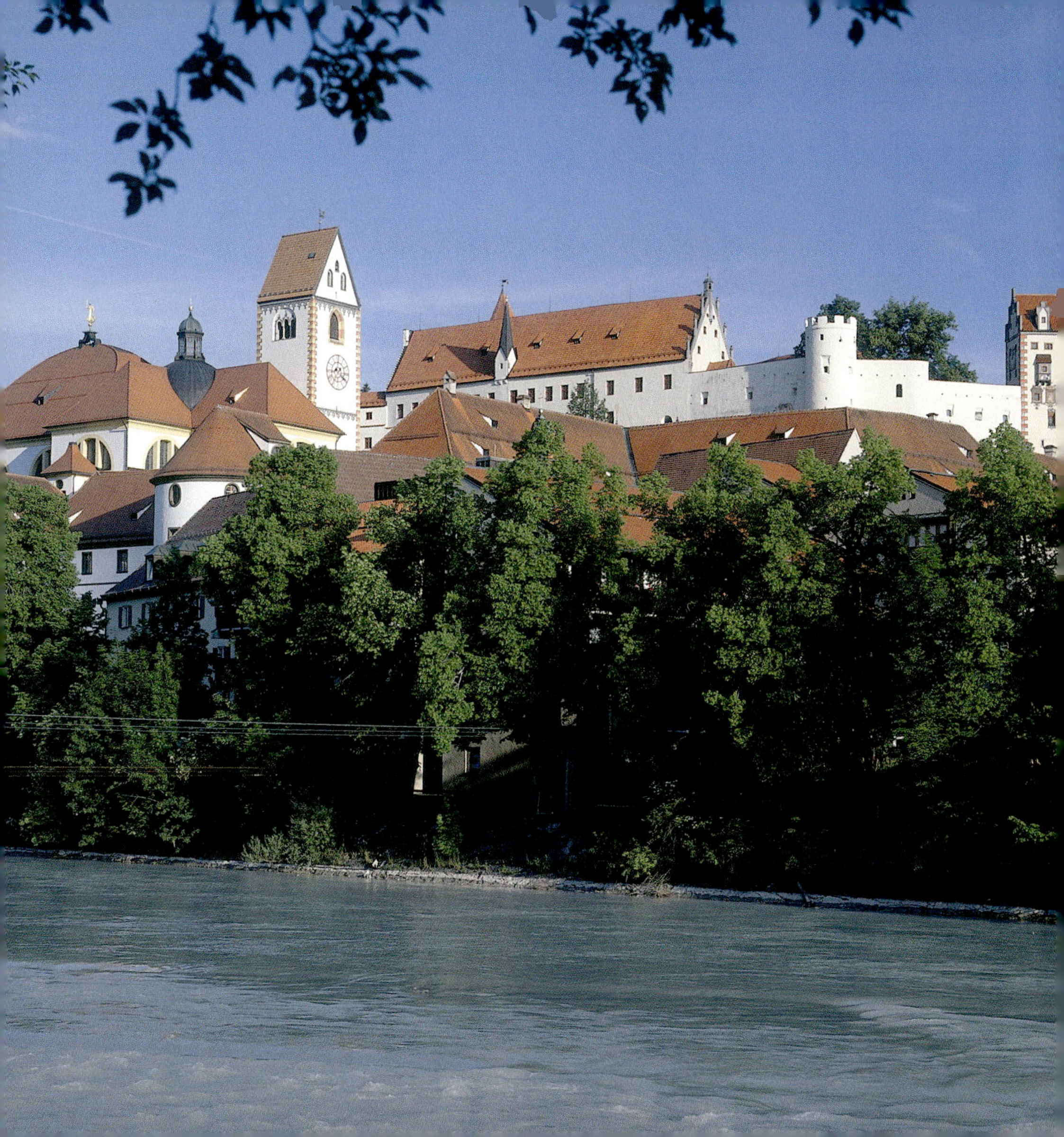

14. Juli

Innerlich

Was ein innerlicher Mensch tut,
das wirkt bedeutend mehr,
als was ein Betriebsmensch
durch einen ganzen Wulst von Arbeiten
fertig bringt.

Josef Kentenich

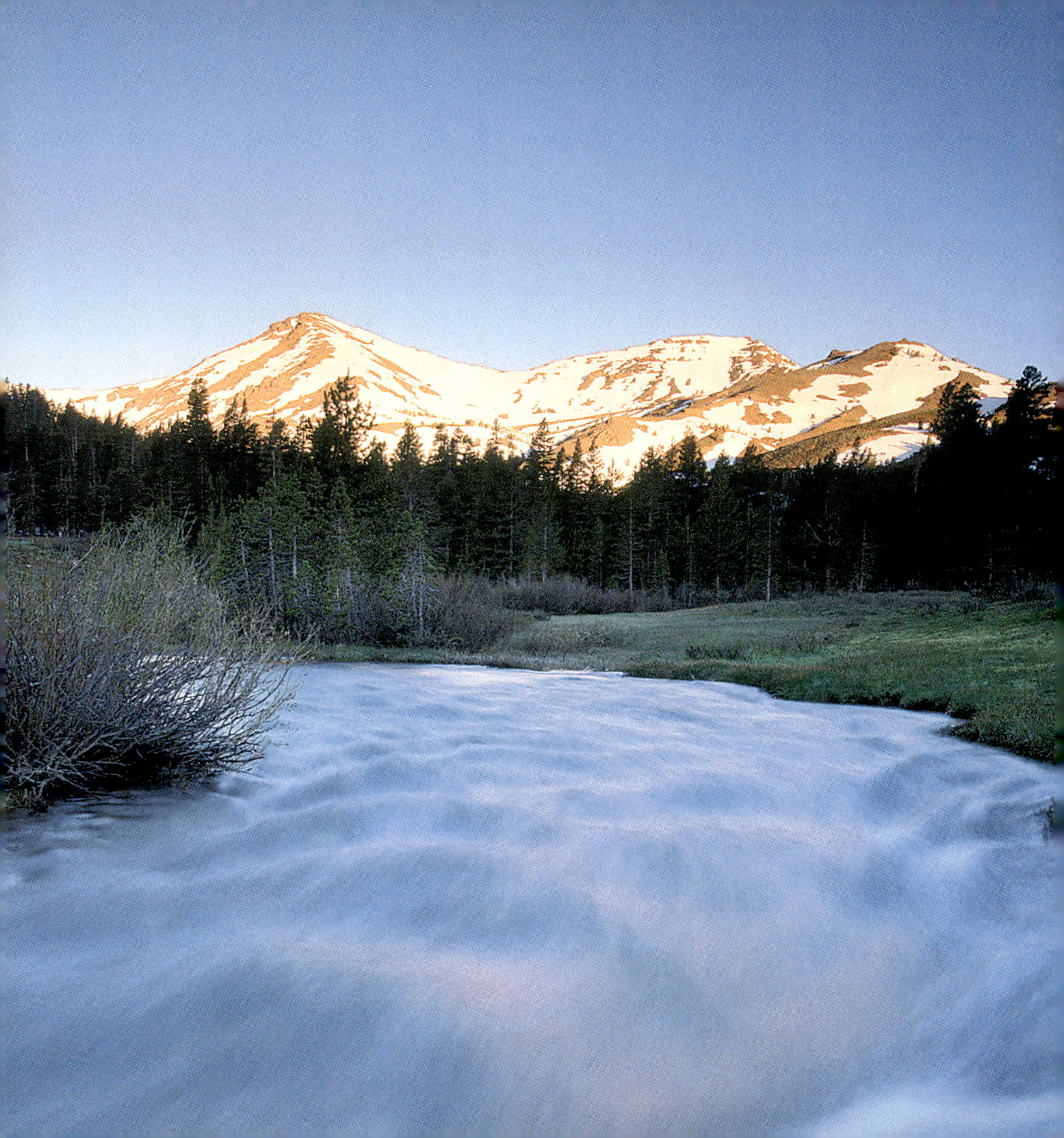

15. Juli

Sei du

Wie wirst du dich mir geben,
wenn du dich nicht mir selbst gibst?
Und wenn ich so
im Schweigen der Betrachtung verstumme,
antwortest du mir, Herr,
tief in meinem Herzen und sagst:
Sei du dein und ich werde dein sein.

Nikolaus von Kues

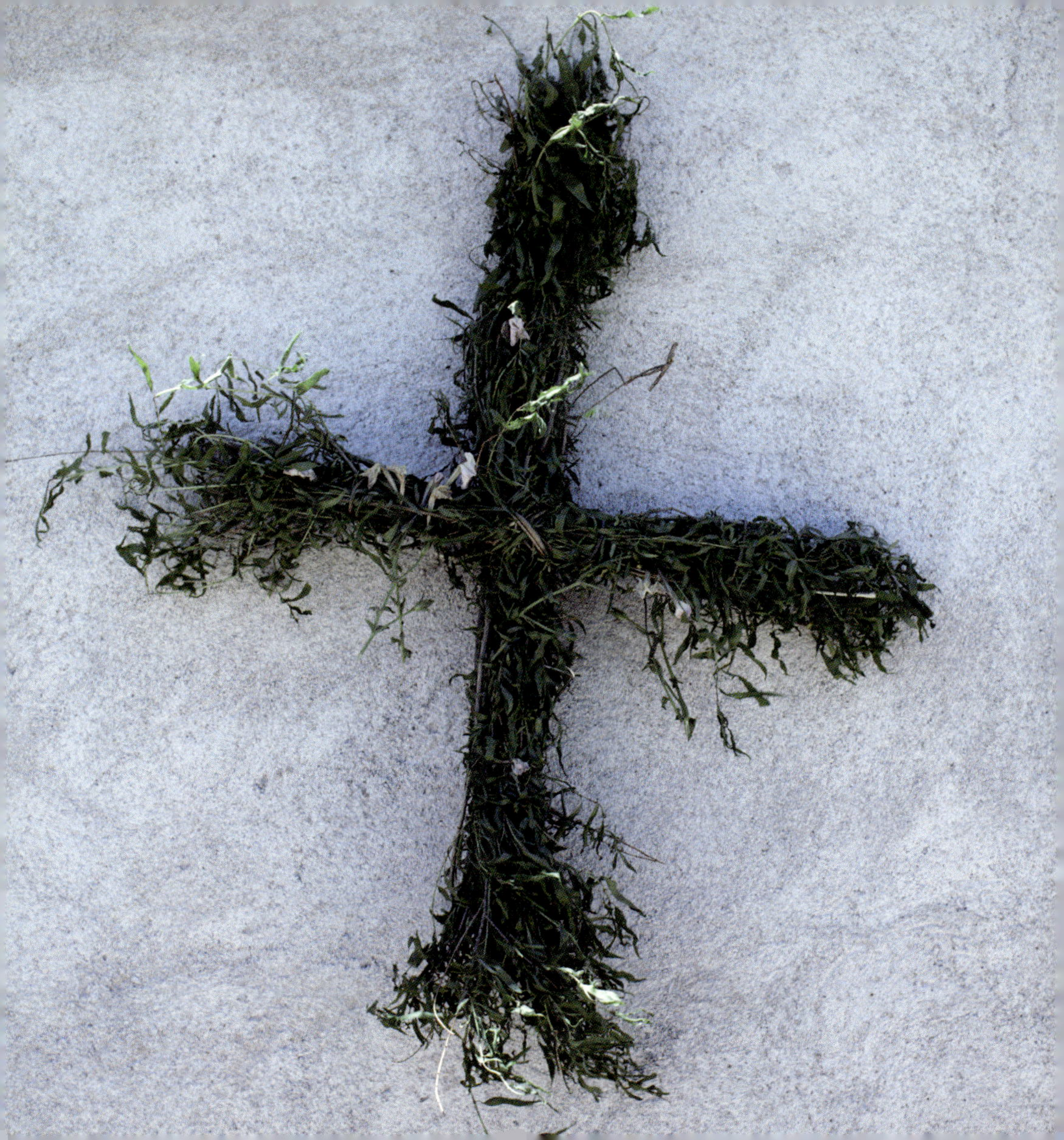

16. Juli

Für die Freude

Der Mensch
ist für die Freude geschaffen,
und die Freude
ist für den Menschen.

Franz von Sales

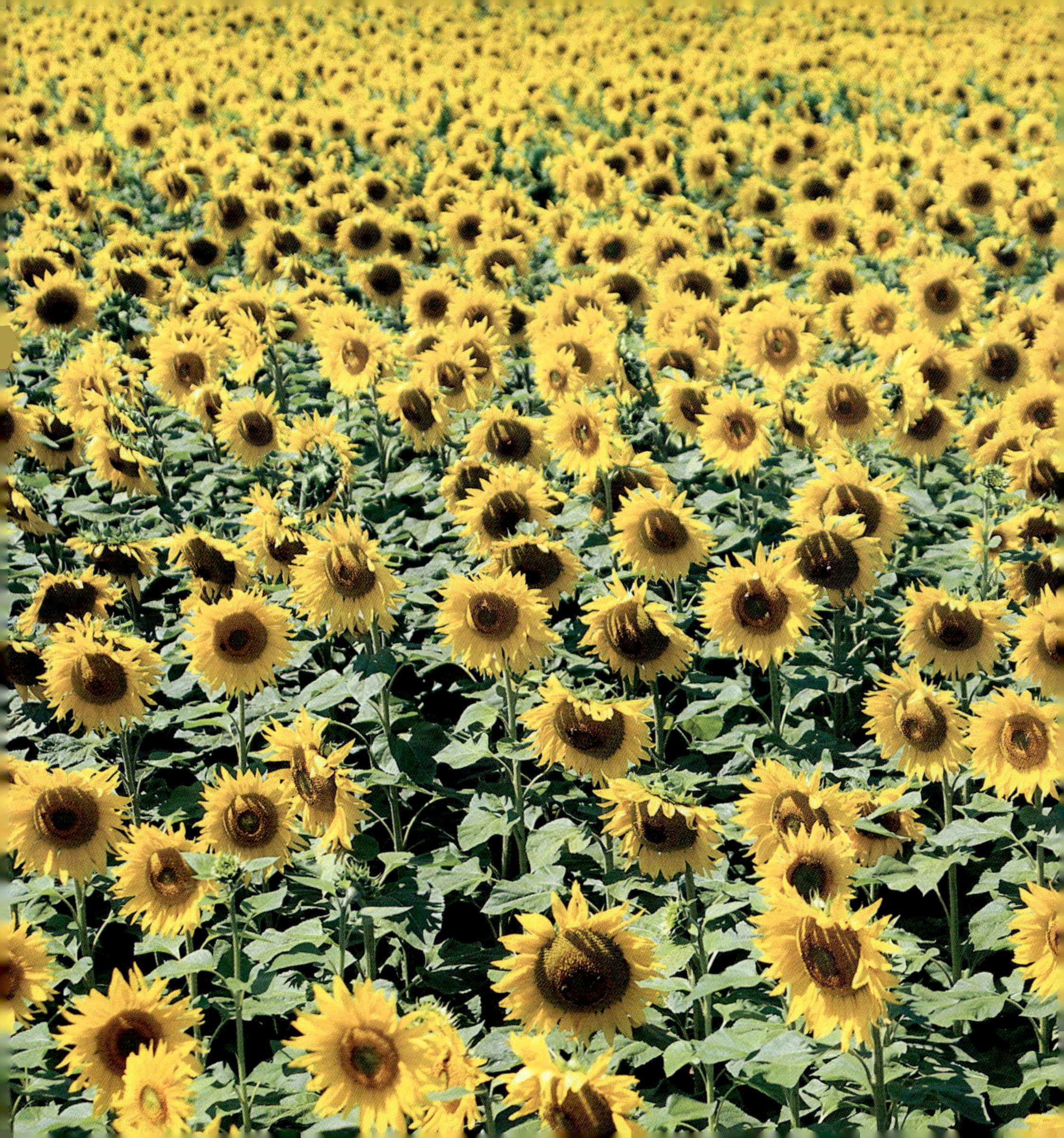

17. Juli

Der Weg zum Glück

Nimm dir Zeit zu lesen –
das ist der Brunnen der Weisheit.
Nimm dir Zeit, freundlich zu sein –
das ist der Weg zum Glück.
Nimm dir Zeit zu träumen –
sie bewegt dein Gefährt zu einem Stern.

Irischer Segenswunsch

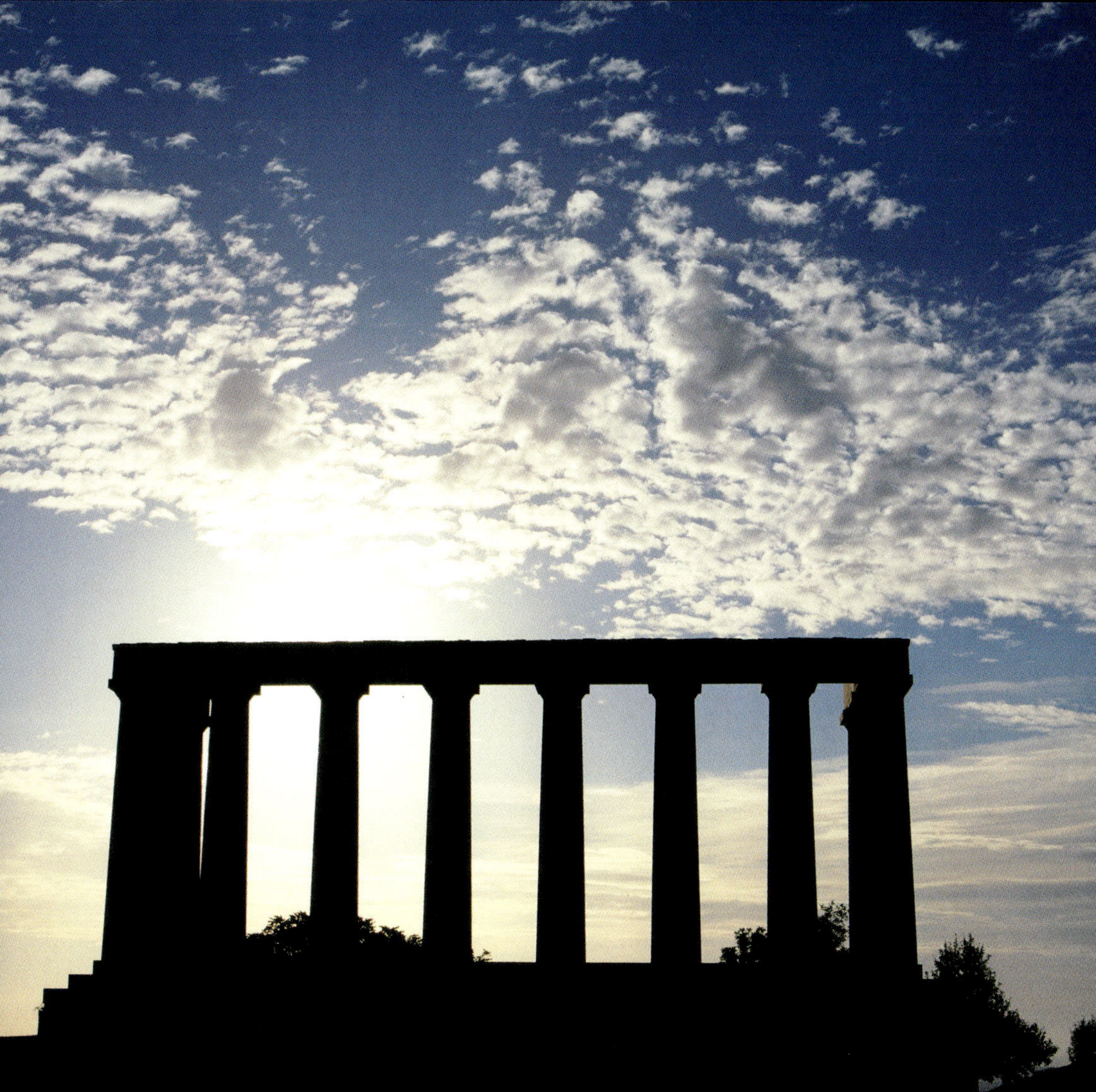

18. Juli

Stehen bleiben

Stille kommt von Stehen.
Wer still werden will, muss stehen bleiben,
um schauen und horchen zu können.

Anselm Grün

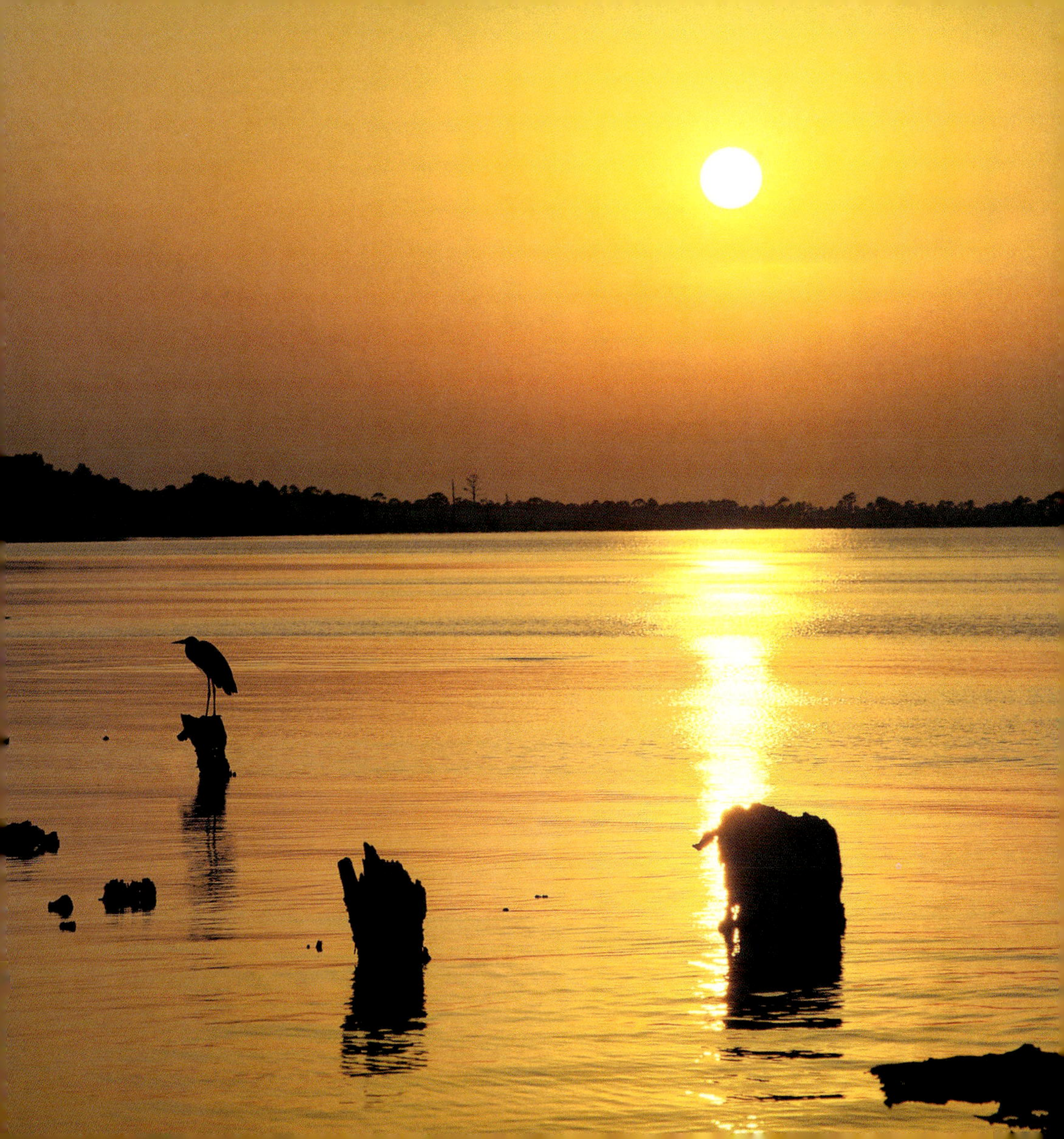

19. Juli

Stille

Im Zustand des Schweigens
findet die Seele ihren Weg
in einem klaren Licht
und alles Trügerische und alle Täuschung
lösen sich auf in kristallene Klarheit.
Die Seele braucht Ruhe,
um zu ihrer vollen Größe zu gelangen.

Mahatma Gandhi

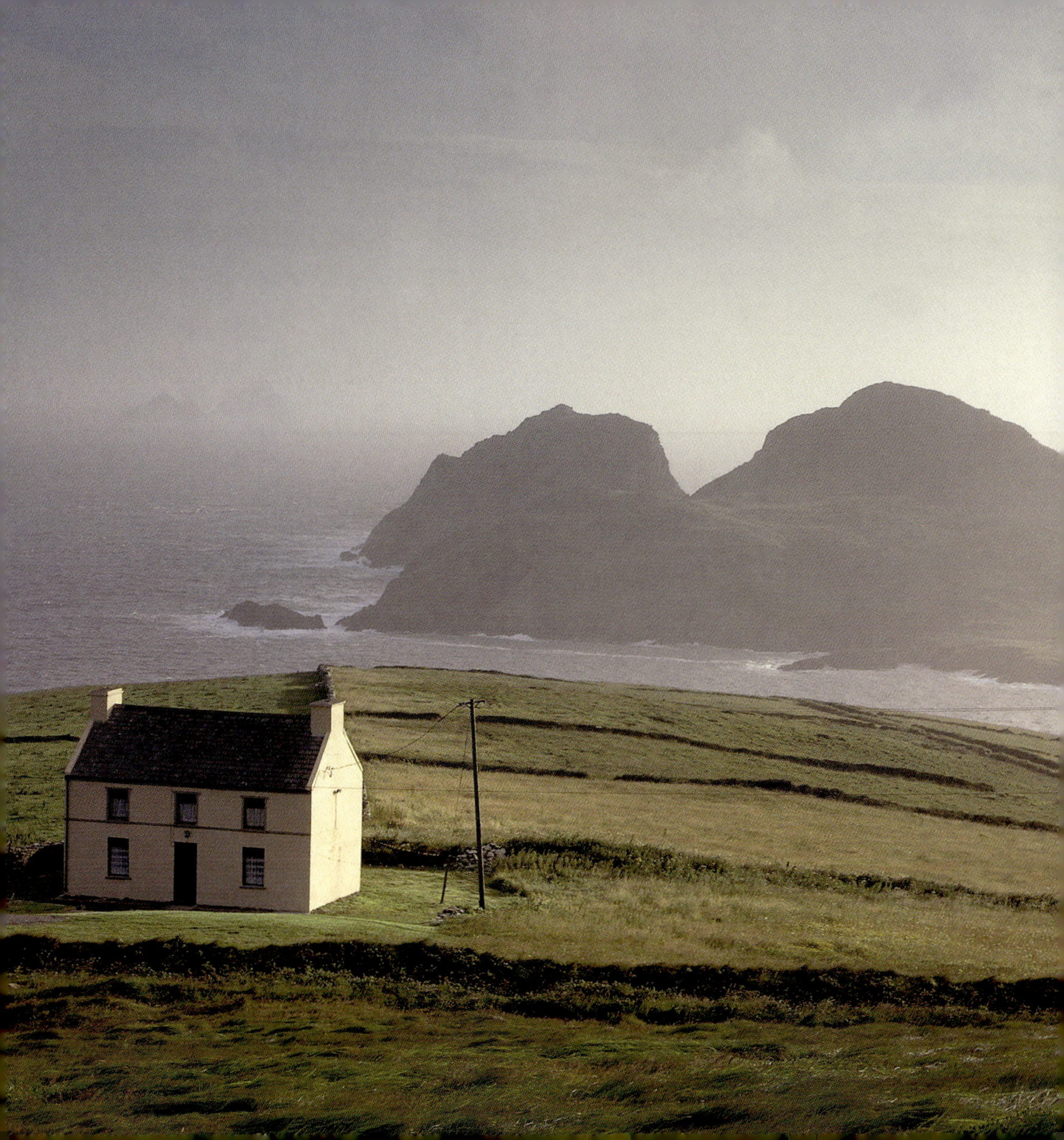

20. Juli

Gebet

Wie die zarten Blumen willig sich entfalten
und der Sonne stillehalten,
lass mich so still und froh deine Strahlen fassen
und dich wirken lassen.

Gerhard Tersteegen

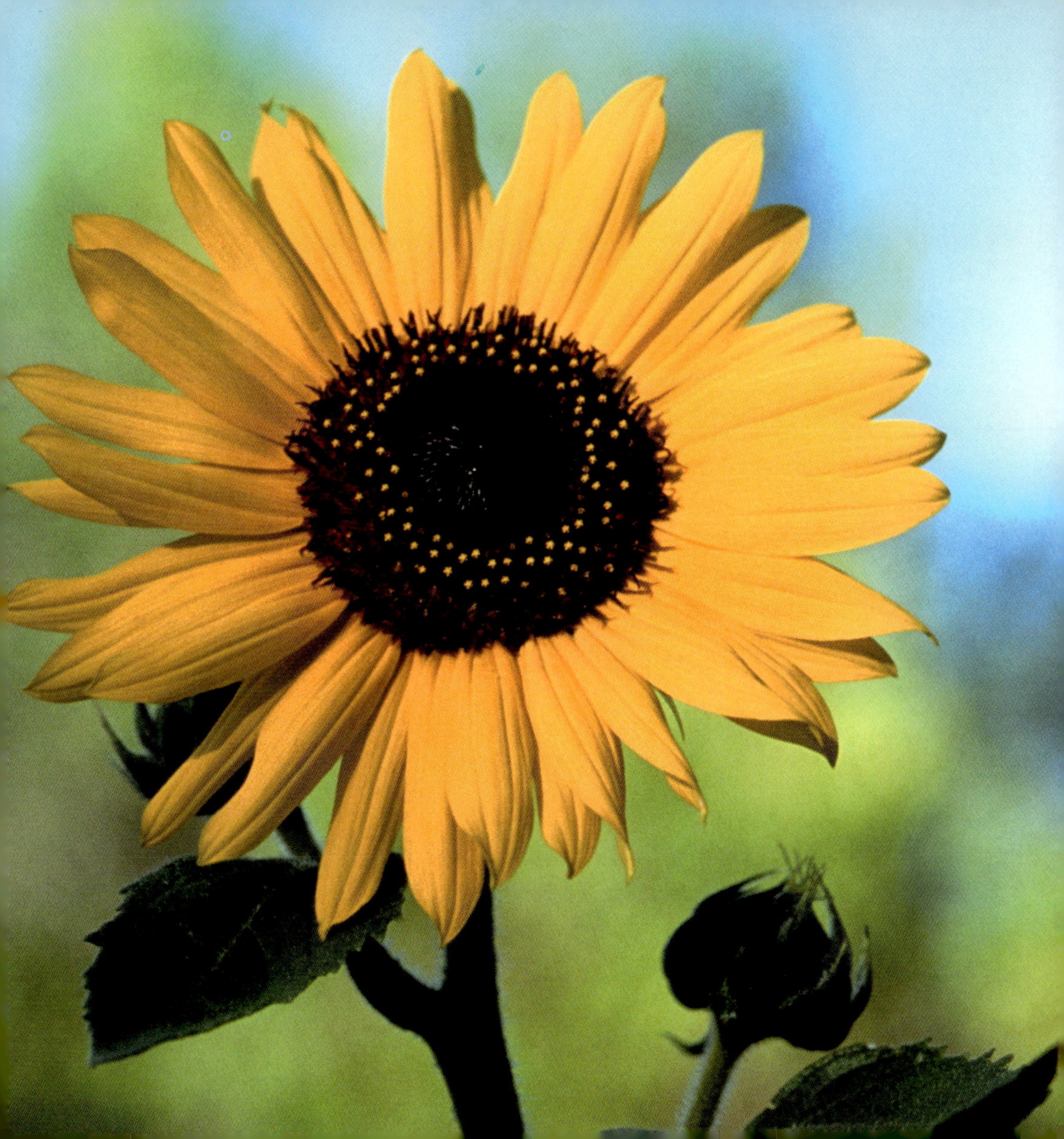

21. Juli

Gelegenheiten

Die Welt,
so mangelhaft sie auch ist,
sie ist dennoch schön und reich.
Denn sie besteht aus
lauter Gelegenheiten
zur Liebe.

Søren Kierkegaard

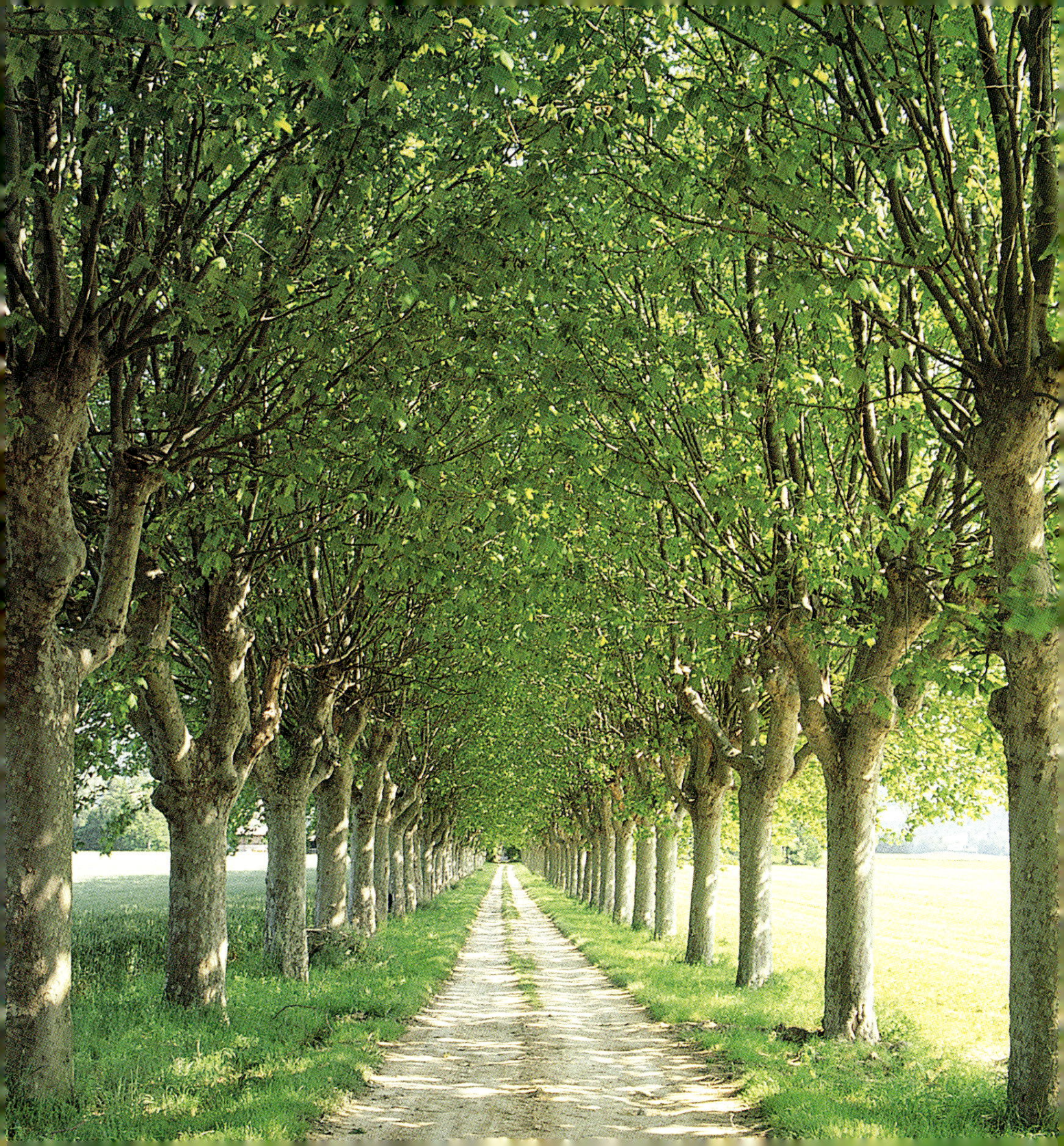

22. Juli

Hören

Wer zu hören versteht,
hört die Wahrheit heraus;
wer nicht zu hören versteht,
hört nur Lärm.

Altchinesische Weisheit

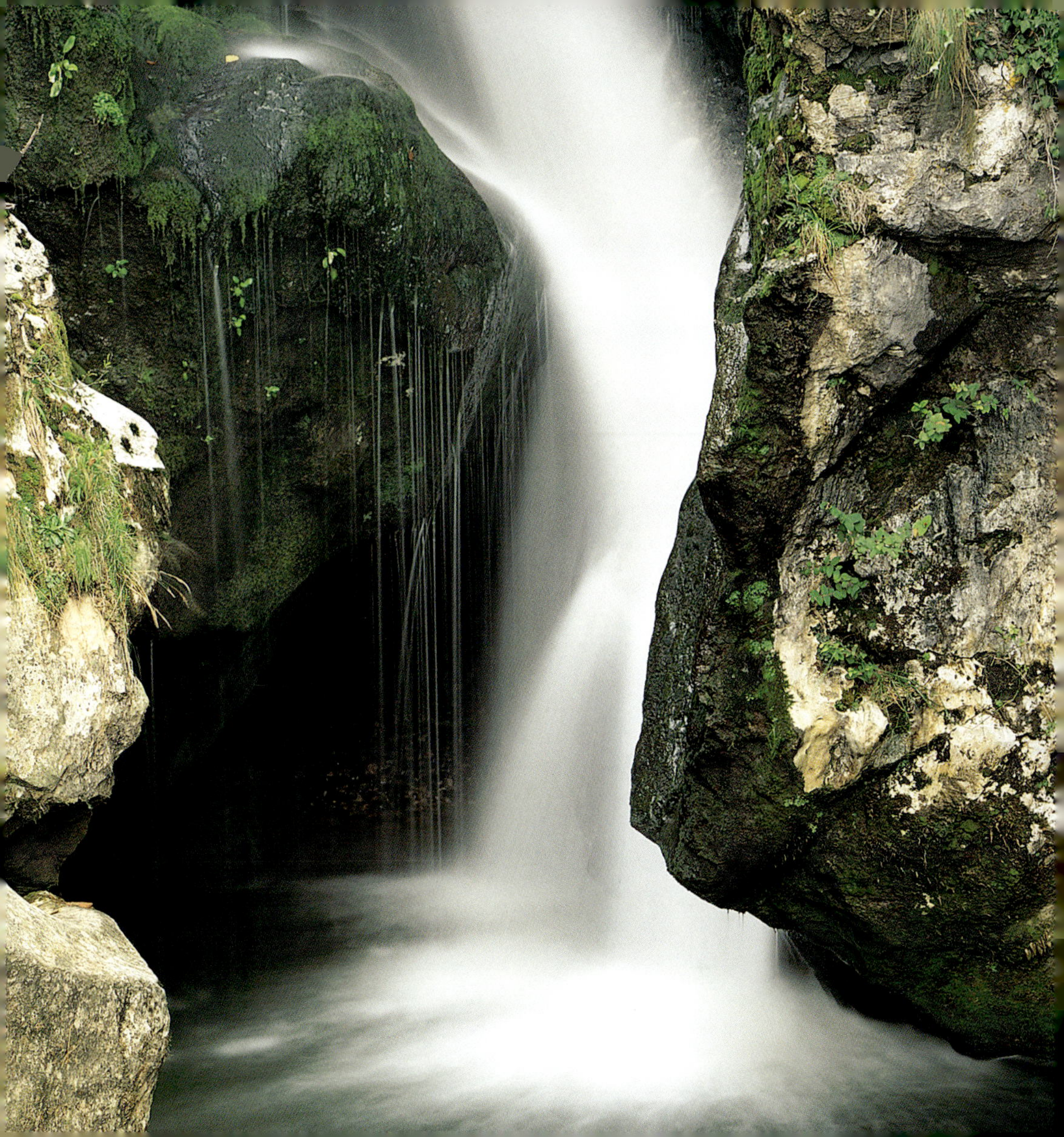

23. Juli

Quelle des Geistes

Ein Hauptstudium des Jugend sollte sein,
die Einsamkeit ertragen lernen,
weil sie eine Quelle des Glücks
und der Gemütsruhe ist.

Arthur Schopenhauer

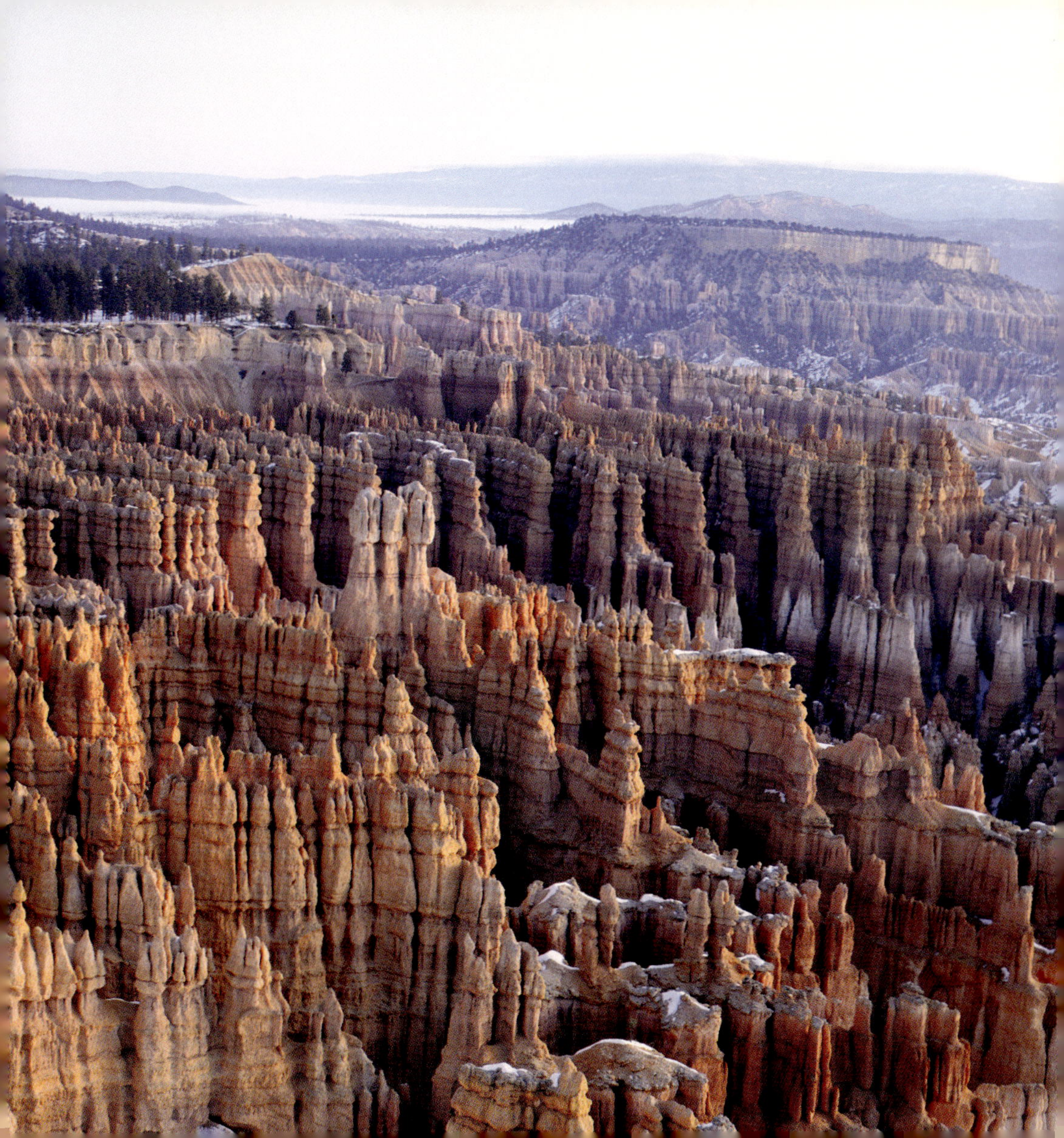

24. Juli

Liebe

Eine Zunge und zwei Hände
hat uns Gott gegeben, weil er will,
dass wir mehr tun als reden sollen.
Das Wort ohne Werk ist tot,
ja die ganze Welt ohne Liebe ist nichts wert.
Die Liebe aber hat ihren Sitz nicht im Mund,
sondern im Herzen aufgeschlagen.

Ignatius von Loyola

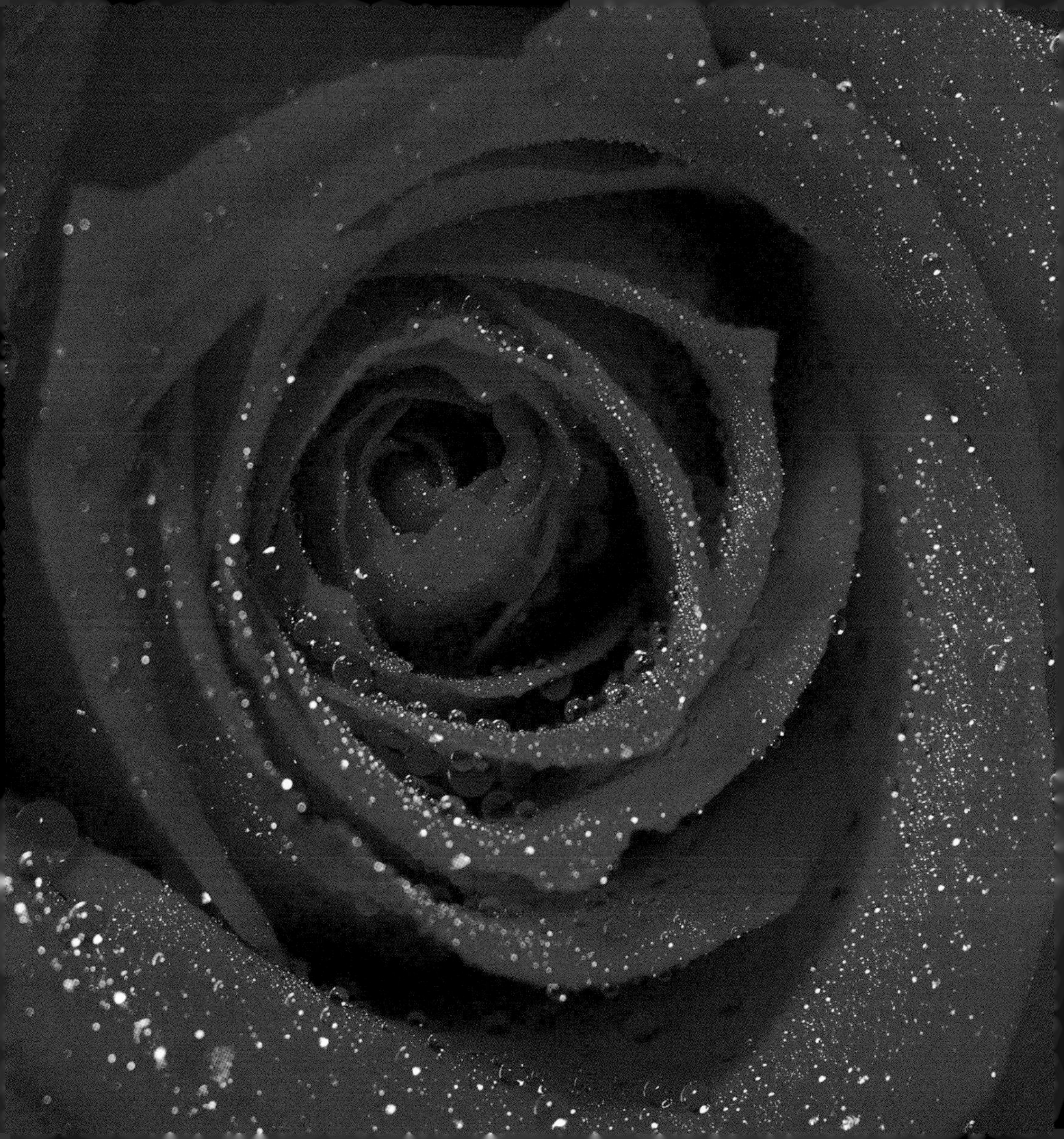

25. Juli

Sehnsucht

Wenn du ein Schiff bauen willst ...
lehre die Männer die Sehnsucht
nach dem weiten, endlosen Meer.

Antoine de Saint-Exupéry

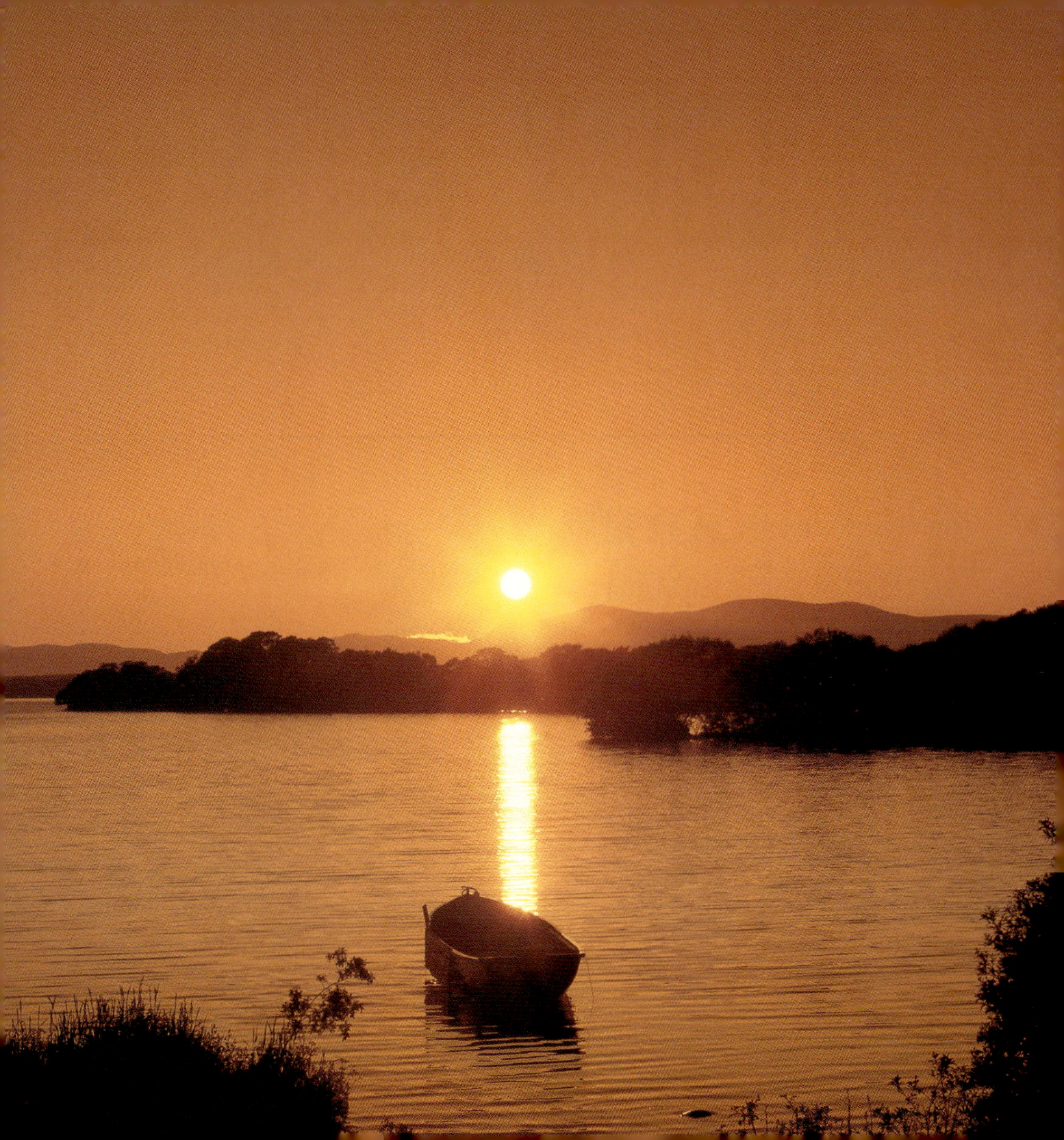

26. Juli

Sorge

Dass die Vögel der Sorge und des Kummers
über deinem Haupt fliegen,
kannst du nicht verhindern.
Doch du kannst verhindern,
dass sie Nester in deinem Haar bauen.

Martin Luther

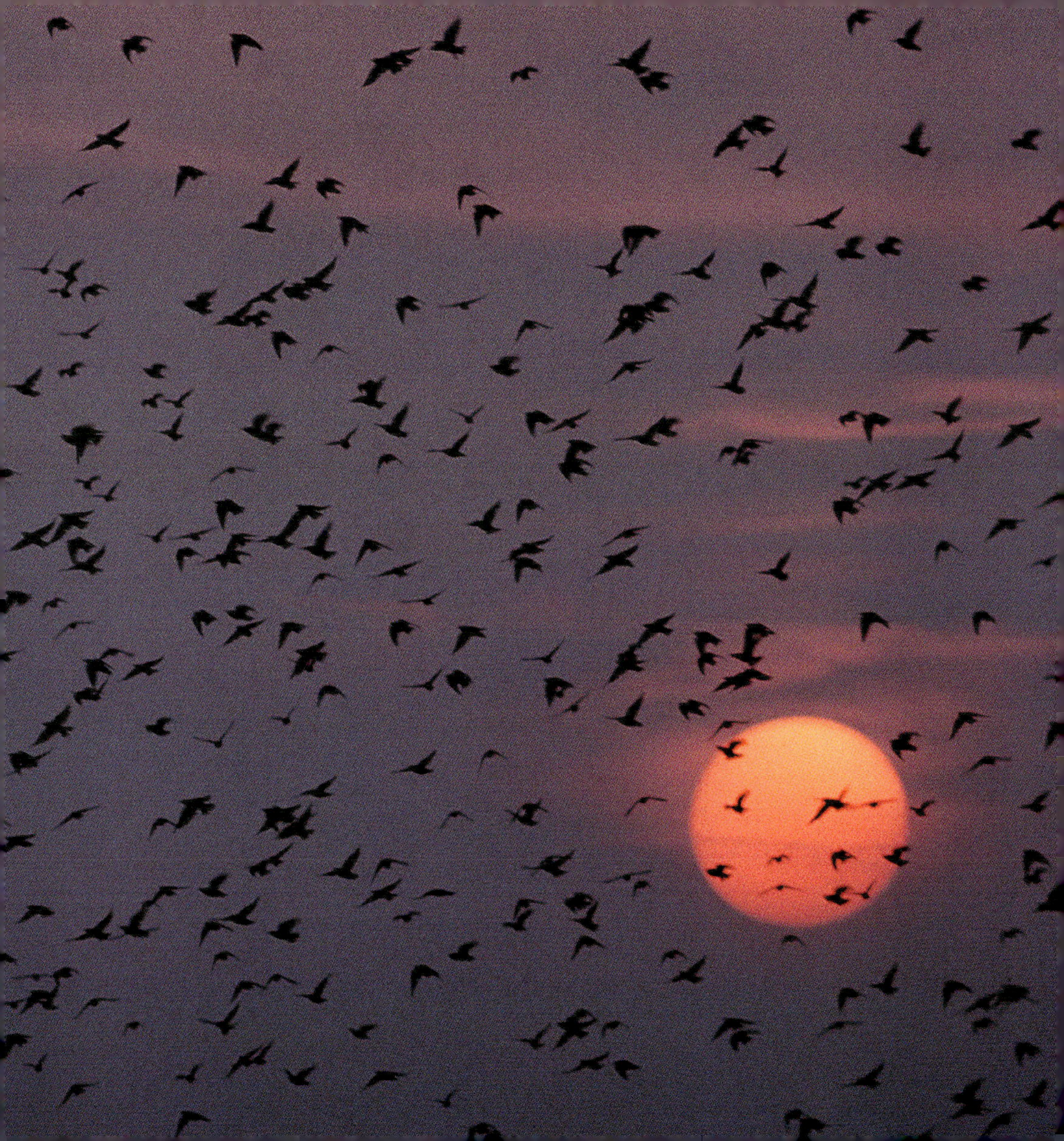

27. Juli

Traum

Gott lieben ist,
ihm das Schönste zuzutrauen.
Wenn ich einen Menschen liebe,
traue ich ihm alles Gute zu.
In meinen Tagträumen,
in meinen Wachträumen tut er es schon.
Einfach weil ich ihn liebe.

Friedrich Weinreb

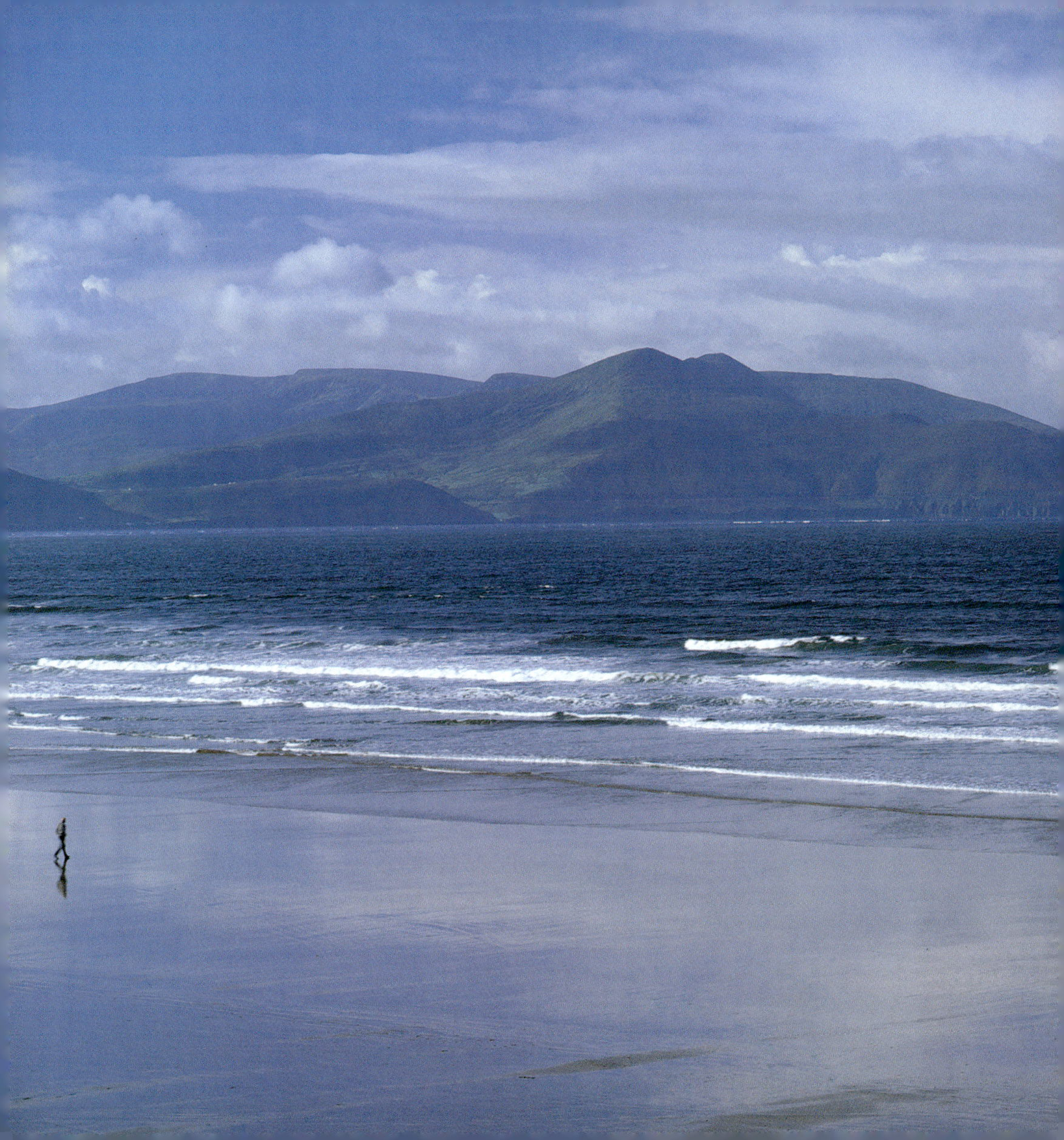

28. Juli

Ende und Anfang

Jeder Augenblick im Leben
ist ein neuer Aufbruch, ein Ende
und ein Anfang, ein Zusammenlauf der Fäden
und ein Auseinandergehen.

Yehudi Menuhin

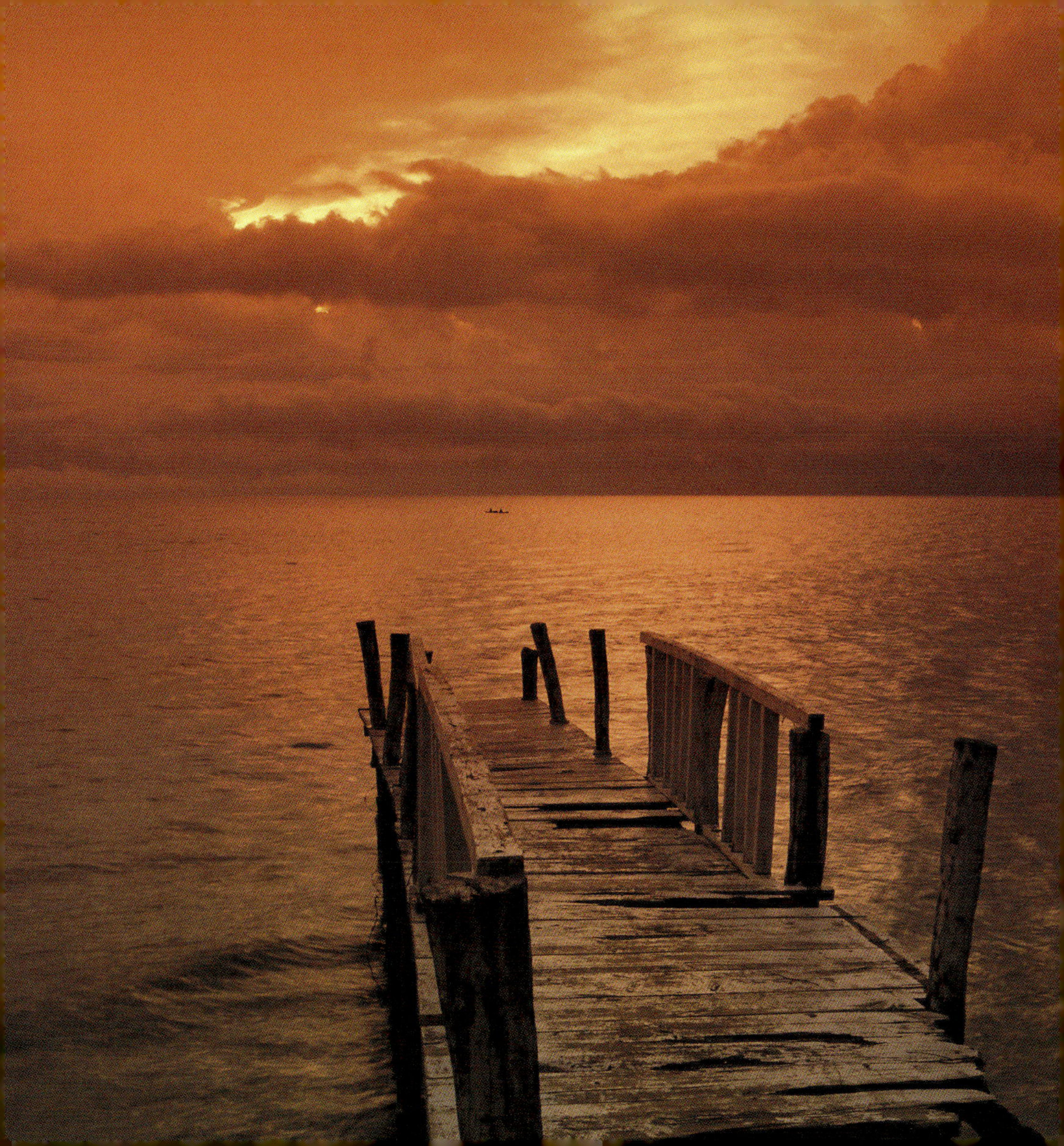

29. Juli

Erfüllung

Die Liebe tut dem Nächsten nichts Böses.
So ist nun die Liebe des Gesetzes Erfüllung.

Die Bibel (Römer 13,10)

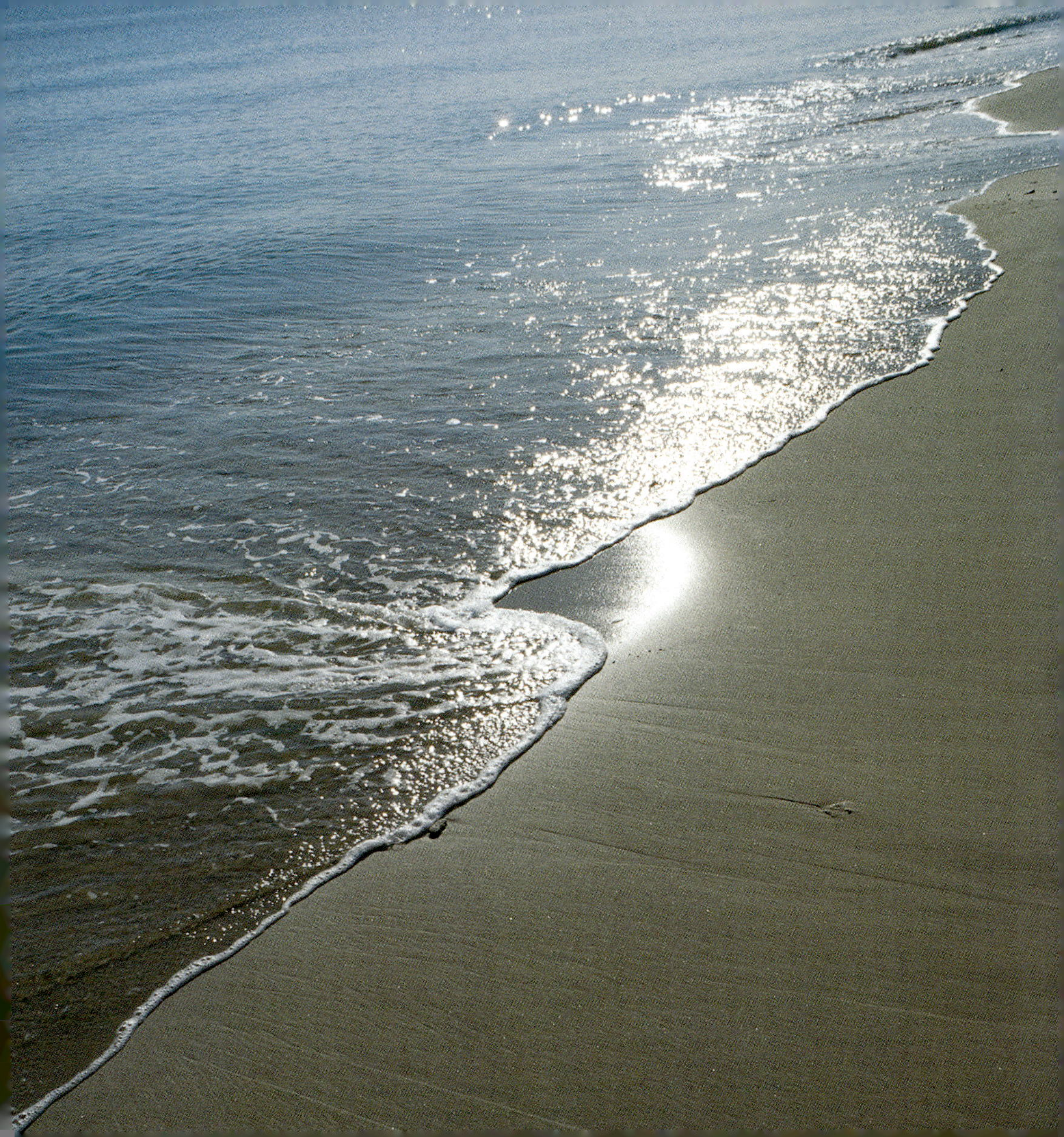

30. Juli

Jeden Morgen

Mein Leben beginnt jeden Morgen neu
und endet jeden Abend;
Pläne und Absichten darüber hinaus
habe ich keine; das heißt,
es kann natürlich zum Tagwerk gehören
vorauszudenken, aber eine Sorge
für den kommenden Tag darf es nie sein.

Edith Stein

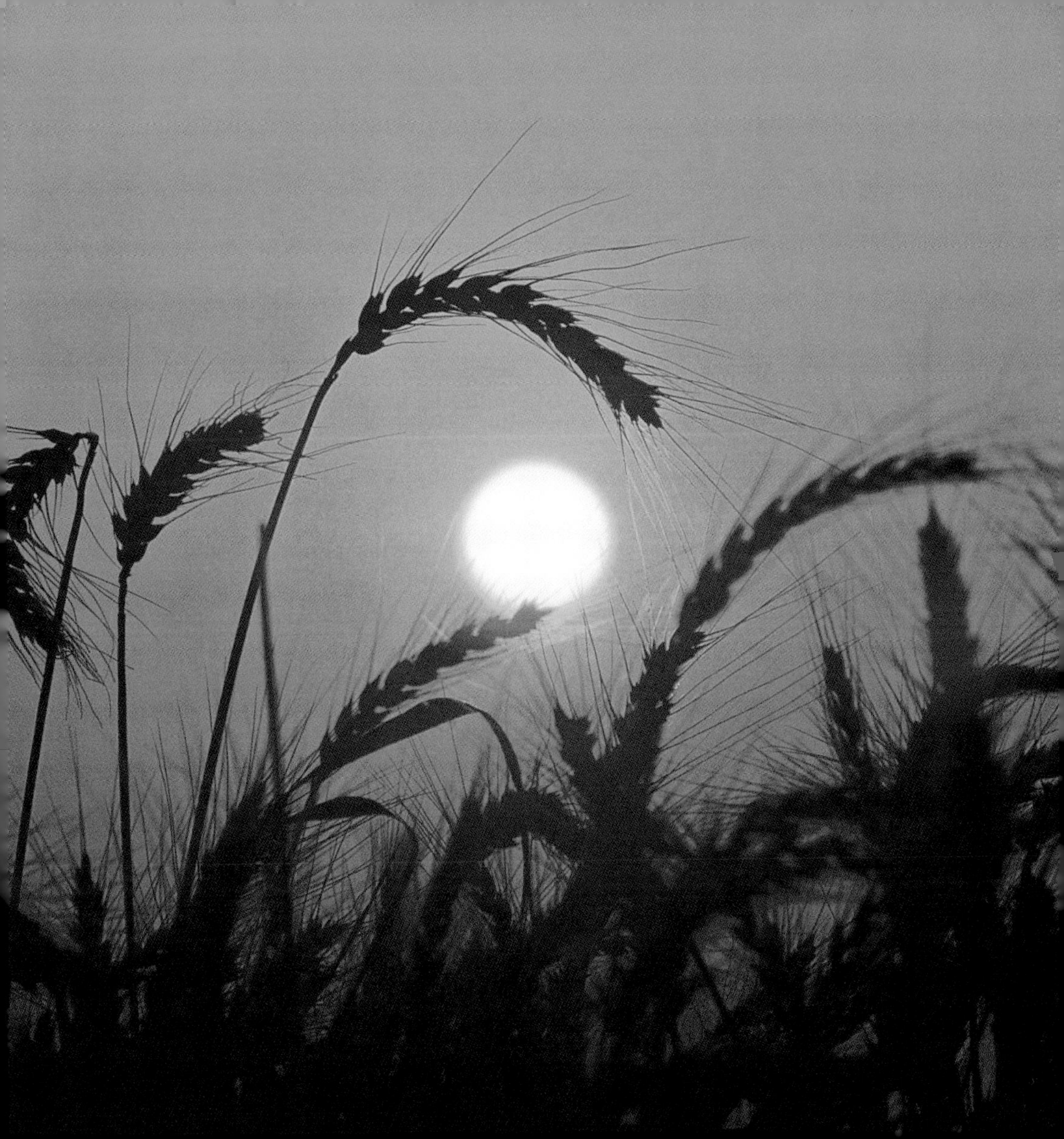

31. Juli

Lebensweisheit

Die meisten Menschen wissen gar nicht,
wie schön die Welt ist
und wie viel Pracht in den kleinsten Dingen,
einer Blume, einem Stein, einer Baumrinde
oder einem Birkenblatt sich offenbart.

Rainer Maria Rilke

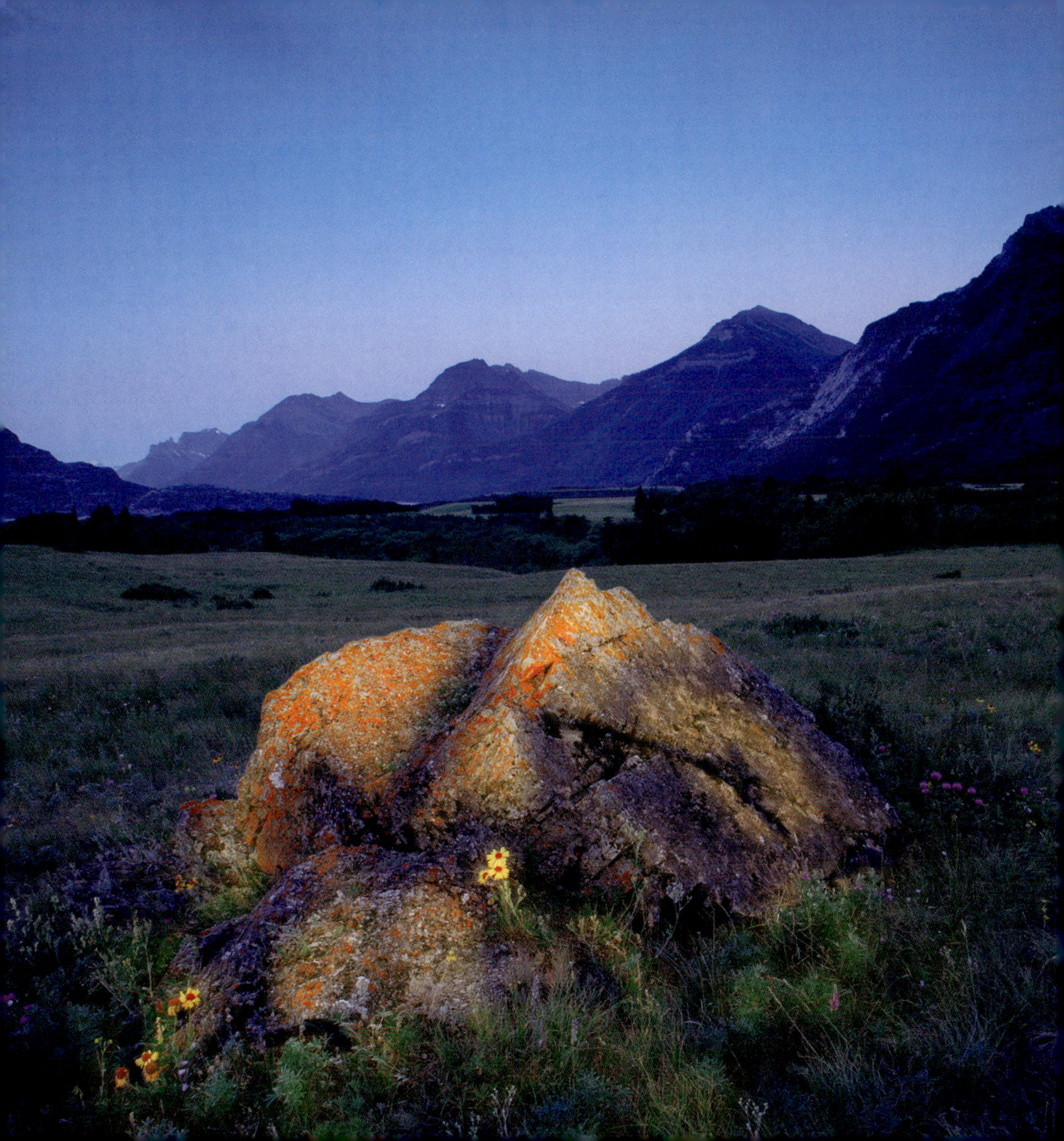

VIII

August

1. August

Glücklich

Die Natur hat dafür gesorgt,
dass es, um glücklich zu leben,
keines großen Aufwandes bedarf,
jeder kann sich selbst glücklich machen.

Seneca

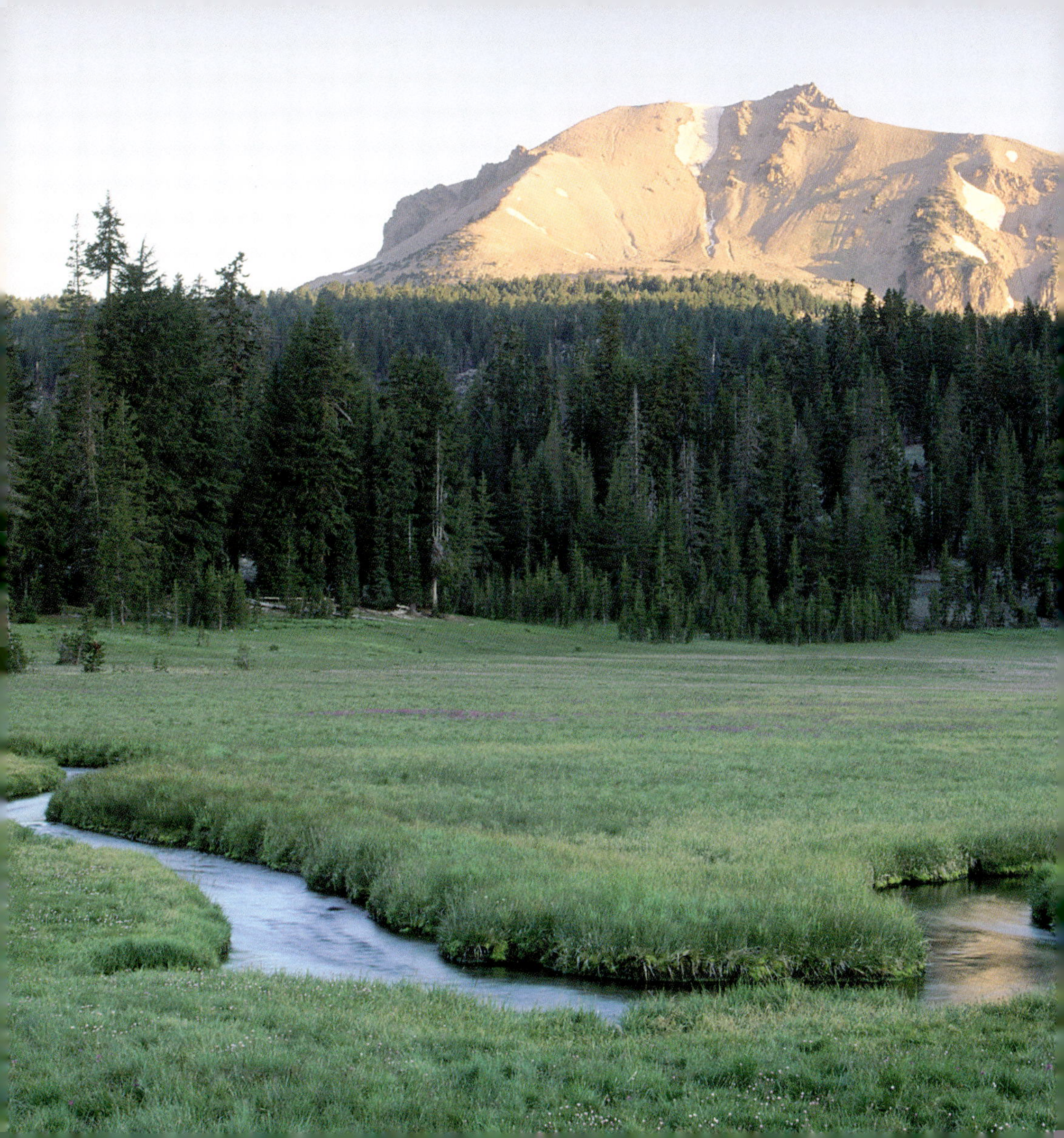

2. August

Weisheit

Es ist ein merkwürdiges,
doch ein einfaches Geheimnis
der Lebensweisheit aller Zeiten,
dass jede kleinste selbstlose Hingabe,
jede Teilnahme, jede Liebe
uns nur reicher macht.

Hermann Hesse

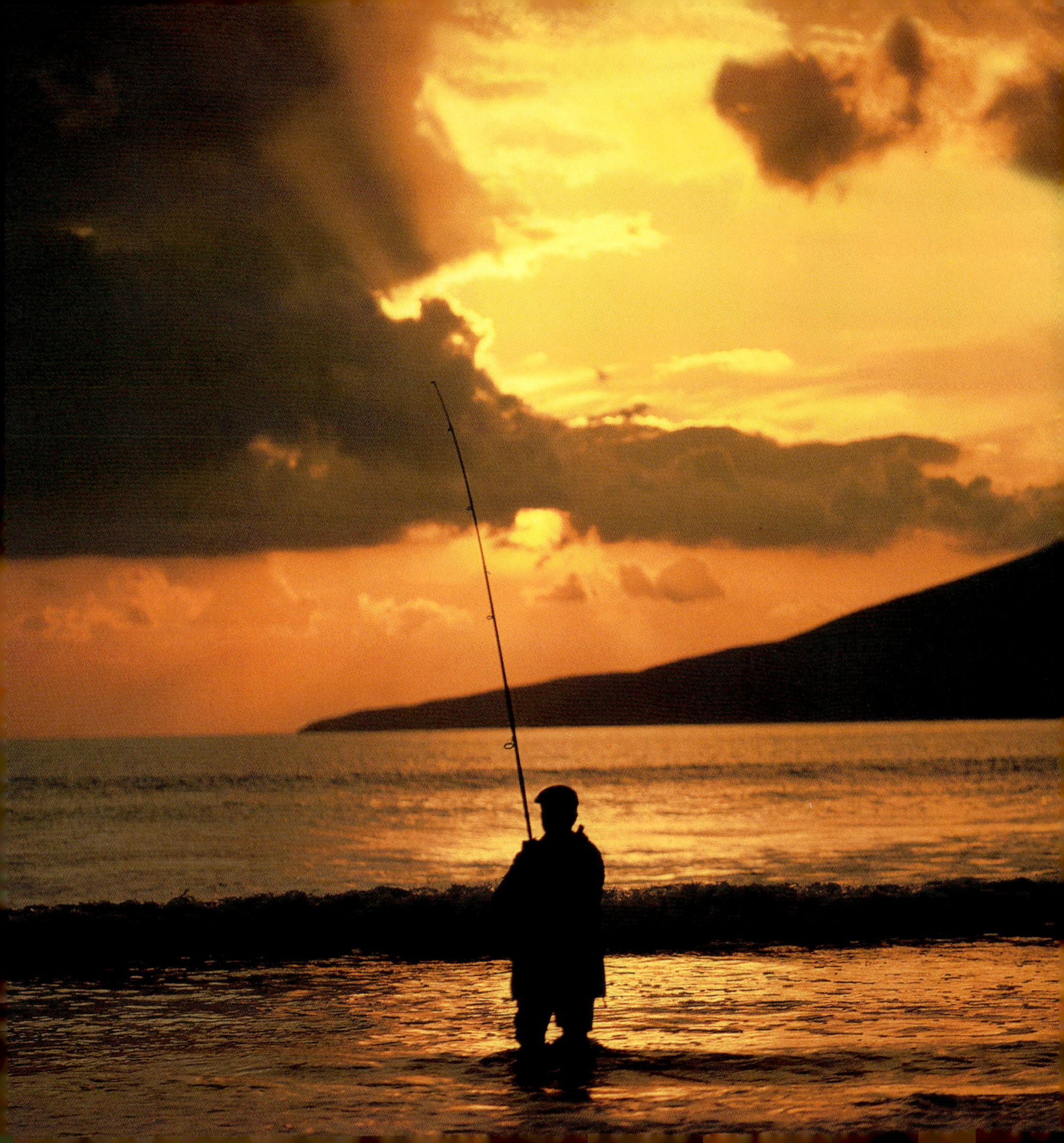

3. August

Warten

Der Abendhimmel ist mir wie ein Fenster
– und eine brennende Lampe –
und ein Warten dahinter.

Rabindranath Tagore

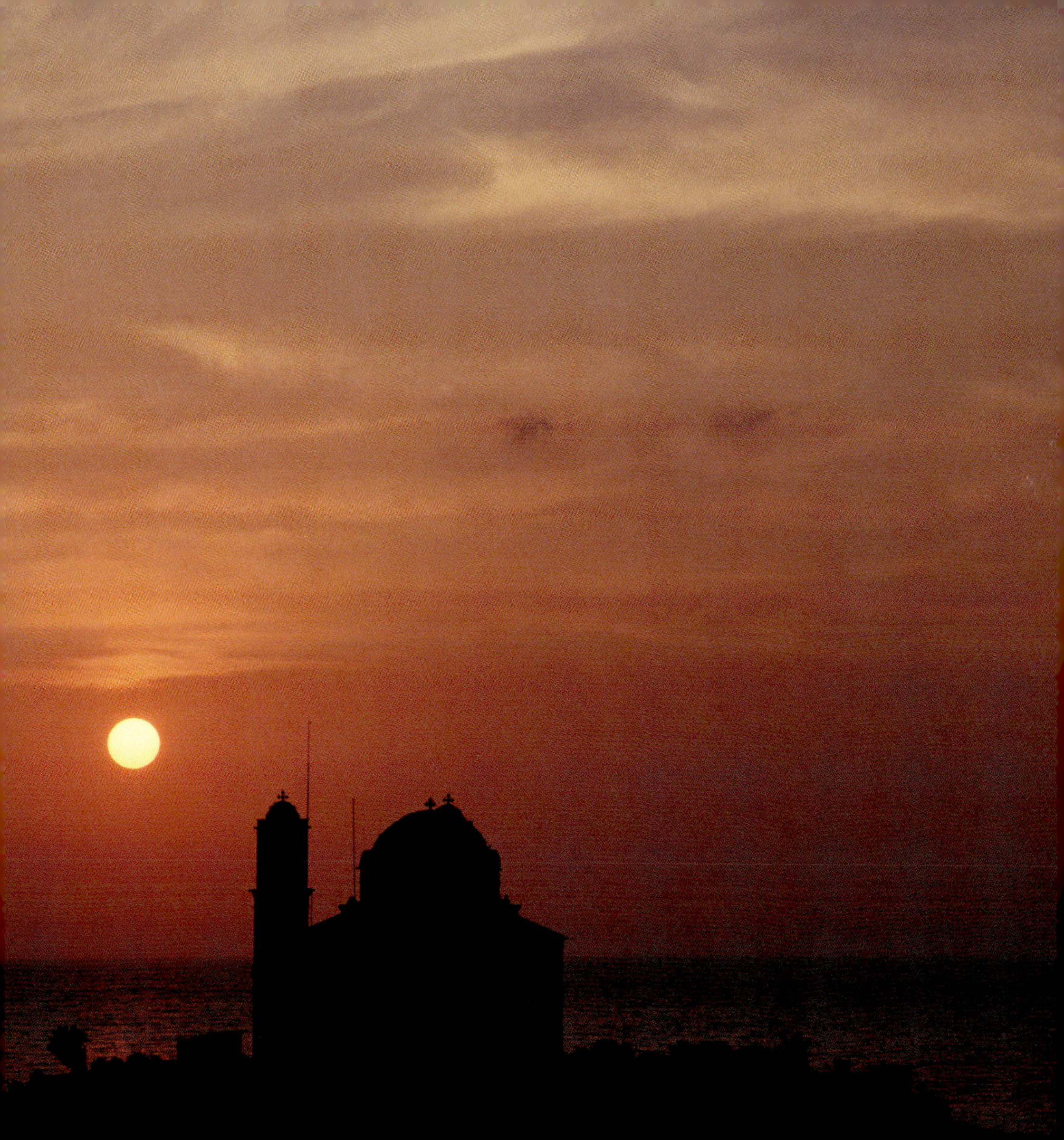

4. August

Über die Liebe

Wer nicht liebt,
bewegt sich an der Oberfläche des Lebens.
Nur die Liebe erschließt
die tieferen Zusammenhänge.

Ulrich Schaffer

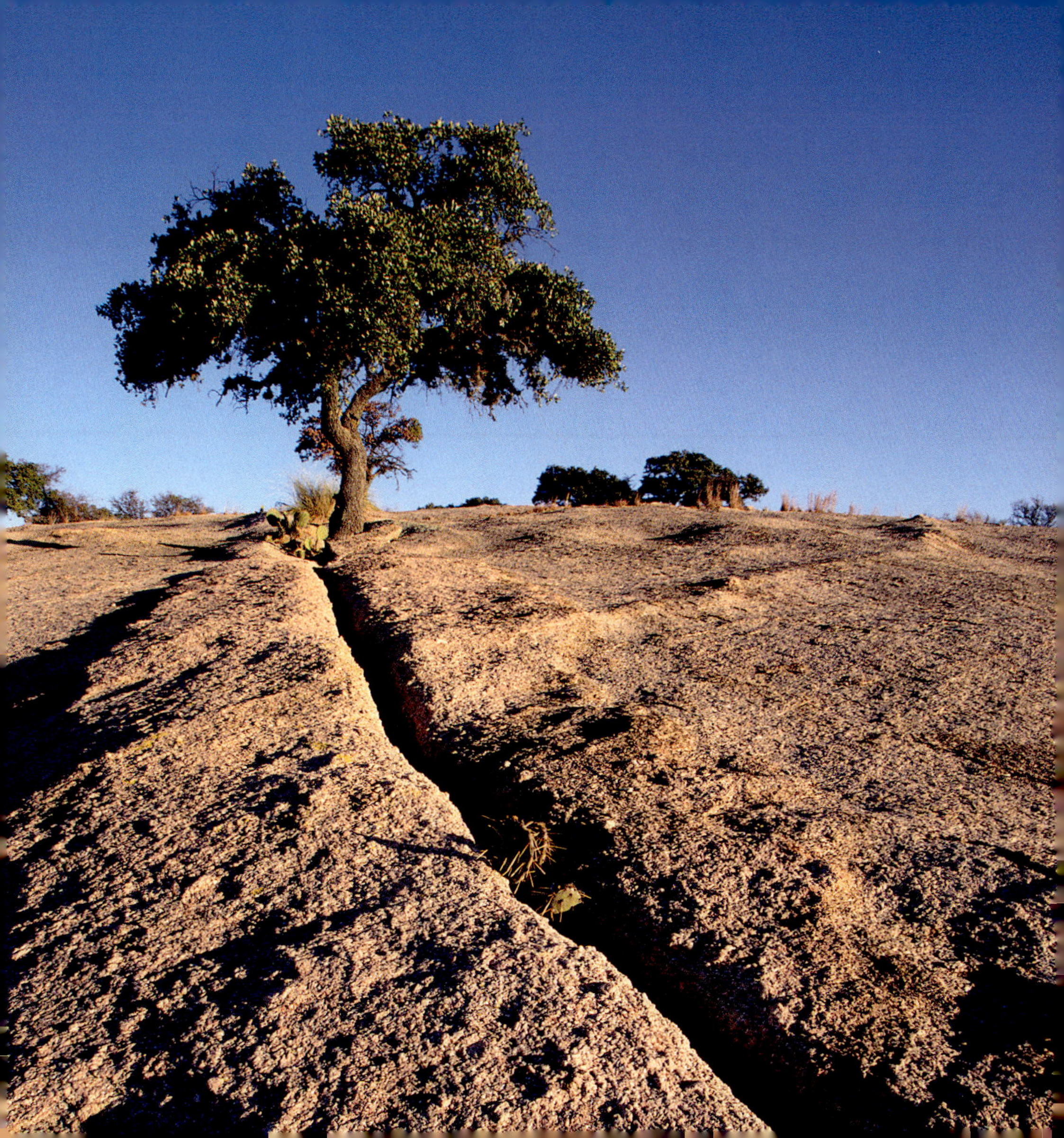

5. August

Ruhe

Wenn man Ruhe
nicht in sich selbst findet,
ist es umsonst,
sie anderswo zu suchen.

François de La Rochefoucauld

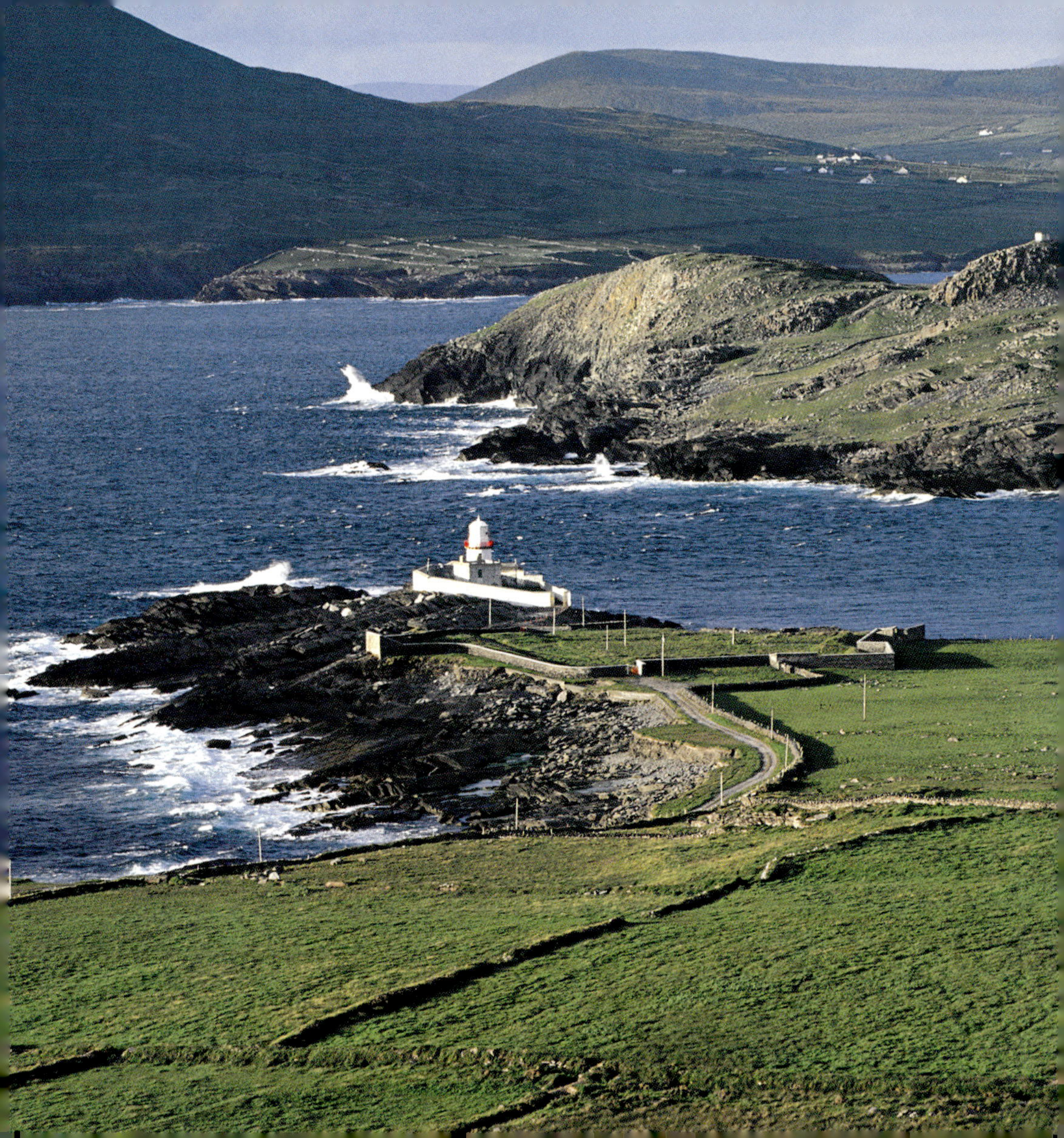

6. August

Ewiglich

Die Liebe hemmet nichts;
Sie kennt nicht Tür noch Riegel
Und dringt durch alles sich;
Sie ist ohn' Anbeginn, schlug ewig ihre Flügel
Und schlägt sie ewiglich.

Matthias Claudius

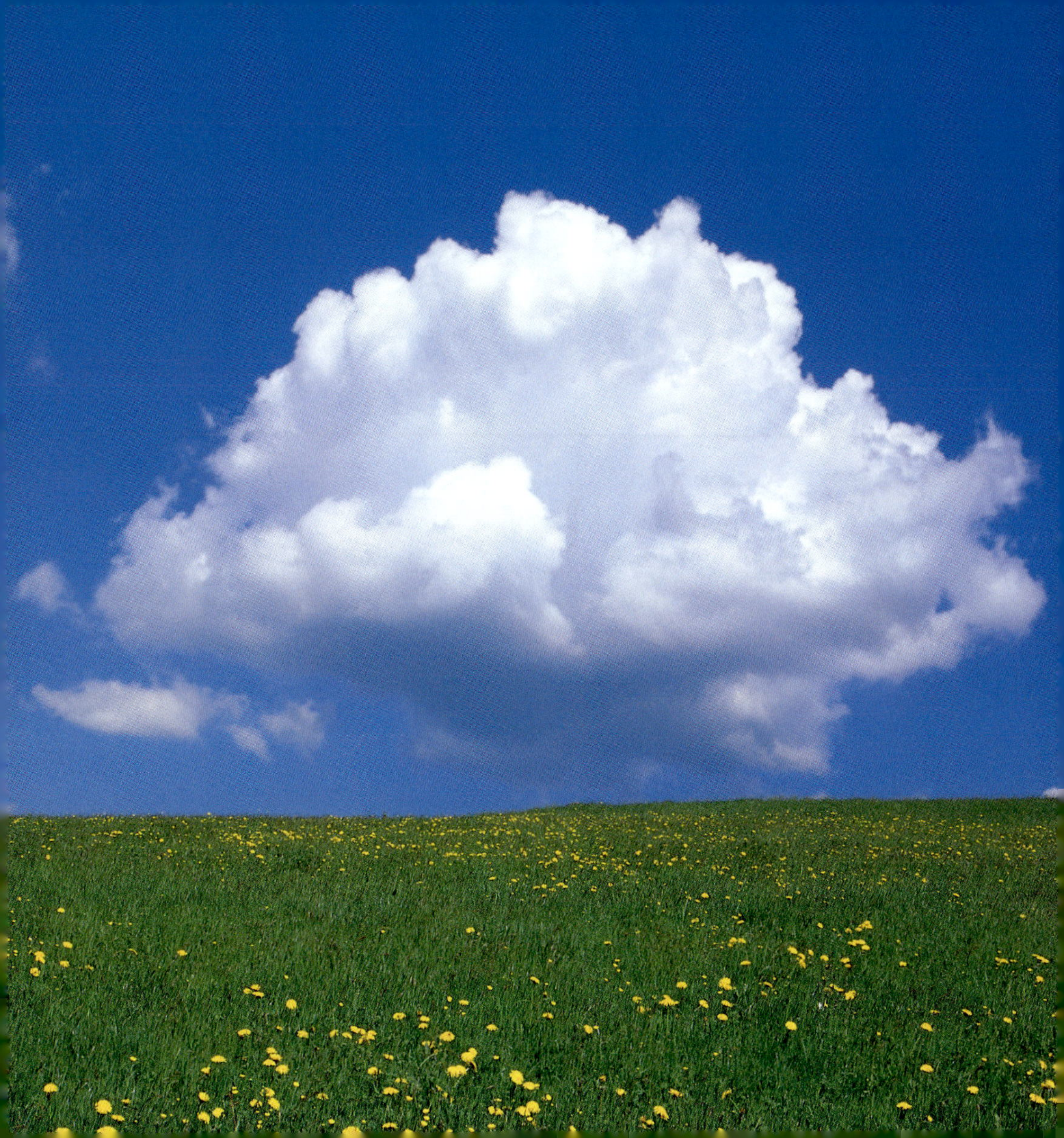

7. August

Zeit nehmen

Alles, was wir brauchen,
ist tief in uns verborgen und wartet darauf,
sich zu entfalten.
Wir müssen nichts tun,
außer still werden und uns Zeit nehmen,
um nach dem zu suchen,
was wir in uns tragen.

Eileen Caddy

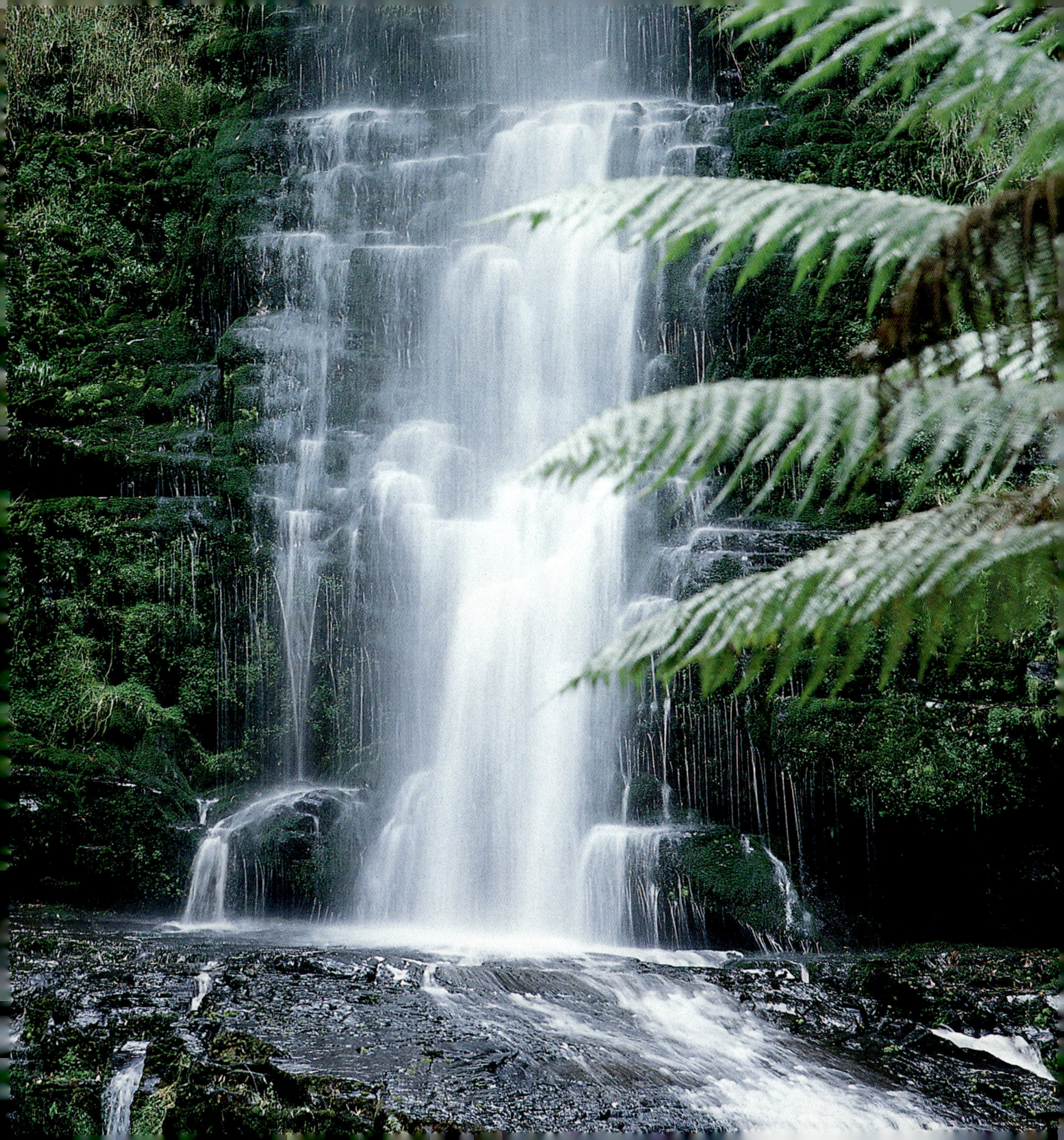

8. August

Selbsterkenntnis

Bedenke, dass die Biene es nicht versäumt,
auszufliegen, um den Nektar
der Blüten zu sammeln.
Genauso muss es die Seele
mit der Selbsterkenntnis halten.
Glaubt es mir und fliegt zuweilen aus,
um die Größe Gottes zu betrachten.

Teresa von Ávila

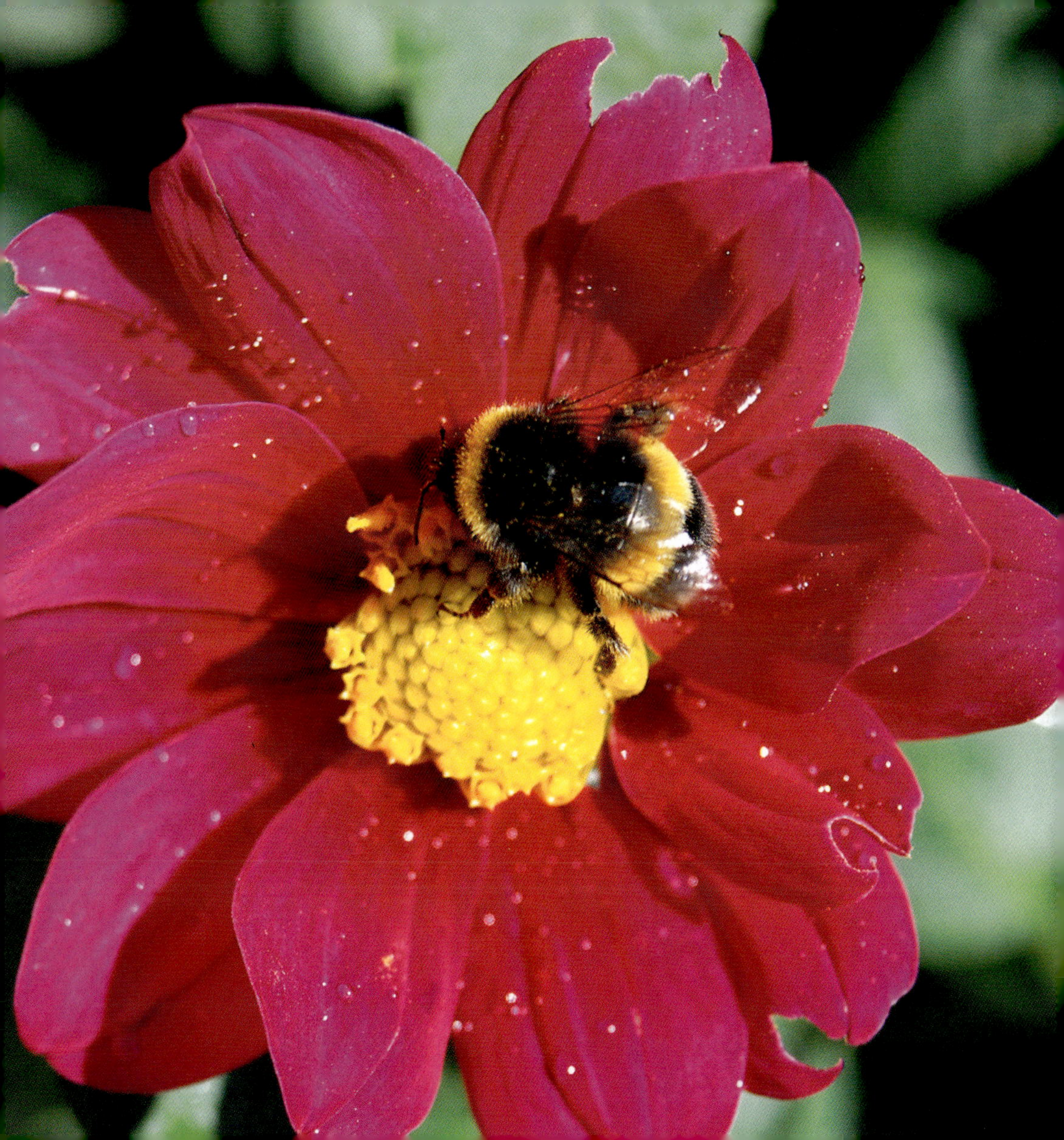

9. August

Deine Träume

Sage ja zu den Überraschungen,
die deine Pläne durchkreuzen,
deinem Tag eine ganz andere Richtung geben,
ja, vielleicht deinem Leben.
Sie sind nicht Zufall.
Lass dem himmlischen Vater die Freiheit,
selber den Verlauf deiner Tage zu bestimmen.

Dom Hélder Câmara

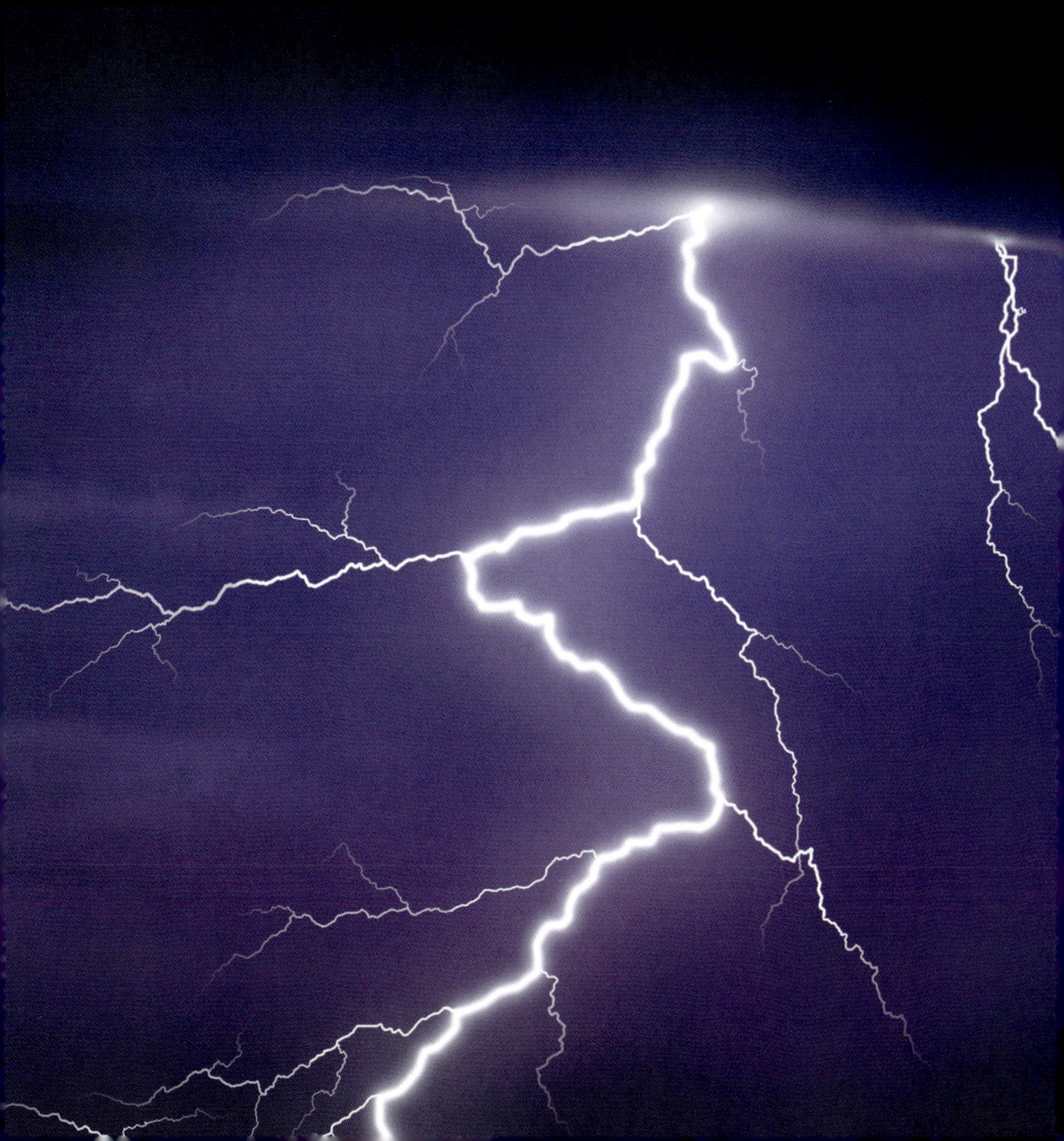

10. August

Sinn des Lebens

An einen Gott glauben heißt,
die Frage nach dem Sinn des Lebens verstehen.
An einen Gott glauben heißt sehen,
dass es mit den Tatsachen der Welt
noch nicht abgetan ist.
An einen Gott glauben heißt sehen,
dass das Leben einen Sinn hat.

Ludwig Wittgenstein

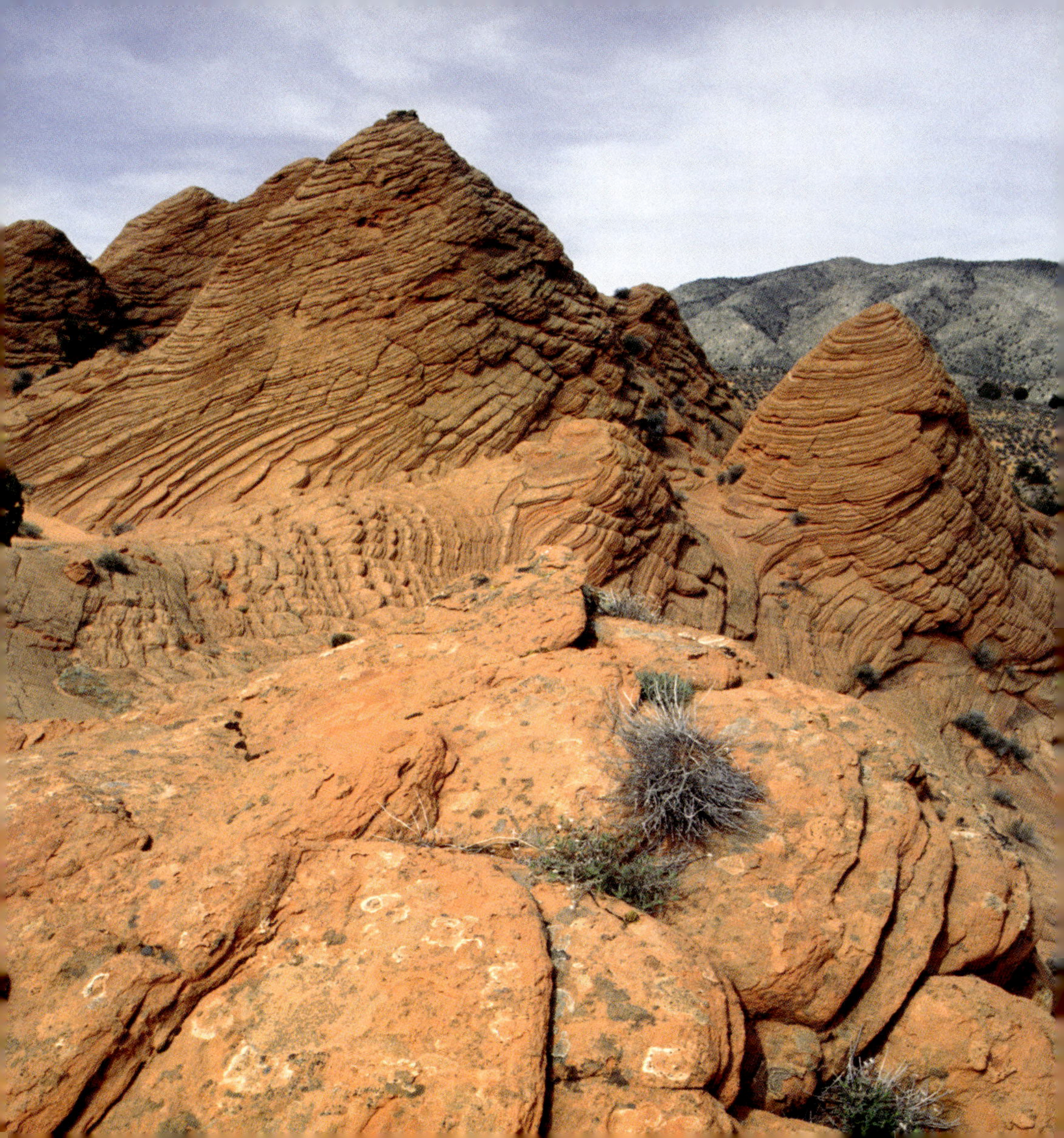

11. August

Geheimnis des Seins

Nichts ist verloren für einen Menschen, wenn
er eine große Liebe
oder eine wahre Freundschaft lebt,
aber alles ist verloren für den, der allein ist.
Nur wer liebend aus dem Kreis
des Ichs heraustritt, zu einem Du,
findet das Tor zum Geheimnis des Seins.

Gabriel Marcel

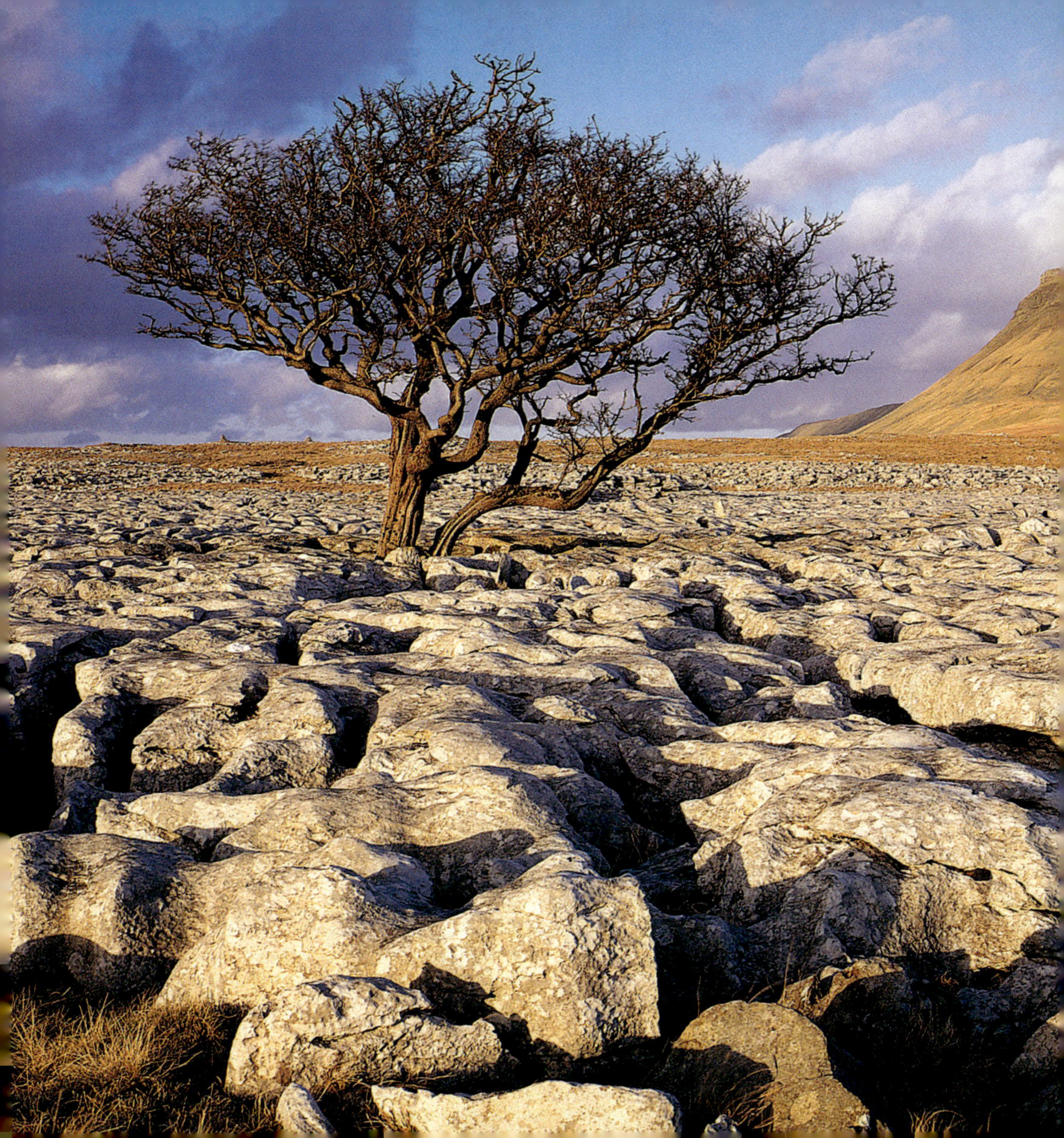

12. August

Friede

Hat man sich mit jemandem entzweit,
so soll man vor Sonnenuntergang
wieder Frieden schließen.

Benedikt von Nursia

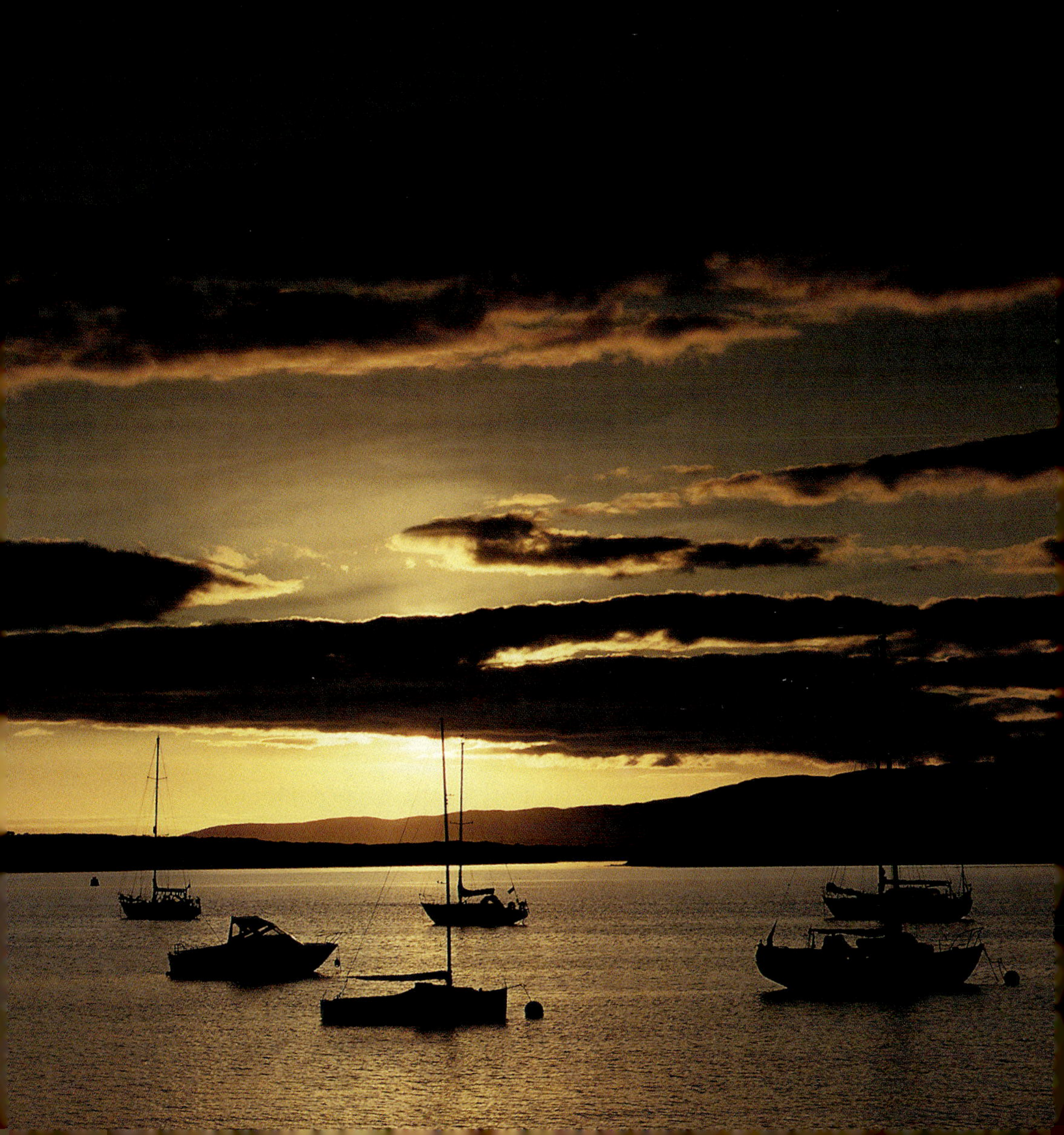

13. August

Himmel

Sanftmut ist der Himmel, Zorn die Hölle,
die Mitte zwischen beiden ist diese Welt.
Je sanftmütiger du bist,
desto näher bist du dem Himmel.

Martin Luther

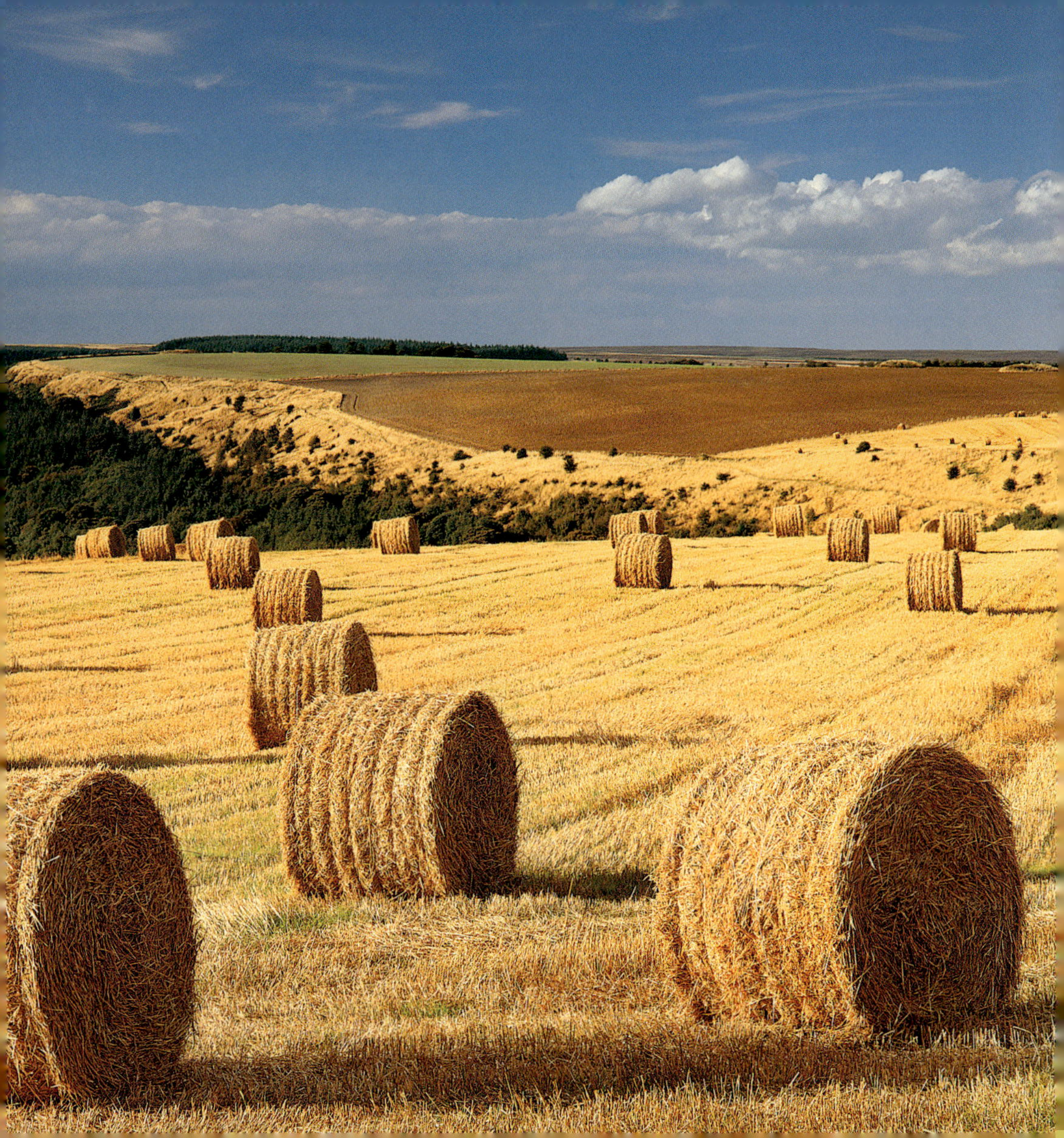

14. August

Zuversicht

Es ist unmöglich,
dass ein Mensch in die Sonne schaut,
ohne dass sein Angesicht hell wird.

Friedrich von Bodelschwingh

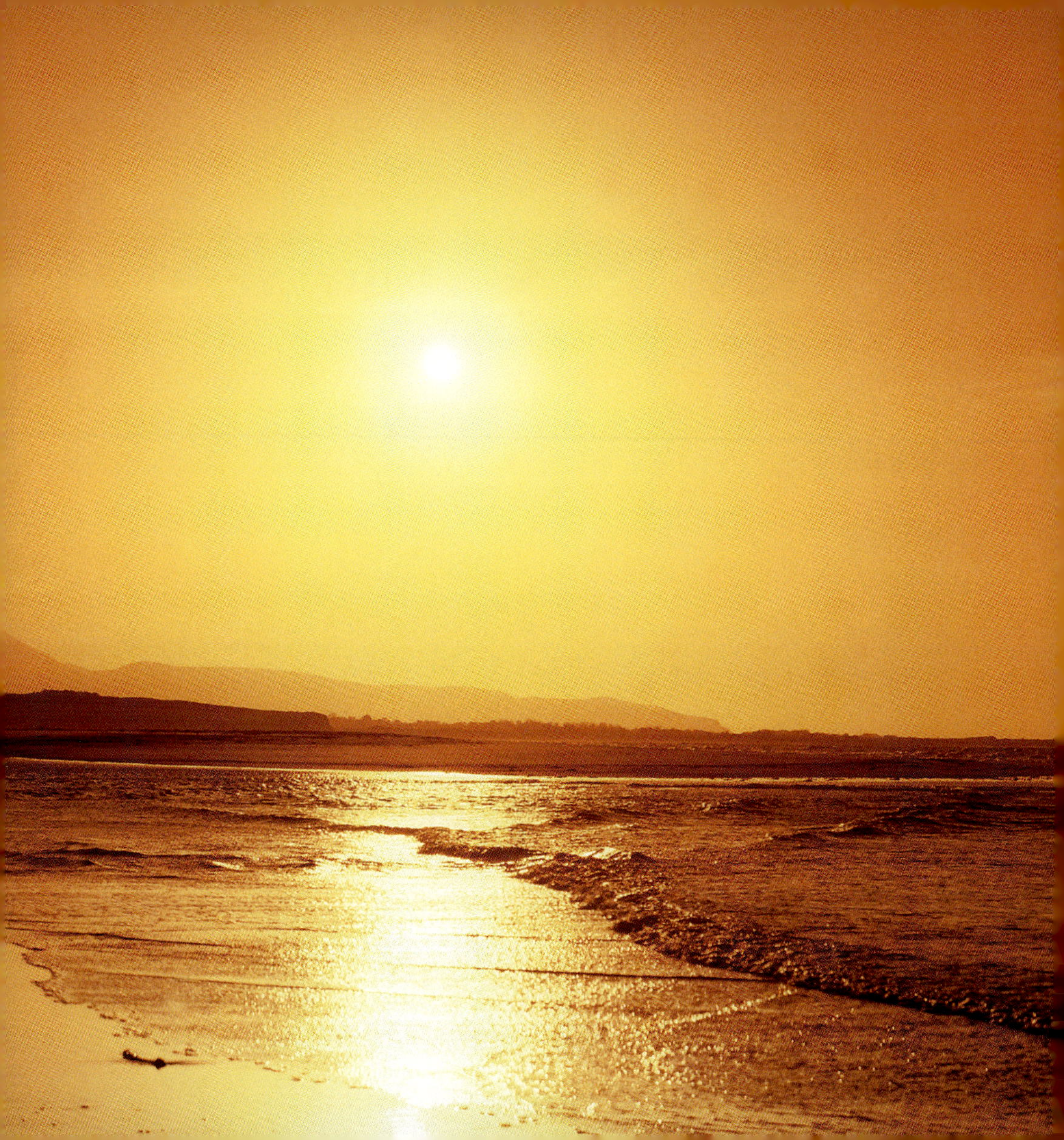

15. August

Mutter

Die Kirche ist eine alte Frau
mit vielen Runzeln und Falten.
Aber sie ist meine Mutter.
Und eine Mutter schlägt man nicht.

Karl Rahner

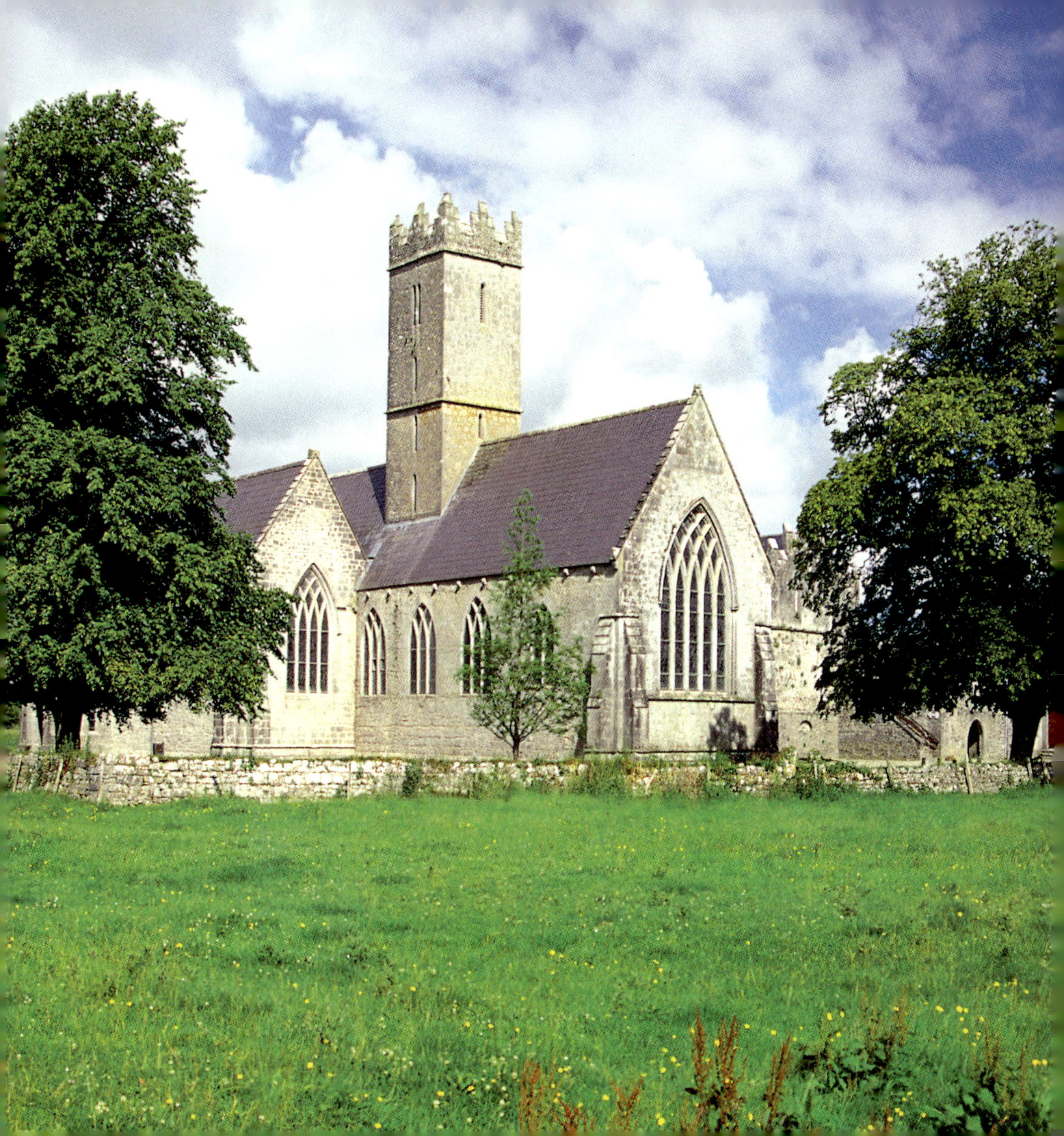

16. August

Entdeckung

Man entdeckt keine neuen Weltreiche
ohne den Mut,
alte Küsten aus den Augen zu verlieren.

André Gide

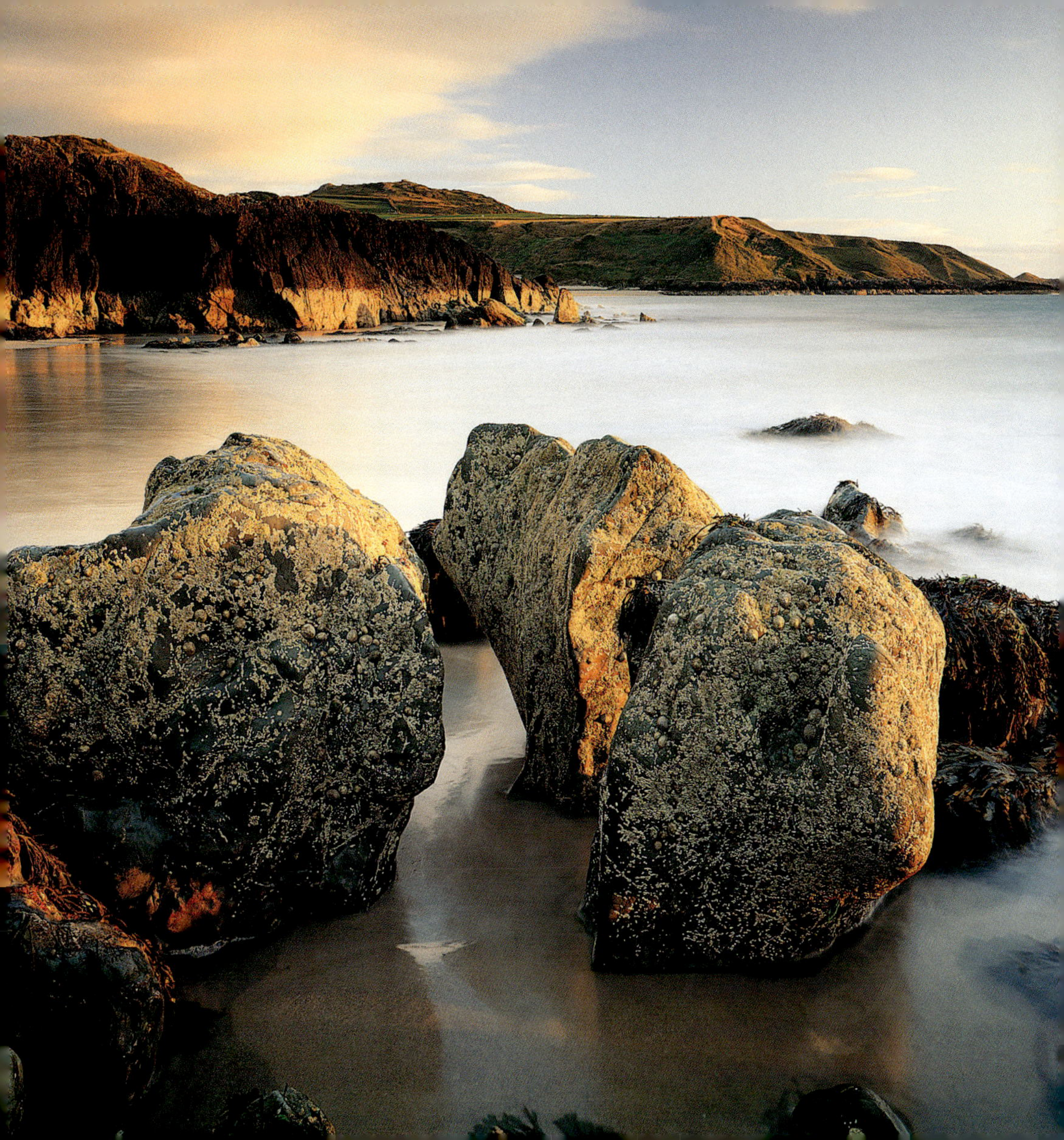

17. August

Rücksicht

Als Gott dem Menschen
ins Angesicht schaute,
gefiel er ihm sehr gut.
Gott hat alle Dinge der Welt so eingerichtet,
dass eins auf das andere Rücksicht nimmt.

Hildegard von Bingen

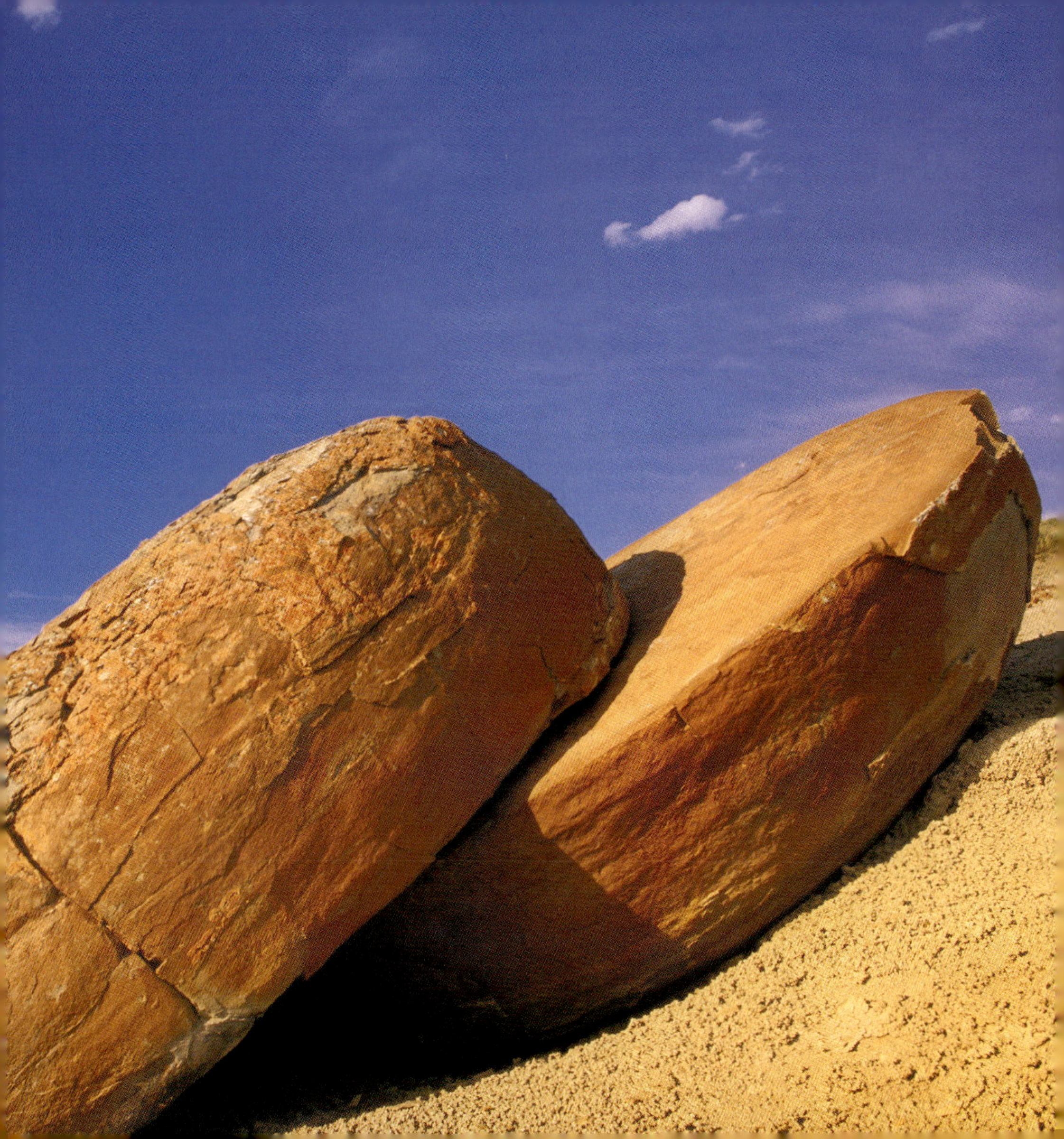

18. August

Stein der Weisen

Mensch, geh nur in dich selbst.
Denn nach dem Stein der Weisen
darf man nicht allererst
in fremde Lande reisen.

Angelus Silesius

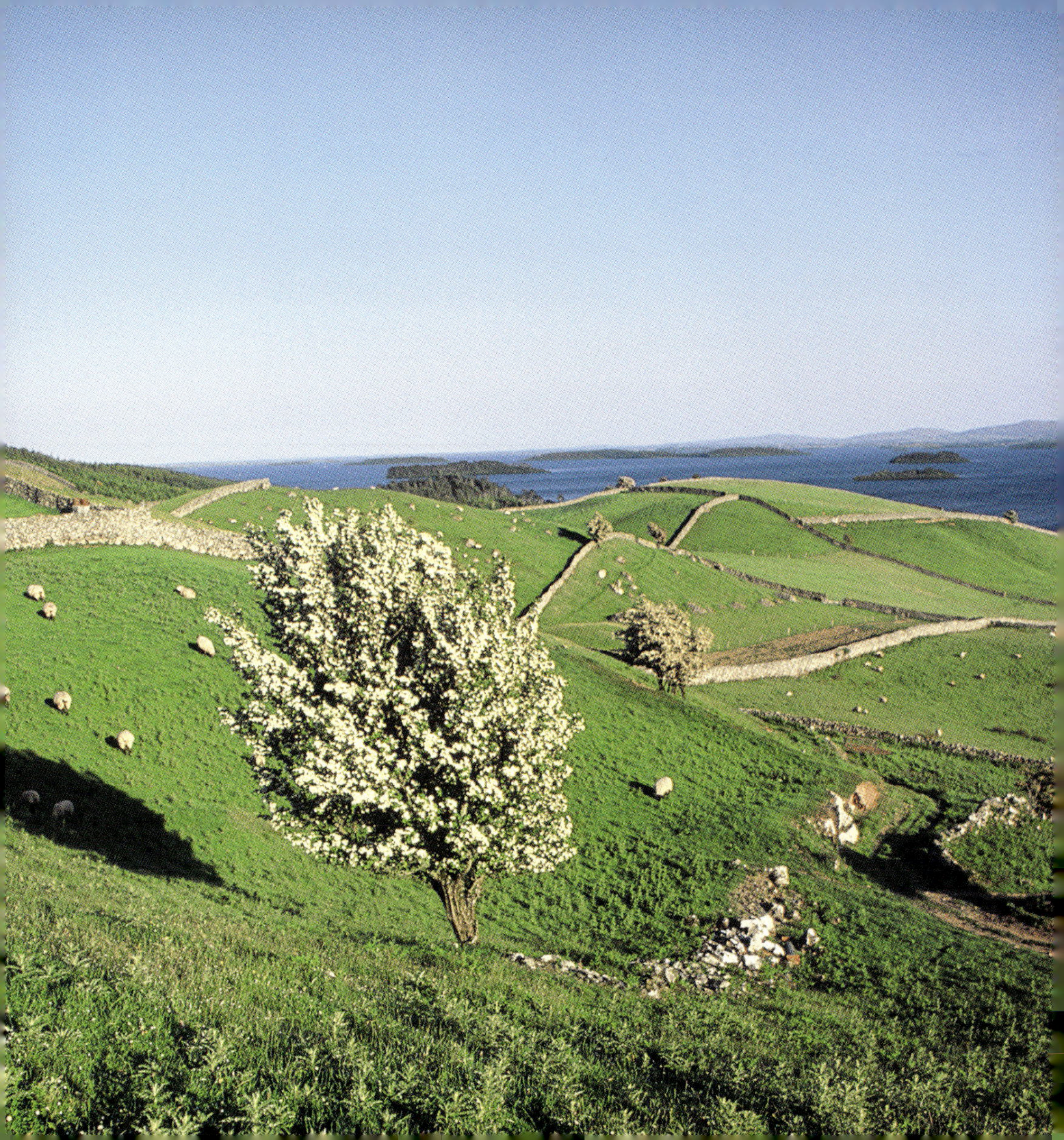

19. August

Das Innere

Höre nur auf dein Inneres,
richte die Augen deines Geistes darauf,
und du wirst selbst erleben, wie es geht,
und dadurch lernen.

Bernhard von Clairvaux

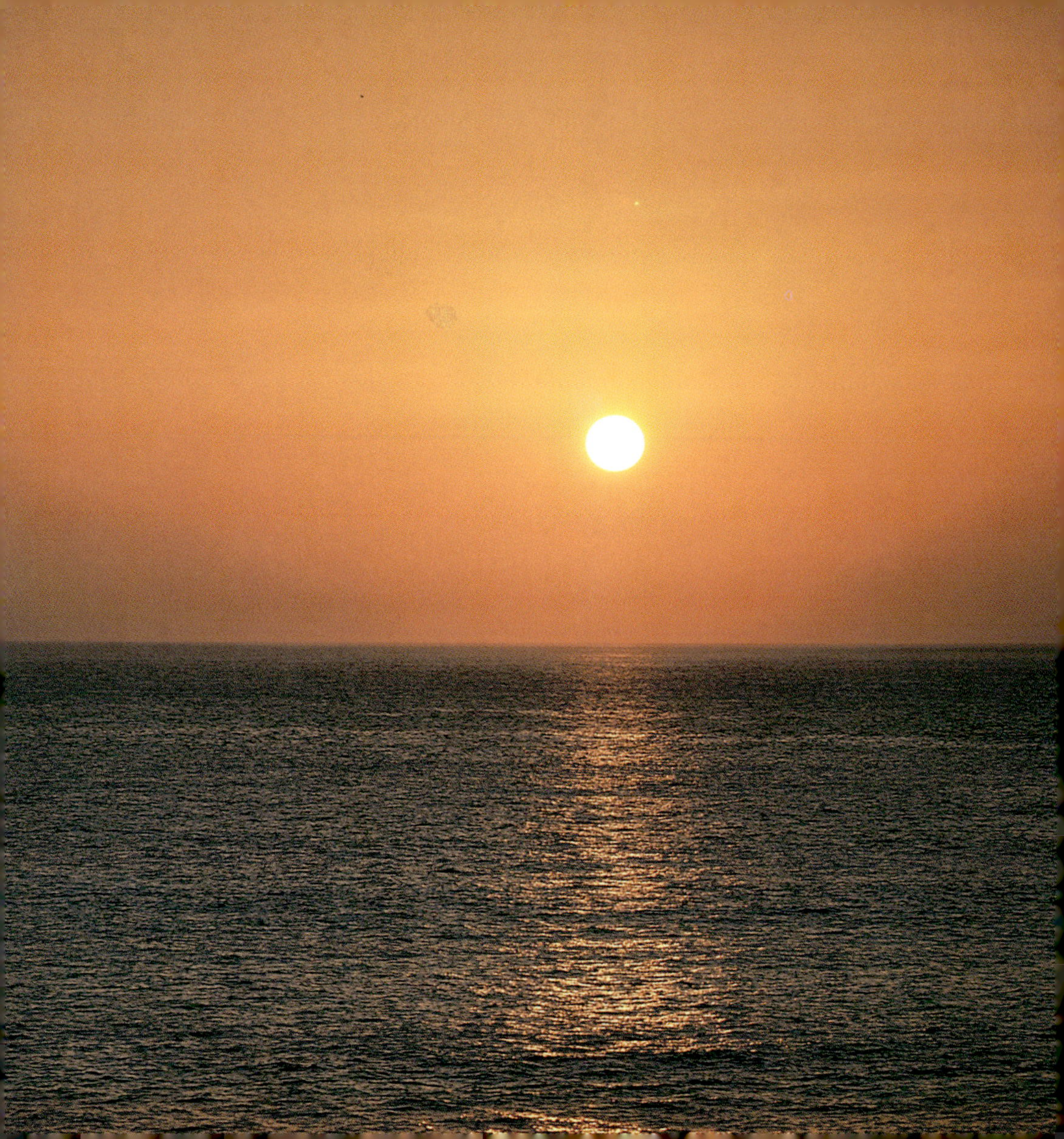

20. August

Nahe sein

Man muss den Blumen,
Gräsern und Schmetterlingen
auch noch so nah sein wie ein Kind,
das nicht viel über sie hinweg reicht.

Friedrich Nietzsche

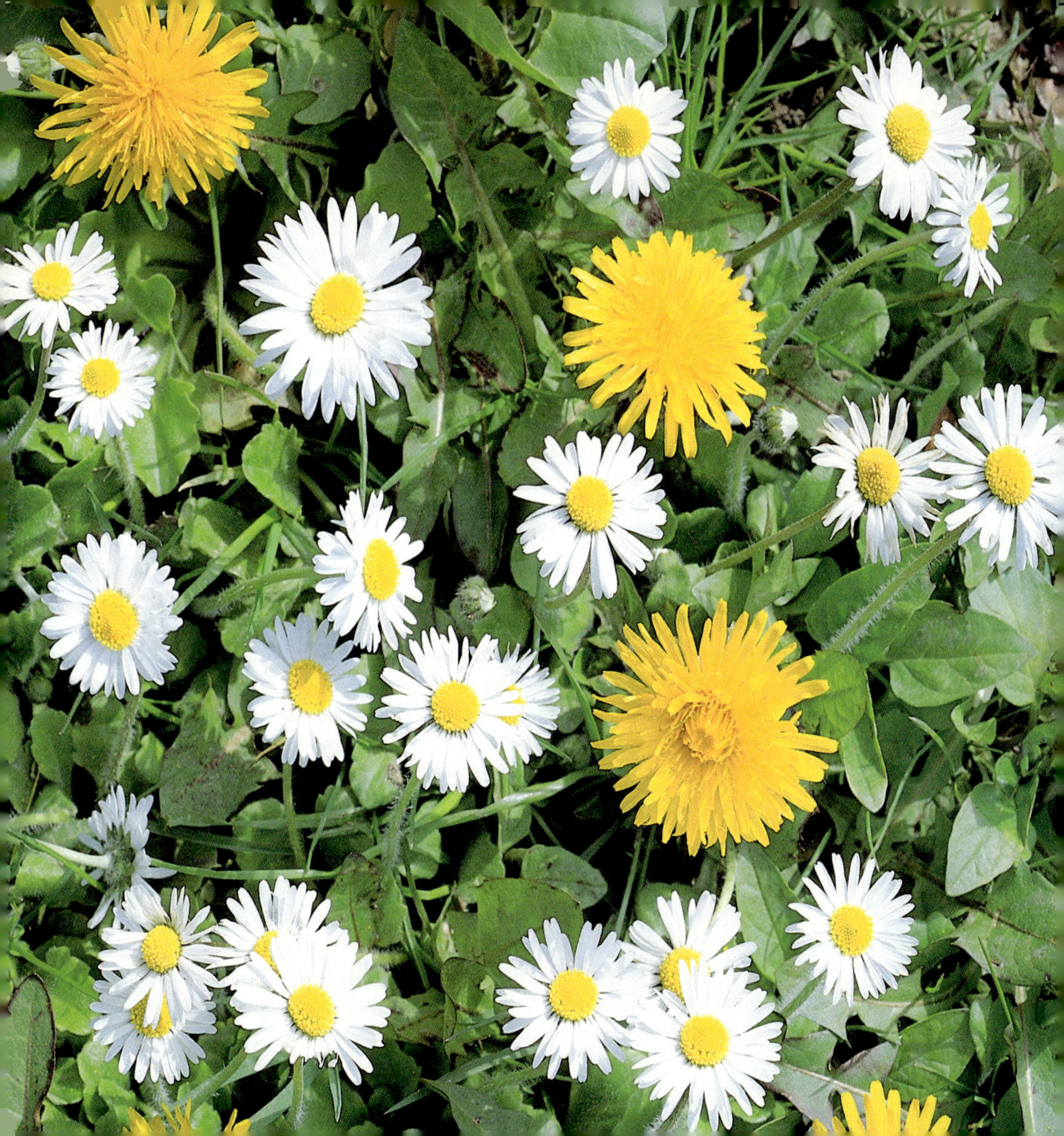

21. August

Veränderung

Wer feststellen will, ob er sich verändert hat,
sollte zu einem Ort zurückkehren,
der unverändert geblieben ist.

Nelson Mandela

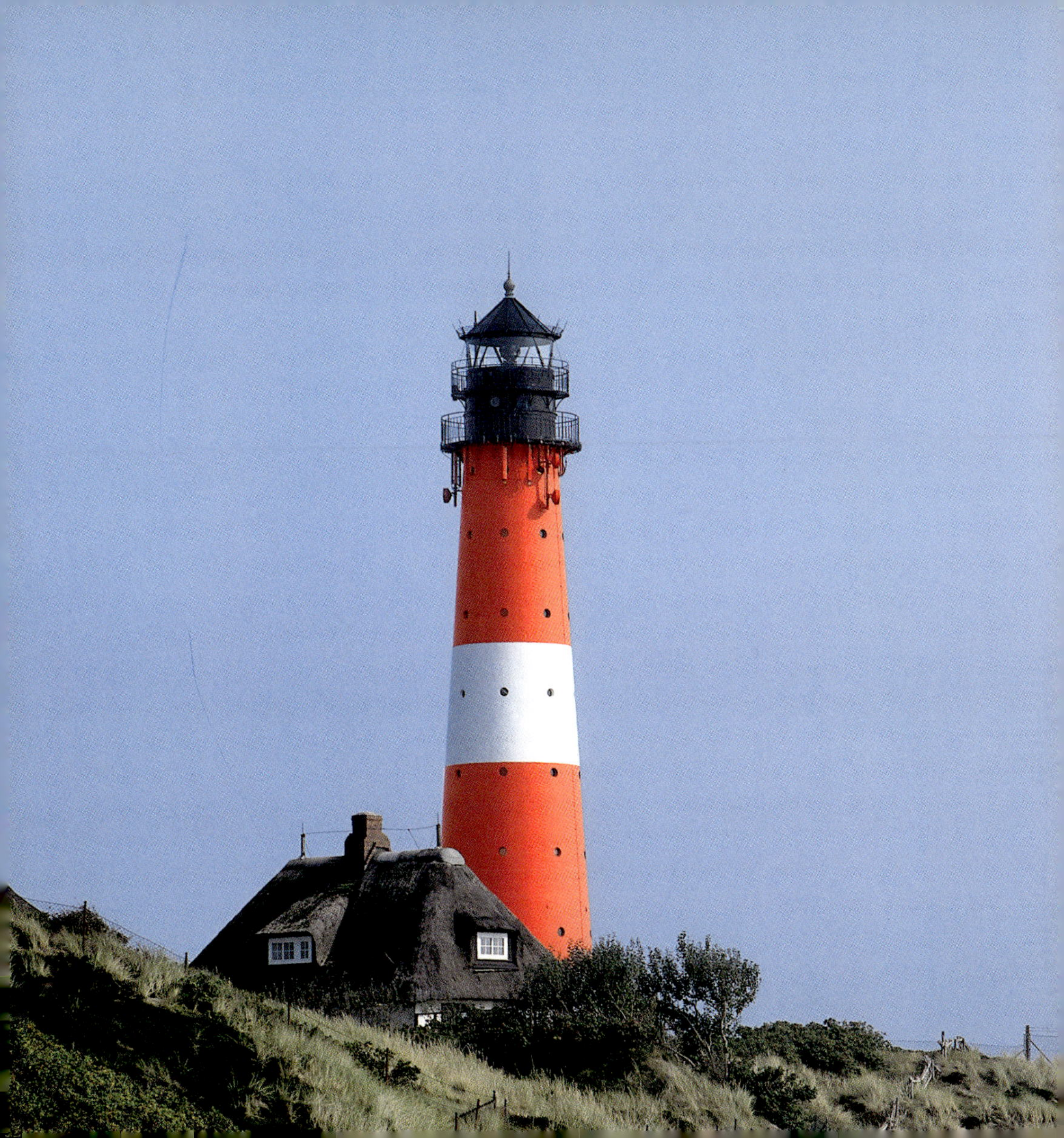

22. August

Schönheit

Die Liebe ist unter den Tugenden,
was die Sonne unter den Sternen ist:
Sie gibt ihnen Glanz und Schönheit.

Franz von Sales

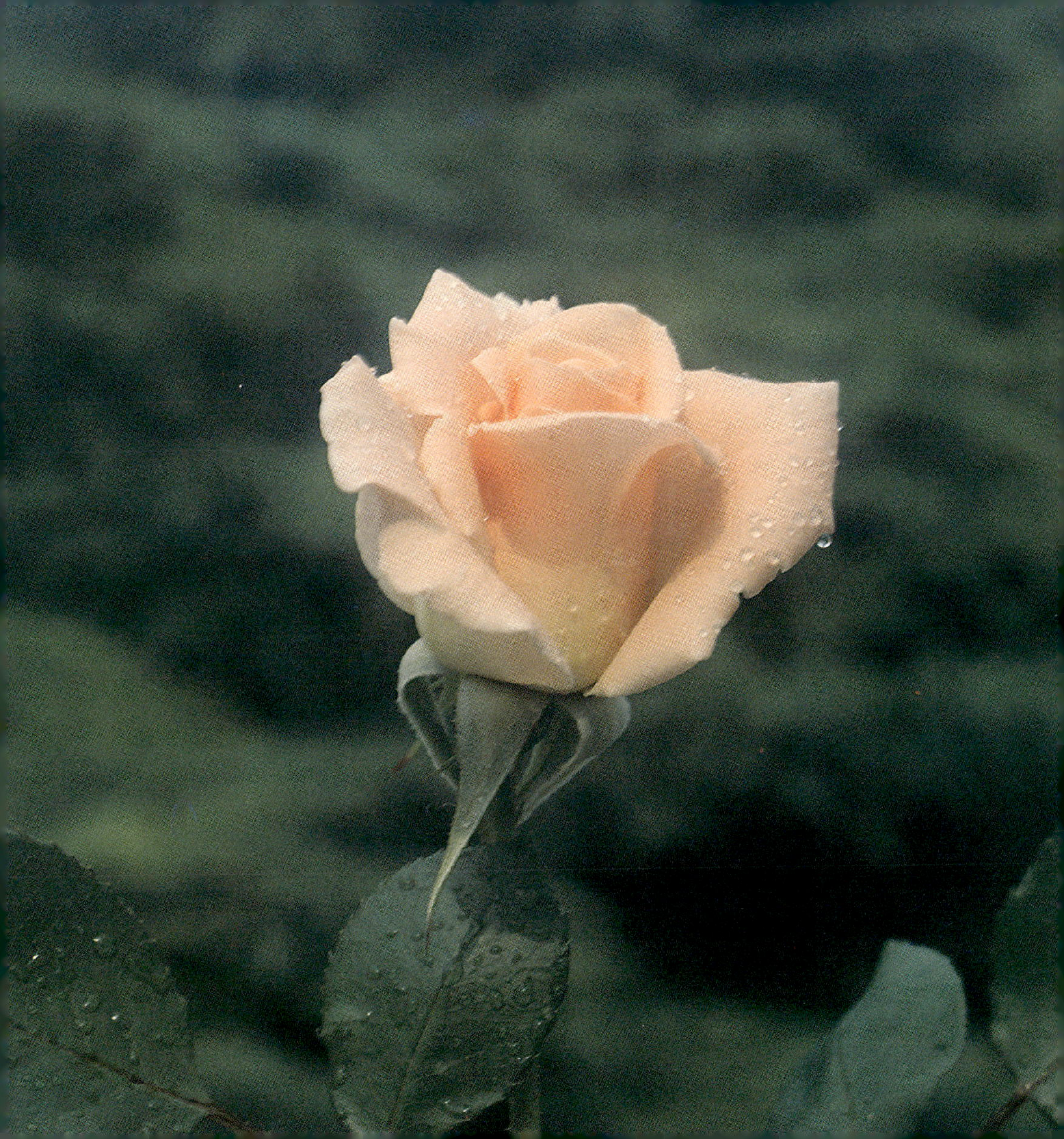

23. August

Quelle

Blick in dein Inneres!
Dort ist die Quelle des Guten,
und wenn du immer nachgräbst,
kann sie immer hervorsprudeln.

Marc Aurel

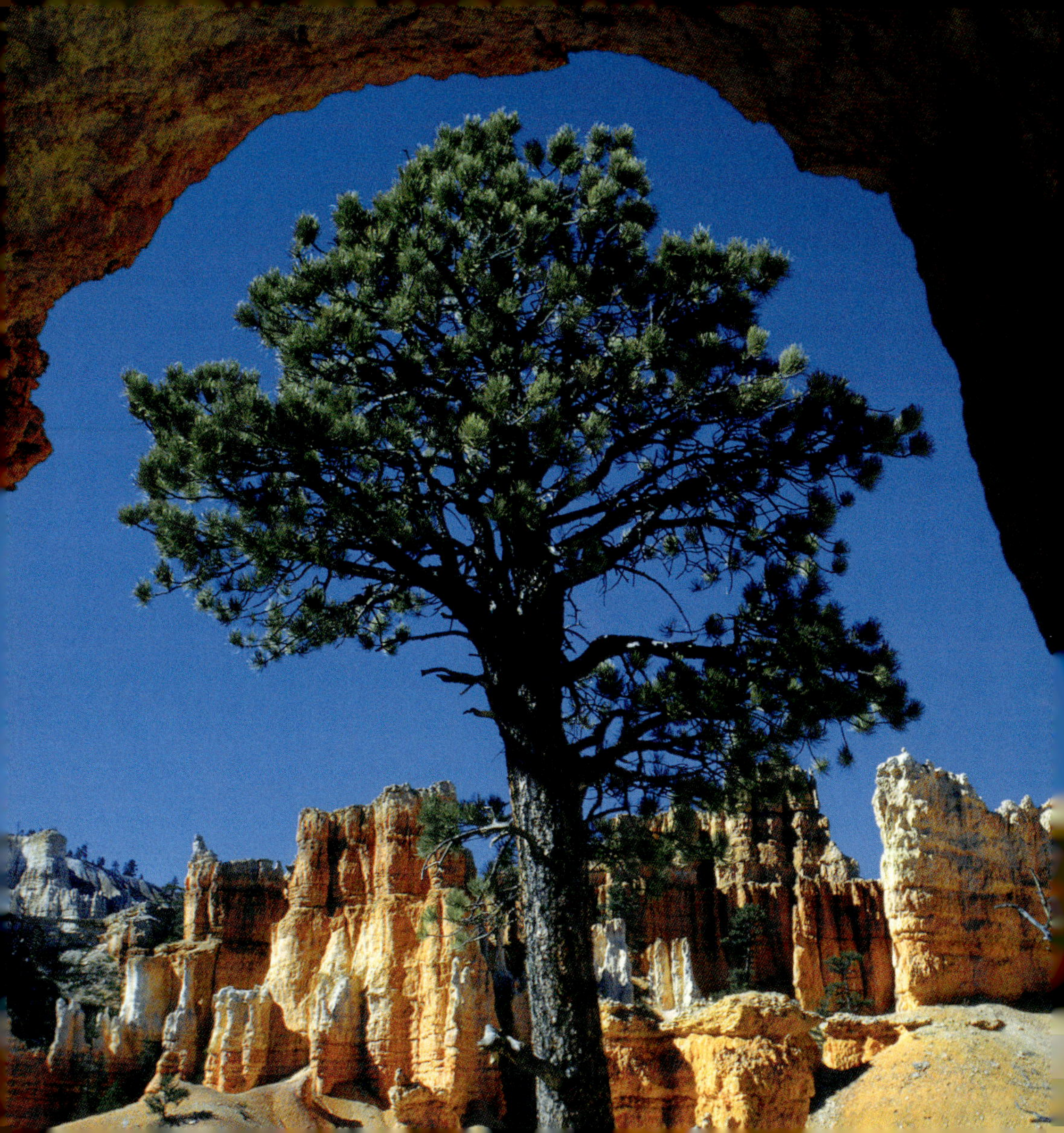

24. August

Warten

Jedes Werden in der Natur,
im Menschen, in der Liebe,
muss abwarten, geduldig sein,
bis seine Zeit zum Blühen kommt.

Dietrich Bonhhoeffer

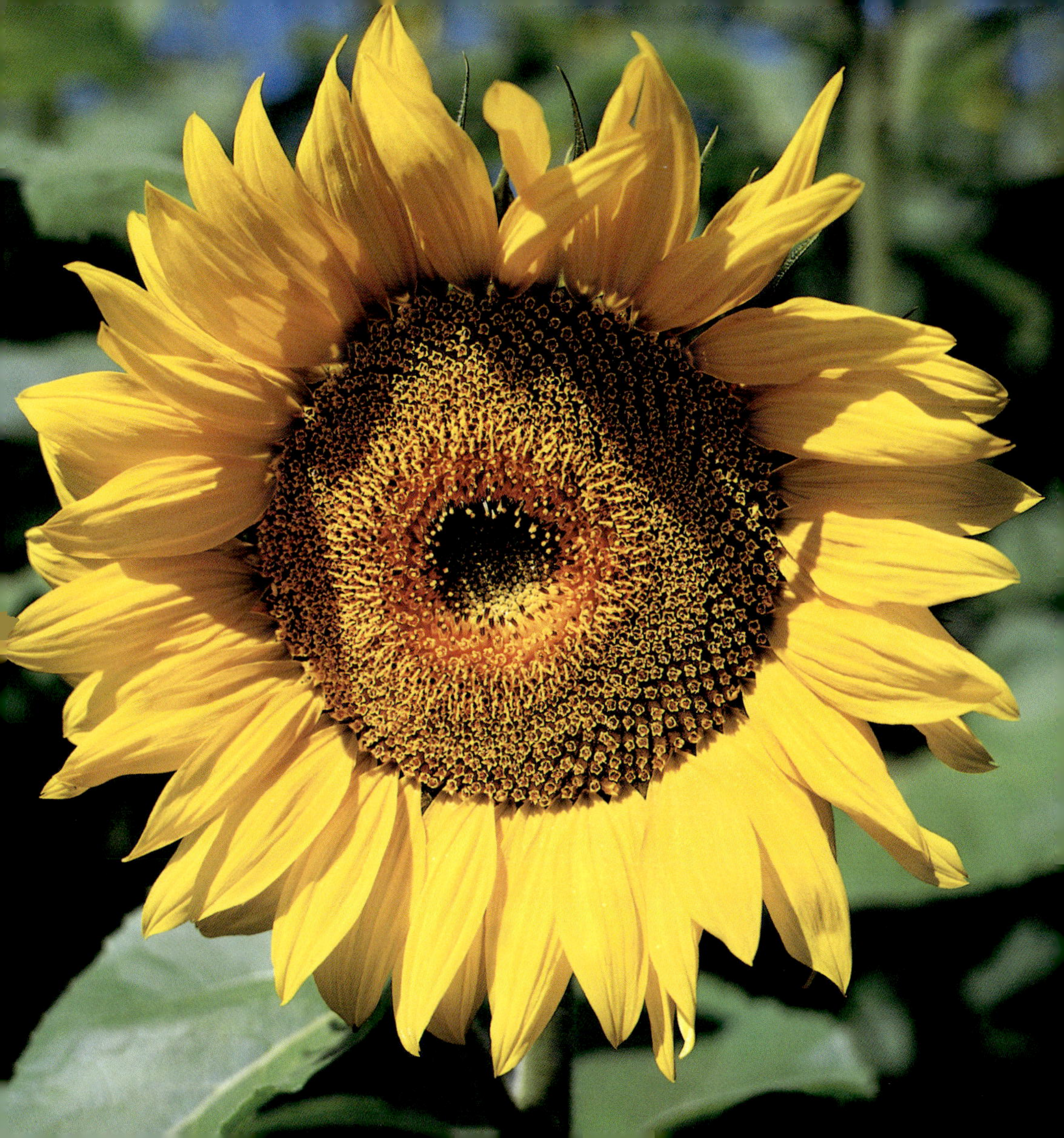

25. August

Im Austausch

Im Austausch der Gaben der Erde
werdet ihr Überfluss finden und zufrieden sein.
Wenn der Austausch allerdings
nicht in Liebe und gnädiger Gerechtigkeit
besteht, dann wird er nur einige zur Gier
und andere zum Hunger führen.

Khalil Gibran

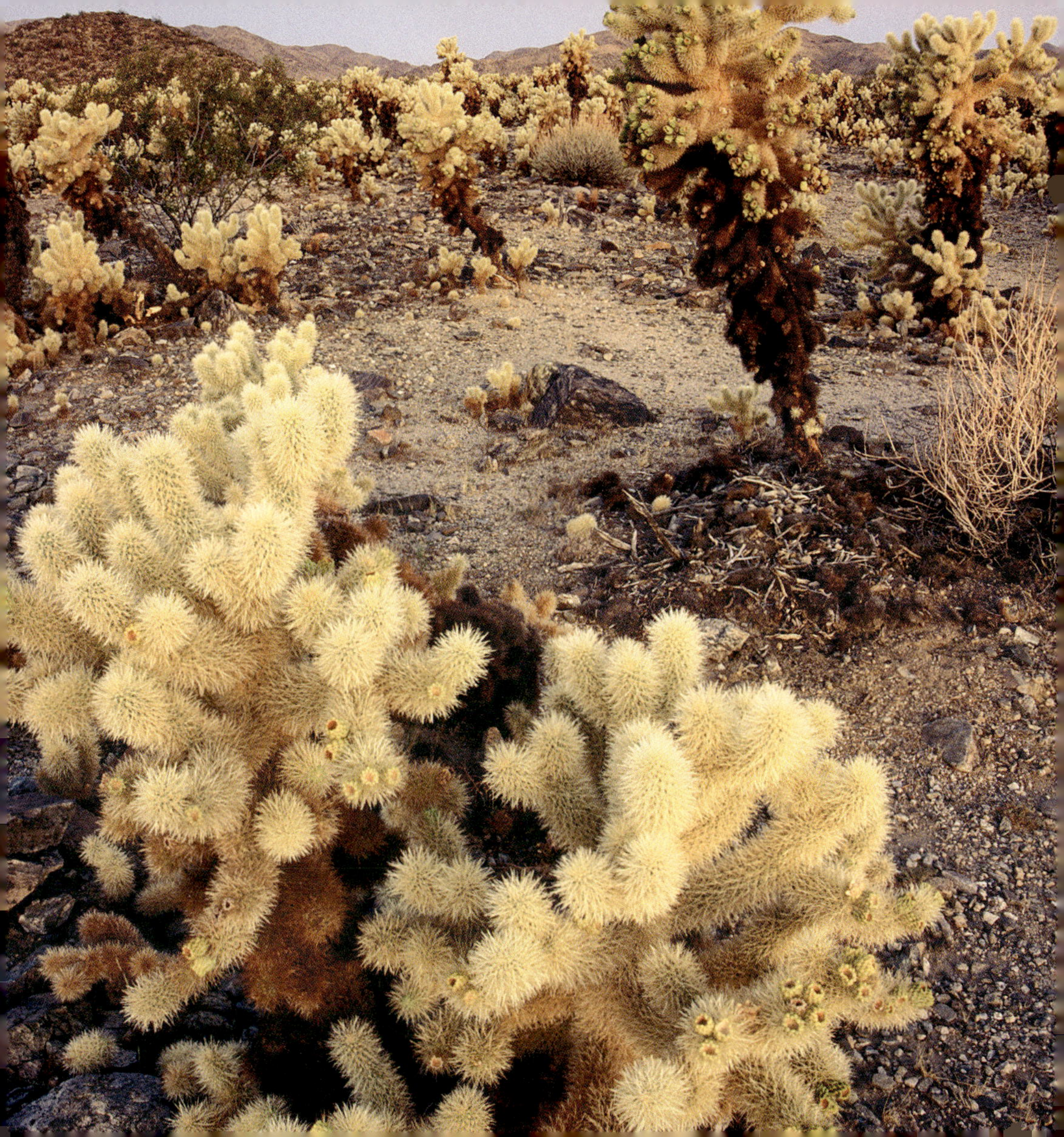

26. August

Frieden

Herr, mach uns zu Boten deines Friedens,
dass wir dort, wo Hass ist, Liebe bringen;
wo Unrecht herrscht, den Geist des Verzeihens;
wo Irrtum herrscht, Wahrheit;
wo Zweifel ist, Hoffnung;
wo Schatten sind, Licht;
wo Traurigkeit ist, Freude.

Mutter Teresa

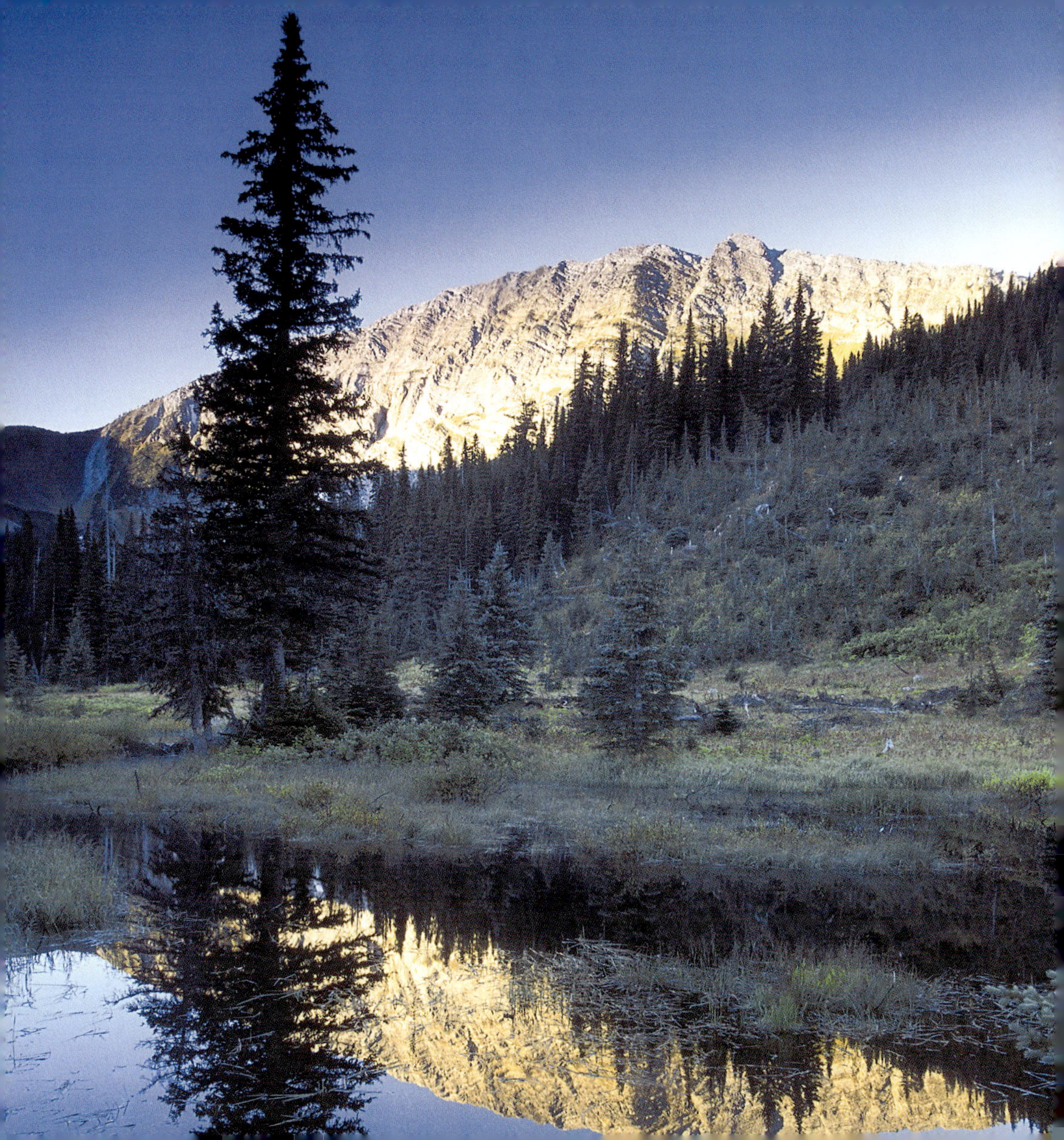

27. August

Kraft

Die Liebe besteht nicht in Worten,
sondern in der Kraft der Menschen,
die Last der Erde zu tragen,
ihr Elend zu mildern
und ihren Jammer zu beheben.

Johann Heinrich Pestalozzi

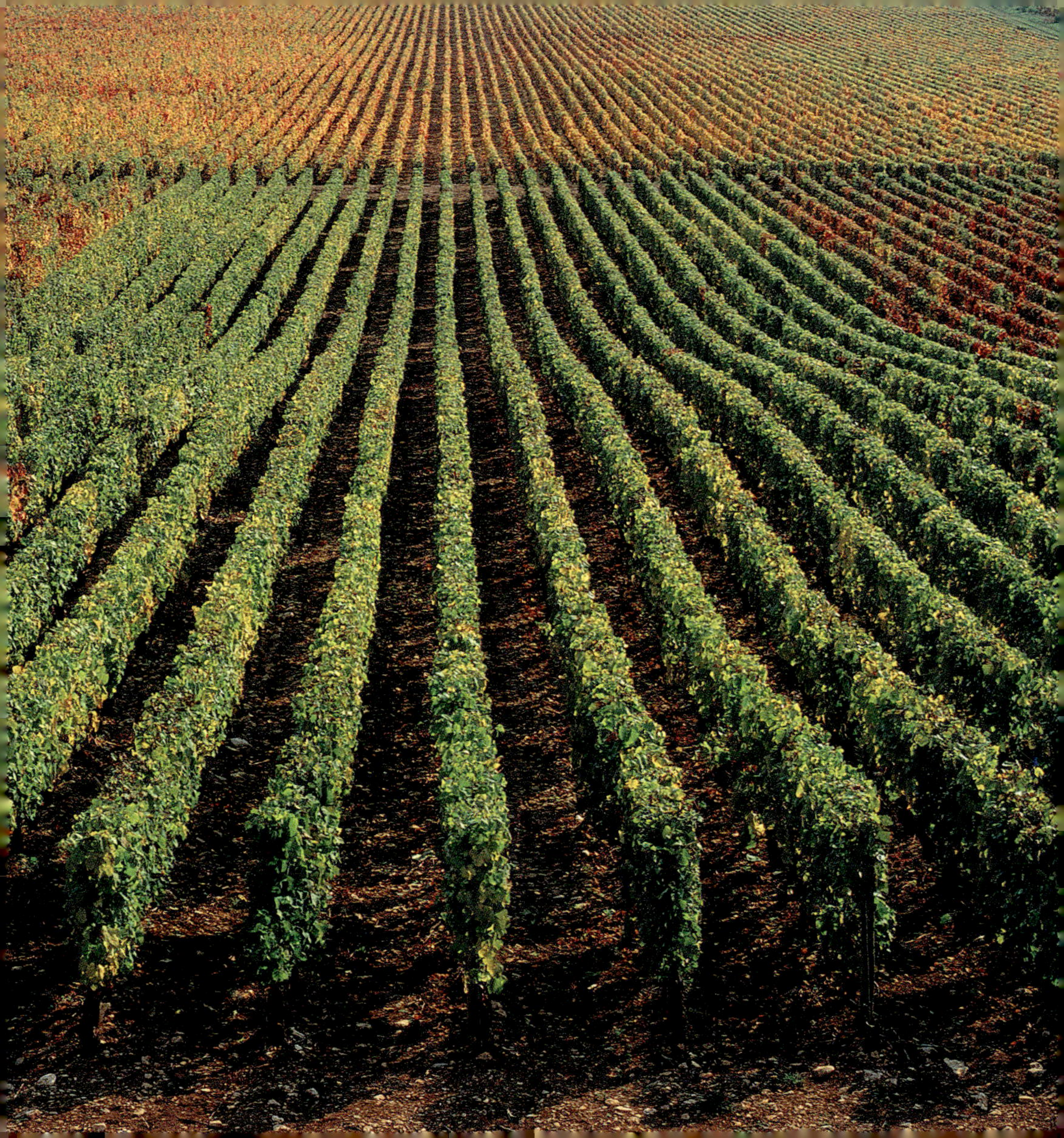

28. August

In Stille

Verstehen – durch Stille,
Wirken – aus Stille,
Gewinnen – in Stille.

Dag Hammarskjöld

29. August

Zeit finden

Nimm dir Zeit zu lieben
und geliebt zu werden –
das ist das Vorrecht der Götter.
Nimm dir Zeit, dich umzusehen –
der Tag ist zu kurz, um selbstsüchtig zu sein.
Nimm dir Zeit zu lachen –
das ist die Musik der Seele.

Irischer Segenswunsch

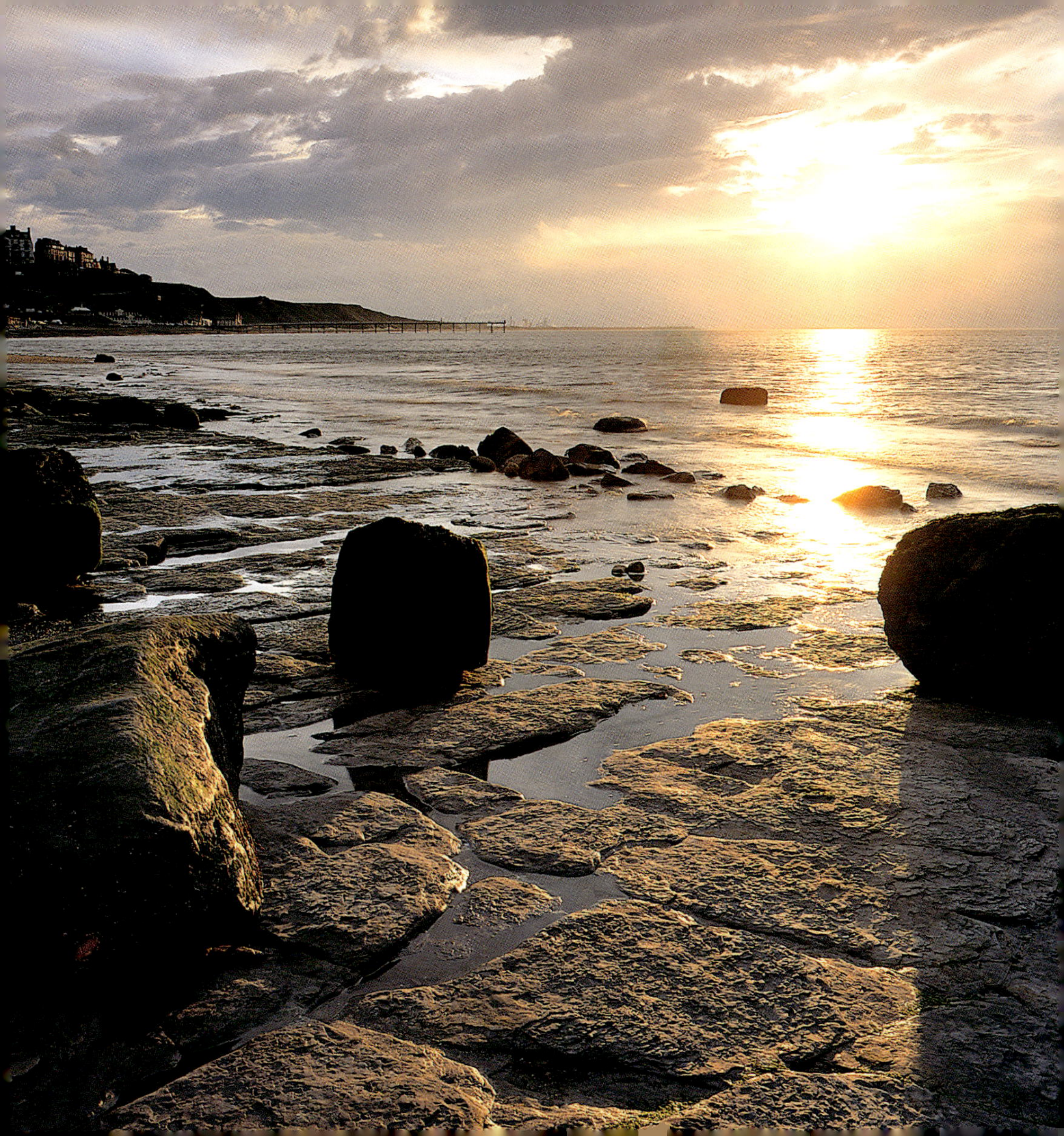

30. August

Erfüllung

Alles fügt sich und erfüllt sich,
musst es nur erwarten können
und dem Werden deines Glücks
Jahr und Felder reichlich gönnen.

Christian Morgenstern

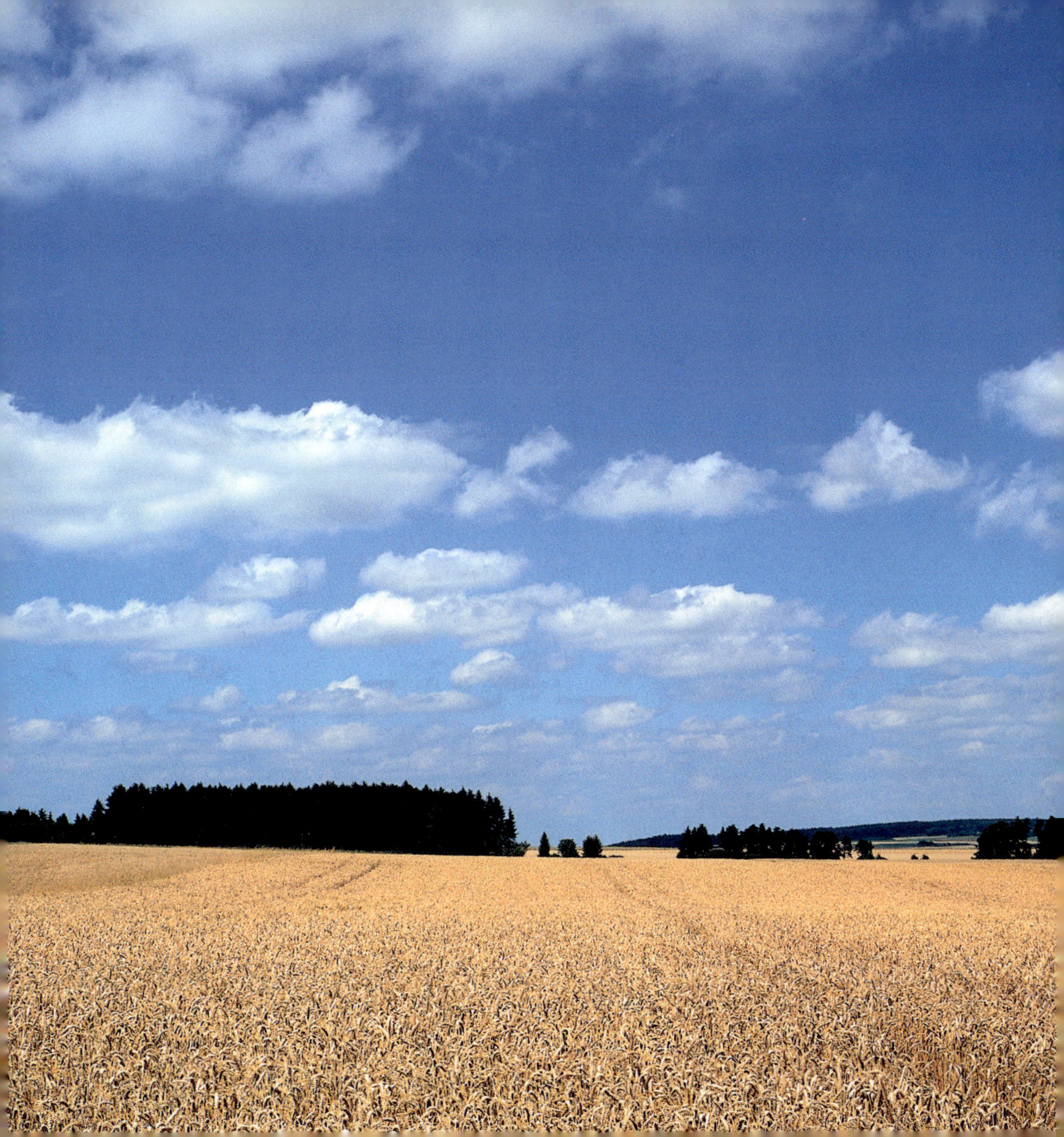

31. August

Muße

Was nützen dir
Liebe, Glück, Bildung, Reichtum,
wenn du dir nicht die Zeit nimmst,
sie in Muße zu genießen?

Karl Alexander Freiherr von Gleichen-Rußwurm

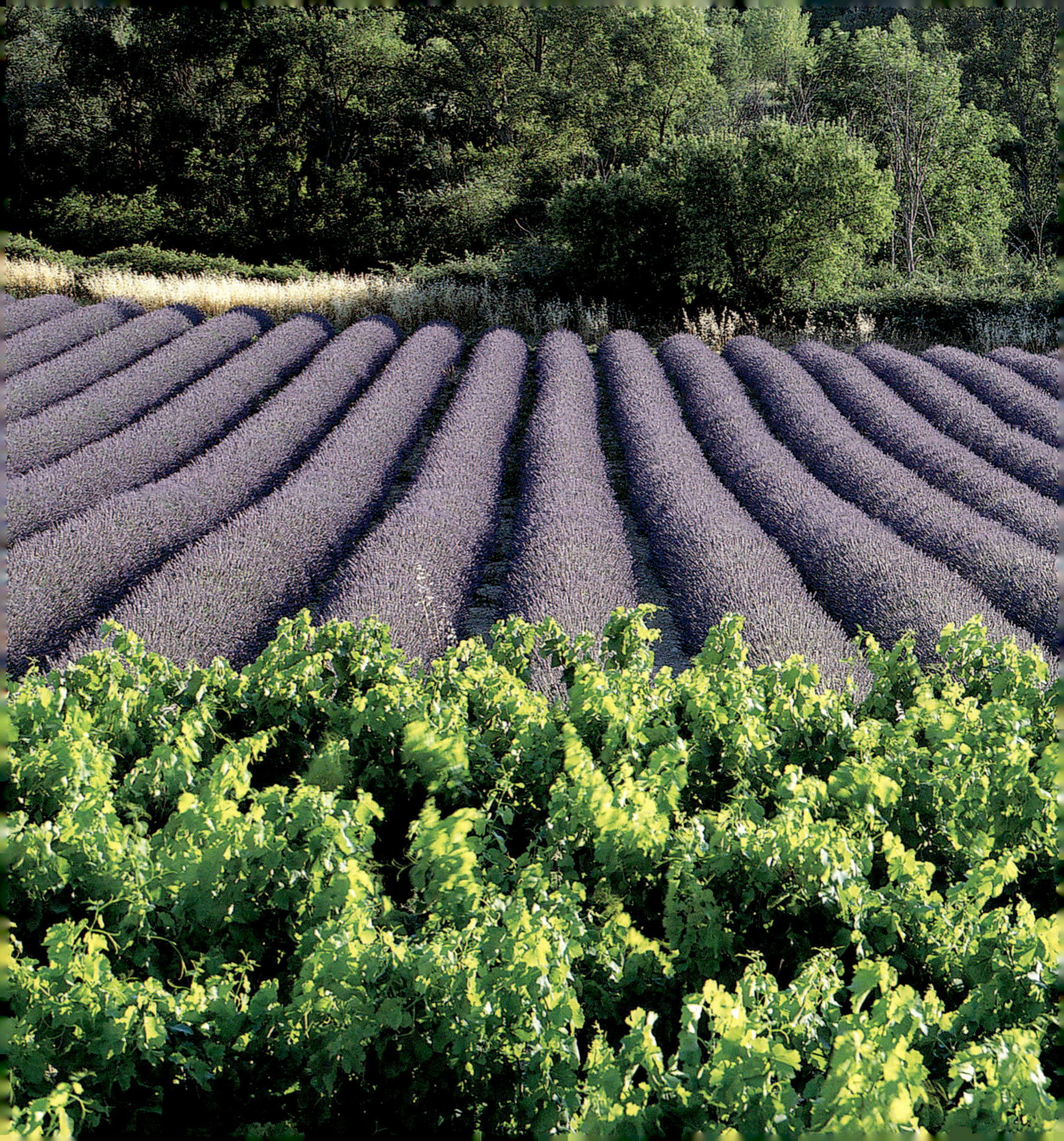

IX

September

1. September

Betrachtung

Mein sind die Jahre nicht,
die mir die Zeiten genommen;
Mein sind die Jahre nicht,
die etwa möchten kommen;
Der Augenblick ist mein,
und nehm ich den in Acht, so ist der mein,
der Jahre und Ewigkeit gemacht.

Andreas Gryphius

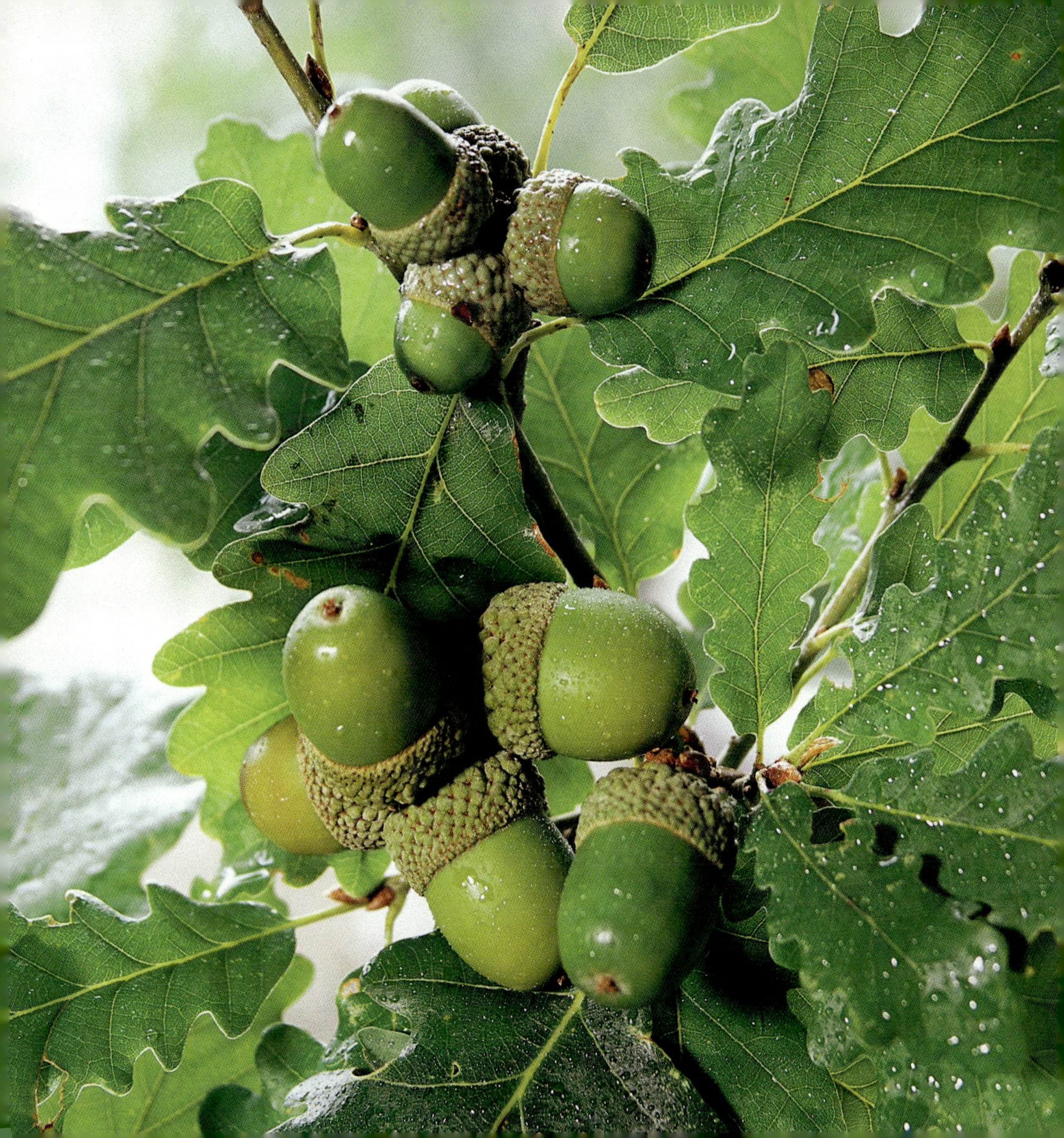

2. September

Ein Haus bauen

Die Werke der Männer bauen ein Haus
und die stillen Gefühle der Frauen;
aber die Mädchen blühen und schauen
in die verwandten Gärten hinaus.
Und aus Verträumen und Vertrauen,
aus draußen und drinnen
wird erst das Haus.

Rainer Maria Rilke

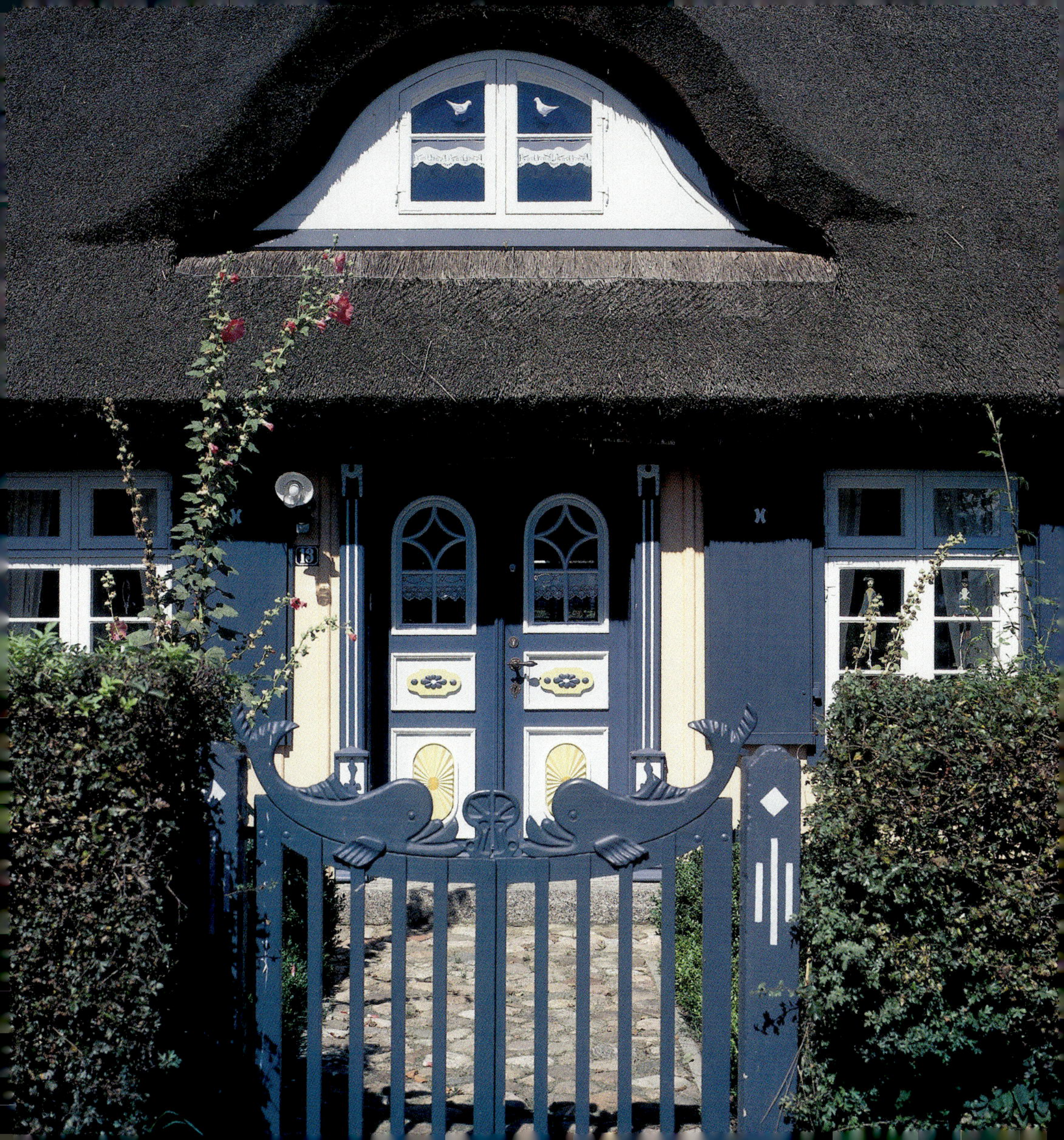
13

3. September

Mut zum Träumen

Ich glaube, für alle Menschen in der Welt
ist es das Wichtigste im Leben,
den Mut zu großen Träumen aufzubringen.

Golda Meir

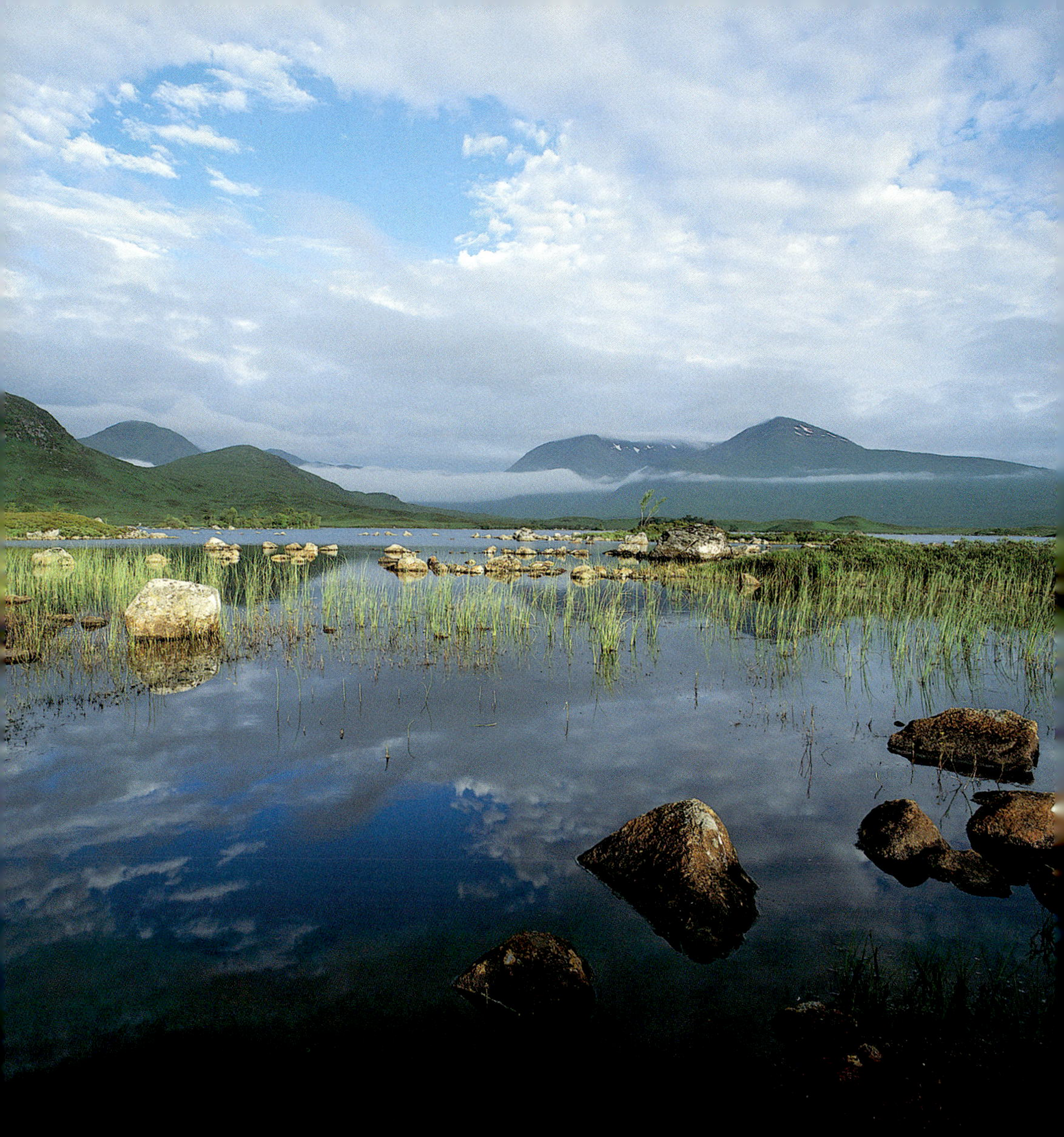

4. September

Sehnsucht

Leben einzeln und frei wie ein Baum
und geschwisterlich wie ein Wald;
das ist unsere Sehnsucht.

Nâzim Hikmet

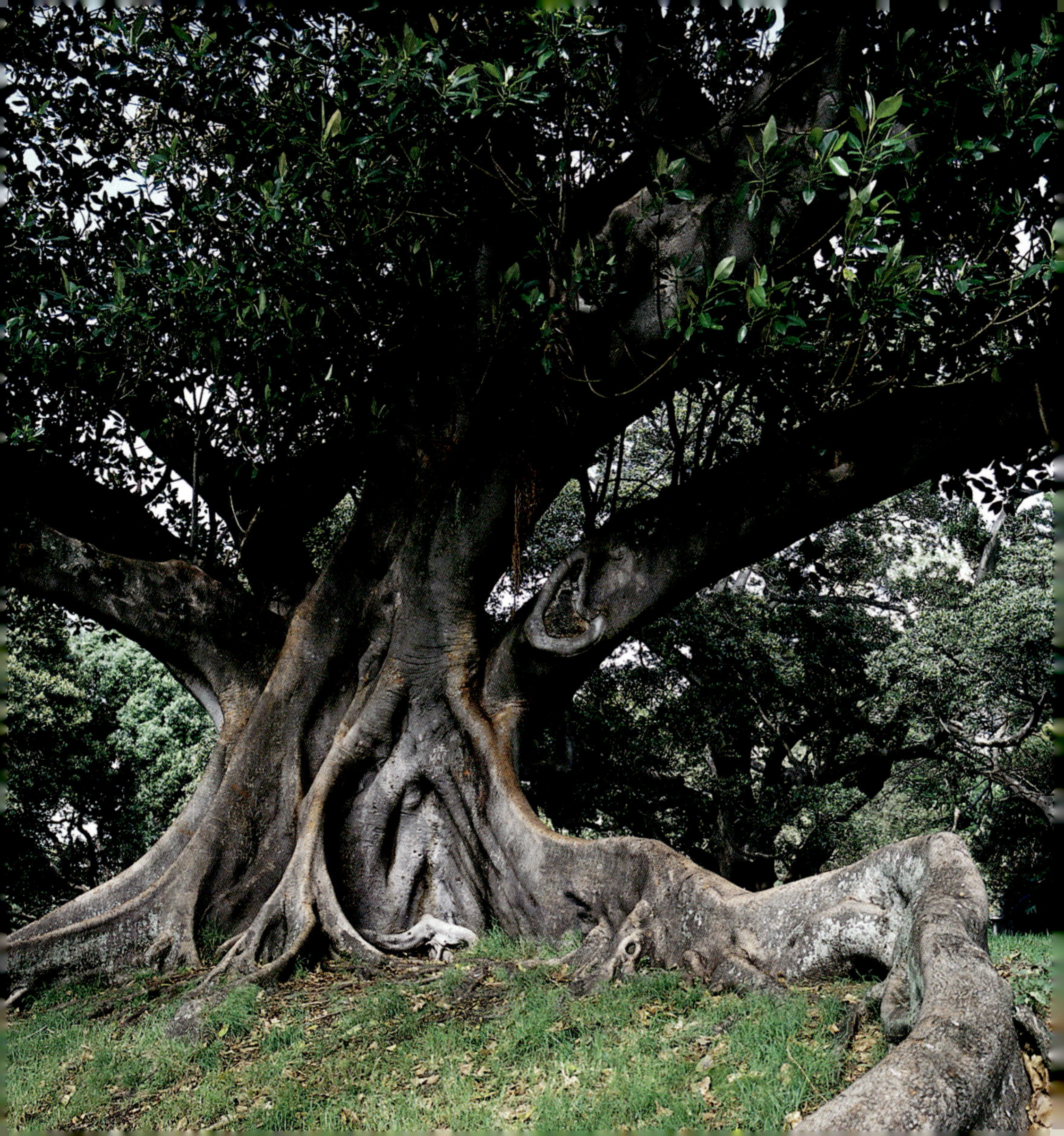

5. September

Dein Glück

Blumen fragen nicht,
wo und wie sie blühen sollen;
sie haben es in sich.
Dein Glück muss in dir selber wurzeln,
damit es unverlierbar wird.

Elmar Gruber

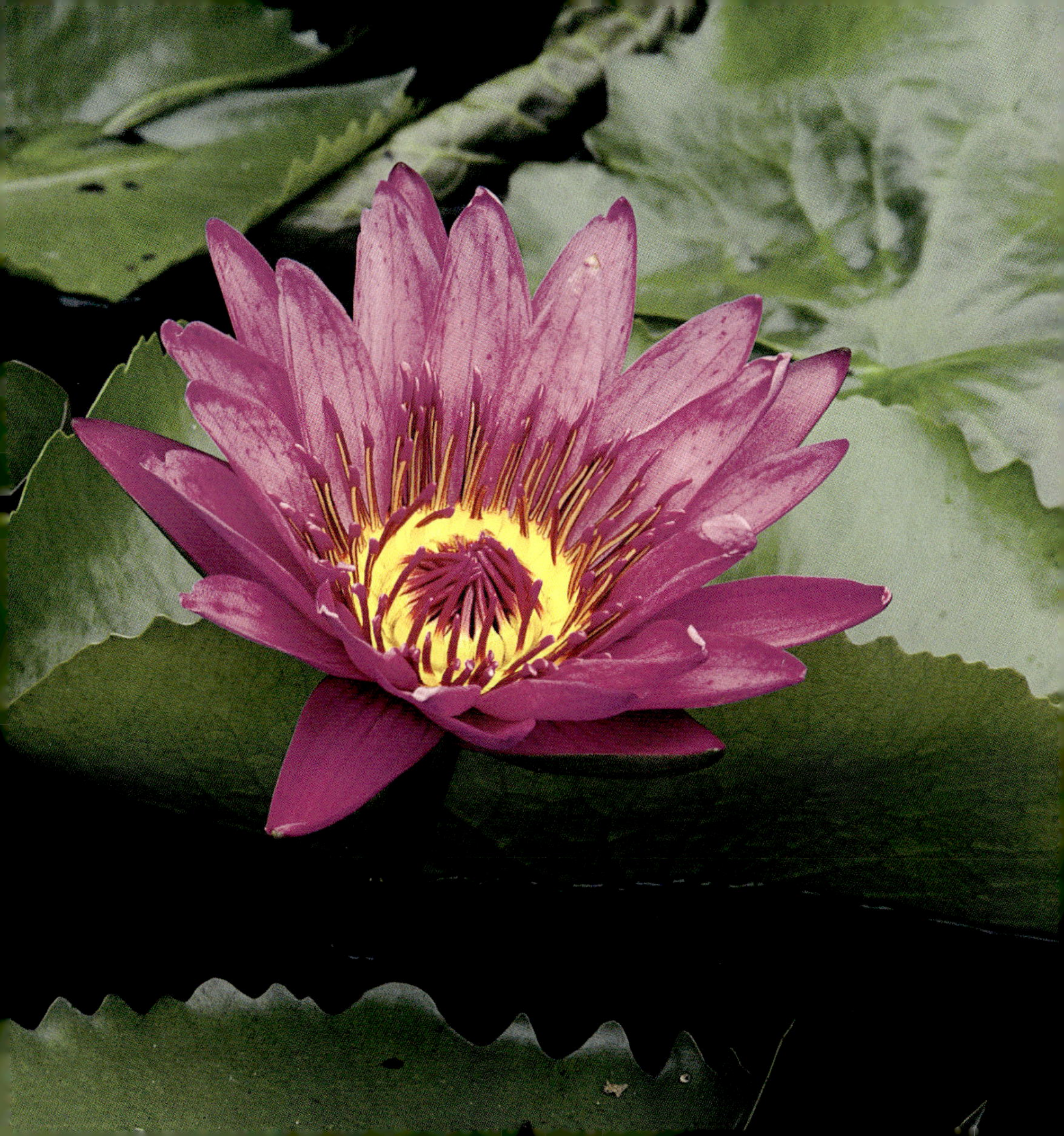

6. September

Zugang zu Gott

Alle Menschen haben einen Zugang zu Gott,
aber jeder einen anderen.
Gerade in der Verschiedenheit
ihrer Eigenschaften und ihrer Neigungen
liegt die große Chance des
Menschengeschlechts.

Martin Buber

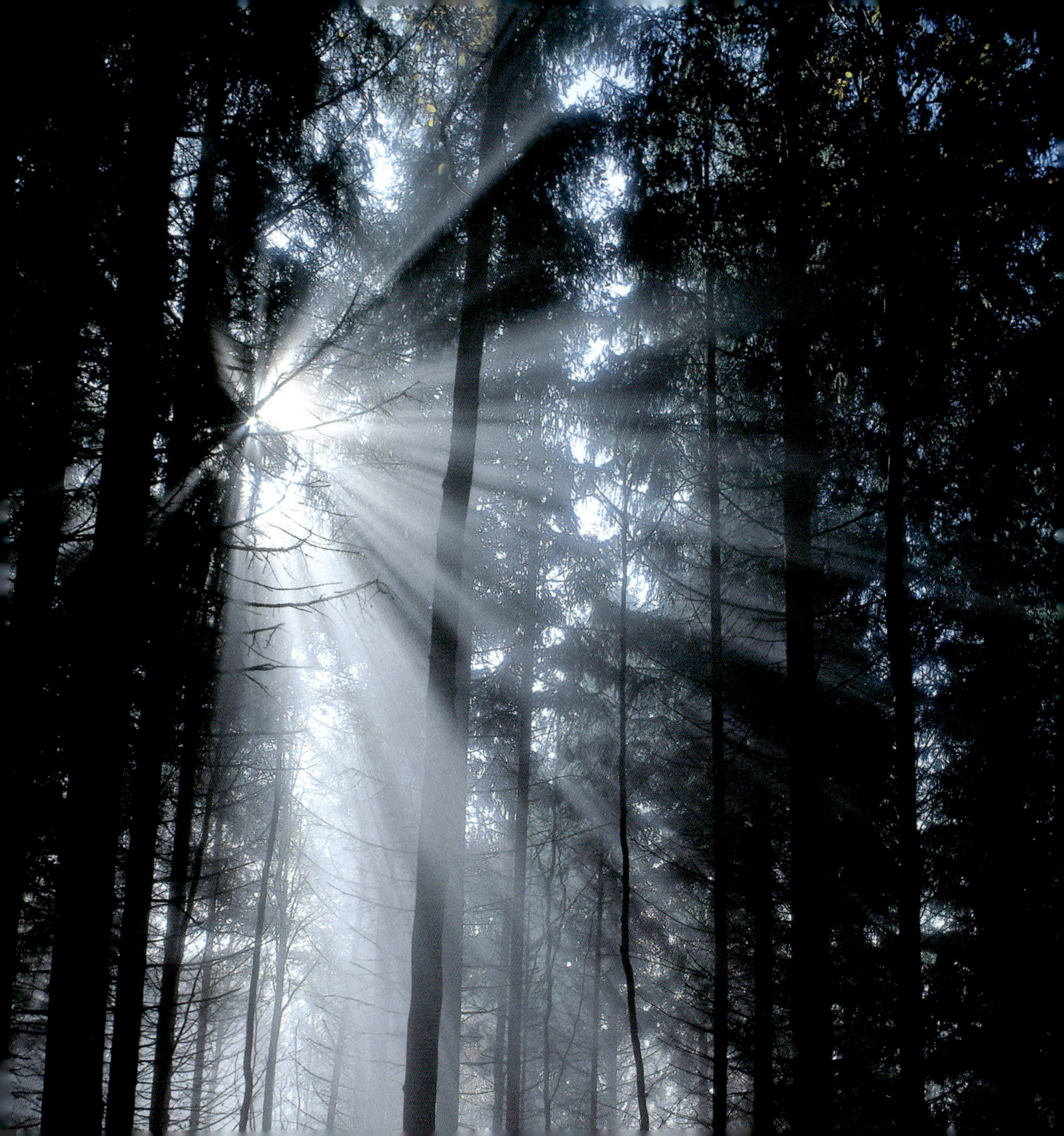

7. September

Staunen

Der einfachste und kindlichste,
ist der Weg des Staunens
über die Natur
und des ahnungsvollen Lauschens
auf ihre Sprache.

Hermann Hesse

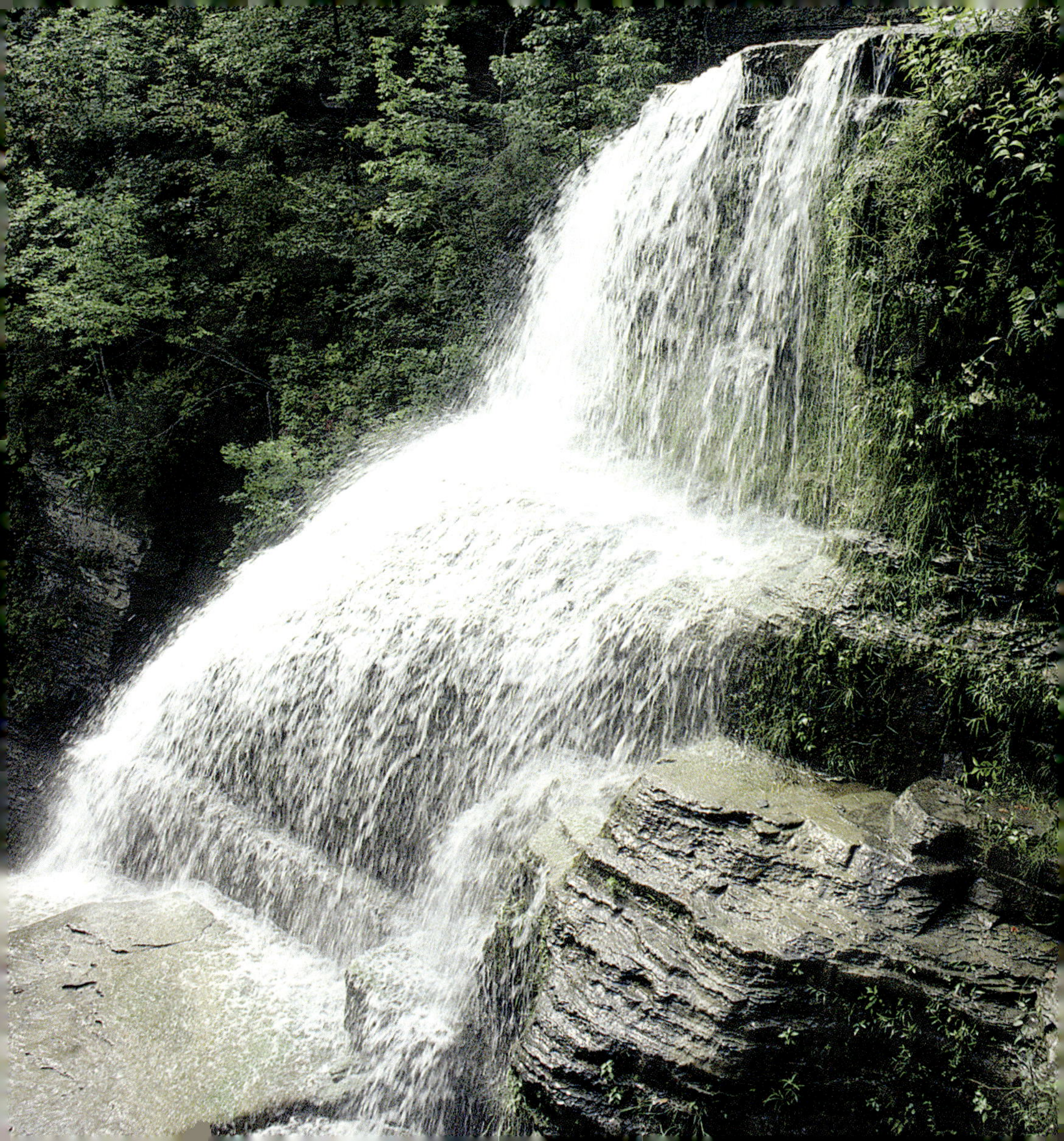

8. September

Stille Stunden

Die größten Ereignisse,
das sind nicht unsere lautesten,
sondern unsere stillsten Stunden.

Friedrich Nietzsche

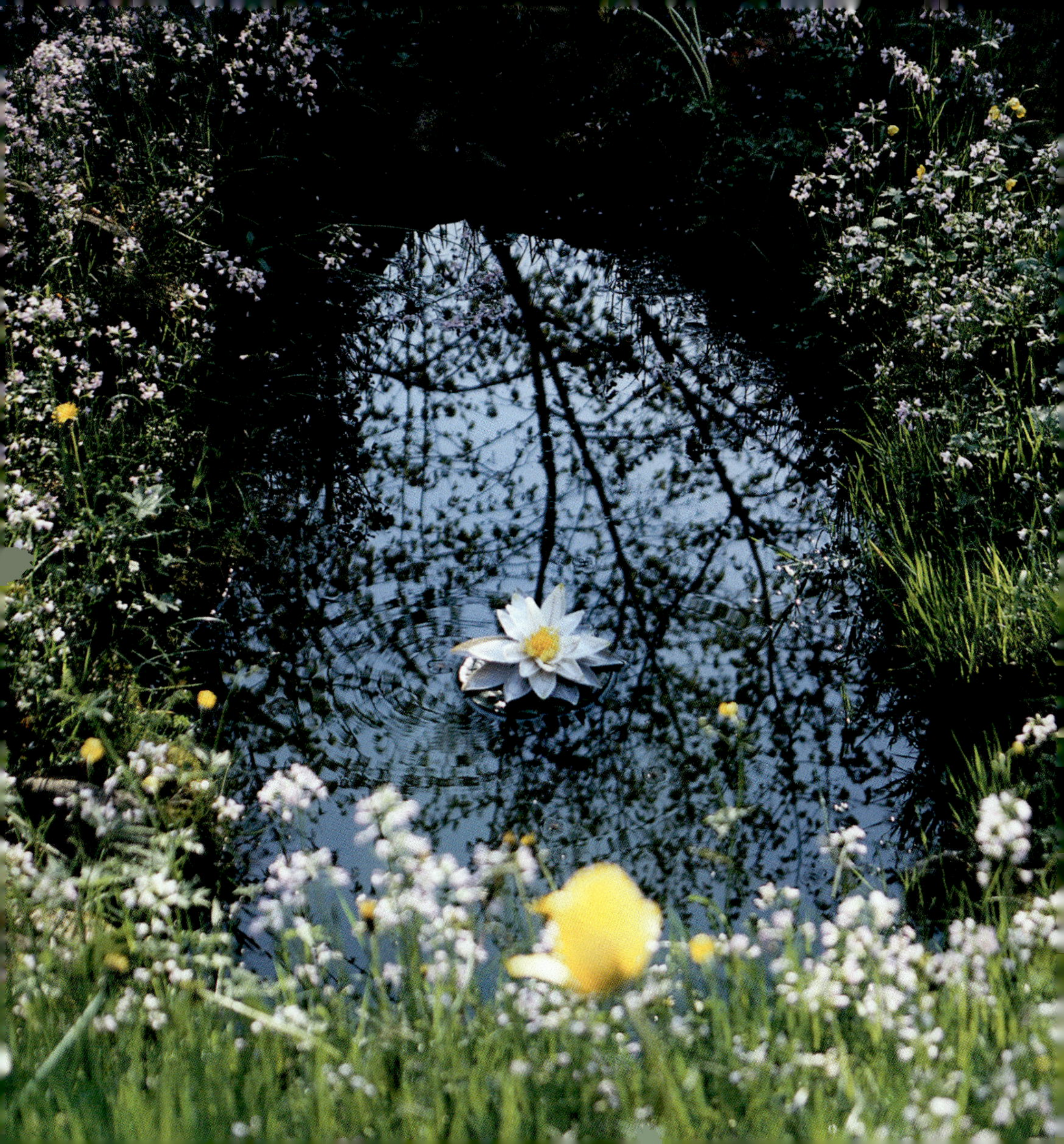

9. September

Betrachtung

Die Schönheit der Dinge
lebt in der Seele dessen,
der sie betrachtet.

David Hume

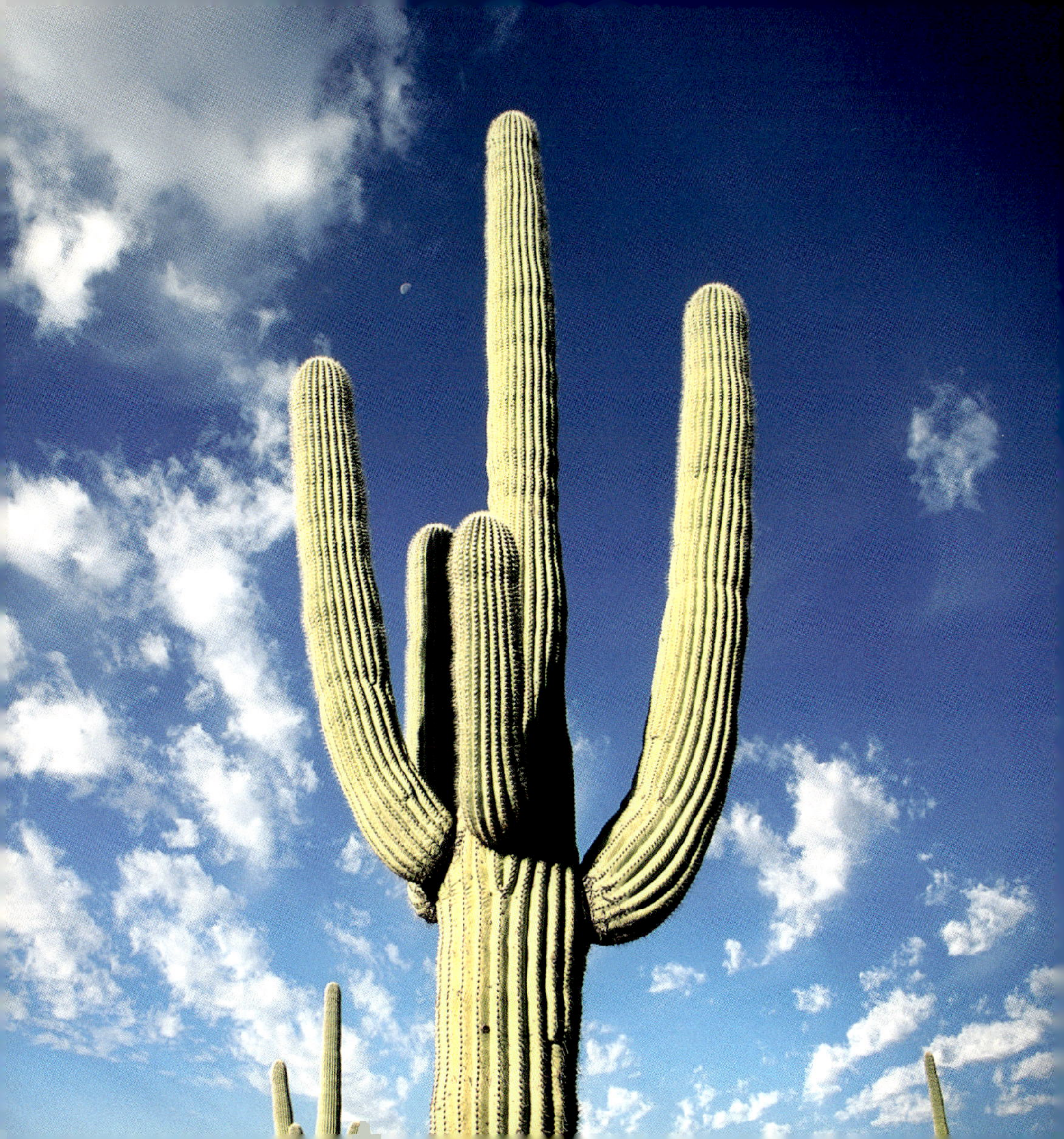

10. September

Geheimnis der Stille

Man muss schlaflose Nächte haben,
um etwas von dem Geheimnis
der großen Stille Mitternacht zu wissen.

Ferdinand Ebner

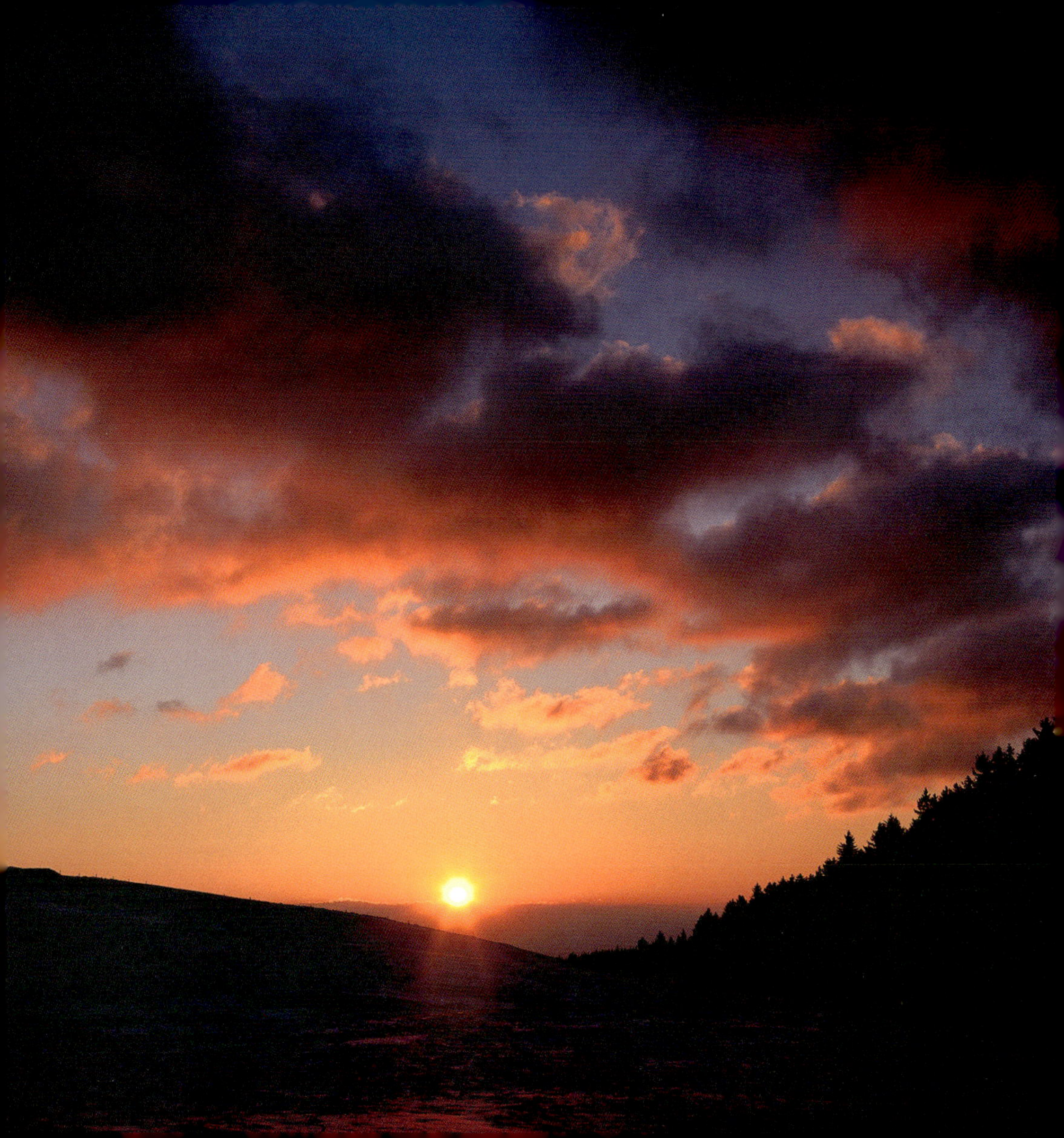

11. September

Schauen

Nicht das Vielwissen sättigt die Seele
und gibt ihr Befriedigung,
sondern das innere Schauen
und Verkosten der Dinge.

Ignatius von Loyola

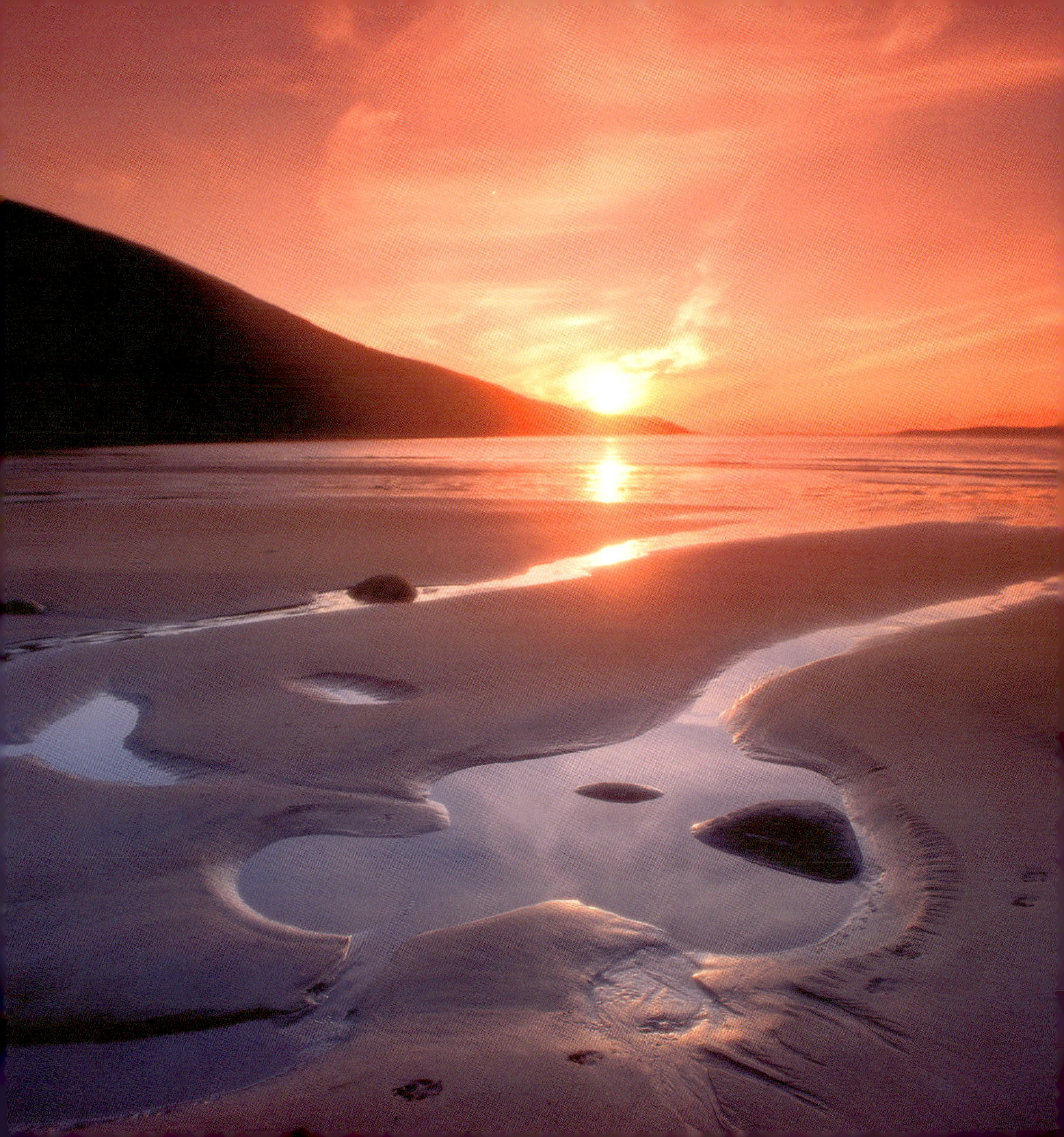

12. September

Wachsen

Das Große geschieht so schlicht
wie das Rieseln des Wassers,
das Fließen der Luft,
das Wachsen des Getreides.

Adalbert Stifter

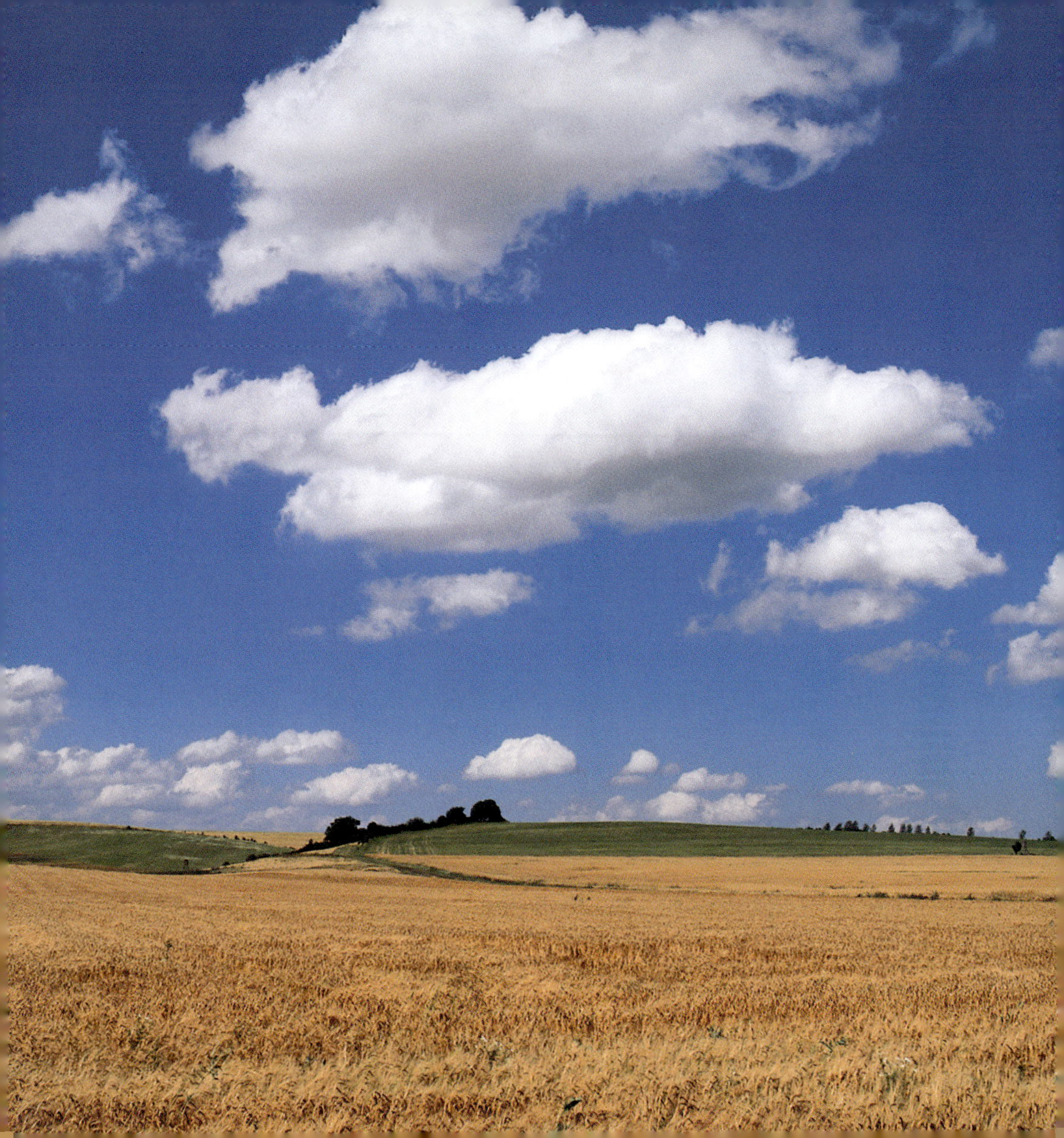

13. September

Teilen

Möge das Große Geheimnis
dir seine auserwählten Gaben senden.
Mögen Vater Sonne und Mutter Mond
ihre mildesten Strahlen über dich ergießen.
Mögen die vier Winde des Himmels
sanft über dich dahinwehen und über die,
mit denen du dein Herz und dein Haus teilst.

Indianischer Segenswunsch

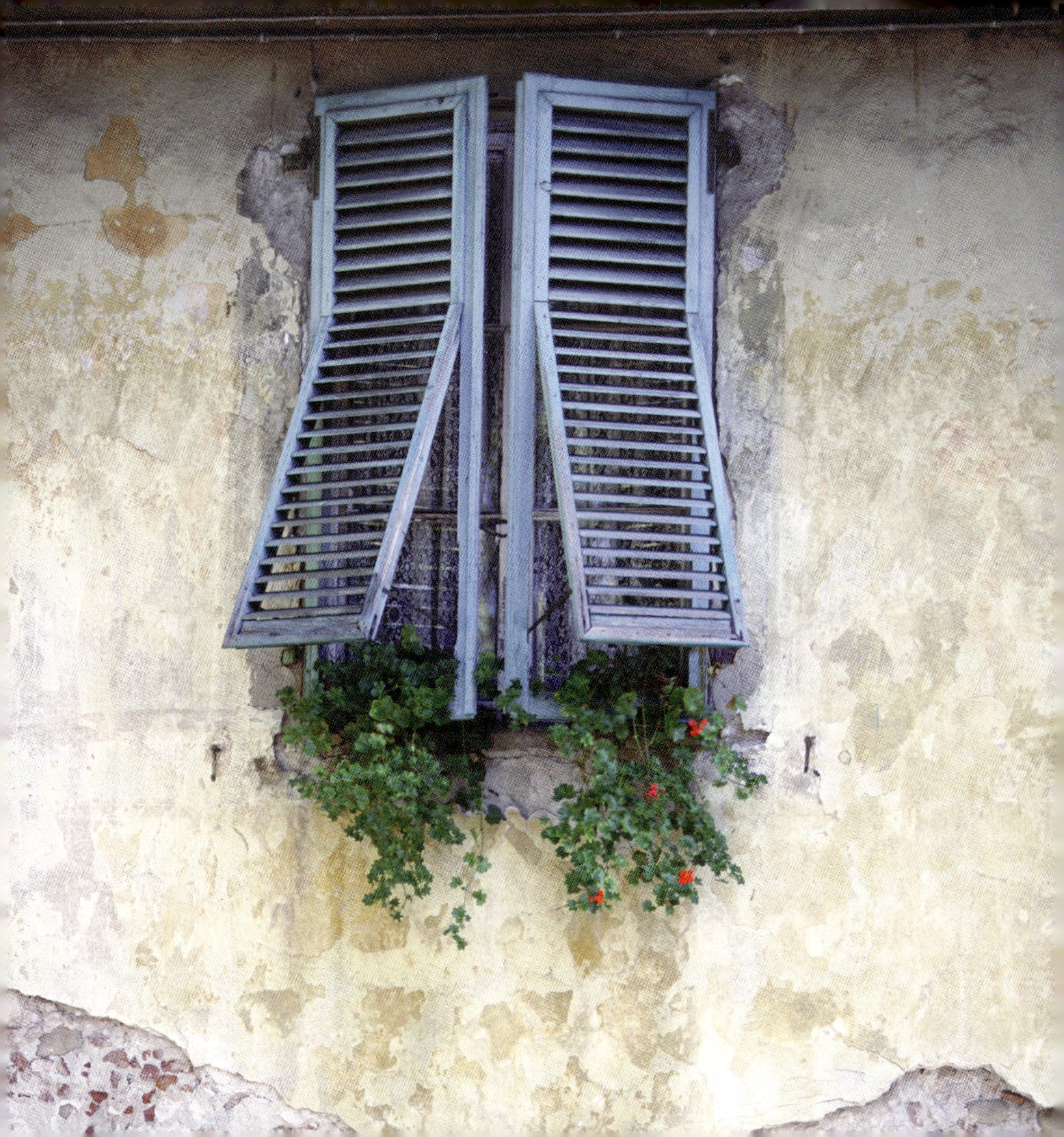

14. September

Reifen

Nur wenn du das Schweigen kennst,
wirst du das Reden lernen;
was du zu sagen hast,
kann nur im Schweigen reifen.

Adrienne von Speyer

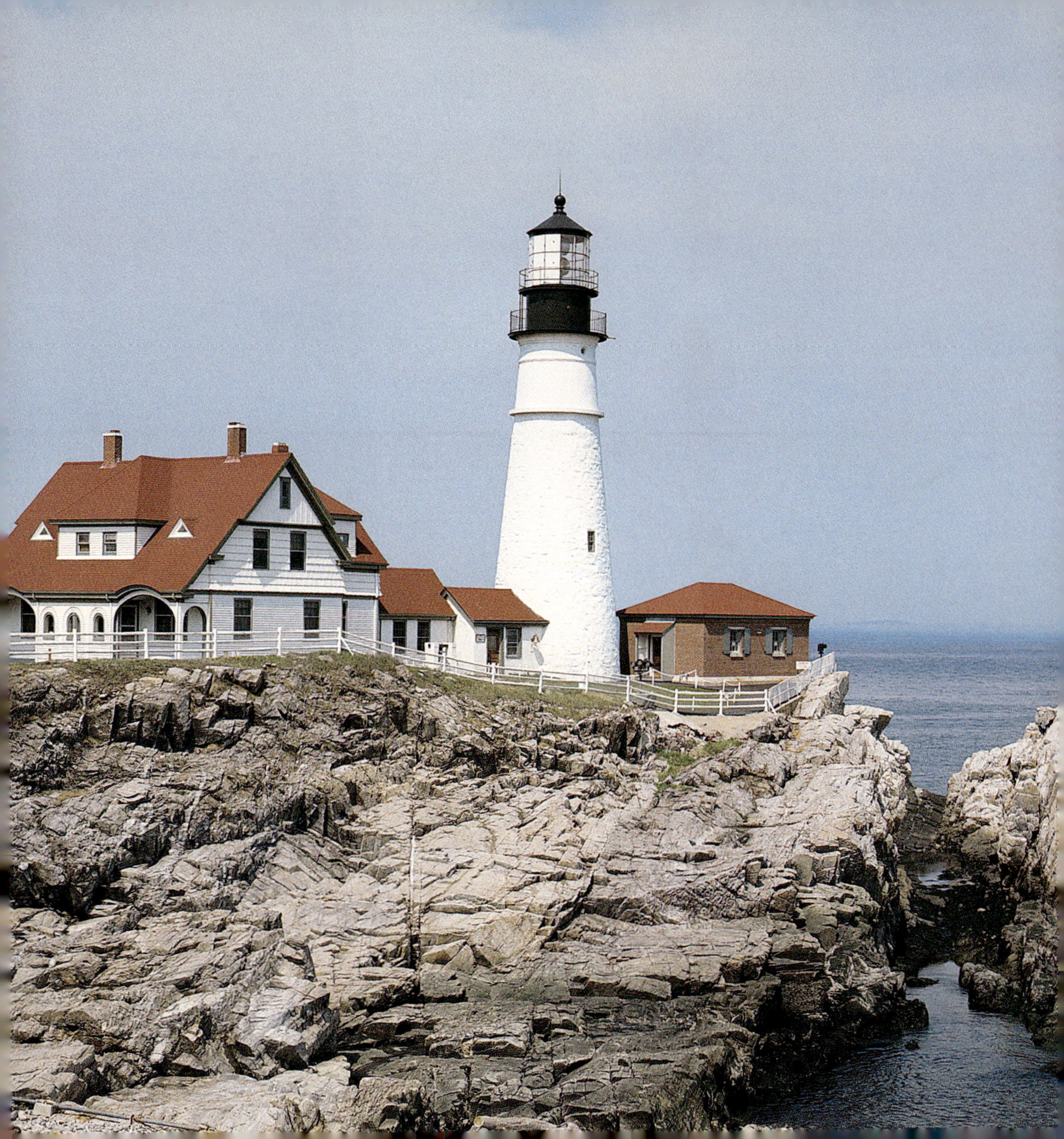

15. September

Stille

Einen Augenblick der Stille:
ein Lichtblick,
der durch den Tag begleitet.

Friederike Weichselbaumer

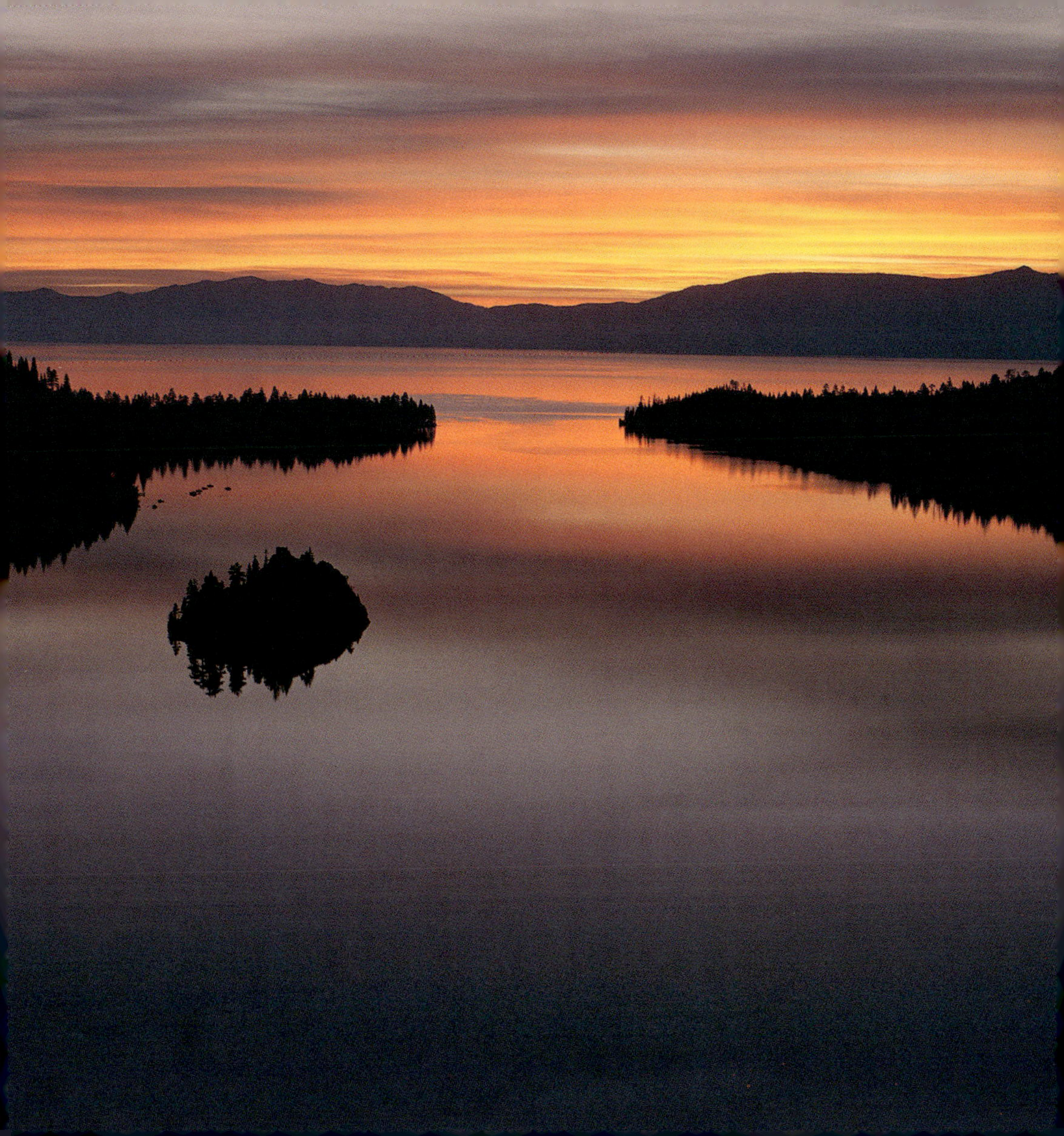

16. September

Schweigen

Nichts hat so sehr
das Wesen der Menschen verändert,
als der Verlust des Schweigens.

Max Picard

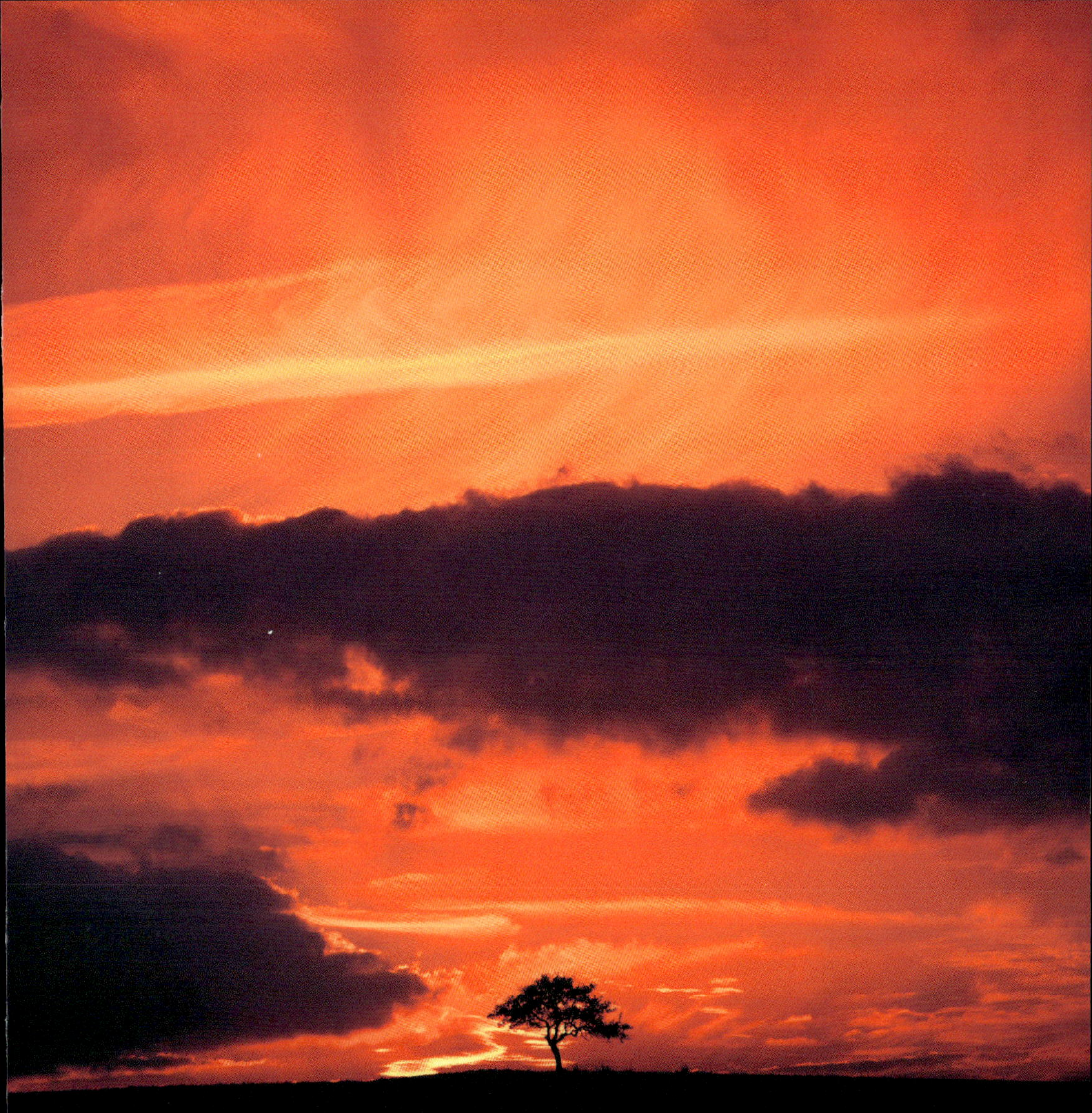

17. September

Glücklich

Die Liebe weint mit den Weinenden,
freut sich mit den Frohen,
ist glücklicher über des anderen Wohl
als über das eigene.

Katharina von Siena

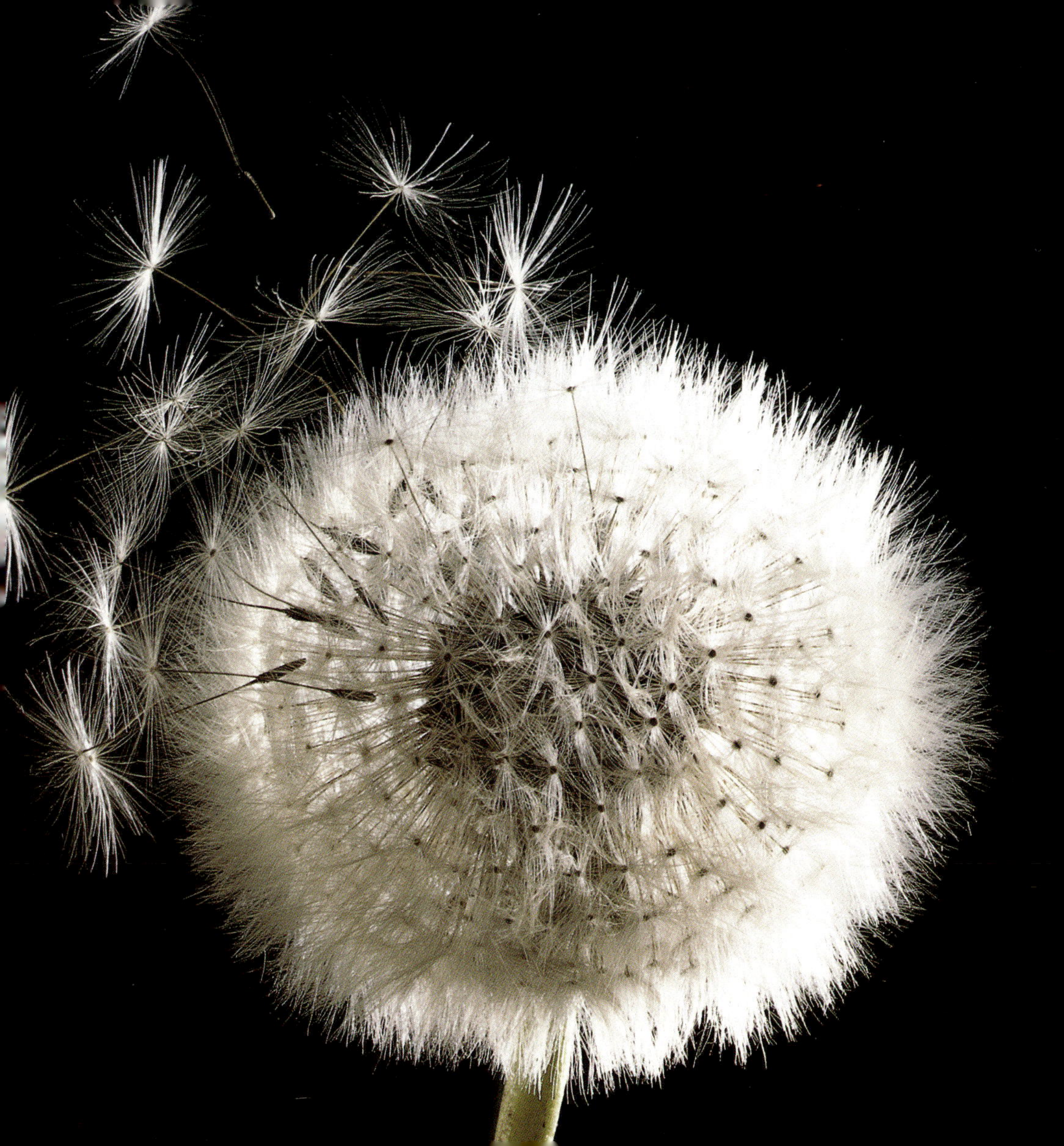

18. September

Liebe und Humor

Gibt es schließlich eine bessere Form,
mit dem Leben fertig zu werden
als mit Liebe und Humor?

Charles Dickens

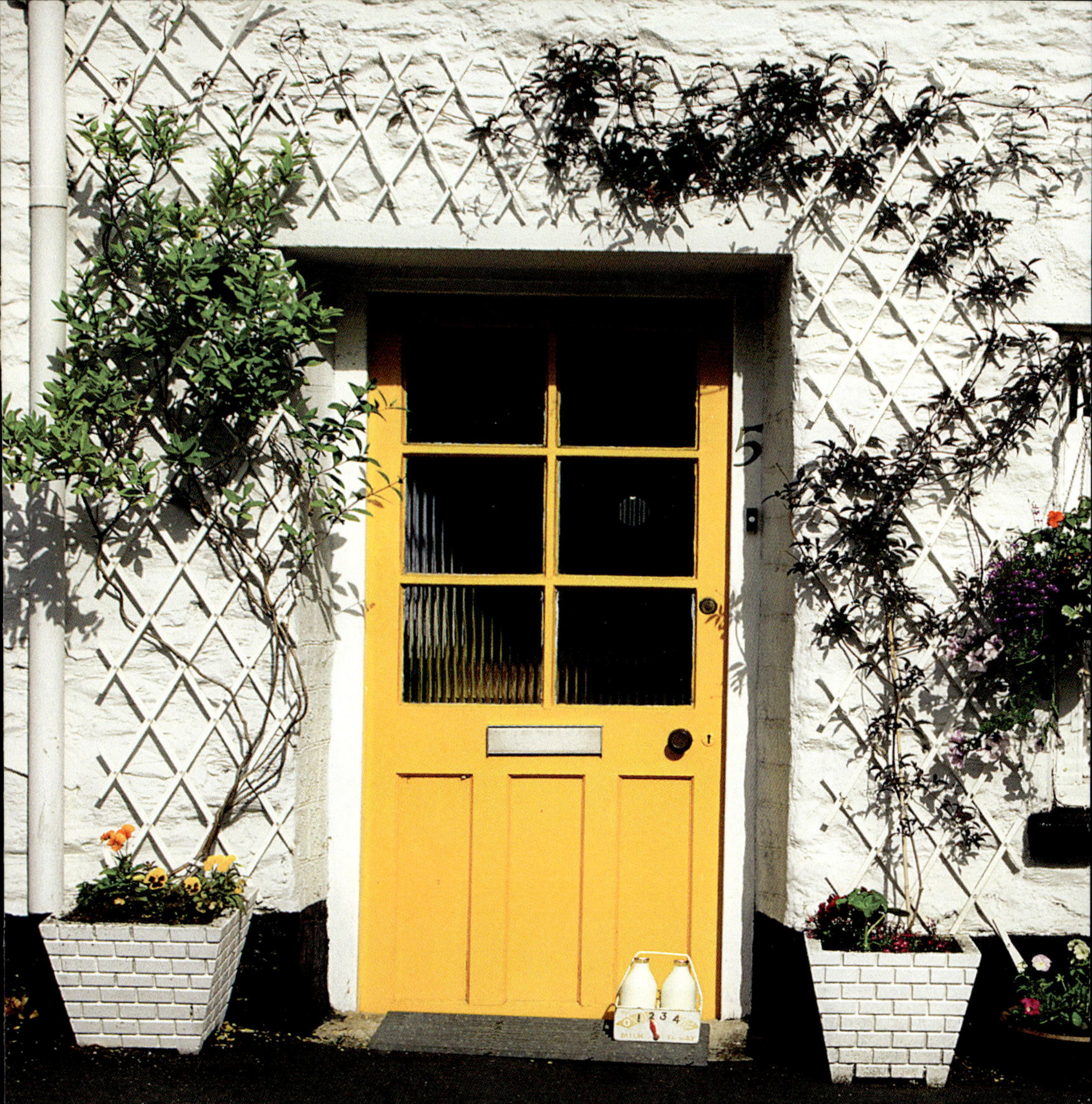
5
1234

19. September

Im Inneren

Wenn du darauf achtest,
wie du bei dir im Innern bist,
so wirst du nicht mehr sorgen,
was die Leute über dich reden.

Thomas von Kempen

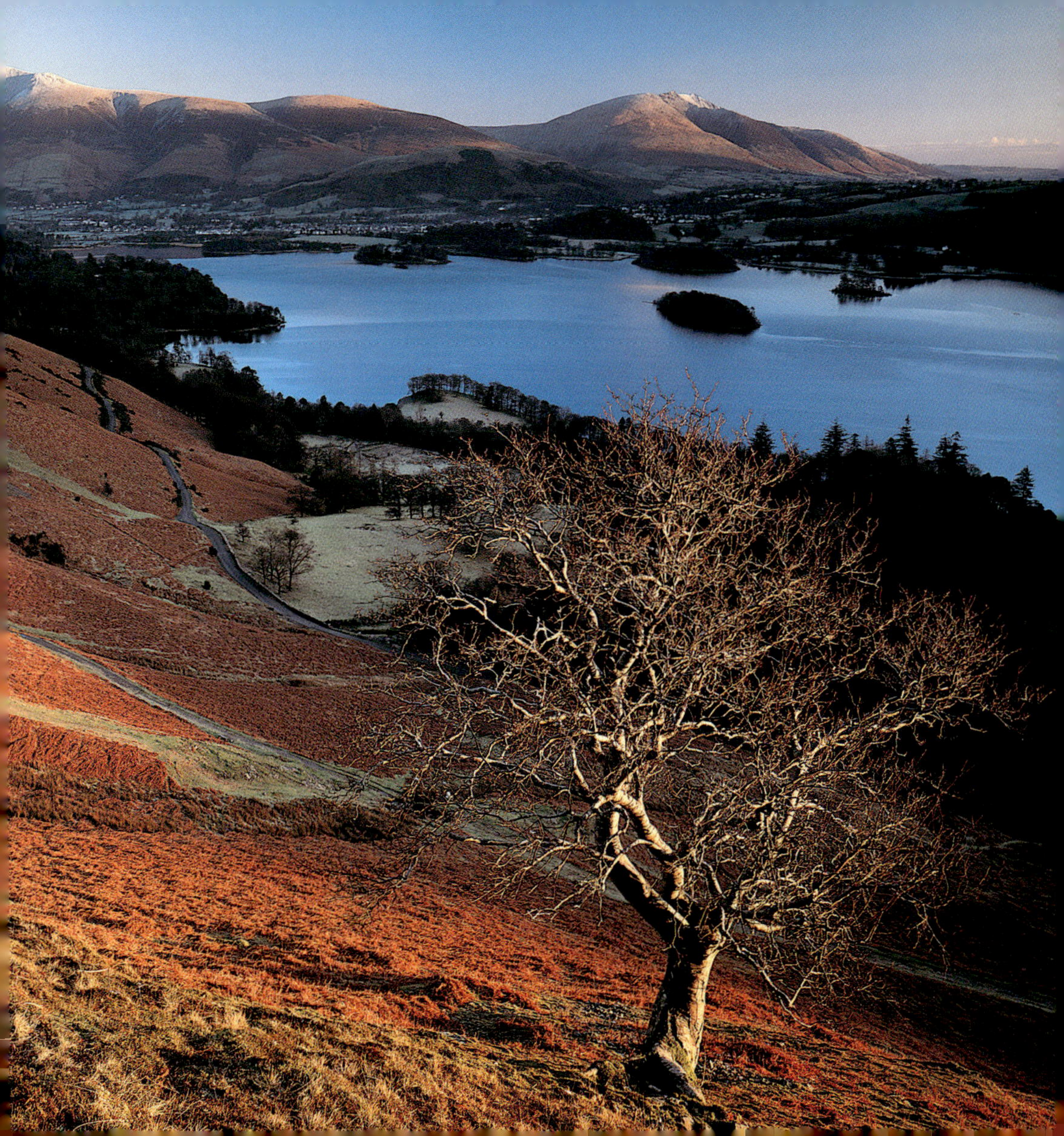

20. September

Aufsteigen

Die Liebe ist das Flügelpaar,
das Gott der Seele gegeben hat.

Michelangelo Buonarroti

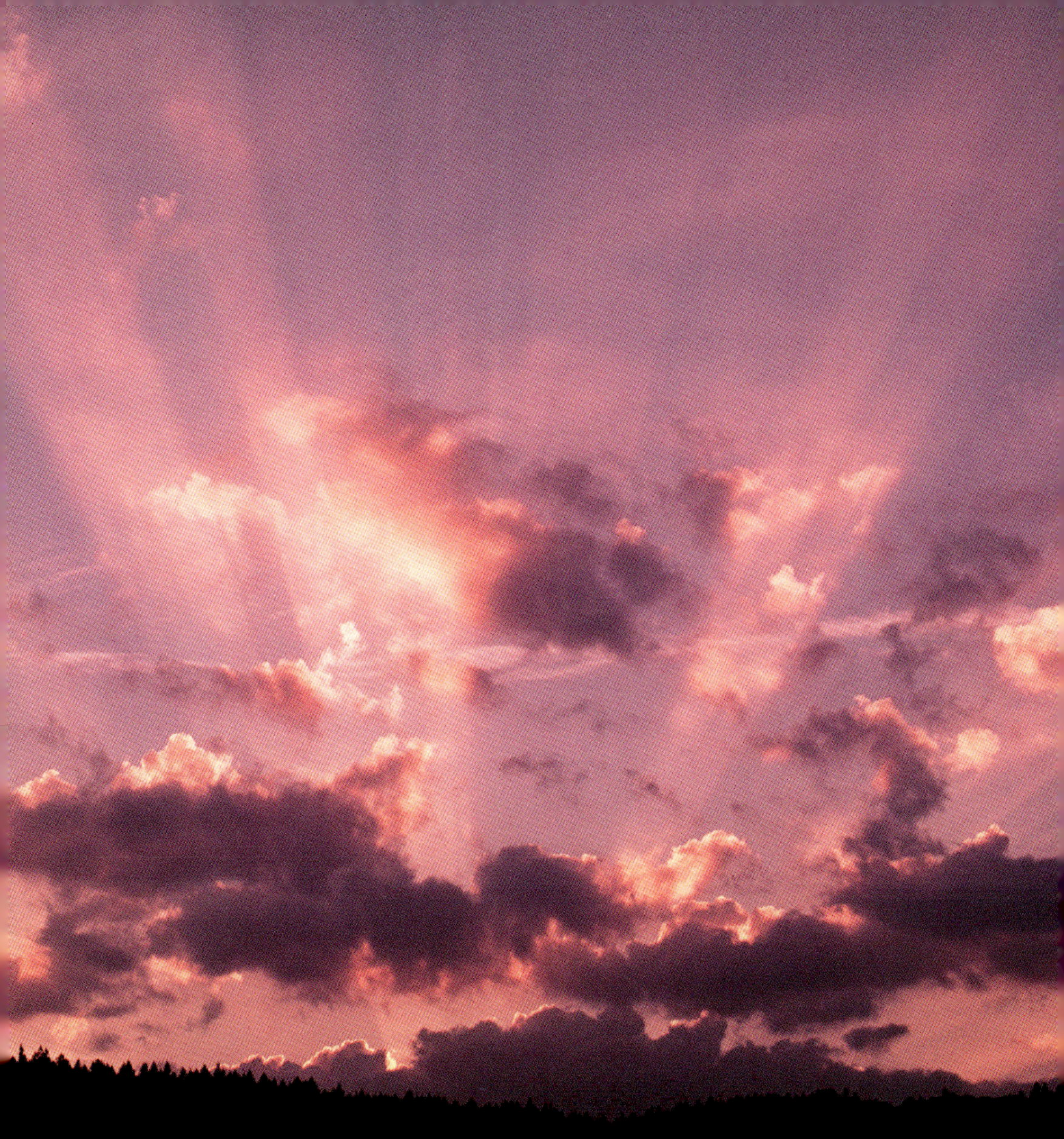

21. September

Mensch werden

Eine Blume braucht Sonne,
um Blume zu werden.
Ein Mensch braucht Liebe,
um Mensch zu werden.

Phil Bosmans

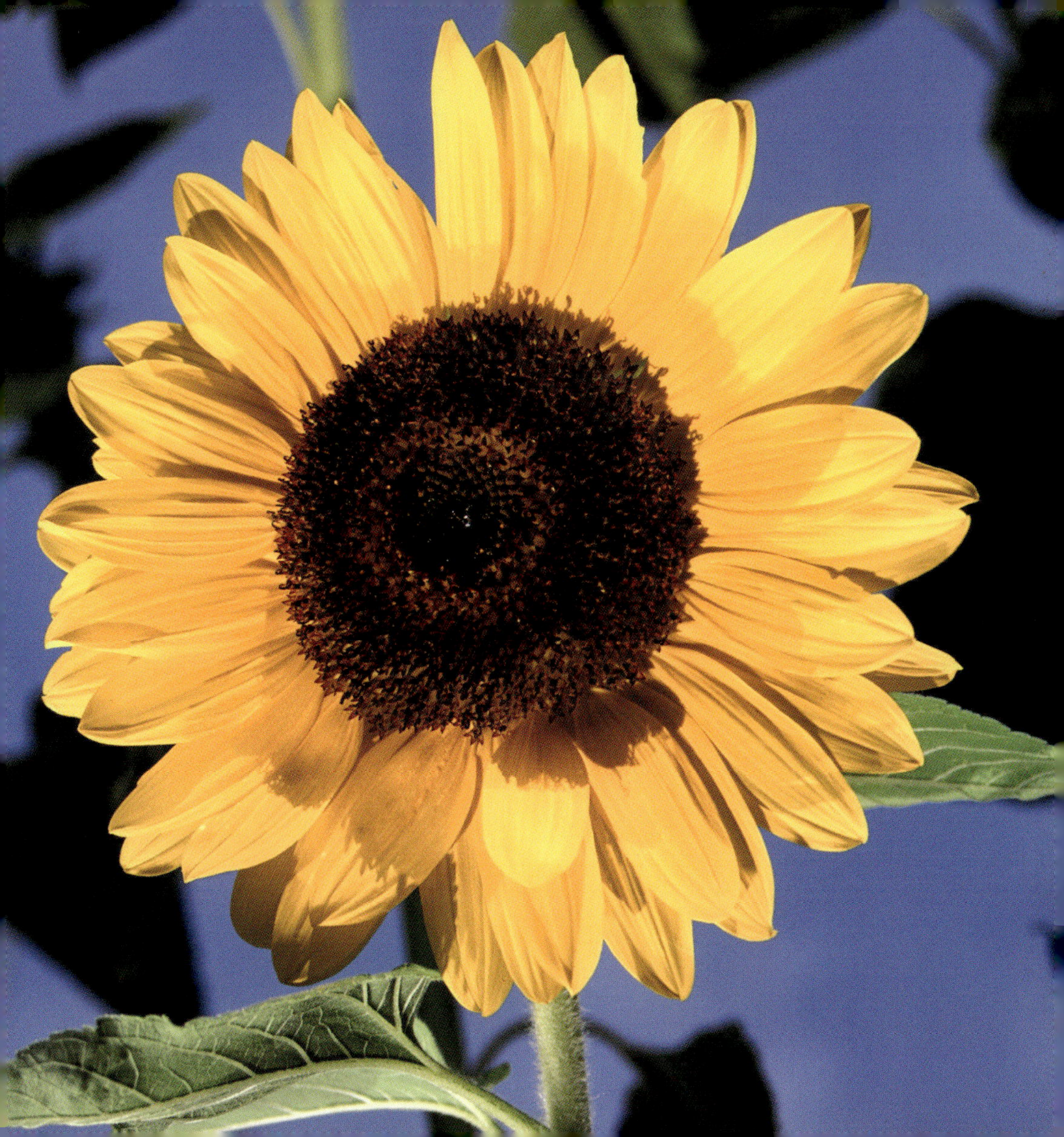

22. September

Gewöhnliche Dinge

Nichts Außergewöhnliches soll in mir sein,
abgesehen von der Art und Weise,
die gewöhnlichen Dinge zu tun.

Johannes XXIII.

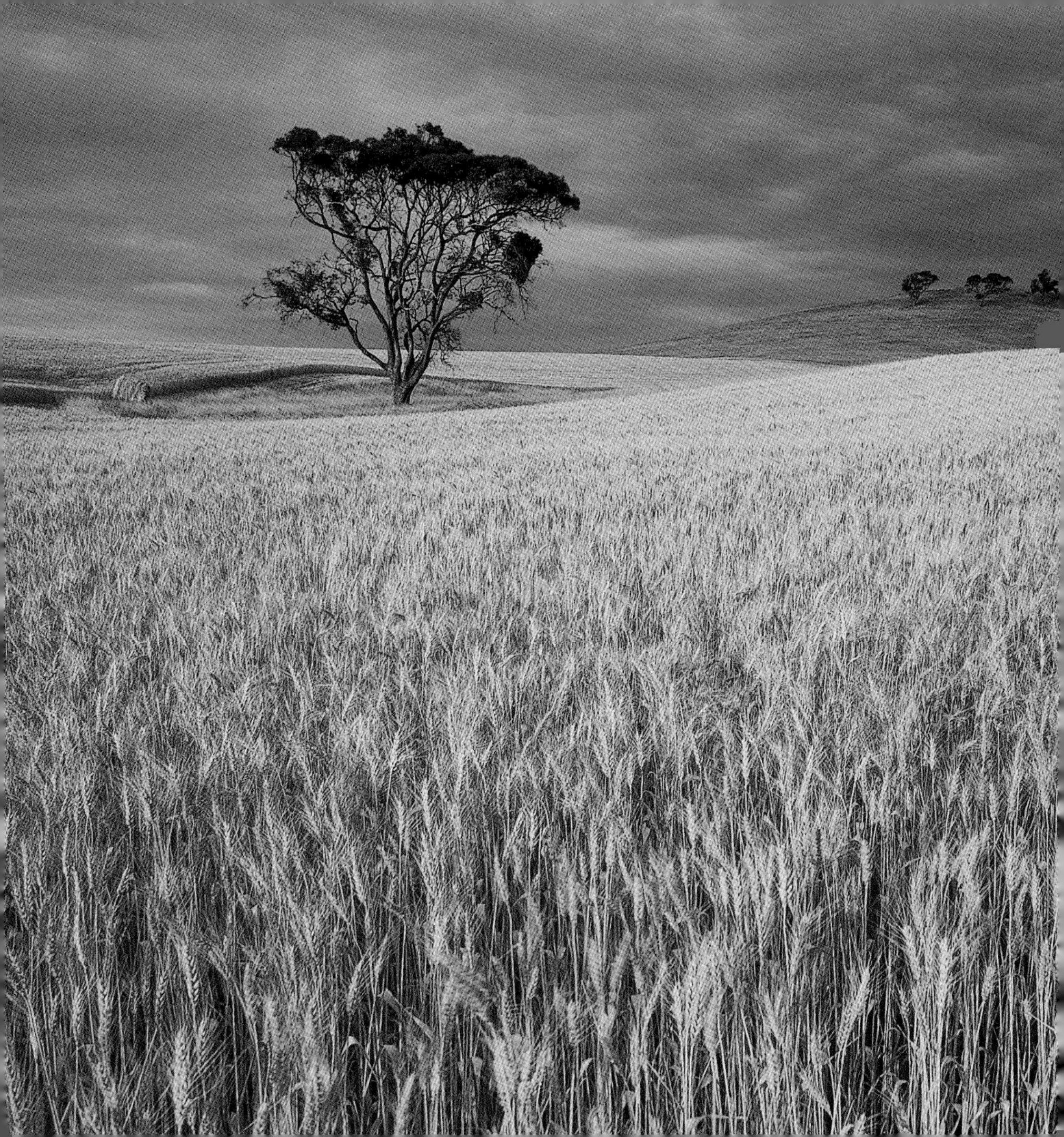

23. September

Ruhe und Heiterkeit

Ich brauche Ruhe und Heiterkeit
der Umgebung und vor allem Liebe,
wenn ich arbeite.

Adalbert Stifter

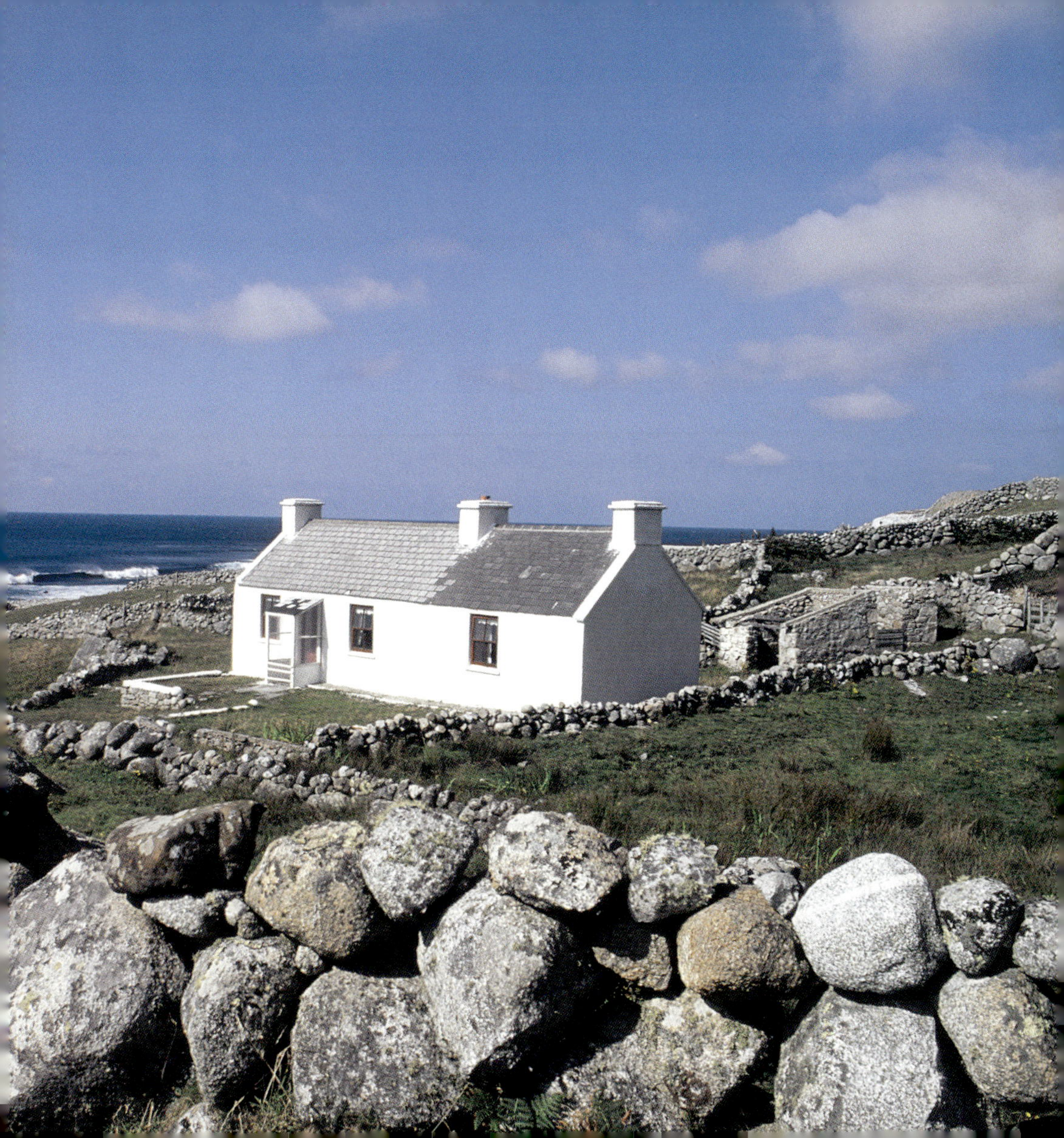

24. September

Vertrauen

Glaube ist ein Baum.
Er wächst in der Wüste.
Glaube lebt in der Hoffnung,
vergeblich zuweilen,
dass Gott den Regen schickt.
Glaube ist zärtliches Vertrauen,
vergeblich zuweilen.

Michael Francis Dei-Anang

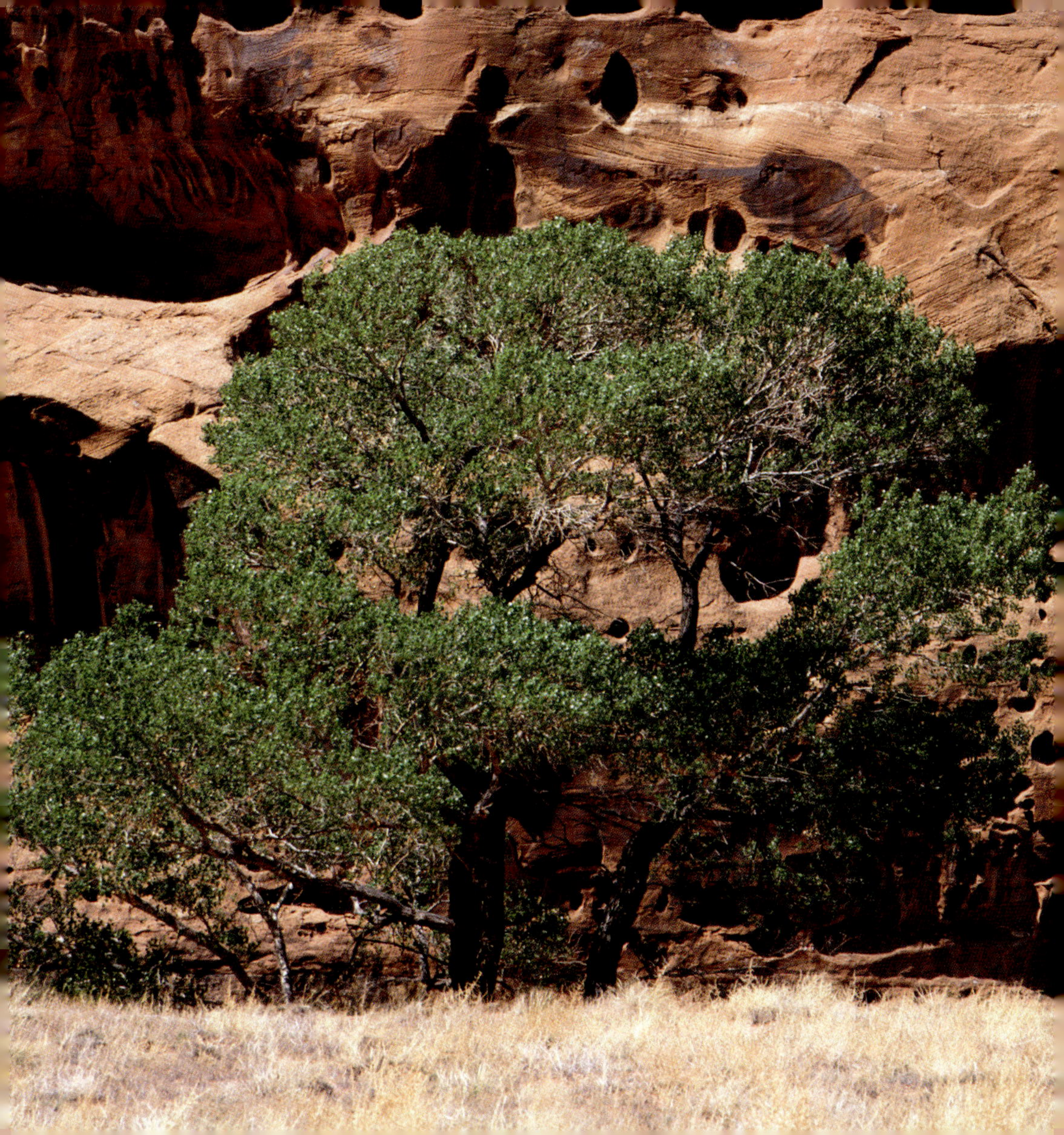

25. September

Glücklichsein

Wir können erst dann
in Frieden leben und sterben,
wenn wir uns unserer Rolle
ganz bewusst werden, und sei diese auch
noch so unbedeutend und unausgesprochen.
Das allein macht glücklich.

Antoine de Saint-Exupéry

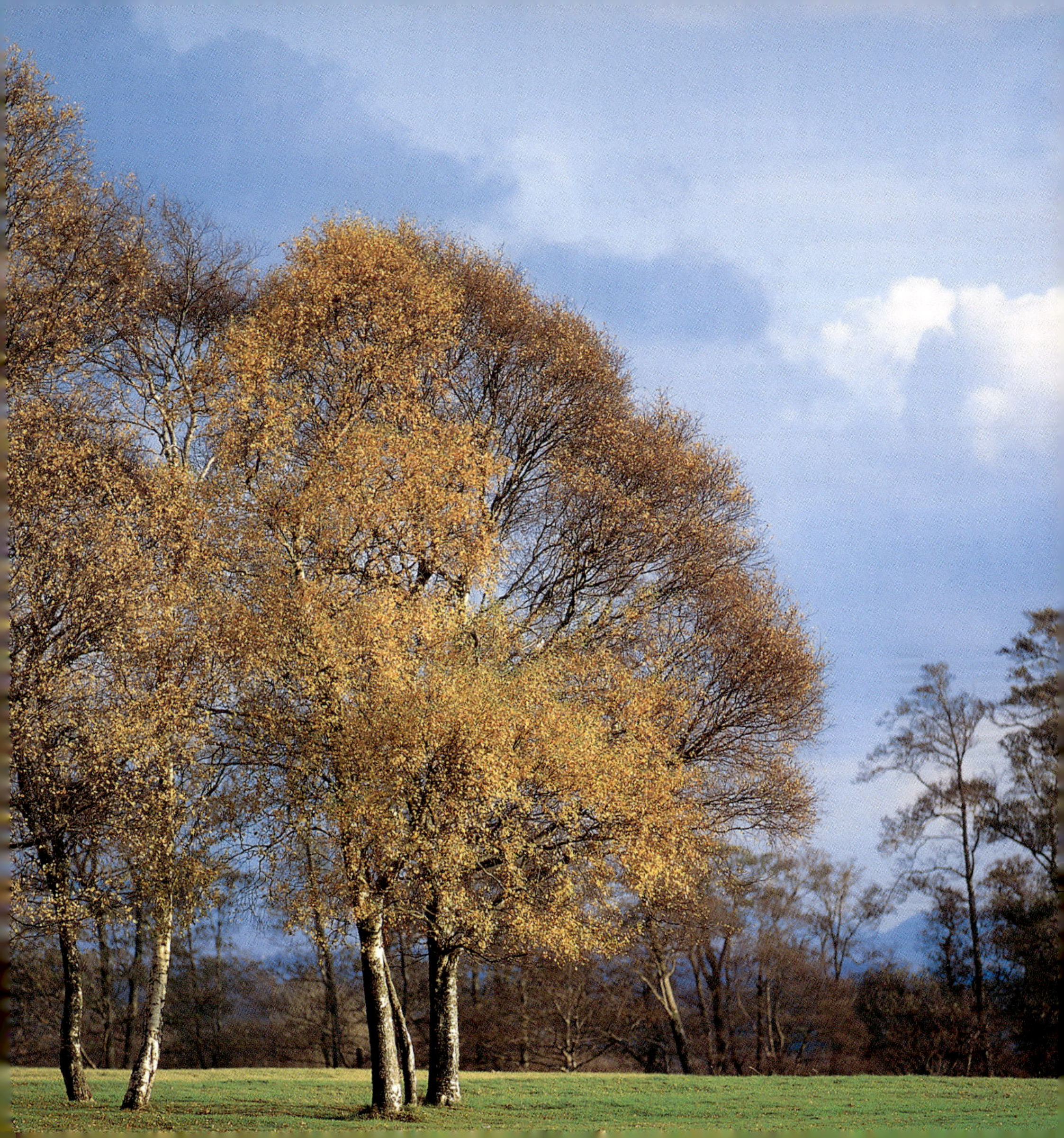

26. September

Ewiger Wechsel

Des Menschen Seele gleicht dem Wasser:
Vom Himmel kommt es, zum Himmel steigt es
und wieder nieder zur Erde muss es,
ewig wechselnd.

Johann Wolfgang von Goethe

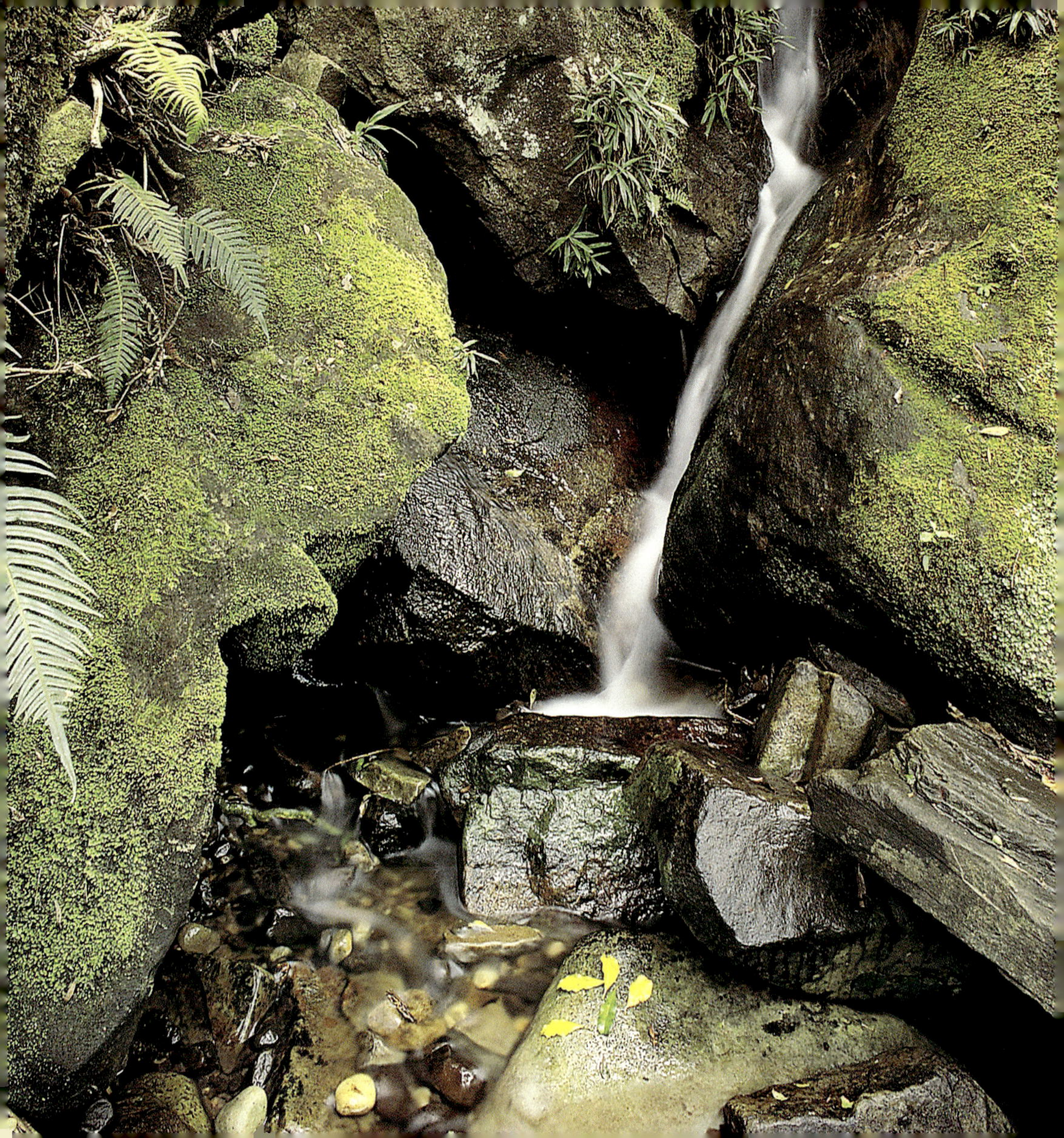

27. September

Weitergehen

Es gibt Berge,
über die man hinüber muss,
sonst geht der Weg nicht weiter.

Ludwig Thoma

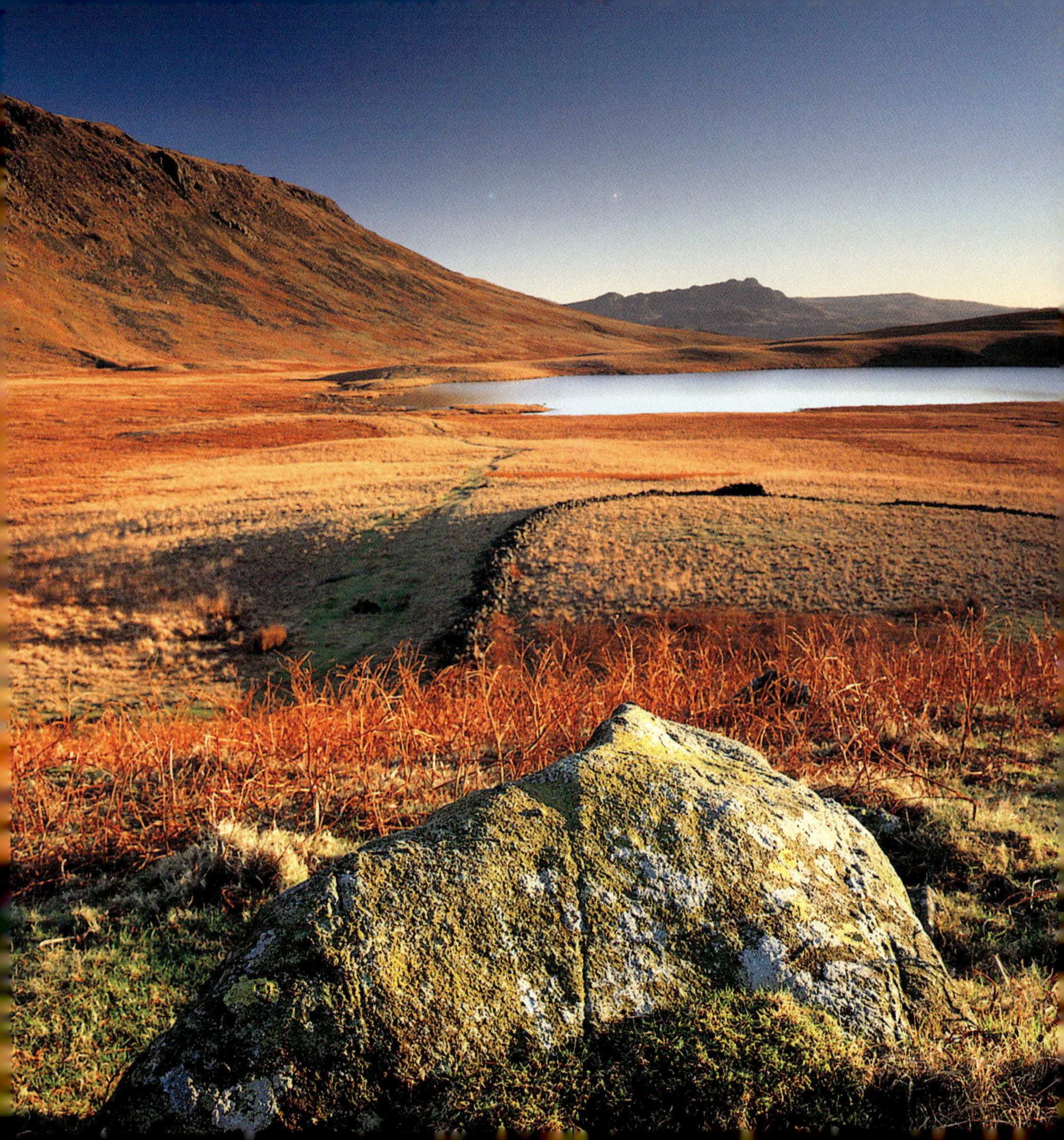

28. September

Aufstieg

Im Leben ist's wie am Himmel:
Eben dadurch, dass Sternbilder
auf der einen Seite untersinken,
müssen neue auf der anderen herauf.

Jean Paul

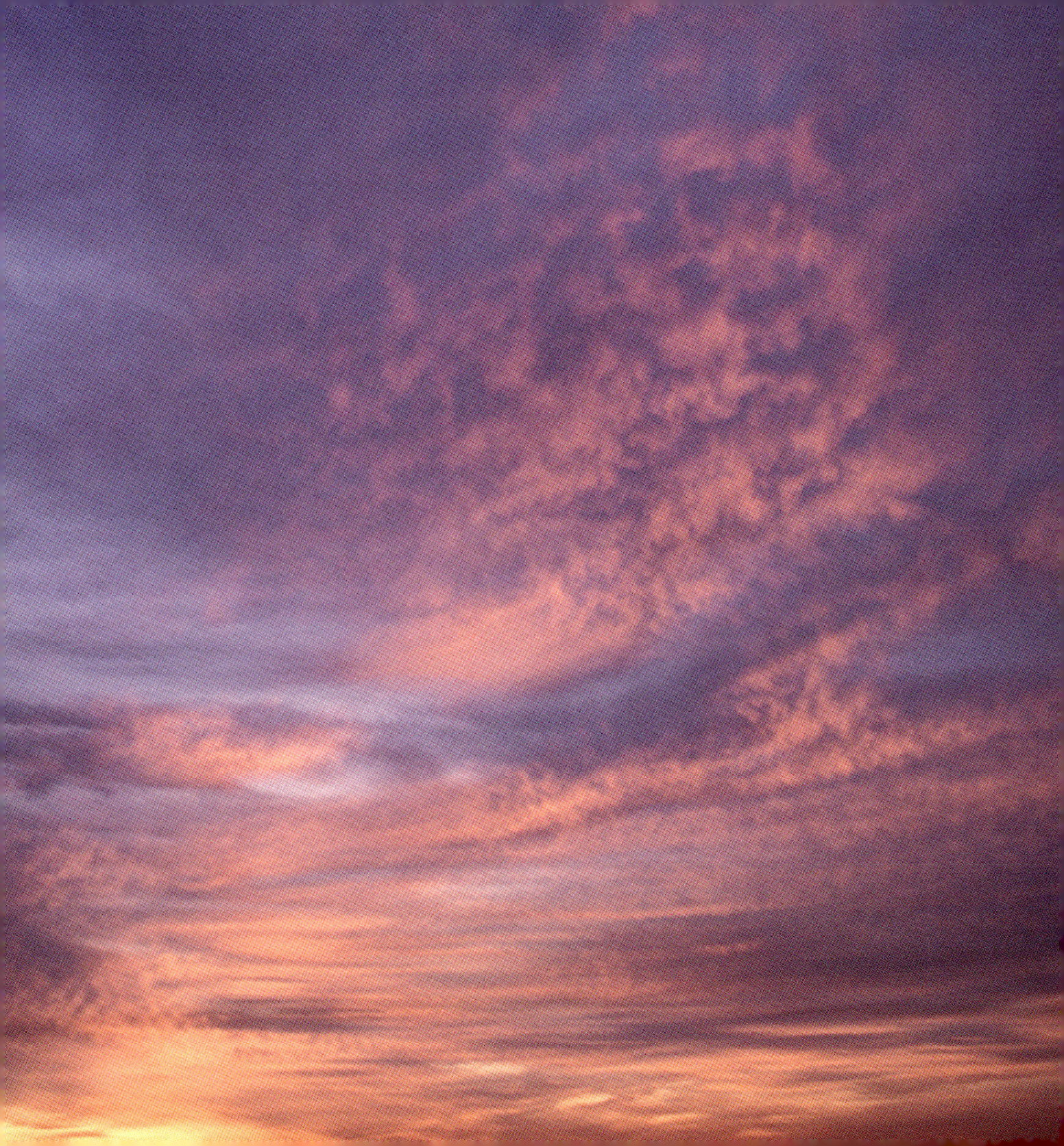

29. September

Wahrheit

Wenn du die Wahrheit suchst,
dann geh in dich.
Die äußeren Sinne können täuschen.
Im „Inneren Menschen" wohnt die Wahrheit.
In ihrem Anblick aber,
überschreite auch dich selbst.

Aurelius Augustinus

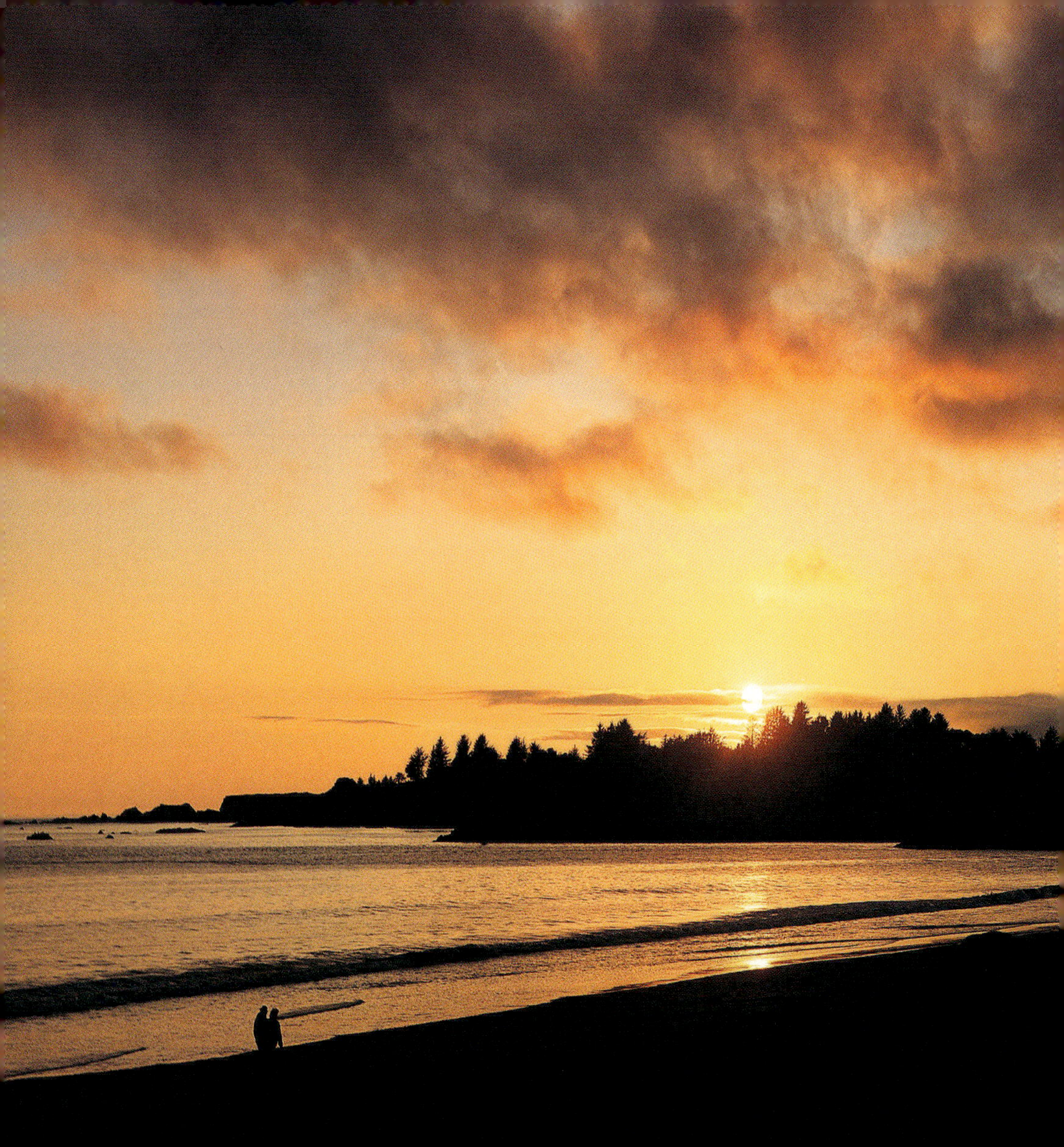

30. September

Tiefe unserer Seele

Zufriedenheit erwächst
nicht aus Dingen,
sondern nur aus der Tiefe unserer Seele.

Mark W. Bonner

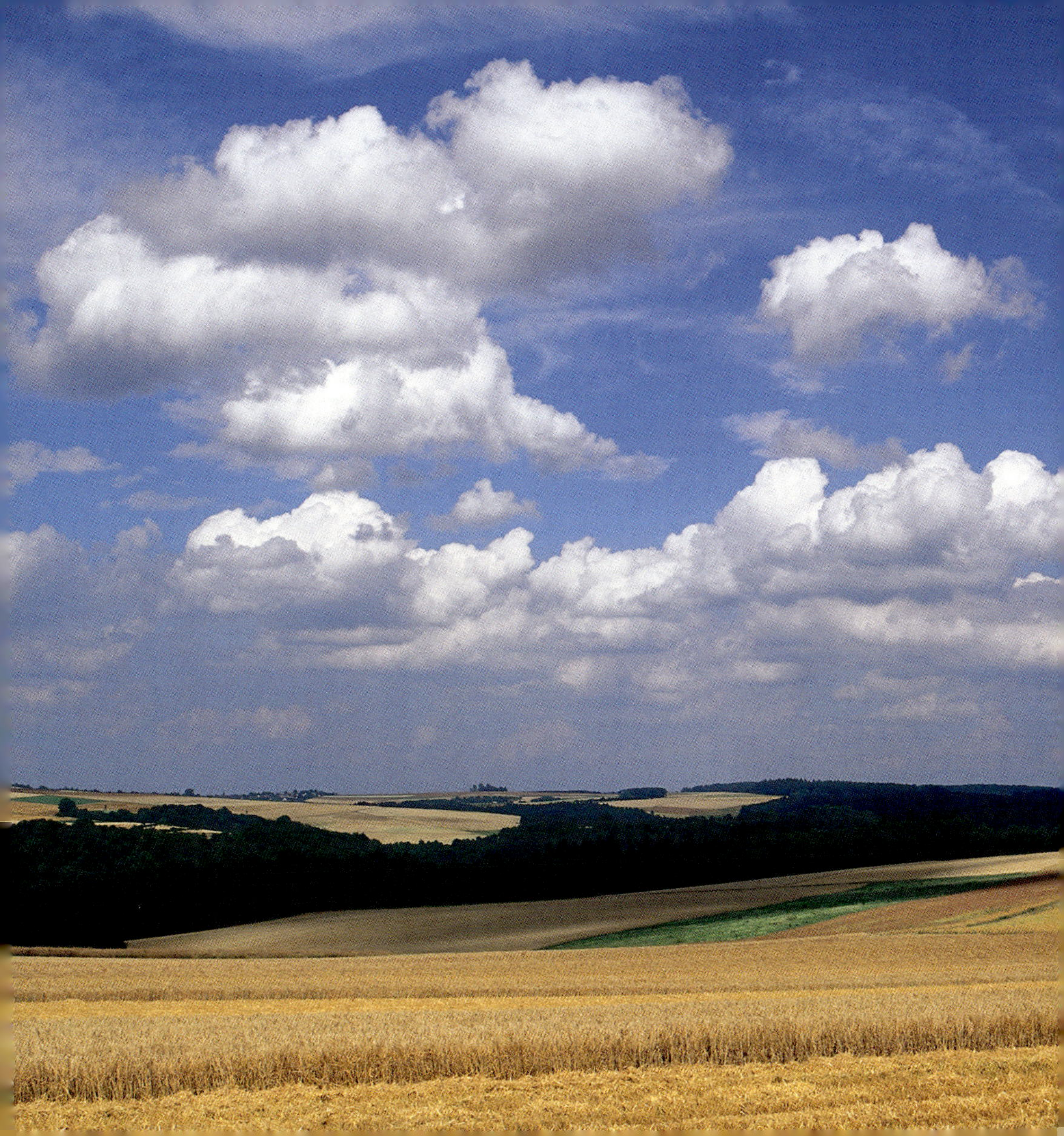

X

Oktober

1. Oktober

Werke der Liebe

Der Herr sieht nicht so sehr
auf die Größe der Werke,
als auf die Liebe,
mit der sie getan werden.

Teresa von Ávila

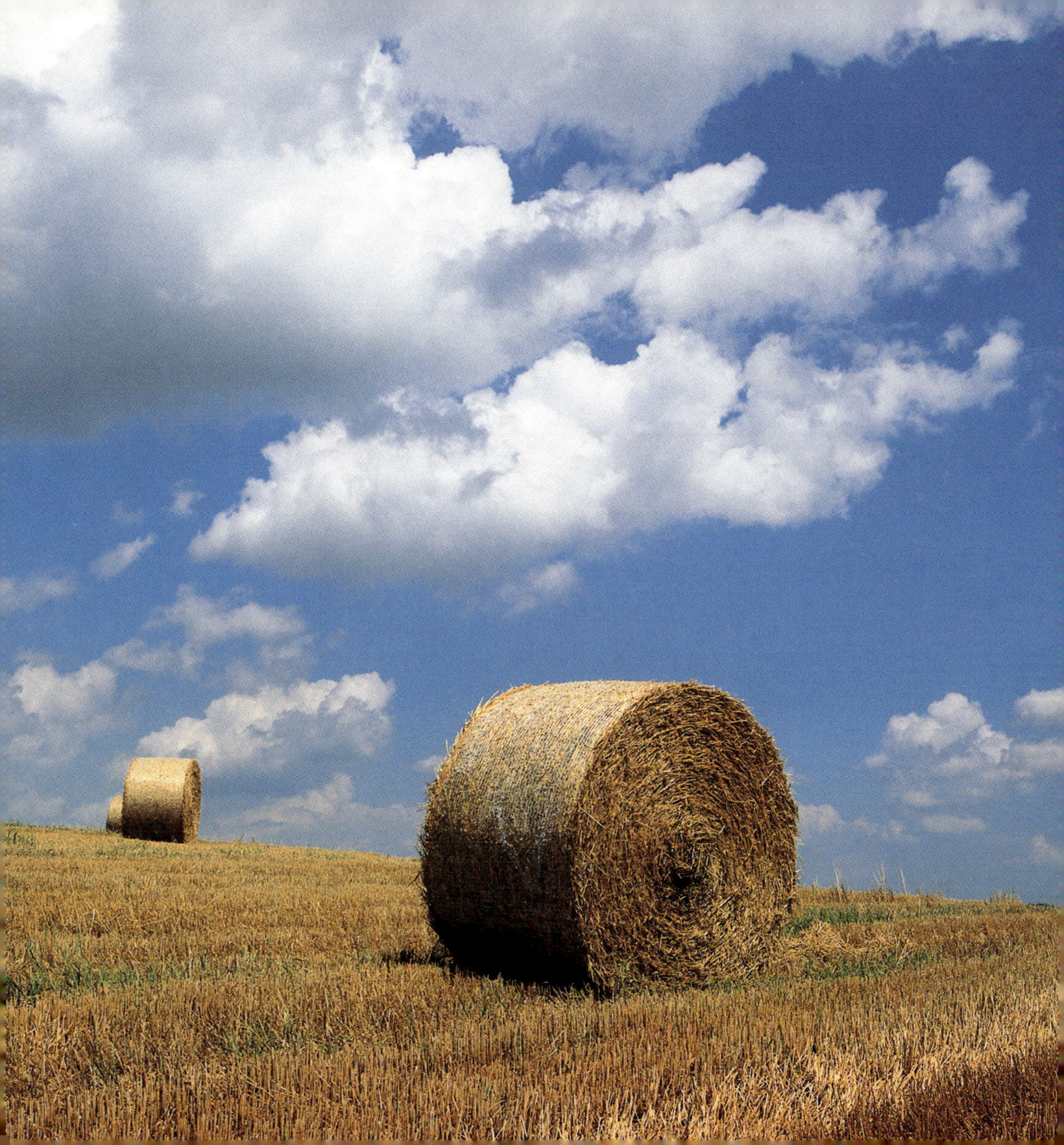

2. Oktober

Die Güte Gottes

Ihr sollt sein wie ein Fenster,
durch das Gottes Güte
in die Welt hineinleuchten kann.

Edith Stein

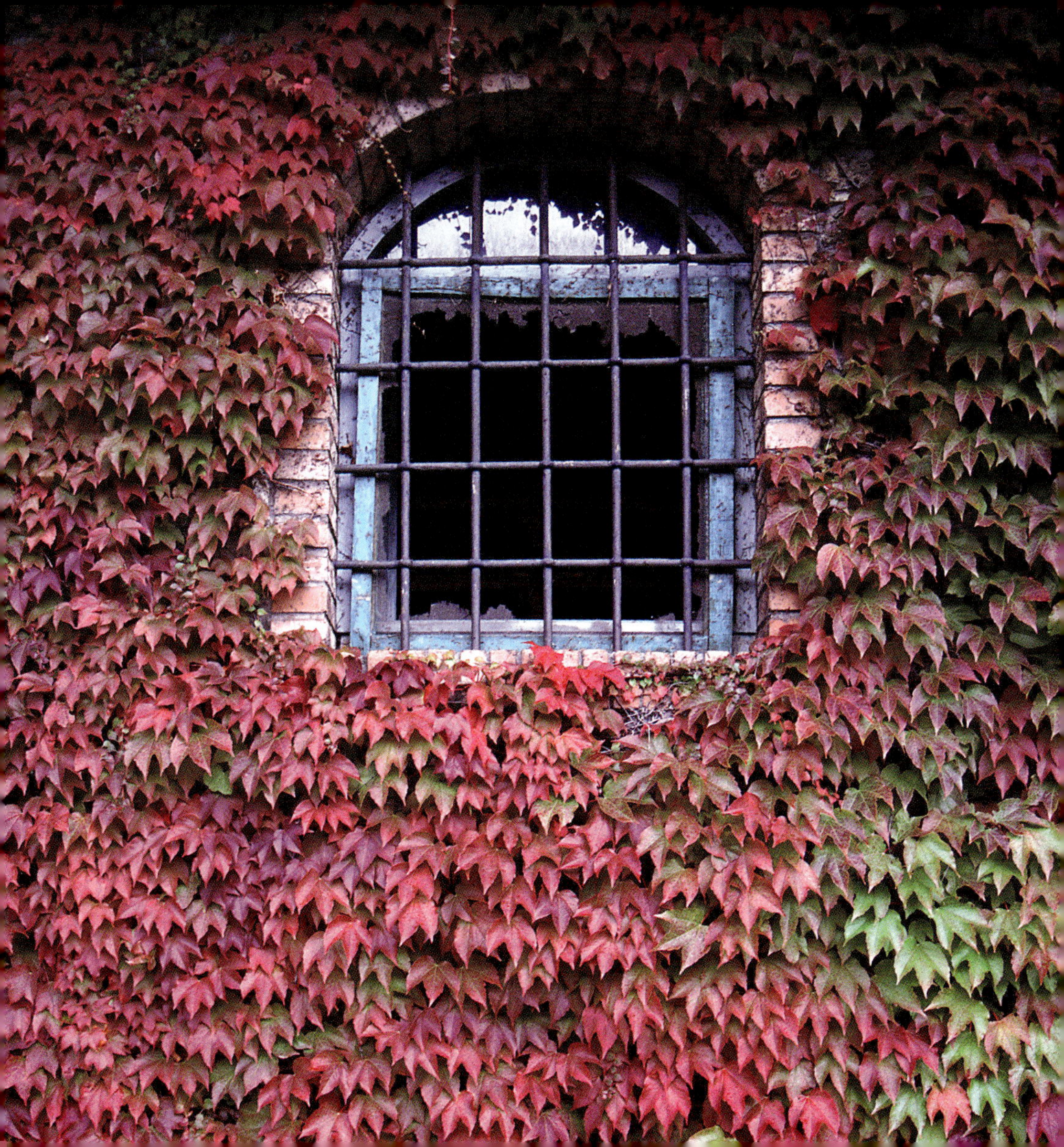

3. Oktober

Im Herzen

Die Stille ist nicht
auf den Gipfeln der Berge,
der Lärm nicht
auf den Märkten der Städte;
beides ist in den Herzen der Menschen.

Laotse

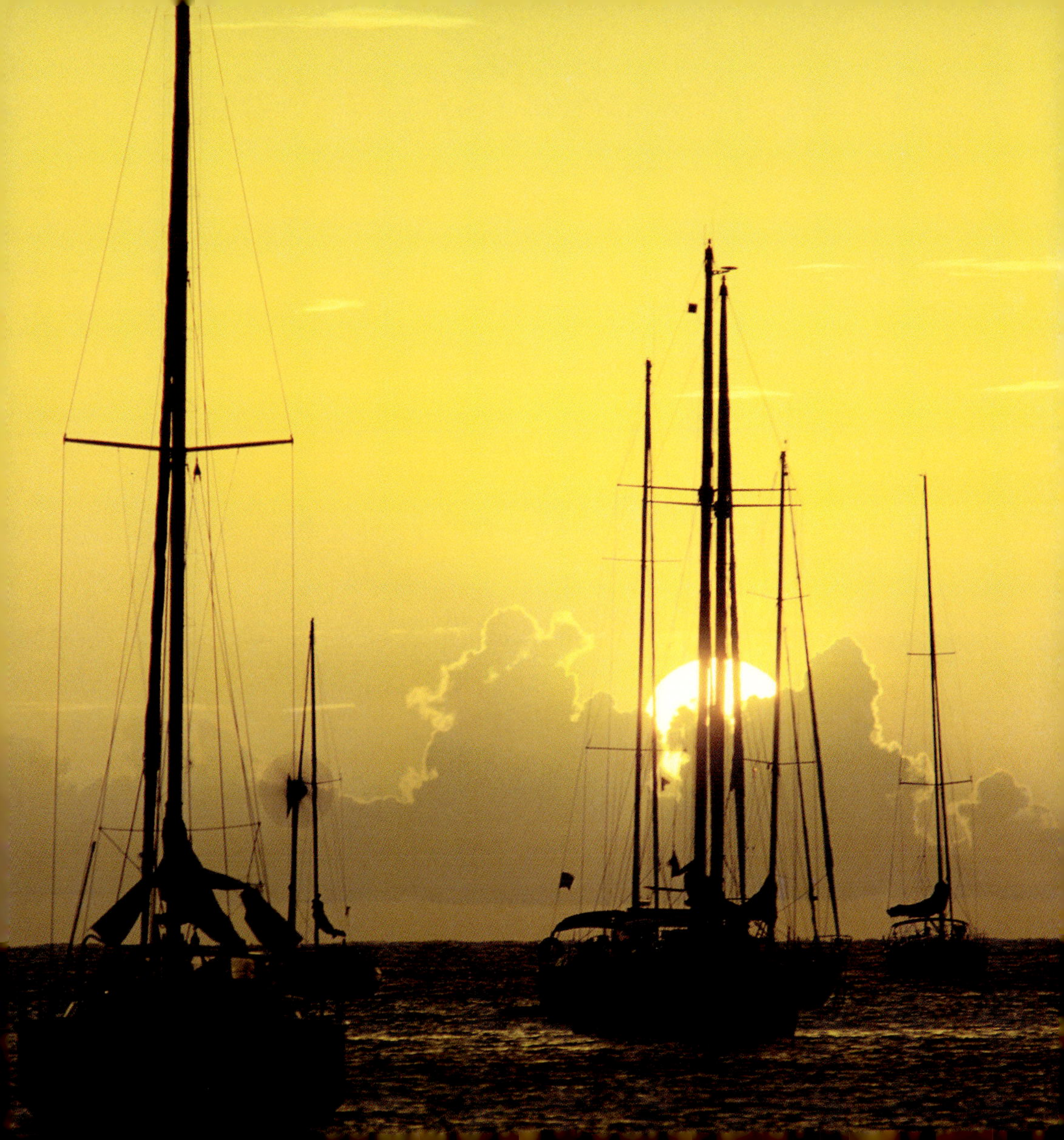

4. Oktober

Verborgen

Es weiß keiner von uns, was Gott wirkt
und was er den Menschen gibt.
Es ist für uns verborgen und soll es bleiben.
Manchmal dürfen wir ein klein wenig
davon sehen, um nicht mutlos zu werden.

Albert Schweitzer

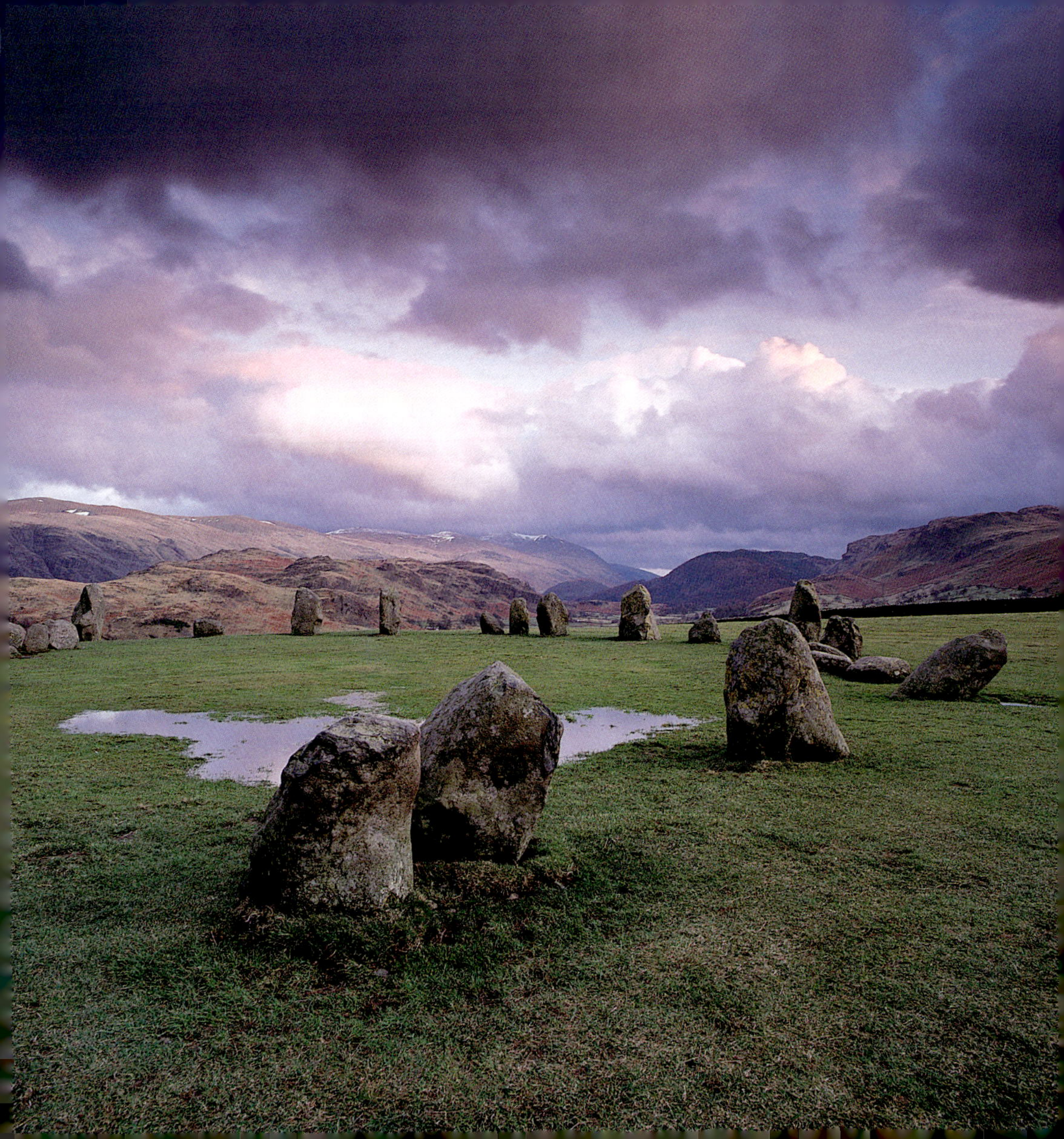

5. Oktober

Wirklichkeit

Genießen heißt
gebrauchen mit Freude,
nicht in der Hoffnung,
sondern in der Wirklichkeit.

Aurelius Augustinus

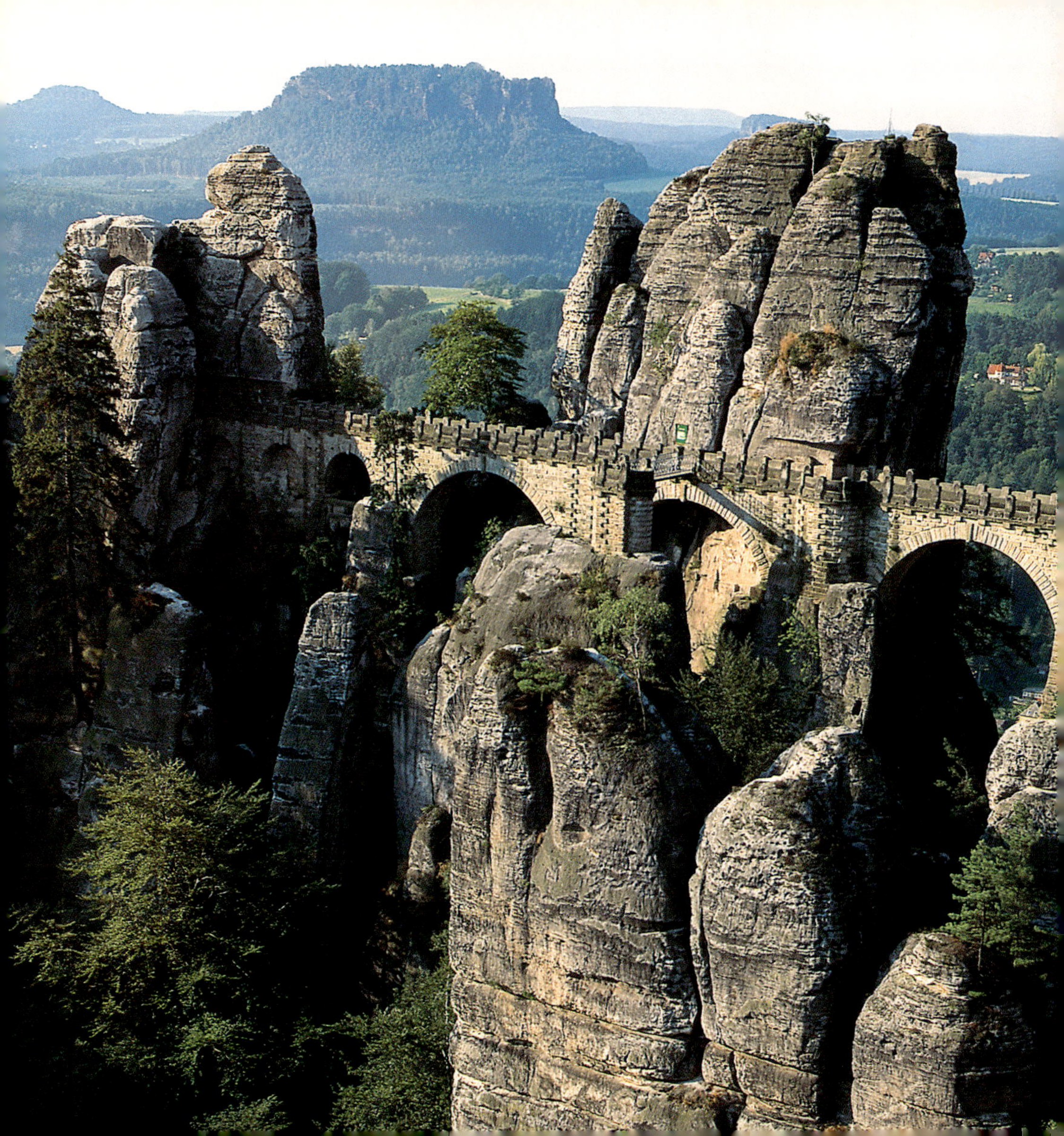

6. Oktober

Alle Tage

Man soll alle Tage
wenigstens ein kleines Lied hören,
ein gutes Gedicht lesen,
ein treffliches Gemälde sehen und,
wenn es möglich zu machen wäre,
einige vernünftige Worte sprechen.

Johann Wolfgang von Goethe

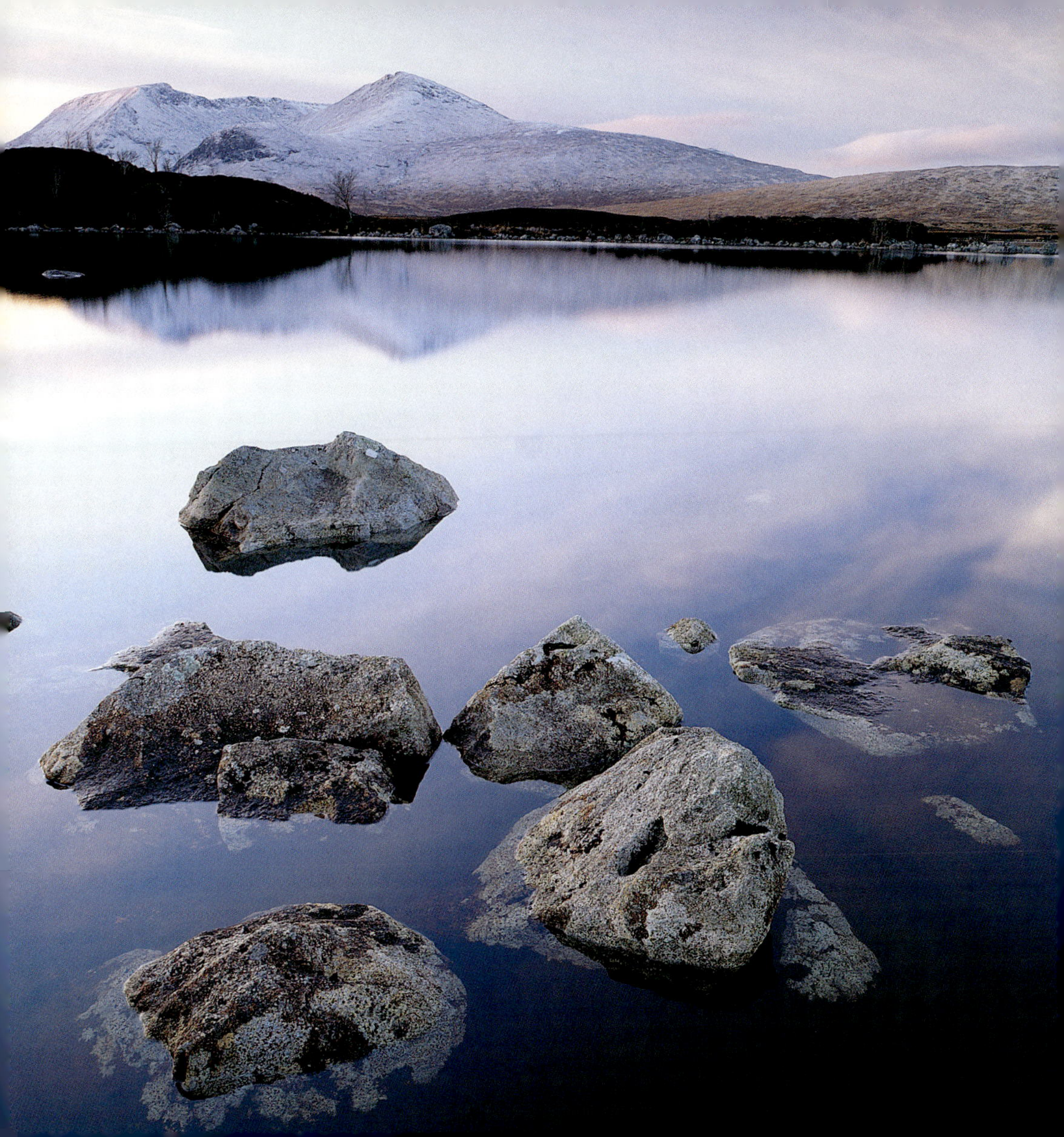

7. Oktober

Ein Geschenk Gottes

Grüßen wir jeden neuen Tag
mit Freude und Hoffnung,
denn er ist ein Geschenk Gottes.

Franz von Sales

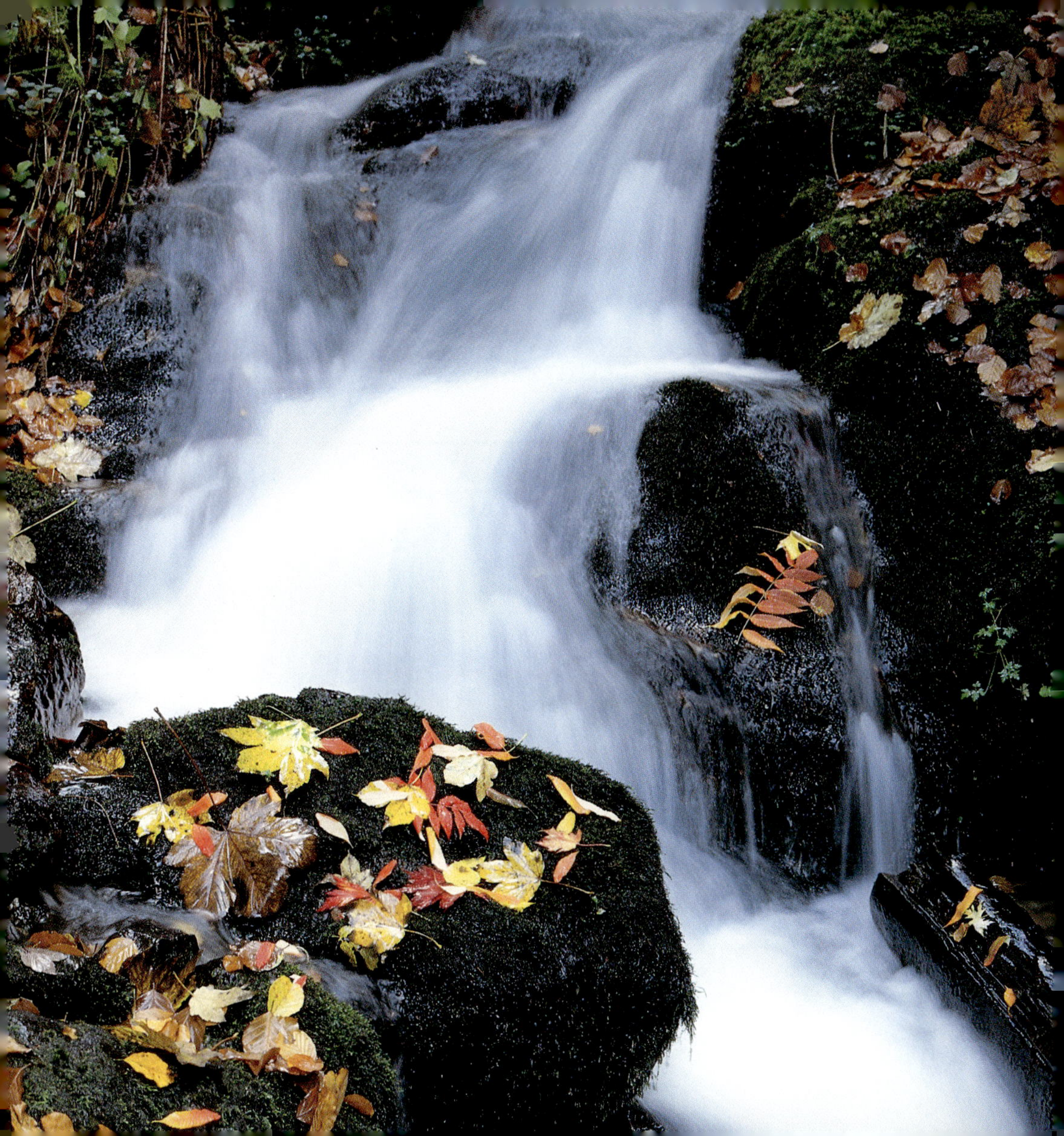

8. Oktober

Die Spur Gottes

Die Geschöpfe sind gleichsam
eine Spur der Fußstapfen Gottes,
an denen man seine Größe,
Macht und Weisheit sehen kann.

Johannes vom Kreuz

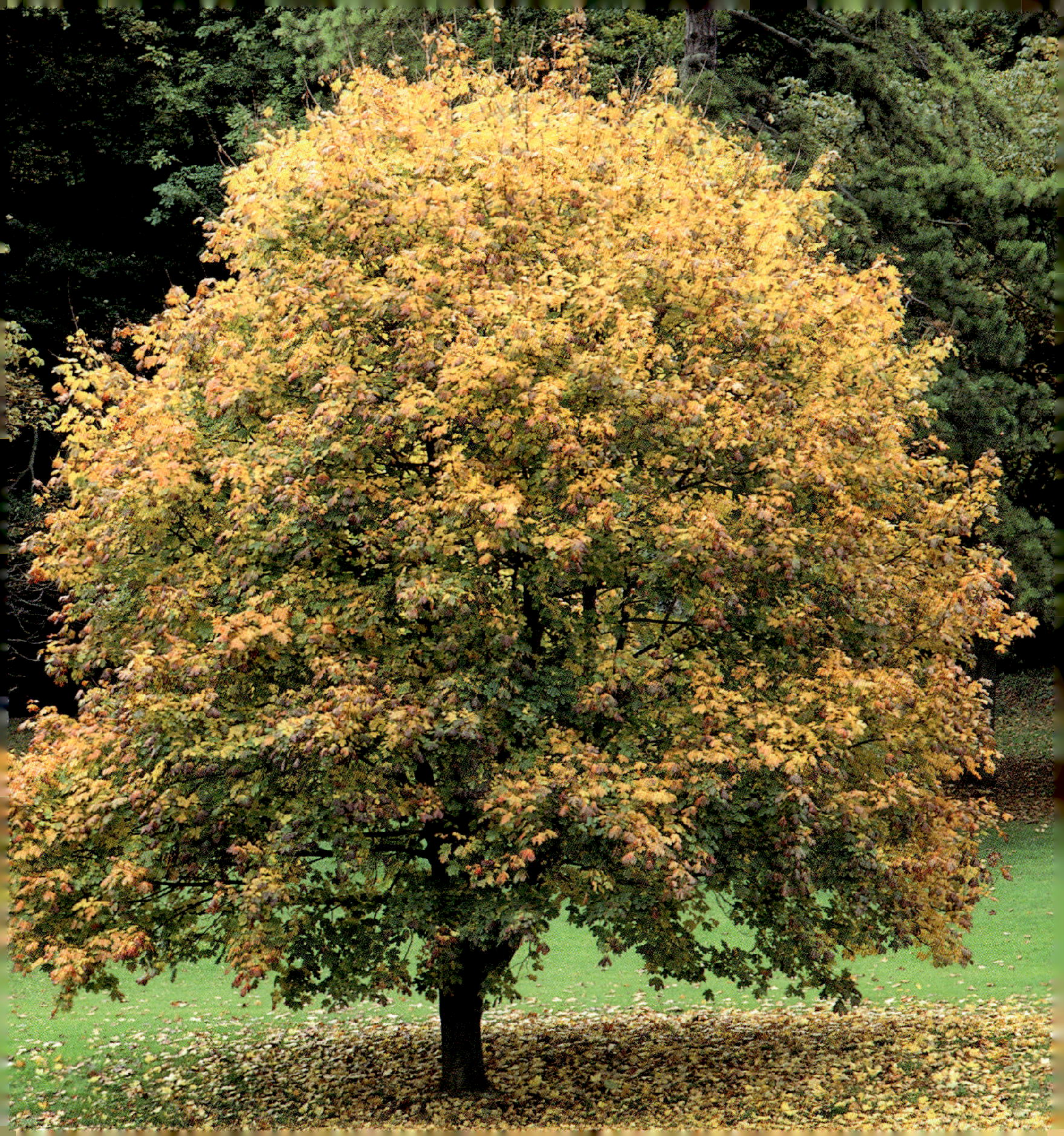

9. Oktober

Stille

Merk auf dieses feine,
unaufhörliche Geräusch;
es ist die Stille.
Horch auf das, was man hört,
wenn man nichts vernimmt.

Paul Valéry

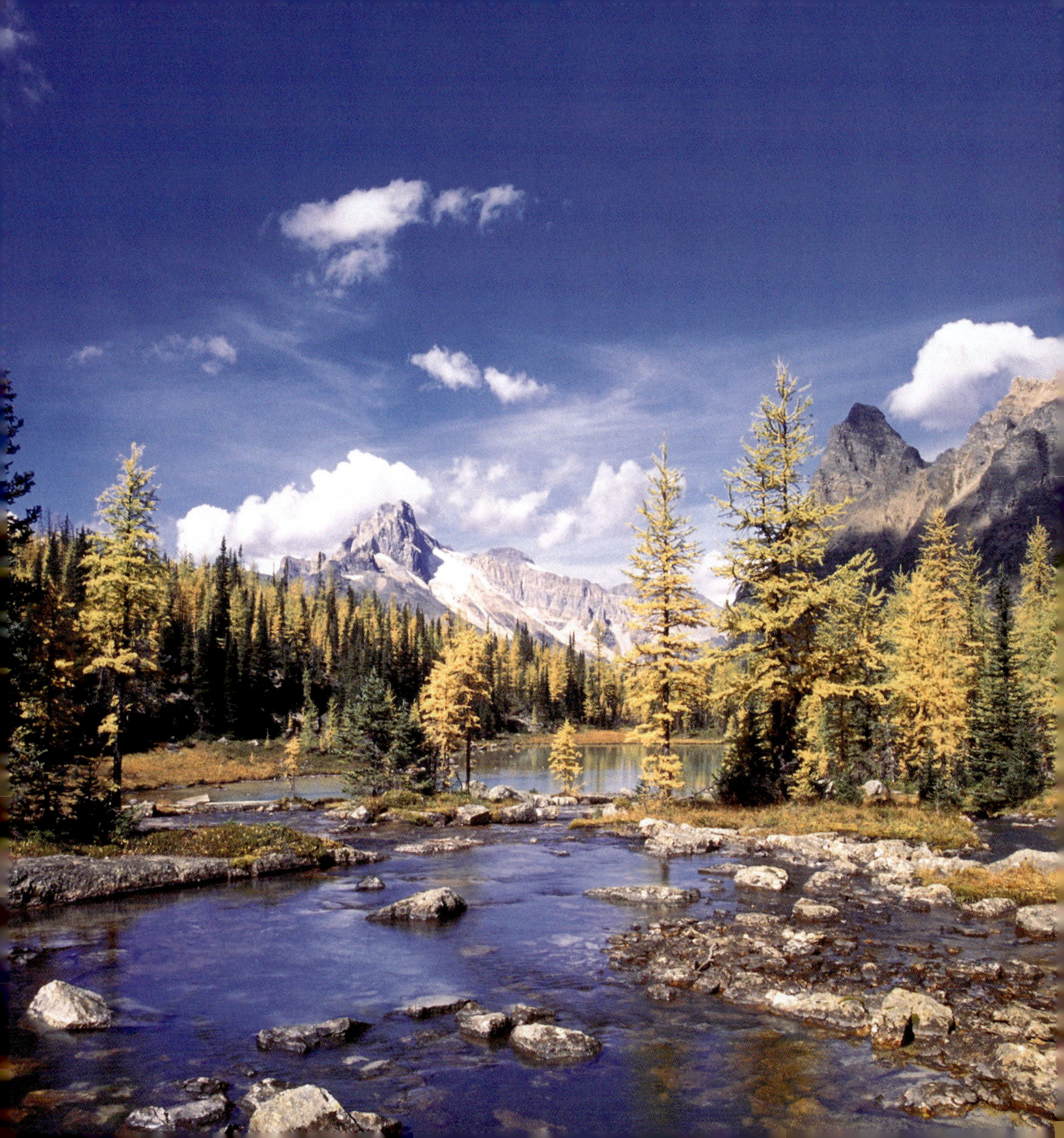

10. Oktober

Schweigen

Eine Seele ohne Schweigen
ist wie eine Stadt ohne Schutz,
und wer das Schweigen pflegt,
bewahrt seine Seele.

Thérèse von Lisieux

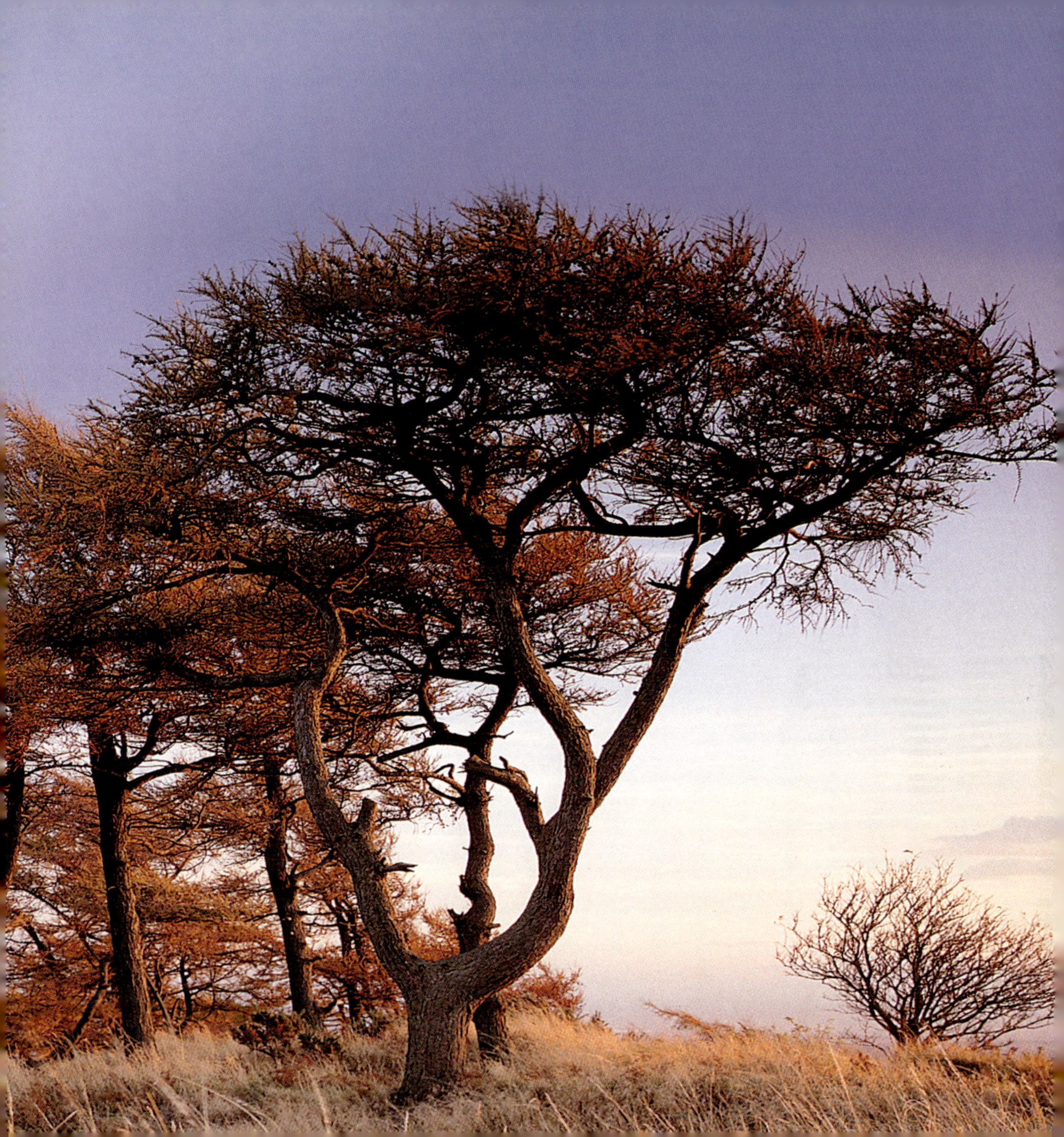

11. Oktober

Sehen

Schönheit ist überall.
Nicht sie fehlt unseren Augen,
sondern unsere Augen sehen oft daran vorbei.

Auguste Rodin

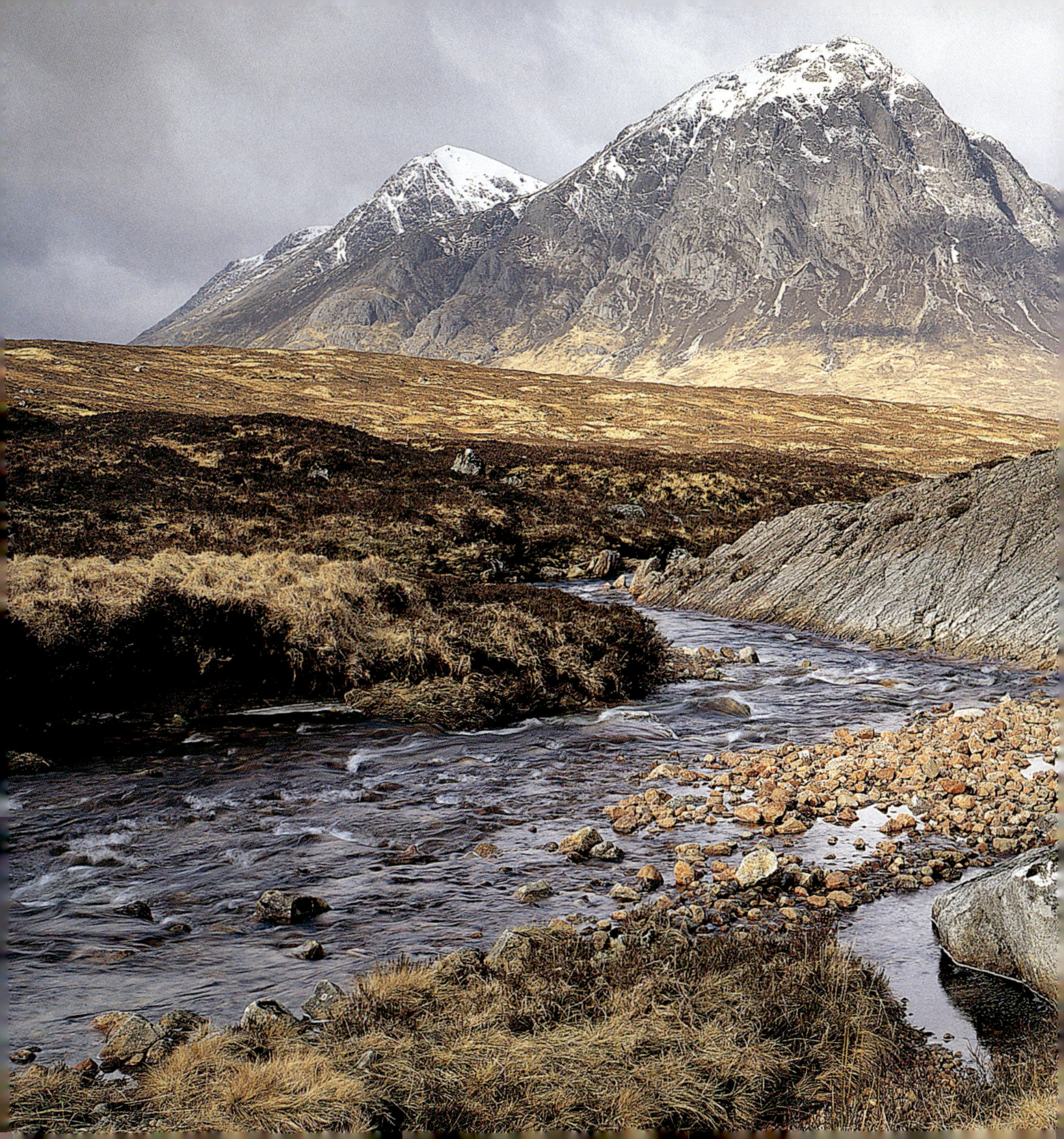

12. Oktober

Gedächtnis

Was gut gepflanzt ist,
wird nicht ausgerissen.
Was treu bewahrt wird,
geht nicht verloren.
Wer sein Gedächtnis
Söhnen und Enkeln hinterlässt,
hört nicht auf.

Laotse

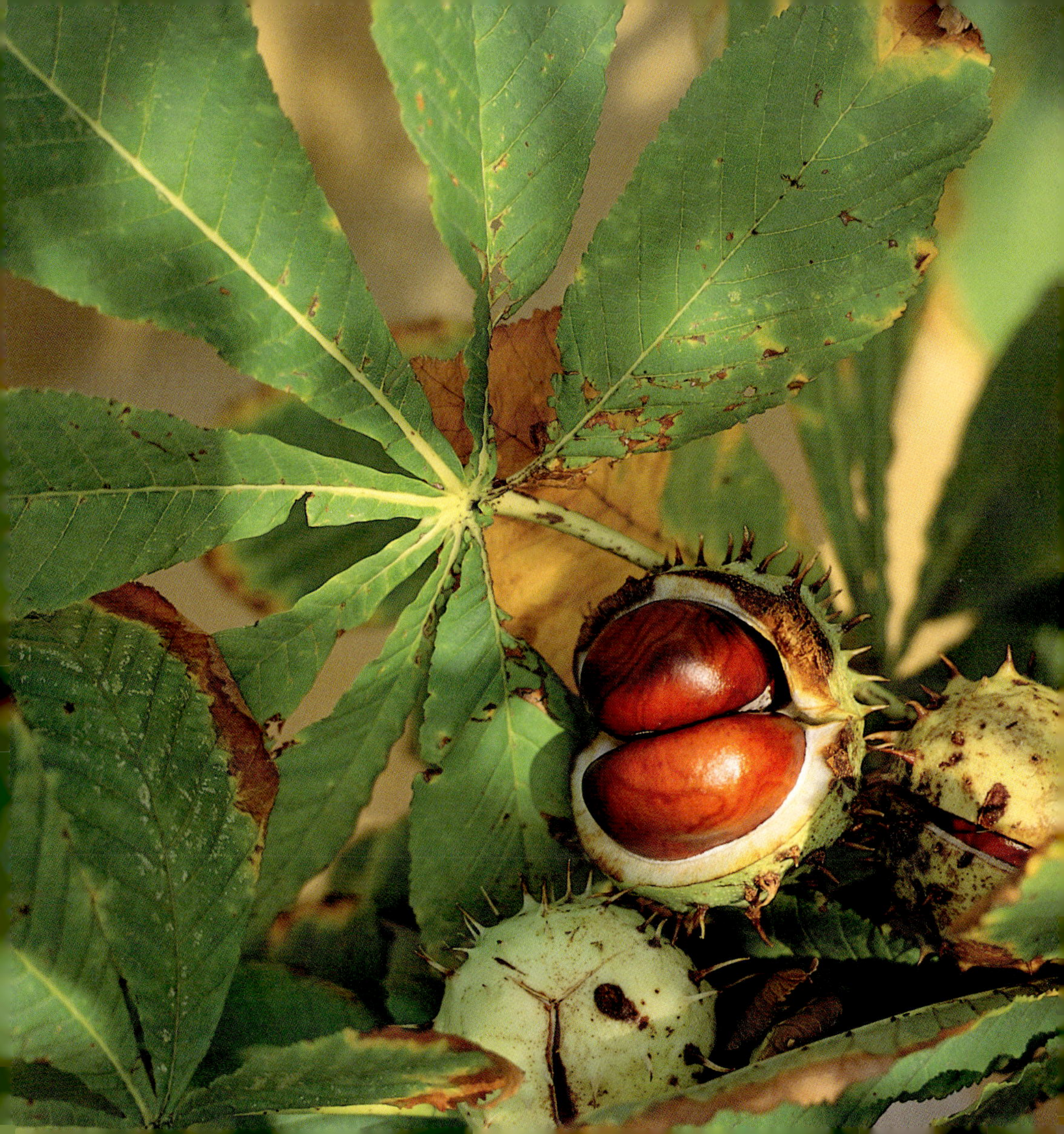

13. Oktober

Brücken bauen

Lasst uns Brücken bauen,
und wenn der andere
nicht zu uns herüberkommen will,
so lasst uns zusehen,
ob wir nicht zu ihm gehen können.

Augustin Wibbelt

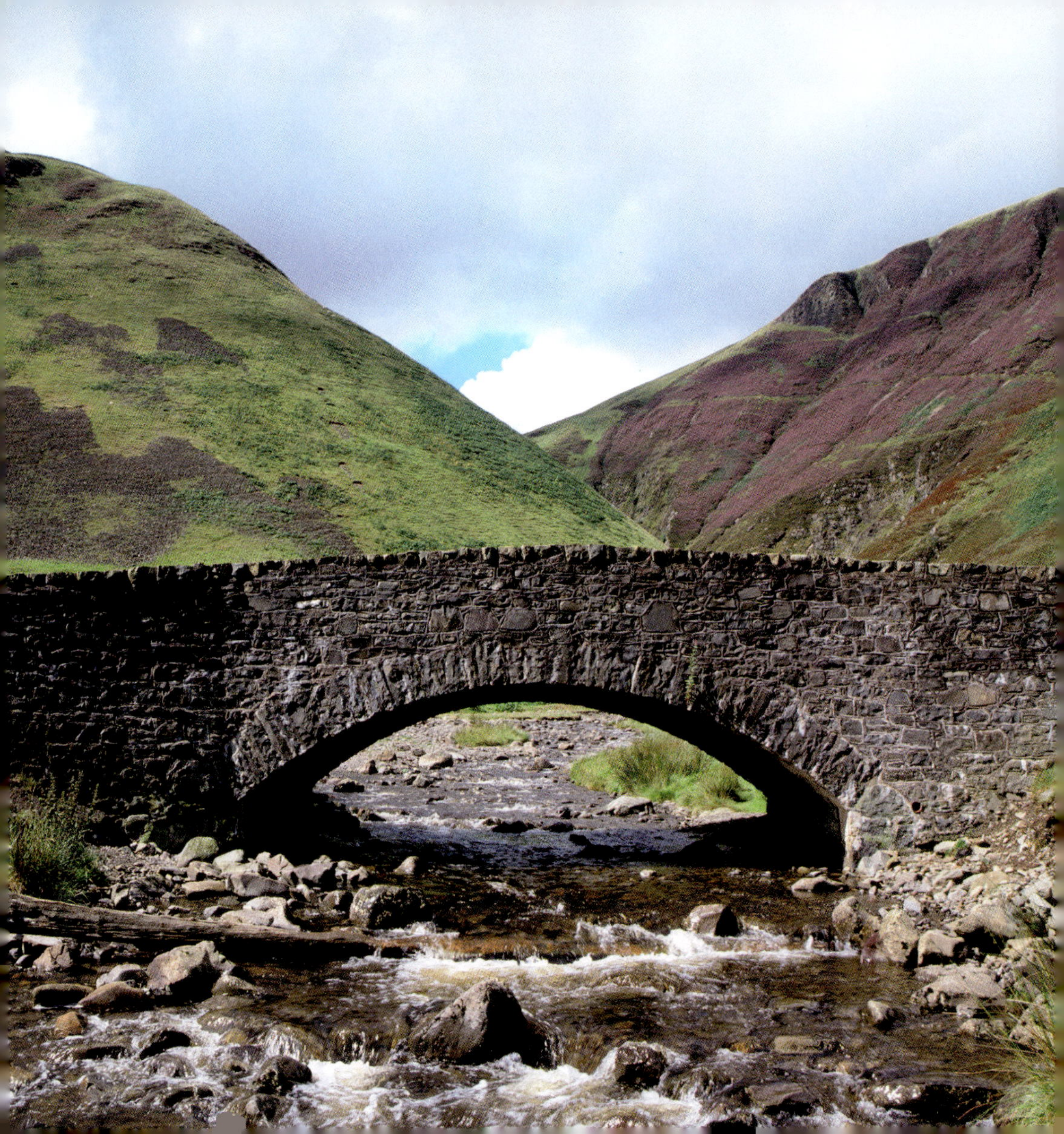

14. Oktober

Altern

Für jedes Menschenalter
bedeutet die Zeit ein gelindes Entsetzen ...
Und doch wäre jedes Alter schön,
je weniger wir das, was ihm zukommt,
verleugnen oder verträumen oder verschöben.

Max Frisch

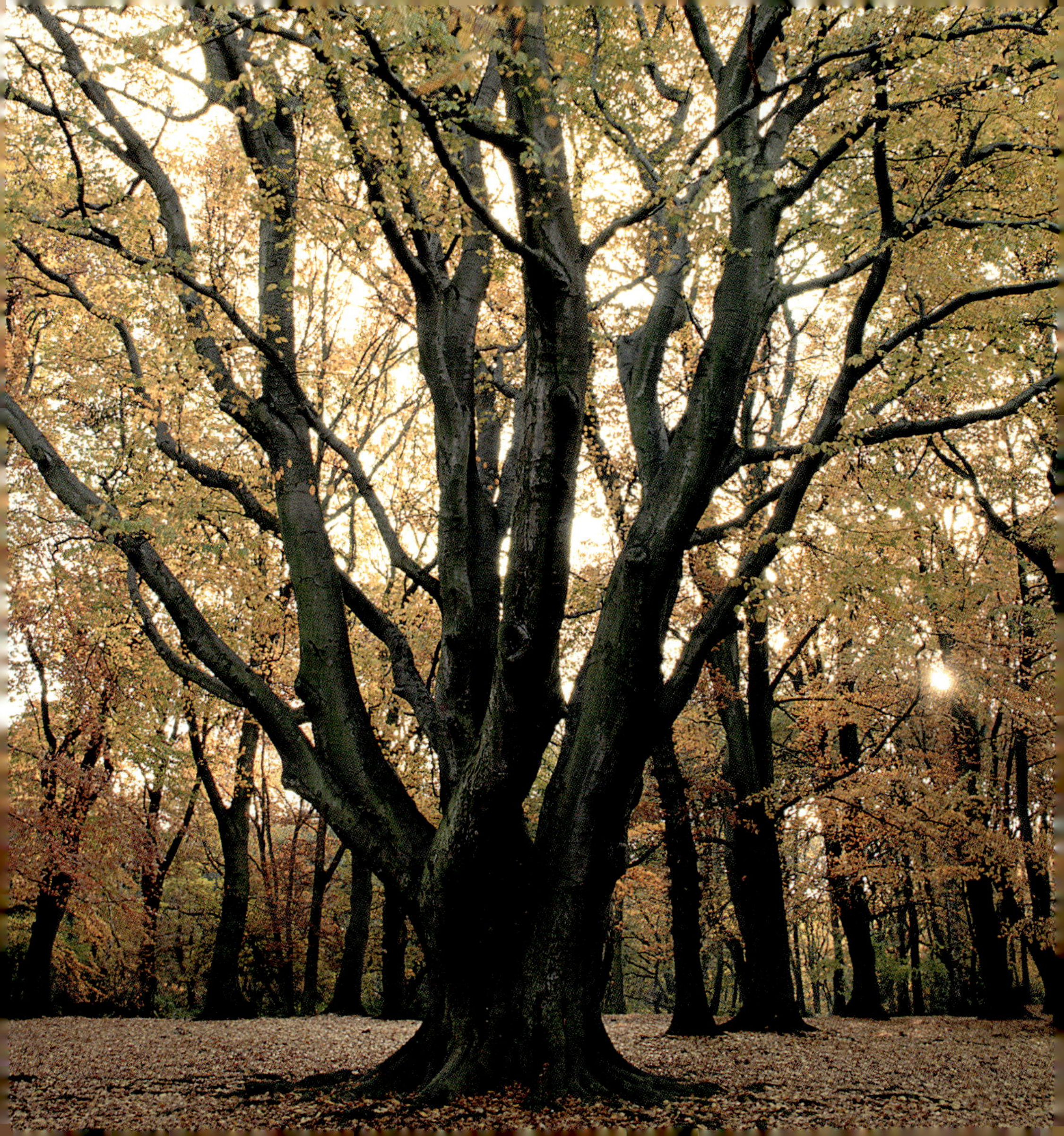

15. Oktober

Frieden

Ich bin ein Kind des Friedens
und will Friede halten
für und für, mit der ganzen Welt,
da ich ihn einmal mit mir selbst
geschlossen habe.

Johann Wolfgang von Goethe

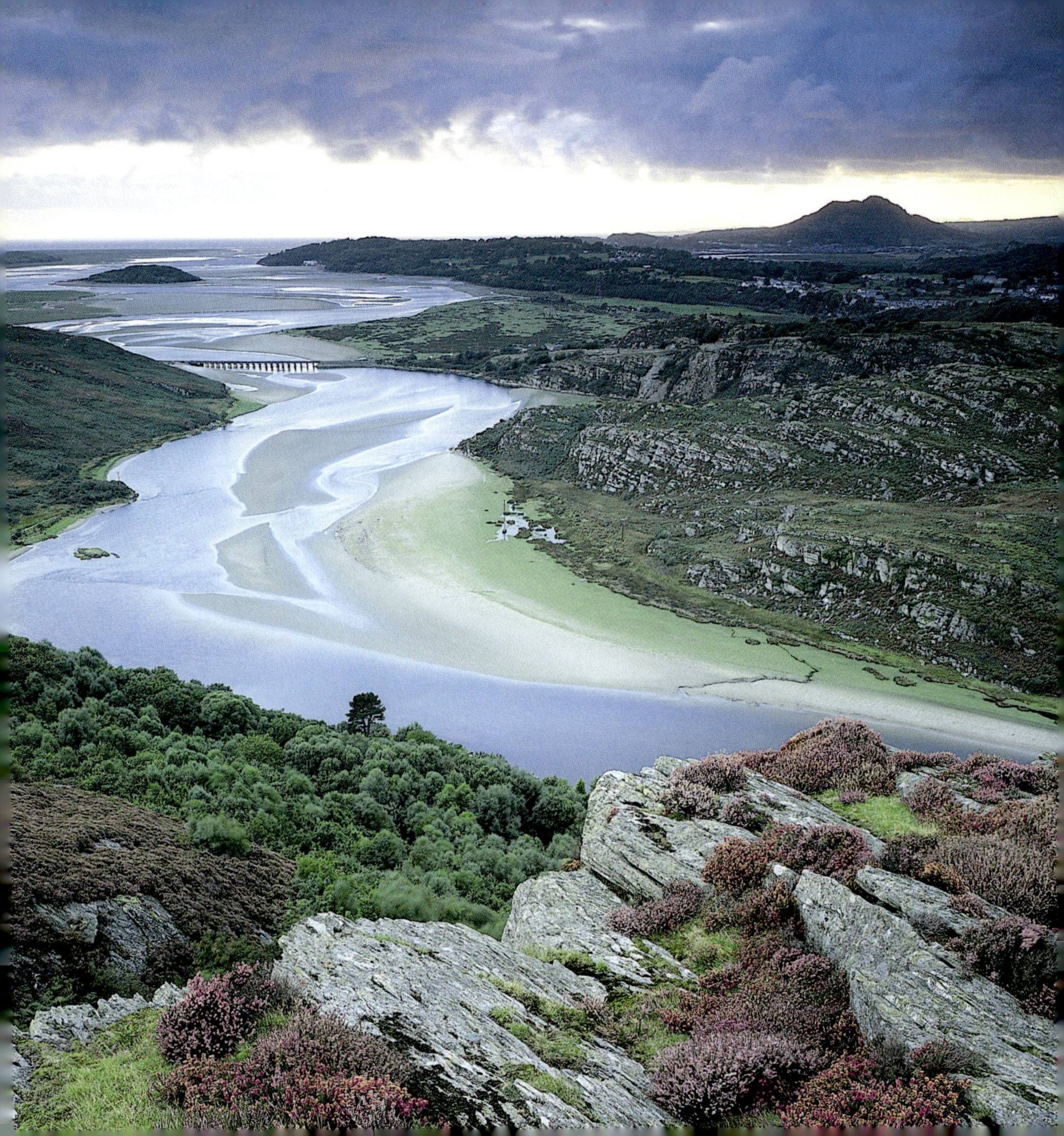

16. Oktober

Schöpfung

Wer durch den Glanz und die Herrlichkeit
alles Geschaffenen
nicht erleuchtet wird, ist blind.

Bonaventura

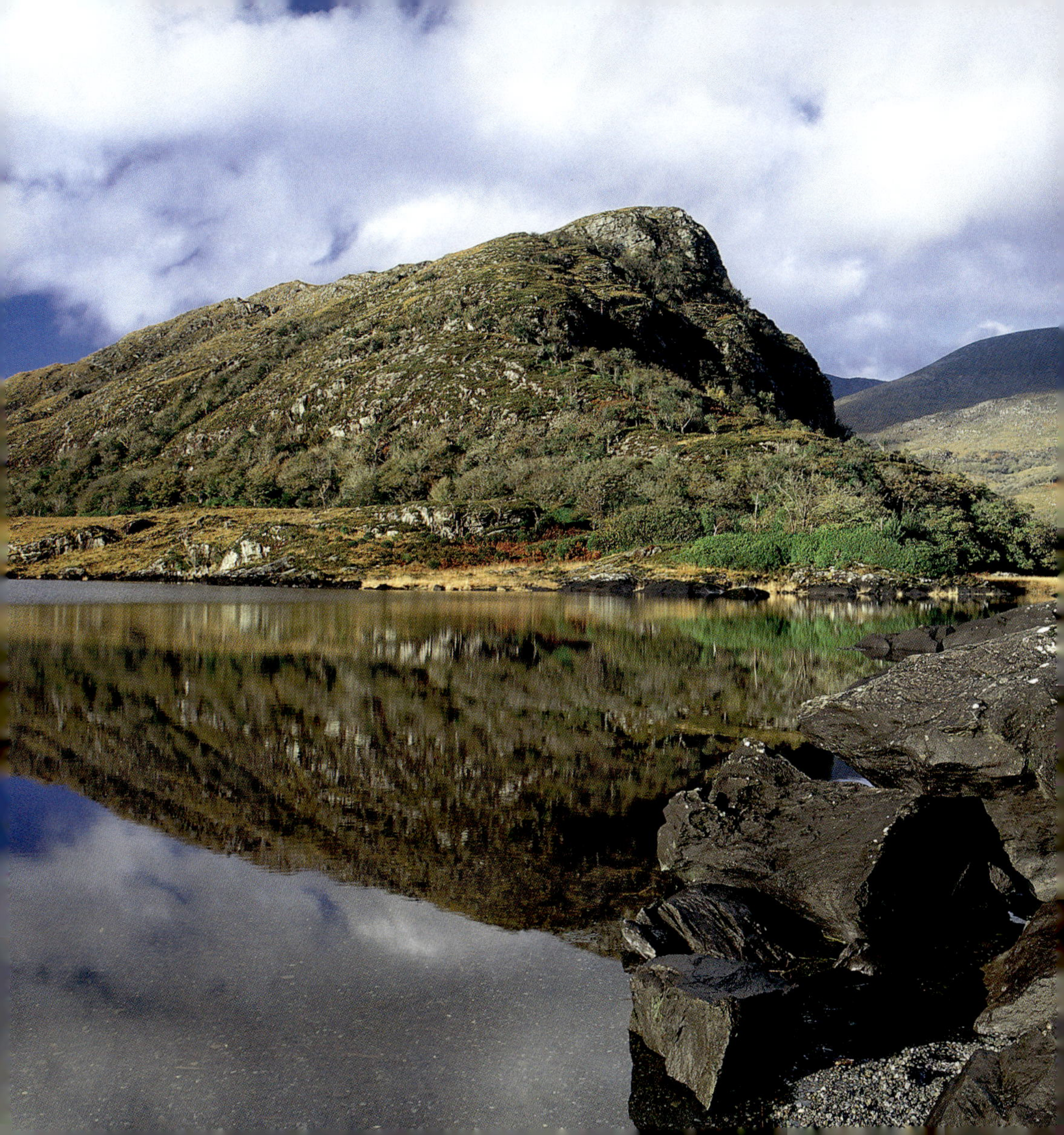

17. Oktober

Warten

Warten gibt Stärke;
Warten bringt die jungen Trauben zur Reife
und wandelt,
was nur sprossender Keim war,
zu kraftvoller Saat.

Ovid

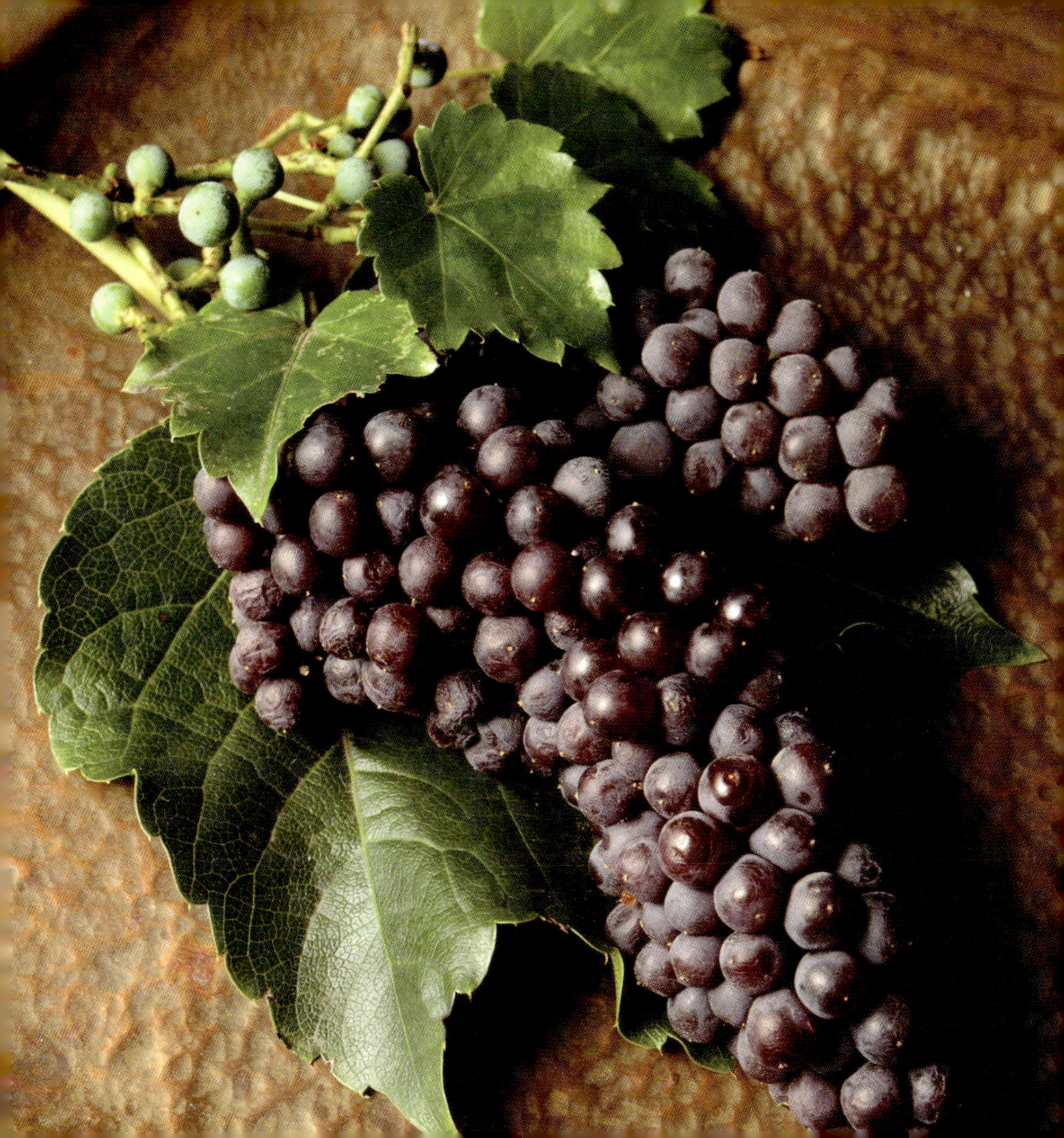

18. Oktober

Suchen und Finden

Das ist die Haltung der Sucher und Finder:
Nicht auf Sicherheit, auf Sinn eingestellt,
können sie auf fast alles verzichten,
nur nicht auf ihren Entwurf von der Welt.

Eva Strittmatter

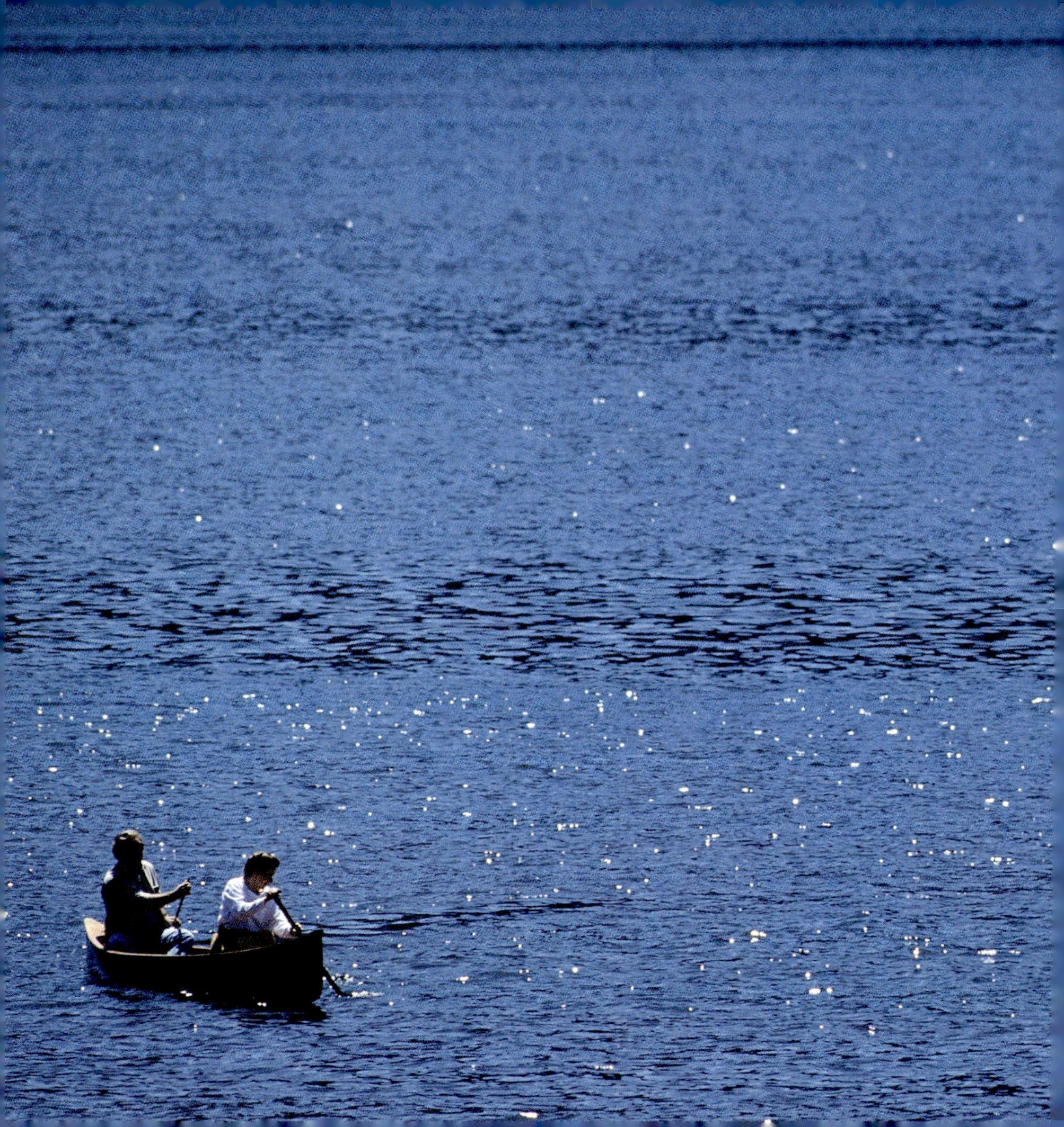

19. Oktober

Frieden

Am Ende ist uns wohler,
wenn wir nicht zuviel
von der Welt wollen und das,
was sie uns freiwillig gibt,
als gelegentlichen Fund betrachten.

Gottfried Keller

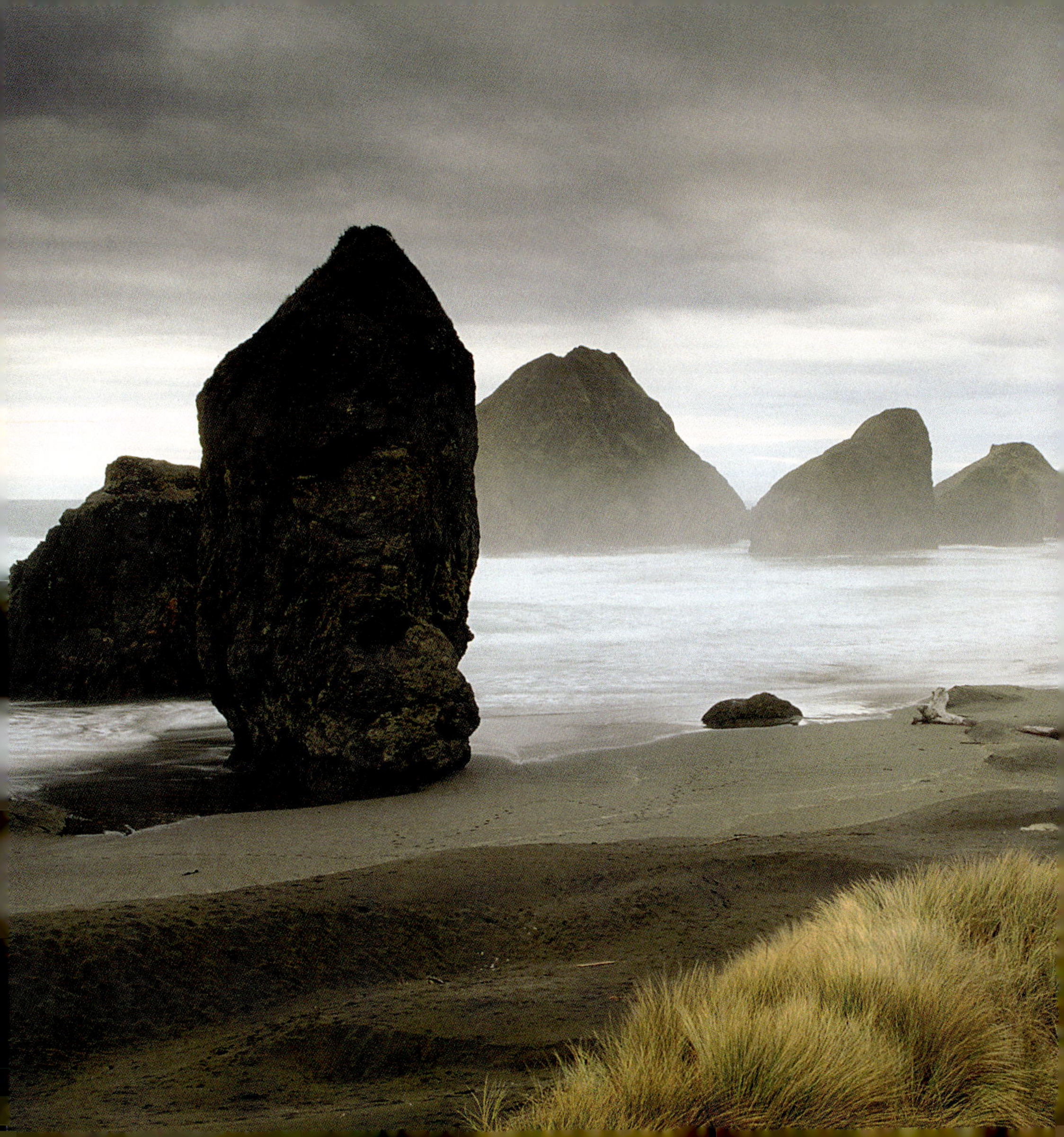

20. Oktober

Spur des Schöpfers

Wenn ich zum Gebet der Ruhe
und zur Meditation gelangen wollte,
half es mir immer,
Felder, Wasser oder Blumen zu betrachten,
in ihnen fand ich eine Spur des Schöpfers.

Teresa von Ávila

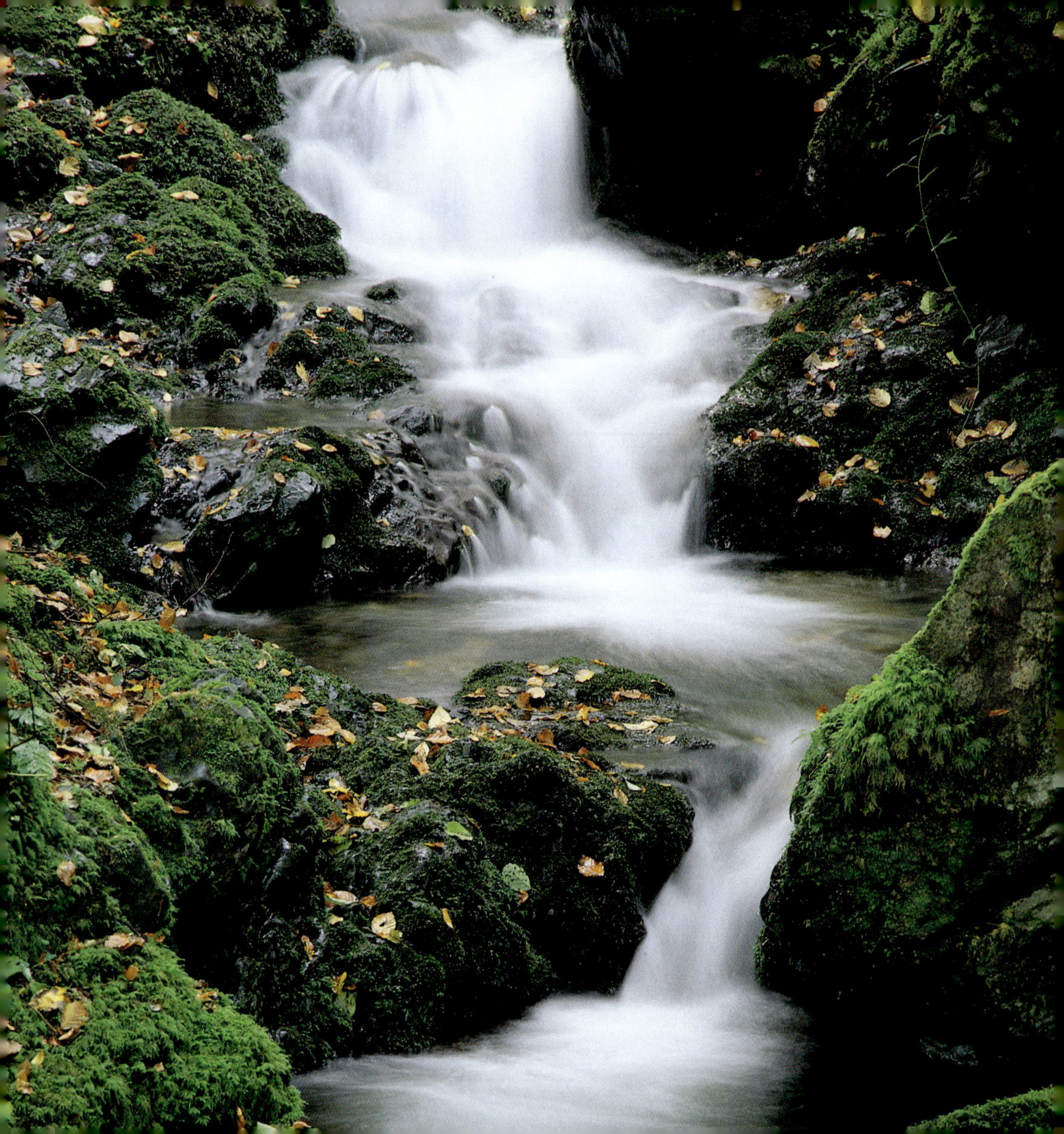

21. Oktober

Der Baum

Man darf den Baum nicht zerlegen,
wenn man ihn kennen lernen will.
Der Baum ist eine Macht,
die sich langsam dem Himmel vermählt.

Antoine de Saint-Exupéry

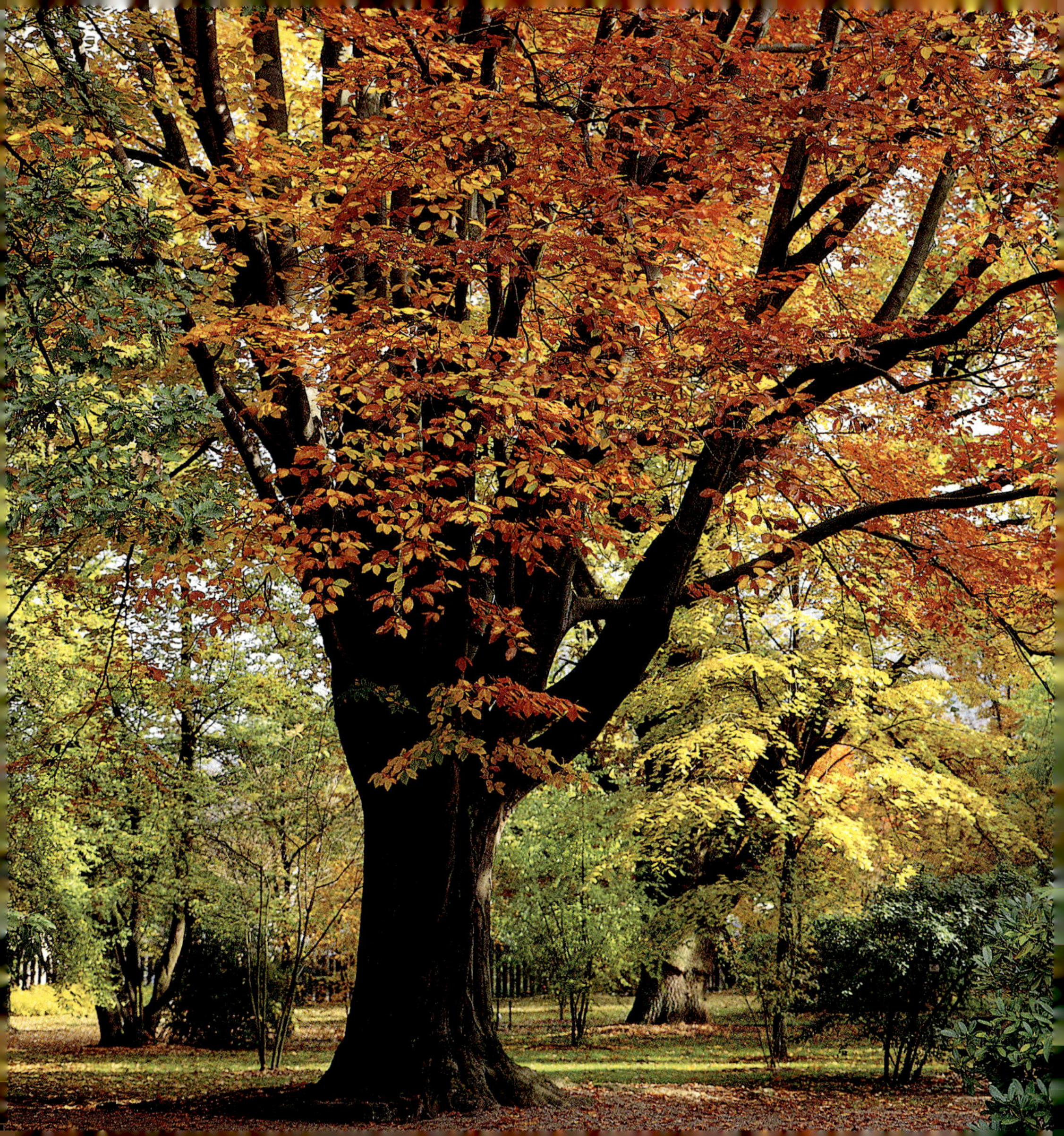

22. Oktober

Liebe

Die Liebe wählt sich den kleinen Ort,
auf den sie scheinen will,
alles übrige steht bei ihr im Schatten.

Johann Heinrich Pestalozzi

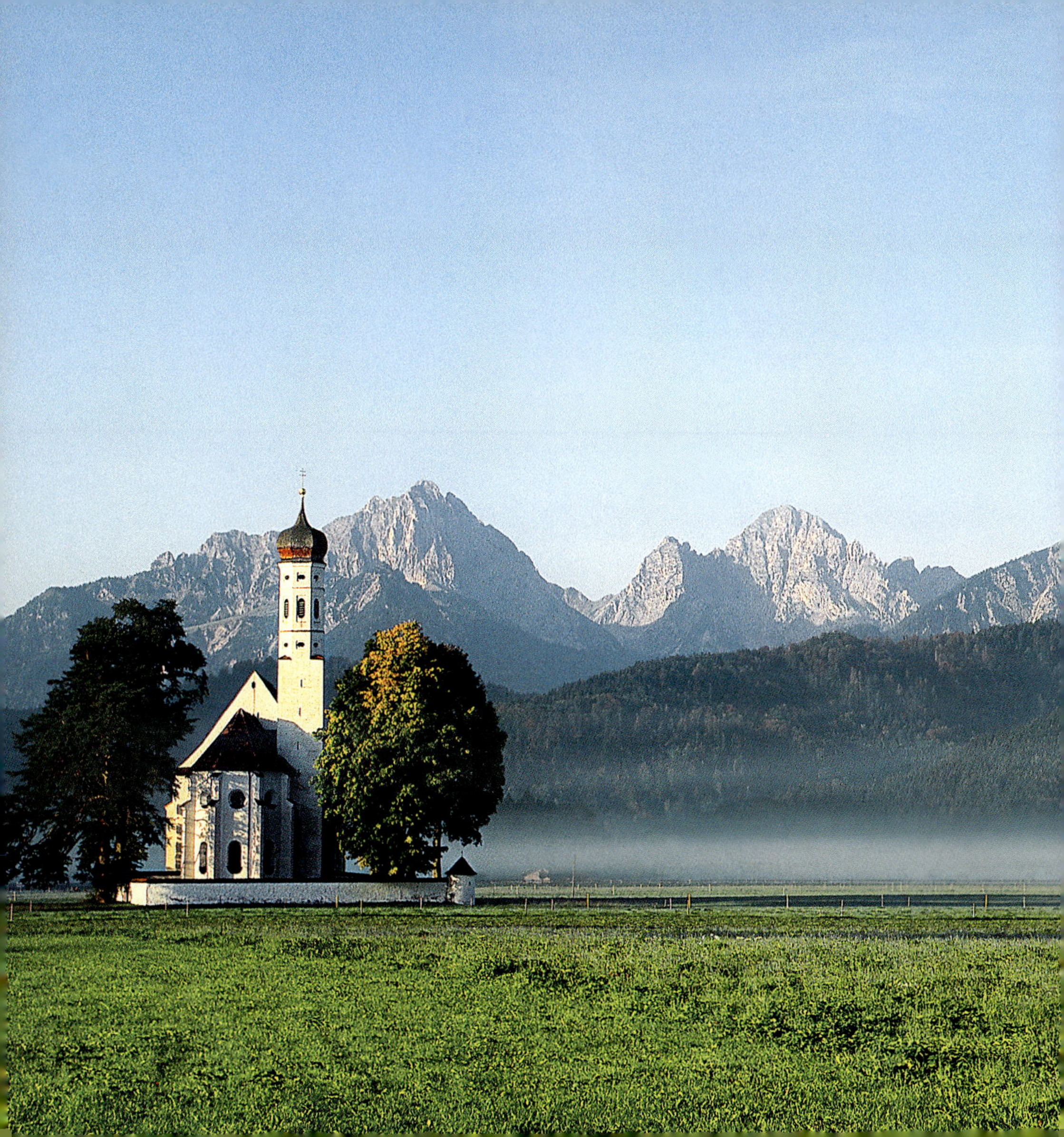

23. Oktober

Geben

Jeden Morgen
soll die Schale unseres Lebens
hingehalten werden,
um aufzunehmen, zu tragen
und zurückzugeben.

Dag Hammarskjöld

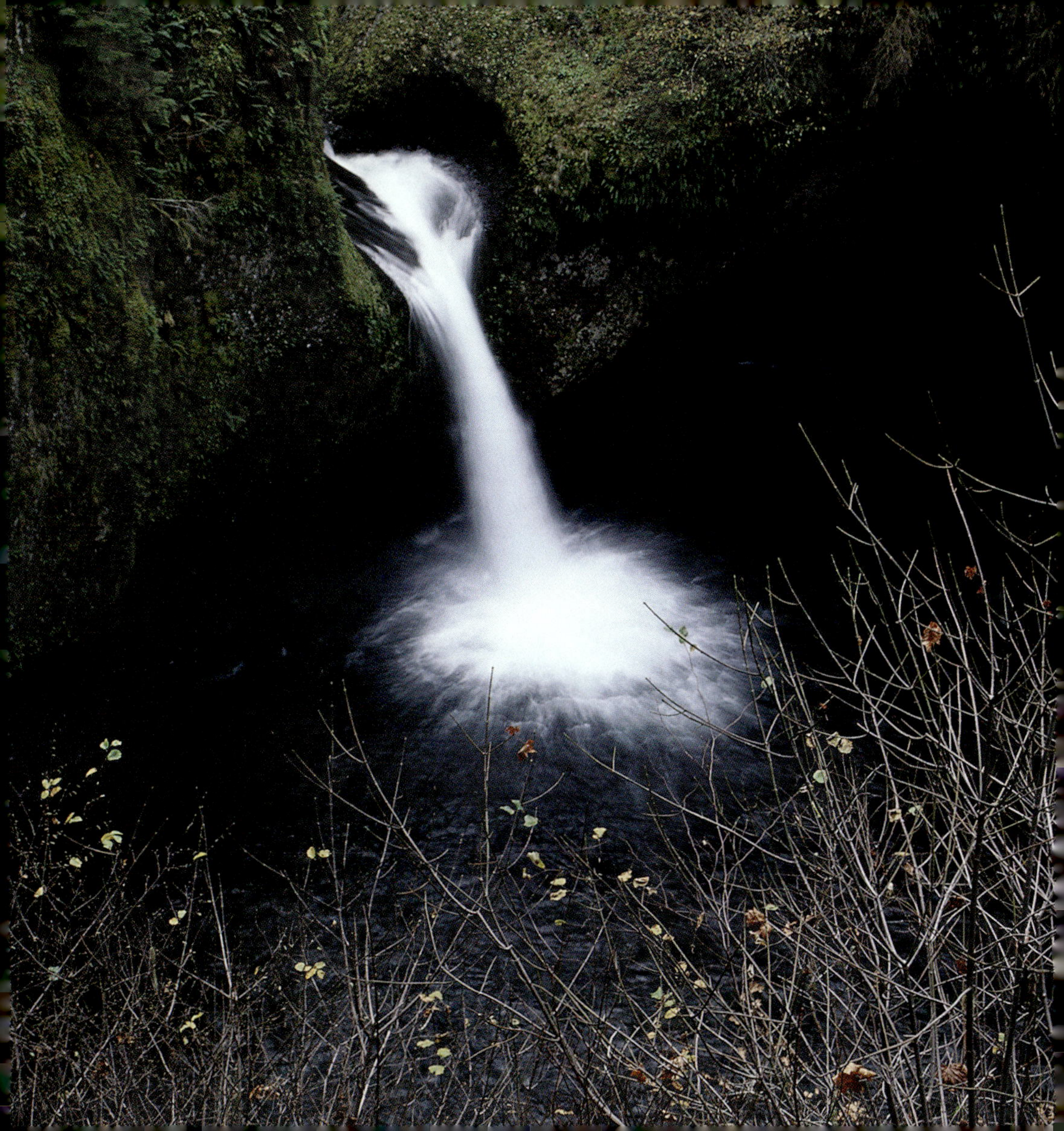

24. Oktober

Ewigkeit

Das Kleine ist die Verheißung des Großen
und die Zeit das Werden der Ewigkeit.

Karl Rahner

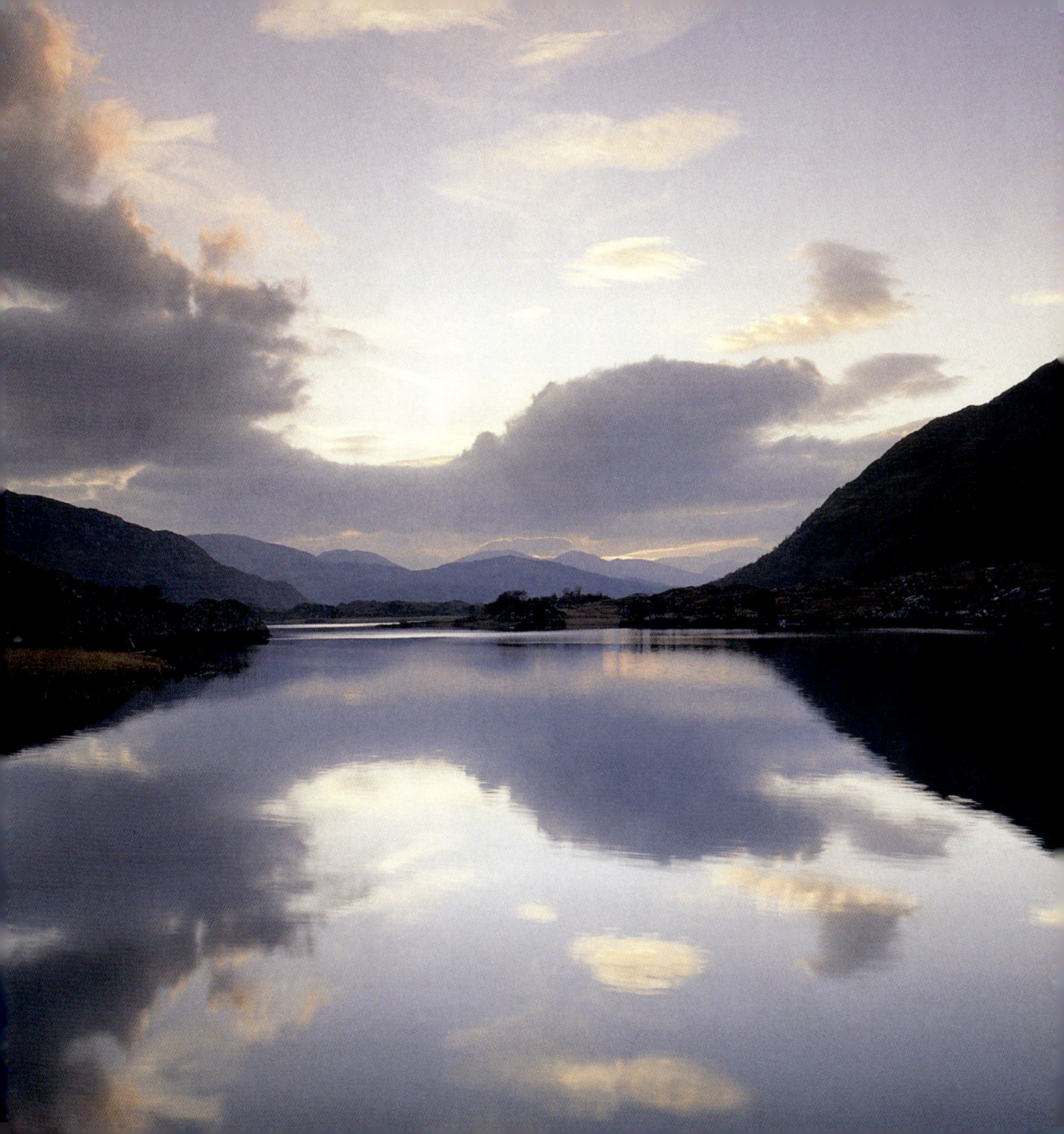

25. Oktober

Harmonie

Die wichtigste Aufgabe der Weisheit
und der Beweis für sie ist,
dass mit den Worten
die Taten übereinstimmen
und dass man selbst in jeder Situation
mit sich selbst übereinstimme.

Seneca

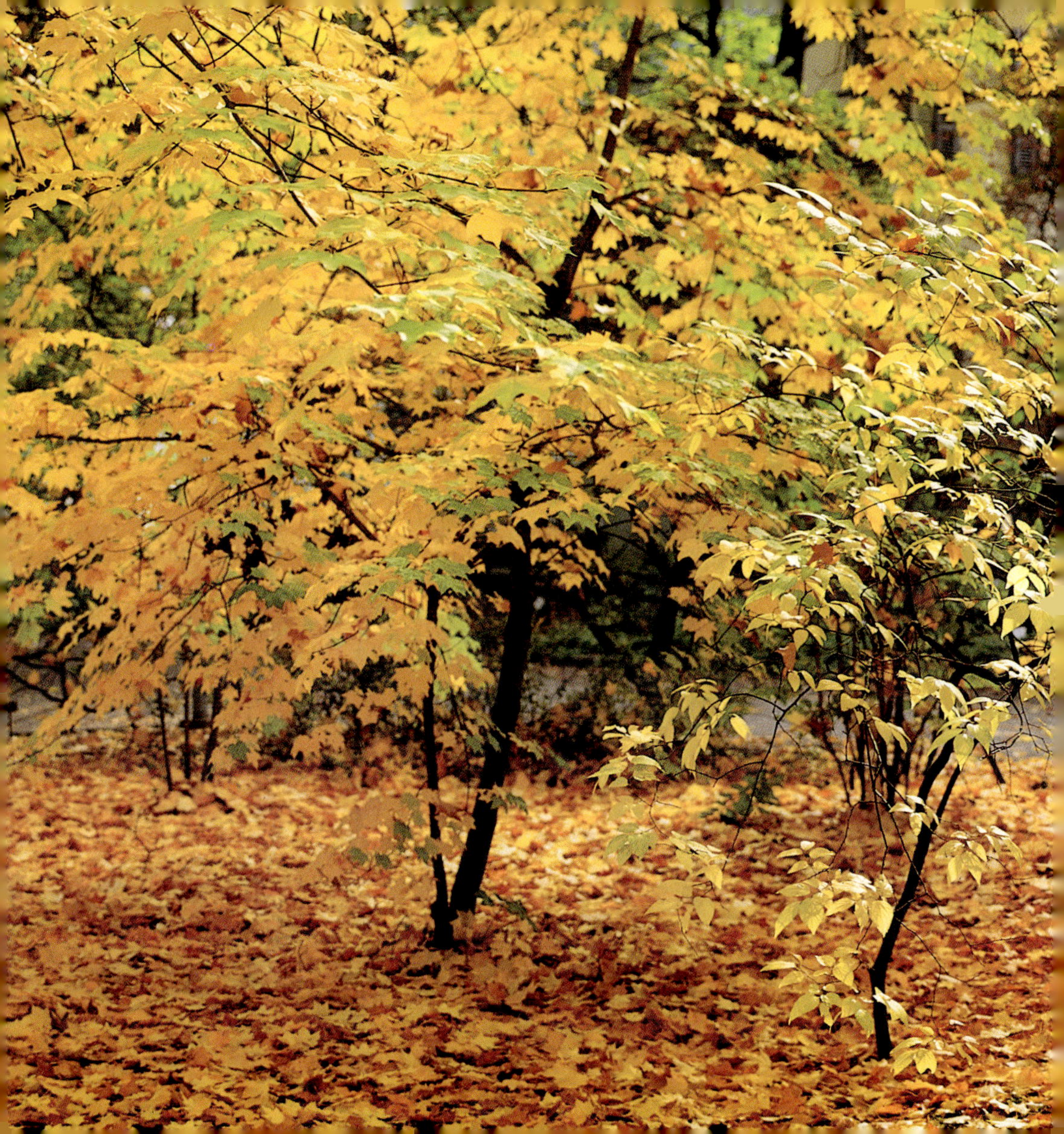

26. Oktober

Lebensweisheit

Tage sind Stufen,
die uns mit unserem ganzen Menschsein
hinauf- oder hinabführen können.
Tage sind Blätter im Buch unseres Lebens,
die wir beschreiben sollen
und nicht leer lassen dürfen.

Saturnin Pauleser

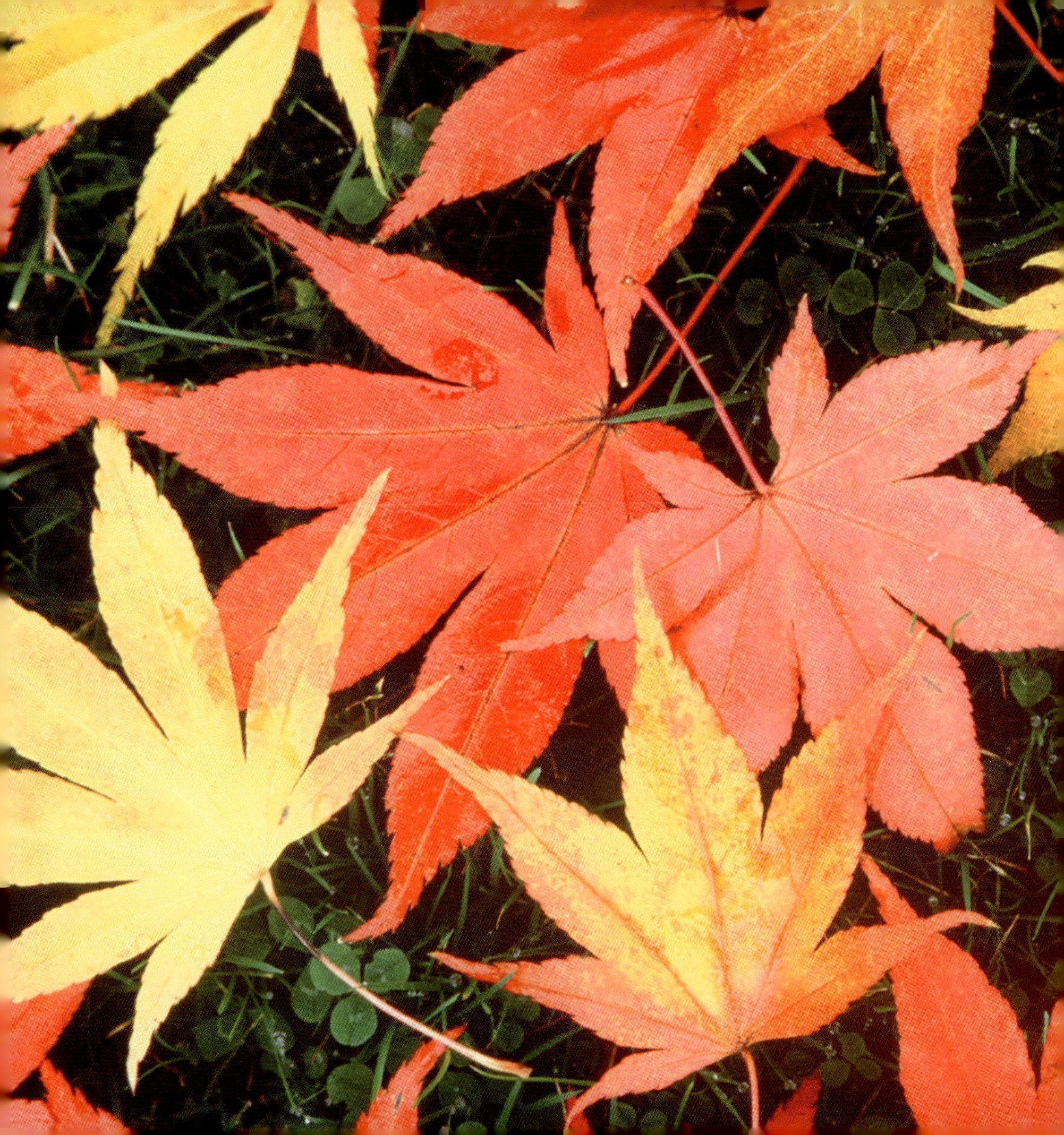

27. Oktober

Licht und Schatten

Der ganze Reiz und die ganze Schönheit
des Lebens setzen sich
aus Licht und Schatten zusammen.

Leo Tolstoi

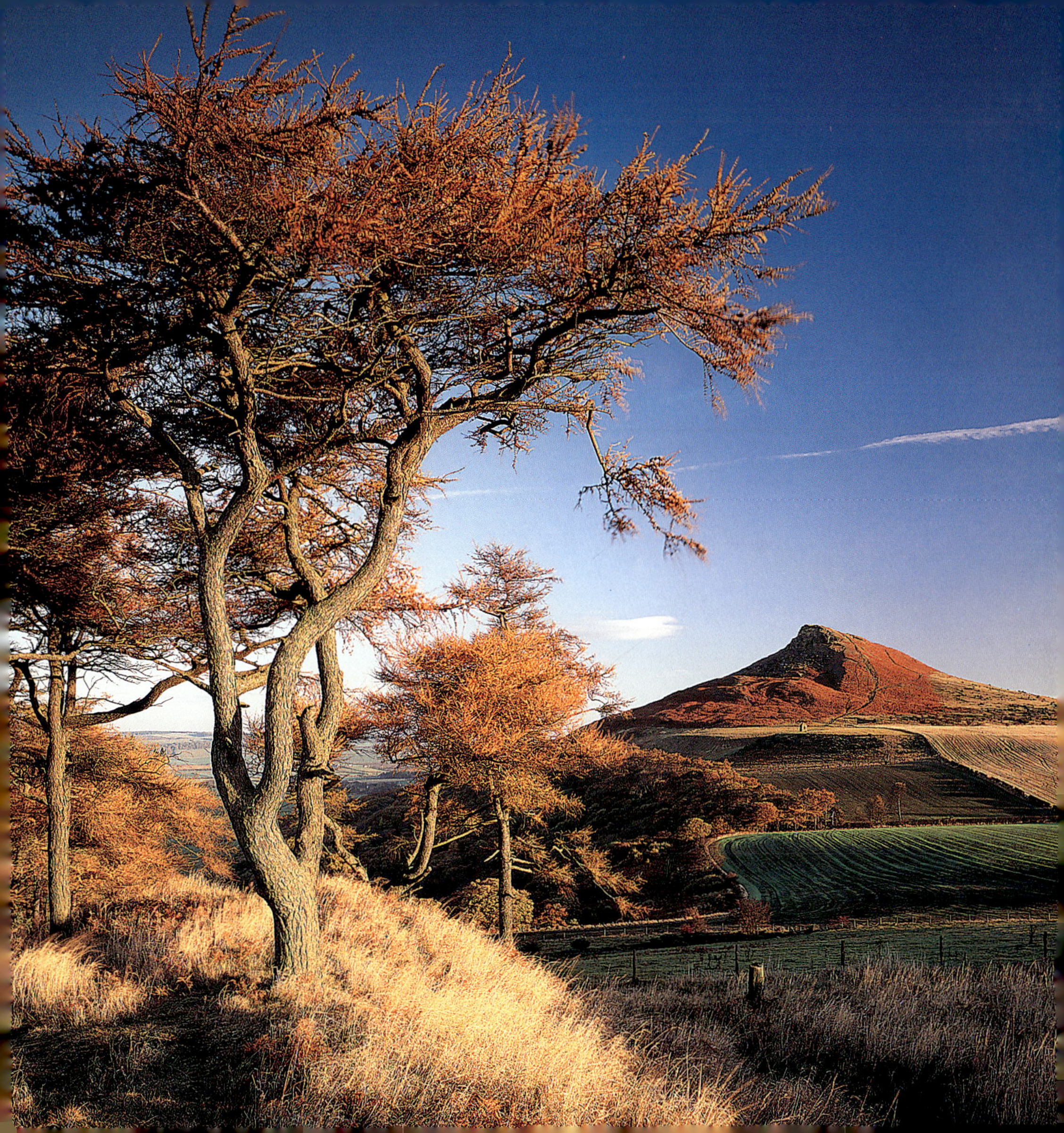

28. Oktober

Gott gehorchen

Das Weltall gehorcht Gott so,
wie der Leib der Seele gehorcht,
die ihn ausfüllt.

Joseph Joubert

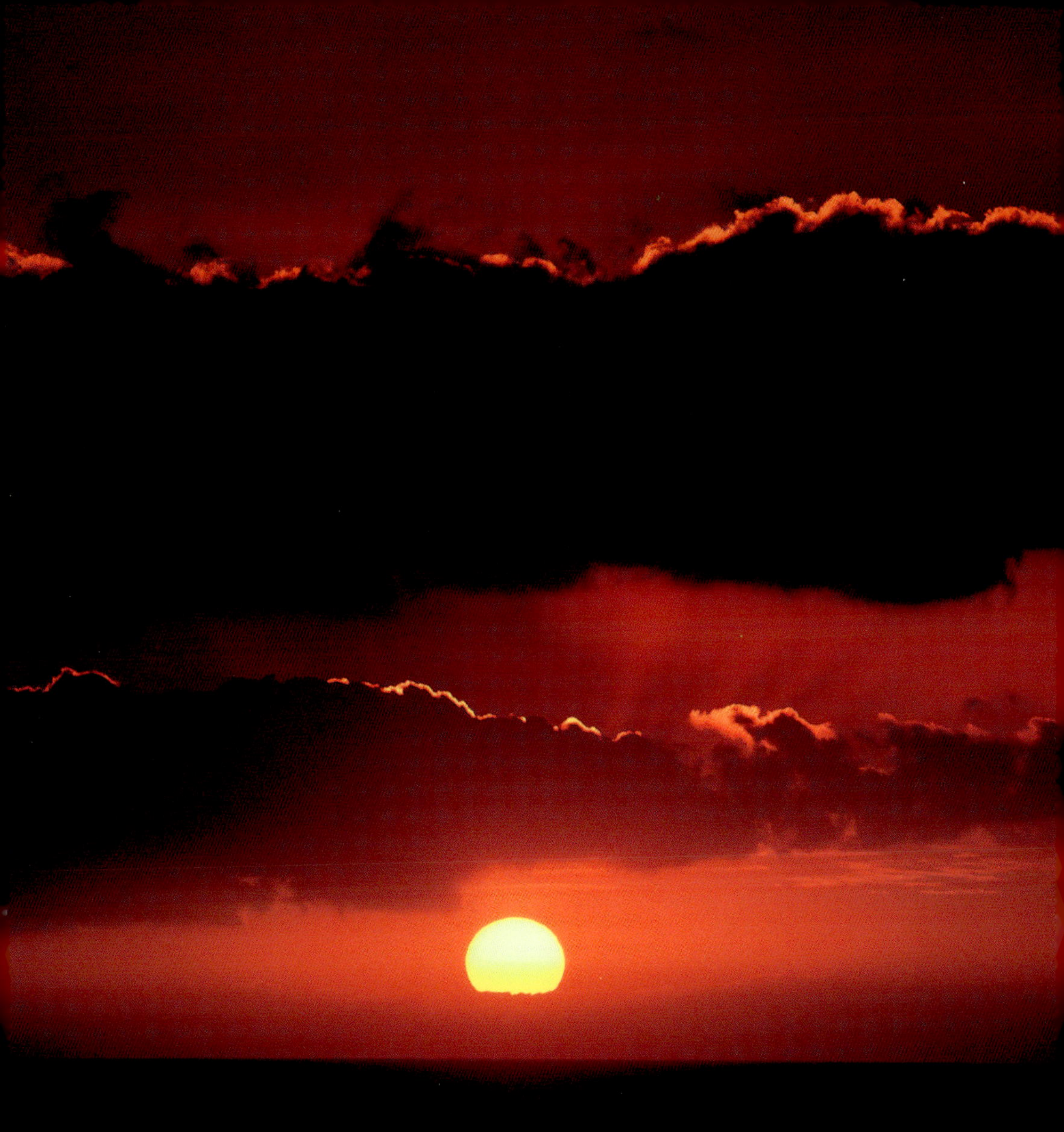

29. Oktober

Jeder Tag

Jedes Jahr, jeder Tag
ist ein neugeschenktes Leben,
damit der Mensch besser mache,
was in seinem bisherigen Leben
nichts getaugt hat.

Alban Stolz

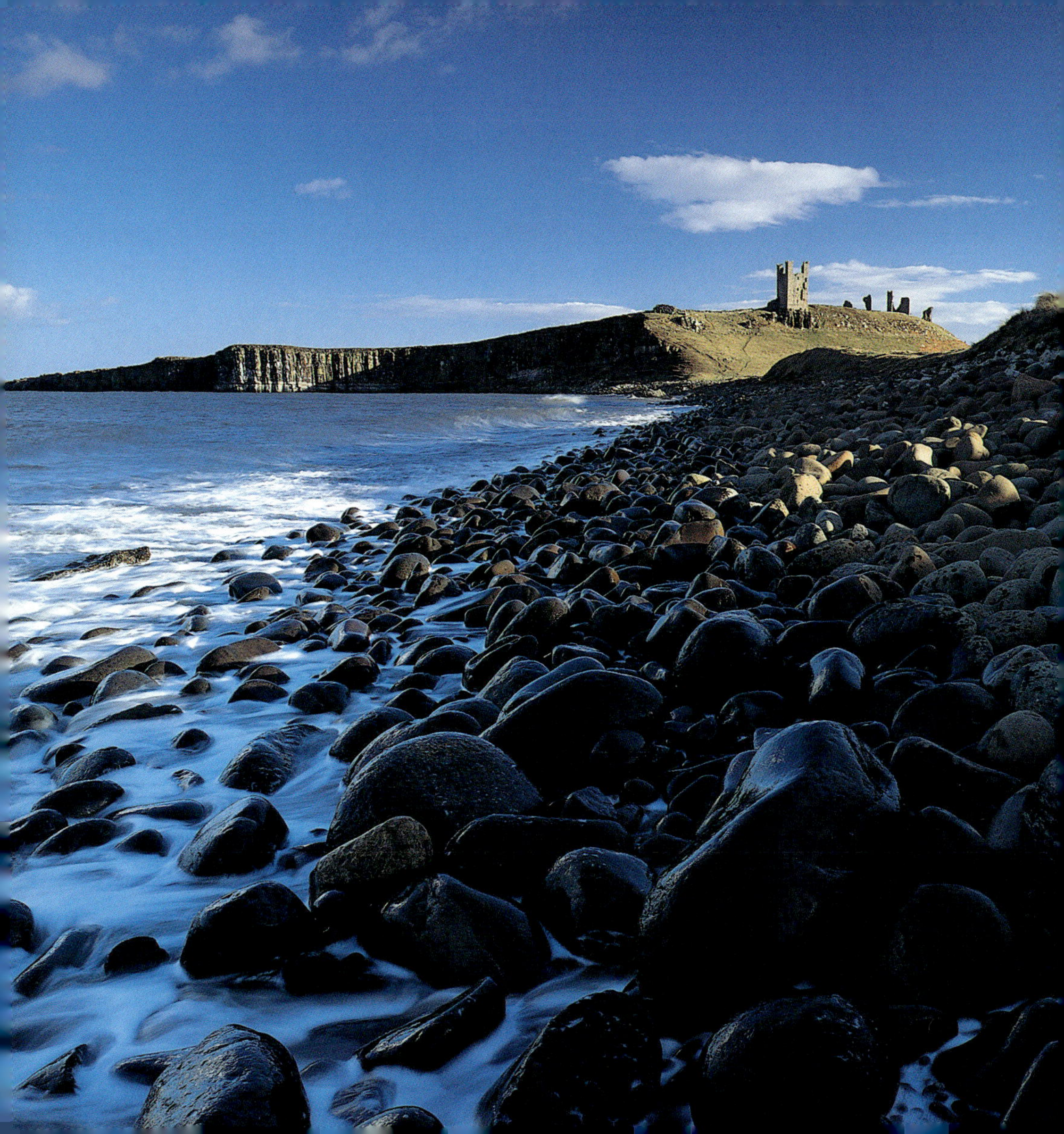

30. Oktober

Stille des Geistes

Ihr Kinder des Friedens,
wendet eure Ohren weg
vom Geschrei der Welt
und gebt sie hin und lauscht
der Stille des Geistes, der in euch spricht.

Elisabeth von Schönau

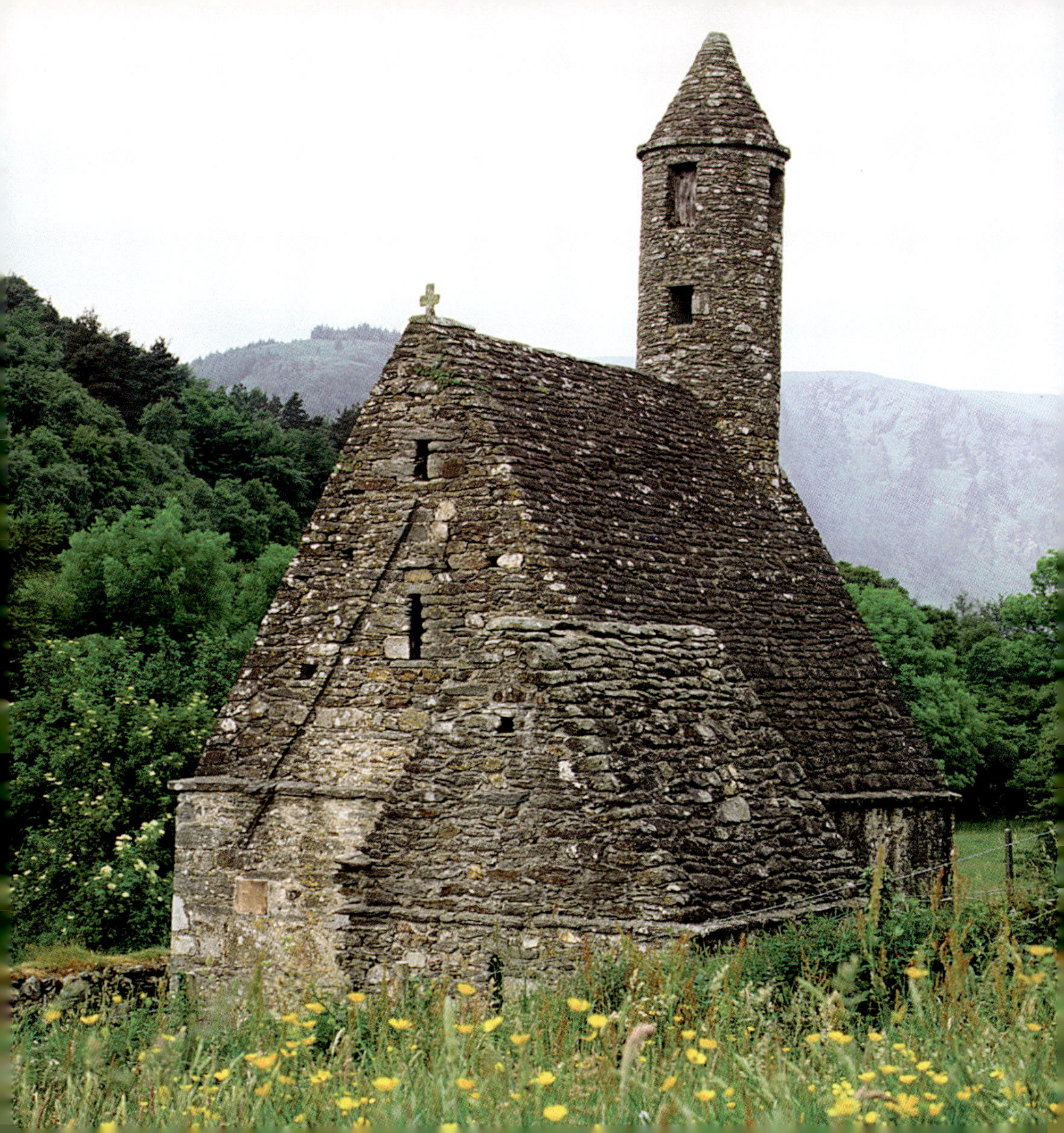

31. Oktober

Beten und Arbeiten

Man muss beten,
als ob alles Arbeiten nichts nützt,
und arbeiten, als ob alles Beten nichts nützt!

Martin Luther

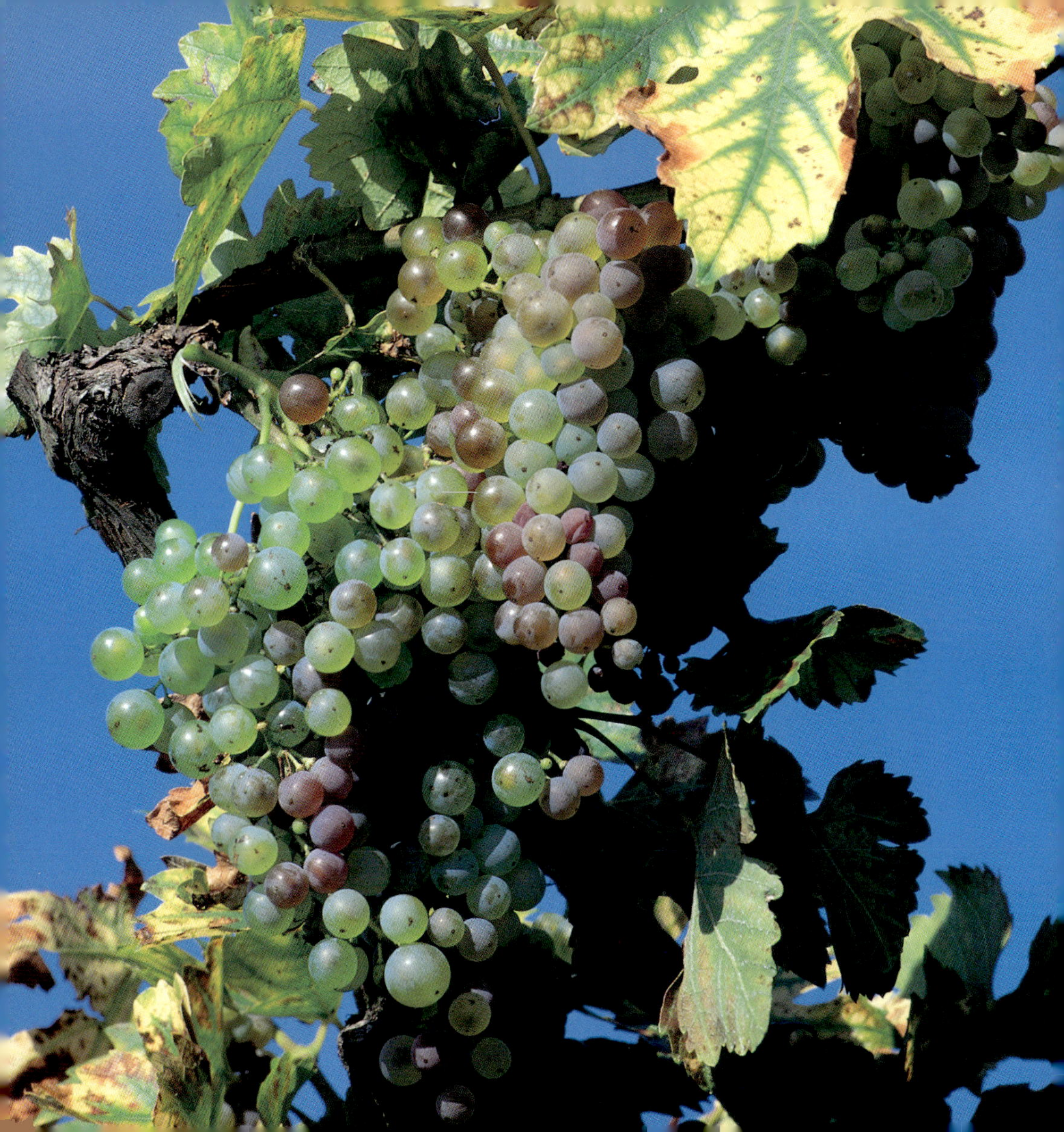

XI

November

1. November

Im Licht

Ich glaube, dass wir,
wenn der Tod uns die Augen schließt,
in einem Licht stehen,
vor welchem unser Sonnenlicht
ein Schatten ist.

Arthur Schopenhauer

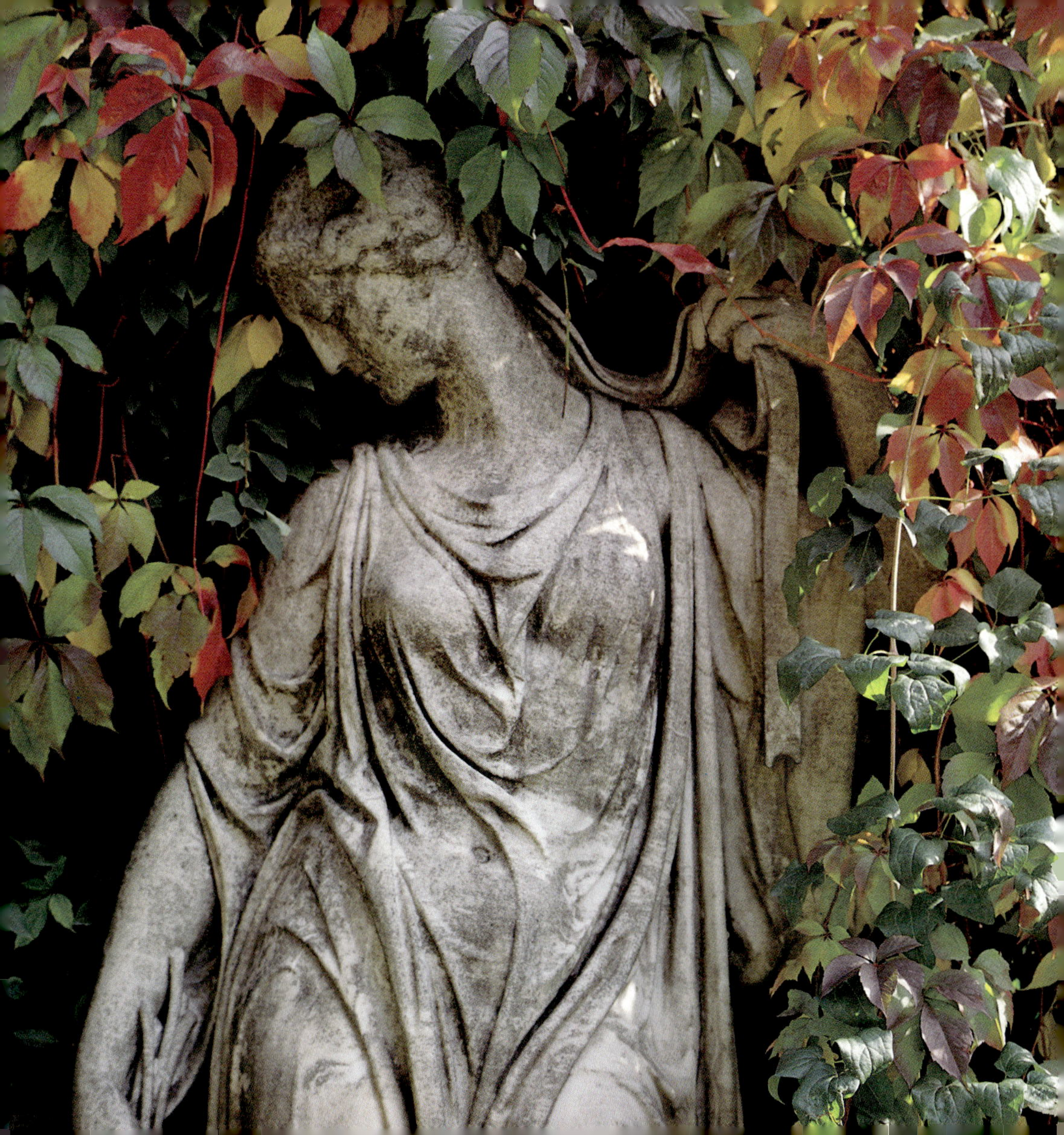

2. November

In der Liebe wachsen

Am Ende unseres Lebens
wird es die Liebe sein,
nach der wir beurteilt werden;
die Liebe, die wir allmählich
in uns wachsen und sich entfalten lassen –
in Barmherzigkeit für jeden Menschen.

Hildegard von Bingen

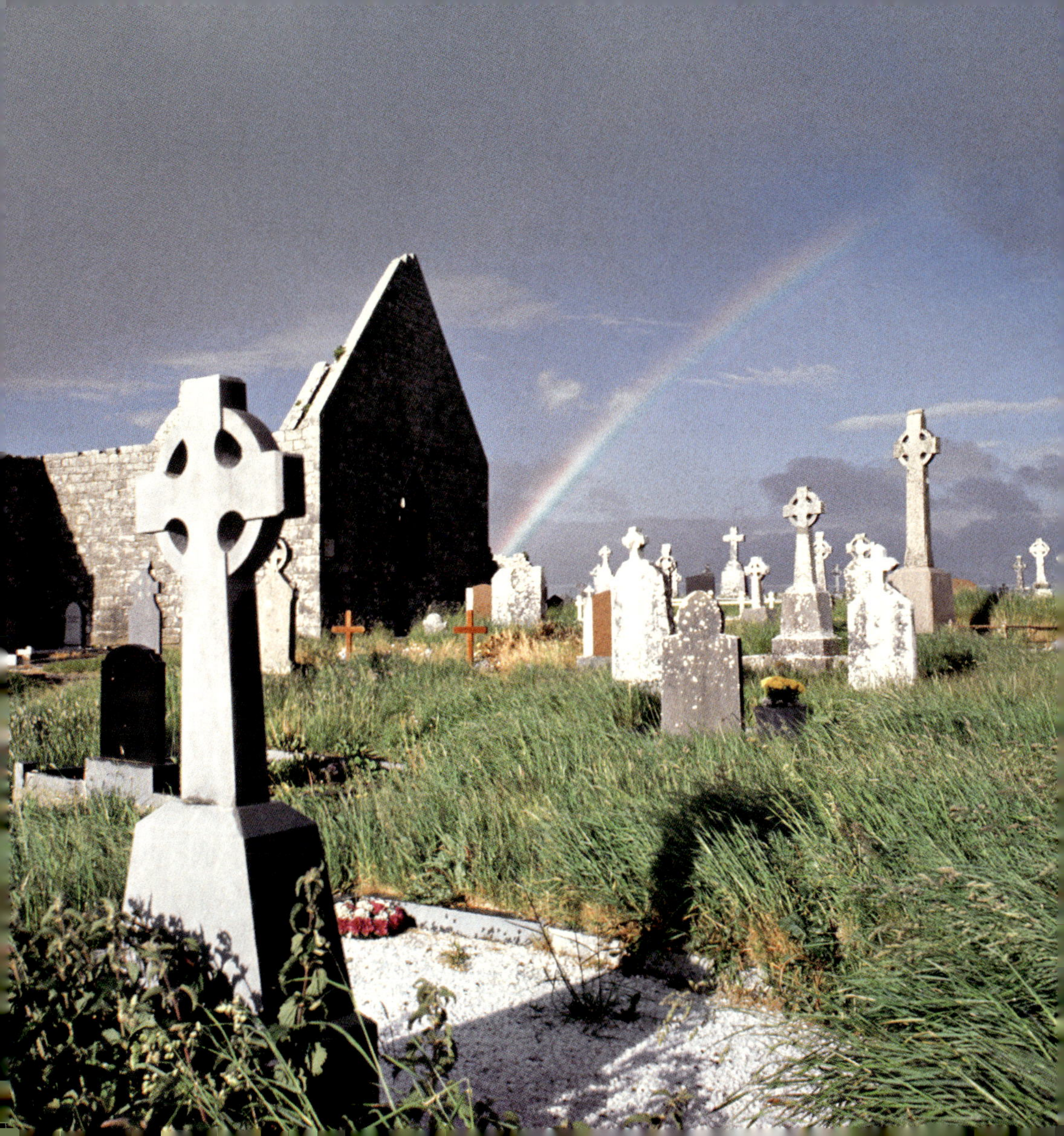

3. November

Hoffnung

Ein glückliches Leben
ist der Genuss der Gegenwart,
das ewige Leben
ist die Hoffnung der Zukunft.

Ambrosius

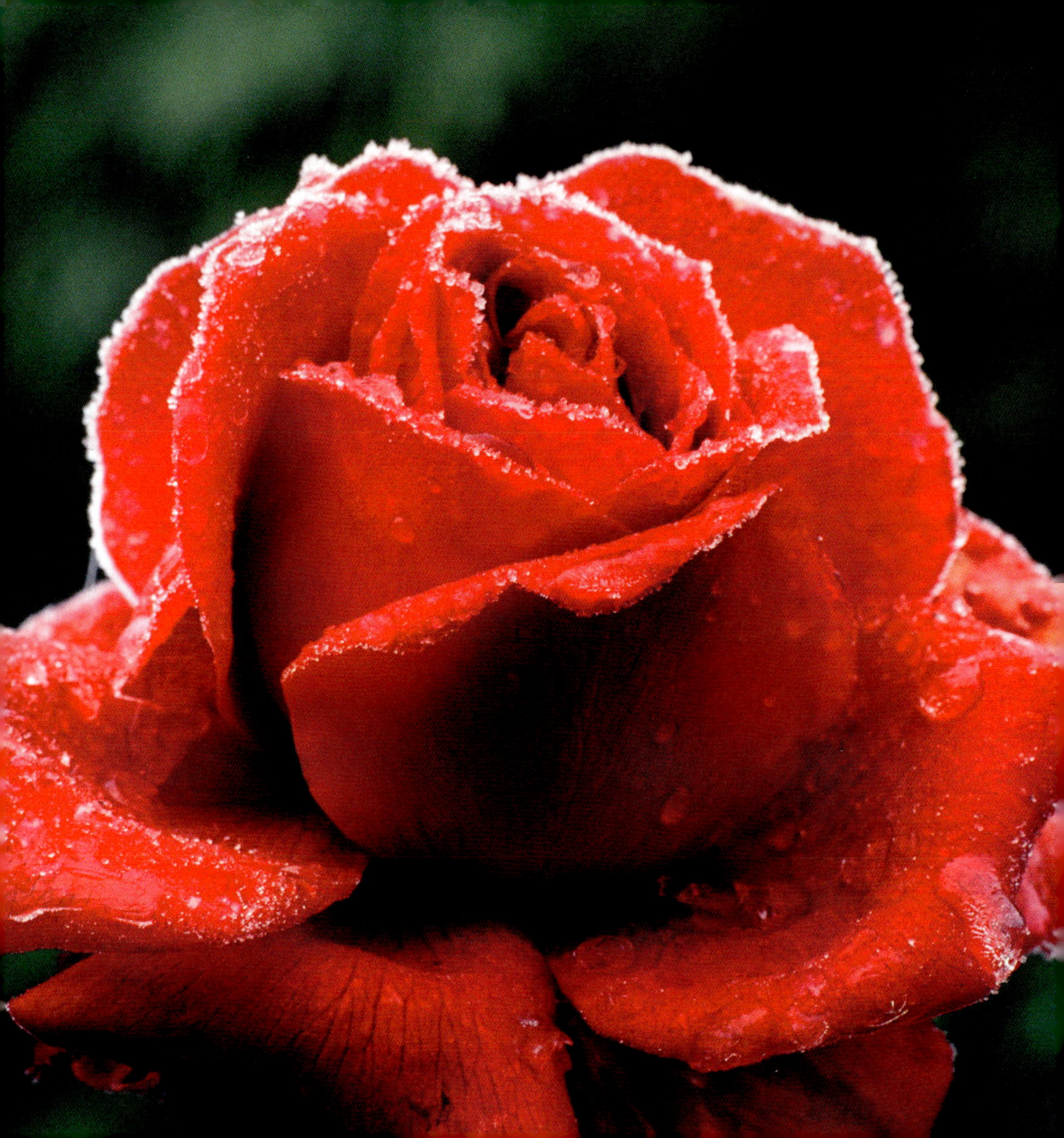

4. November

Verwandeln

Trauer kann man nicht überwinden
wie einen Feind.
Trauer kann man nur verwandeln:
den Schmerz in Hoffnung,
die Hoffnung in tiefes Leben.

Sascha Wagner

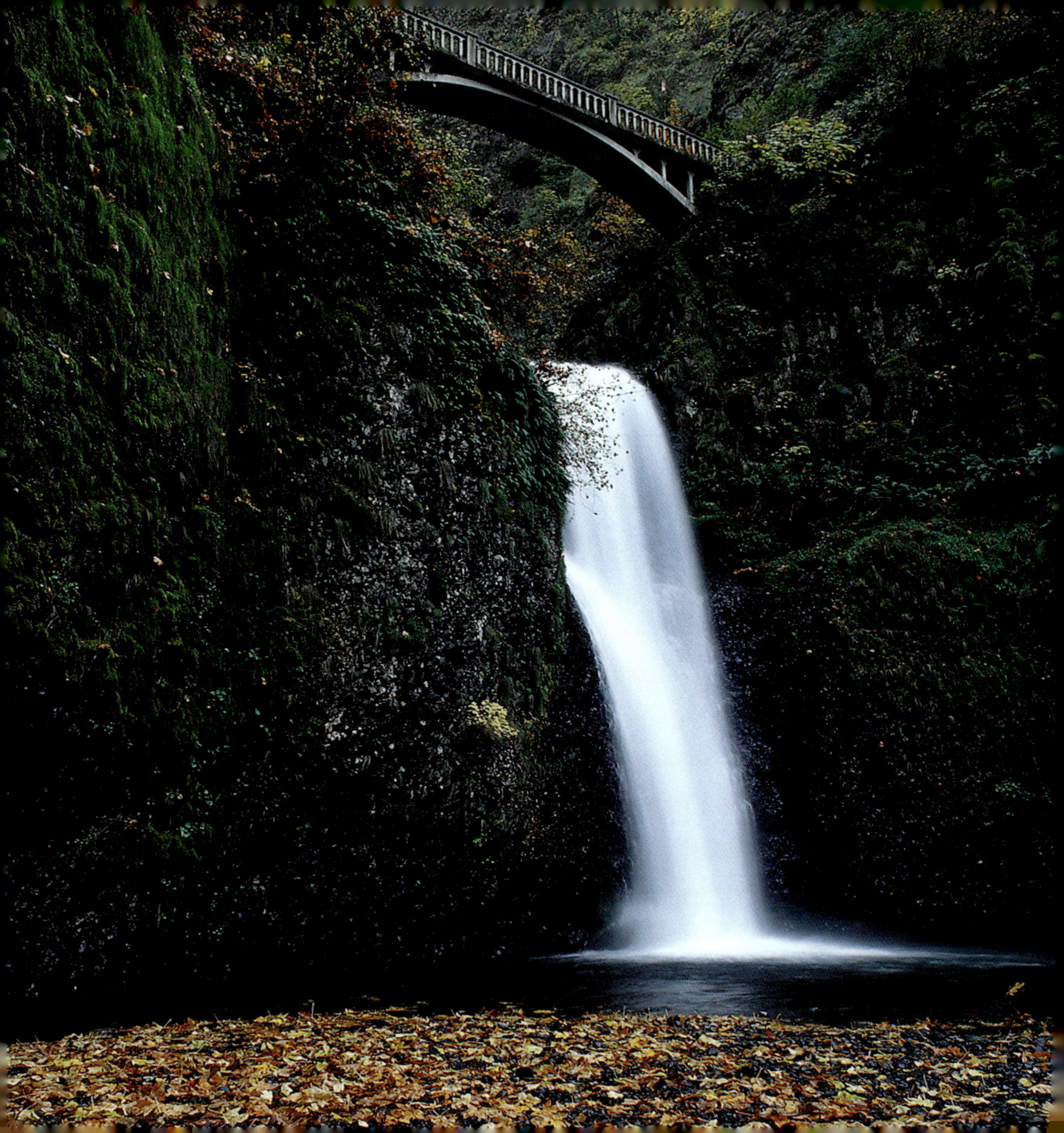

5. November

Sorge für die Seele

Dieselbe Sorgfalt wie auf den Körper
muss man auf die Seele verwenden.
Meist denkt man nicht daran und verletzt sie.
Warum das?
Warum ihr nicht Linderung verschaffen
wie dem Körper?

Thérèse von Lisieux

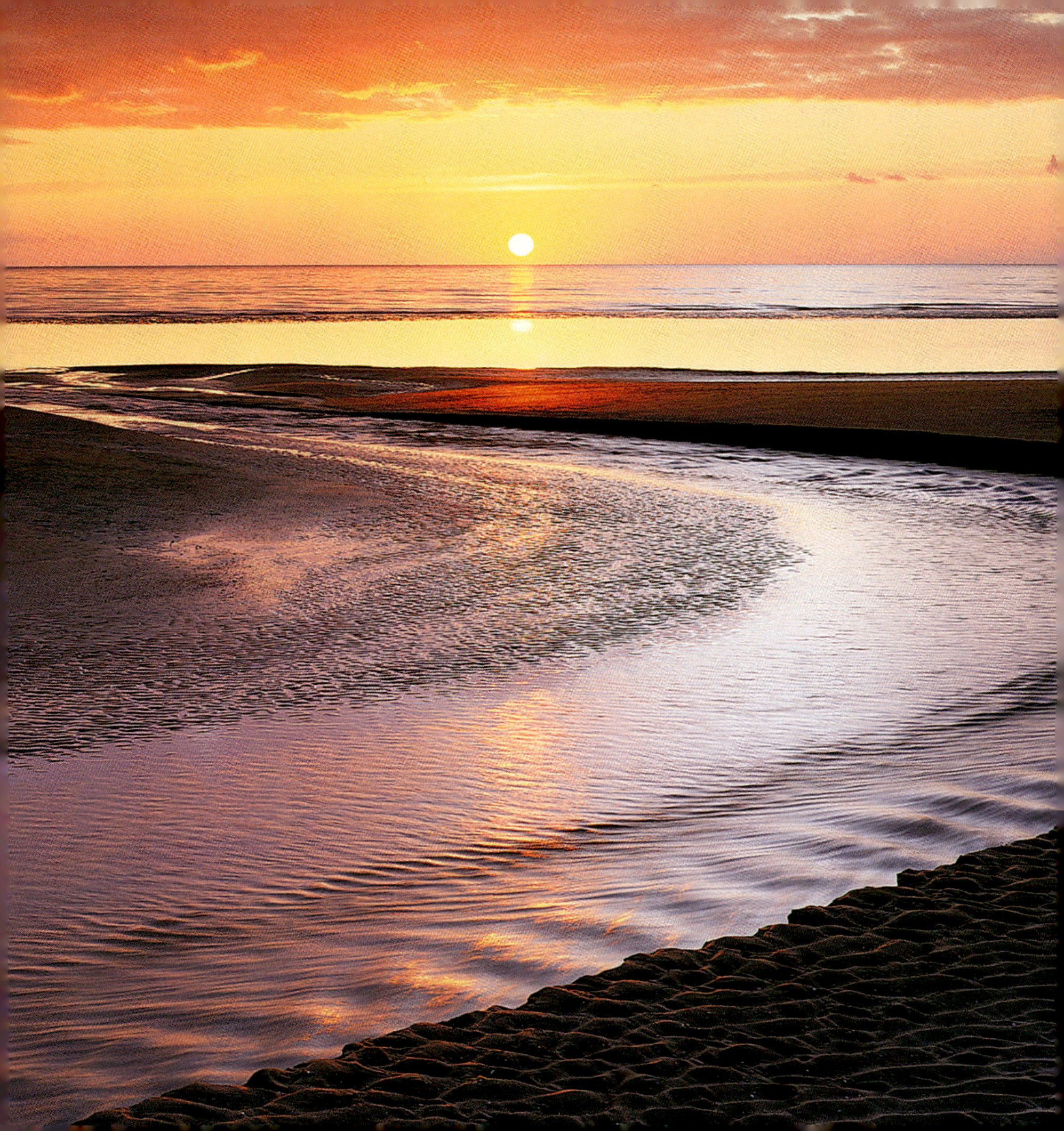

6. November

Liebe

Man kann ohne Liebe Holz hacken,
Ziegel formen, Eisen schmieden.
Aber man kann nicht ohne Liebe
mit Menschen umgehen.

Leo Tolstoi

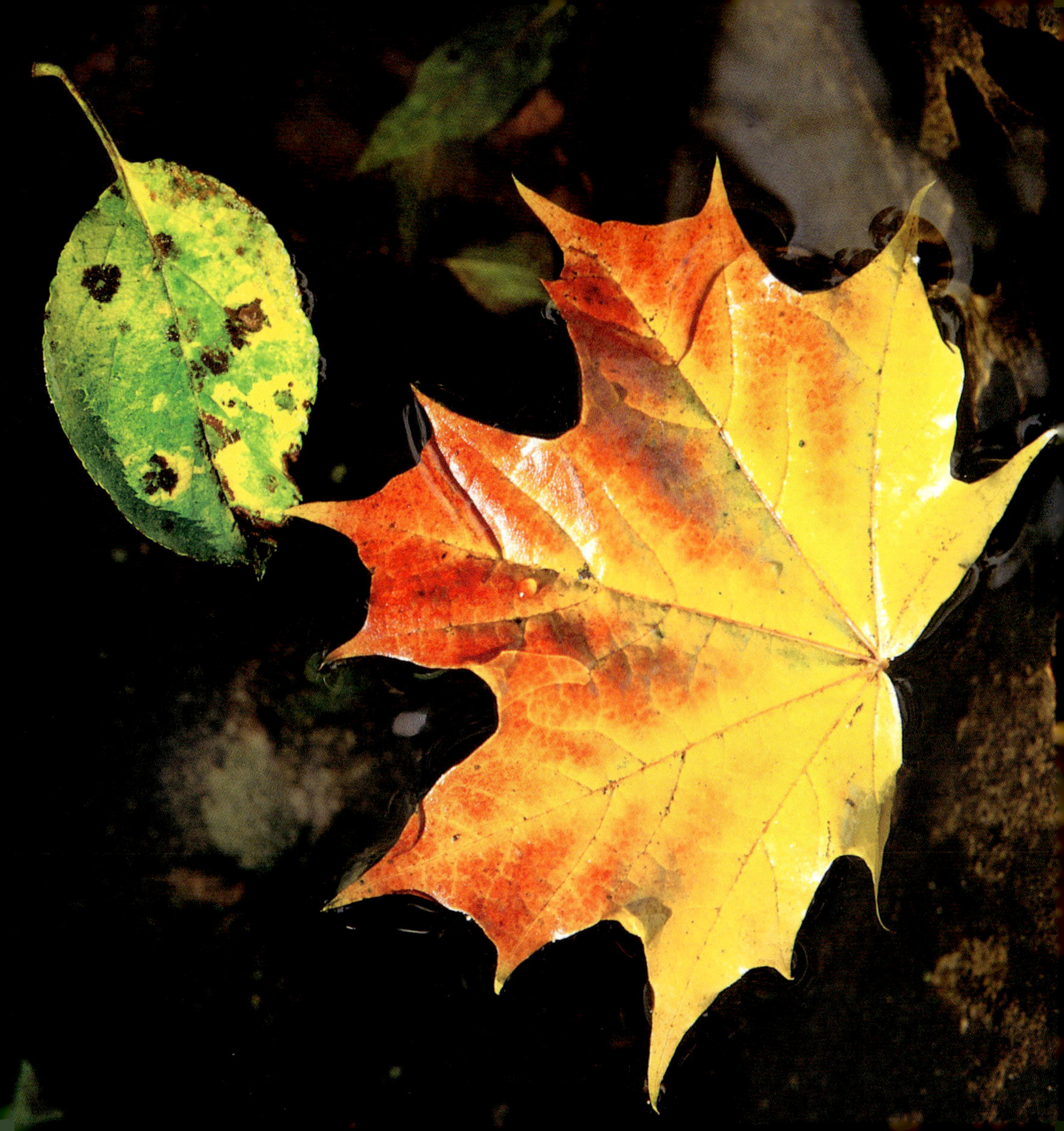

7. November

Freiheit des Geistes

Bewahre in allen Dingen
die Freiheit des Geistes,
und sieh zu, wohin er dich führt.

Ignatius von Loyola

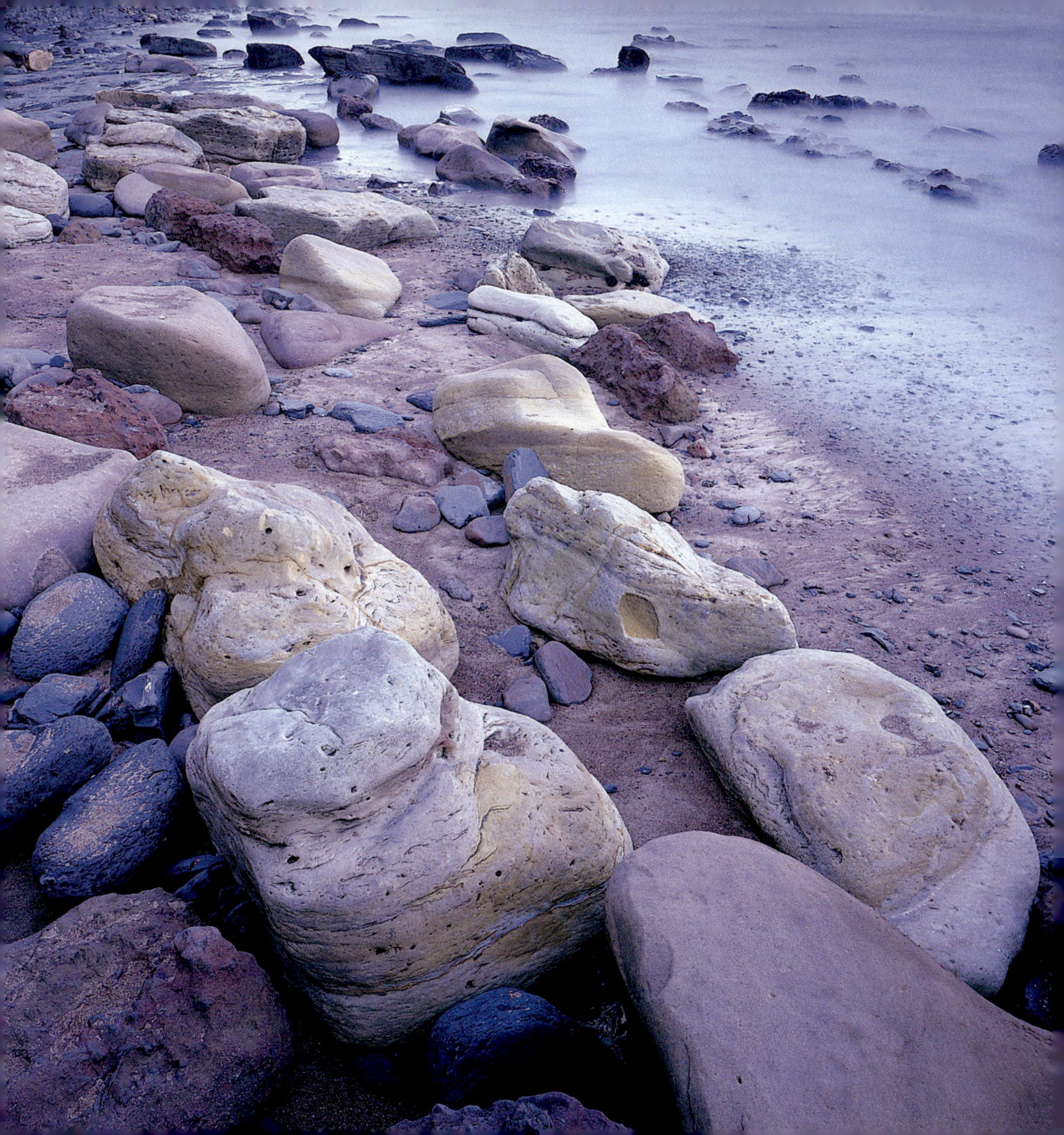

8. November

Gehen

Erst wenn wir nicht nur
freundlich denken und reden,
sondern hingehen,
Zeit, Geld und Mühe wirklich opfern,
erst dann hören wir im Grunde auf,
uns selbst zu meinen.

Adolf Köberle

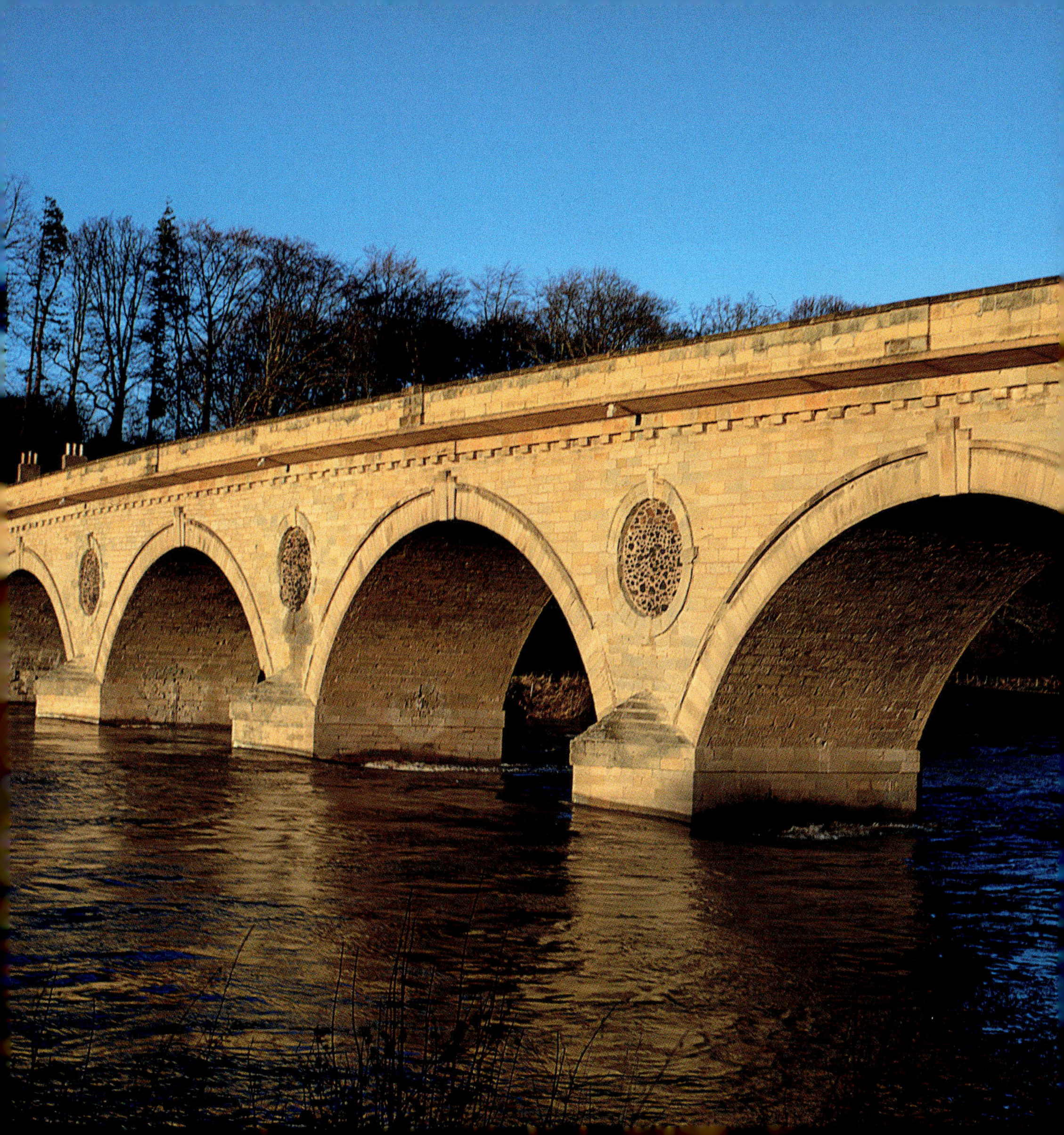

9. November

Ewigkeit

Lebe so,
dass zu keiner Zeit
der Tod dich unvorbereitet findet.

Thomas von Kempen

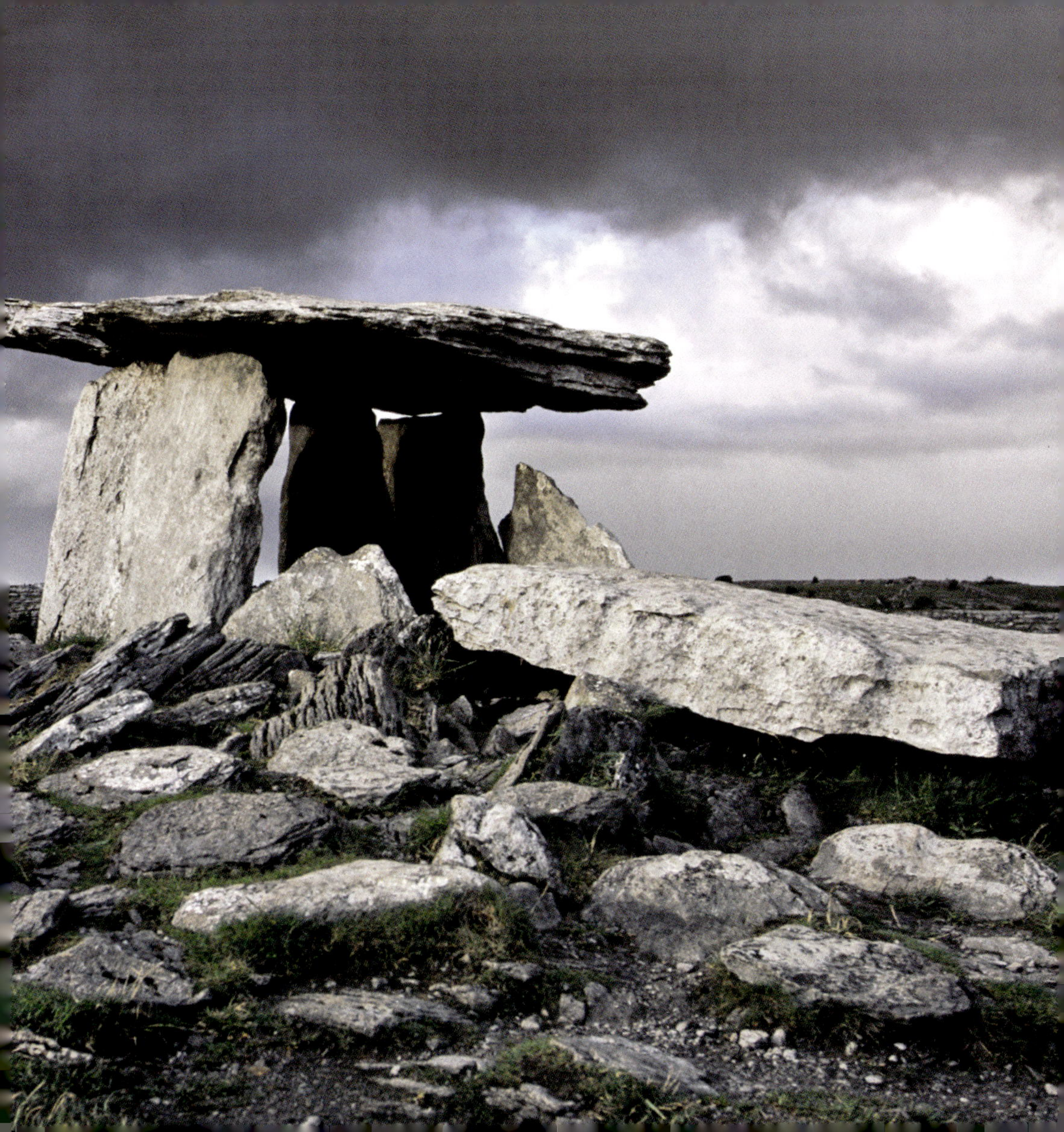

10. November

Verwandlung

Die große Liebe verwandelt
Trauer in Freude,
Verzweiflung in Glück
und macht aus der Einsamkeit ein Paradies.

Khalil Gibran

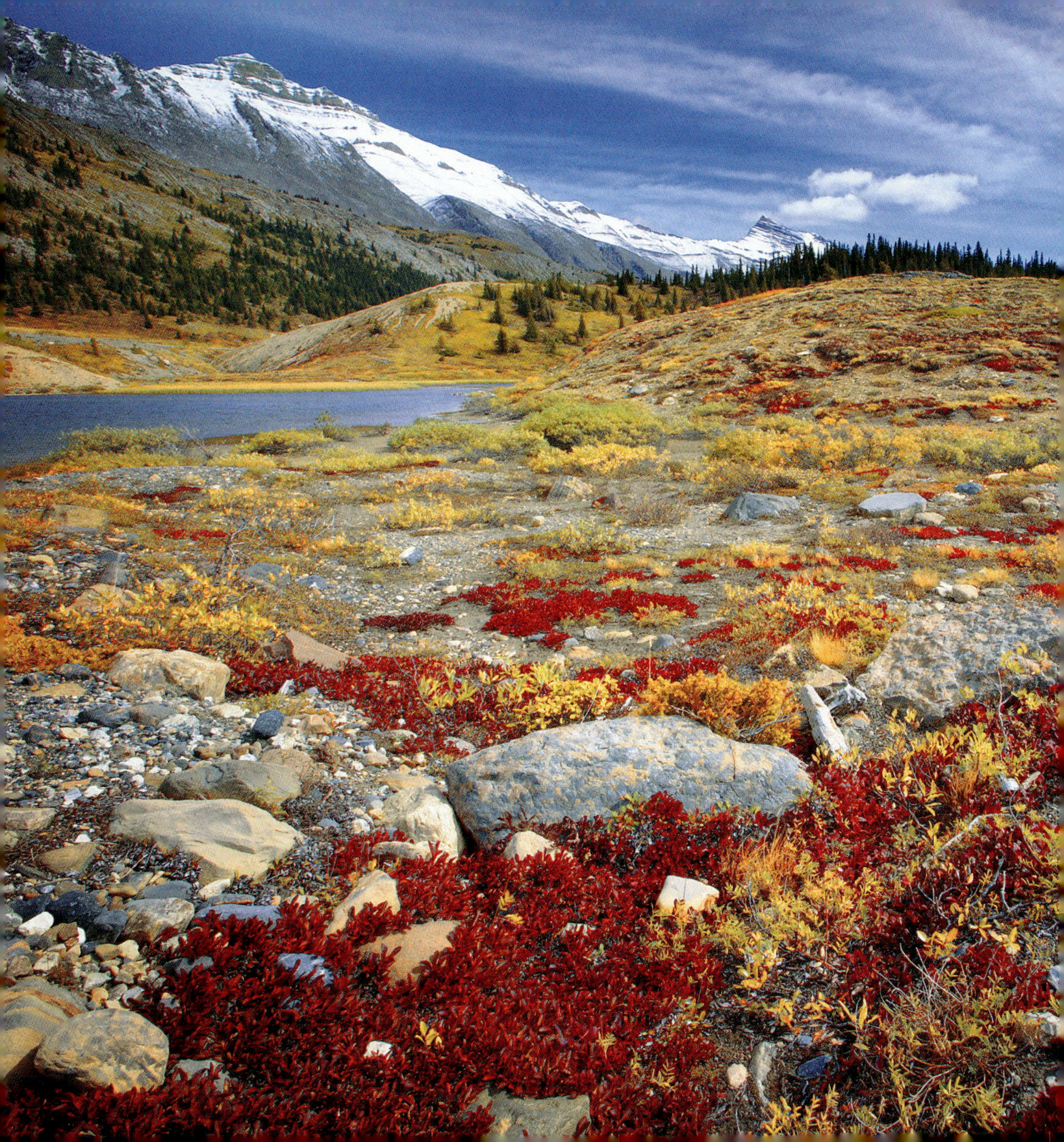

11. November

Schweigen

In der Liebe
gilt Schweigen oft mehr als Sprechen.
Es gibt eine Beredsamkeit des Schweigens,
die tiefer eindringt,
als das Sprechen es könnte.

Blaise Pascal

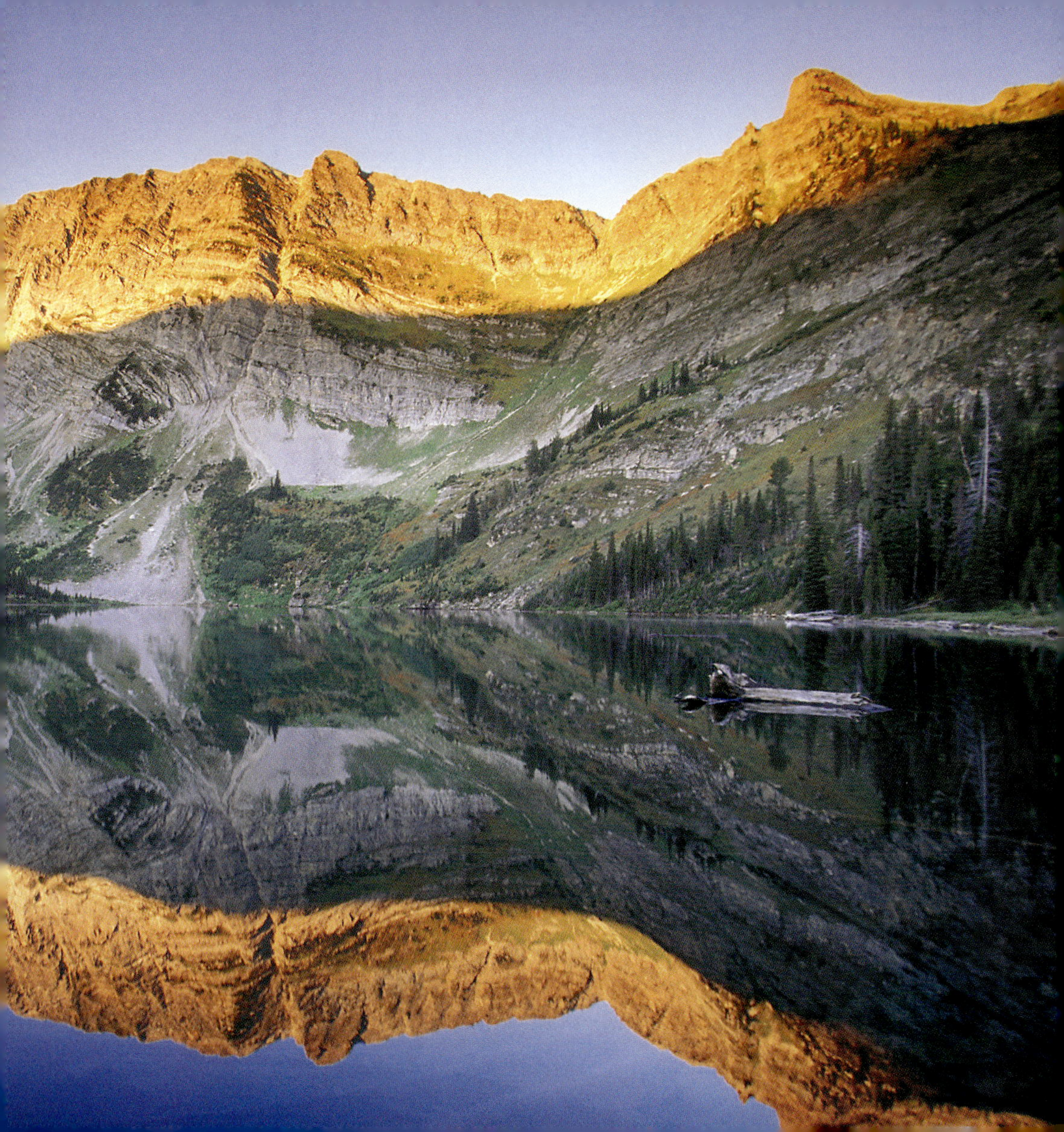

12. November

Vorausgehen

Unsere Verstorbenen
sind nicht die Vergangenen,
sondern die Vorausgegangenen.

Karl Rahner

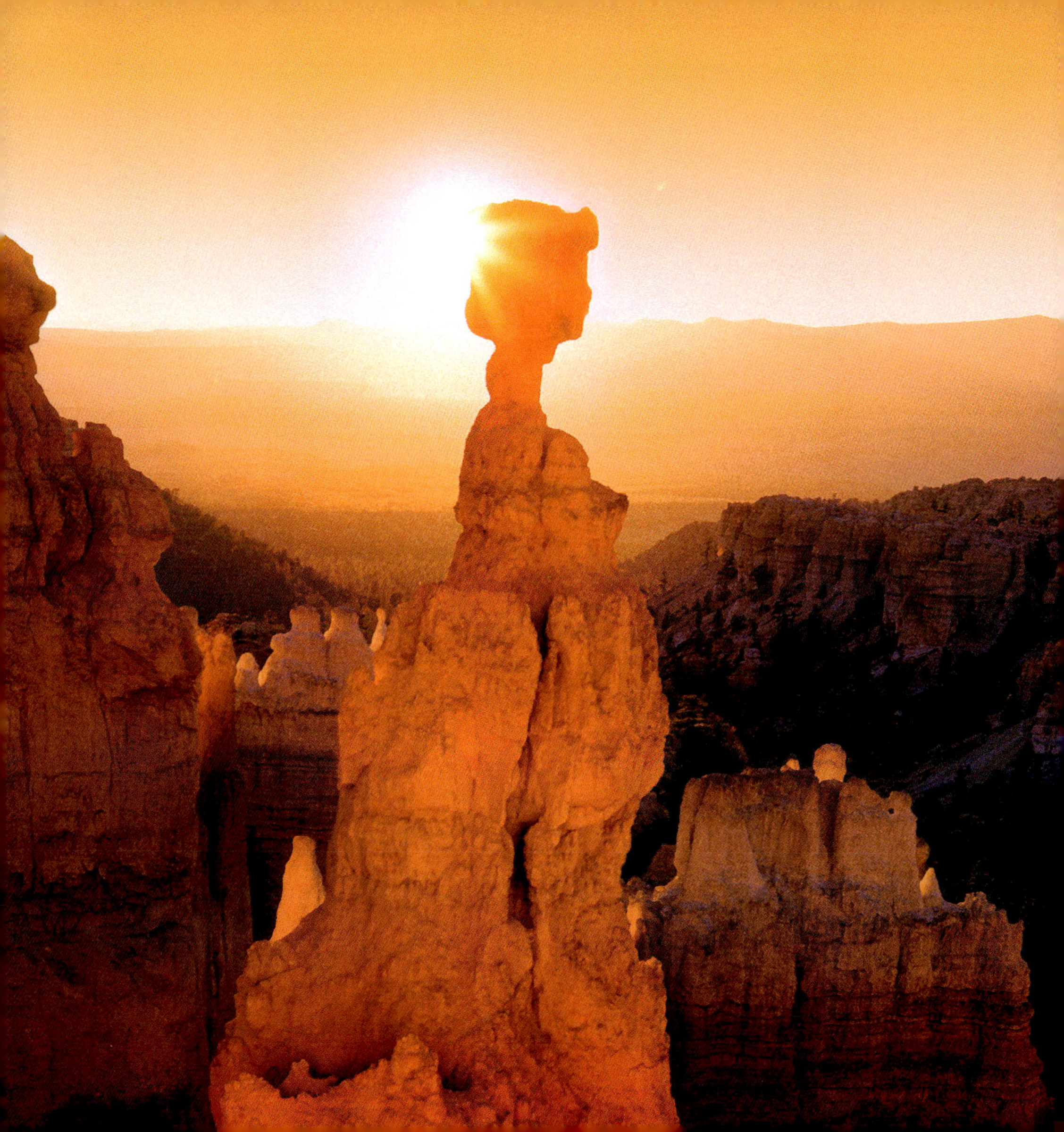

13. November

Hören

Immer sollte in uns die Stille sein,
die nach der Ewigkeit hin offen steht
und horcht.

Romano Guardini

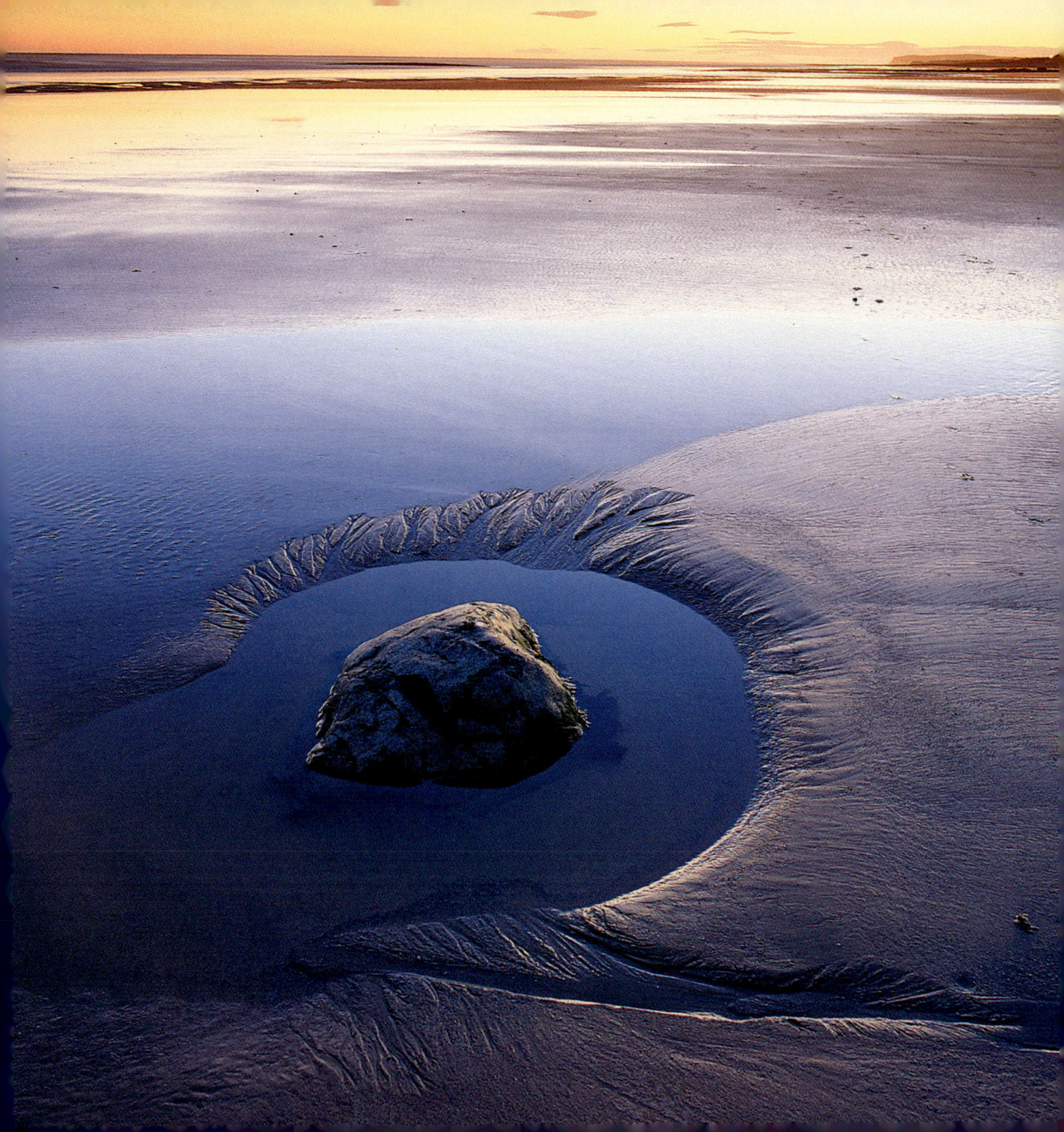

14. November

Gott hören

Es ist in dir,
und so du magst eine Stunde schweigen
von allem deinem Wollen und Sinnen,
so wirst du unaussprechliche Worte
Gottes hören.

Jakob Böhme

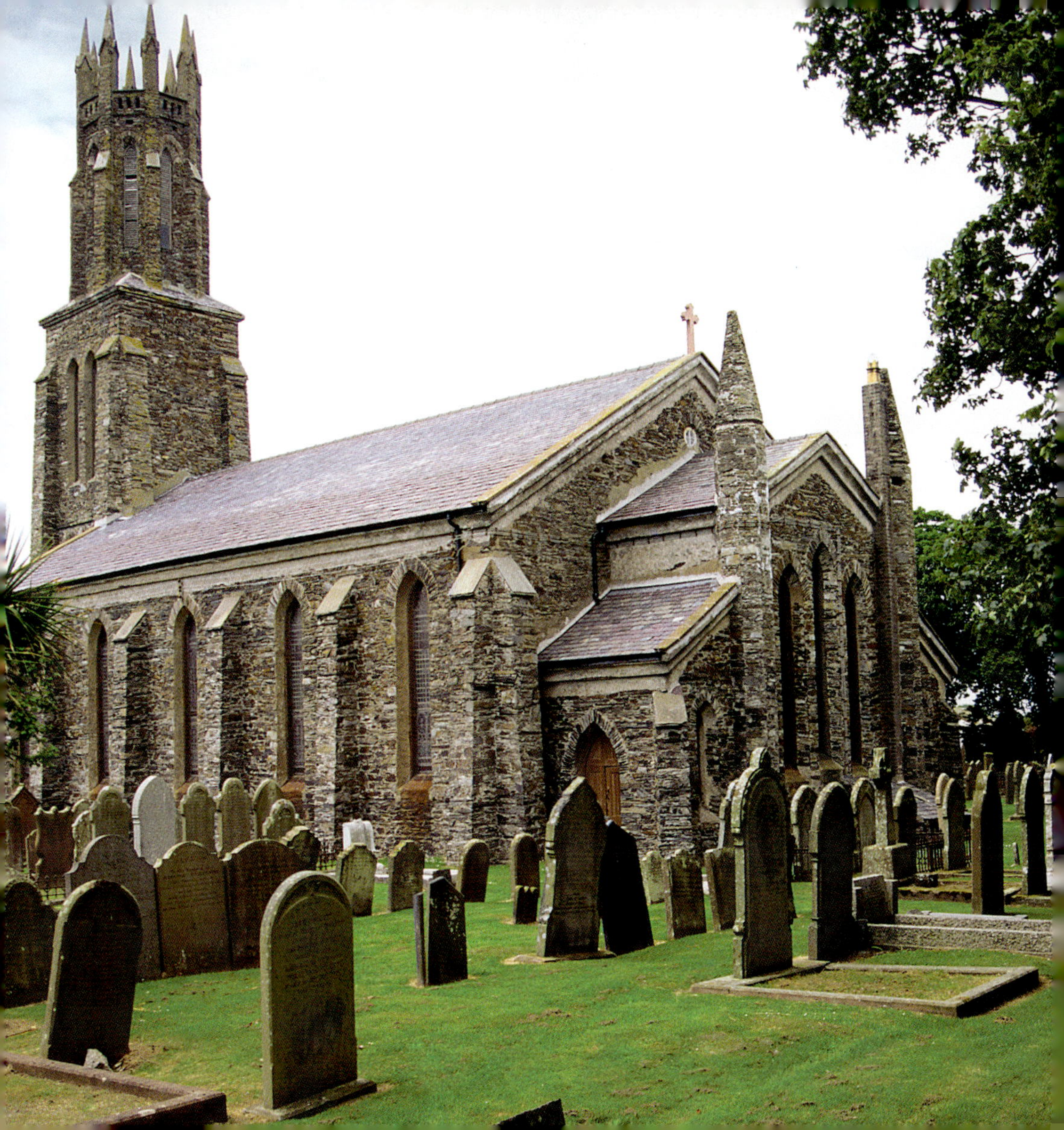

15. November

Hineingehen

Ich ging zu einem Spaziergang hinaus
und beschloss schließlich,
bis Sonnenuntergang draußen zu bleiben.
Hinausgehen, so fand ich heraus,
bedeutet eigentlich hineinzugehen.

John Muir

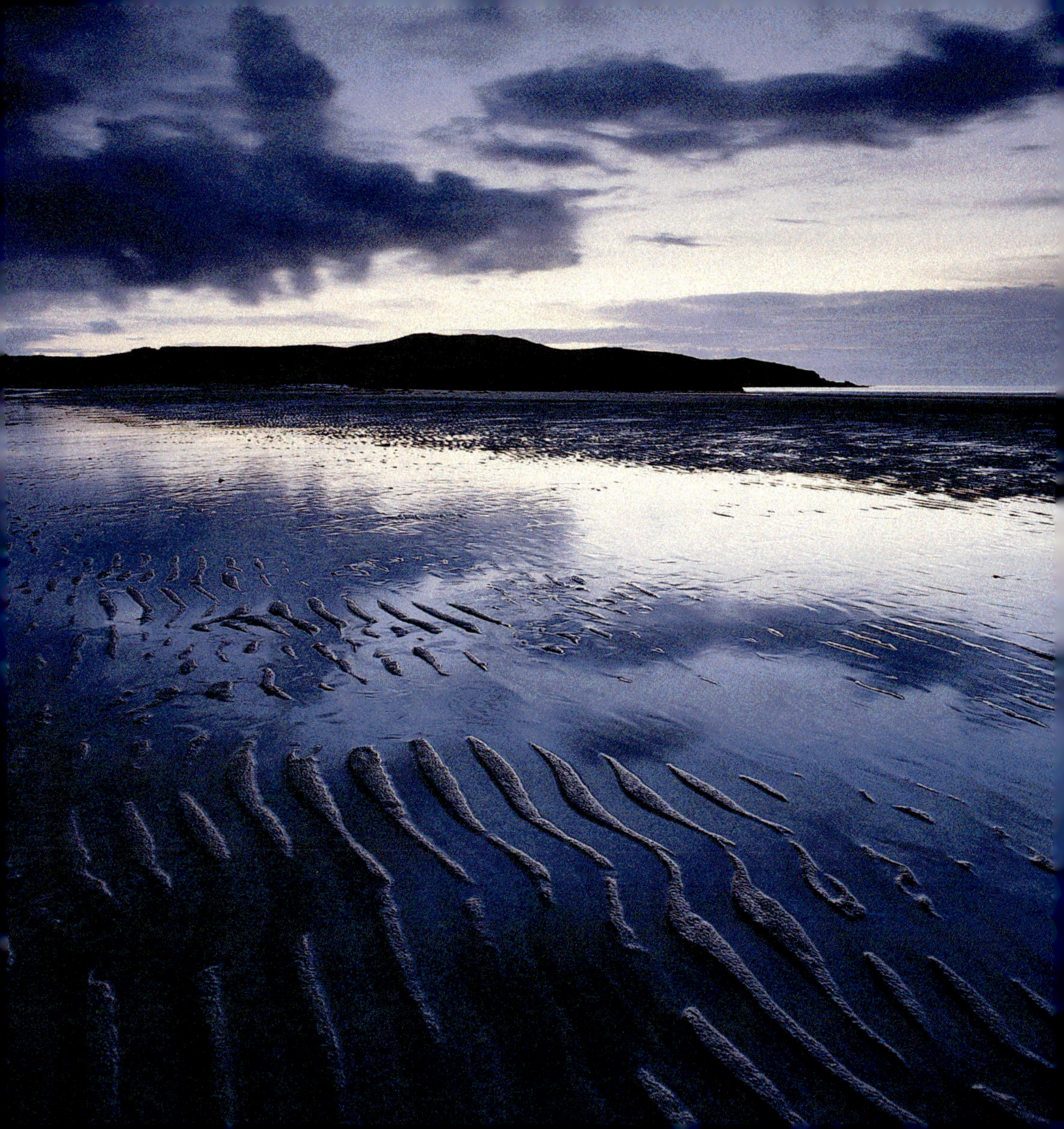

16. November

Verborgen

Du bist nicht tot,
sondern nur untergegangen wie die Sonne.
Wir trauern nicht wie über einen,
der gestorben ist, sondern wie über einen,
der sich verborgen hat ...

Theodoret von Kyros

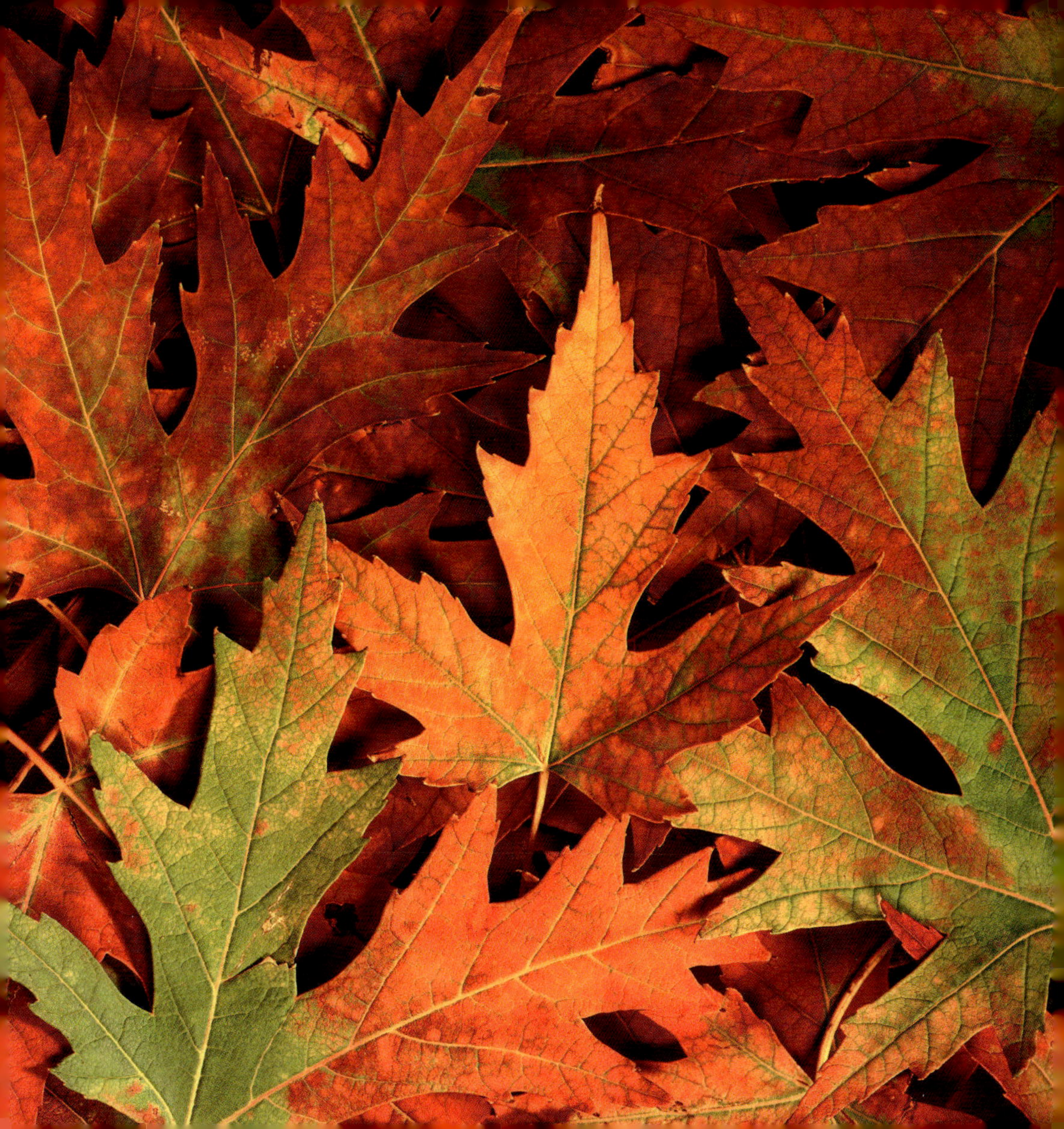

17. November

Wurzeln

Bäume zeigen dem Menschen, wo er ist,
sie treffen ihn in seiner Existenz.
Sie stellen ihm das Verwurzeltsein,
das Wachsen und Blühen,
das Fruchtbringen und das Welken
seines Lebens vor Augen.

Josef Sudbrack

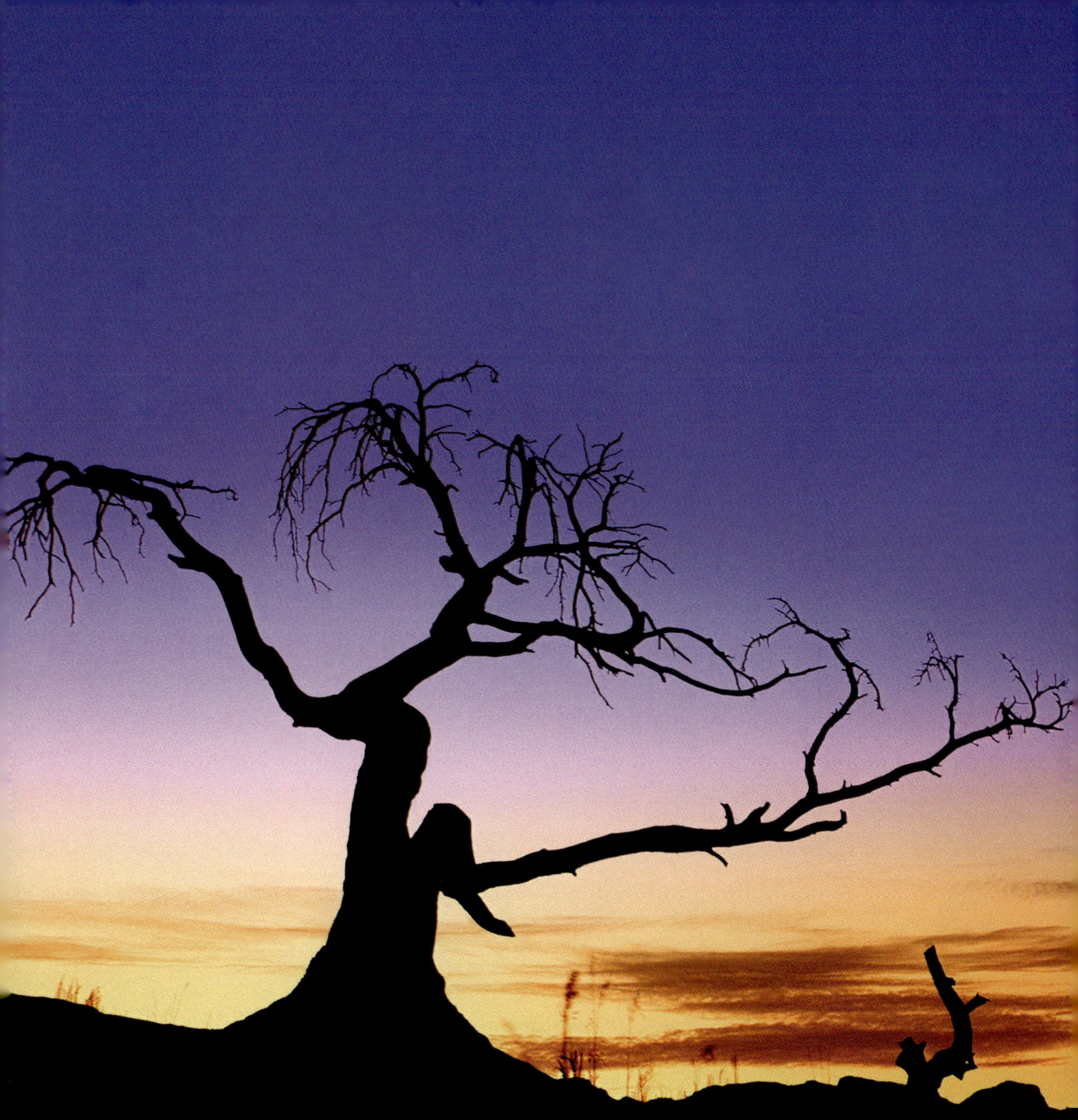

18. November

Ewigkeit

Durch alle Zeiten klingt die Fülle der Zeit.
Unser ganzes Leben
sollte der Ewigkeit Nachbar sein.
Immer sollte in uns die Stille sein,
die nach der Ewigkeit hin offen steht
und horcht.

Romano Guardini

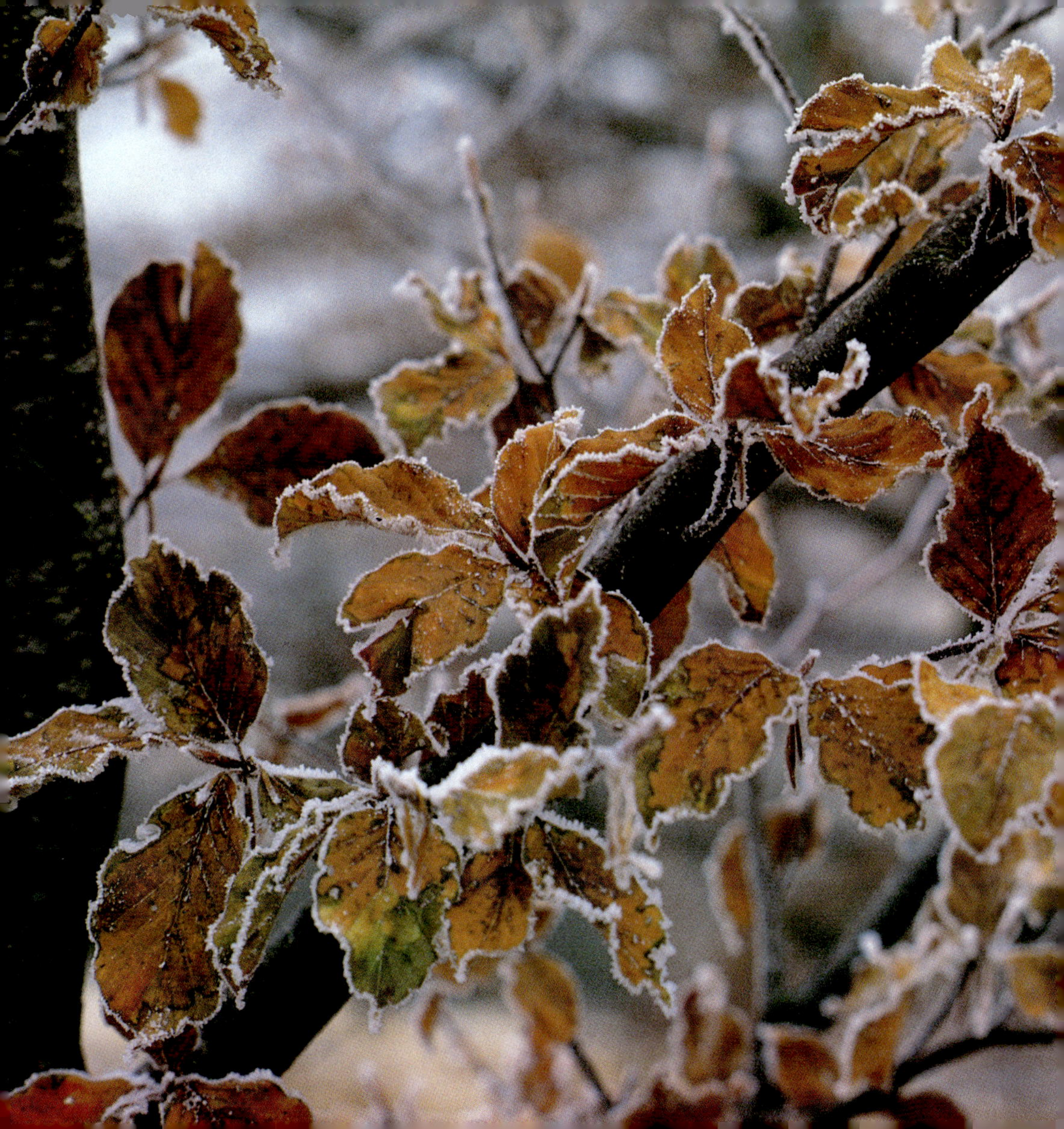

19. November

Farben der Hoffnung

Solange wir das Leben haben,
sollen wir es mit den uns eigenen Farben
der Liebe und der Hoffnung ausmalen.

Marc Chagall

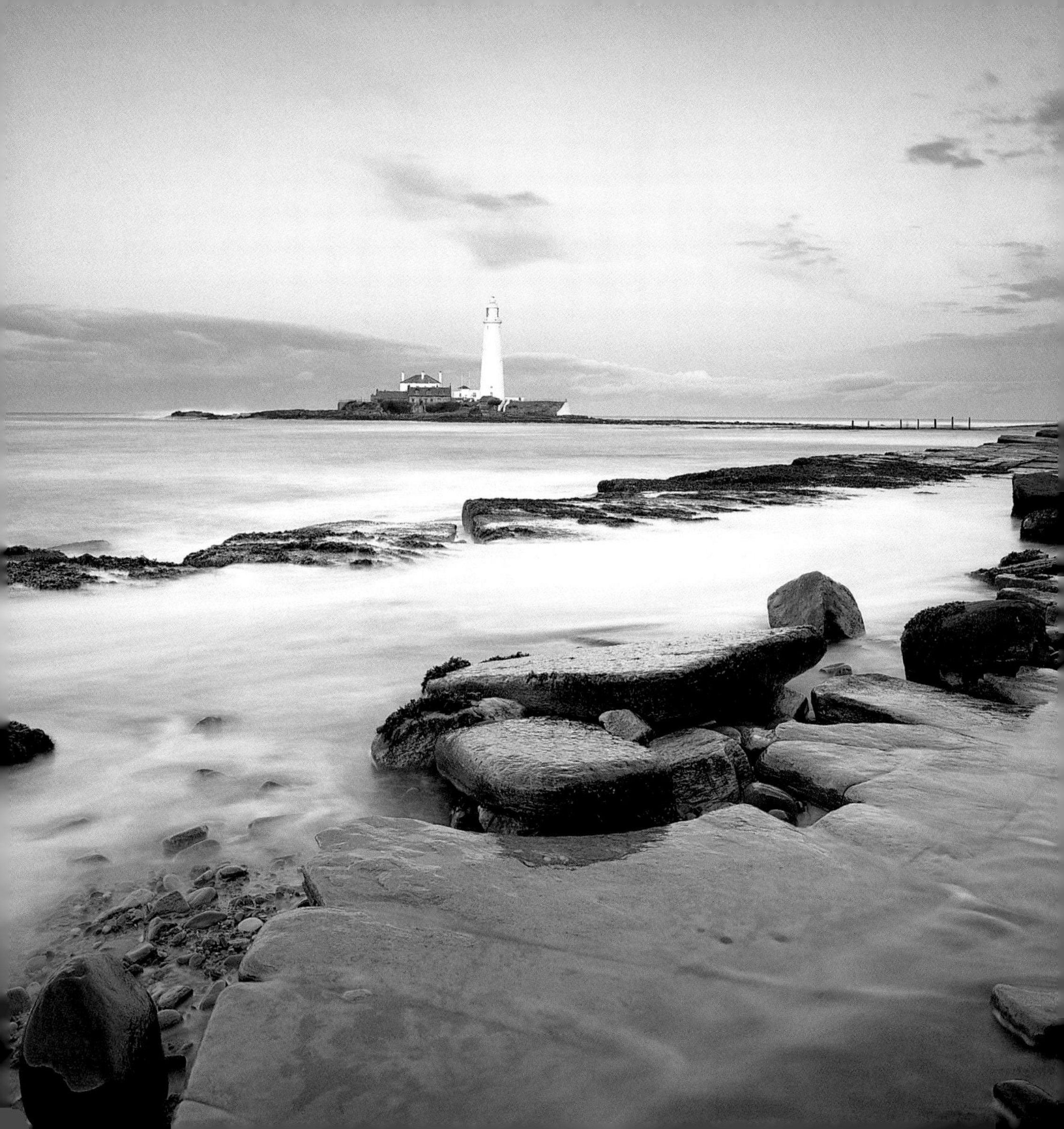

20. November

Hoffnung, Schlaf und Lachen

Der Himmel hat den Menschen,
als Gegengewicht gegen die
vielen Mühseligkeiten des Lebens,
drei Dinge gegeben:
die Hoffnung, den Schlaf und das Lachen.

Immanuel Kant

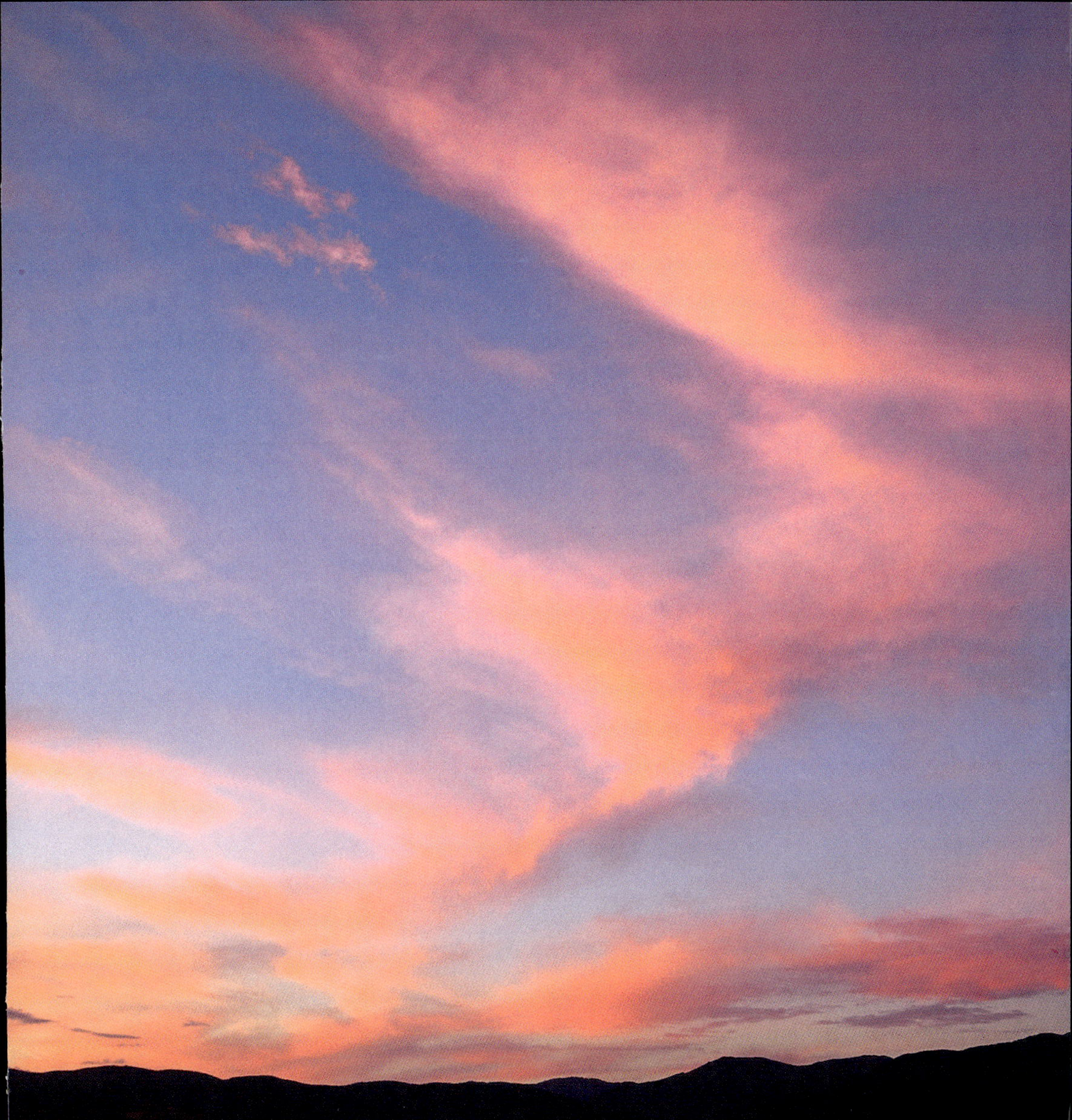

21. November

Beginnen

All das,
was wir uns vornehmen müssen,
wird nicht in den ersten Tagen vollendet werden,
ja vielleicht nicht einmal zu unseren Lebenszeiten;
doch lasst uns beginnen.

John F. Kennedy

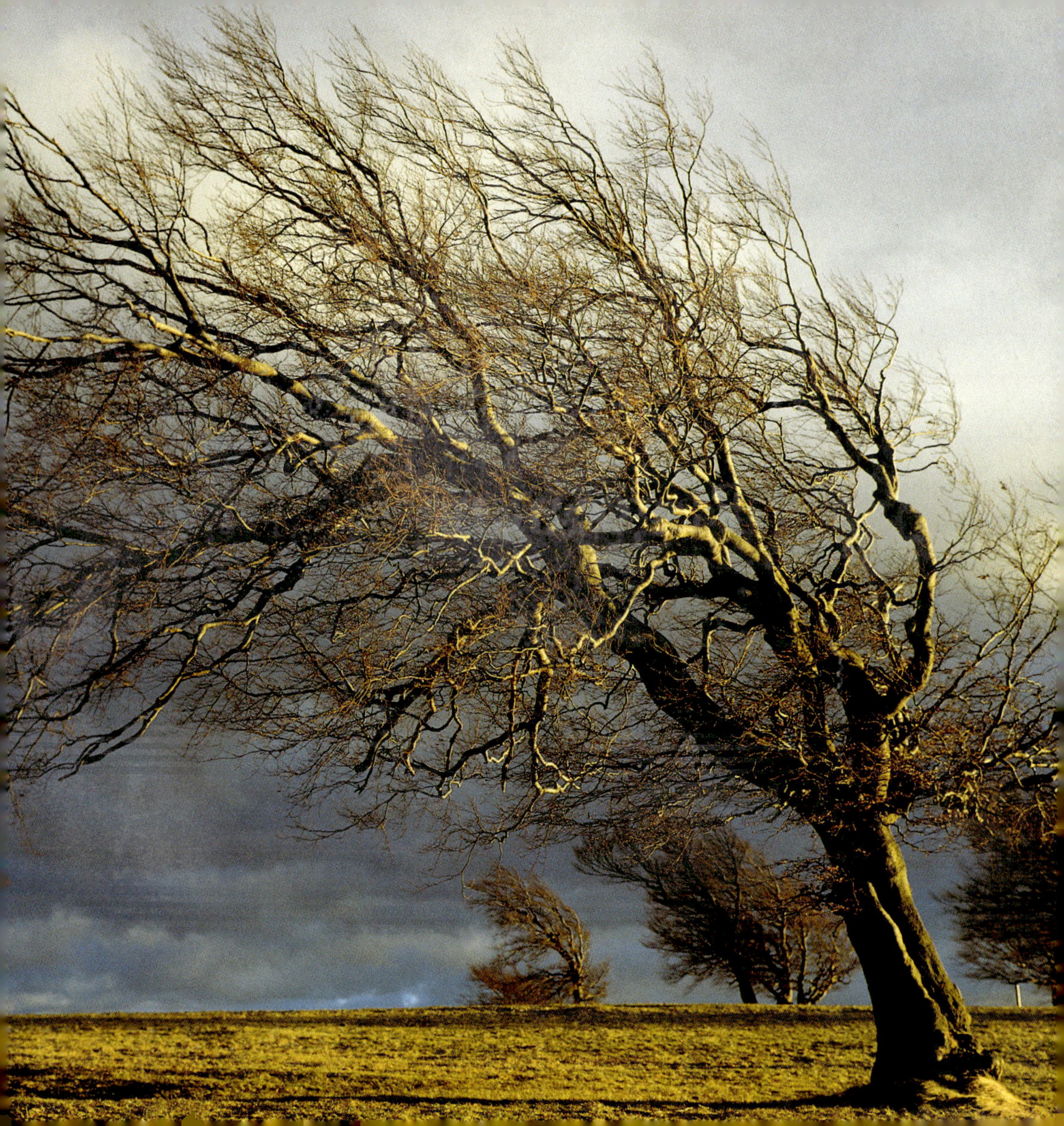

22. November

Im Innersten

Im Sturm betet der kluge Mann zu Gott,
nicht um Errettung aus Gefahr,
sondern um Erlösung von der Angst.
Der Sturm in ihm selbst ist es,
der ihn gefährdet,
nicht der Sturm draußen.

Ralph Waldo Emerson

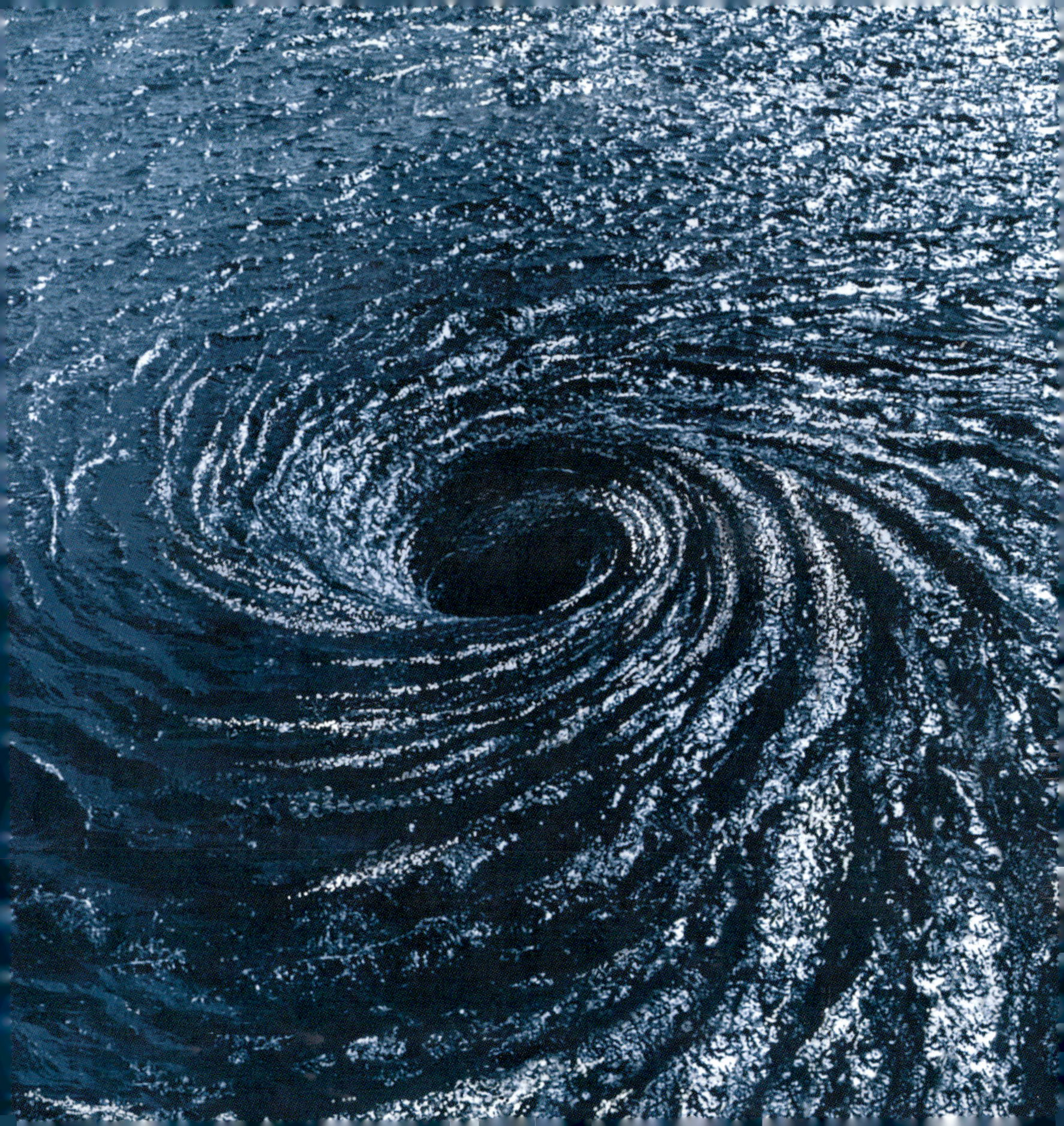

23. November

Nicht fassen

Schön ist,
was wir sehen,
schöner,
was wir erkennen,
weitaus am schönsten aber,
was wir nicht fassen können.

Niels Stensen

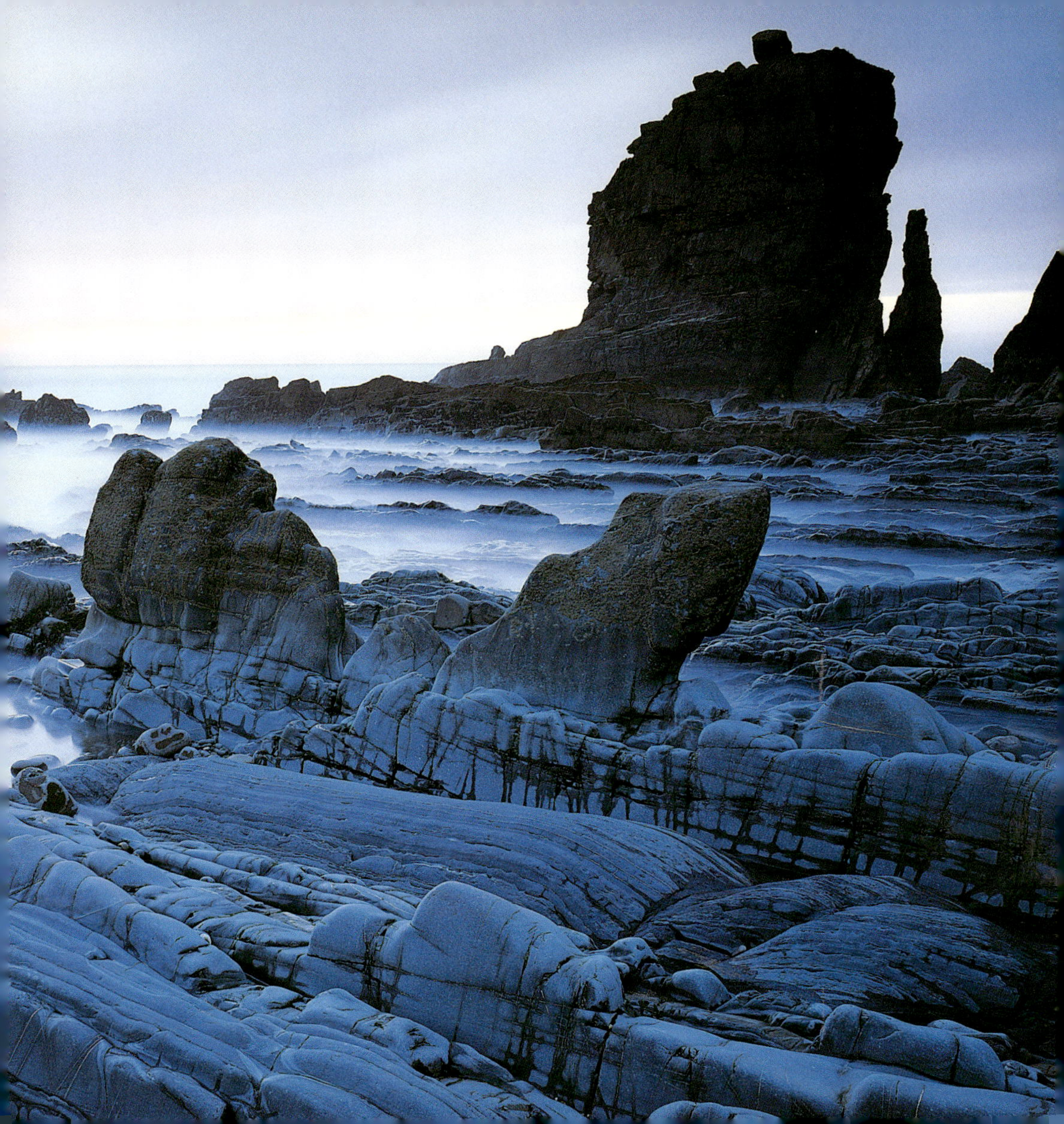

24. November

Mut

Wenn der Weg unendlich scheint
und plötzlich nichts mehr gehen will,
wie du wünschst – gerade dann
darfst du nicht zaudern.

Dag Hammarskjöld

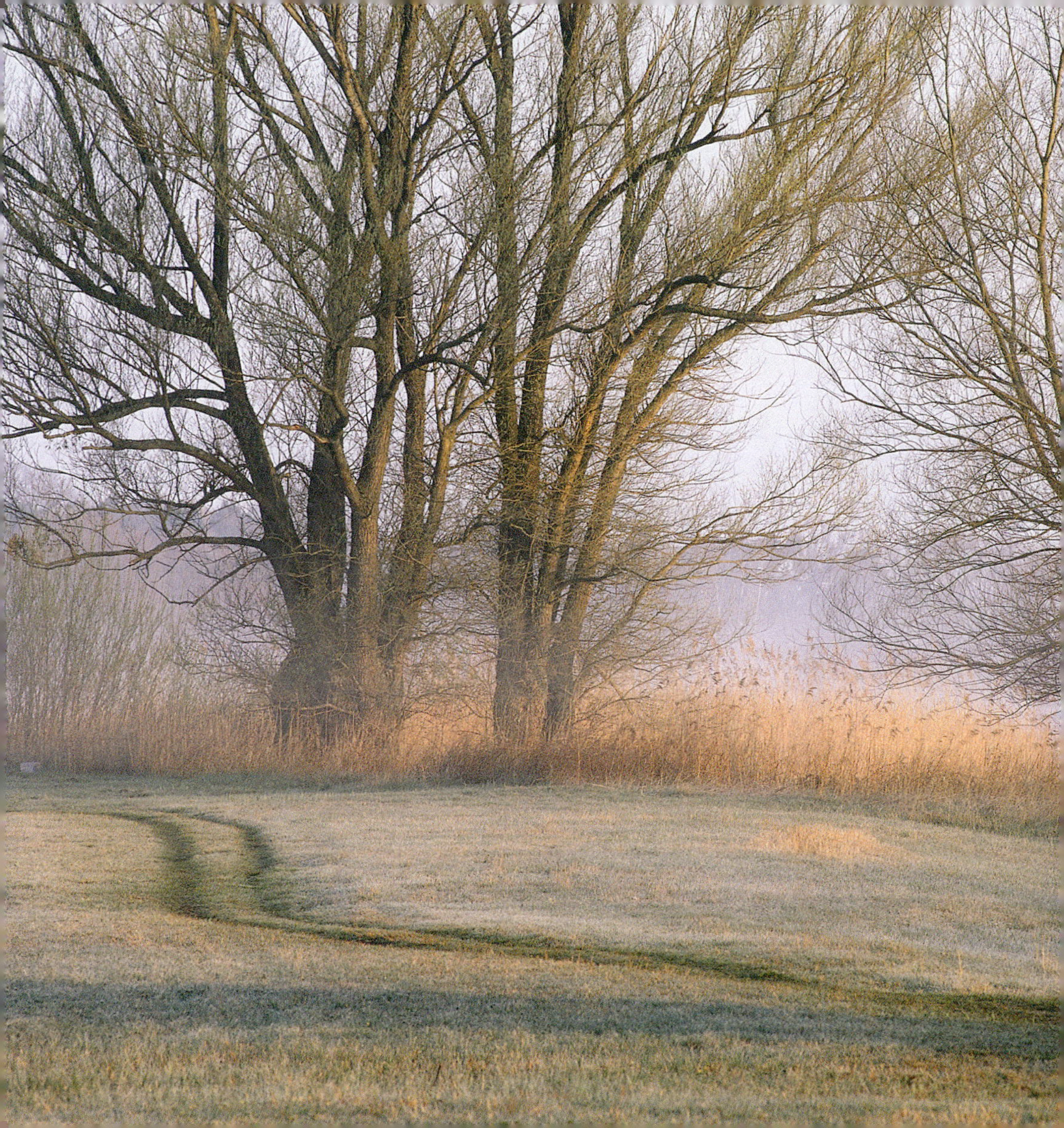

25. November

Kraft der Seele

Von der Seele geht die Kraft aus,
um den Leib zu beleben,
wie vom Wasser die Erde belebt wird.
Die Seele freut sich,
mit dem Leib zu wirken.

Hildegard von Bingen

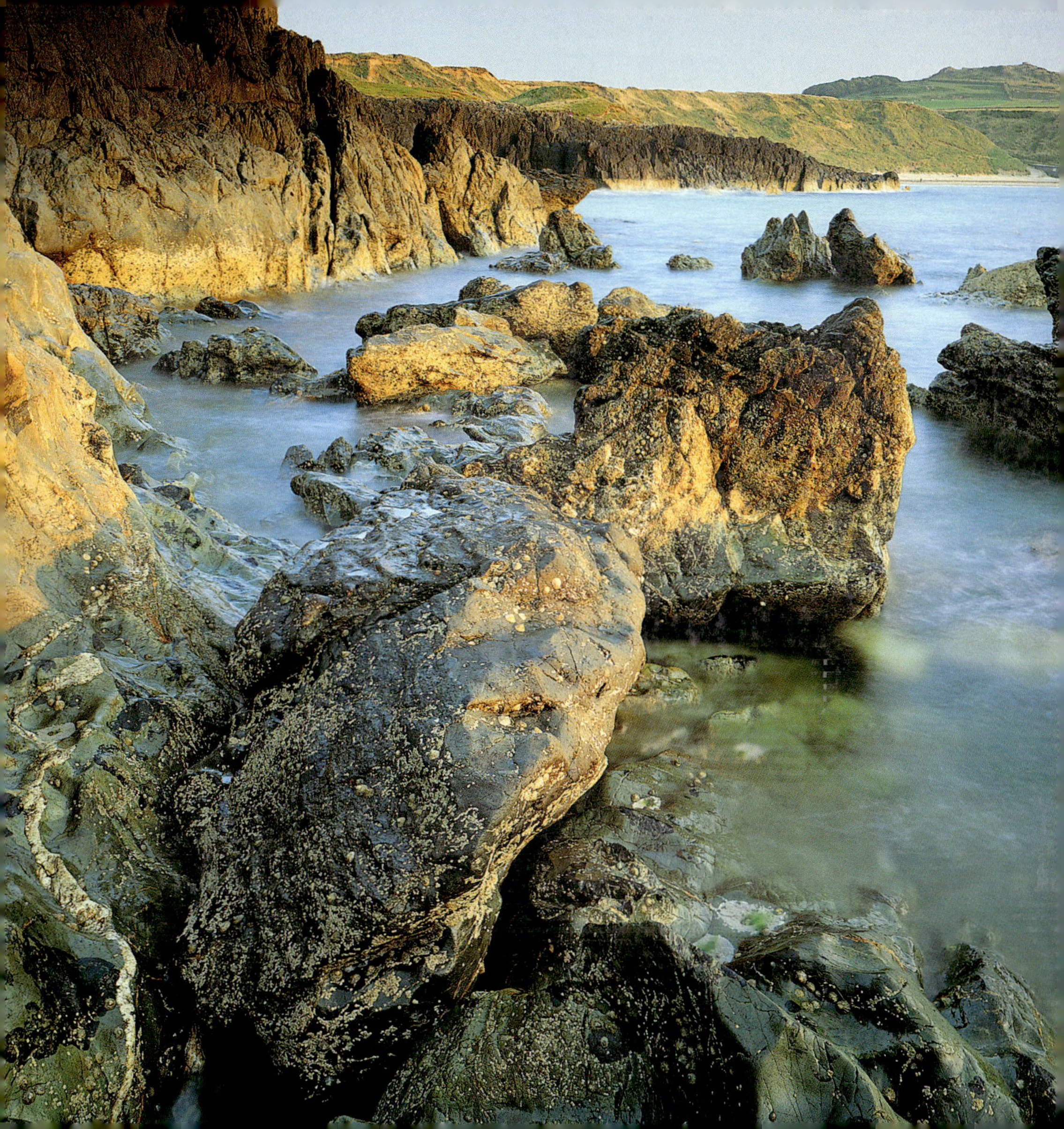

26. November

Das Herz öffnen

Je dunkler es hier um uns wird,
desto mehr müssen wir das Herz öffnen
für das Licht von oben.

Edith Stein

27. November

Verstehen

Die ganze Schöpfung
ist die Schönschrift Gottes,
wir müssen nur verstehen,
sie zu lesen.

Ernesto Cardenal

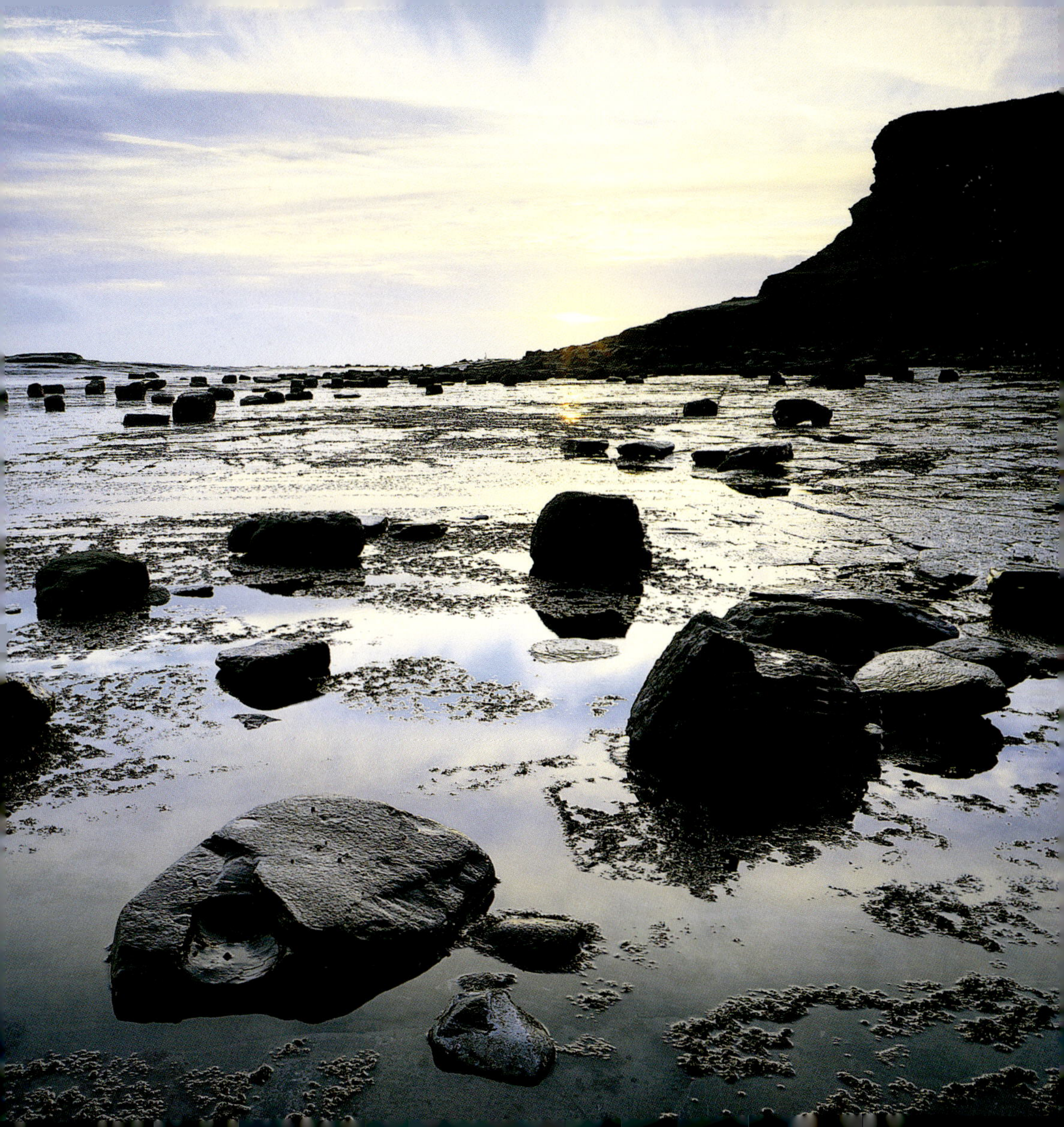

28. November

Freude am Leben

Wie mit den Lebenszeiten,
so ist es auch mit den Tagen:
Keiner ist uns genug, keiner ist ganz schön,
jeder hat seine Unvollkommenheit.
Aber rechne sie zusammen,
so kommt eine Summe
Freude und Leben heraus.

Friedrich Hölderlin

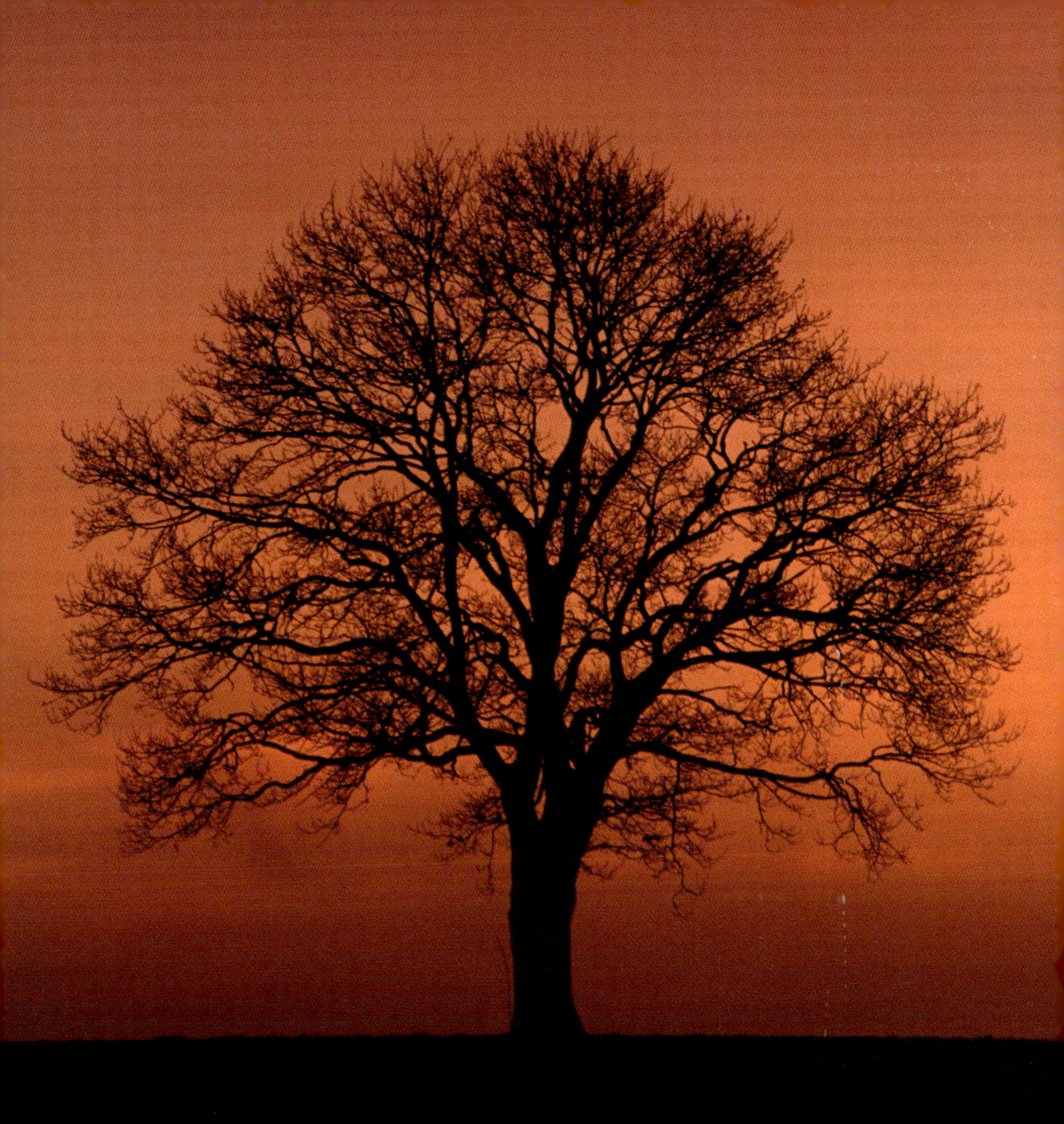

29. November

Trauer

Wir wollen nicht trauern,
dass wir Freunde und Verwandte
verloren haben,
sondern dankbar dafür sein,
dass wir sie gehabt haben,
ja jetzt noch besitzen.

Hieronymus

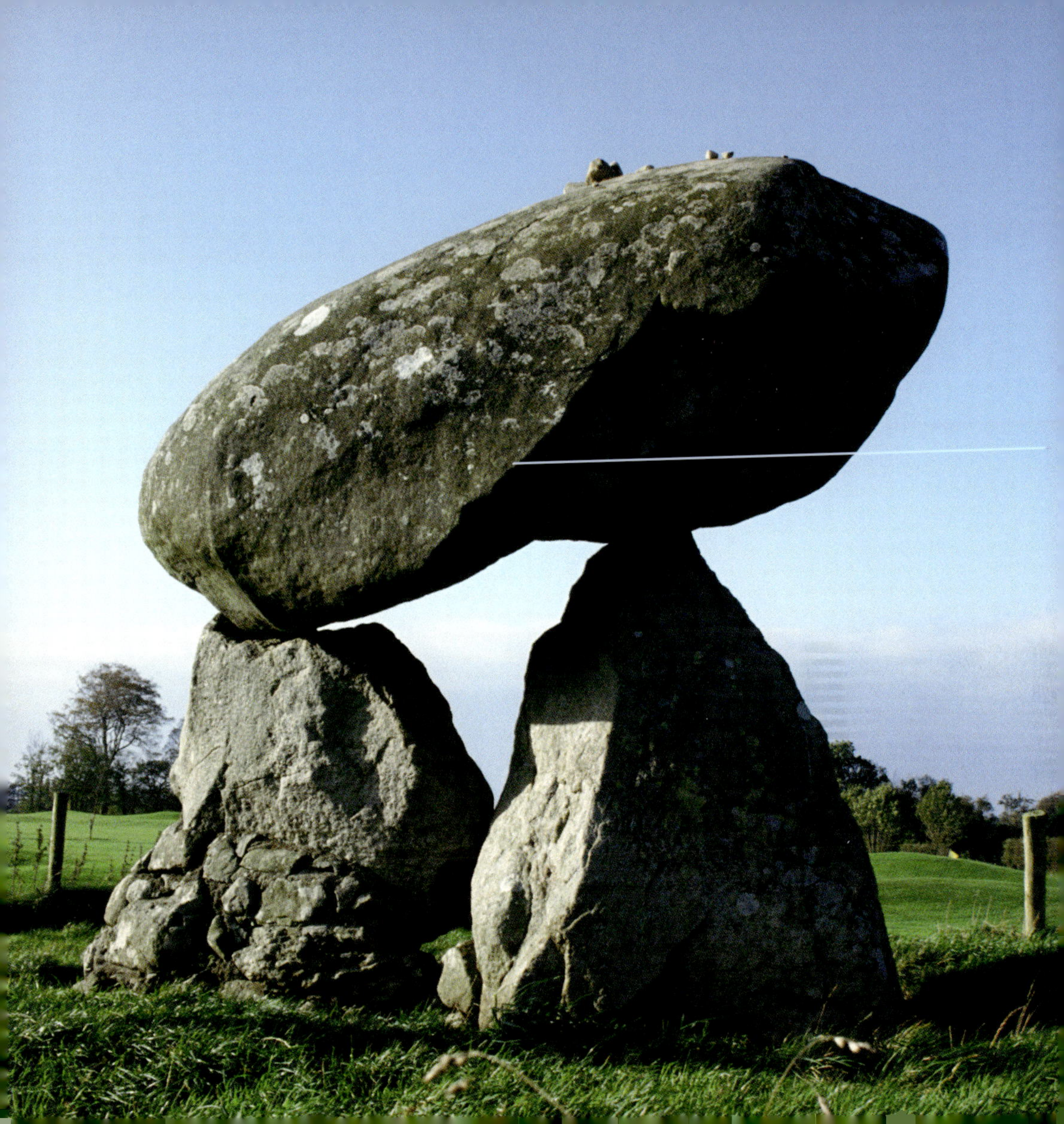

30. November

Neuer Tag

Wir sollten stets eingedenk sein,
dass der heutige Tag nur einmal kommt
und nimmer wieder.
Aber wir wähnen, er komme wieder,
morgen ist jedoch ein anderer Tag,
der auch nur einmal kommt.

Arthur Schopenhauer

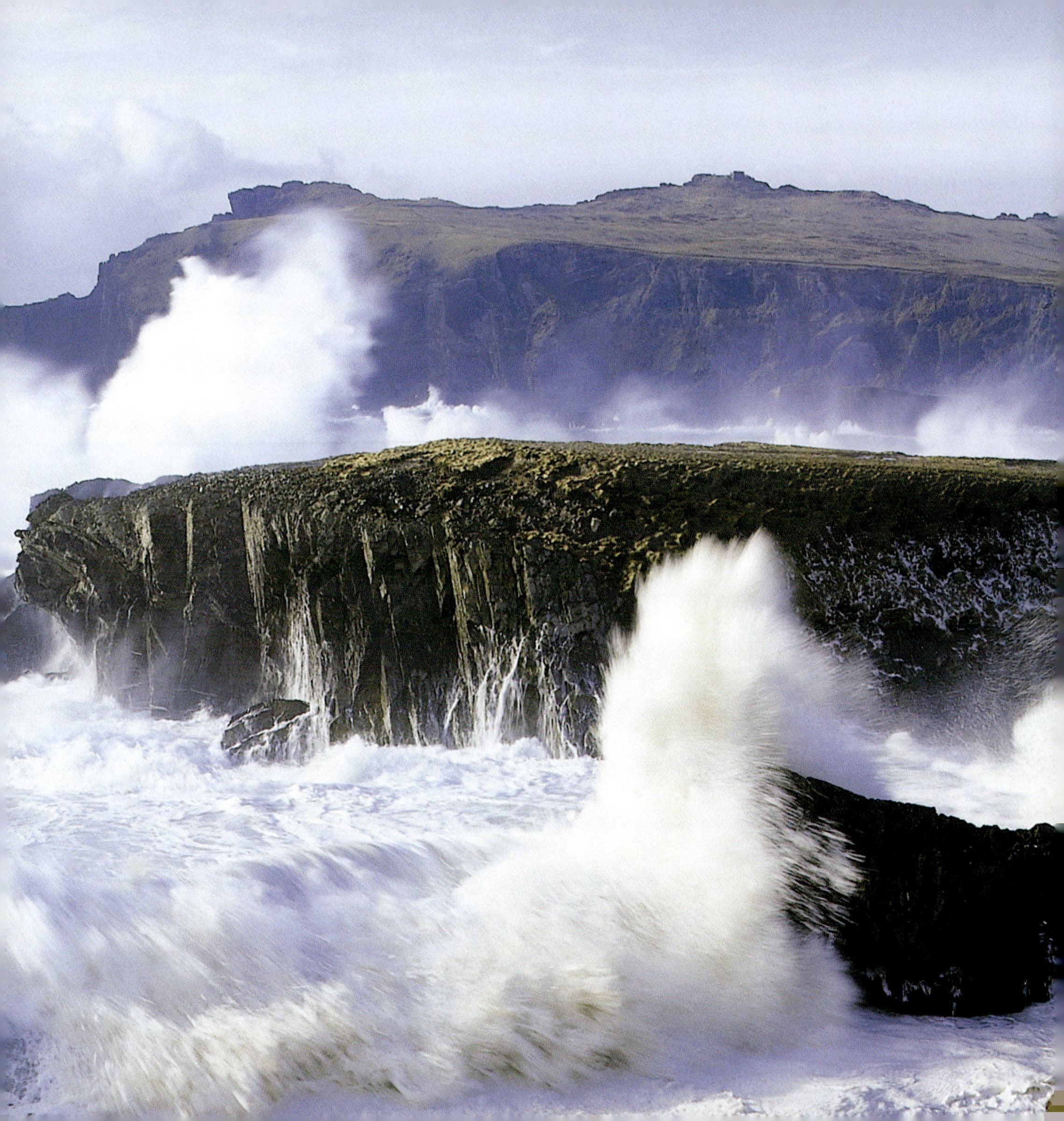

XII

Dezember

1. Dezember

Beten und arbeiten

Du kannst beten, während du arbeitest.
Die Arbeit hält das Gebet nicht auf
und das Gebet nicht die Arbeit.

Mutter Teresa

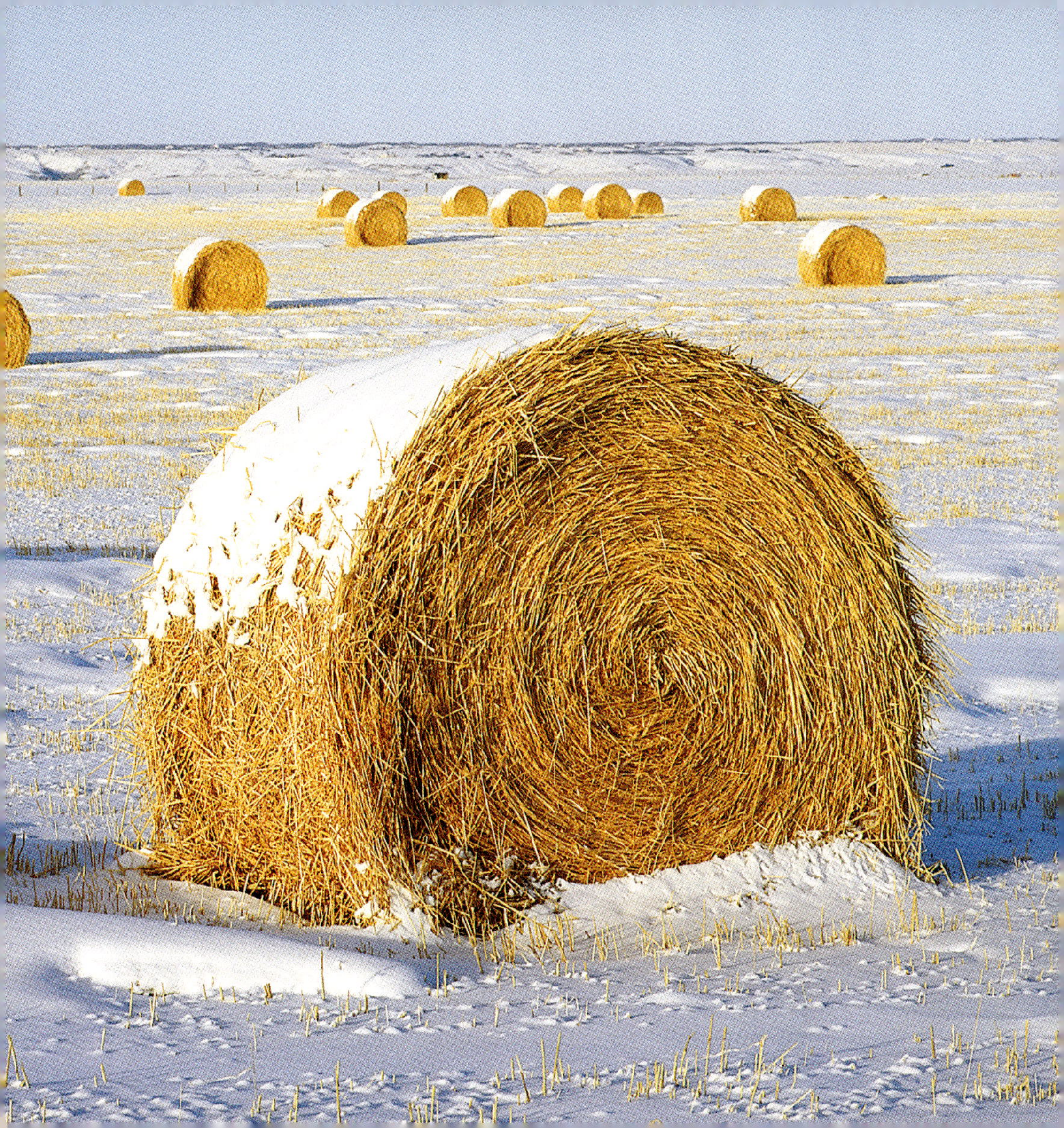

2. Dezember

Neues entdecken

Das Leben ist wundervoll.
Es gibt Augenblicke,
da möchte man sterben.
Aber dann geschieht etwas Neues,
und man glaubt, man sei im Himmel.

Edith Piaf

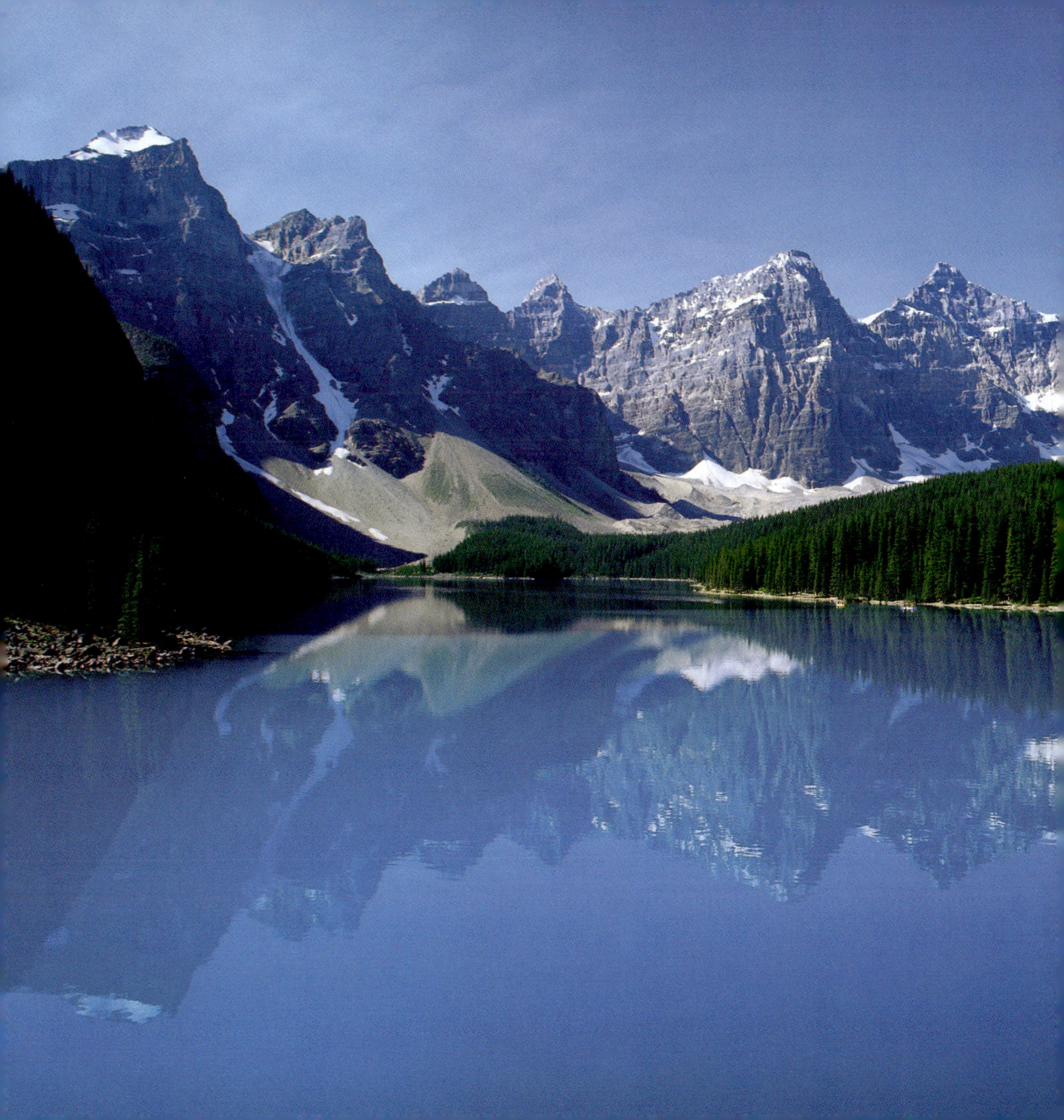

3. Dezember

Blick

Werde nicht unruhig vor lauter Eifer,
tue nicht hastig, was du zu tun hast,
sonst verlierst du den klaren Blick
und hinderst dich selbst.

Franz von Sales

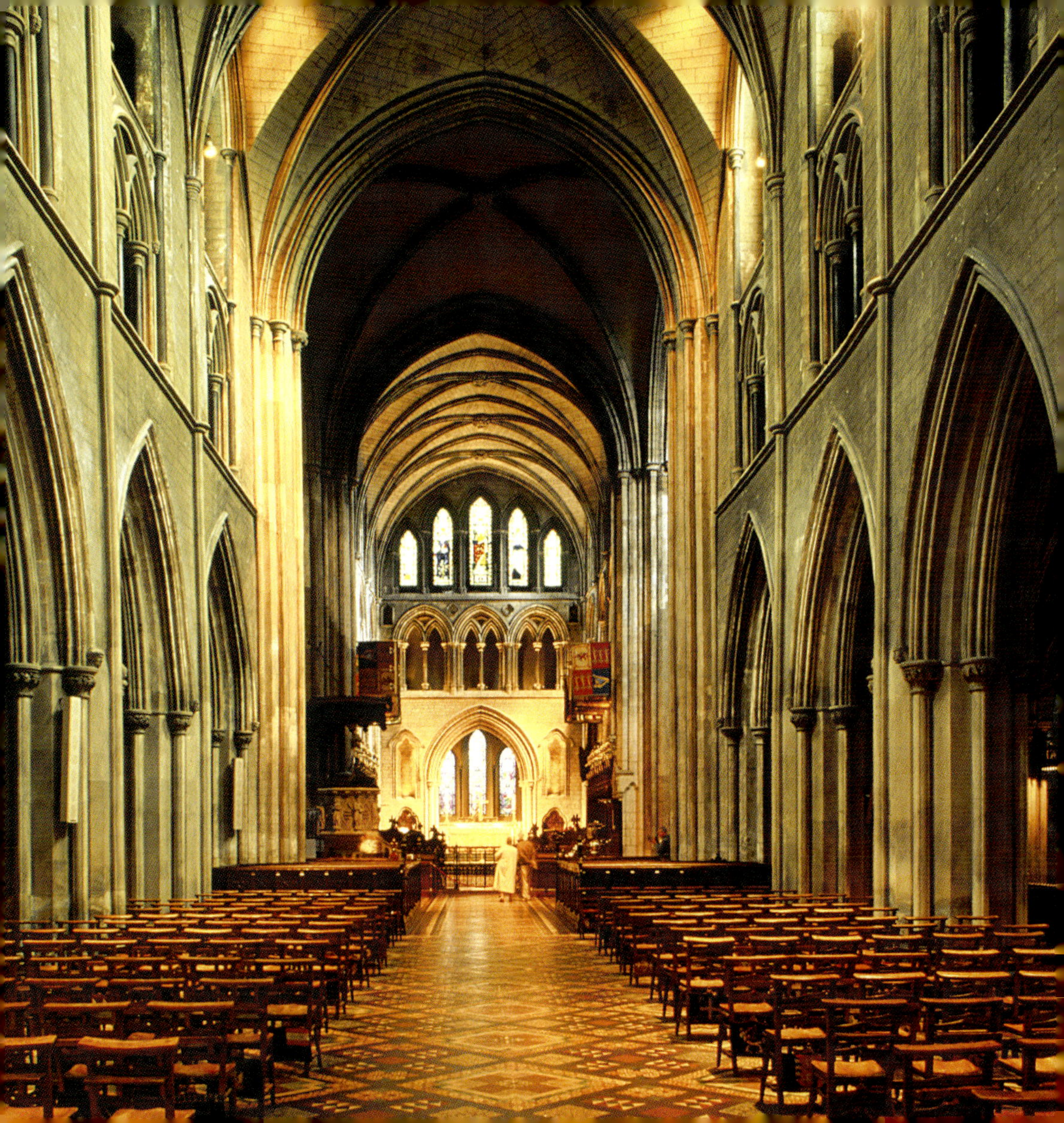

4. Dezember

Zufrieden

Es gibt nur ein Mittel, sich wohl zu fühlen:
Man muss lernen,
mit dem Gegebenen zufrieden zu sein,
und nicht immer das verlangen,
was gerade fehlt.

Theodor Fontane

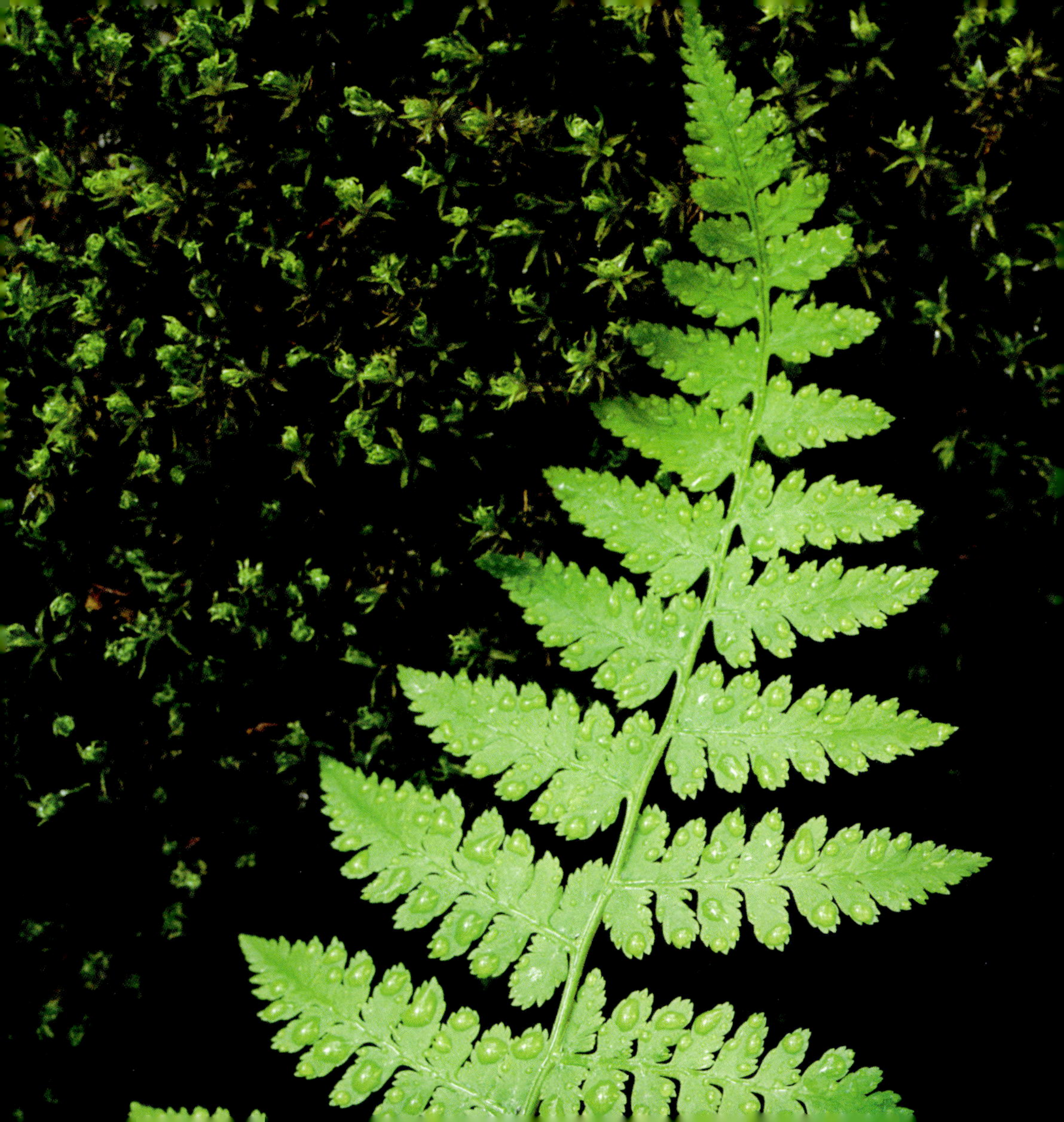

5. Dezember

Schrittweise

Wer einen hohen Berg erklimmen will,
tut das nicht in Sprüngen,
sondern schrittweise und langsam.

Gregor der Große

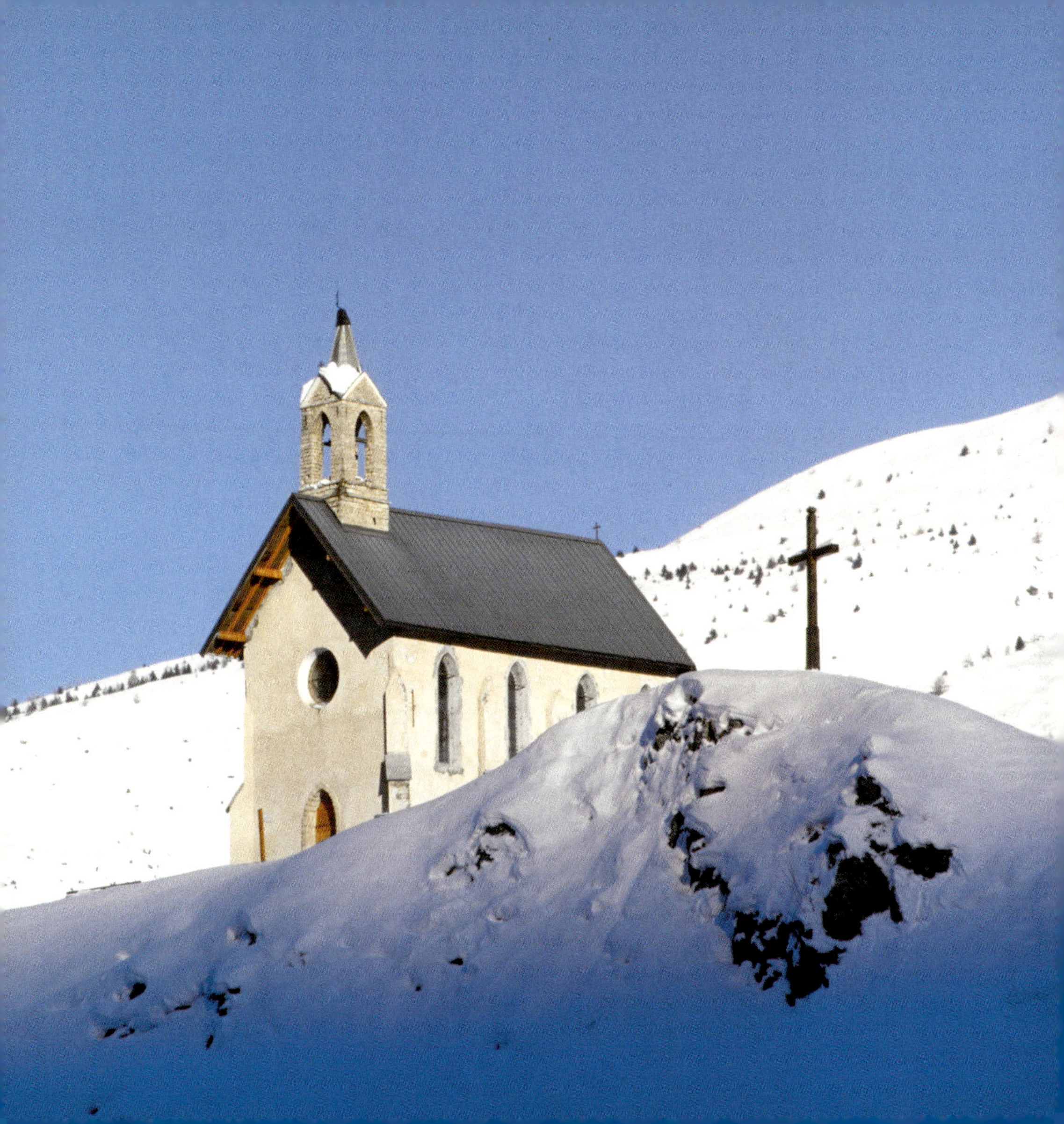

6. Dezember

Stille

Es kommt auf die Stille
in der Seele des Menschen an
und auf die Seele des Menschen,
in der diese Stille ihren Sitz hat.

Antoine de Saint-Exupéry

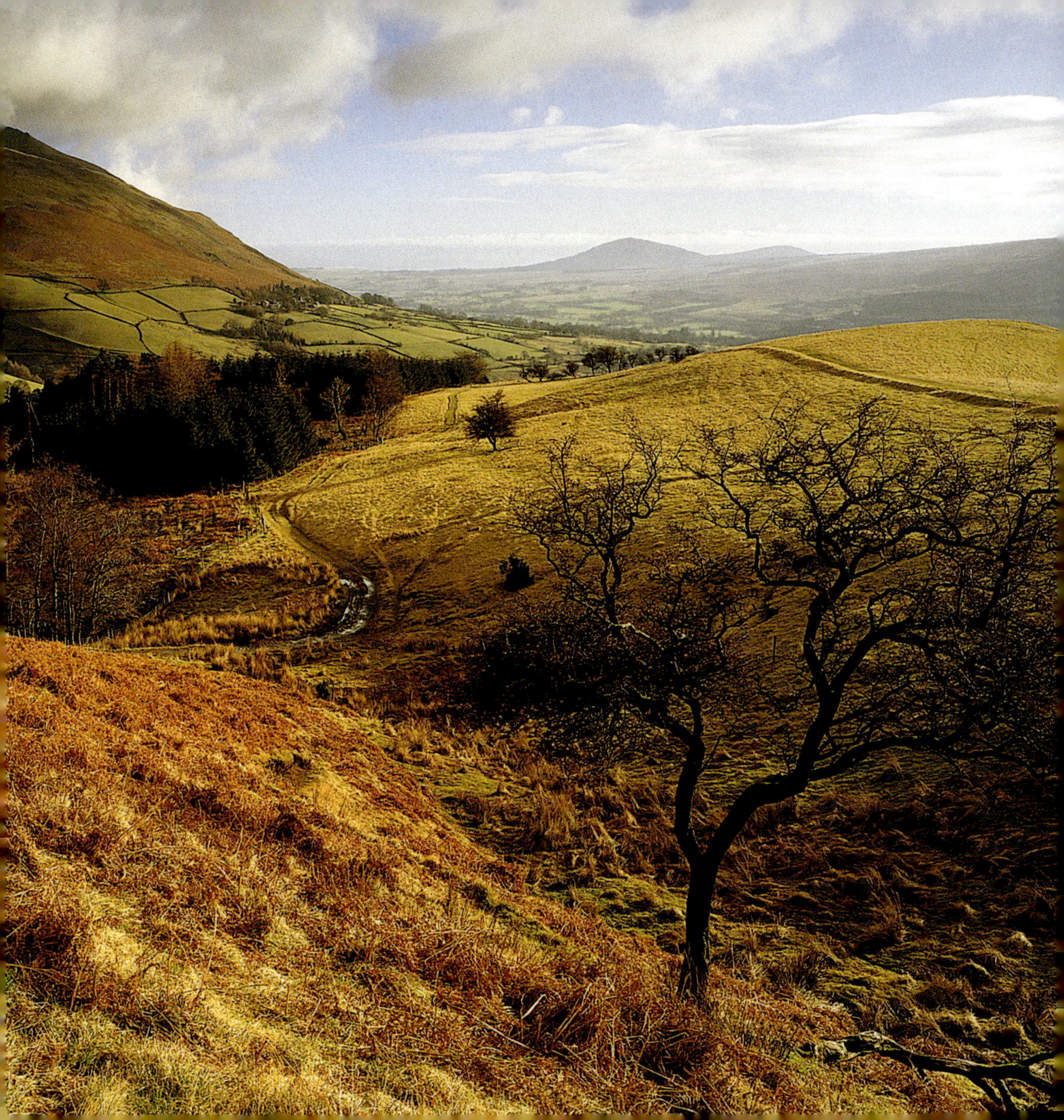

7. Dezember

Erblicken können

Gott hat dem Menschen die Kraft gegeben
zu hoffen, immer wieder zu hoffen,
bis das Erhoffte den Schleier des Vergessens
von seinen Augen nimmt
und er sein wahres Selbst
erblicken kann.

Khalil Gibran

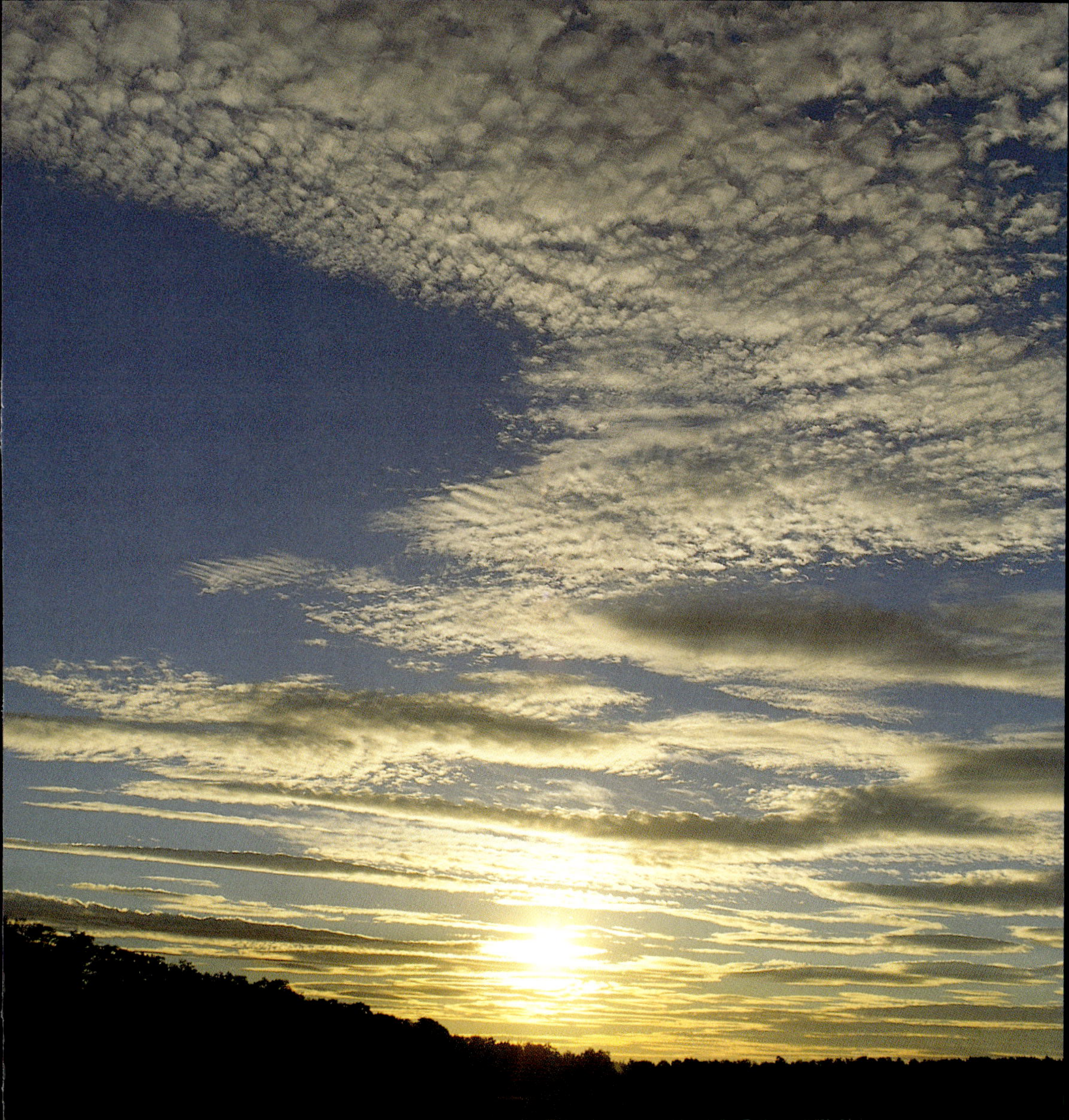

8. Dezember

Die Kraft der Liebe

Auch mächtige Wasser
können die Liebe nicht löschen;
auch Ströme schwemmen sie nicht weg.

Die Bibel (Hohelied 8,7)

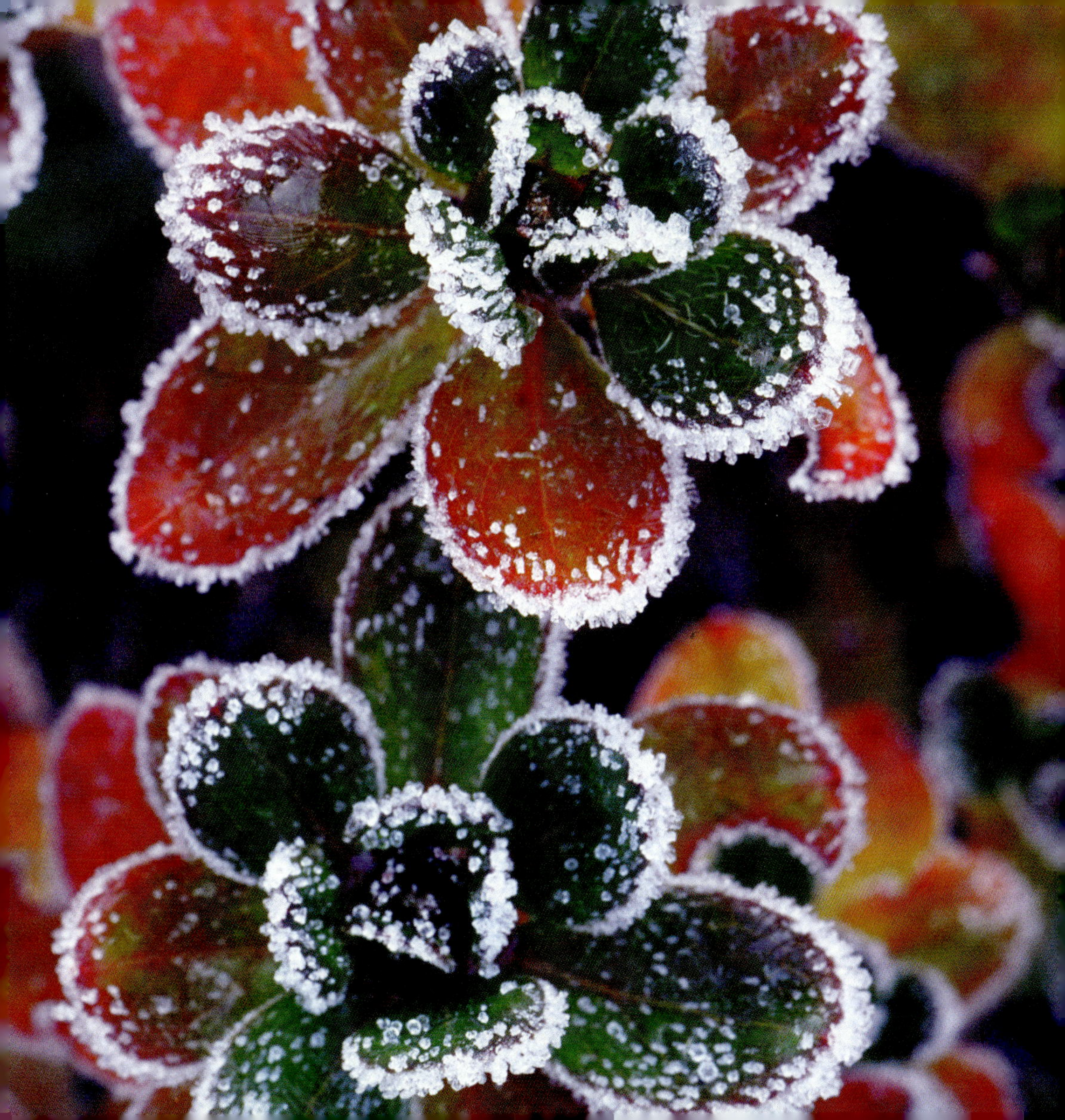

9. Dezember

Die Güte Gottes

Heute, nur heute
werde ich keine Angst haben.
Ganz besonders werde ich keine Angst haben,
mich an allem zu freuen, was schön ist,
und an die Güte zu glauben.

Johannes XXIII.

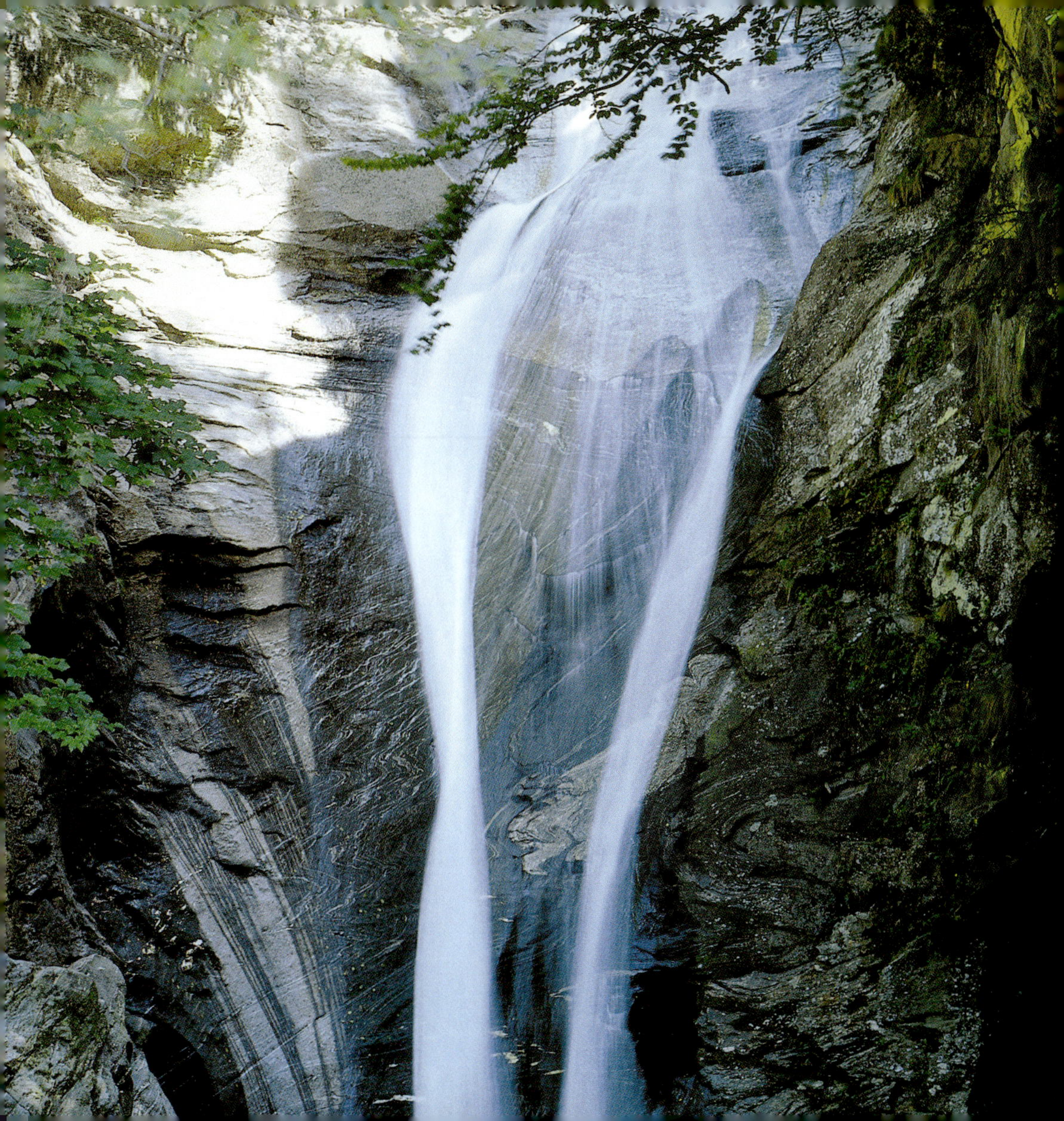

10. Dezember

Geduld

Es gilt, sein Leben lang zu arbeiten,
zu kämpfen und jeden Tag neu zu beginnen.
Man muss nicht nur
mit anderen Geduld haben,
sondern auch mit sich selbst.

Franz von Sales

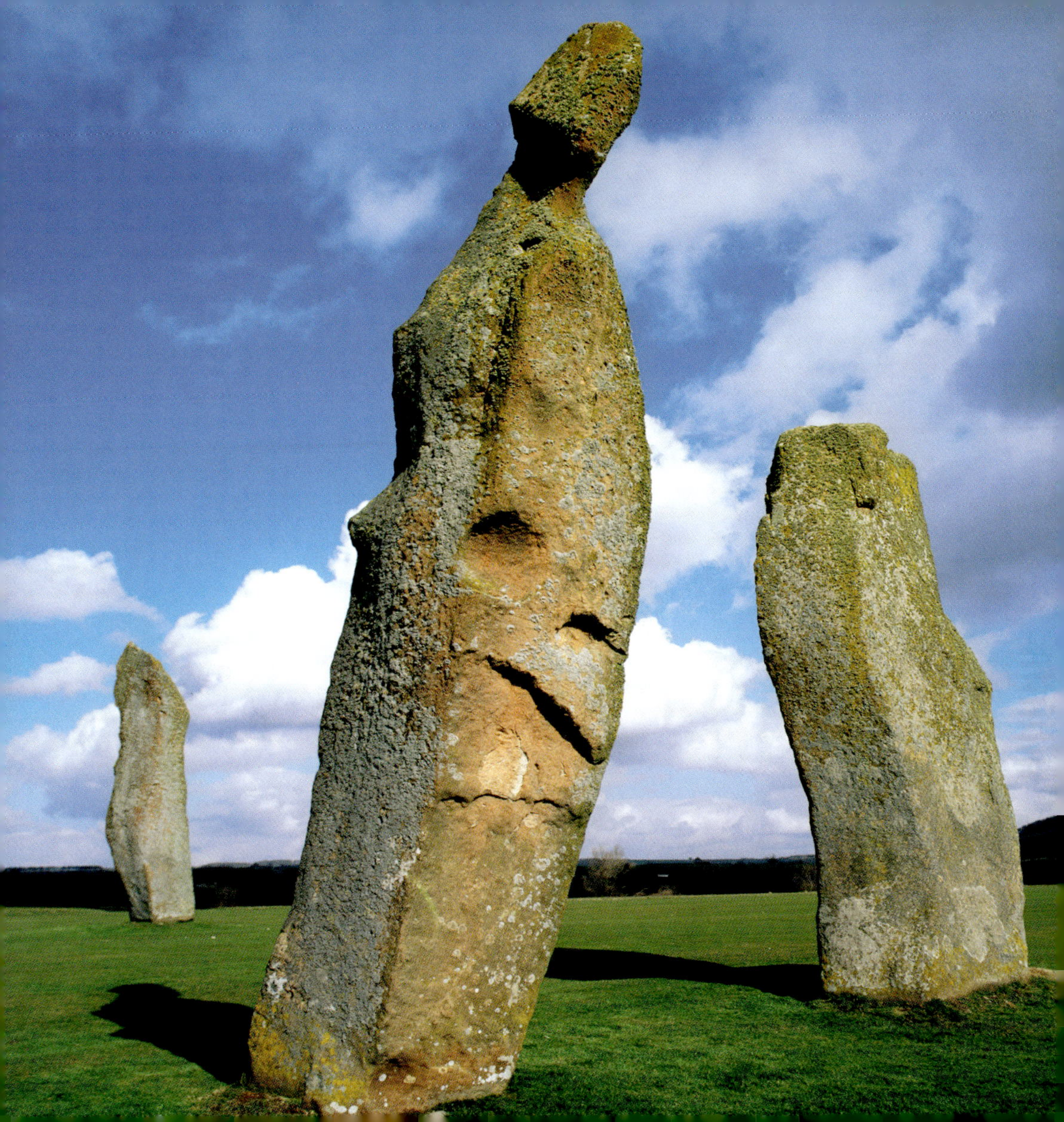

11. Dezember

Vorahnung

Im Grunde des Herzens
eines jeden Winters
liegt ein Frühlingsahnen,
und hinter dem Schleier jeder Nacht
verbirgt sich ein lächelnder Morgen.

Khalil Gibran

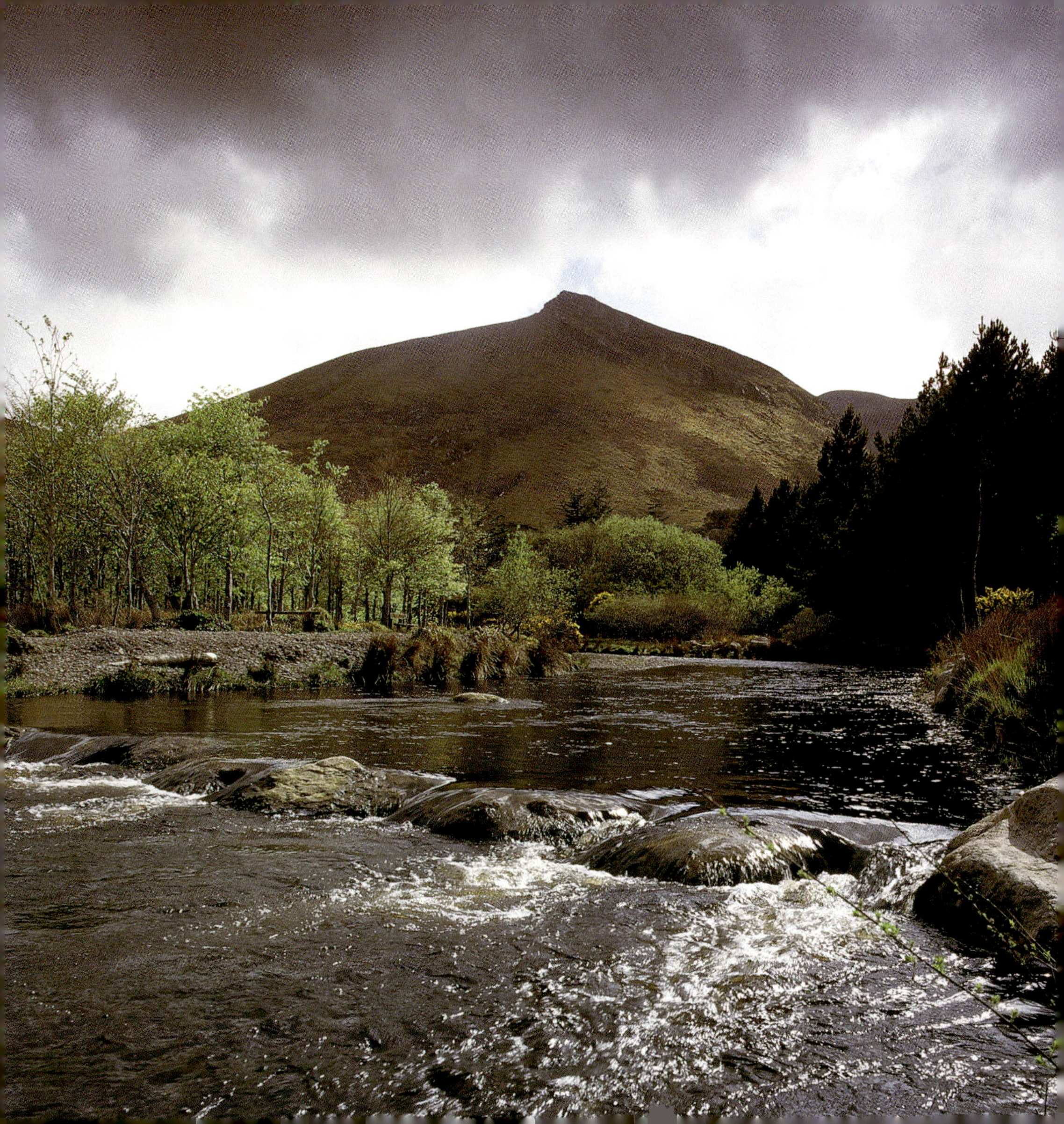

12. Dezember

Hoffnung

Nicht das Straucheln ist entscheidend,
sondern das Wiederaufrichten,
nicht die Resignation, sondern die Hoffnung.

Franz Kardinal König

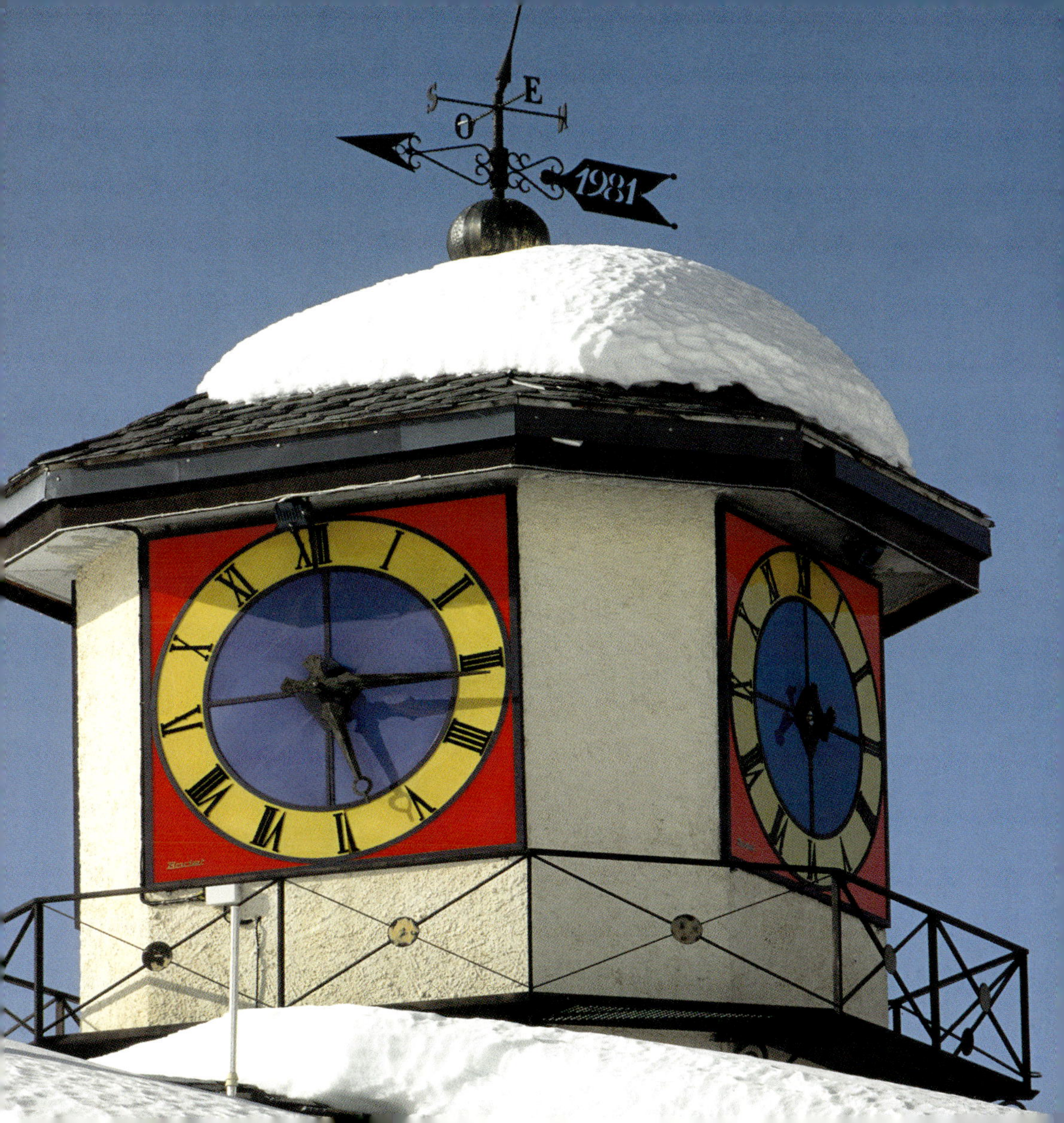
S
E
O
1981

13. Dezember

Gott sehen

Wir haben in unserem Leben
keine andere Aufgabe,
als das Auge des Herzens
gesunden zu lassen,
mit dem wir Gott sehen können.

Aurelius Augustinus

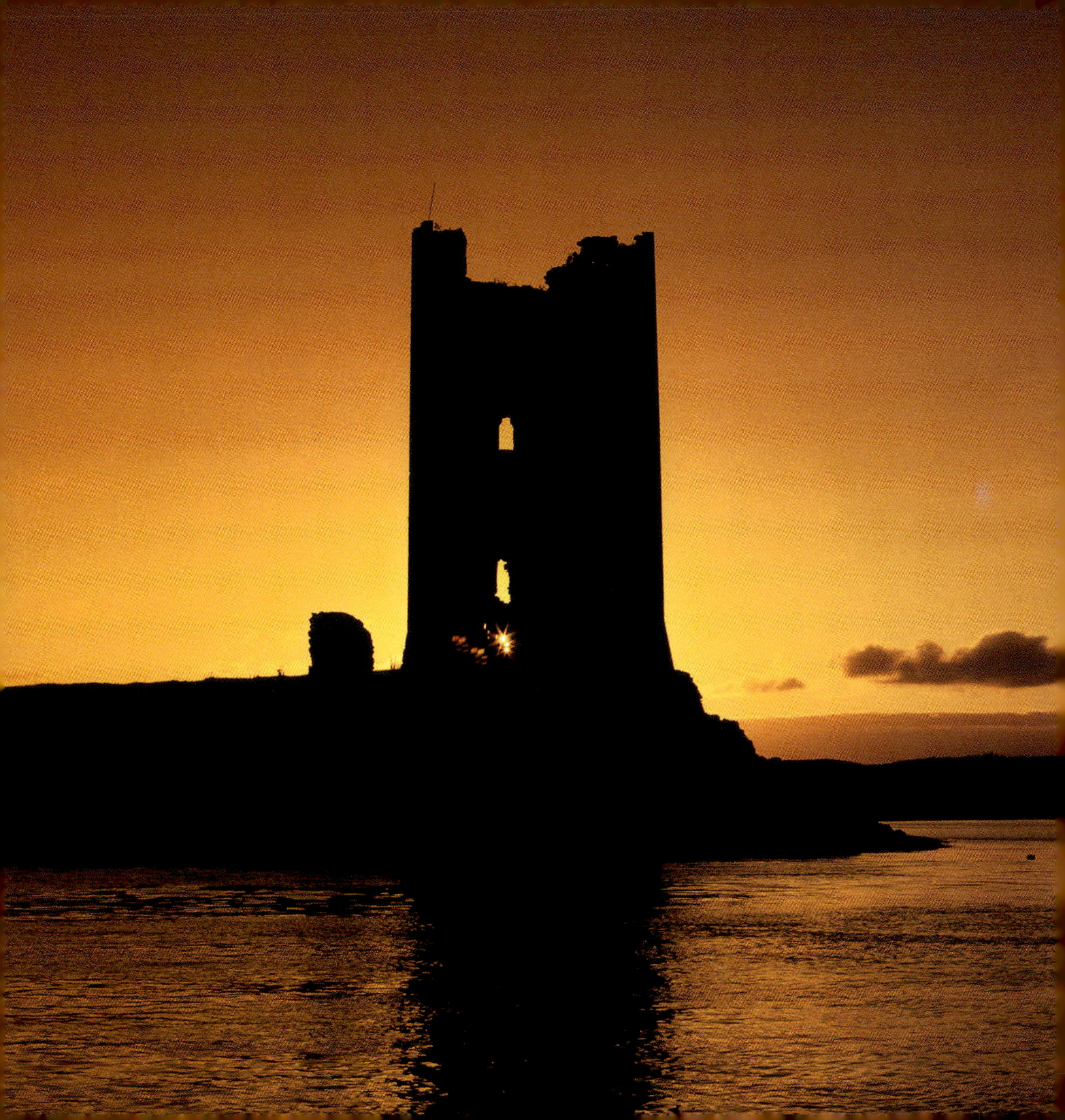

14. Dezember

Liebe

Es ist nicht wahr,
dass sich jeder selbst der Nächste ist,
sondern es ist wahr,
dass die Liebe zu den Menschen,
die Liebe zu allen, die uns brauchen
und auf die wir angewiesen sind,
Licht ins Leben bringt.

Hermann Gmeiner

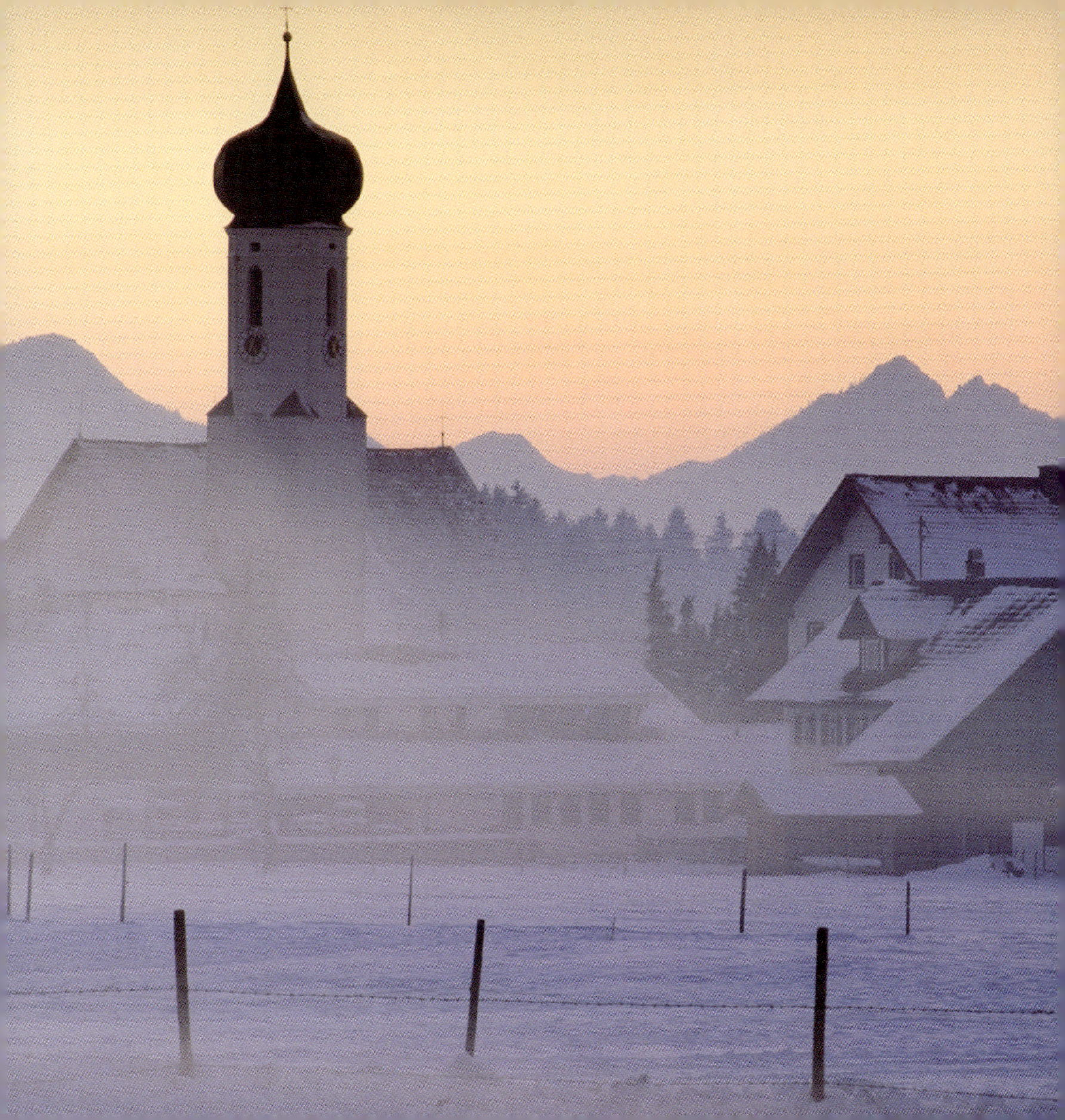

15. Dezember

Licht in der Welt

Du lieber Gott, wenn man auch
allen Sonnenschein wegstreicht,
so gibt es doch noch den Mond
und die hübschen Sterne
und die Lampen am Winterabend – es ist
so viel schönes Licht in der Welt.

Wilhelm Raabe

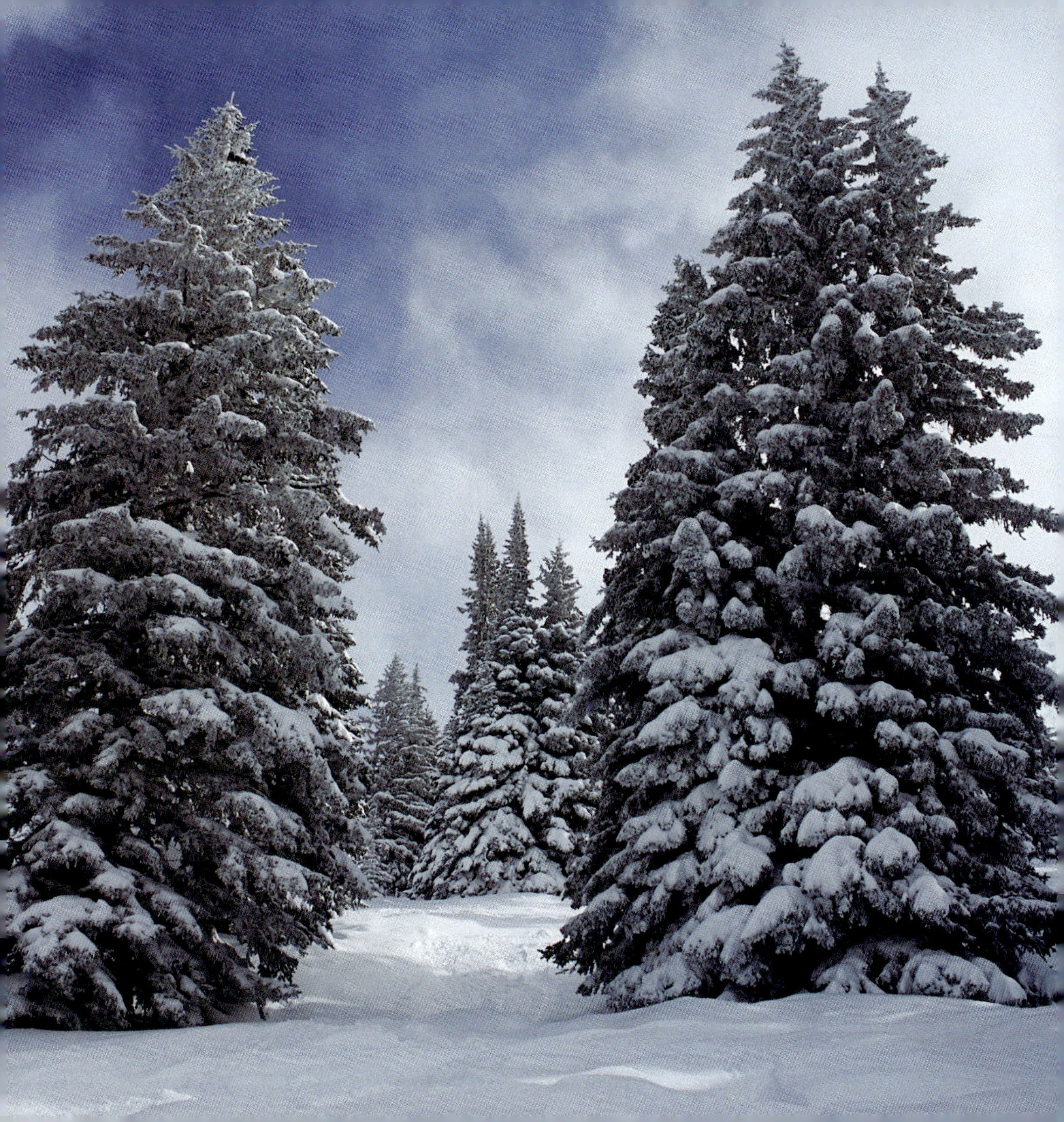

## 16. Dezember

Tiefe

Es muss Herzen geben,
welche die Tiefe unseres Wesens kennen
und auf uns schwören,
selbst wenn die ganze Welt uns verlässt.

Karl Ferdinand Gutzkow

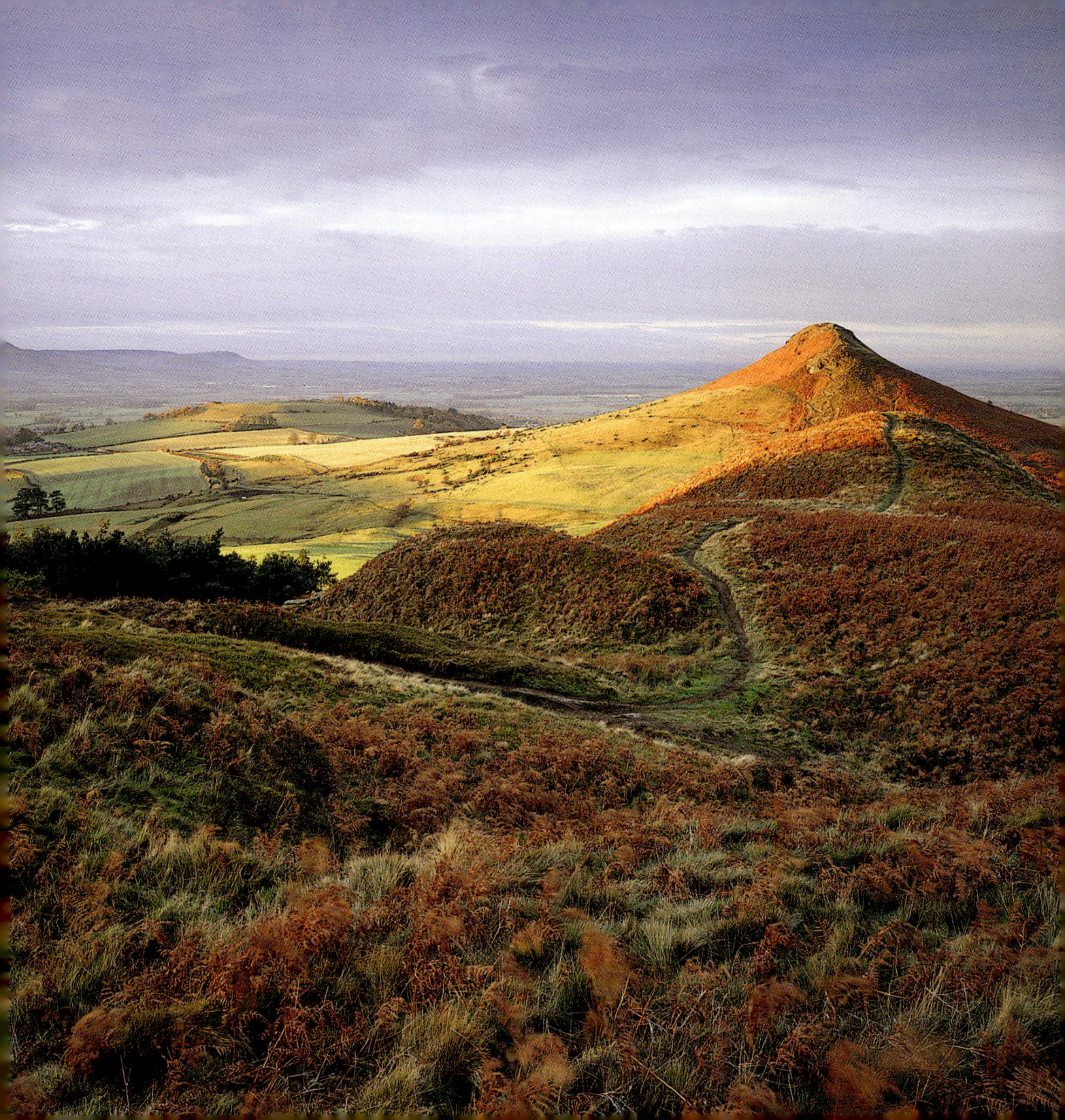

17. Dezember

Klein und gewaltig

An Statur ist der Mensch zwar klein,
an Kräften des seelischen Vermögens
jedoch gewaltig.
Sein Haupt nach aufwärts gerichtet,
die Füße auf festem Grund,
vermag er sowohl die oberen
als die unteren Dinge in Bewegung zu setzen.

Hildegard von Bingen

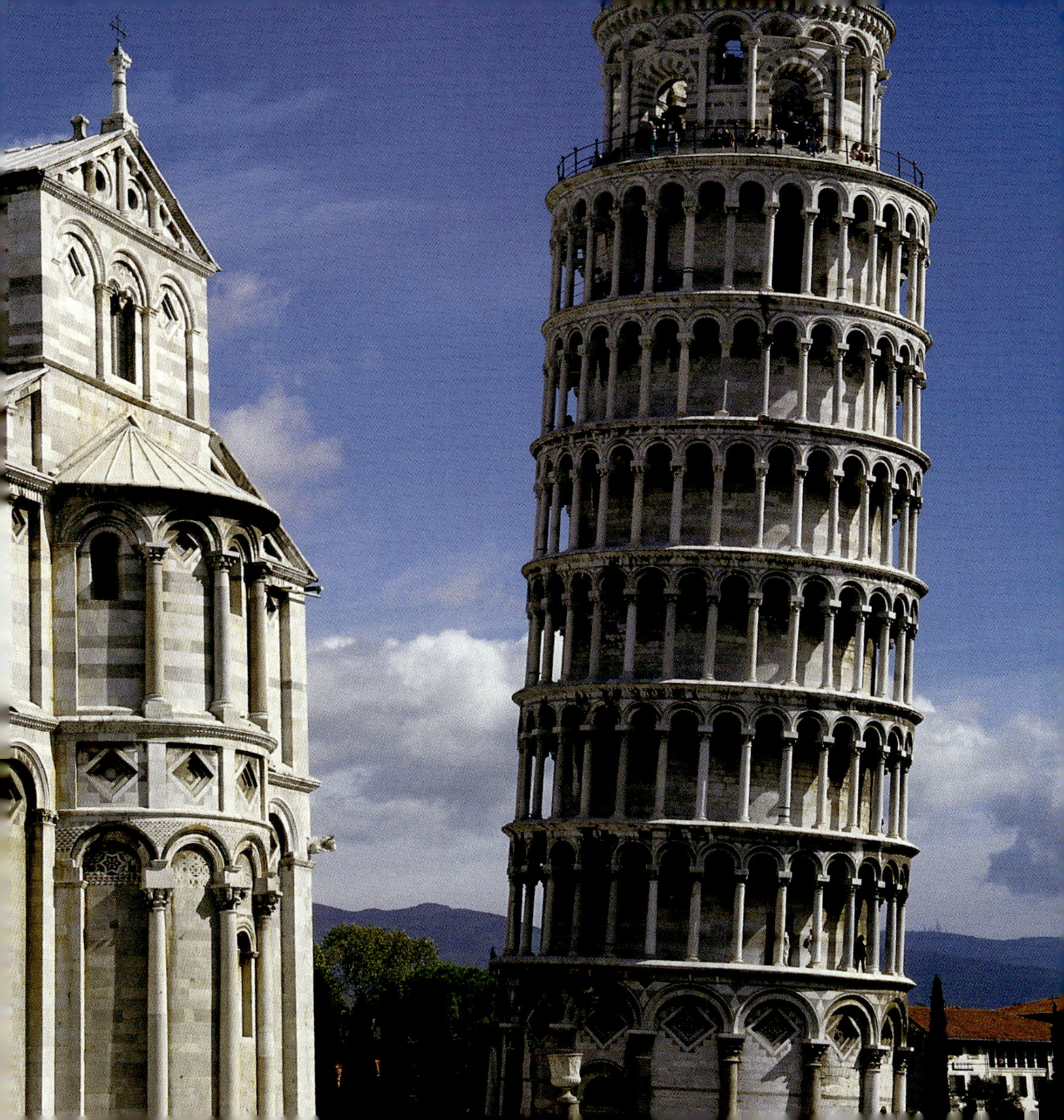

18. Dezember

Segen

Gott ist unter mir und trägt mich.
Gott ist vor mir und führt mich.
Gott ist über mir und segnet mich.

Søren Kierkegaard

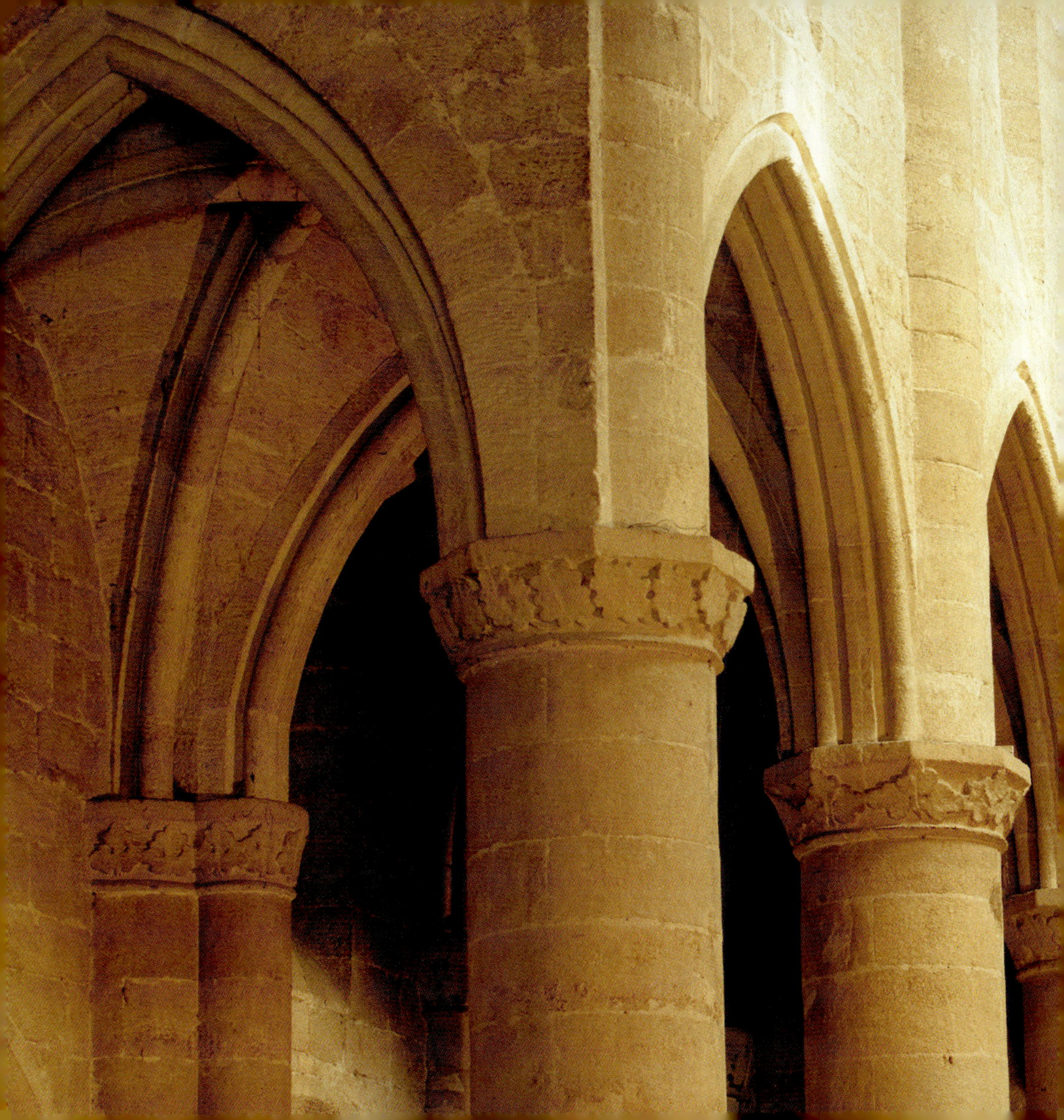

19. Dezember

Sehen

Die Ros ist ohn Warum;
sie blühet, weil sie blühet.
Sie acht nicht ihrer selbst, fragt nicht,
ob man sie sehet.

Angelus Silesius

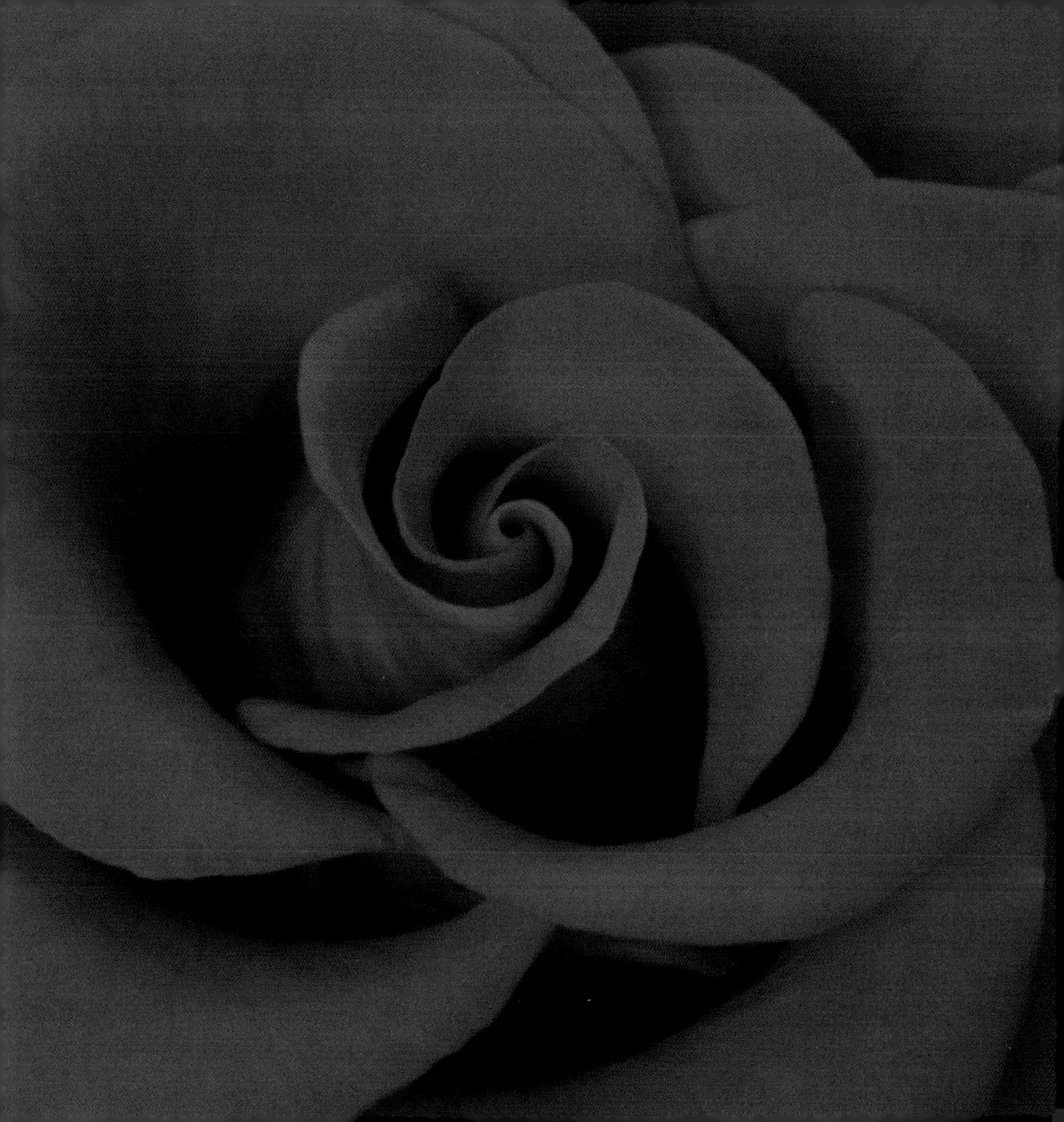

20. Dezember

Freundschaft

Es gibt nichts Schöneres im Leben
als die Freundschaft:
Du hast jemanden,
dem du dein Innerstes öffnen,
dem du Geheimnisse mitteilen,
das Verborgene deines Herzens
anvertrauen kannst.

Ambrosius

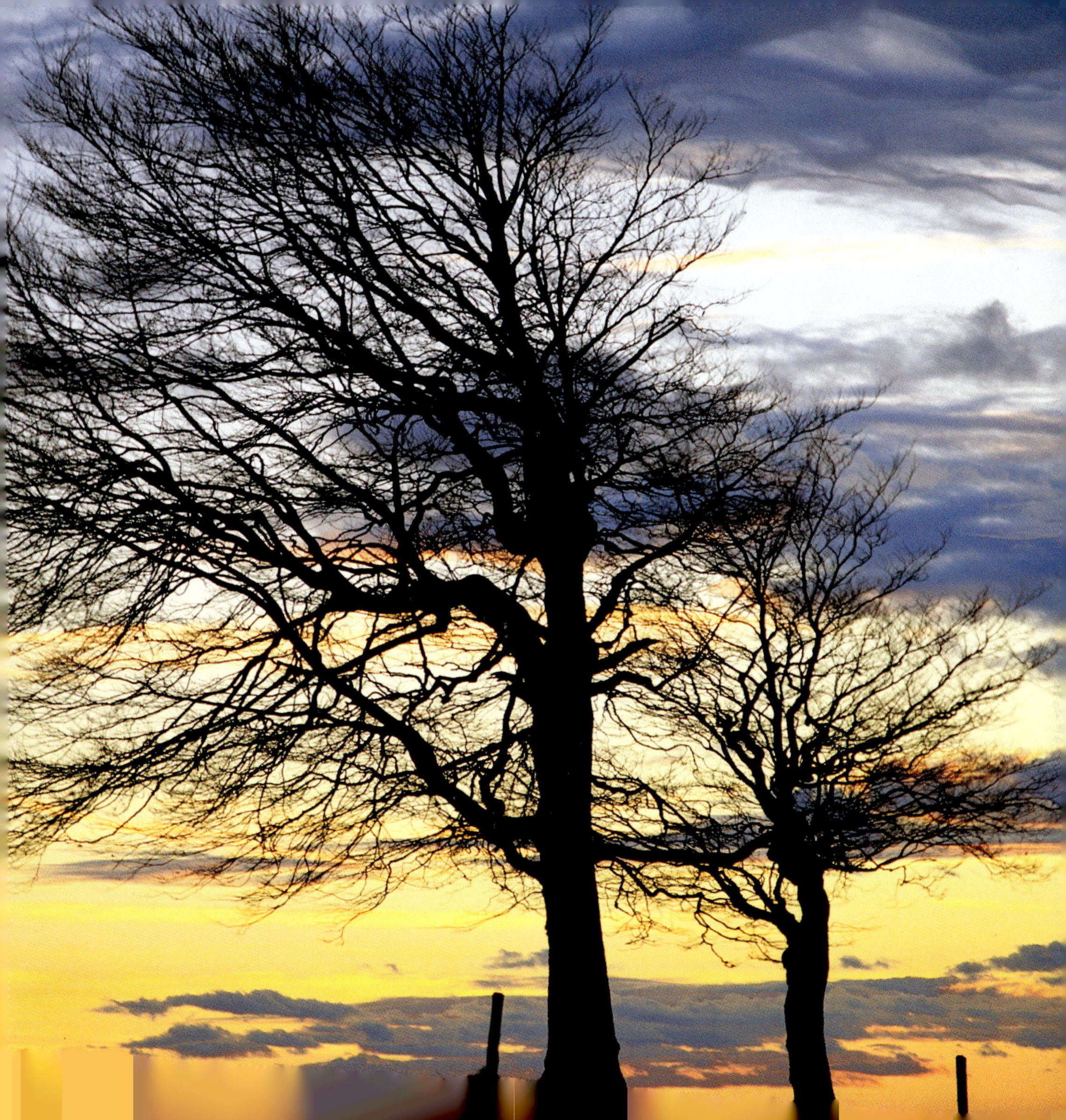

21. Dezember

Hoffnung

Licht bedeutet nicht,
dass es keine Nacht mehr gibt,
sondern dass die Nacht erhellt
und überwunden werden kann.

Heinrich Fries

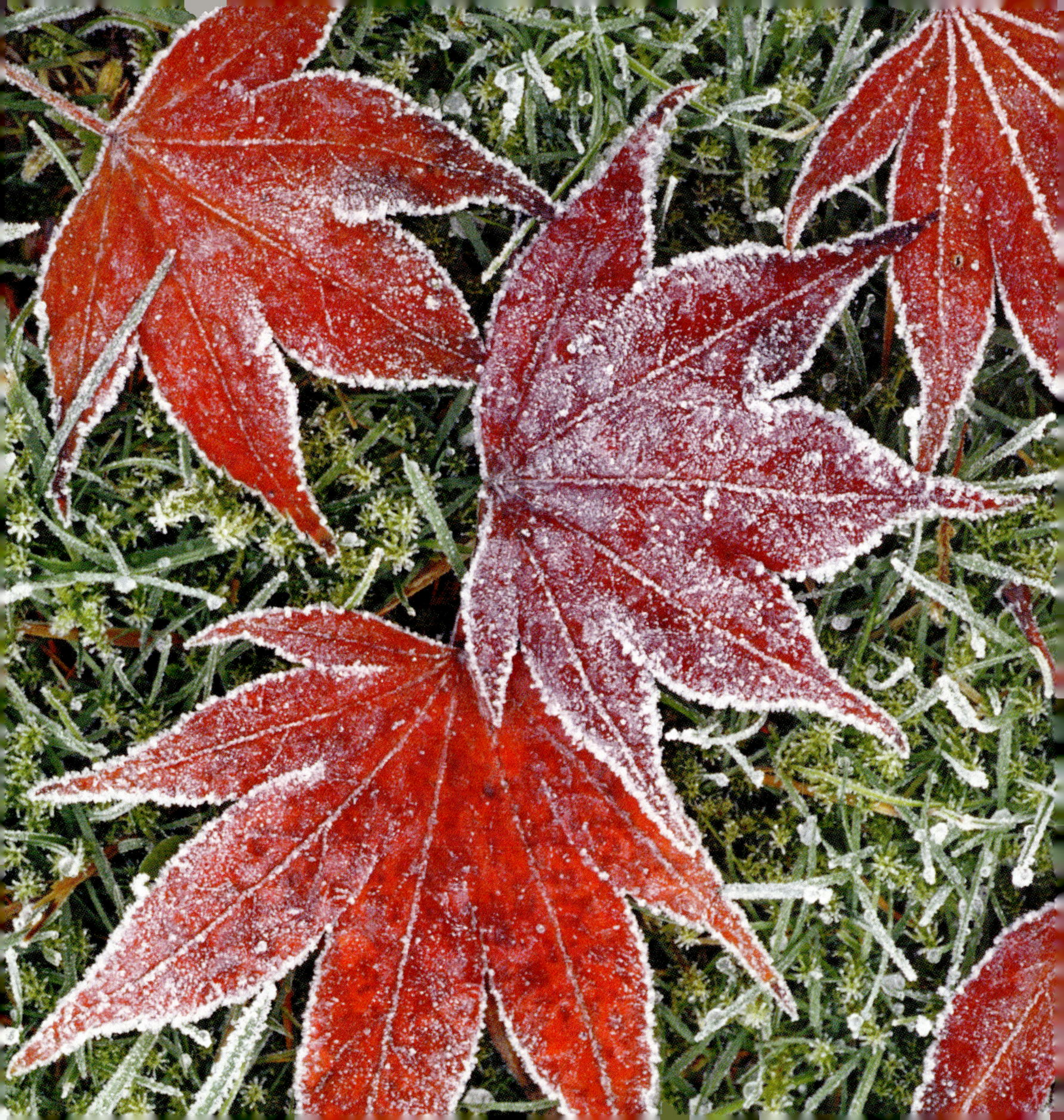

22. Dezember

Wünsche

Es gibt Wünsche,
die man nicht erfüllt wünscht,
weil sie einem zu lieb sind.
Gingen sie in Erfüllung, so verlören sie sich.

Robert Walser

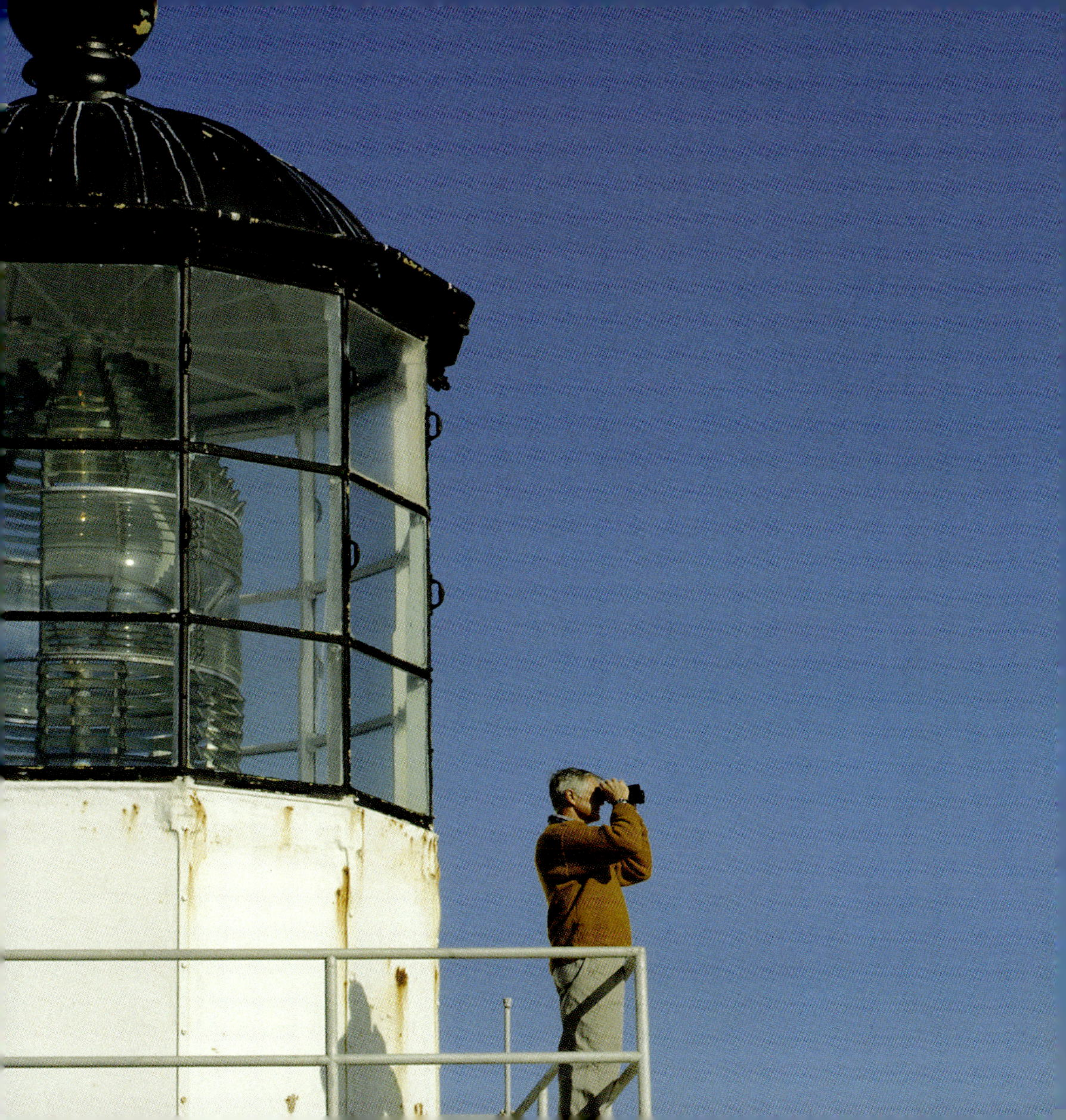

23. Dezember

Licht und Freude

Je freudloser die Welt ist,
desto mehr sollten wir uns bemühen,
Licht und Freude zu verbreiten.

Clemens August Graf von Galen

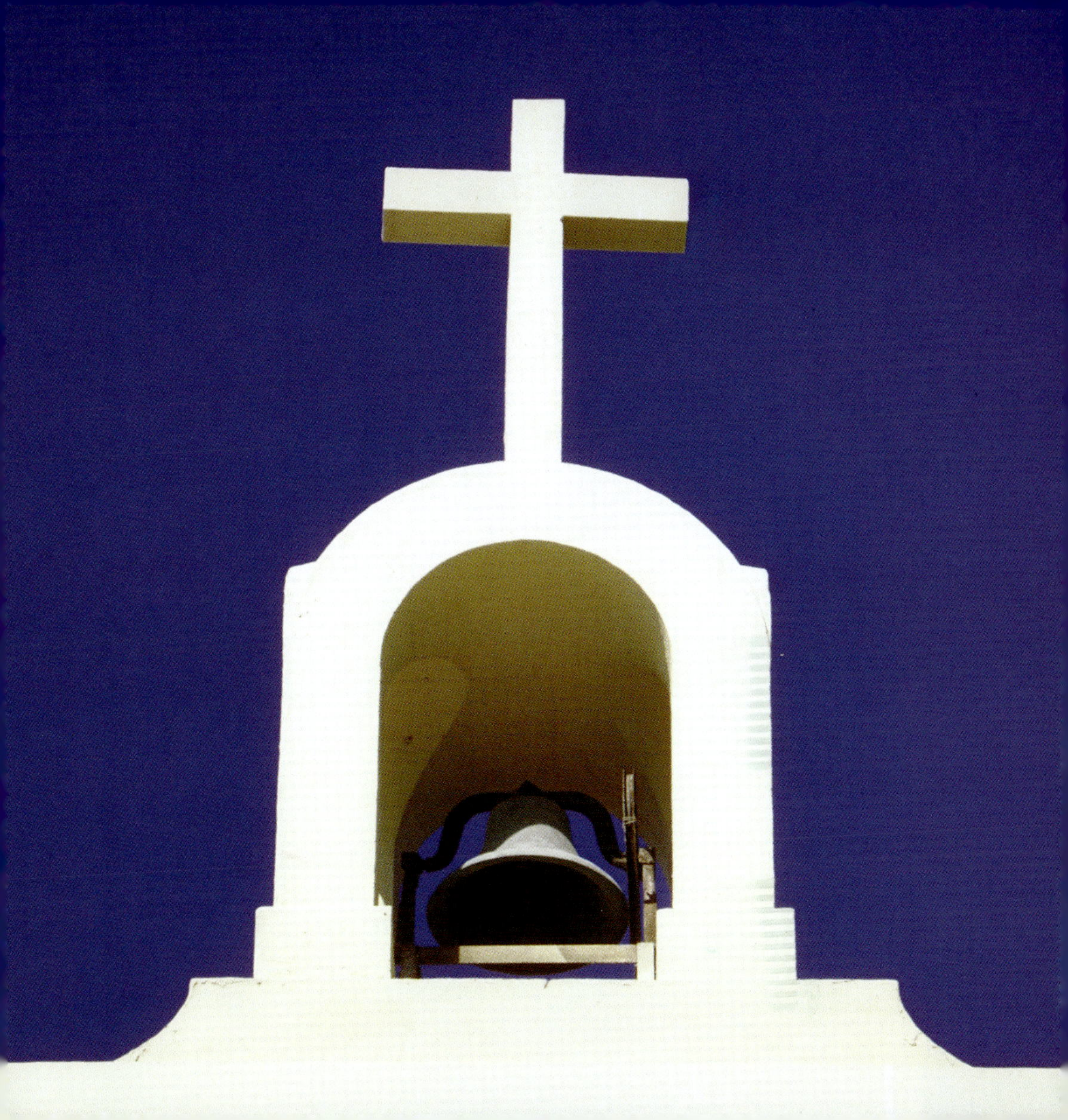

24. Dezember

Heimat

In der Menschwerdung
hat Gott sein tiefstes Geheimnis
offenkundig gemacht.
Gott ward Mensch und
machte den Menschen zu seinem Tempel.
Gottes Sohn ward Mensch,
damit der Mensch seine Heimat habe in Gott.

Hildegard von Bingen

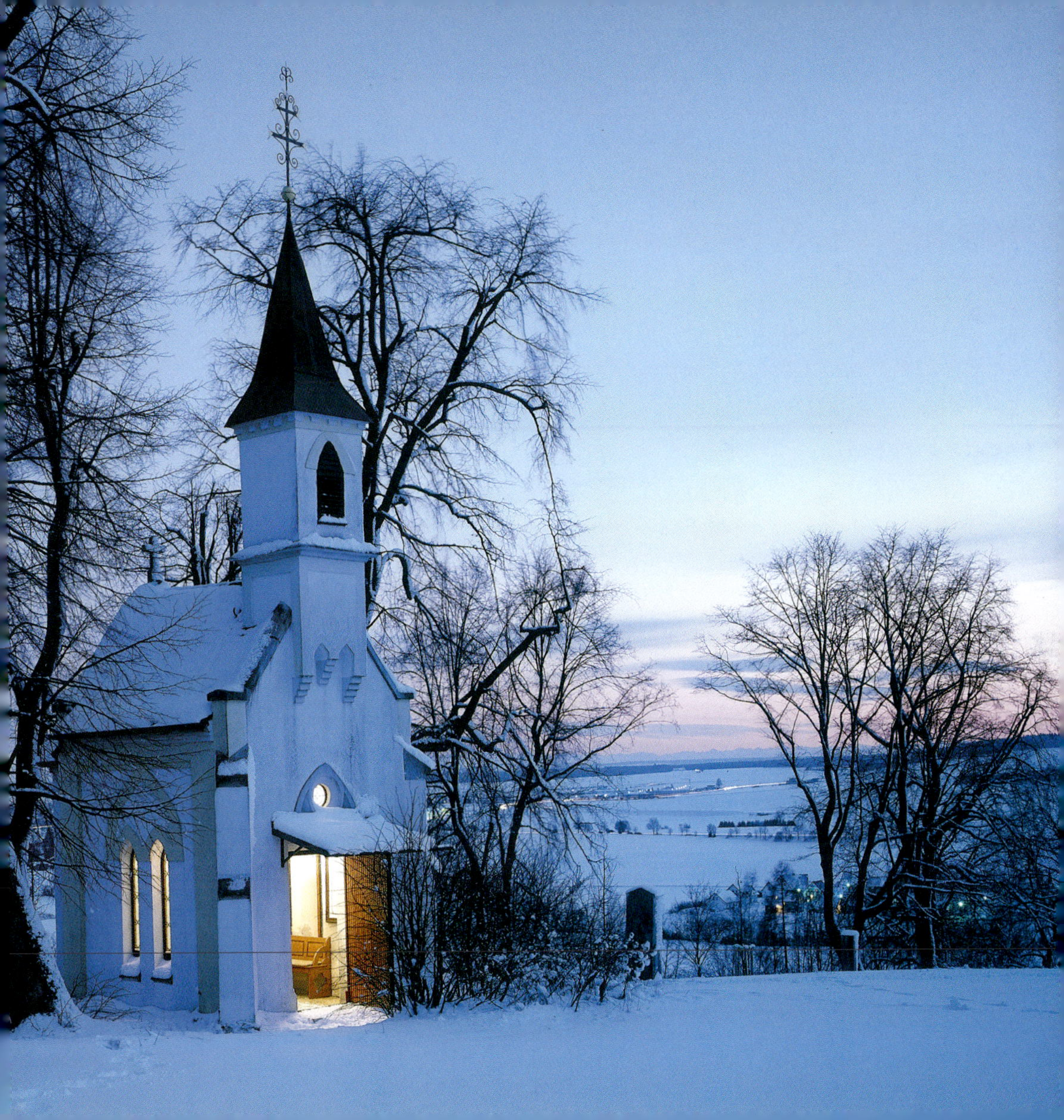

25. Dezember

Unser Fest

Das ist unser Fest,
was wir heute feiern:
das Kommen Gottes
zu den Menschen,
damit wir zu Gott kommen.

Gregor von Nazians

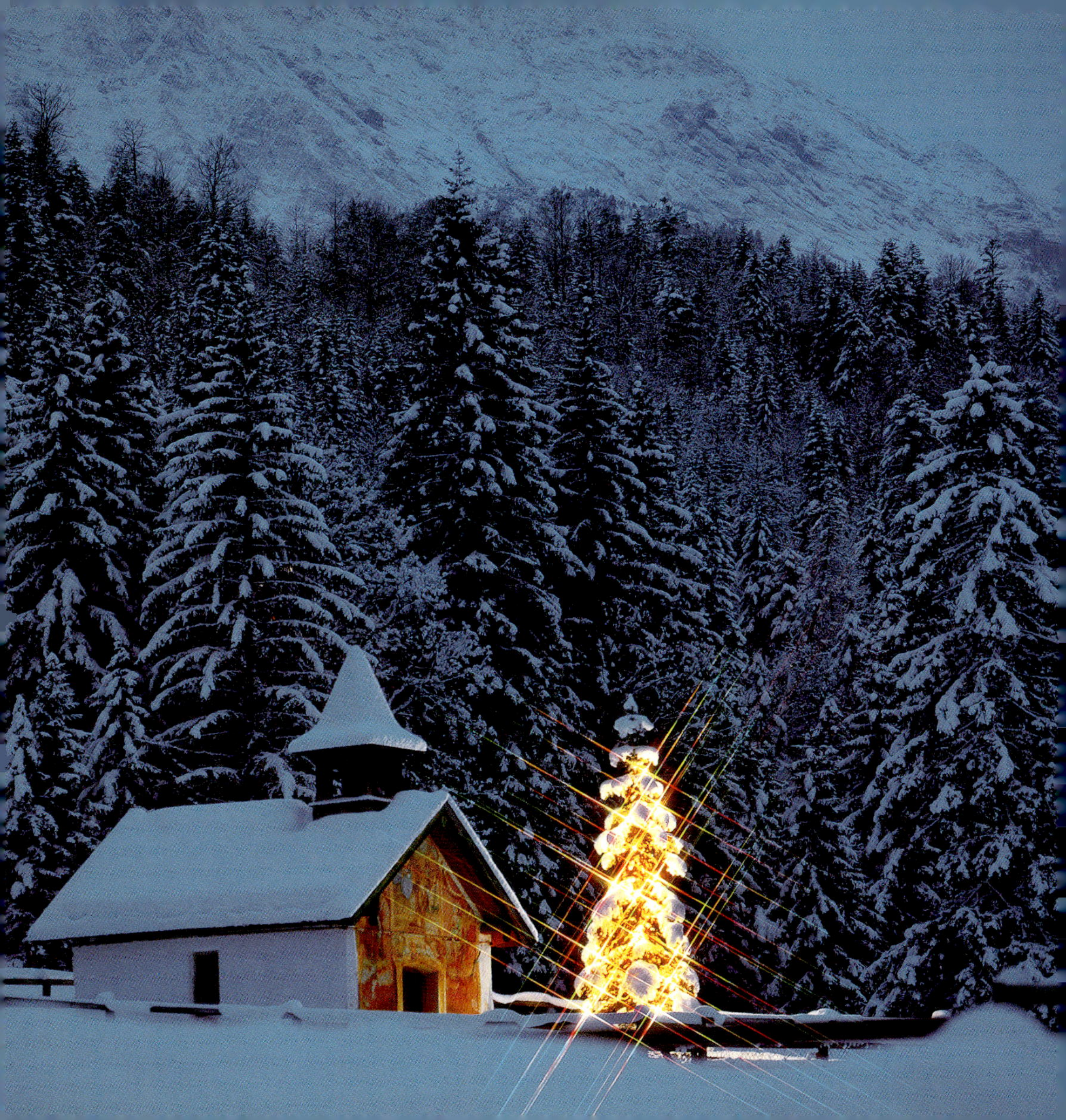

26. Dezember

Entscheidung

Der Herr kam nicht auf die Welt,
damit die Menschen klüger,
sondern damit sie gütiger werden.

Karl Heinrich Waggerl

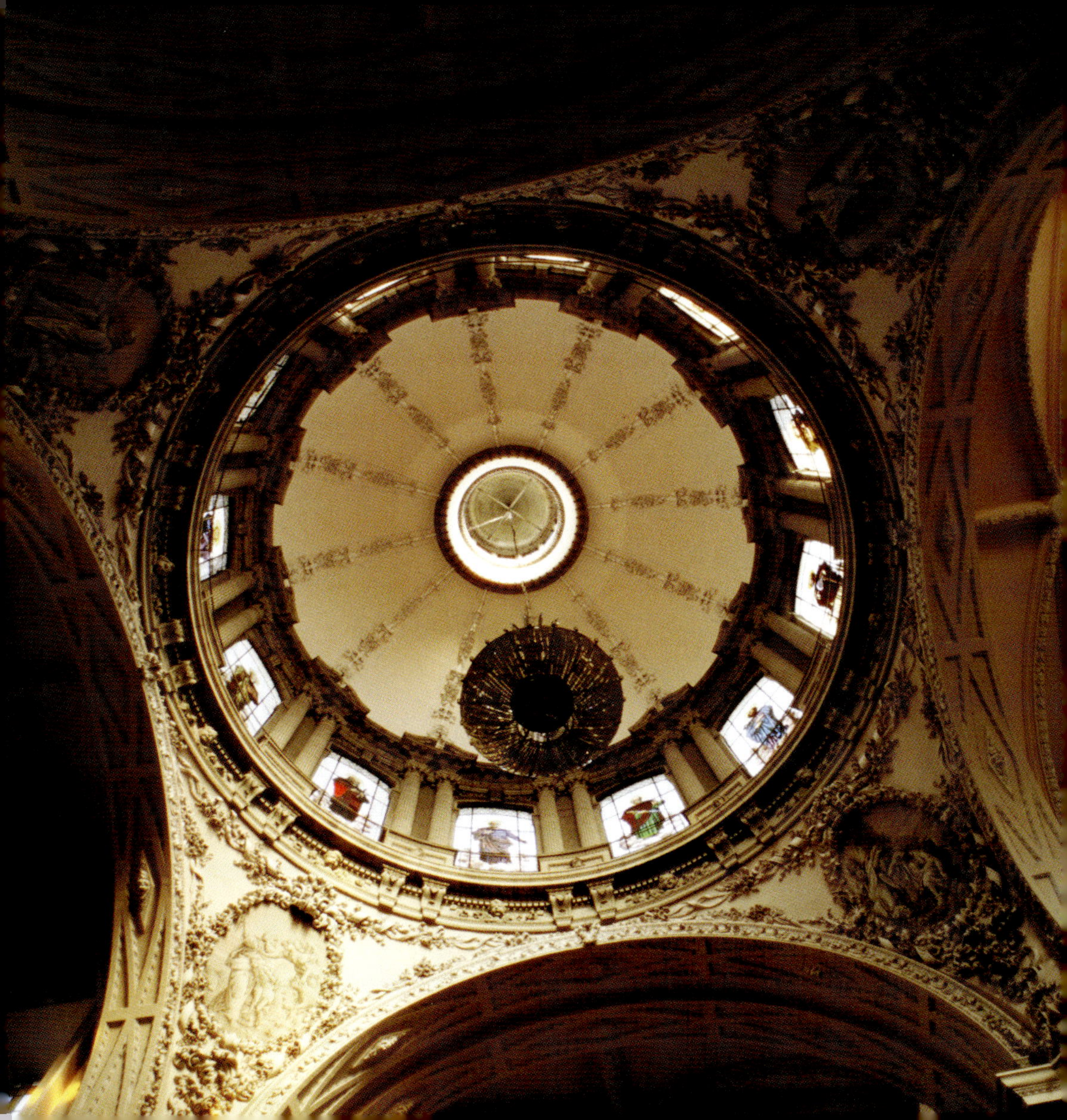

27. Dezember

Weitblick

Sorge nicht,
wohin dich der einzelne Schritt führt:
Nur wer weit blickt, findet sich zurecht.

Dag Hammarskjöld

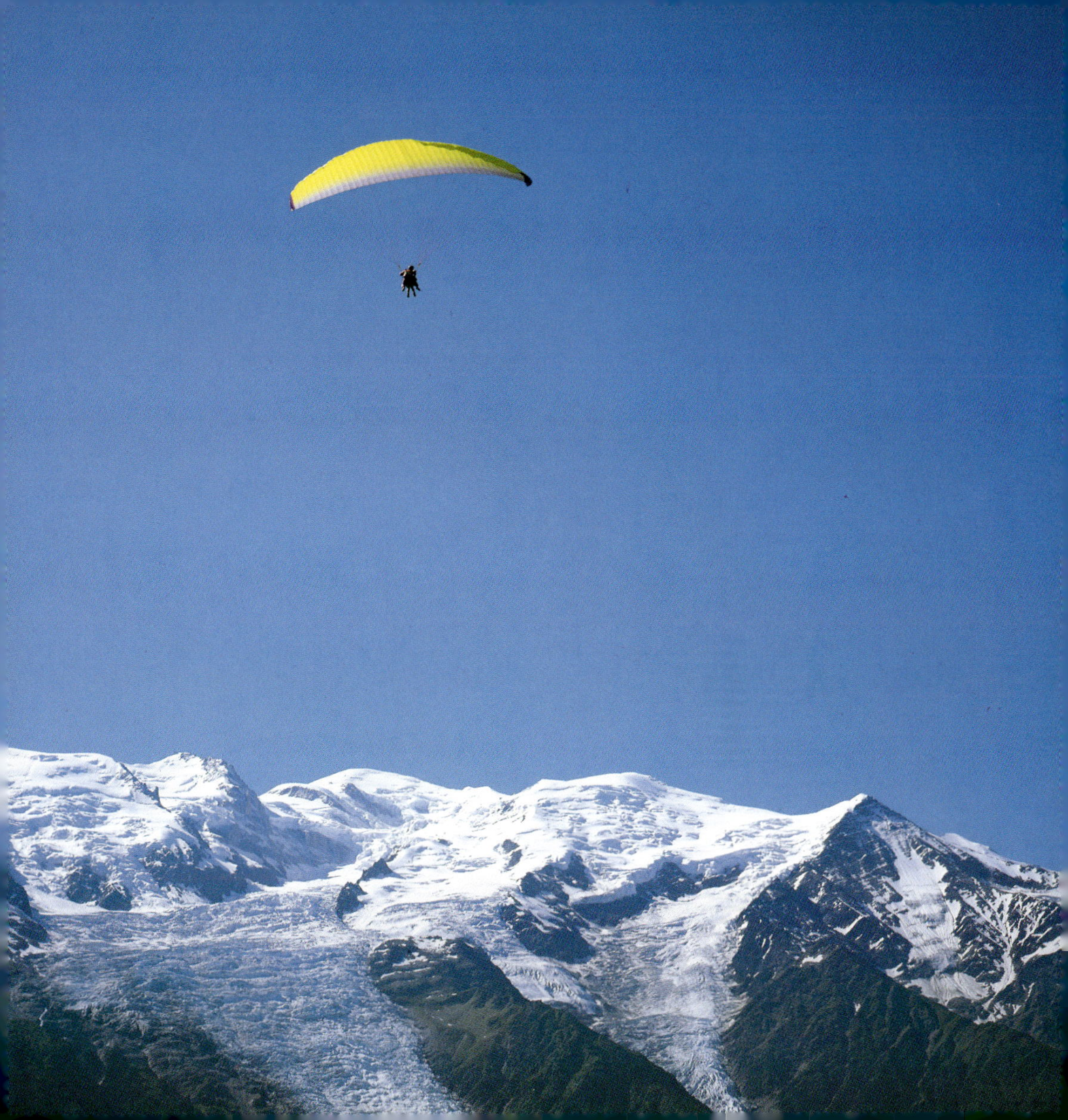

28. Dezember

Jeder Tag

Immer die kleinen Freuden aufpicken,
bis das große Glück kommt.
Und wenn es nicht kommt,
dann hat man wenigstens
die kleinen Glücke gehabt.

Theodor Fontane

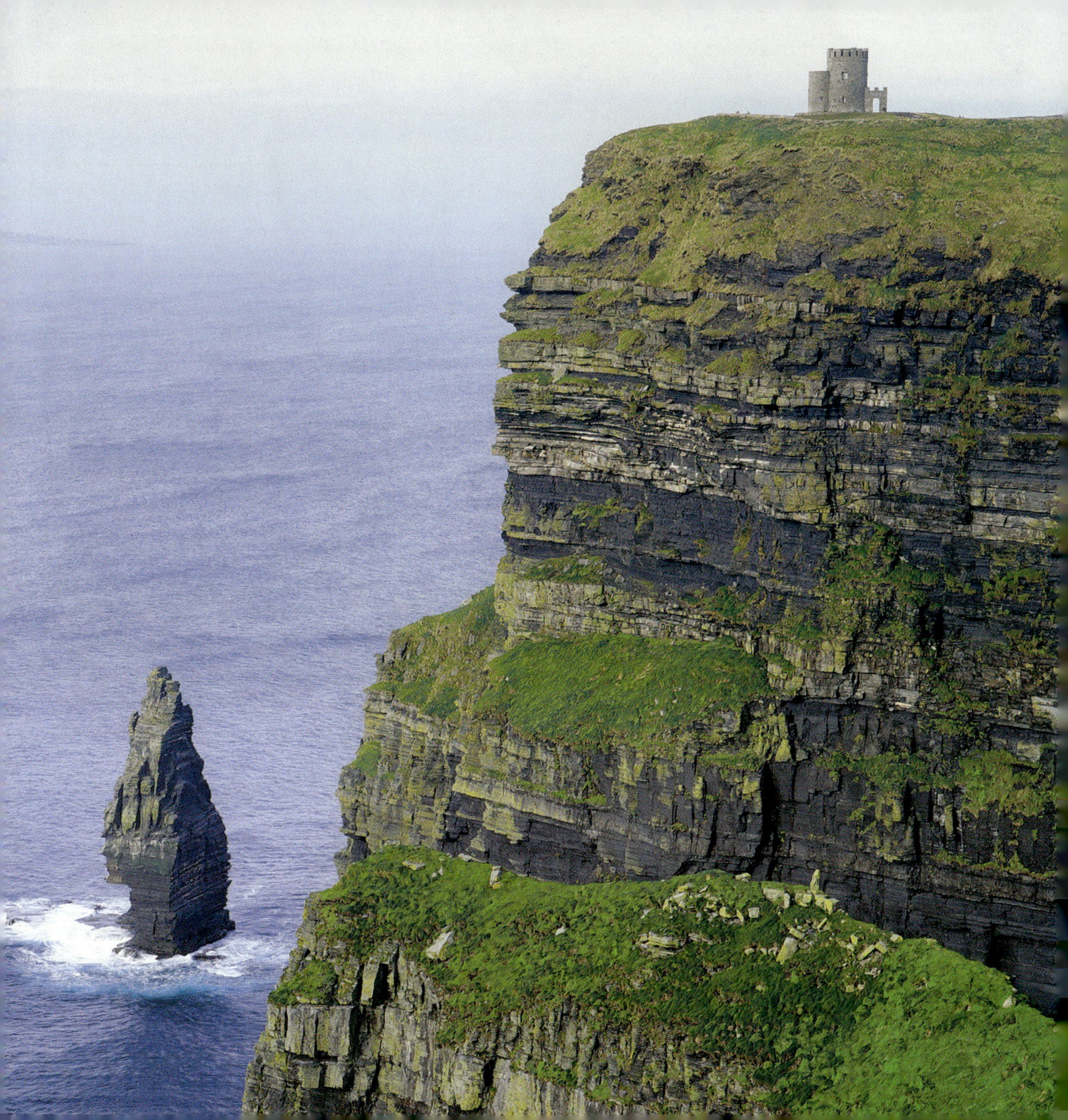

29. Dezember

Heimisch sein

Gott ist uns nahe, aber wir sind ihm fern.
Gott ist drinnen, aber wir sind draußen.
Gott ist in uns heimisch, aber wir sind uns fremd.

Meister Eckhart

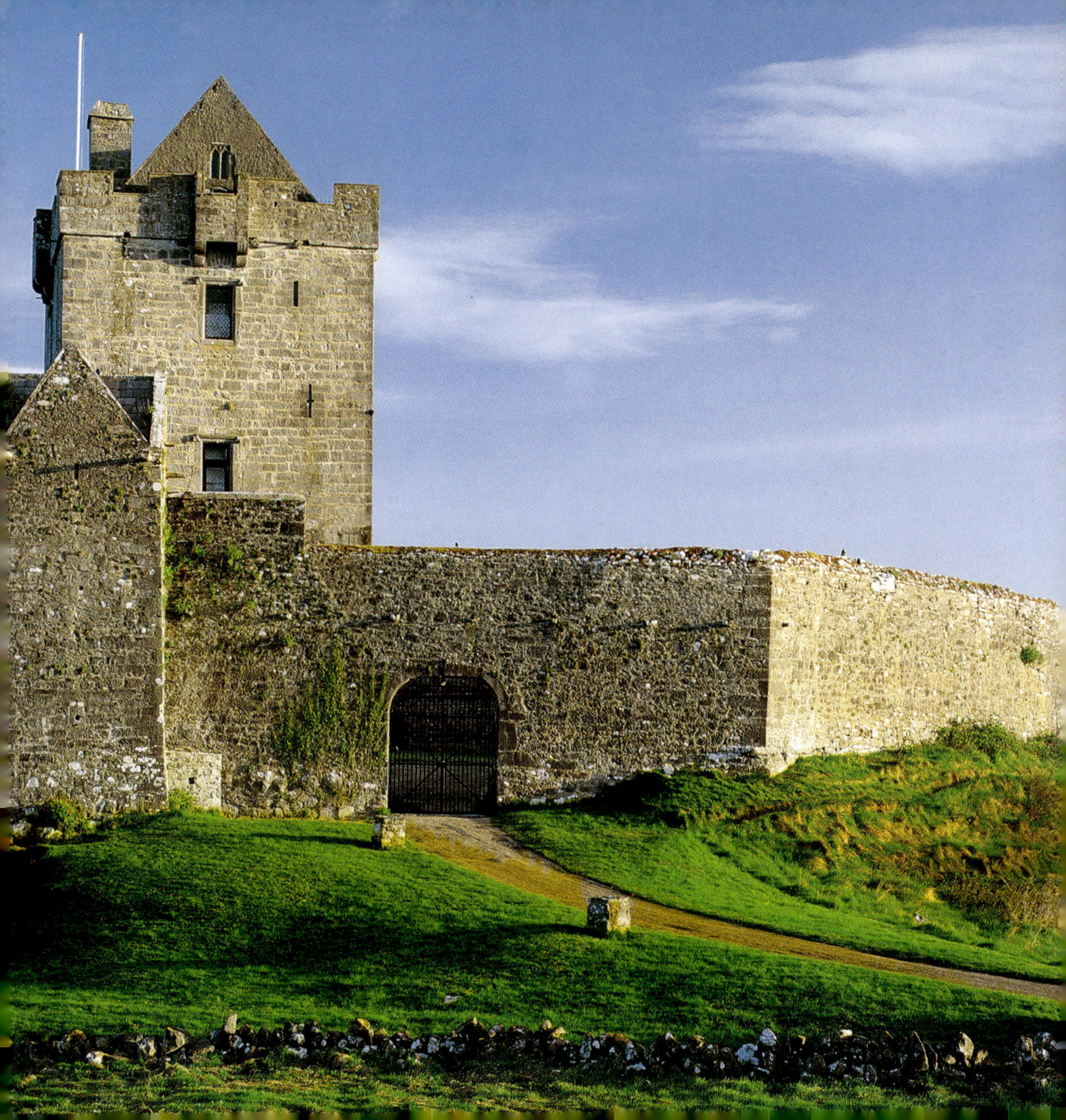

30. Dezember

Die Kraft der Liebe

Die Botschaft von Weihnachten:
Es gibt keine größere Kraft als die Liebe.
Sie überwindet den Hass,
wie das Licht die Finsternis.

Martin Luther King

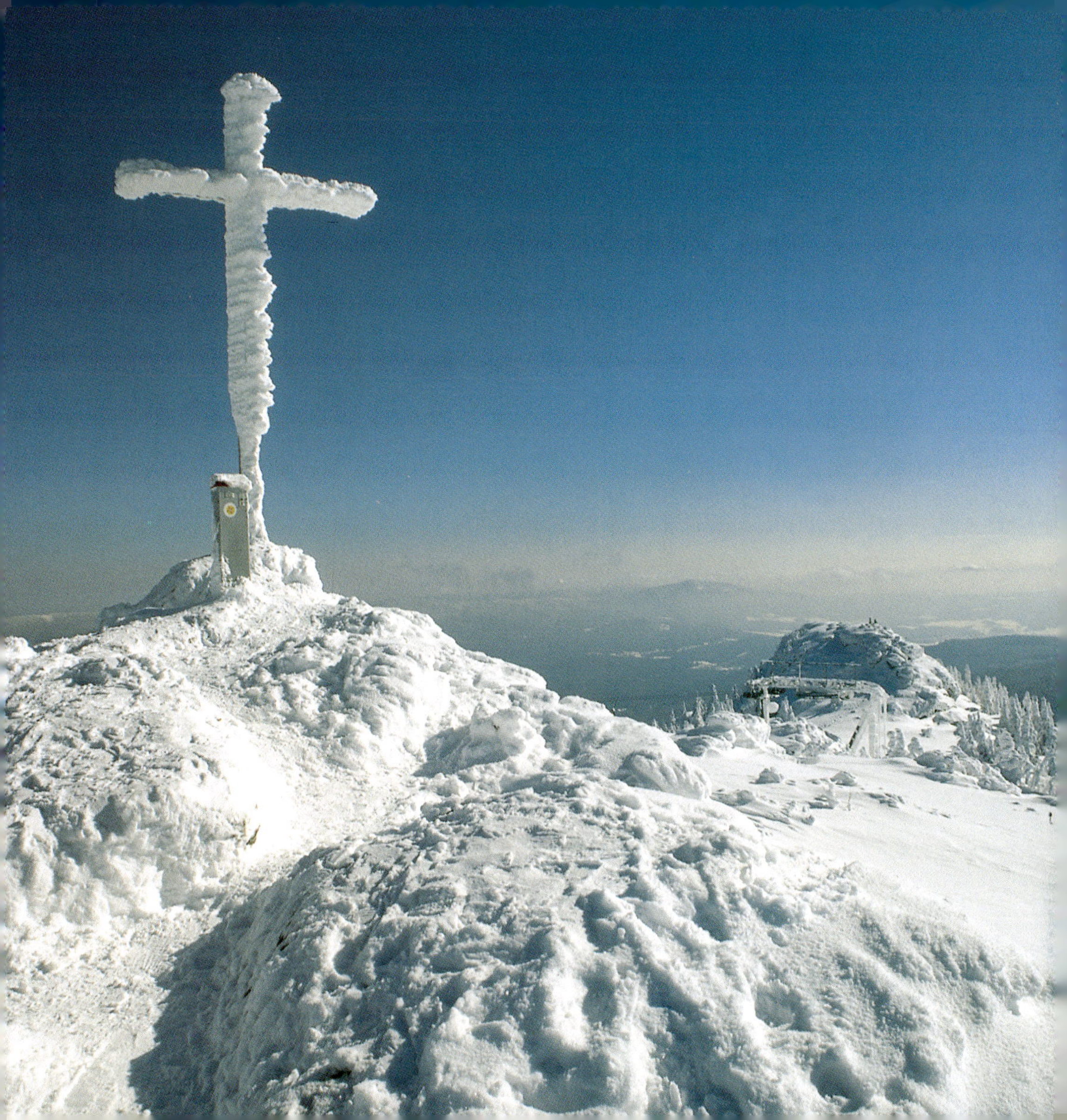

31. Dezember

Die Herzen suchen

Mit der Laterne nicht,
mit dem Herzen
suche die Menschen,
denn der Liebe allein
öffnen die Menschen
ihre Herzen.

Peter Rosegger

Bibliografische Informationen der Deutschen Nationalbibliothek
Die Deutsche Nationalbibliothek verzeichnet diese Publikation
in der Deutschen Nationalbibliografie;
detaillierte bibliografische Daten sind im Internet
über http://dnb.d-nb.de abrufbar.

Fotonachweis:
S. 531: Waltraud Klammet, Ohlstadt
S. 696/697: Peter Santor, Karlsruhe

Besuchen Sie uns im Internet:
www.st-benno.de

ISBN-13: 978-3-7462-2745-0 Umschlagmotiv: © Peter Adams/Digital Vision (Boote)
ISBN-13: 978-3-7462-2640-8 Umschlagmotiv: © Sergey Tokarev – Fotolia.com (Muschel)
ISBN-13: 978-3-7462-2109-0 Umschlagmotiv: © Don Hammond/Design Pics (Boot)
ISBN-13: 978-3-7462-2839-6 Umschlagmotiv: © Bildagentur Huber/S. Scattolin (Canal
                                            Grande Venedig)

© St. Benno-Verlag GmbH, Leipzig
    Stammerstraße 11, 04159 Leipzig
Zusammengestellt von Volker Bauch, Leipzig
Umschlag und Gestaltung: Ulrike Vetter, Leipzig
Gesamtherstellung: Arnold & Domnick, Leipzig